Σ BEST シグマベスト

理解しやすい
歴史総合

小牧薫 監修

JN056349

文英堂

はじめに

あなたの「複眼」で，世界を！日本を！

●歴史は過去のことであって，現代に生きる私たちとは直接関係がないように思われがちです。しかし，決してそうではありません。過去のことは無数にあって，その中から現代に生きる私たちが関わりのあるものをとりだして，歴史として叙述しているのです。そこで大事なことは，歴史の中から灰ではなく，炎をつかみとることです。「歴史は現代と過去とのつきることのない対話」とも言われます。対話を重ねながらも，よりよい暮らしのための炎を追い求めてきたのです。

●歴史の見方はいろいろあるとも言われます。だが，そうでしょうか。1つの歴史事実を解明すれば，因果関係も明らかになり，受けとる人の立場によって異なった事実が見えてくることもあります。人間には眼が2つあります。距離を測ったり，物事の両面を見たりするときに大きな役割を果たしています。世界のことも日本のこともその「複眼」で，多面的に見ることが重要です。人々の血と汗と涙がつまったものが歴史です。若いあなたたちの感性で，歴史の中から燃えたぎる炎を取り出してください。

●歴史上のできごとは，すべて前の時代の何かが原因となっておこり，それはまた次の時代の新しいできごとを生む原因ともなっています。それだけでなく，190あまりの国が相互に関わりあって，新しい歴史がつくられています。世界の歴史と日本の歴史を切り離して捉えず，それぞれがどういう関係をもって歴史がつくられてきたかを見ることが重要です。それが「歴史総合」の科目です。

●本書は，「歴史総合」の学習内容がよく理解できるようにと願って著したもので，いろいろな工夫をしています。本文記述の正確さはもとより，図版や注釈，解説なども有効に利用してください。歴史を楽しく，複眼で見る思考を助けるものと思います。

著者一同

本書の特長

1 日常学習のための参考書として最適

　本書は，高校での「歴史総合」の教科書にあうように，教科書の学習内容を多くの小項目に細分して編集しています。したがって，学校での授業の進行にあわせて，しっかりと予習や復習をすることができます。さらに，本文の重要用語を集めた「要点チェック」も用意しているので，定期テストの準備に使うこともできます。

2 学習内容の要点がハッキリわかる編集

　皆さんが参考書に最も求めることは，「自分の知りたいことがすぐ調べられること」「どこが重要なのかがすぐわかること」ではないでしょうか。
　本書ではこの点を重視して，小見出しを多用することでどこに何が書いてあるのかが一目でわかるようにし，また，学習内容の要点を太文字や赤文字，重要な文章を黄下線ではっきり示すなど，いろいろな工夫をこらしてあります。

3 見やすく豊富な図表や写真

　「歴史総合」を理解するうえで，図表やグラフは不可欠なものです。本書では，適所に図表やグラフを掲載しています。図表は，視覚的に理解できるように工夫しています。また，統計は新しい数値をもりこんでいます。写真も，「百聞は一見にしかず」という意味で，理解を助けてくれます。

4 歴史総合がより深く理解できる

　本書では，まずはじめに，そのチャプターの全体的なまとめを示したうえで，解説に入っています。解説は，本文のほかに，理解を助けたり，深めたりする「用語」「補説」をつけています。しかし，それらにはあまりこだわらず，まず学習内容の大筋をつかんでください。本文中にある「ポイント」は，必ず覚えるようにしましょう。

本書の活用法

1 学習内容を整理するために

日本史 **世界史**	「年表」は，各編のはじめにあって，その時代の日本と世界のおもなできごとを，資料を中心にまとめています。同時期の日本と世界で，それぞれ何がおこっていたかを概観することができます。
✓ まとめ	「まとめ」は，各チャプターのはじめにあって，そのチャプターで学ぶすべての学習項目をまとめています。そのチャプターの全体像をつかむことができます。
POINT!	「ポイント」は，絶対に理解して覚えなければならない重要ポイントを示しています。テストでも，よく取りあげられる点ばかりです。
要点チェック	「要点チェック」は，その編に出てきた重要用語のチェックをします。テスト前などには，必ずおさえておきましょう。

2 理解を深めるために

朝貢貿易	本文では，重要な用語や人物名を太字で示しています。タイトルの太字にも注意しましょう。
補説 用語	「補説」は，より詳しい解説が必要な重要事項を取りあげています。「用語」は，本文中に出てくる重要用語の定義を示しています。複雑なことがらを整理するのに役立ちます。
Q1 A1	各セクションで学ぶ必要のあることがらを，はじめに「Q」で示しています。問いの答えとなる本文部分（「ポイント」「資料活用」）は「A」で示してあります。問いに答えられるようにしましょう。
📖 資料活用	「資料活用」は，さまざまな資料をとりあげて，それらを読み取り，活用するためのくわしい解説をのせています。歴史の理解をより深めることができます。

もくじ CONTENTS

📖 資料活用 の一覧

第 **1** 編

近代化と私たち

・・・

第1編 日本と世界の歴史

日本史

▼江戸城：約270年続く江戸幕府（⇨p.15）の拠点

▼長崎の出島：貿易統制（⇨p.17）をとる「4つの窓口」の1つ

出島

鎖国体制の完成
（一六四一）

江戸幕府の成立
（一六〇三）

関ヶ原の戦い
（一六〇〇）

時代 安土桃山　江戸

世紀 16 ヨーロッパの「拡大」　17 「危機」の時代　18 「革命」の時代

世界史

東インド会社の設立
（一六〇二）

ピューリタン革命
（一六四〇）

産業革命（イギリス）
（一八世紀中後期〜）

アメリカ独立革命
（一七七六）

フランス革命
（一七八九）

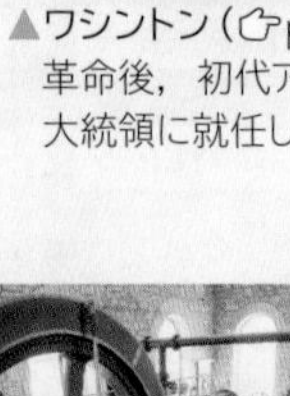

▲ワシントン（⇨p.54）：
革命後，初代アメリカ
大統領に就任した

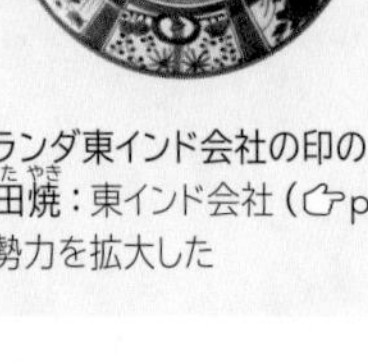

東インド会社のマーク

▲オランダ東インド会社の印のある
有田焼：東インド会社（⇨p.36）
が勢力を拡大した

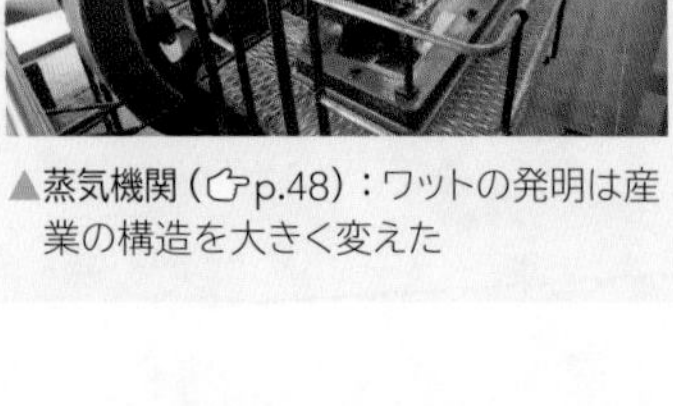

▲蒸気機関（⇨p.48）：ワットの発明は産
業の構造を大きく変えた

▼西郷隆盛（左）と木戸孝允（右）：薩長同盟（⇨p.127）で幕府に抵抗する姿勢を固めた

▼二条城での大政奉還（⇨p.131）：幕府は政権を朝廷に返還した

▼日清戦争の風刺画（⇨p.177）：日清が朝鮮を奪いあい，ロシアが横取りをねらっている

ペリー来航（一八五三）

薩長同盟が結ばれる（一八六六）

大政奉還（一八六七）

明治維新（一八六八）

西南戦争（一八七七）

大日本帝国憲法発布（一八八九）

日清戦争（一八九四）

日露戦争（一九〇二）

韓国併合（一九一〇）

明治

19　自由主義・国民主義の高揚と帝国主義　　20

ナポレオンが皇帝に（一八〇四）

ウィーン会議（一八一四〜）

アヘン戦争（一八四〇）

南北戦争（一八六一）

帝国主義時代（一九世紀後期〜）

▲リンカン（⇨p.94）：北部を勝利に導き，奴隷を解放した。第16代アメリカ大統領

▲ナポレオン（⇨p.61）：フランスの政治体制を転換させた

▲アヘン戦争（⇨p.108）での海上戦：イギリスによる中国の半植民地化が進んだ

▲セシル＝ローズをえがいた風刺画（⇨p.197）：イギリスのアフリカの植民地支配をえがいた

1 ≫ 結びつく世界

まとめ

SECTION 1 アジアの中の江戸幕府ー社会と経済ー ☞p.14

☐ **16世紀のアジア** 「大航海」により東西の世界が一体化した。
- 明…海禁を緩和し，銀を貨幣とする経済が発達。
- 日本…ポルトガルなどと交易し，石見銀山で産出した銀を輸出。
- 琉球王国…明と朝貢貿易。東部アジア地域を結ぶ中継貿易。
- 蝦夷地…アイヌが交易船で大陸の国々と接触。

☐ **江戸幕府の成立**
- 関ヶ原の戦い…豊臣氏の滅亡(大坂の陣)→幕藩体制の確立(武家諸法度，大名の配置)。
- 政治の転換…武断政治から文治政治(文治主義)へ。
- 身分制…武士(苗字・帯刀の特権)，百姓(五人組の制度)，職人，町人。

☐ **世界との結びつき**
- 朱印船貿易…日本町の成立。
- キリスト教の禁止…禁教令→島原の乱→絵踏の強化。
- 貿易統制…ポルトガル船の来航を禁止→オランダ商館を長崎の出島へ。
- 東アジアへの窓口…対馬藩＝朝鮮，薩摩藩＝琉球王国，松前藩＝蝦夷地。

☐ **農村の発達**
- 農業…新田開発による年貢の増収。農具(備中ぐわ，千歯こき)，肥料(干鰯)，商品作物のひろまり。
- 水産業…九十九里浜のいわし漁，土佐のかつお漁，蝦夷地のにしん漁。
- 鉱工業…佐渡の金などで貨幣鋳造。問屋制家内工業→工場制手工業。

☐ **交通・都市の発達**
- 水上交通…南海路，西廻り海運，東廻り海運。
- 陸上交通…五街道を整備。関所による治安維持。飛脚による通信。
- 都市の繁栄…三都(江戸，大坂，京都)，城下町，門前町，宿場町，港町の発達。町人が両替商，蔵元，札差などを営む。商工業者が株仲間を結成。

☐ **教育と学問**
- 教育の普及…藩校，寺子屋，私塾。幕府は朱子学を重視。
- 学問の発達…国学(本居宣長)，蘭学(杉田玄白)。

清の繁栄と結びつく東アジア ☞p.28

□ **清の成立と政治体制**
- 明の滅亡…倭寇や豊臣秀吉の侵攻，満洲族の反乱で滅亡。
- 清の成立…康熙帝などの統治下で科挙，周辺国と冊封関係。ロシアとの間で国境を画定。

□ **清の経済発展** 朝貢貿易のみによる海禁政策。海関を置いて互市貿易。

□ **東南アジア諸国との結びつき**
- 明…ポルトガル，スペイン，オランダとの通商。
- 清…ヨーロッパとの貿易を広州(コワンチョウ)に限定。公行(コホン)が貿易を独占。イギリスとの茶貿易が拡大。

アジア・アフリカへ向かうヨーロッパ ☞p.32

□ **イスラーム帝国の繁栄**
- オスマン帝国…ビザンツ帝国を滅ぼして東ヨーロッパから西アジアを支配。東西貿易を独占。イスラーム巡礼を保護。17世紀後半からはヨーロッパの圧迫をうけ衰退。
- サファヴィー朝…イランで成立し，アッバース1世の時代に全盛。18世紀前半にアフガン人に滅ぼされる。
- ムガル帝国…北インドで成立し，イスラーム教徒とヒンドゥー教徒の融和をはかる→人頭税(ジズヤ)で異教徒を弾圧し反発をまねく。

□ **ヨーロッパのアジア交易参入**
- ポルトガル…マカオに根拠地。リスボンは世界の商業の中心となる。
- スペイン…マニラを根拠地に，メキシコ銀を介した中継貿易。
- オランダ…バタヴィアを根拠地にアジア貿易。ケープ植民地を建設。
- イギリス…東インド会社がインド経営。

□ **アメリカ大陸と大西洋三角貿易**
- 大西洋三角貿易…アフリカからアメリカへ奴隷。アメリカからヨーロッパへ砂糖・タバコなど。ヨーロッパからアフリカへ武器・綿織物など。
- 奴隷貿易…多くの黒人が連れ去られ，アフリカの社会に打撃。

アジアの中の江戸幕府―社会と経済― 日本史

▶ スペイン・オランダ・中国などの大国が世界へ航路をひろげるなか，日本もその交易圏に組み込まれた。やがて江戸幕府により特定の国々以外との交流が閉ざされ，外国の産物の流入は限定的となったが，約260年にわたり天下泰平の世が訪れた。

☞ このセクションでは，次の問いに答えられるようにする必要がある。

- Q1 江戸初期の政治は，どのように変化していったのだろう？
- Q2 江戸幕府はなぜ，禁教と貿易統制をおこなったのだろう？
- Q3 商品作物の栽培の拡大が，経済にどのような影響を与えたのだろう？

1｜16世紀のアジア

1 東西の一体化

16世紀は「大航海」によりヨーロッパ世界が東西に拡大し，「世界の一体化」がすすみはじめた時期である。「新大陸」の南北アメリカではヨーロッパ人による植民がおこなわれたが，アジアでは当初，相互が独立した関係のもとで通商がすすめられた。これは，中国の明，オスマン帝国などの大国がすでに繁栄していたためである。

▲16世紀のアジア

2 アジアの交易

東西の交易を媒介したのが銀である。アメリカ大陸からヨーロッパ人がもちだした銀は，銀貨に鋳造され，香辛料や絹織物などとの交換でアジアに流入した。

❶ 明　16世紀の明は，北方からモンゴルの侵攻をうけ，多額の防衛経費を必要とした。そこで海上の民間貿易の禁止（海禁）を緩和し，ヨーロッパや日本との交易がおこなわれた。中国産の生糸や陶磁器を輸出する対価として，ヨーロッパや日本からうけとったのが銀である。明では銀をおもな貨幣とする経済が成立し，税も銀で一括して納めることとなった。

★1 胡椒などの香辛料は，ヨーロッパで肉の保存料として重んじられ，同じ重さの銀と交換された。

❷日本　石見銀山をはじめとする鉱山の開発がすすみ，日本は世界有数の銀産出国となった。ポルトガル人は中国産の生糸や絹織物を日本の銀と交換し，その銀で中国の品々を購入して拠点であるインドのゴアへもち帰った。

❸琉球王国　15世紀以来，明の冊封をうけて朝貢する形をとりながら，使節に同行する商人によって朝貢貿易がおこなった。また，室町幕府にも進貢船を送り，東南アジアとの交易で手に入れた品々をもたらした。こうして琉球王国は，**東部アジア地域を結ぶ中継貿易の中心**となった。

❹蝦夷地　アイヌが交易船で大陸の国々と接触し，ガラス玉などの品々を日本本土の和人にもたらした。

2 ｜ 江戸幕府の成立

1 江戸時代の幕開け

❶徳川家康の台頭　戦国時代の末，織田信長と結んで勢力を伸ばした徳川家康は，つづいて全国を統一した豊臣秀吉の下につき，関東に領地をあたえられた。1598（慶長3）年に秀吉が死ぬと，子の豊臣秀頼が幼少であることや家臣が二派に分かれて対立したことを利用して地位を高めた。

❷天下分け目の戦い　家康と対立する石田三成は西国の大名を結集し，1600（慶長5）年に関ヶ原の戦いがおこったが，戦いはわずか1日で家康を中心とする東軍の勝利に終わった。家康は西国大名の領地をとりあげて東軍の諸大名にあたえた。

❸豊臣氏の滅亡　1603（慶長8）年，家康は征夷大将軍に任じられ，江戸に幕府を開いた。2年後には子の徳川秀忠に将軍職をゆずり，大御所として政治をおこなったが，大坂の秀頼が服従しない姿勢を見せたことから，1614（慶長19）年に戦いをしかけ，翌年豊臣氏を攻め滅ぼした（大坂の陣）。

❹幕藩体制　全国が幕府の直轄地（幕領）と，大名が治める藩に分けて統治される幕藩体制が築かれた。将軍は武家諸法度などによる統制を大名に加え，大名は藩ごとに土地と領民を支配し，主従関係と身分制によって社会の秩序を維持した。1万石未満の将軍直属の家臣を旗本・御家人，将軍から1万石以上の領地をあたえられた武士を大名といった。

★2 戦国大名が争奪し合った石見銀山は，一時産出量が落ち込んだが，1533年に大内氏の支配下で灰吹法という精錬技術が導入され，再び産出量が増えていった。

★3 中国の皇帝が周辺地域の支配者を王に封じ，後ろ盾となること。

★1 秀吉は家康の弱体化をねらって関東へ移したとされる。以後家康は江戸の町づくりや検地，治水をねばり強くつづけ，強固な家臣団を形成していった。

★2 秀忠への将軍職移譲により，将軍職を徳川氏が世襲していくことを諸大名に示した。3代将軍徳川家光のころには，江戸幕府の組織や制度は確立された。

1

結びつく世界

大名は次の3種類に分けられた。

① 親藩 徳川氏の一族。

② 譜代大名 古くからの徳川氏の家臣で大名になった者。

③ 外様大名 [*3] 関ヶ原の戦いのころから徳川氏に従った大名。

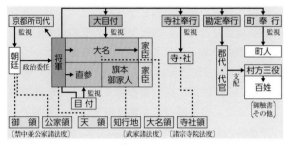

▲幕藩体制のもとでの統治機構

★3 江戸時代末の倒幕にかかわった藩の多くは、西南日本に位置する外様大名であった。

📖 史料 **武家諸法度(1615・1635年)**

一 文武弓馬の道，専ら相嗜むべき事。

一 大名小名在江戸の交替相定むるところなり。毎歳四月中，参勤を致すべし。

一 五百石以上の船，停止の事。

❺文治政治への転換 江戸時代初めの幕政は，武力により圧力をかける政治であった(武断政治)。17世紀半ばからは大きな戦乱もなくなり，儒学などの学問や礼節を重んじる文治政治(文治主義)へと変化していった。

② 江戸幕府の身分制

豊臣秀吉の兵農分離を基礎として，江戸幕府は封建的な身分制を確立した。武士・百姓・職人・町人などの身分はそれぞれ固定され，**身分ごとに居住する地域が定められた。**

❶武士 支配階級として苗字・帯刀の特権をもった。大名・旗本・御家人など多くの等級があり，家臣は主人への絶対的な服従が求められた。

❷百姓 人口の約85%を占め，農林水産業に従事した。村は名主(庄屋)・組頭・百姓代からなる村役人を中心とする本百姓によって運営された。収穫の4〜5割を年貢として納めさせられた。年貢納入や犯罪に対する相互監視のため，五人組の制度が設けられた。[*4]

❸町人 都市で商業を営む商人である町人，手工業者である職人がいた。地主・家持の身分から名主などの町役人が選ばれ，町の自治にあたった。

★4 確実に年貢を徴収するため，当初は，田畑の売買の禁止，商品作物の売買の禁止などが命じられた。また，日々の労働や暮らしにも細かな指示が与えられた。

[江戸初期の政治は，どのように変化していったのだろう？] Q1 ▶▶▶ A1
① 徳川家康〜徳川家光…中央集権確立のため，武力による威圧（武断政治）。
② 4代将軍以降…儒学などの学問と礼節を重んじる（文治政治）。

3 │ 世界との結びつき

1 江戸時代初めの交易

　幕府により，朱印状という許可状が大名や商人にあたえられ，東アジアから東南アジアにかけて貿易船が出航していった。この朱印船貿易がさかんになるにつれ，日本人の海外移住も増え，東南アジアには日本町がつくられた。

★1 16世紀の鉄砲・キリスト教の伝来以降，スペイン・ポルトガルの宣教師や商人が来日していた。

2 禁教と貿易の制限

❶キリスト教　幕府は，スペイン・ポルトガルによる布教が，新大陸のような植民地化につながること，キリシタンが信仰により団結することをおそれ，1612（慶長17）年に幕領に禁教令を出した。しかし信仰をつづける者は多く，1637（寛永12）年には九州で島原の乱がおこった。一揆をしずめた幕府は，キリシタンを発見するために絵踏を強化した。

❷貿易統制　幕府は貿易により大名や商人が力をつけることをおそれ，しだいに貿易にも統制を加えるようになった。ヨーロッパ船の寄港は平戸・長崎に制限され，イギリスはオランダとの競争に敗れ日本との貿易から撤退し，スペインは来航を禁止された。

▼禁教と貿易統制

年	できごと
1612	幕領に禁教令を出す
1613	禁教令を全国に拡大
1616	ヨーロッパ船の来航を平戸・長崎に制限
1623	イギリスが平戸の商館を閉鎖
1624	スペイン船の来航を禁止
1635	日本人の海外渡航・帰国を禁止
1637	島原の乱
1639	ポルトガル船の来航を禁止
1641	平戸のオランダ商館を長崎の出島に移す

★2 イエス＝キリストやマリアの像を役人の前で踏ませ，踏めない者をキリシタンと判断した。

3 長崎での貿易

❶オランダ　1639（寛永16）年，幕府はポルトガル船の来航を禁止し，1641（寛永18）年には平戸にあったオランダ商館を長崎の出島へ移し，幕府の厳しい監視下のもとで交易をおこなった。オランダ船の来航のたび，オランダ商館長は海外の事情を記したオランダ風説書の提出を義務づけられた。

★3 長崎港内につくられた人工島で，オランダ人の収容人数はわずか数十人。丘の上の長崎奉行屋敷から監視していた。

❷中国　明は17世紀半ばに滅び，清が成立した。清も長崎での
交易を許可され，生糸・絹織物などをもたらした。日本から
は銀や銅，海産物が輸出された。

4 東アジアに開かれた窓口

❶対馬　朝鮮半島に近い対馬藩の宗氏は，室
町時代以降，朝鮮との貿易を独占していた。
豊臣秀吉の朝鮮侵略で朝鮮との国交はとだ
えたが，関ヶ原の戦いに勝利した徳川家康
は宗氏を通じて交渉し，講和が実現した。

1 対馬藩は朝鮮の釜山に設けられた倭館に
　日本人を派遣し，貿易をおこなった。

2 文化交流もさかんで，対馬藩に仕えた儒
　学者の雨森芳洲は，朝鮮語と中国語を学
　んで朝鮮との友好に努めた。

3 将軍の代がわりごとに朝鮮通信使が江戸へ派遣されるよ
　うになり，芳洲もそれに同行した。[4]

❷薩摩　徳川家康は明との国交を回復するため，琉球王国の尚
氏に交渉を依頼したが，断られた。琉球への支配力拡大をね
らう薩摩藩は，朝鮮侵略への非協力を口実に，幕府の許可を
得て，1609(慶長14)年，琉球を攻めて降伏させた。

1 琉球は薩摩藩の監督下に置かれたが，明への朝貢もつづ
　けたため，薩摩藩は琉球を通じて明の産物を手に入れた。

2 薩摩藩はさとうきびを原料とする黒砂糖を上納させた。耕
　地の大半をさとうきび畑とされ，人々は食料不足に苦しんだ。

3 琉球は国王の代がわりごとに謝恩使を江戸へ派遣した。ま
　た，将軍の代がわりの際は祝賀の慶賀使を江戸へ派遣した。

❸松前　室町時代から蝦夷地南部に進出していた豪族の蠣崎氏は，
松前氏と改称し，先住民族であるアイヌへの独占的な支配と交
易を幕府に認められた。しかしその交易は松前藩がわずかな
米・酒・タバコなどを渡し，アイヌがもってくる毛皮・鮭・昆
布などをうけとる不利なもので，その交易条件を不満とするア
イヌは反乱をおこした。[5]18世紀以降は蝦夷地の海産物を詰め
た俵物が生産され，長崎や琉球を通じて清へ輸出された。

▲江戸時代の外交関係

★4 朝鮮通信使関係
の資料や芳洲の著作
は，2017(平成29)
年にユネスコ「世界
の記憶(世界記憶遺
産)」に登録されて
いる。

★5 1669(寛文9)年，
アイヌ主体の交易を
求めて，シャクシャ
インを中心に戦いを
おこしたが，鎮圧さ
れた。

📖 資料活用 アイヌの地位の変化

資料1 **アイヌの伝統的な儀式**

（「蝦夷島奇観」秦檍麿）

資料2 **アイヌと和人の交歓の儀礼**

（「日高アイヌオムシャ之図」）

資料3 **和人の支配地の推移**

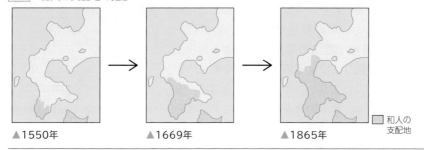

▲1550年　　　　▲1669年　　　　▲1865年　　　　　☐ 和人の支配地

解説

(1)独自の文化 資料1 は，アイヌの伝統的な儀式を描いたもの。肉や毛皮をもたらしてくれる熊に感謝し，その霊を神の国へ送り返すという儀式で，イヨマンテという。アイヌはこうした独自の文化をもっていた。

当初，和人とアイヌは対等な関係で交易をおこなっていたが，江戸時代になると，アイヌはしだいに松前藩に服従を強いられるようになった。1669（寛文9）年，アイヌの首長シャクシャインは不平等な交易を押しつける松前藩に怒り蜂起する。しかし，幕府の支援をうけた藩の軍兵に鎮圧され，シャクシャインも殺された。

(2)和人に追いやられたアイヌ 資料2 は，和人とアイヌの挨拶の儀礼で，オムシャという。当初は対等な挨拶の儀礼だったが，シャクシャインの蜂起後は，アイヌに服従を誓わせる行事へと変わったのである。資料3

のように，和人は支配地も拡大し，アイヌの生活圏は縮小していった。1899（明治32）年，政府は北海道旧土人保護法を制定した。しかし，「保護」は名目にすぎず，アイヌを同化させることを目的にしたものだった。

(3)「北海道の先住民族」として明示

差別的な北海道旧土人保護法は，1997（平成9）年にアイヌ文化振興法が制定されたことで廃止された。しかし，アイヌを先住民族と認める条文はなかった。

国際社会で先住民族や少数民族の権利を認めようとする動きが高まるなか，2008（平成20）年にようやく衆参両院で「アイヌを先住民族とすることを求める決議」が採択され，2019（令和元）年にはアイヌ施策推進法が成立した。第1条には「北海道の先住民族であるアイヌの人々」と明示されている。

POINT!

[江戸幕府はなぜ，禁教と貿易統制をおこなったのだろう？] Q2 ▶▶▶ A2
①禁教…ヨーロッパによる植民地化や国内の一揆を警戒したため。
②貿易統制…貿易による大名や商人の強大化を阻止し，利益を幕府が独
　占するため。
▶長崎以外にも，対馬・薩摩・松前の四つの窓口で交易をおこなう。

4│農村の発達

1 すすむ農業開発

❶治水　江戸幕府の収入の軸は百姓の納める年貢
であったため，米の増産がはかられた。17〜
18世紀に各地で**堤防の建設などによる治水，
用水路の整備などによる灌漑**が，藩や町人の主
導でさかんにおこなわれた。徳川家康は江戸を
水害から守り，新田開発を推進するため，江戸
湾（現在の東京湾）に流れ込んでいた利根川の流
路を東側へ移す工事をはじめた。約60年にお
よぶ工事の末，利根川は現在の千葉県の銚子に
流れるようになった。同時に利根川と合流して
いた荒川の流れも，西側へと変えた。この結果，
洪水の被害は減り，水運も発達した。

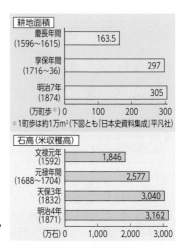

▲耕地面積と石高（米収穫量）

❷灌漑
　①**玉川上水**　江戸の飲み水を確保するため，現在の東京都
　　西部の羽村村から多摩川の水を引き，四谷までの約40数
　　kmを導水する玉川上水が建設された。
　②**見沼代用水**　現在のさいたま市には，見沼とよばれる沼
　　地がひろがっていた。これを干拓して新田を開くととも
　　に，利根川から取水する見沼代用水が建設された。
　③**箱根用水**　駿河国（静岡県）東部は水もちの悪い土地のた
　　め，干ばつがおこりやすかった。そこで箱根外輪山にト
　　ンネルを掘り，芦ノ湖の水を西側へ流す箱根用水が建設
　　された。山の両側から掘削し途中で合流させる難しい工
　　事となったが，約4年で完成した。

★1 トンネルの掘削
には，当時の鉱山で
使われた鉄製ののみ
などの道具や，測量
技術が使われた。

❸ **新田開発**　各藩の財政は参勤交代などの支出で余裕がなくなった。幕府も鉱山の採掘量の減少などで財政難におちいったため，新田開発による耕地拡大で年貢米の増収をはかった。有明海(福岡県など)，児島湾(岡山県)，椿海(千葉県)などでは，干拓により大規模な新田がつくられた。富を蓄えた町人が開発を請け負う町人請負新田もみられた。

用語 **参勤交代**　大名に対して，1年おきに江戸に滞在して江戸城を守る役割を命じた制度。軍役の1つ。

2 特産物のひろがり

❶ **農業技術の発達**　耕地面積の拡大とともに，農業技術の改良がすすめられた。

1 **農具**　田おこしのための備中ぐわ，脱穀のための千歯こき，からさお，選別のための唐箕・千石どおし，灌漑のための踏車などが開発された。

2 **肥料**　従来の刈敷・牛馬糞に加え，都市周辺では干鰯・油かすなどが金肥(貨幣で購入する肥料)として普及した。

▲脱穀の作業
(①唐箕，②からさお，③千歯こき『労農夜話』)

3 **農法**　17世紀末の宮崎安貞の『農業全書』をはじめ，多くの農書が書かれ，栽培技術などの知識がひろまった。

❷ **商品作物**　農業生産力の向上，都市の発達や生活の向上などを背景とする需要の高まりから，商品作物の栽培がさかんにおこなわれるようになった。繊維原料となる麻・綿，油の原料となる油菜，染料となる紅花，嗜好品のタバコ・茶など，各地の風土に適した作物が栽培され，特産物として定着した。桑は養蚕に必要な蚕のえさとして栽培され，製糸業が発達し，18世紀はじめには生糸の自給が可能になった。

❸ **水産業**　近畿地方でおこなわれていた網を使う漁法(上方漁法)が各地にひろまり，九十九里浜のいわし漁などで用いられた。わらでつくられていた網が，麻に変わったことも，漁業の発達をもたらした。紀伊(和歌山県)ではくじら，土佐(高知県)ではかつお，蝦夷地ではにしんの漁，また，瀬戸内海では赤穂(兵庫県)などで製塩業がさかんになった。

★2 干鰯はいわしやにしんを日干しにしたもの。沖合でいわし漁がさかんだった九十九里(千葉県)などで生産された。干鰯を使用した農家では，米の生産量は増加した。

★3 商品として販売することを目的につくられる作物。

★4 桑・楮・漆・茶は「四木」，紅花・藍・麻は「三草」とよばれた。

1 結びつく世界

❹林業　都市の家屋の増加，都市での火事の多発，多くの商
　船の建造などを背景に，木材の需要が高まった。**木曽のひの**
　き，津軽のひば，秋田のすぎなどの木材が商品化され，山林
　は幕府や藩によって厳しく管理された。

❺鉱業　佐渡(新潟県)の金，石見(島根県)の銀の産出量は，
　17世紀後半には減少した。かわって足尾(栃木県)の銅の産
　出量が増え，長崎貿易の主要輸出品となった。幕府は銅銭の
　寛永通宝を大量に流通させ，中世以来の中国からの輸入銭の
　使用を禁止した。また，鉄がとれる島根県や岩手県では，た
　たら製鉄がおこなわれた。

▲寛永通宝

3　手工業の発展

　商品作物の生産は，それを原料とする手
工業の発達をもたらし，**農村への貨幣経済**
のひろがりをいっそううながした。陶磁器
では伊万里・尾張・京都など，漆器では輪
島・会津若松など，和紙では土佐・美濃な
どが特産地となった。

▲工場制手工業のようす(「尾張名所図会」)

❶問屋制家内工業　18世紀から。問屋が
　百姓に道具や原料，資金を前貸しして布
　を織らせ，製品を安く買い取った。

❷工場制手工業　19世紀から。問屋や地主が**作業場に道具を**
　そろえ，小作人を集めて分業で製品を生産した。

　★5　マニュファクチュ
　アともいう。

　１　絹織物　足利(栃木県)，桐生・伊勢崎(群馬県)などで生産。
　２　綿織物　河内(大阪府)，尾張(愛知県)，久留米(福岡県)
　　などで生産。
　３　酒造業　伊丹(大阪府)，灘(兵庫県)などで生産。

POINT!

[商品作物の栽培の拡大が，経済にどのような影響を与えたのだろう？]

Q3 ▶▶▶ A3

①商品作物を販売して貨幣を得て，農具や肥料を購入することで，貨幣
　での年貢納入も増えた。
②貨幣経済の浸透により，地主と小作人の格差が生まれた。
③家内工業がおこり，問屋制家内工業，工場制手工業へと発展した。

5 │ 交通・都市の発達

1 交通の発達

❶水上交通　都市の人口が増大し，米や商品作物の流通が活発になるにつれ，大量の物資を安く輸送できる水上交通が発達。

1 **南海路**　江戸と大坂を結ぶ航路。木綿・油を輸送する菱垣廻船★1，酒・しょう油を輸送する樽廻船が定期的に運航した。

2 **西廻り海運**　東北地方の日本海側から関門海峡を通って大坂へ到る航路で，北前船が運航した。蝦夷地の海産物もこの航路で運ばれた。

3 **東廻り海運**　東北地方の日本海側から津軽海峡を通って江戸へ到る航路。西廻り海運・東廻り海運は江戸の商人の河村瑞賢によって整備された。

4 **河川交通**★2　角倉了以により富士川・天竜川・高瀬川などの水運が開かれ，内陸部の輸送が活発になった。水量の変化が大きいため，安定的な輸送はできなかった。

★1 海上輸送をおこなう船のことを廻船という。菱垣廻船は樽廻船との競争に敗れ，しだいに衰えていった。

★2 大井川・富士川などの大河川ではあえて橋をかけず，川越人足の助けを借りて徒歩で川を渡ることとされた。

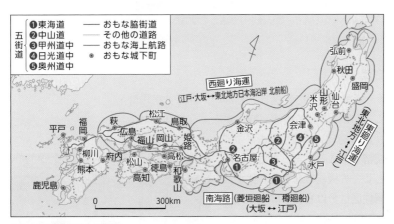

▲水上交通網と陸上交通網

❷陸上交通　各地の城下町をつなぐ陸上交通網が整備された。その中心となったのは，江戸を起点とする**東海道・中山道・甲州道中・奥州道中・日光道中**の五街道★3である。これら幕府の直轄下に置かれた街道の他，脇街道が全国に整備された。街道の途中には一里塚・宿駅・関所などの施設が設けられた。

★3 東海道には品川から大津まで53宿，大津―大坂間には4宿，中山道には67宿が置かれた。

1 **一里塚**　一里(約4km)ごとに土を盛って立てられた道路標識。

2 **宿駅**[★4]　2～3里ごとに置かれた宿泊施設。参勤交代で往来する大名が泊まる本陣，一般の旅行客が泊まる旅籠屋，物流にかかわる業者や馬が交代をおこなう問屋場などがあった。

▲品川宿（歌川広重「東海道五十三次」）

3 **関所**　中世のように税を徴収するためではなく，治安維持を目的に設けられた。江戸に武器などがもち込まれることや，参勤交代の人質として江戸にいる諸藩の妻子が脱出する[★5]ことを警戒した。関所を通行するには手形が必要とされた。

4 **通信の制度**　遠方へ書類や小荷物を輸送するため，飛脚の制度が整えられた。幕府専用の業者を継飛脚，民間の業者を町飛脚といった。

補説　**脇街道**　脇街道として伊勢街道・鎌倉街道・川越街道などがあげられる。山陽道や北陸道など，交通量が五街道と同じくらいの脇街道もあった。五街道のように関所の取り締まりが厳しくないため，女性によく利用された。

★4 人馬が足りない場合，周辺の村にあらかじめ指定しておいた助郷という夫役でまかなった。これは百姓にとって大きな負担となった。
★5 「入鉄砲に出女」といい，きびしく取り締まった。

2 都市の繁栄

❶**都市の分類**　産業や交通の発達にともない，港町・宿場町・門前町など，都市によって機能が特化するようになった。

1 **城下町**　江戸時代には戦乱がなくなり，大名が処罰されて領主が交替することもあったため，城の要塞としての機能は薄れた。武士と町人の居住区は分けられ，町人は業種ごとに大工町・呉服町などを形成した。

2 **門前町**　大きな寺社の周りにできた。宇治山田は伊勢神宮への参詣でにぎわった。

3 **宿場町**　品川・三島・島田など。参勤交代は道中の宿場町をうるおした。

4 **港町**　鞆の浦・敦賀など，沿岸航路の要地に発達した。問屋のほとんどは港町にあった。

▲伊勢神宮への参詣
（歌川広重「伊勢神宮・宮川の渡し」）

❷**三都**　政治・経済・文化の中心都市として発展した江戸・大坂・京都は，三都とよばれた。

① **江戸**　江戸城を中心とする城下町で，「将軍のおひざもと」とよばれた。幾度かの大火事を経て都市の整備がすすみ，18世紀はじめには人口が100万人に達した。人口の約半分を旗本・御家人，参勤交代の大名とその家臣が占めた。

② **大坂**　全国の物資の集散地として栄え，「天下の台所」とよばれた。諸藩は蔵屋敷を置き，国元から運び込まれた年貢米や特産物を販売した。

③ **京都**　平安時代以降の朝廷の所在地。西陣織など伝統的な工芸が発達し，大坂とともに「上方」とよばれ，元禄文化の中心地となった。

▲大坂の蔵屋敷（「摂津名所図会」）

▲元禄文化を代表する浮世絵（菱川師宣「見返り美人図」）

❸**町人の活躍**　三都や城下町では両替商が営業し，金・銀の交換などをおこなった。三井や鴻池など，財政の苦しい藩に金を貸すほど有力な両替商もいた。

　蔵屋敷では蔵元という商人が年貢米などを販売し，掛屋が代金の出納をおこなった。旗本や御家人は，札差を通じて年貢米を現金にかえた。

　また，商工業者は株仲間とよばれる同業者の組合をつくり，**幕府や藩に営業税を納めるかわりに営業の独占を許された。**

★6 江戸のし尿は肥料となるなど，リサイクルのしくみが確立していた。

★7 明暦の大火では500の大名屋敷，350の寺社が焼失し，10万人以上の死者を出した。

★8 東日本では金，西日本では銀がおもに使われた。

★9 問屋の株仲間として，江戸では十組問屋，大坂では二十四組問屋がつくられた。

結びつく世界

6 | 教育と学問

1 教育の普及

❶**藩の教育**　藩政改革★1を担う人材を育てるため，藩ごとに藩校がつくられ，藩士の子弟を教育した。はじめは朱子学を中心とする儒学や武術が教えられたが，のちに国学や蘭学も取り入れられた。著名な藩校として，**会津藩の日新館，水戸藩の弘道館，萩藩の明倫館，熊本藩の時習館，薩摩藩の造士館**などがある。

★1 18世紀末から，諸藩で藩政改革がすすめられた。熊本藩や米沢藩は，専売制を強化して財政の再建に成功した。

❷**幕府の教育**　全国の藩校の模範となったのが，幕府の**昌平坂学問所**である。これは元禄期に林家★2が湯島聖堂につくった学問所を，18世紀末になって幕府の公的な学校として定めたもので，幕臣などに朱子学を学ばせて有能な人材を取り立てた。

▲昌平坂学問所

❸**庶民の教育**　農村でも年貢の集計や村掟の制定などのため，計算や読み書きの能力が必要とされた。そのため18世紀以降，各地で**寺子屋**という教育施設がつくられた。寺子屋では僧や浪人が先生となり，百姓や町人の子どもに読み・書き・そろばん・礼儀作法などの知識を教えた。この結果，**庶民の教育水準が高まり，学問・文化の発達をもたらした**★3。

★2 徳川家康に登用された林羅山を祖とする。その子孫も代々儒学者として幕府に仕えた。

❹**私塾**　武士や学者，町人が開いた民間の私塾で，幕府や藩の方針にしばられない自由な教育ができた。緒方洪庵が大坂に開いた**適々斎塾（適塾）**，オランダ商館のシーボルトが医学を教えた**鳴滝塾**，吉田松陰が幕末の人材を指導した萩の**松下村塾**などが知られる。

▲寺子屋（渡辺崋山「一掃百態」）

2 学問の発達

❶**儒学**　儒学のなかでも幕府の官学として，上下の身分秩序，礼節を尊ぶ朱子学が重んじられた。元禄期からは陽明学が台頭するなど，儒学の多様化がすすんだため，**松平定信の寛政の改革では湯島の聖堂学問所（のちの昌平坂学問所）で朱子学**

★3 19世紀の化政文化のころには，庶民が十返舎一九の『東海道中膝栗毛』や曲亭（滝沢）馬琴の『南総里見八犬伝』などの読書を楽しんだ。

以外の学問が禁止された。

❷国学　17世紀以降，日本の古典を研究し，日本古来の価値を見いだそうとする国学がおこった。

1 荷田春満・賀茂真淵　『万葉集』『古事記』などを研究して儒学や仏教の影響をうける前の日本人の精神を明らかにしようとした。

2 本居宣長　『古事記』を研究して『古事記伝』を著し，日本古来の精神である「真心」への回帰を説いた。

3 平田篤胤　古代の純粋な民俗信仰に復古することを説く復古神道を開き，のちの尊王攘夷運動に影響をあたえた。

4 塙保己一　膨大な量の古典を収集して，文献集の『群書類従』を刊行した。

▲本居宣長

補説　医者としての本居宣長　本居宣長は国学者として名を残したが，本業は医者である。23歳から京都へ遊学し堀景山に儒学を，堀元厚に医書を，武川幸順に医術を学び，28歳で故郷の松坂（現在の三重県）に帰って開業，72歳で没するまで内科・小児科を主とする町医者として働き，生計を立てた。52歳の時の医者としての収入は，96両と生涯最高額となった。

❸蘭学　8代将軍徳川吉宗が，キリスト教に関係のない漢訳洋書の輸入を緩和したことをきっかけに，医学や天文学など実用的な学問がひろがりはじめた。

1 前野良沢・杉田玄白　オランダ語の解剖書『ターヘル＝アナトミア』を翻訳し，『解体新書』として出版した。これ以降，オランダ語をもとに西洋の学問・文化を学習する蘭学が発展した。

2 稲村三伯　オランダ語／日本語辞書の『ハルマ和解』を出版した。

3 平賀源内　長崎で本草学，医学などを学び，寒暖計やエレキテル（発電器）をつくった。

4 伊能忠敬　幕府の命令により全国の沿岸を測量し，精度の高い「大日本沿海輿地全図」を作成した。

▲　『解体新書』の扉絵

★4 18世紀末から欧米の船が日本沿岸に接近することが多くなり，海防のため正確な地図が必要となった。

補説　実学　西洋の医学・地理学などの学問は，日常生活に役立つ「実学」として幕府に奨励されるようになった。1811（文化8）年には天文観測や測量をおこなう蛮書和解御用を設置し，蘭学者を登用した。

2 清の繁栄と結びつく東アジア 世界史

▶ 明が17世紀半ばに滅んで，満洲族の清朝が建てられた。清朝は康熙帝・雍正帝・乾隆帝の3人の皇帝の時代に，中国本土と東北地方だけでなく，台湾，モンゴル，青海，チベットを領有し，朝鮮・ベトナム・タイ・ビルマ・琉球を服属させた。

　明代からひきつづいて商工業が発達し，貨幣経済が発達した。明朝の海禁政策は清朝に受けつがれたが，1683年，台湾の鄭氏を滅ぼすと，外交関係のともなう正式の朝貢貿易とは別に，港に税関業務をおこなう海関を置いて民間貿易を認めた。18世紀には，東アジアから南アジアにひろがる交易ネットワークがつくられた。

☞ このセクションでは，次の問いに答えられるようにする必要がある。

Q1 清はどのように，支配を拡大していったのだろう？

Q2 アジアでの交易ネットワークは，どのようにつくられたのだろう？

1 | 清の成立と政治体制

1 明の衰退

❶北虜南倭　明は，15世紀より北方からのモンゴル人の侵入，華中・華南では明の海禁政策に反発する人々が中国東南沿岸地域を襲う倭寇に苦しむ（北虜南倭）。16世紀末から17世紀初頭，豊臣秀吉の朝鮮侵攻や満洲族の反乱対策で財政破綻。

❷明の滅亡　財政破綻におちいっているにもかかわらず明朝内部で官僚の内部対立が繰り返された。また，増税による財政再建やききんに対して民衆が反乱をおこし，1644年，李自成の反乱軍が北京を占領し，漢民族の明王朝は滅亡した。

2 清の政治

❶清の成立　1616年，満洲族の一族長ヌルハチが豊臣秀吉の朝鮮侵攻に乗じて強大となり，満洲族を統一，国号を後金と定める。1636年，その子ホンタイジが，内モンゴルを征服し国号を清と定め，朝鮮に侵攻して属国とする。1644年，明朝滅亡後，第3代順治帝のもとで長城内に入り，李自成を破り，都を北京とする。

★1 倭寇は，14世紀を中心に日本人が主体となって活動した海賊・私貿易集団としての前期倭寇と，16世紀中頃を中心として中国人が活動した後期倭寇に分かれる。

★2 朝鮮侵略は1592〜93年，97〜98年におこった。日本での呼称は文禄・慶長の役，朝鮮側の呼称は，壬辰・丁酉倭乱。

❷皇帝独裁体制　清は，明のおもな制度を受けつぎ，朱子学を政治理念とし，科挙を実施して漢人を官僚として採用した。中央官庁では満洲人と漢人を同数任命（満漢併用制）し，皇帝独裁体制を確立した。科挙の採用や大規模な編纂事業をおこなうなど中国文化を尊重する態度を示した。他方で，満洲人の辮髪（頭髪の一部を残して剃り，編んでたらす）を強制したり，反満・反清の思想を弾圧する文字の獄をおこなった。

　17世紀後半から18世紀にかけて，康熙帝（在位1661～1722年），雍正帝（在位1722～35年），乾隆帝（在位1735～95年）の時代が清の最盛期である。

❸領土の拡大　中国本土と東北地方・台湾を直轄地，モンゴル・青海・チベットを藩部として領有し，朝鮮・ベトナム・タイ・ビルマ・琉球を服属させ冊封関係を結んだ。今日の中国領土の原型ができた。

❹ロシアとの外交　康熙帝の時代にネルチンスク条約（1689年），雍正帝の時代にキャフタ条約（1727年）を結び，勢力範囲の国境が設定された。

★3 隋（581〜618年）時代にはじまる官僚の採用試験。清では明の制度を継承した。
★4 地方の行政は漢人に任せた。
★5 漢人を懐柔するために学問愛好の態度をとり，大規模な編纂事業をおこなった。漢字辞典『康熙字典』や百科事典『古今図書集成』など。

★6 康熙帝の時代にこれらの地域を帝国の領土におさめた。18世紀半ば，乾隆帝時代にタリム盆地のイスラーム教徒のウイグル人を支配下におさめ，ジュンガルとあわせて新疆と名づけ藩部とした。
★7 ネルチンスク条約ではアイグン川とスタノヴォイ山脈（外興安嶺）を国境とし，キャフタ条約では外モンゴルでの国境が画定した。

▲清の最大領域

[清はどのように，支配を拡大していったのだろう？] Q1 ▶▶▶ A1

①満洲族の王朝…李自成の反乱による明の滅亡の混乱に乗じて北京を占領。

②明の統治の継承…皇帝独裁体制，懐柔・威圧策で中国を統治。

③領土の拡大…直轄地・藩部に分けて統治。外国と冊封関係を結ぶ。

④康熙帝・雍正帝・乾隆帝の治世（17世紀後半〜18世紀末）…全盛期。

2│清の経済発展

1 海禁政策

　明は，民間の対外交易・海外渡航を全面的に禁止する政策をとり，朝貢貿易のみを認めた。清も明の政策を引きついで厳格に海禁政策をすすめた。

★1 周辺諸国の支配者が中国皇帝に貢ぎ物をし，返礼の品を授かるという形態の貿易。

2 互市貿易

　1683年，台湾の鄭氏を降伏させると，清は貿易開放に転じた。広州・厦門・寧波・上海の貿易を管理する海関を置き，その4港で民間の海外貿易を公認した（互市貿易）。

★2 清は，海禁政策をとりやめた直後，海関（税関）を常設して，その統制のもとに海外通商を公認した。

3 清代の社会経済

　清が海禁政策を解除したことにより，生糸，陶磁器，茶など特産品が輸出され，大量の銀が流入し，経済活動が活発化した。その結果，食糧生産も増加して人口が増加し，東南アジア貿易をおこなう福建や広東の人々が東南アジアに住みつき，南洋華僑のもとになった。

3│東南アジア諸国との結びつき

1 海上交易ネットワーク

　18世紀には，東アジアから南アジアに広域の海上ネットワークが形成された。域内では，清からは特産品，東南アジアからは米，インドからは綿花や砂糖が交易された。

2 ヨーロッパ諸国の参入

❶**明代**　1517年，ポルトガル人が広州に来航し，1557年マカオに居住権を認められ，17世紀まで中国貿易を独占した。ついで，マニラを拠点とするスペイン人，台湾のオランダ人も中国との通商に加わった。

❷**清代**　1757年からヨーロッパとの貿易港を広州1港に限定し，公行_{こうこう}★1とよばれる特許商人の組合に，貿易業務の独占権が認められた。ヨーロッパで東アジア製品が流行したため，貿易額が増加した。特にイギリスとの茶貿易は18世紀後半から急増し，清の重要な銀供給源となった。

★1 特許商人の組合。当初は13あり，広東十三行とよばれた。

3 冊封関係の維持

❶**朝鮮・琉球**_{りゅうきゅう}　定期的に清へ朝貢し，ベトナムなど東南アジア諸国もたびたび朝貢使節を送った。

❷**清**　朝鮮・琉球・ベトナム・シャム・ビルマなどを属国とみなし，互市貿易と組み合わせて運用し，清を中心とする国際秩序をつくった。東南アジアを中心に華人_{かじん}ネットワークが形成された。

▲琉球での貿易のようす

POINT!

[アジアでの交易ネットワークは，どのようにつくられたのだろう？] Q2 ▶▶▶ A2

①清は明の海禁政策をひきつぐが，台湾制圧後は民間の海外貿易を認めた。

②清が海禁政策を解除したことで，東アジアから南アジアにかけての交易が活発になった。

③清はヨーロッパとの貿易を広州に限定し，公行に独占権をあたえて管理し，銀の重要な供給源となった。

④清は冊封体制を維持し，清を中心とした国際秩序がアジアにつくられた。

③ アジア・アフリカへ向かうヨーロッパ 世界史

▶ 16世紀から17世紀初頭，地中海からインド洋にかけてともにイスラームのオスマン帝国，サファヴィー朝，ムガル帝国が全盛期をむかえていた。また，ポルトガルやスペインがアジアやアメリカ大陸に進出し，香辛料や金銀，奴隷の交易をおこなっていた。

17世紀にはいると，ポルトガル・スペインにかわってオランダ・イギリス・フランスが有力になり，世界商業の支配権を争うようになった。これらの国々は，原料供給地・商品市場をもとめてアジア・アフリカ・アメリカに進出していった。とくに，イギリスは植民地戦争に勝利し，奴隷貿易によって大きな富を獲得した。

☞このセクションでは，次の問いに答えられるようにする必要がある。

Q1 オスマン帝国は，どのように支配を拡大していったのだろう？

Q2 ムガル帝国は，なぜ衰退していったのだろう？

Q3 17〜18世紀のアジアでは，どのような貿易が展開されたのだろう？

1 ｜ イスラーム帝国の繁栄

1 オスマン帝国

❶オスマン帝国の成立　小アジアにモンゴル人に追われたトルコ人が多数移住し，13世紀末オスマン帝国(1300頃〜1922年)が成立。イスラームのスンナ派の国家。14世紀，西方のバルカン半島に進出してビザンツ帝国[★1]の領土をうばい，14世紀末には，ハンガリー王の率いるヨーロッパ諸国の連合軍を破りブルガリアを支配した。

❷国家体制の整備　ビザンツ帝国の制度や技術をとりいれて国家体制を整備し，強力な歩兵部隊イェニチェリ[★2]を編成して，その後の発展の基礎をつくった。

❸オスマン帝国の発展　1453年，コンスタンティノープルを陥落させ，ビザンツ帝国を滅ぼす。コンスタンティノープルはトルコ風にイスタンブルと改称され，オスマン帝国の首都となった。15世紀末までにバルカン半島のセルビア・アルバニアを併合するとともに，黒海北岸を支配した。16世紀初頭にはマムルーク朝(1250〜1517年，シリア・エジプトを支配したイスラーム王朝)を滅ぼし，シリア・エジプトを領有。**メッカと**

★1 ローマ帝国が東西に分裂した後，東ローマ帝国としてキリスト教文化圏の中心となった。

★2 トルコ語で新軍の意味。征服地のキリスト教徒の子どもを強制的に徴兵し，イスラーム教徒の軍人として訓練した。

1

結びつく世界

メディナの保護権を手中におさめ，カリフ政治の後継者となった。★3

▲オスマン帝国の領域

❹**スレイマン1世の時代**　オスマン帝国は16世紀半ばスレイマン1世（在位1520〜66年）のもとで最盛期をむかえた。フランスと同盟し，ハンガリーを攻めてその大半をうばい，1529年には第1次ウィーン包囲★4をおこなった。1538年のプレヴェザの海戦★5に勝って地中海の制海権をにぎり，アルジェリア方面にも勢力をのばした。こうしてオスマン帝国は，アジア・アフリカ・ヨーロッパ3大陸にまたがる大帝国となり，東西貿易の要地をおさえて，その利益を独占した。

❺**オスマン帝国によるイスラーム巡礼の保護**　オスマン帝国の君主（スルタン）は，聖地メッカとメディナの守護者として巡礼者の安全を重視。東南アジアやインドから海路で聖地に向かうものも増え，オスマン帝国と東南アジア諸王国の結びつきも強まった。

❻**カピチュレーション**　オスマン帝国が非イスラーム教徒の外国人に恩恵的に与えた特権で，外国人の領内での通商の自由・免税・治外法権などを認めた。スレイマン1世が同盟国フランスに与えたのが最初で，のちイギリス・オランダにも与えた。18世紀以降，事実上の不平等条約となり，ヨーロッパ諸国がオスマン帝国に干渉・侵略する手段として利用された。

❼**地中海貿易の衰退**　1571年，オスマン帝国は，レパントの海戦でスペインに敗れたものの，地中海の制海権に大きな変化はなかった。しかし，インド航路が発達するにつれ，オスマン帝国の東西貿易の独占はくずれた。

❽**ヨーロッパ諸国の圧迫**　1683年，オスマン帝国は，第2次ウィーン包囲★6に失敗し，これ以降ヨーロッパ諸国によってしだいに領土をうばわれ，経済的な圧迫もうけるようになった。★7

★3 カリフとはムハンマドの後継者。
★4 フランスと友好関係を結び，ハプスブルク帝国の首都を攻撃した。
★5 スペイン・ヴェネツィア・ローマ教皇などの連合艦隊を破った。

★6 第2次ウィーン包囲に失敗したあと，オスマン帝国は，オーストリア・ヴェネツィア・ポーランドとカルロヴィッツ条約を結び，ハンガリーなどの領土をオーストリアに割譲した（1699年）。
★7 イギリス東インド会社の商館が，イラクのバスラに設けられ，オスマン帝国を圧迫した。

[オスマン帝国は，どのように支配を拡大していったのだろう？] Q1 ▶▶ A1
① コンスタンティノープルを占領し，ビザンツ帝国を滅ぼす。
② メッカ・メディナを支配。
③ スレイマン1世…プレヴェザの海戦→地中海の制海権を確保し最盛期。

2 サファヴィー朝

▲サファヴィー朝の最大領域

❶ **サファヴィー朝の成立**　イラン人が1501年に，イラン高原にイスラームのシーア派を国教として建国。皇帝はアラビア風の称号であるスルタンをやめて，イラン風のシャーを称した。

❷ **全盛期**　サファヴィー朝（1501～1736年）は，アッバース1世（在位1587～1629年）の時代に全盛期をむかえ，オスマン帝国からバグダード・タブリーズなどを奪回した。新首都イスファハーンが建設され，イラン＝イスラーム文化が栄えた。また，インド洋貿易でも大きな役割をはたした。

❸ **衰退と滅亡**　アッバース1世の後，サファヴィー朝は急速に衰退し，18世紀前半にアフガニスタン方面から進出したアフガン人によって滅ぼされた。

補説　**スンナ派とシーア派**　ムハンマドの死後，その後継者は部族の選挙で選ばれ，カリフとよばれた。4人目のカリフであるムハンマドのいとこアリーは，ムハンマドの娘ファーティマと結婚した。しかし，アリーが暗殺され，シリア総督のウマイヤ家のムアーウィアがカリフに就任し，以後ウマイヤ家が世襲した。ムハンマドの子フサインもウマイヤ軍に殺されると，アリーの子孫だけを指導者とする党派（シーア派）と，それ以外のムスリム（スンナ派）が対立した。その後も，王朝の君主の宗派が異なると，国どうしが対立することもあった。現在，世界のムスリム人口のうち，9割がスンナ派，1割がシーア派である。

3 ムガル帝国

❶**ムガル帝国の成立**　16世紀初め，ティ
ムールの子孫のバーブルが中央アジアか
ら北インドに進出し，ムガル帝国★8(1526
～1858年)を建てた。

❷**アクバル帝の時代**　バーブルの孫アク
バル帝(在位1556～1605年)は北イン
ドからアフガニスタンにいたる広大な領
域を支配した。彼はアグラを都とし，全
国を州・県にわけて王族や官僚を派遣し
て統治し，全国の土地を測量して地租を
徴収するなど中央集権的な機構を整えた。
また，イスラーム教徒(ムスリム)やヒン
ドゥー教徒の融和をはかり，非イスラー
ム教徒に課せられた人頭税(ジズヤ)を廃
止した。彼の治世のもとで帝国は全盛期
をむかえた。

▲ムガル帝国の領域

❸**アウラングゼーブ帝の時代**　17世紀後半のアウラングゼー
ブ帝(在位1658～1707年)はデカン地方を征服し，領土は
最大に達した。しかし，人頭税を復活するなど異教徒を抑圧
したので，ヒンドゥー教徒の反発をまねいた。

❹**ムガル帝国の衰退**　アウラングゼーブ帝以後，帝位継承の
争いや諸侯の離反がつづくなかで，ヒンドゥー教徒の一部や
パンジャーブ地方のシク教★9の信者の反乱がおこり，西インド
ではマラーター王国★10が成立した。また，西北からアフガン人
やイラン人が侵入し，海上からイギリス・フランスの侵略も
あり，ムガル帝国はしだいに領土を縮小させた。

★8 「ムガル」は
「モンゴル」のなま
った言い方。

★9 イスラーム教の
影響をうけたヒン
ドゥー教改革派で，唯
一の神への献身を説
く。創始者はナーナ
ク。

★10 デカン高原西
部のヒンドゥー教国
家。18世紀には王
権は衰退し，諸侯の
ゆるやかな連合体
(マラーター同盟)と
なる。

POINT!

[ムガル帝国は，なぜ衰退していったのだろう？] Q2 ▶▶▶ A2
人頭税…非イスラーム教徒に課された税。アクバル帝で廃止したものの，
アウラングゼーブ帝で復活。ヒンドゥー教徒などの反抗をまねき，ムガ
ル帝国衰退の一因となった。

2 ヨーロッパのアジア交易参入

1 ポルトガル

❶ポルトガルの活動　1510年にインドのゴアを占領して総督府を設け，つづいてスリランカ・マラッカ・モルッカ諸島を占領した。1517年広州で明と通商を開いたあと，1557年にマカオに居住権を得て，中国貿易の根拠地とした。

❷ポルトガルと日本　日本との貿易に関しては，1550年，ポルトガル船は初めて平戸に来港し，日本との貿易をはじめた。1616年，ポルトガルとの貿易は長崎と平戸に制限され，1639年，江戸幕府がとったキリスト教の信仰を禁止する政策により入港が禁止された。

❸ポルトガルの繁栄の限界　ポルトガルはアジア貿易を独占し，首都リスボンは一時世界商業の中心となった。ポルトガルのアジア貿易は，強力な海軍と航海術により，大西洋とアジアを結ぶ直航ルートを支配するものであった。すなわちポルトガルは，領域の支配ではなく，海上ルートを手中におさめることによって，交易の独占をはかろうとしたといえる。

2 スペイン

1571年，フィリピンのマニラを占領して，ここを拠点にフィリピンを植民地にした。マニラは，スペイン船がもたらすメキシコ銀と中国商人がもたらす絹や陶磁器の中継貿易で繁栄した。

3 オランダ

❶オランダの活動　1602年東インド会社を株式会社のかたちで設立。ジャワ島のバタヴィア(現ジャカルタ)を根拠地としてスリランカ・マラッカ・モルッカ諸島をポルトガルからうばった。1623年，アンボイナ事件でインドネシア地域からイギリス勢力を追いだして，香辛料の主産地を独占的に支配した。1624年，台湾を占領し，南部にゼーランディア城塞を建設して拠点とし，中国とも貿易をした。1652年には，南アフリカ南端にケープ植民地を建設して，東方貿易の基地とした。

★1 ポルトガルのアジア進出は，1498年のヴァスコ＝ダ＝ガマによる。その後，第2代インド総督に就任したアルブケルケが，マラッカ・ホルムズ・アデン・ゴアの4箇所を重要拠点として建設した。

★2 モルッカ諸島のアンボイナでオランダ東インド会社の職員が，イギリス商館員10人，日本人9人，ポルトガル人1人を処刑した事件。
★3 1661年，鄭成功が台湾を清に抵抗する拠点としようとしてゼーランディア城を攻め落とした。オランダは62年に撤退した。

❷オランダと日本　1609年に平戸に商
館を設置，1641年に商館は長崎出島
に移り，以後日蘭貿易は長崎でおこ
なわれた。鎖国中，オランダ船が入
港するたびに，オランダ商館長が海
外事情を報告するオランダ風説書が
江戸幕府に提出された。

▲オランダ風説書（一部）

4 イギリス

❶イギリスの活動　1600年，東インド会社を設立。東南アジ
アはオランダ・ポルトガルに独占されていたためインド経営
に専念し，ベンガル地方を開拓，東岸のカルカッタ（現コル
カタ）・マドラス（現チェンナイ），西岸のボンベイ（現ムンバ
イ）を占領した。

❷イギリスと日本　1613年にイギリス商館を平戸に開設。
1623年，アンボイナ事件でオランダとの抗争に敗れ，商館
を閉鎖した。

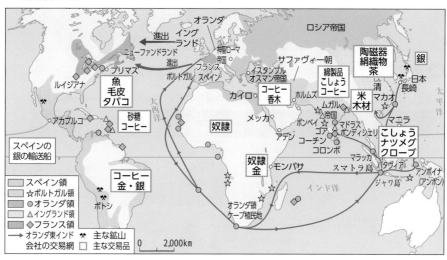

▲ヨーロッパ諸国のアジア・アフリカへの進出（17世紀）

3 ｜ アメリカ大陸と大西洋三角貿易

1 大西洋三角貿易

　17・18世紀に西ヨーロッパ・西アフリカ・西インド諸島の3地域間を結ぶ三角貿易によって，「世界の一体化」がいっそうすすんだ。イギリスなどの奴隷商人によって，西アフリカから多数のアフリカ人が奴隷として西インド諸島やアメリカ大陸に送りこまれた。イギリス商人は，武器・弾薬・繊維製品をアフリカで奴隷と交換し，奴隷を西インド諸島などで売り，そこで砂糖・コーヒー・タバコ・綿花などを仕入れ，本国で売りさばき，莫大な利益を得た。

▲大西洋三角貿易（18世紀）

★1 その利益は，資本として蓄積され，イギリス資本主義の発展に大きな役割を果たした。

2 奴隷貿易

　17〜19世紀にかけて，奴隷貿易で4,000万人以上の人々がアメリカに連れ去られた。このためアフリカの社会は大きな打撃をうけ，その後の経済発展をさまたげる原因となった。

🔖 **資料活用** 17〜18世紀のアジアでは，どのような貿易が展開されたのだろう？ Q3

資料1 　ポルトガルがヨーロッパに運んだ香辛料の量と全アジア生産に占める割合（単位：トン）

地域名	品名	年生産量	ヨーロッパでの需要量	ポルトガルが運んだ最高量	全アジア生産量に対する比率
南インド	こしょう	4,000			
スマトラ西北	こしょう	3,500	1,600	1,100	14%
マレイ・ジャワ	こしょう	500			
モルッカ	丁香	800	400	280	35%
バンダ（モルッカ）	ニクズク	100	50	35	35%
		（計）8,900	2,050	1,415	16%

（山田憲太郎『香薬東西』法政大学出版局より作成）

資料2 　ポルトガルのアジア進出のねらい

　1498年のヴァスコ＝ダ＝ガマのインド到達から14年目のマラッカ占領によって，ポルトガルのアジア進出の目的は一応達せられる。この目的をなしとげたアルブケルケの政策は，東アフリカ，アラビア，ペルシア，インド，東南アジアの各地の重要な拠点に城塞を築造して，ポルトガルの軍事力支配を強固なものとし，それによって海上

の通商支配権を掌握することにある。城塞
は沿岸の重要な港湾に造られ、各城塞を海
上ラインで結ぶことで、本国のリスボンと
直結する。すなわち本国との間の、通商航

資料3　オランダのアジア貿易の変化

　1680年ごろまでのあいだに、オランダ東
インド会社の性格は変容をとげていた。散
在する商館を確保して貿易の利潤をあげる
組織から、領土を支配し拡張する一種の国
家に変わったわけである。長期にわたる武
力介入は財政をますます圧迫した。……

　オランダ東インド会社が胡椒に代わる本
国向けの商品として目をつけたのはコーヒ
ーであった。コーヒーの原産地はエチオピ
アであるが、当時の主要な輸出地はアラビ
ア半島のモカであった。会社はコーヒーを
モカから輸出していたが、ここがオスマン・
トルコ帝国の支配下に入ったので、輸出が
不可能になった。このため会社は他の地域
でコーヒーの栽培を試みたが、とくに会社

海の支配と独占を目的とする。…彼らの目
的は、彼らが必要とする商品、とくにスパ
イスのアジア海上通商の支配である。

（山田憲太郎『香薬東西』法政大学出版局）

1700年までには、会社の負債は1,200万グ
ルデンに達したと伝えられる。
　この莫大な負債の軽減に苦慮しつつ、オ
ランダ東インド会社の関心は、もはやヨー
ロッパで慢性的に供給過剰気味な香料から、
他の商業用農作物へ移行していった。

（永積昭『世界の歴史13』講談社）

が直接支配していた西部ジャワで成績がよ
かったので、1696年からこの地域で積極的
にコーヒーの栽培が試みられるようになっ
た。会社は住民に土地を開発させて、コー
ヒーを栽培させた。こうして会社は貿易業
者であると同時に土地と人民を支配管理す
る「国家」としての第一歩を踏み出すこと
になったのである。

（石澤良昭・生田滋『世界の歴史13』中央公論社）

解説

(1)**東南アジア貿易**　16世紀のポルトガル人
のインド洋交易圏への侵入は、インド洋をめ
ぐる交易に大きな変化を与えるものではなか
った。ポルトガルは、インドのゴアを拠点に
インド洋で交易するとともに、マラッカを占
領して東南アジア貿易を独占しようとした
(資料2)。しかし、ゴアでもマラッカでも、
それまでインド洋をめぐる交易を支配してい
たイスラーム商人は、ポルトガルの支配に服
さず、独自のルートで交易をおこなった。結
果、ポルトガルが支配できた香料は全体の
14〜16%であって(資料1)、中国向けのもの
やインド洋交易圏で消費するものは全て従
来の交易体制の中でおこなわれていた。
(2)**貿易品目の変化**　香料貿易は、**17世紀後**

**半で頭打ちになり、オランダやイギリスの
貿易品目の中では綿布や茶が重要になって
くる**。オランダは、ヨーロッパで普及しつ
つあったコーヒーに目をつけ、西部ジャワ
でコーヒーの強制栽培制度を取り入れ、綿
花栽培を強制し、じょじょに土地を支配す
る方向へ政策転換する(資料3)。

要点　Q3 ▶▶▶ A3

　ポルトガルは東南アジア貿易の支配をも
くろんだものの、独自のルートをもつイス
ラーム商人にはばまれ、独占できたのは香
料の14〜16%ほどに過ぎなかった。やがて
貿易品目は香辛料から綿布や茶、コーヒー
に変わっていった。

CHAPTER

2 » 近代ヨーロッパ世界の成立

まとめ

① ヨーロッパ経済の動向と産業革命 ☞p.42

☐ **17世紀のヨーロッパ経済** 重商主義のもと，オランダ・イギリス・フランスが植民地経営。

☐ **産業革命** 18世紀後半のイギリスではじまった，機械の発明と工業生産の発展。

・**背景**…綿織物の需要増。第2次囲い込み運動の結果，農民が都市労働者に。

・**綿工業**…紡績機や蒸気機関の改良で生産性向上。マニファクチュアが成立。

・**社会の変化**…産業資本家が低賃金の労働者を使用して大量生産。労働問題。

☐ **世界への影響** 「世界の工場」とよばれたイギリスを中心に「世界の一体化」。

☐ **交通** 蒸気船，蒸気機関車が実用化。

☐ **通信** 19世紀半ばに電信が実用化。大陸横断電信網の整備。

② アメリカ独立革命とフランス革命 ☞p.50

☐ **北アメリカの植民** 17世紀にイギリスの清教徒(ピューリタン)が移住→13植民地の南部で奴隷制プランテーション→七年戦争でイギリスがフランスに勝利。

☐ **アメリカ独立革命**

・**背景**…イギリスが茶法制定→ボストン茶会事件→大陸会議。

・**開戦**…ワシントンを総司令官に独立戦争→1776年アメリカ独立宣言→フランスなどの支援で植民地側が勝利。

・**独立**…パリ条約で独立承認。合衆国憲法の制定(人民主権・連邦主義・三権分立)。初代大統領にワシントン。

☐ **フランス革命**

・**背景**…第一・第二身分に免税特権，第三身分に重い負担。戦争で財政悪化。

・**革命のはじまり**…ルイ16世が三部会を招集。ブルジョワジーなどが国民議会を組織。バスティーユ牢獄の襲撃。人権宣言の発表で旧制度崩壊。

・**革命の進展**…ヴァレンヌ逃亡事件(国王逃亡失敗)→1791年憲法制定，立法議会成立→国民公会招集，第一共和政の成立→イギリスなどが第1回対仏大同盟→ジャコバン派独裁→テルミドールの反動→総裁政府の成立。

☐ **ナポレオン** ナポレオン法典を制定し皇帝に即位(第一帝政)。プロイセンを征服。イギリスに対する経済封鎖や，ロシア遠征に失敗し，流刑。

❸ 19世紀前半のヨーロッパ ☞p.64

□ **ウィーン会議**　ウィーン議定書でドイツ連邦が成立。神聖同盟，四国同盟を結成し自由主義を抑圧。

□ **民族の独立を求める動き**　ドイツのブルシェンシャフト，イタリアのカルボナリ。ロシアでデカブリストの乱。ロシア支配下のポーランドで革命。

□ **革命運動**
  ・**フランス**…七月革命（ルイ＝フィリップを新国王としてむかえる）。二月革命（第二共和政が成立し社会主義政策→失敗）→ナポレオン３世（ルイ＝ナポレオン）の第二帝政へ。
  ・**ドイツ**…三月革命でフランクフルト国民議会を開催。
  ・**諸国民の春**…ハンガリー・ベーメン・イタリアなどで革命の機運。

□ **イギリスの改革**　腐敗選挙区の廃止。労働者がチャーティスト運動。

□ **社会主義**　マルクス，エンゲルスの『共産党宣言』。

❹ 19世紀後半のヨーロッパ ☞p.74

□ **ロシア**　地中海へ進出をはかり，ギリシア独立戦争へ介入。クリミア戦争で敗北し南下は阻止された。ロシア＝トルコ戦争に勝利したロシアが，サン＝ステファノ条約でブルガリアを保護国化→ドイツがベルリン会議で南下政策を阻止→農奴解放。ナロードニキ運動。テロリズムの台頭。

□ **イギリス**　ヴィクトリア女王の治世下で「パクス＝ブリタニカ」（イギリスの平和）。植民地をモノカルチャー経済化。二大政党制。労働組合法の成立。選挙法改正。

□ **フランス**　ナポレオン３世がプロイセン＝フランス（普仏）戦争に敗れ，第二帝政が崩壊→パリ＝コミューン→第三共和政。

□ **イタリア**　「青年イタリア」による統一の動き。サルデーニャ王国を中心にイタリア王国が成立。

□ **ドイツ**　ドイツ関税同盟による経済的統一→ヴィルヘルム１世のもと，ビスマルク首相が鉄血政策→デンマーク・フランスと戦争→ドイツ帝国が成立。
  ・**ビスマルクの政策**…保護関税政策。文化闘争でカトリックを抑圧。社会主義者鎮圧法を制定。ベルリン会議で勢力均衡。

ヨーロッパ経済の動向と産業革命 世界史

▶1688年からヨーロッパやアメリカ大陸で断続的に続いた世界商業と植民地争奪をめぐるイギリスとフランスの戦い(第二次英仏百年戦争)は，1763年のパリ条約でイギリスの勝利に終わった。それ以降イギリスは，世界で初めて始まった産業革命により工業生産力を伸ばし，19世紀前半には世界市場の覇権(はけん)を握った。

☝このセクションでは，次の問いに答えられるようにする必要がある。

Q1 産業革命は，なぜイギリスで始まったのだろう？

Q2 産業革命は社会にどのような変化をもたらしたのだろう？

1 ｜ヨーロッパ経済の動向

❶ 大航海時代以降　ヨーロッパの貿易の中心が地中海からイベリア半島(スペイン，ポルトガル)，オランダ，イギリスへと移動(商業革命)。北東ヨーロッパが北西ヨーロッパへの安定的な穀物(こくもつ)供給地となる。

❷ 17世紀　オランダ，イギリス，フランスは，貿易が輸出超過となれば財政が豊かになる(重商主義)として，宮廷が特権的大商人に特許会社をつくらせ，そこに貿易独占権と軍事権を与え，植民地経営に乗り出した。

❸ 重商主義の形態　直接的に金・銀を獲得しようとする初期の重金主義(じゅうきん)(スペイン)から，輸入品に高い関税をかけて輸出を増やそうとする貿易差額主義(フランスやイギリス)へ。

❹ 19世紀　産業革命が重商主義体制をくずしていく。

2 ｜産業革命とは何か

1 産業革命の意味

　産業革命とは，蒸気機関の製造業への転用，機械の発明によって工業生産力が飛躍的に増大した現象をいう。それは，単に機械の発明と使用という技術的側面の改革だけをいうのではなく，生産技術の変化にともなっておこった社会構造上の変化をも意味する。

★1 16〜18世紀，おもにヨーロッパ絶対王政諸国でおこなわれた経済政策。官僚制と常備軍を維持する財源を確保するために政府が積極的に経済に介入した。

★2 18世紀末から19世紀前半にかけての，主に軽工業を中心とした工業化を第1次産業革命，19世紀後半からおこった重化学工業を中心とした工業化を第2次産業革命，20世紀後半のコンピュータの登場によって生まれた産業技術の発展を第3次産業革命という。現在は，人間(にな)が担ってきた労働の一部が自動化され，IoTやAIに象徴(しょうちょう)される技術革新が社会を変えていくとする第4次産業革命の真っ只中(ただなか)である。

2 産業革命の歴史的意義

　産業革命は，歴史の新しい転換点となった，近代史上最も重要なできごとであった。産業革命は人々の生活を以下のように，根本から変えていった。

❶物資が豊かになり，人々の生活が便利になった。

❷資本の蓄積によって資本主義が確立した。

❸資本家と労働者の対立という新たな社会問題が生じた。

▶産業革命はその後の歴史の新しい展開の出発点となった。

> 補説　**気候変動と産業革命**　現在，地球温暖化問題でも，産業革命が地球温暖化の起点としてとらえられており，国連では21世紀末に産業革命時より気温上昇を1.5度以内に抑えるという目標が立てられている。

[産業革命の意義]

①機械による工業生産力の飛躍的増大。

②社会構造の変化(資本家と労働者の対立)。

③環境問題の発生。

3 イギリス産業革命の要因

　産業革命は，18世紀後半に世界で初めてイギリスで，国内で生産できない綿花を原料とする綿糸・綿織物をつくる分野から始まった。イギリスで産業革命が始まった要因は次のようなものが考えられる。

❶綿織物の需要の高まり　はじめインドから輸入され，人気を集めていた綿織物(インド・キャラコ)は，毛織物業が打撃をうけたため国内での使用が禁止され，ヨーロッパへの再輸出や大西洋三角貿易に投入された。綿織物は洗濯が容易で，鮮やかに染めることができるので，武器や鍋などの雑貨とともにアフリカに運ば

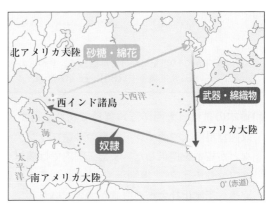

▲大西洋三角貿易(18世紀)

れ，奴隷と交換された。獲得した奴隷は大西洋をこえてアメ

リカ大陸に運ばれ，プランテーション経営者に売られ，そこで砂糖や綿花，タバコ，染料などと交換されてイギリスに莫大な利益をもたらした。

18世紀半ばには，綿織物を国内生産すれば大きな利益が見こめる経済状況にあった。

❷原料と市場の確保　1763年，パリ条約でフランスとの植民地争奪戦争に勝利し，18世紀後半には大西洋・インド洋の海上支配権を確保した。その結果，西インド諸島やアメリカ合衆国南部から原綿を確保することができた。これらの地域はイギリスにとって原料供給地と販売市場となった。

📖 資料　イギリスの原綿輸入

▼イギリスの原綿輸入量と輸入相手国または地域（1786〜1880年）（1,000梱）*

年	合衆国	ブラジル	英領西インド	地中海地域	東インド地域	その他	合計
1786〜90	0.1	5.0	45.0	13.0	0.5	−	63.6
96〜1800	22.5	10.7	32.9	17.3	8.3	1.8	93.5
1806〜10	107.5	32.5	32.8	2.6	25.9	1.0	202.3
16〜20	166.3	55.8	23.8	1.0	93.7	11.0	351.6
26〜30	433.8	60.9	12.9	16.1	55.7	2.9	582.3
36〜40	920.6	52.3	3.5	19.4	145.9	10.3	1,152.0
46〜50	1,247.2	57.9	1.9	31.3	196.1	2.9	1,537.3
56〜60	2,172.8	55.1	2.0	89.9	480.0	22.4	2,822.2
66〜70	1,410.9	190.7	7.6	364.0	1,218.4	73.6	3,265.3
76〜80	2,589.1	85.3	1.7	402.2	510.8	51.7	3,640.8

＊　1梱＝400ポンド。（宮崎犀一・奥村茂次・森田桐郎編『近代国際経済要覧』東京大学出版会）

解説
18世紀末から19世紀にかけて英領西インドからの輸入が減って，アメリカ合衆国からの輸入が増加している。南北戦争中（1861〜65年）は，東インドからの輸入が増加している。

❸資本の蓄積　大西洋三角貿易で利益を得たリヴァプールの奴隷貿易商人や西インド諸島の砂糖プランテーション所有者などが資本を提供した。また，国内では農村を中心に，マニュファクチュア（工場制手工業）による資本主義的生産様式が発達，工業化社会への準備ができていた。

❹低賃金で働く労働者の確保　18世紀前半，イギリスでは中世以来続いていた三圃制農法にかわり，カブ（飼料）→大麦→

クローバー(牧草)→小麦を4年周期で輪作するノーフォーク農法が普及した。カブとクローバーは家畜の餌となり，冬越しで家畜を飼育する混合農業が可能となり，農業生産力が伸びた。地主は農民から土地を取り上げ，大規模に囲い込んで一部の農民に貸し与える第2次囲い込み運動が始まった(農業革命)。土地を失った農民は都市へ流入，賃金労働者となって安い労働力を提供した。

❺綿工業の発達と機械の発明　イギリスにおいて重要な工業は羊毛工業(毛織物業)であったが，綿織物の需要増加に脅威を感じた羊毛業者がインド・キャラコの輸入を禁止する法律をつくらせた。国内外ともに綿織物の需要が高まり価格が上がったため，国内生産の気運が高まり，紡績機と織機の発明がおこなわれた。

1 ジョン=ケイの発明した飛び杼により，綿布の生産量が急増し，綿糸が不足した。

2 ハーグリーヴズがジェニー紡績機を発明。

3 アークライトが水力紡績機を発明。

4 クロンプトンがミュール紡績機を発明して，良質の綿糸が速く大量に生産されるようになった。

5 カートライトは蒸気機関を動力とする力織機を発明，織布の生産がさらに高まった。

6 アメリカのホイットニーは綿繰機を発明，原綿の生産が急増した。以後アメリカ南部の綿花がイギリスへ大量に輸出されるようになった。

★1 ヨーロッパでは3年に一度休耕して地力の回復をはかる農法(三圃制)が続いていたが，18世紀前半にノーフォーク農法が普及し，穀物生産を目的とした第2次囲い込み運動が拡大した。

▼おもな機械・交通機関の発明

年	できごと
1712	ニューコメン(英)…蒸気機関を発明
1733	ジョン=ケイ(英)…飛び杼を発明
1764頃	ハーグリーヴズ(英)…ジェニー紡績機を発明
1769	アークライト(英)…水力紡績機を発明
1769	ワット(英)…蒸気機関を改良
1779	クロンプトン(英)…ミュール紡績機を発明
1785	カートライト(英)…力織機を発明
1793	ホイットニー(米)…綿繰機を発明
1804	トレヴィシック(英)…最初の蒸気機関車
1807	フルトン(米)…蒸気船を試作
1814	スティーヴンソン(英)…蒸気機関車を試作

[産業革命は，なぜイギリスで始まったのだろう？] Q1 ▶▶▶ A1

イギリス産業革命は，18世紀後半，イギリスで原料が生産できない綿工業部門から始まった。

①フランスとの植民地争奪戦に勝利して，原料と市場が確保できていた。

②大西洋三角貿易などの結果，資本の蓄積ができていた。

③農業革命の結果，土地を失った農民が低賃金で働く労働者になった。

④1760年代以降，綿織物生産に関係する機械の発明がおこなわれた。

4 | 産業革命と社会の変化

1 産業革命の影響

　産業革命の影響は，社会のさまざまな分野に現れた。それまでイギリス社会をリードしていた地主は力を失い，新たに発達した新興工業都市の産業資本家が政治に大きな影響力をもつようになった。都市の労働者は，地位向上をはかって労働運動をおこした。また，イギリスはかつてない富を国内に蓄積することになった。

2 産業資本家の台頭

　従来の手工業や家内工業にかわって，大規模な機械制工場が生産の主体となった。**機械制工場の経営者は，機械・工場・道具・原料などの生産手段を所有し，賃金労働者を雇って生産をおこなった。**[*1] このような経営者を産業資本家という。産業資本家は，大量生産・低賃金による安価な商品で市場を占有，利潤を確保して，絶対的優位に立った。それに対し，それまでイギリス経済を支配していた地主貴族の力は弱まった。

★1 家内工業的な手工業者や職人は市場を失って没落し，失業と貧困に追いこまれた。彼らはその原因が機械にあると考え，大規模な機械打ちこわし(ラダイト)運動を展開したが，大部分は土地を失った農民とともに賃金労働者になった。

3 資本主義体制の確立

　社会的分業がすすみ，生産手段を所有する資本家(ブルジョワジー)と，労働力を売る以外に生活手段をもたない賃金労働者(プロレタリアート)が完全に分離，対立するようになった。

4 労働問題の発生

　工場制機械工業の成立により分業が発達し，仕事が単純化したため，熟練者が不要となり，賃金が安くてすむ女性や子どもが雇われるようになった。資本家は労働者を低賃金で長時間働かせ利潤を追求した。一方，労働者は失業を恐れ，劣悪な労働条件に甘んじた。やがて労働者は団結して資本家に対抗するようになり，労働組合の組織化が急速にすすんだ。

▶織物工場で働く少年

2
近代ヨーロッパ世界の成立

📖 資料活用　工場で働く女性や子どもたち

[資料]　**工場労働における児童の状態(サミュエル＝クールソンの証言)**

Q：好況時にあなた(仕立屋クールソン)の娘たちは朝の何時に工場へ行きましたか。

A：娘たち(働き始めのころ，それぞれ12，11，8歳の3人)は朝の3時には工場に行き，仕事を終えるのは夜10時から10時半でした。

Q：彼女たちのなかで誰かこの労働のために事故をおこした者はいますか。

A：はい，長女が初めて工場に行ったとき，…歯車の歯が彼女の人差し指の爪を引っかけ，関節の下からねじ取りました。そして彼女は5週間…入院しました。

Q：その期間，彼女の賃金は支払われましたか。

A：事故がおこると賃金はまったく支払われませんでした。

(イギリス議会の委員会での工場労働についての調査の記録の一部，1832年)

[解説]

(1)工場で働く女性や子どもたち　産業革命期になると工場や炭鉱で女性や子どもが多数働くようになる。資料に登場する子どもの労働時間は18時間以上におよぶ。当時のある紡績工場では，綿くずを掃除するのに7歳の子どもが使役されていた。彼は朝5時におこされて麦がゆの朝食をかきこみ，寄宿舎を出て，5時半には工場に入り，途中30分の昼食時間を挟んで夜8時半まで働き続けた。疲れて床に座りこむと，監督の鞭がとんだ。また，炭鉱では幼い子どもが沢山働いていた。幼い子どもは体が小さく，石炭を掘り出す坑道も狭くてすむからだ。

当時の様子を描いた絵には，地上にいる母親が子どもを坑道に滑車を使って下ろしている場面が描かれている。当時の婦人や子どもの平均労働時間は14～15時間であった。

(2)工場法の制定　幼少年労働者を保護する目的で，1802年以降，何回か工場法が制定された。**1802年の工場法では12時間労働と深夜業禁止が定められ，19年には9歳以下の幼児の使用が禁止された。**1831～33年，議会下院で児童労働の実態が次々暴露され，33年の工場法では18歳未満の夜業禁止，工場監察官の設置が決まった。

POINT!

[産業革命は社会にどのような変化をもたらしたのだろう？] Q2 ▶▶▶ A2

① 資本主義体制の確立(産業資本家による資本主義的生産)。

② 労働問題の発生(児童労働，長時間労働など)。

5│産業革命の世界的影響

1 国際的な分業体制の確立

　安価で均質なイギリス産綿織物がアジア各地に輸出され，在地の手織りの綿織物が大打撃を受けた。とくに顕著な例はインドで，1820年代インドから輸出された綿織物をイギリスから輸入した綿織物が上回り，1830年代にはイギリスへの綿花供給地となった。ただし，インドからの綿花輸入量は全体の15％程度で，約80％はアメリカ南部から輸入した綿花であった。産業革命は「世界の工場」といわれたイギリスを中心に「世界の一体化」がすすめられることになった。

2 自由貿易政策と保護貿易政策

❶自由貿易政策　19世紀半ばのイギリスは，工業化に成功し，国内で豊富な鉄鉱石や石炭を使って運河・鉄道の建設をすすめ，輸送力の向上に努めた。こうして，他国の追随を許さない豊かな生産力を背景に自由貿易政策を推進した。

❷保護貿易政策　一方，遅れて産業革命をすすめたアメリカ合衆国，フランス，ドイツなどは，イギリスの安価で大量に生産された工業製品の輸出攻勢に対し，国内産業を保護するために関税をかけて対抗する保護貿易政策をとった。[1]

★1　アメリカでおこった南北戦争(1861〜65年)の背景には，保護貿易を主張する南部と，自由貿易を主張する北部の対立がある。

6│交通手段・通信手段の革新

1 動力革命

　ニューコメンが蒸気機関を発明。炭坑の排水ポンプの動力に利用された。ワットはこれを改良して，さらに優れた蒸気機関を完成させた。

▲ワットの蒸気機関

2 蒸気機関改良の意義

　蒸気機関は，紡績機械・織布機械と結びついて，イギリスの綿工業を著しく発達させた。

　産業革命以前には水力をおもな動力として利用していたため，工場は河川の流域に限られていたが，蒸気機関の普及によって工場立地の制限が減った。このため，石炭や鉄鉱石の産地近くに工場が建てられ，新興工業都市に人口が集中するようになった。

3 交通革命

　工場制機械工業の発達で，大量の原料・製品を迅速に安価で輸送するため，交通・運輸の面での革新がすすんだ。

　18世紀後半，イギリスでは多くの運河が建設された。蒸気機関の発達を利用してフルトン(米)が蒸気船を，スティーヴンソンが蒸気機関車を実用化し，海上交通・陸上交通に新時代をもたらした。また，鉄道や地下鉄も開通した。

4 通信革命

　19世紀初めに電気を利用する試みが始まり，19世紀半ばには電気を利用した電信が実用化され，イギリスとアメリカを結ぶ大陸横断電信網(大西洋横断電信ケーブル)が完成した。

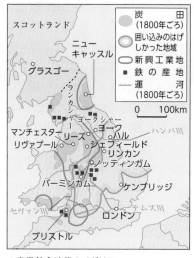

▲産業革命時代のイギリス

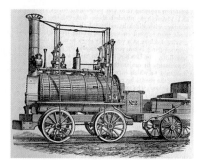

▲スティーブンソンが設計した蒸気機関車（1816年）

POINT!

　[産業革命の展開]
　　①蒸気機関による動力革命
　　②綿工業(紡績機と織機の発明)
　　③交通革命(蒸気船・蒸気機関車)
　　④通信革命(大陸横断電信網)

2 近代ヨーロッパ世界の成立

SECTION 2　アメリカ独立革命とフランス革命 世界史

▶ 大西洋を挟んでヨーロッパと北アメリカで産業革命と市民革命(アメリカ独立革命,フランス革命)がおこった時代を二重革命の時代という。産業革命をむかえた欧米社会では資本主義体制が確立し,イギリスは世界市場を支配した。また,アメリカ独立革命やフランス革命では,近代民主政治の基本原理(基本的人権,人民主権,抵抗権など)が獲得されていった。

☞ このセクションでは,次の問いに答えられるようにする必要がある。

- Q1 アメリカはなぜ,イギリスから独立しようとしたのだろう?
- Q2 フランス革命の過程で,政治体制はどのように変わったのだろう?
- Q3 ナポレオンはなぜ,没落したのだろう?

1 | 18世紀イギリスの台頭と,北アメリカ大陸の情勢

1 13植民地の成立

1620年,ピルグリム＝ファーザーズといわれる清教徒(ピューリタン)の一団がイギリスから信仰の自由を求めてボストン郊外のプリマスに上陸し,ニューイングランドの基礎をつくる。18世紀前半までに北アメリカ東海岸に13植民地がつくられた。

13植民地の南部には奴隷制プランテーションがつくられ,タバコや米をイギリスに輸出した。一方,北部では自営農民や商工業者が木材や食料の交易,造船によって大西洋三角貿易に加わった。

★1 イギリスではイギリス国教会が強制されたため,清教徒の一団は北アメリカへ渡った。彼らが船上で交わしたメイフラワー契約は,新しい自由な精神の象徴となった。

2 北アメリカ大陸をめぐるイギリスとフランスの戦い

七年戦争(1756〜63年)でイギリスが勝利し,パリ条約(1763年)が結ばれる。

❶ ミシシッピ川以西のルイジアナ(フランス領→スペイン領)

❷ フロリダ(スペイン→イギリス)

❸ カナダ,ミシシッピ川以東のルイジアナ,ドミニカ,アフリカのセネガル(フランス→イギリス)

▶ 結果,13植民地側はイギリスの約3分の1の経済規模をもつまでに成長した。

★2 フレンチ＝インディアン戦争と並行して,たたかわれた。

▼第2次英仏百年戦争（1688～1815年）

ヨーロッパ	北アメリカ・インド
ファルツ継承戦争 （1688～97年）	ウィリアム王戦争 （1689～97年）
スペイン継承戦争 （1701～13年）	アン女王戦争 （1702～13年）
ユトレヒト条約（1713年）	
オーストリア継承 戦争（1740～48年）	ジョージ王戦争 （1744～48年）
七年戦争 （1756～63年）	フレンチ＝インディアン戦争 （1754～63年）
	プラッシーの戦い （1757年　インド）
パリ条約（1763年）	
フランス革命と ナポレオン戦争 （1789～1815年）	アメリカ独立戦争 （1775～83年）

▲1713年（ユトレヒト条約後）

▲1763年（パリ条約後）

2 ｜ アメリカ独立革命

1 植民地政策の強化と植民地の抵抗

❶**重商主義政策の強化**　パリ条約（1763年）以降，13植民地
はそれまでのフランスからの脅威が取り除かれた。一方，イ
ギリスは，対フランス戦争後の赤字財政を植民地への課税
（砂糖法や印紙法^{★1}）でまかなおうとした結果，イギリス本国と
13植民地の対立が表面化する。

❷**印紙法の撤廃**　各植民地は印紙法会議を開いて印紙法の廃
止を要求。発令の翌66年に廃止された。パトリック＝ヘン
リは，アメリカ植民地は本国議会に代表を送っていないので，
植民地は本国で勝手に決めた税を負担する義務はないと主張。
この「代表なくして課税なし」という主張は，当時の植民地
人の反イギリス闘争のスローガンとなった。

❸**ボストン茶会事件**　1773年，イギリスが茶法を制定すると，

★1　1765～66年に
施行。法律・商業書
類・新聞・カレンダ
ーにいたるまで，あ
らゆる印刷物に印紙
を貼ることを命じ，
その収入をイギリス
駐屯軍の費用にあて
ようとするもの。本
国が植民地に直接課
税した点で先例がな
く，違反者への陪審
制度の適用も認めな
いものであった。

2
近代ヨーロッパ世界の成立

茶の販売権をめぐってボストン茶会事件★2がおこった。イギリス本国は，ただちにボストン港を閉鎖し，植民地への弾圧を強化したため，本国と植民地の対立が激化した。

❹**大陸会議の開催**　1774年，13植民地の代表がフィラデルフィアで第1回大陸会議を開催し，本国に抗議した。

❺**独立戦争の開始**　1775年4月，ボストン郊外のレキシントンとコンコードで，本国軍と植民地民兵との間で武力衝突がおこり，独立戦争が始まった。植民地側は，同年の大陸会議で本国に対する武力行動を決議。ワシントンを総司令官に任命し，戦いをすすめた。

❻**独立意識を高めた演説・出版**　パトリック＝ヘンリは，「我に自由を与えよ，しからずんば死を」と熱弁をふるい，本国との開戦を強く主張した。トマス＝ペインの『コモン＝センス』は独立の必要性を説き，植民地人に大きな影響を与えた。

❼**アメリカ独立宣言の発表**　1776年7月4日，大陸会議は，ジェファソンらの起草によるアメリカ独立宣言を発表。

❽**植民地側の勝利**　フランスが植民地側について参戦することで独立戦争は国際戦争の性格を帯び，続いてスペインやオランダもイギリスに宣戦。また1780年，ロシアの提唱でスウェーデン，プロイセン，デンマーク，ポルトガルが武装中立同盟を結成，アメリカの独立を側面から援助した。国際的に孤立したイギリスは，1781年のヨークタウンの戦いに敗れ，戦争は事実上終わった。

★2　イギリスが茶法で東インド会社に茶の独占販売権を認めたため，ボストンの急進派市民が東インド会社の船を襲い，茶箱を海に投げ捨てた。この事件がアメリカ独立革命へとつながった。

▲アメリカ独立戦争における国際関係

アメリカ（13植民地）　1780　間接的援助

武装中立同盟
ロ　シ　ア
スウェーデン
デンマーク
プロイセン
ポルトガル

ヨーロッパの義勇軍

[補説]　**ヨーロッパからの義勇兵**　ヨーロッパでは啓蒙思想の普及もあって，植民地軍に好意を寄せる者が多かった。とくに，フランスのラ＝ファイエットやポーランドのコシューシコらは，義勇軍を率いて個人的に独立軍に参加した。彼らはヨーロッパに帰還した後，フランス革命やポーランド分割反対運動で，中心的な役割を果たすことになる。

[アメリカはなぜ，イギリスから独立しようとしたのだろう？]　Q1 ▶▶▶ A1

①フレンチ＝インディアン戦争にイギリスが勝利し，13植民地に対するフランスの脅威がなくなった。

②イギリス本国からの課税に対し，ロックの政治思想である抵抗権を使って，「代表なくして課税なし」と主張，不当な支配から逃れようとした。

📖 資料活用　アメリカ植民地側が独立に際して掲げた論理

資料1　権利の章典(1689年)

議会の上下両院は……イギリス人の古来の権利と自由をまもり明らかにするために，次のように宣言する。

1.議会の同意なしに，国王の権限によって法律の効力を停止し，または法律の執行を停止できるとすることは，違法である。

4.議会の承認なしに，大権の名において，議会が承認するよりも長期間にわたり，また議会の承認と異なる方法で，国王の使用のために金銭を徴収することは，違法である。

6.平時において，議会の同意なしに常備軍を徴集し維持することは，違法である。

8.国会議員の選挙は，自由でなければならない。

9.議会における言論の自由および討議または議事手続きは，議会以外のいかなる裁判所またはその他の場所においても，これを非難したり，問題としたりしてはならない。

13.あらゆる苦情の原因を正し，法を修正・強化・保持するために，議会は頻繁に開かれなければならない。

解説

イギリス本国は財政赤字解消のため，植民地への課税を強化し，1765年に印紙法を定めた。これに反発したヴァージニア議会は次のように決議した。

①植民地人はイギリス人の一切の権利を享受する。②権利の章典は，議会の同意なしに税金を課すことを禁じている。植民地人は議会に代表を送っていないから，税金

はイギリス人に保障された権利に反する。③従って，ヴァージニア人は自分たちに課税しようとする外からの，どのような法律や命令にも服従してはならない。

植民地側は，ジョン゠ロックの政治思想である抵抗権を使って，「代表なくして課税なし」をスローガンに不当な支配から逃れようとして独立闘争に入ったのである。

資料2　アメリカ独立宣言(1774年7月4日)

われわれはつぎのことが自明の真理であると信ずる。

すべての人は平等につくられ，創造者によって一定の譲ることのできない権利を与えられていること。それらのなかには生命，自由および幸福の追求がふくまれていること。そしてこれらの権利を確保するために人類の間に政府がつくられ，その正当な権力は被支配

者の同意に基づくこと。もしどんなかたちの政府であってもその目的を破壊するものとなれば，その政府を改革し，あるいは廃止して新しい政府を設け，人民の安全と幸福をもたらすに最も適当と思われる原理に基づいて権力を形成する新しい政府を設けることは，人民の権利であること。以上である。

解説

①すべての人間は神から生命・自由・幸福追求の権利をもつ→自然権(基本的人権)の保障。②すべての政府はその正しい権利を人民の同意によって得ている→人民主権。③政府をかえようとする多数の人民の同意があれば，つくりかえることができる→革命権。

この宣言の起草であるジェファソンは，

植民地の独立を，政府を設立するのは個人の自由や権利を守るためであり，政府がその目的を破壊する場合には，人民に政府を改廃する権利(革命権)があることを正当化した。

この宣言の中の「人民」とは，ヨーロッパからの入植者でたちあり，先住民や奴隷たちの人権は認められていなかった。

２ アメリカ合衆国の独立

❶ **独立の承認**　1783年，イギリスはパリ条約を結んで，アメ
リカ13植民地の独立を承認，ミシシッピ川以東のルイジア
ナを合衆国に譲った。

❷ **合衆国憲法の制定**　1787年，憲法制定会議が開かれ，合衆
国憲法が制定された。世界初の民主憲法で，人民主権・連邦
主義・三権分立を特色とした。

❸ **初代大統領の就任**　1789年，連邦政府が発足し，初代大統
領にワシントンが就任した。

❹ **アメリカ独立革命の意義**　アメリカ独立革命は，本国から
の植民地の独立という政治革命であると同時に，アメリカ合
衆国の**社会改革をともなう市民革命**であった。本国イギリス
と結びついた旧特権層が没落し，新興市民層が台頭した。ま
た，封建的諸特権が廃止され，信仰の自由が確立された。

POINT!

[アメリカ合衆国の成立]
① 合衆国憲法の制定(1787年)…人民主権，連邦主義，三権分立。
② 合衆国政府の成立(1789年)…ワシントンが初代大統領。

３│フランス革命

１ 革命前の状況

❶ **旧制度の矛盾**　全人口のわずか２％を占める聖職者
(第一身分)と貴族(第二身分)が国土の３分の１以上の
広大な土地を所有していた。彼らは官職を独占し，免
税特権をもっていた。その他の人口の９割を占める平
民，すなわち市民・農民・賃金労働者(第三身分)は，
重税と封建的な負担に苦しんでいた。また，18世紀
に現れた，第三身分の中でも**富裕な商工業者や大農場経営者**
などのブルジョワジー(ブルジョワ)は，下層の聖職者や貴族
よりも豊かであり，経済活動の自由や旧体制打破を望む者が
多かった。一方，大多数の下層市民(労働者・職人)は，農民
とともに貧しい生活を強いられていた。

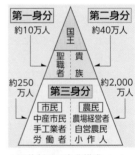

▲旧体制下の身分構成

❷ **財政の悪化**　ルイ14世以来，度重なる戦争と豪奢な宮廷生
活により国家財政が常に圧迫されていた。とくに，七年戦争

の敗北，アメリカ独立戦争への参戦により，財政赤字が急速
に悪化，財政は破綻状態におちいっていた。

2 革命の勃発

❶『第三身分とは何か』(1789年1月 シェイエス)

旧体制下の身分制を批判するパンフレット。革命に向けての
世論形成に重要な役割を果たした。

📖 資料　　　『第三身分とは何か』

　「第三身分とは何か」と彼はまず問い，「す
べてだ」と答える。なぜか。農業，工業，商業，
自由業などの私的な労働は，すべて第三身分
がひきうけているではないか。……骨のおれ
る部分はほとんど第三身分が担当している。
　「第三身分は強い健康な人間だが，(特権
身分によって)片腕を鎖につながれている。
だから，特権身分を除いてしまえば，国民
は前よりも小さくはならないで，むしろ大

きくなる。現在でも第三身分はすべてだ。
しかし，束縛され，圧迫されたすべてだ。
特権身分がなくなればどうか。やはり第三
身分はすべてだ。しかも，自由で生き生き
としたすべてだ。」つまり特権身分は「真に国
民に寄生するニセの国民」にほかならない。
……ところで現状はどうか。「第三身分はゼ
ロである。」

(桑原武夫編『世界の歴史10』中央公論社)

補説　**シェイエス(1748～1836年)**　僧侶(アベ)出身の政治家。革命の初
　　　期の指導者の1人。1789年5月5日に開催された三部会において，
　　　身分別に評決するか全議員合同の評決にするかで第一・第二身分と第
　　　三身分が対立したとき，三部合同の資格審査を主張，第三身分主導の
　　　国民議会運営を軌道に乗せた。7月9日の憲法制定国民議会の成立，
　　　1791年憲法制定に尽力したが，革命が激化すると表舞台から消えた。
　　　ロベスピエールが失脚すると再び登場し，総裁政府の一員となり，ナ
　　　ポレオン登場に一役買った。

❷三部会招集
国王ルイ16世が財政再建のため特権身分に課
税を試みるが，貴族の反対にあい失敗。貴族ら特権階級は王
権を制限しようと，三部会の招集を要求し，1789年5月，
ヴェルサイユ宮殿において174年ぶりに開催された。

❸国民議会の成立
第一・第二身分と第三身分は議決方法を
めぐって対立した。第三身分のうち富裕層のブルジョワジー
出身の議員が三部会から離脱して国民議会を組織。特権身分
からも同調者が出て，憲法制定まで解散しないことを誓った
(テニスコートの誓い)。

❹バスティーユ牢獄の襲撃
ヴェルサイユから離れたパリでは，
1786年と87年に大飢饉が続き，市民はパンの価格の急上

★1 三部会は，第
一・第二身分は各約
300人，第三身分は
約600人で構成され
ていた。第一・第二
身分は身分別の議決
を，第三身分は全議
員の合同議決を主張
した。
★2 国民議会は憲
法制定に着手した後
は，憲法制定議会と
いわれる。

2

近代ヨーロッパ世界の成立

昇に苦しんでいた。一方で，ヴェルサイユでは国民議会と国王との対立が続き，事態の改善はみられなかった。このような情勢のもとで，国民議会に対し国王が鎮圧のため軍隊を派遣すると，1789年7月14日，パリ市民が，専制政治の象徴とされていたバスティーユ牢獄を襲撃・占領し，武器をうばった。パリの状況が地方に伝えられると，農村にも暴動がひろがり（大恐怖），貴族や独占商人が襲われた。

⑤**旧制度の崩壊**　こうした状況に対し，1789年8月4日，国民議会の聖職者や貴族は，自ら封建的特権の廃止を宣言。さらに8月26日に人権宣言を採択した。人権宣言は，人間の自由・平等，国民の主権，私有財産の不可侵などを主張，市民革命の原理を表明したものとなった。

⑥**ヴェルサイユ行進**　ルイ16世は人権宣言を認めず，武力で国民議会と革命運動を圧迫しようとしたため，パリ市民は，多くの女性を先頭に，国王家族が住むヴェルサイユに向かい，国王と王妃マリ＝アントワネットらをパリに連行した。議会もパリへ移された。

　パリに戻った女性たちは，「わたしたちは，パン屋（国王ルイ16世）とパン屋の女房（王妃マリ＝アントワネット）と小僧をつれてきたよ！」と叫んだ。

★3　14世紀に城塞として建設されたが，ルイ14世時代には政治犯・思想犯が収容され，専制政治の象徴とされていた。7月14日には囚人7人で，政治犯はいなかった。

★4　①免税特権の廃止，②農奴制の廃止，③領主裁判権の廃止，④教会の十分の一税の無償廃止などが宣言された。しかし，農民が土地を買い取るためには，20～25年分の年貢を一括して支払わなければならない有償廃止であった。

★5　歴史家ミシュレは，ヴェルサイユ行進について，「男たちがバスティーユを占領し，女たちが国王を捕虜にした」と評価した。

📖 資料活用　フランス人権宣言に示された，新たな社会と政治

　フランス革命は，国王による特権身分への課税に対して，これを阻止しようとする貴族による三部会開催要求により始まった（「貴族の革命」）が，ヴェルサイユでおこなわれる特権身分と非特権身分の対立に対して，パンの値上がりに象徴されるように日々の生活に苦しむパリの市民が7月14日にバスティーユを襲撃すると，パリの状況が数日のうちに農村に波及した。7月20日～8月6日の間に，農民たちは武器を持って領主の館に押しかけ，焼き討ちをおこなった。2週間にわたって各地で農民の暴動がおこったため，「農民の革命」といわれる。この間に封建的特権の廃止決議とフランス人権宣言が相次いで出されているが，これらのものを急いで出した本当のねらいは何だろう。また，革命初期のフランスが構想していた社会や政治はどのようなものであったのだろうか，3つの資料から考えてみよう。

資料1　封建的特権の廃止決議（1789年8月4日）

①王国のすべての人は収入の程度に応じて税を納めるべきこと。

②いっさいの封建的諸権利は，貨幣で買い戻し得，もしくは公正な価格で交換し得

る。

③領主の賦役，農奴その他の人格的隷属は，無償で廃止されるべきこと。

（桑原武夫編『世界の歴史10』中央公論社）

資料2　エギヨン公爵の賛成演説

「民衆は，幾世紀ものあいだ頭上にのしかかっていた重荷をふり落とそうとしています。彼らの蜂起は，たとえ罪にあたいするとしても，彼らが今まで耐えてきた苦悩に免じて許すべきでありましょう。……

これらの権利は，明らかに1つの財産であり，そうして，あらゆる財産は神聖なものであります。……所有者に正当な賠償をせずに財産の廃棄を要求することは，禁じられなければなりません。」

（桑原武夫編『世界の歴史10』中央公論社）

資料3　フランス人権宣言

第1条　人間は生まれながらに，自由かつ平等の権利をもっている。社会的差別は共同の利益に基づいてのみ設けることができる。

第2条　あらゆる政治的結合（国家）の目的は，自然にしてうばうべからざる権利の保全である。それらの権利は，自由，所有権，安全および圧政に対する抵抗である。

第3条　すべての主権の原理は本来国民のうちにある。いかなる団体または個人も国民から明白に由来するものでない権威を行使することはできない。

第4条　自由とは，他人を害しないすべて

のことをなしうることにある。したがって，各人の自然的諸権利の行使は，社会のほかの構成員にこれらと同一の権利の享受を確保すること以外の限界をもたない。これらの限界は，法律によってでなければ定められない。

第11条　思想および言論の自由な交換は人間のもつ最大の権利の1つである。（以下略）

第17条　所有権は侵すべからざる神聖な権利であるから，何人も，適法に確認された公共の必要が明白にそれを要求する場合で，事前の公正な補償の条件のもとでなければ，それをうばわれることはない。

（『西洋史料集成』平凡社）

解説

(1)大恐怖　7月20日から8月6日までパリから全国の農村に波及した暴動は「大恐怖」といわれ，ヴェルサイユの国民議会に集う特権階級や領主同様に広大な土地を所有するブルジョワは早急に事態の収拾を図る必要があった。エギヨン侯爵の賛成演説では，**私的財産権の不可侵を根拠に，封建的特権の有償廃止を条件としている。**この考えは，人権宣言でも第17条に表現されている。

(2)人権宣言　人権宣言の起草者は，アメリカ独立革命に参加したラ＝ファイエットらで，**アメリカ独立宣言との共通点がみられる。**第1条の国民の自由と平等，第2条の圧政への抵抗権，第3条の国民主権などである。一方，法の支配（第4条），思想や表現の自由（第11条），私有財産の不可侵（第17条）などはアメリカ独立宣言にはなく，合衆国憲法や権利の章典で規定されている。

3 革命の進展

❶国民議会の性格　国民議会を指導したのは，ラ゠ファイエットやミラボーなど自由主義貴族や有産市民層を代表する立憲君主主義者で，王政を廃止する考えはなかった。

❷ヴァレンヌ逃亡事件（1791年6月）　国王と議会の調停を担っていたミラボーが急死，国王ルイ16世は王妃マリ゠アントワネット[6]の実家であるオーストリアへの逃亡をはかったが，国境近くの村ヴァレンヌで捕らえられ失敗した[7]（ヴァレンヌ逃亡事件）。この事件で国民の国王への信頼は一挙に失われ，共和主義勢力が強まった。

❸1791年憲法制定　1791年9月，国民議会がフランス史上初めての憲法を制定。立憲君主政，納税額による制限選挙，一院制議会などをおもな内容とする。これにより憲法制定国民議会は解散となり，憲法に基づき立法議会が招集された。

❹立法議会の成立　1791年10月，立法議会成立[8]。当初，立憲君主派[9]（フイヤン派）が第一党を占めたが，革命を抑圧する方針を打ち出すオーストリアやプロイセン，国内の王党派など反革命派の勢力の動きが活発になると，次第に商工業ブルジョワジーを中心とする穏健共和派（ジロンド派）の勢力が強まった。翌92年3月，ジロンド派内閣が成立し，4月にはオーストリアに宣戦布告をおこなった。

> 補説 **ジロンド派とジャコバン派**　1789年，パリのジャコバン修道院を本部にジャコバン゠クラブが成立。最初は立憲君主主義者をそのメンバーとしていたが，ヴァレンヌ逃亡事件以後，急進的な共和主義にかたむいていった。この共和主義者の穏健派と急進派とが分離してできたのが，ジロンド派とジャコバン派である。
> ①ジロンド派　指導者層にジロンド県出身者が多かったので，この名がつけられた。商工業ブルジョワジーを代表し，穏健な共和政と自由経済政策を主張した。
> ②ジャコバン派　もとは「憲法友の会」と称していたが，ジロンド派が分離し，1792年ジャコバン協会と改称した（一般的にはジャコバン゠クラブ派とよばれた）。ジャコバン派の最も急進的な一派（最左派）は議場の高い位置に席を占めていたので，山岳派（モンタニャール）といわれるが，この山岳派をさしてジャコバン派とよぶことも多い。下層市民に地盤をおき，急進的な共和政と経済統制を主張した。

★6　マリ゠アントワネット（1755～93年）は，オーストリア君主マリア゠テレジアの娘。1793年に断頭台で処刑される。

★7　ヴァレンヌ逃亡事件で国王に危機がせまると，オーストリア皇帝（王妃の兄）とプロイセン国王が南ドイツのピルニッツで会合を開き，フランス革命阻止のためにルイ16世への援助を宣言（ピルニッツ宣言）。フランス国民を激怒させた。

★8　参政権は有産市民だけに制限されていた。

★9　これ以上の革命の進展を恐れ，国王と妥協した。ジャコバン゠クラブの保守派が分離して結成したフイヤン゠クラブを背景とし，フイヤン派ともいう。

▼革命までのフランス

年	できごと
1774	テュルゴー財政改革
1777	ネッケル財政改革
1783	カロンヌ財政改革（大凶作による飢饉）
1789	三部会の招集
1791	国民議会の成立 バスティーユ牢獄襲撃 封建的特権の廃止 人権宣言 ヴェルサイユ行進 ヴァレンヌ逃亡事件 1791年憲法制定

⑤**8月10日事件**　戦況は思わしくなく，革命軍の敗北が続いた。各地から義勇兵が組織され，パリに集まった。1792年8月10日，義勇兵とパリの民衆は王の住むテュイルリー宮殿を襲撃。議会は王権を停止した。この時，革命の主体は，中産階級から，サンキュロット[★10]を中心とする急進派に移った。

⑥**国民公会の成立**　立法議会は，王権停止後に自ら解散。1792年9月，男子普通選挙による国民公会が招集された。国民公会では，共和派が議席の大半を占め，王政の廃止と共和政の成立を宣言した（第一共和政[★11]の成立）。

⑦**国王の処刑**　国民公会では，革命の徹底化をめざすジャコバン派（山岳派）の進出がいちじるしく，裁判のうえ，1793年1月に国王ルイ16世を処刑。のち，マリ＝アントワネットも処刑した。

⑧**第1回対仏大同盟**　1793年，イギリス首相小ピットは，国王処刑を機に，列国を誘って第1回対仏大同盟[★12]を結成した。

4　革命の激化と終結

❶**ジャコバン派独裁の実現**　1793年6月，ジャコバン派はジロンド派を国民公会から追放。ロベスピエールを中心にしてジャコバン派独裁が始まった。

❷**1793年憲法（ジャコバン憲法）**　一院制，急進的共和政，男子普通選挙制などからなる（成立はしたが実施されなかった）。

❸**恐怖政治**　ジャコバン派は，戦争遂行にむけて強力な独裁体制を樹立するために，いっさいの権力を公安委員会に集中した。さらに革命裁判所を設置して，政敵や反革命容疑者を次々処刑した[★13]（恐怖政治）。

❹**革命政策の実施**

　1　**封建的特権の無償廃止**　領主が農民に課していた封建地代を無償で廃止。[★14]

　2　**自作農の創設**　国外に逃亡した貴族や教会の土地・財産を没収し，それを分割・売却して自作農を創設。

　3　**その他**　革命暦の制定，メートル法を制定し，長さや重量の尺度を統一，最高価格令により生活必需品の物価統制をはかる，キリスト教にかわる国家宗教の試み。

★10 フランス革命期の小商店主や職人など都市民衆を指す呼称。貴族やブルジョワのキュロット（半ズボン）着用に対し，長ズボンを着用していたことからサンキュロット（半ズボンなし）とよばれた。

★11 1792～1804年，国民公会が共和政宣言をおこなってから，ナポレオンの皇帝即位までの期間における，フランス初の共和政治体制。

★12 イギリスが中心となって，ロシア，オーストリア，プロイセン，オランダ，スペインなどがフランス包囲網をつくる。

★13 1793年7月，革命の指導者マラーが暗殺されると，急進派のエベールと穏健派のダントンが対立。革命下で発行したアッシニア紙幣の乱発でインフレーションが激化し，共和政が危機におちいると，ロベスピエールはダントンやエベール，反革命分子を処刑，独裁化した。

★14 革命を守り抜くために，農民の支持を得る必要があった。農民は土地を手に入れると，革命がそれ以上すすむことを恐れ，急速に保守化した。

5 革命の終焉(しゅうえん)

　ロベスピエール[★15]の独裁に不満をもつ者が多くなり，農民も土地を得て，これ以上革命の進展を望まない者が多くなった。こうして革命の機運は徐々に衰退(すいたい)していった。

❶恐怖政治の終焉　1794年7月，ロベスピエールは反対派に捕らえられ，翌日処刑された(テルミドールの反動)。この結果，革命の急進的発展と恐怖政治は終わった。

❷総裁政府の成立　1795年，新憲法が制定され，制限選挙が復活し，立法府による総裁政府が成立した。[★16]

❸政局の不安定　総裁政府は社会の安定に努めたが，国民の不満はおさまらなかった。ジャコバン派の残党や王政復古をめざす王党派が総裁政府を批判，政局は不安定をきわめた。

★15 ロベスピエール(1758〜94年)は，弁護士出身。ジャコバン派を指導。恐怖政治の中心人物として残忍な革命家と思われがちだが，ルソーの信奉者で，民主主義への情熱をもって民衆を愛した。「清廉(せいれん)の士」といわれた。

★16 5人の総裁と上下二院の立法府。

1789(年)	1790	1791	1792	1793	1794

10/1　　　9/20〜21

国民議会(憲法制定国民議会)	立法議会	国民公会

── ブルボン王朝 ──(立憲君主政)────→← 第一共和政
1791.9/3
91年憲法

3/23　　　6/2

〈革命の指導勢力〉 フィヤン派 → ジロンド派 → ジャコバン派

▲革命の変遷

▼政治体制の変化

議会	国民議会 (1789〜91年)	立法議会 (1791〜92年)	国民公会 (1792〜95年)
憲法	1791年憲法		1793年憲法
政体	絶対王政	立憲君主政 (1791〜92年)	第一共和政 (1792〜1804年)
指導勢力	フィヤン派	ジロンド派	ジャコバン派

▼フランス革命のながれ

年	できごと
1791	立法議会の成立
1792	ジロンド派内閣成立 オーストリアに宣戦 (革命戦争開始) 義勇軍の到着 8月10日事件 ヴァルミーの戦い 国民公会の成立/第一共和政の成立
1793	国王ルイ16世の処刑 第1回対仏大同盟 ジャコバン派独裁 自作農の創設 マラー暗殺 封建地代の無償廃止
1794	エベール派処刑 ダントン派処刑 テルミドールの反動
1795	総裁政府の成立
1799	ブリュメール18日のクーデタ

POINT!

[フランス革命の過程で，政治体制はどのように変わったのだろう？]

Q2 ▶▶▶ A2

①絶対王政→②立憲君主政→③第一共和政

6 ナポレオンの登場と第一帝政

　長い社会的混乱に苦しんだ国民の多くは，社会秩序の回復を
強く求め，そのために，強力な政権の誕生を待ち望んだ。そこ
に登場したのがナポレオン＝ボナパルトである。

❶**第1回対仏大同盟の解体**　革命末期から軍人として頭角を
　あらわしたナポレオン＝ボナパルト[17]は1796年，イタリア遠
　征軍司令官となってオーストリアを屈服させ，第1回対仏大
　同盟を解体に導く。

❷**エジプト遠征と第2回対仏大同盟**　1798年，ナポレオンは，
　イギリスとインドの交通を断つためにエジプトに遠征するが，
　ネルソン率いるイギリス海軍に敗退。ナポレオン軍はエジプ
　トに孤立した。

　　1799年，第2回対仏大同盟が結成され，総裁政府は危機
　に直面した。

❸**統領政府の樹立**　この形勢をみたナポレオンは，ひそかに
　エジプトから帰国し，1799年11月9日，ブリュメール18
　日のクーデタにより総裁政府を打倒。統領政府を建て，自ら
　第一統領に就任して実権を握った。[18]

❹**ナポレオンの外交**　ナポレオンは，オーストリアを破り，
　長年の宿敵であったイギリスとアミアンの和約（1802年）を
　結び，第2回対仏大同盟を解体させた。

❺**ナポレオンの内政**　内政では，産業を保護育成して，フラ
　ンス銀行を設立。また，1804年にナポレオン法典（フラン
　ス民法典）[19]を発布した。

❻**第一帝政の成立**　1804年5月，ナポレオンは，国民投票の
　結果圧倒的な支持を得て皇帝になり，ナポレオン1世となっ
　た。これによってフランスは共和政から帝政（第一帝政）へと
　大きな転換をとげ，軍事独裁が始まった。これを機に，第3
　回対仏大同盟が結成された。

❼**帝政の支持層**　ナポレオンは銀行家や商工業者などブルジ
　ョワジーの支持をうけ，土地所有者となった農民は旧体制の
　復活を恐れてナポレオンの軍事力を支えた。[20]

▲ナポレオン＝
　ボナパルト

★17 ナポレオン＝
ボナパルト（1769～
1821年）は，コルシ
カの小貴族出身の軍
人。ジャコバン派を
支持していたため，
テルミドールの反動
で投獄されたが，
1795年に王党派の
反乱を鎮圧し，総裁
政府の信任を得て再
び表舞台に現れた。

★18 10年におよん
だフランス革命は完
全に終結した。

★19 個人の自由，
法の下の平等，私有
財産の不可侵，契約
の自由など，人権宣
言の理想を法で現実
化し，近代民法の模
範として各国の民法
に大きな影響を与え
た。

★20 当時のヨーロ
ッパで，自由な市民
や農民からなる近代
的国民軍をもつのは
フランスだけだった。

2

近代ヨーロッパ世界の成立

7 ナポレオンのヨーロッパ支配

❶同盟諸国との戦い　1805年，フランス，スペイン海軍はトラファルガーの海戦でイギリス海軍に敗れた。しかし，フランス陸軍は強大で，同年，アウステルリッツの戦い[★21]でロシア・オーストリア連合軍を撃破した。

❷ドイツ侵略　1806年，ナポレオンは西南ドイツの諸邦を従属的な同盟国であるライン同盟[★22]として組織させ，自ら保護者となった。その結果，神聖ローマ帝国は消滅した[★23]。同年，イェナの戦いでプロイセン軍を破り，7週間でプロイセン全土を征服した。

　　翌1807年にはプロイセン・ロシア連合軍を破り，ティルジット条約[★24]を結ばせた。プロイセンの領土は大幅に削られ，ライン・エルベ川間にウェストファリア王国，旧ポーランド領にはワルシャワ大公国がつくられた。

❸大陸封鎖令　1806年，イギリスに海戦で敗れたナポレオンはベルリンで大陸封鎖令(ベルリン勅令)を発し，イギリスに対する経済封鎖を試みた。これは，大陸からイギリス商品を閉め出し，フランスの産業のためにヨーロッパ市場を独占しようとしたものであった。

> 補説　**大陸封鎖令が成功しなかった理由**　当時，イギリスは産業革命がすすみ，イギリス商品が大陸市場にあふれ，大陸諸国の産業はこれに圧倒された。フランスはこの大陸市場を独占しようとしたのであるが，フランスの生産力は弱く，イギリスにかわることはできなかった。大陸封鎖令でヨーロッパ諸国はイギリスからの商品が入らず，物資不足が日常化した。一方，ロシアや東欧諸国は小麦などの穀物をイギリスに輸出することができなくなり，イギリスへの密貿易でフランスに対抗した。結局，フランスのヨーロッパ市場支配は成功しなかった。

❹ナポレオン帝国の全盛　ナポレオンは軍事的優勢のうちに教皇領を占領，スペインやオーストリアを破り，一族を各国の君主に任じた[★25]。また，プロイセンやロシアを従わせ，ヨーロッパ大陸で覇権を獲得した。

★21 ナポレオン1世と，アレクサンドル1世(ロシア)・フランツ2世(神聖ローマ)という3人の皇帝の戦いであったので，三帝会戦とよばれる。

★22 ライン連盟ともいう。プロイセン・オーストリアに対抗する親仏勢力の結集として組織された。

★23 ドイツはオーストリア・プロイセン・ライン同盟に分裂し，フランツ2世(オーストリア皇帝としてはフランツ1世)は神聖ローマ皇帝を退位した。

★24 プロイセンにとって屈辱的な条約であり，「ティルジットの屈辱」として国民意識を強めた。

★25 ナポレオンは，兄ジョゼフをナポリ王・スペイン王，弟ルイ(のちのナポレオン3世の父)をオランダ王，弟ジェロームをウェストファリア王国の王にそれぞれ任じた。

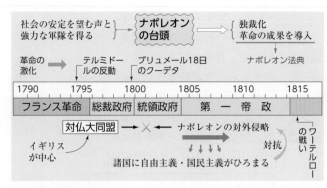

▲ナポレオン時代の展開

8 ナポレオンの没落

❶**国民意識の高まり**　ナポレオンによるヨーロッパ制覇は、
フランス革命の成果であった民主主義の精神や民族主義(ナ
ショナリズム)を全ヨーロッパにひろめることになった。そ
の結果、1808年スペイン国民は、ナポレオン支配に対抗し
て各地でゲリラ戦を展開し(スペイン反乱1808〜14年)、ナ
ポレオン支配からの解放運動のはじめとなった。

❷**プロイセンの改革**　シュタインやハルデンベルクが主導し
て「上からの近代化」をすすめ、農奴解放や行政改革をおこ
なった。その他、フンボルトによる教育改革、軍制改革など
もおこなわれた。フィヒテの講演「ドイツ国民に告ぐ」がド
イツ人の国民意識を高めた。

❸**ロシア遠征の失敗**　大陸封鎖令によって穀物市場を失い、
経済的に苦しくなったロシアは、1810年に大陸封鎖令を無
視してイギリスとの通商を再開した。1812年、ナポレオン
は制裁を加えるためにロシア遠征をおこない、モスクワを占
領したが失敗、フランスは大敗した。

❹**解放戦争とナポレオンの失脚**　ナポレオンがモスクワから
退却したのを機に、1813年、ヨーロッパ諸国は解放戦争に
立ち上がった。プロイセン・ロシア・オーストリアの同盟軍
はライプツィヒの戦いで決定的な勝利を収め、翌年ナポレオ
ンは退位し、地中海のエルバ島へ流された。

2
近代ヨーロッパ世界の成立

★26 1808年にナポ
レオンの兄ジョゼフ
がスペイン国王にな
ると、スペイン民衆
はこれに反対し、イ
ギリスの援助を得て、
しばしばゲリラ戦術
による反乱をおこし
た。

★27 1807年以降、
農奴解放、中央政府
機構整備、財政改革、
軍制改革による民兵
制度の設立などの改
革をおこなった。

★28 フィヒテ(1762
〜1814年)は、哲学
者であり、ベルリン
大学初代総長。

★29 フランスはオ
ーストリア・プロイ
センと同盟し、60万
の大軍でロシアに侵
入。9月中旬にモス
クワに入城したが、
ロシア軍はモスクワ
に火を放って撤退。
市内は焦土と化し、
フランス軍は飢えと
異常寒波に苦しめら
れて退却した。ロシ
ア軍はこれを追撃し
て敗走させ、ナポレ
オンはほぼ全軍を失
って帰国した。

★30 解放戦争は、
第4回対仏大同盟に
よるナポレオン体制
への打倒戦争の総称。

★31 諸国民戦争と
もよぶ。

❺**王政の復活とナポレオンの百日天下**　フランスではブルボ
ン王朝が復活し，ルイ18世が王位についた。一方，戦後処
理のためにウィーン会議が始まったが，各国の利害が一致せ
ず，なかなか進展しなかった。それをみたナポレオンはエル
バ島を脱出し，再び帝位についたが，諸国は協力してワーテ
ルローの戦いでナポレオンを破り（百日天下），ナポレオンは
大西洋のセントヘレナ島に流され，波乱に富んだ一生を終え
た。

[ナポレオンはなぜ，没落したのだろう？] ⓠ₃ ▶▶▶ Ⓐ₃
① 大陸封鎖令の失敗（ヨーロッパ市場支配に失敗）。
② ナポレオン支配からの解放，国民意識の高まり→スペインでの反乱。
③ ロシア遠征の失敗。
④ ライプツィヒの戦い，ワーテルローの戦いで敗戦。
▶ フランス革命の成果であった民主主義の精神，国民主義や民族主義（ナ
　ショナリズム）を全ヨーロッパにひろめたが，その結果，これらの原理
　を掲げたスペインやプロイセン，ロシアのナショナリズムの前にナポ
　レオンは失脚した。

③ 19世紀前半のヨーロッパ 世界史

▶ ウィーン会議から1848年革命までの間は，ウィーン体制といわれる保守反動体
制の時代である。ウィーン体制とは，各国の利害対立を背景に，フランスの代表タ
レーランが主張した，ヨーロッパの秩序をフランス革命以前の状態に戻す（正統主
義）ことによって勢力均衡をはかろうとする妥協の産物であった。しかし，フラン
ス革命からナポレオン時代までの間にヨーロッパ各地にひろまった，自由主義・民
主主義の精神や，ナポレオン戦争の中で生まれたナショナリズムを否定することは
できず，1830年の七月革命，1848年の二月革命（フランス），三月革命（オースト
リア・ドイツ）などを経て，ウィーン体制は崩壊していく。
☞ このセクションでは，次の問いに答えられるようにする必要がある。
　ⓠ₁ フランスにとって七月革命と二月革命はどのような性格だったのか。また，二月
　　　革命はヨーロッパにどんな影響をもたらしたのだろう？

1 | ウィーン体制の成立

　ナポレオン戦争後，ヨーロッパの国際秩序の再建のためにウィーン会議が開かれ，正統主義の原則に基づくウィーン体制が成立した。ウィーン体制は，神聖同盟・四国同盟のもとに自由主義を抑圧する，主要国の思惑が反映された保守的なものとなった。

1 ウィーン会議

　1814〜15年，ヨーロッパ諸国の代表がウィーンに集まり，フランス革命戦争・ナポレオン戦争後のヨーロッパの国際秩序を再建するための講和会議を開いた。

　議長は**オーストリア外相(のち宰相)メッテルニヒ**。各国は，1815年6月にウィーン議定書に調印した。これにより，神聖ローマ帝国は復活せず，ドイツでは，35の君主国と4自由市からなる**ドイツ連邦が結成**された。

2 会議の指導理念

　フランス革命への反動から保守的な空気が強く，**正統主義[1]**（フランス外相タレーランが提唱）と勢力均衡がその原則とされた。

★1 正統主義とは，フランス革命前の王位・王国を正統とし，革命前の国際秩序にもどそうとする主張。

3 ウィーン体制の維持

　ウィーン体制は，ヨーロッパ諸国内に台頭しつつある自由主義・国民主義の動きを封じるもので，神聖同盟と四国同盟を利用して体制の維持をはかった。

❶**神聖同盟**　1815年9月，ロシア皇帝アレクサンドル1世の提唱により，神聖同盟が成立した。神聖同盟とは，キリスト教の正義・友愛の精神をもって列国君主[2]が協調し，平和の維持をはかろうとするものである。

❷**四国同盟**　1815年11月，メッテルニヒの提唱で，イギリス・プロイセン・ロシア・オーストリアの4国間に四国同盟が成立。ヨーロッパの現状維持とウィーン体制の擁護を目的とし，自由主義・国民主義運動を抑圧するための反動機関であった。のちにフランスも参加して五国同盟となった。

★2 ヨーロッパのほとんどの君主が参加したが，イギリスはロシアの南下を警戒し，ローマ教皇はロシアのギリシア正教と対立して，ともに不参加。トルコは異教徒への不信感から加盟しなかった。

資料活用 ウィーン議定書

①ロシアはワルシャワ大公国の大部分を得て，ポーランド王国を建設し，ロシア皇帝がその王位を兼ね，かつフィンランドを併合する。

②プロイセンは，ザクセンの北部，ライン地方などを獲得する。

③オーストリアは，南ネーデルランド（のちのベルギー）を放棄するかわりにイタリアのロンバルディア，ヴェネツィアを併合する。

④オランダはベルギーを併合し，ネーデルランド王国を建設する。

⑤スウェーデンは，フィンランドをロシア，西ポンメルンをプロイセンに譲り，デンマーク領ノルウェーを併合する。

⑥スイスは，局外中立（永世中立国）とする。

⑦イギリスは，地中海のマルタ島，西インド諸島のトリニダード，オランダ領のセイロン，アフリカのケープ植民地を獲得する。

⑧フランス・スペイン・ポルトガルは旧王朝が復活し，王国を建設する。

⑨イタリアにおいては，サルデーニャはサヴォイアを併合して王国を建設する。ナポリ王国およびシチリア王国は旧態に復し独立を承認する。中部にトスカナ・パルマ・モデナ三公国の独立を承認する。

⑩ドイツは，オーストリア・プロイセン・バヴァリアなどと4つの自由市よりなるドイツ連邦を組織し，連邦会議はフランクフルトにおいて1815年9月1日，第1回を開催する。

解説

(1)**正統主義**　ヨーロッパの秩序をめぐってイギリスとロシア，ドイツの主導権をめぐってプロイセンとオーストリアの対立があり，この利害対立を利用して，フランス外相タレーランが提起した「正統主義」を基本に，諸国の勢力均衡をはかった。具体的には，フランス，スペイン，ポルトガル，ナポリなどで旧君主が復位した。ワルシャワ大公国の大部分はポーランド王国と改称してロシアのものにした。

(2)**保守反動体制**　フランス革命の成果である自由主義や民主主義の精神，ナポレオン戦争の中で生まれた国民主義や民族主義（ナショナリズム）を否定する保守反動体制。1820年代の自由主義運動に対しては，一致して弾圧した。

2 ウィーン体制下の自由主義の運動

1 自由主義の運動

　君主の権力を憲法で制限し，議会を開設してブルジョワジーや知識人の政治参加を実現しようとする運動。

2 ヨーロッパ各国の自由主義運動

❶ブルシェンシャフト　ドイツでは，大学生が政治的な学生

組合を組織し，自由とドイツ統一を求める運動をおこした。しかし，メッテルニヒが主宰するドイツ連邦議会でのカールスバート決議により解散を命じられ，弾圧された。

❷**カルボナリ**　イタリアでは，1820〜21年，秘密結社のカルボナリ(炭焼党)が憲法制定・イタリア統一を求めて蜂起したが，オーストリアの武力干渉で失敗。

❸**デカブリスト(十二月党員)の乱**　ロシアでは，1825年12月，アレクサンドル1世の死を機に，自由主義的な貴族や士官が農奴制・専制政治に反対して反乱をおこしたが，ニコライ1世が鎮圧。

3 フランスの七月革命

フランスでは，復活したブルボン王朝が反動政治を強行したので，1830年，パリ市民は七月革命をおこし，新しい国王をむかえた。革命の影響は各国におよんで革命運動を引きおこし，ベルギーが独立して，ウィーン体制は大きくゆらいだ。

❶**革命の勃発**　フランスでは，国王シャルル10世が自由主義運動を弾圧した。1830年，復古王朝は，アルジェリア遠征で国民の不満をそらそうとしたが，同年7月，議会を解散して反動政治をおこなったことから，パリの民衆が武装蜂起し，七月革命が勃発した。

❷**革命の結果**　シャルル10世はイギリスに亡命。**自由主義者として知られていたルイ＝フィリップを「国民の王」としてむかえ，制限選挙制による立憲君主政である七月王政が成立**した。

❸**革命の影響**　七月革命はベルギーに波及し，1830年に暴動が発生して，翌年に立憲君主政へ移行した。ポーランドでもワルシャワで革命がおこったが，ロシア軍によって鎮圧された。

4 19世紀における自由主義の限界

自由主義とは，個人の自由を尊重し，それを集団や国家に優先させる思想であったが，能力と財産をもつ市民の優位も認めていたため，選挙権のような，民衆(農民や職人，工場労働者)の権利は制限された。

★1 この学生組合のことをブルシェンシャフトという。自由主義的な国家改造とドイツ統一を目的としてイエナ大学で結成。1817年，宗教改革300年記念祭に気勢を上げたが，解散させられた。

2 近代ヨーロッパ世界の成立

★2 1830年に占領。1962年に独立するまで，アルジェリアはフランス本国ともっとも密接な植民地として，その圧政下におかれた。

★3 七月王政では，前代の復古王制時代にくらべて立憲制・議会制は進歩したが，財産による制限選挙制がつづき，地主・資本家などの大ブルジョワが政治・社会の中枢を占めた。ここに，次の1848年革命の原因がみられる。

3 ｜ ナショナリズム

　国民または民族を政治・経済・文化の中心にする思想や運動
を，ナショナリズム(国民主義・民族主義)という。

1 ポーランド

　ウィーン会議後にロシア皇帝の支配下に入ったが，アレクサ
ンドル1世に自治権を与えられて立憲政治がおこなわれた。

　1830年11月，ニコライ1世の憲法を無視した圧政に対して，
ワルシャワで革命がおこり，独立を宣言したが，鎮圧されて自
治権をうばわれた。

2 その他

　アイルランドのイギリスからの独立運動，北イタリアのオー
ストリアからの独立運動などは，宗主国(そうしゅ)に弾圧され失敗。

4 ｜ 1848年革命とウィーン体制の崩壊

　自由主義・ナショナリズム・民衆の要求が一挙に噴出したの
が，1848年革命である。同年2月にフランスで社会主義者を
ふくむ共和主義者がおこした二月革命は，3月にはオーストリ
アやプロイセンに波及し三月(はきゅう)革命がおこる。三月革命の影響を
受けて，ドイツでは統一の気運が高まり，オーストリア帝国支
配下にあったハンガリーでは独立運動がおこった。また，イタ
リアでも統一に向かって動き出した。

1 二月革命と第二共和政

❶二月革命　1848年2月，パリでの選挙法改正を要求する政
　治運動(「改革宴会(えんかい)」★1)が弾圧されると，民衆の怒りが爆発し，
　暴動がおこった。国王はイギリスに亡命し，七月王政が倒れ
　て臨時政府が樹立された(二月革命)。
❷第二共和政の成立　臨時政府は共和政(第二共和政)を宣言し，
　史上初の男子普通選挙制を採用した。臨時政府には**ルイ=ブ
　ランら社会主義者**も参加した。**国立作業場設置★2などの社会主
　義的政策**もとられた。

★1 反政府派がパ
リなどで開いた政治
集会。宴会(パーテ
ィー)と称しながら，
選挙権の拡大を要求。
★2 二月革命後，
社会主義者の要求で
臨時政府が設立した
機関。

❸**社会主義者の敗退**　1848年4月の選挙ではブルジョワ共和派（有産市民を代表）が大勝し，社会主義派（労働者を代表）は敗北した。6月，それに対して，パリで労働者が行動をおこした（六月蜂起<ruby>蜂起<rt>ほうき</rt></ruby>）が，軍隊によって鎮圧された。

❹**ルイ＝ナポレオンの登場**　1848年12月の大統領選挙では，ナポレオンの甥<ruby>甥<rt>おい</rt></ruby>ルイ＝ナポレオンが大統領に当選。51年にクーデタで独裁権を得て，大統領の任期を10年に延長。

❺**第二帝政の開始**　1852年，ルイ＝ナポレオンは国民投票で圧倒的な支持を得て皇帝になり，ナポレオン3世[3]と称した。この結果，第二共和政が終わり第二帝政が始まった。

★3 ナポレオン3世は，資本家・労働者・農民の相互の対立や，国民の間のナポレオン崇拝<ruby>崇拝<rt>すうはい</rt></ruby>を巧み<ruby>巧<rt>たく</rt></ruby>に利用した。

2　近代ヨーロッパ世界の成立

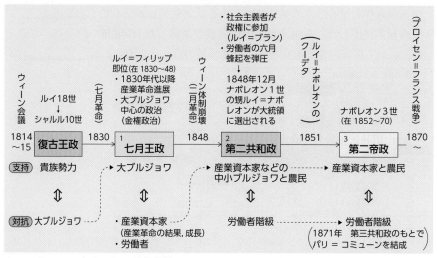

▲1814年〜1870年のフランス政治体制

▶1848年の二月革命・三月革命では，ウィーン体制が崩壊し，ヨーロッパ各地で抑圧されていたナショナリズムが燃え上がった。三月革命後のオーストリアでは，ベーメン（ボヘミア），ハンガリー，ポーランド，ヴェネツィア，ロンバルディアで独立運動がおこった。イタリアでは，サルデーニャ王国がオーストリアと開戦，翌49年にはローマ共和国が建設された。イギリスではチャーティスト運動がおこった。

　しかし，フランスでの六月蜂起が失敗に終わると，ヨーロッパは転換点をむかえる。プロイセンやオーストリアで君主制が復活し，フランスでもナポレオン3世の第二帝政が始まり，革命の機運は急速に衰えた。

2 1848年のその他の革命

❶**オーストリア・ドイツ三月革命**　オーストリアでは，3月にウィーンで暴動がおこり，宰相メッテルニヒはイギリスへ亡命した。プロイセンでも3月にベルリンで暴動が発生し，国王が自由主義に譲歩して，憲法制定を約束した。5月には，憲法制定とドイツ統一を討議するためフランクフルト国民議会が開かれた。

❷**ハンガリー・ベーメン・イタリアの運動**　ハンガリーでは，コシュートの指導により，一時，革命政府が成立。ベーメン（ボヘミア）のプラハでは，スラヴ民族会議が開かれ，革命の気運がもりあがった。イタリアでも，ミラノやヴェネツィアで蜂起が発生した。自由主義・国民主義が高揚した1848年の，これらの革命運動を総称して「諸国民の春」とよぶ。

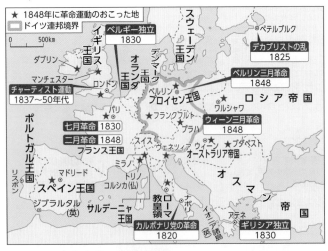

▲1820〜48年のヨーロッパの革命運動

3 イギリスの自由主義的改革

❶**選挙法の改正**　産業革命により**産業資本家（ブルジョワ）は勢力を増大**したが，国会議員の多くは地主や地方の名士だった。1832年，第1回選挙法改正により，**腐敗選挙区が廃止**され，人口に応じて議席数が増減され，選挙権も拡大した。

❷**自由貿易体制の進展**　産業資本家の自由貿易の要求によって，数々の古い重商主義的な制度が廃止された。まず**東インド会**

★4 産業革命による人口移動のため，人口数と議員定数とが不釣り合いになった選挙区。農民の離村や人口の都市集中が顕著にもかかわらず，議員定数はそのままに据え置かれ，1830年ごろまでに，腐敗選挙区は200以上となり，有権者50人で議員2名を選出する区もあった。

社のインド貿易に関する独占権が廃止され，地主の保護を目的にしていた穀物法は，1846年に廃止された。さらに1849年には，航海法が廃止された。こうしてイギリスでは，自由貿易体制が確立し，「世界の工場」としてかつてない繁栄の時代をむかえる。

❸労働運動の発展　1832年の選挙法改正でも選挙権が得られなかった労働者は，地位の向上を求める政治運動を展開した。労働者は，男性普通選挙制など6か条の人民憲章（ピープルズ゠チャーター）をかかげ，チャーティスト運動を展開した。この運動は，1848年の二月革命期に最もさかんになった。

5 ┃ 資本主義と社会主義

1 社会主義の登場

産業革命が西ヨーロッパに波及して工業化が進行すると，生産手段を所有する資本家が最大限の利潤を求め，労働者を長時間・低賃金で働かせたため，資本家と労働者の格差が拡大した。これに対し，貧困や失業など，資本主義の問題を克服するために，社会そのものを変革して，新しい社会をつくろうとする社会主義の思想が登場した。

2 マルクスとエンゲルス

マルクスとエンゲルスは『共産党宣言』（1848年）を著し，資本家が生産手段を私有して生産活動を支配していることが，労働者の低賃金や景気変動による生活苦の原因だとした。そして，そのような社会を変えるために，私有財産制度の一部の制限と，生産手段の公有化をめざす社会を構想した。

> 用語　**資本主義**　生産手段や資金をもつ資本家が労働者を雇い，生産した製品を自由な競争のもとで販売して利潤を手に入れる経済活動・思想。また，それを主軸に置いた政治体制の国家を，資本主義国家という。

> 用語　**社会主義**　資本主義のもとでいきすぎた競争や分配の不公正を是正し，社会の調和と労働者の解放をめざす思想・運動。また，それを具現化しようとする政治体制の国家を，社会主義国家という。

★5 ナポレオンが出した大陸封鎖令（1806年）の解除による穀物の大量流入によって，穀物価格が下落するのを防ぐため，1815年に穀物法が定められた。輸入穀物に高関税を課して，輸入を制限した。

★6 1651年，貿易の保護・促進を目的とした，イギリスの重商主義政策の根幹をなす法。

★7 1837～50年代，中産階級や都市労働者がおこなった，参政権獲得のための政治運動。

2

近代ヨーロッパ世界の成立

▲マルクス

🔲 資料活用 フランスにとって，七月革命と二月革命はどのような性格だったのか。また，二月革命はヨーロッパにどんな影響をもたらしたのだろう？ Q①

　1820年代から30年代にかけてフランスでは本格的な産業化が始まる。1830年の七月革命によってブルボン王朝が倒れて，オルレアン家のルイ＝フィリップによる立憲君主政が始まった。七月革命によって選挙権はどうなったか，みてみよう。

資料1　下院議員の社会的な出自

議会	旧貴族*	帝政貴族**	ブルジョワ
1827〜30年	41%	10%	49%
1831〜34年	12%	12%	75%

＊フランス革命以前からの貴族
＊＊ナポレオンによって貴族に列せられた貴族
（『岩波講座世界歴史19』岩波書店より作成）

資料2　フランス首相ギゾーの言葉

　1847年以降の市民と労働者が普通選挙制の実現を要求する動きに対して，「働いて金持ちになることだ。そうすれば選挙人になれる」。

資料3　ドラクロワ「民衆を導く自由の女神」

解説
　資料2は，七月革命のバリケード市街戦を描いたドラクロワの名画である。銃剣つきマスケット銃を左手に持ち，フランス国旗を掲げ民衆を導いている女性は，フランスのシンボル「自由の女神」であり，右に二丁の拳銃を振りかざしているのは「ガマン」とよばれる腕白小僧である。「栄光の三日間」といわれるパリ市街戦では死者およそ800人，負傷者およそ4,000人といわれるが，七月革命後，民衆に選挙権は与えられなかった。七月王政期を表すのは首相ギゾーの言葉である（資料3）。

資料4　二月革命
　1845年，夏のジャガイモ不作と翌年の小麦・ライ麦不作が食糧不足をまねき，パン価格を2倍以上におしあげた。これにイギリスでおこった恐慌の波及が追い打ちをかけ，数次の金融パニックと商工業危機をひきおこした。製鉄・繊維工業では20〜30%

2

近代ヨーロッパ世界の成立

以上も生産が減少し，中小企業の倒産が続出する。全国各地で食糧暴動がおこり，穀物輸送車やパン屋が襲撃された。

　このような衝撃のなかで累積する不満や，政府がいつまでも有権者数を数十万人におさえていることへの反発，さらに3年前からの凶作が作用して，1848年に二月革命が勃発した。一般市民と労働者が合流して議会になだれこみ，臨時政府をつくらせた。この時の民衆のスローガンは「民主的・社会的共和国をつくれ」とか「労働の条件」などがおもなものだった。臨時政府の事実上の首班であるラマルティーヌは，自ら市庁舎の正面階段に出て，こう述べた。

　「臨時政府がここに集まった人民に告げるよい知らせは，これだけである。すなわち，王政は廃止される。共和政が宣言される。人民はその政治的権利を行使する。国立作業場が賃金なき労働者のために開設される。」

　この革命で重要なのは，社会主義の要求が初めて革命の中にあらわれてくるという点である。政治を民主化するとか，市民の権利をひろげるとかいう以上に，失業者に仕事を与えよとか，労働者の生活保障を認めよといった要求が提出されている。そして，その要求を背景にルイ＝ブランという社会主義者や労働者代表として1人の機械工が政権に加わった。10人ほどの政府のなかの2人だから，高い比率である。

（河野健二『世界史への招待』大阪書籍，『現代史の幕あけ』岩波書店などより作成）

解説

　フランスにおいて七月革命と二月革命はフランス革命のやり直しである。フランス革命と同じように立憲君主政から共和政，帝政へと推移している。ただ大きく変わる点は，第二共和政では社会主義の要求が，労働者の生活保障などの政策として実施されたことにある。国立作業場はその典型的な政策であるが，財政負担が膨大なものに

なり，4月選挙では，都市の中産階級や農村の農民層が社会主義勢力から離れ，ルイ＝ブランらの改革派は多数落選した。政府は社会主義勢力の後退をみて，国立作業場を閉鎖したため，労働者は六月暴動をおこして抵抗したが弾圧され，多数の労働者が死刑や流刑に処せられた。

要点　Q1 ▶▶▶ A1

　フランスはウィーン体制のもとでフランス革命のやり直しをする。七月革命はフランス革命下の1791年憲法や立法議会の成立，二

月革命は8月10日事件や国民公会の成立に相当する。また，二月革命では，社会主義の萌芽がヨーロッパで初めてみられた。

POINT!

[二月革命のおこった1848年]
① フランス革命前を正統としたウィーン体制を市民・労働者が打破したが，一方で，ブルジョワジーとプロレタリアートの対立が表面化した。
② 民族の独立と国民的統一をめざすナショナリズムの台頭。
▶ 二月革命のおこった1848年は世界史の転換点となった。

4 19世紀後半のヨーロッパ [世界史]

▶ 19世紀のイギリスは，世界で最初の産業革命を通じた巨大な経済力と軍事力を背景に，世界的な規模で影響力をもつ覇権国家となり，その世界体制は「パクス゠ブリタニカ(イギリスの平和)」とよばれた。パクス゠ブリタニカのもとで，ヒト・モノ・カネ・情報の自由な流れを保障する自由貿易体制が確立された。

　この圧倒的なイギリスに対抗して，ヨーロッパ大陸諸国では国民国家の形成と政府主導の工業化が進められた。一方，ロシア帝国は不凍港を求める南下政策をすすめ，オスマン帝国やイギリス・フランス・ドイツなどとの間で対立を深めた。

　こうした19世紀のヨーロッパとアメリカ合衆国(次章参照)での経験と科学技術の発展を背景として，近代的な学問の体系も形成された。

☞ このセクションでは，次の問いに答えられるようにする必要がある。

　Q1 ロシアの南下政策に，ヨーロッパ諸国はどのような対応をとったのだろう？

　Q2 ビスマルク外交は，ヨーロッパにどのような影響を与えたのだろう？

　Q3 ロシアでは，どのような内政改革がおきたのだろう？

1 | ロシアの南下政策とクリミア戦争

　18世紀ロシアの対外政策の基本を作ったのは，ピョートル1世(在1682-1725年)とエカチェリーナ2世(在1762-96年)である。ピョートル1世の対外政策の基本方針は「海を求める」で，1700~21年の北方戦争(対スウェーデン)に勝利してバルト海に進出し，ペテルブルクを建設(1703年)した。

　ところが，バルト海は冬凍結して大西洋へ出て行けないために，エカチェリーナ2世は「南下政策(不凍港を求める方針)」をとった。18世紀末には2回にわたってオスマン帝国と戦い(1768~74年，87~92年)，クリミア半島をうばってセヴァストーポリ要塞を建設し，黒海に進出した。

▲ピョートル1世
★1 ピョートル1世(1672~1725年)は，オランダやイギリスなどを視察し，その技術・学問などを導入してロシアの近代化と強国化に努めた。オスマン帝国からアゾフ海の制海権をうばい，北方戦争でスウェーデンからバルト海の覇権を獲得した。1712年，ペテルブルクに遷都した。

1 東方問題とロシアの対外政策

❶東方問題とは何か　アジアとヨーロッパをつなぐオスマン帝国領において，19世紀に繰り返し発生した国際対立を，西ヨーロッパ側からみた呼び方。

❷19世紀ロシアの対外政策　南下政策(地中海への進出をは

かる)をすすめるロシアは，ボスフォラス海峡とダーダネルス海峡を通過する権利をオスマン帝国から得ることが必須。

❸**ギリシア独立戦争(1821〜29年)への介入**　オスマン帝国からの独立をめざすギリシアに対してイギリス・フランス・ロシアがギリシアを支援して介入。ロシアは，オスマン帝国からロシア商船がボスフォラス海峡とダーダネルス海峡を通過する権利を獲得した。

❹**エジプト＝トルコ戦争とロシアの南下政策★2**　1831年，エジプト総督のムハンマド＝アリーがオスマン帝国支配下のシリア領有を要求して，第1次エジプト＝トルコ戦争が始まる。ロシアが黒海からエーゲ海への進出をねらってオスマン帝国を支援すると，イギリスはロシアの地中海進出を阻止するために，オスマン帝国に圧力をかけ，エジプトのシリア領有を認めさせた。不満をもったオスマン帝国はロシアとウンキャル＝スケレッシ条約を結び，ボスフォラス・ダーダネルス両海峡を軍艦が通過することを認めた。1839〜40年の第2次エジプト＝トルコ戦争の際，イギリスの反対でこの特権は廃棄され，1840年のロンドン条約でロシアの地中海進出は阻止★3された。

> 補説　**イギリスの地中海支配**　イギリスは地中海の西の出入り口に当たるジブラルタル海峡の支配権を18世紀初めに獲得し，1815年ウィーン議定書で地中海の要衝マルタ島を獲得した。1869年スエズ運河が開通したが，1875年スエズ運河会社が経営難におちいり，株式がイギリス政府に売り渡された結果，地中海の東の出入り口もイギリスが支配することになった。地中海の支配権を握るイギリスにとって，ロシア軍艦が黒海からボスフォラス・ダーダネルス両海峡をこえて地中海へ進出してくることは何としても阻止しなければならなかった。

2 東方問題の再燃とロシア

❶**クリミア戦争(1853〜56年)**　ロシアとオスマン帝国およびその同盟国との戦争。1852年，フランスのナポレオン3世が国内のカトリック勢力の支持を得ようと聖地イェルサレムの管理権★4をオスマン帝国から得る。これに対し，1853年，地中海進出をねらうロシアは，オスマン帝国領内のギリシア正教徒の保護を口実に，オスマン帝国と開戦。イギリス・フランス・サルデーニャはオスマン帝国と同盟し，ロシアに宣戦布告した。

★2　18〜19世紀に，ロシア帝国がおこなった黒海方面，バルカン半島および中央アジア，東アジアで勢力を南下させ拡大する動き。常にイギリスとの間で対立関係を生んだ。

★3　両海峡の中立化，外国艦船の航行禁止などを定めた。

★4　聖地イェルサレムの管理権は，16世紀以来ローマ教皇の保護者としてのフランス王にあったが，フランス革命後はロシアの支持を得たギリシア正教徒の手に移っていた。

❷クリミア戦争の結果　ロシアの大敗。1856年のパリ条約で，両海峡の通航禁止の再確認と黒海の中立化が約束され，ロシアの南下はふたたび阻止された。[★5]

★5 プロイセン＝フランス普仏戦争中，ロシアはパリ条約を破棄し，黒海で再軍備をはじめた。

③ ロシア＝トルコ（露土）戦争

❶パン＝スラヴ主義の高揚　バルカン半島では，自由主義運動の波及に伴い，共通の文化をもつ全スラヴ人の団結をはかろうとするパン＝スラヴ主義がおこり，オスマン帝国の支配に対抗しようとした。ロシアはこれを利用，その盟主として勢力拡大をはかり，ふたたび南下をくわだてた。

❷ロシア＝トルコ戦争　1875年，オスマン帝国領内のボスニア・ヘルツェゴヴィナでギリシア正教徒が反乱をおこして多数殺害されると，77年，ロシアはギリシア正教徒保護を名目にオスマン帝国に宣戦。ロシアはオスマン帝国を破り，1878年サン＝ステファノ条約を結んで，オスマン帝国領内の自治国ブルガリアを保護国とし，バルカン半島での優位を占めた。イギリス・オーストリアは，このようなロシアの進出に強く反対した。

❸ベルリン会議　1878年，ドイツ帝国の宰相ビスマルクがベルリン会議を招集し，各国の利害を調整し，サン＝ステファノ条約は破棄された。ロシアの南下政策はまた阻止された。

▼ロシアの南下政策年表

年	できごと		国王
1768	対トルコ戦争（～74）	黒海沿岸を確保	エカチェリーナ2世
1783	クリム＝ハン国を併合		
1787	対トルコ戦争（～92）		
1831	第1次エジプト＝トルコ戦争（～33）		ニコライ1世
1833	ウンキャル＝スケレッシ条約		
1839	第2次エジプト＝トルコ戦争（～40）		
1840	ロンドン条約		
1853	クリミア戦争（～56）		
1856	パリ条約		アレクサンドル2世
1870	黒海中立の破棄		
1875頃	パン＝スラヴ主義高揚		
1877	ロシア＝トルコ戦争（～78）		
1878	サン＝ステファノ条約 ベルリン会議		

[東欧問題の再燃とロシア]

①ロシアはオスマン帝国とクリミア戦争・ロシア＝トルコ戦争で戦う。

②パン＝スラヴ主義をロシアが利用。

③ベルリン会議でロシアの南下政策は挫折（ビスマルク「公正な仲介人」）。

📖 資料活用 ロシアの南下政策に，ヨーロッパ諸国はどのような対応をとったのだろう？ Q1

　18世紀後半に黒海へ進出して不凍港を確保したロシアは，オスマン帝国支配下のボスフォラス海峡とダーダネルス海峡の通過権を確保して地中海への進出をめざした。19世紀前半，エジプト＝トルコ戦争やクリミア戦争でイギリスにその目的を阻止され

たロシアは，パン＝スラヴ主義の高まりを背景にバルカン半島進出に舵を切った。
　ロシアはプロイセン＝フランス戦争に際してパリ条約を破棄。黒海で再軍備を始め，ロシア＝トルコ戦争に勝利してオスマン帝国とサン＝ステファノ条約を結ぶ。

資料1　サン＝ステファノ条約のおもな内容

① アルメニア，ドブロジャ，ベッサラビア，およびアナトリア東部バトゥミ，カルス，アルダハン，バヤジト地方(トルコ語版)のロシアへの割譲。
② ルーマニア，セルビア，モンテネグロの独立の承認。
③ ブルガリアへの自治権の付与(マケドニアを含む大ブルガリア公国が成立)。
④ ボスニア・ヘルツェゴヴィナへの自治権付与。

資料2　ベルリン会議の要点

① セルビア・モンテネグロ・ルーマニアの独立承認。
② ブルガリアは領土を縮小されて，オスマン帝国主権下の自治国となる。
③ ロシアはオスマン帝国よりアジアのわずかな土地を与えられる。
④ イギリスはキプロス島の管理権を与えられる(1879年買収)。
⑤ オーストリアはボスニア・ヘルツェゴヴィナの統治権を委任される。

解説

(1)ベルリン会議　サン＝ステファノ条約が発効すると，バルカン半島のほぼ全部をロシアの勢力下に置くことになる内容に対し，同じくバルカン半島進出をめざすオーストリアが反対。イギリスは，「大ブルガリア公国」こそ実質ロシアの傀儡国家であり，コンスタンティノープルを制し，ロシアの地中海進出を許すと考えた。
　この国際的な危機にドイツ帝国の宰相ビスマルクが「公正な仲介人」と称して，イギリス・ドイツ・フランス・ロシア・オーストリア・イタリア・オスマン帝国の7カ国を集めたベルリン会議を開いた。最大の問題であったブルガリアは領土を3分の1ほどに縮小され，オスマン帝国の主権下で自治国となった。
(2)第一次世界大戦の伏線　ベルリン会議は，

その後のヨーロッパ情勢に次のような影響を与えることになった。
　①イギリスの地中海支配が完成した。地中海の拠点ジブラルタル(1713年)，マルタ島(1815年)，スエズ運河(1875年)，キプロス(1879年)の確保。②オーストリアのバルカン進出の拠点が確保された。③ロシアのバルカン進出が阻止され，ロシア・オーストリアの対立が深刻化。
　結果，このようなヨーロッパ情勢が第一次世界大戦の伏線となった。

要点　Q1 ▶▶▶ A1

　ロシアの南下政策に対抗し，ヨーロッパ諸国はベルリン会議を開き，ロシアのバルカン半島進出をはばんだ。特にロシアとオーストリアの対立が深まり，第一次世界大戦へとつながった。

2 | イギリスの繁栄

1 パクス＝ブリタニカ（「イギリスの平和」）

❶ヴィクトリア女王の時代　ヴィクトリア女王（在 1837〜1901 年）治世下にイギリスの政治的・経済的発展はいちじるしく，①議会政治が確立して自由主義が進展，②「世界の工場」としての地位と海上帝国が確立し，「パクス＝ブリタニカ（イギリスの平和）」といわれる絶頂期をむかえた。対外的には③インド帝国（1877 年）を建設した。

❷積極的な海外進出　産業革命による圧倒的な経済力をもとにアジア・アフリカ・ラテンアメリカを影響下におき，自由貿易政策を背景にイギリス製品の輸出市場と原料供給地としていった。アジア・アフリカ・ラテンアメリカ諸国では，安価なイギリス製品により国内工業が衰退し，イギリスに原料を供給するため原料の生産・輸出に特化したモノカルチャー経済化[*1]がすすんだ。

2 議会政治の確立

❶二大政党制　自由党と保守党の二大政党が交互に政権を担当する典型的な議会政治が展開され，選挙法の改正などさまざまな自由主義的立法が成立。自由党のグラッドストン[*2]，保守党のディズレーリ[*3]が議会政治を指導した。

▼自由党と保守党

政党	前身・支持層	政策	代表的政治家
自由党	ホイッグ党 産業資本家	諸制度の改革 自由貿易 アイルランド自治承認 海外膨張には消極的	グラッドストン
保守党	トーリ党 地主・貴族	伝統的諸制度の擁護 保護貿易 アイルランド自治反対 植民地拡大に積極的	ディズレーリ ソールズベリ

❷改革の推進　二大政党制のもとで，さまざまな社会改革が実施された。1870 年，初等教育法が成立し，国費による義務教育がスタートした。1871 年，労働組合法が成立し，労働組合が合法化された。

★1 特定の農産物や鉱産物の生産と輸出に依存する経済構造になること。

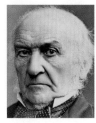

▲グラッドストン

★2 グラッドストン（1809〜98 年）は，自由党党首として 4 回，1868〜74 年，80〜85 年，86 年，92〜94 年に組閣し，選挙法改正やアイルランド自治，下院優位の確立などにつとめた。

▲ディズレーリ

★3 ディズレーリ（1804〜81 年）は，ユダヤ系の家庭に生まれる。保守党党首として，1868 年，1874〜80 年に組閣。

❸選挙法の改正　1867〜68年に保守党のもとで第2回選挙法
　改正がおこなわれ，選挙権は都市の労働者・小市民に拡大。
　1884年には自由党のもとで第3回選挙法改正がおこなわれ，
　農民・鉱山労働者に選挙権が拡大した。また，上院が下院と
　ほぼ同じ権限をもち続けるなど，地主の影響力は残った。

[ヴィクトリア時代の政治]
① 議会政治の確立…自由党グラッドストン，保守党ディズレーリ。
② 植民地支配の拡大…インド帝国（1877年）。

3 ｜ フランス第二帝政と第三共和政

1 第二帝政とその崩壊

❶第二帝政の特色　ナポレオン3世の政治は，民主政治のかた
　ちをとった独裁政治で，保守的な多数の農民層を基盤に，ブ
　ルジョワ勢力と労働者勢力との均衡を利用しつつ有産階級
　（産業資本家や農民層）の支配体制を確保しようとするもので
　あった。
　　ナポレオン3世は，国民の支持を得るために，積極的な対
　外政策をすすめるとともに，公共事業によって人気の保持に
　つとめた。

❷公共事業の整備　パリ市街の改造をおこない，パリは近代
　都市に生まれ変わった。また中央集権的な官僚機構を整備し，
　国民の管理につとめた。

❸対外政策　クリミア戦争，イタリア統一戦争に参加し，ア
　ジアでは第2次アヘン戦争（アロー戦争）で中国に進出し，イ
　ンドシナに植民地を獲得するなど，積極的に海外に進出した。
　さらにアメリカ南北戦争に乗じてメキシコに出兵したが，失
　敗に終わる。

❹帝政の崩壊　ナポレオン3世はプロイセン＝フランス（普仏，
　ドイツ＝フランス）戦争に敗北し，第二帝政は終わった。プ
　ロイセン軍は，パリに侵攻して陥落させた。

★1 財政難のメキシ
コの外債利子支払い
停止に対し債権国イ
ギリス・フランス・
スペインが共同出兵
し，支払いを約束さ
せて撤兵。しかしナ
ポレオン3世はなお
不満で，メキシコ帝
国を樹立したが，合
衆国の抗議で撤退し
た。

2

近代ヨーロッパ世界の成立

2 第三共和政の成立

❶パリ＝コミューンの成立　1870年に成立した臨時政府が,
プロイセンと屈辱的な講和条約を結ぶと, それに反対するパ
リの急進的市民は, 1871年3月, パリ＝コミューン[★2]を宣言
した。これは, **世界初の労働者による自治政府**であった。

★2 人民に選ばれた
約90人の議員から
なり, 社会主義者ブ
ランキらがパリ市政
を指導した。

❷第三共和政の成立　パリ＝コミューンは2か月で鎮圧され,
1875年, 三権分立・二院制・任期7年の大統領制・普通選
挙などを根幹とする共和国憲法が成立し, 第三共和政が発足
した。

▲19世紀フランスの政治体制の変遷

4 イタリアの統一

1 イタリア統一への動き

❶19世紀前半の動き　イタリアは小国の分立・抗争がつづい
ていた。1820年代に秘密結社カルボナリ, 1830年代にマ
ッツィーニが指導する「青年イタリア」[★1]によるイタリア統一
の動きがあったが, いずれもオーストリア, フランスの干渉
を受けて失敗した。

★1 1831年にマッ
ツィーニが組織した
イタリア統一のため
の組織。

❷サルデーニャ王国の台頭　国王ヴィットーリオ＝エマヌエ
ーレ2世が自由主義者のカヴールを首相に任命。カヴールの
もとで自由主義的な改革を断行, 統一運動の中心となった。

2 イタリア王国の成立

❶イタリア統一戦争　カヴールはナポレオン3世とプロンビエ
ール密約を結び, 1859年にオーストリアに宣戦しこれを破
った。フランスがサルデーニャの強大化を恐れ, オーストリ
アと単独で講和を結んだため, サルデーニャはオーストリア

からロンバルディアを得るにとどまった。しかし翌年，中部イタリア諸邦が合併を望んだので，国民投票を実施して中部イタリアを併合した。

❷**イタリア王国の成立**　1860年，「青年イタリア」出身のガリバルディが義勇軍「赤シャツ隊」を率いて両シチリア王国を占領，サルデーニャ王にゆずった。カヴールもローマ周辺を除くローマ教皇領を占領。61年サルデーニャ王国を中心として，イタリア王国が成立した。

❸**統一の完成と残された問題**

1866年，イタリア王国はプロイセン＝オーストリア（普墺）戦争にプロイセン側で参戦し，ヴェネツィアを併合。70年のプロイセン＝フランス（普仏，ドイツ＝フランス）戦争では，フランス勢力が後退したのに乗じてローマを占領。ここにイタリア統一が完成した。しかしローマ教皇庁はイタリア政府と対立をつづけ，オーストリアとの間ではトリエステなどの「未回収のイタリア」問題もかかえていた。

▲イタリアの統一

5│ドイツの統一

1 ドイツ統一への動き

❶**経済面からの統一**　ウィーン会議後に生まれたドイツ連邦は，35の君主国と4自由市の集合体で無数の関税障壁により分かれていた。1834年，プロイセンが提唱してドイツ関税同盟が発足。オーストリアを除く多くのドイツ諸邦が参加し，政治的統一に先だって経済的統一が達成された。

❷**フランクフルト国民議会**　1848年，プロイセンを中心にオーストリアを除いて統一をはかろうとする小ドイツ主義が勝利。自由主義者が憲法を制定し，プロイセン国王をドイツ皇帝に推したが，プロイセン国王はこれを拒否。これによって，ドイツ統一の主導権はプロイセンの保守的な地主貴族層（ユンカー）に移った。

★2 イタリア統一のとき，イタリア人居住地のトリエステ，フィウメ，南チロルなどはオーストリア領として残された。これらを併合することをめざす民族主義運動が19世紀末からおこった。

★1 同盟諸国間の関税を廃し，同盟国以外の国々との通商には一定の関税額を守ることを約束したもの。西部に大工業地帯をもち，資本主義が発達していたプロイセンは，1818年から近隣諸邦と関税同盟を結んでいたが，34年にそれを統一して発足。プロイセン中心のドイツ統一の基礎となる。

★2 オーストリアをふくめて統一しようとする主張は大ドイツ主義という。

2 武力による国家統一

❶ビスマルクの方針　1862年，プロイセンではヴィルヘルム
1世のもとでユンカー出身のビスマルク[★3]が首相に就任。議会
の反対をおしきって鉄血政策(てっけつ)をすすめ，強大な国家権力と軍
事力によって統一をはかった。

❷プロイセンの武力政策　1864年，プロイセンはオーストリ
アとともにデンマークと戦い(デンマーク戦争)，シュレスヴ
ィヒ・ホルシュタインを奪取。66年，これらの管理をめぐ
ってプロイセン＝オーストリア(普墺(ふおう))戦争がおこったが，7
週間でプロイセンが勝利し，北ドイツ連邦(オーストリアを
除く)を成立させた。

★3 ビスマルク
(1815~1898年)は，
首相就任直後の議会
で「ドイツの現在の
大問題(ドイツ統一)
は，言論や多数決で
は定まらない。これ
を解決するのはただ
鉄と血である」と演
説したことから鉄血
宰相(さいしょう)とよばれた。
★4 ドイツ・フラン
スの国境にあり，
鉄・石炭が豊富で，
両国の歴史的紛争地。

❸プロイセン＝フランス戦争　1870~71年，プロイセンの強
大化に脅威を感じていたフランスのナポレオン3世が，スペ
イン王位継承問題を契機にプロイセンに宣戦。プロイセン＝
フランス(普仏(ふふつ)，ドイツ＝フランス)戦争となった。プロイセ
ンはフランス軍を圧倒し，ナポレオン3世はセダン(スダン)
で降伏した。

　1871年1月末，パリは陥落(かんらく)。ドイツはフランスの臨時政
府と講和を結び，アルザス・ロレーヌの2州[★4]と賠償金(ばいしょう)50億
フランを獲得した。

❹ドイツの統一　フランスの降伏
に先だつ1871年1月18日，ヴ
ェルサイユ宮殿「鏡の間(ま)」でプロ
イセン国王ヴィルヘルム1世がド
イツ皇帝(在位1871~88年)に即
位。これによって，ドイツ帝国が
成立した。

▲ドイツの統一

6 ｜ ビスマルクの政治

1 ドイツ帝国の特色

　1871年4月，ドイツ帝国憲法を発布し，立憲主義国家の体裁をととのえたが，外見的なもの（外見的立憲主義）にすぎなかった。ドイツ皇帝の地位はプロイセン国王が世襲し，帝国宰相もプロイセン首相が兼ねた。立法機関は，男子普通選挙によって選ばれた議員からなる帝国議会と各邦の代表からなる連邦参議院からなっていたが，立法権や軍事・外交に関しては連邦参議院の権限が強かった。

2 ビスマルクの政治

❶**保護関税政策**　統一後のドイツは，資本主義経済がめざましく発展した。はじめは自由貿易がおこなわれていたが，まもなくおこった恐慌を克服するため，1879年にビスマルクは保護関税政策にきりかえ，大資本家やユンカーを保護した。

❷**カトリック教徒との闘争**　ドイツ南部に勢力をもつカトリック教徒は，新教国のプロイセンの支配をきらい，中央党を組織して政府に反抗した。ビスマルクはカトリック教徒を帝国の脅威とみなし，公的領域から影響力を排除するなど抑圧した（1871年〜文化闘争）が，社会主義勢力対策で譲歩し，1880年に終結した。

❸**社会主義対策**　資本主義の発達に対応して労働運動も活発化し，社会主義勢力も成長した。1875年に社会主義労働者党（のち，社会民主党に改称）が結成された。1878年，ビスマルクは社会主義者鎮圧法を制定して，労働運動・社会主義運動を弾圧，社会主義結社を禁止した。しかし，その一方でいちはやく社会保険制度を整備するなど，労働者の統合をはかった。

3 ビスマルク外交

❶**ビスマルク外交の基本方針**　フランスの孤立化とロシアのつなぎ止めにより，ドイツの安全保障をはかる。

★1 関税同盟以来の国内市場の統一，国家統一による金融制度や鉄道の発達などは，ドイツの資本主義をいちじるしく発展させた。とくにアルザス・ロレーヌ獲得やフランスからの多額の賠償金は，ドイツの工業化におおいに役立った。
★2 カトリック＝旧教に対して，プロテスタントを新教という。

★3 養老保険法・疾病保険制度・災害保険法など社会保険諸法を制定した。

❷ビスマルク体制　1873年，三帝同盟（ドイツ，オーストリア，ロシア）締結。1878年，ベルリン会議を主催し，バルカン半島における列強の対立を調停，勢力均衡の維持につとめた。1882年，三国同盟（ドイツ，オーストリア，イタリア）を締結。1887年，ロシアが三帝同盟の更新を拒絶すると，ドイツはロシアとの間で秘密軍事条約（再保障条約）を結び，ドイツ中心の同盟関係網（ビスマルク体制）を築いた。

🎞 資料活用　ビスマルク外交は，ヨーロッパにどのような影響を与えたのだろう？ Q2

資料1　ビスマルクの「鉄血演説」（1862年）

　ドイツが注目しているのはプロイセンの自由主義ではなく，その力であります。バイエルン，ヴュルテンベルク，バーデンは自由主義に気ままに振舞わせたらいいでしょう。しかし，だからといってこれらの諸国にプロイセンの役割を割り当てようとする者は誰もいないでしょう。プロイセンはすでに幾度か好機を逃してしまいましたが，次の好機に向けて自らの力を結集し，それを維持していかねばなりません。ウィーンの諸条約によって定められたプロイセンの国境は，健全な国家の営みにとって好ましいものではありません。現下の大問題が決せられるのは，演説や多数決によってではなく——これこそが1848年と1849年の大きな誤りでした——鉄と血によってなのであります。

（飯田洋介『ビスマルク』中公新書）

資料2　ドイツ帝国成立後のビスマルクの外交方針

　ビスマルクはわずか10年足らずの間に，ヨーロッパ5大国のうちの2つ（オーストリアとフランス）を立て続けに破り，プロイセンをドイツ帝国創建に導いたのである。まさにこのことは，それまでのヨーロッパ大陸における国際秩序と大国間の勢力バランスを軍事力で大きく覆したことを意味していた。そのため，ドイツはさらに戦争によって領土を拡大させるのではないだろうか，という強い不安と警戒心を他の列強に与えてしまったのである。……

　成立したばかりのドイツ帝国は大きな対外的な負担を抱え込むことになる。それが，フランスとの敵対関係であった。……独仏戦争時にドイツは50億フランの賠償金に加え，ベルフォールを除くアルザスとロレーヌの一部をフランスから奪い取った。……結果的には大国フランスのプライドを著しく傷つけ，反発心・復讐心をフランスに植え付けたのである。……

　その際，ビスマルクが最も恐れたのが「同盟の悪夢」であった。周知のようにドイツはヨーロッパ大陸の中央部に位置しているため，反独的な同盟が形成されてしまうと，容易に包囲されてしまう危険があったのである。そのため彼は，ドイツ帝国の安全保障を確立するためには，何としてでもフランスにドイツを包囲するような反独同盟を結ばせないようにする必要があった。

（飯田洋介『ビスマルク』中公新書）

2

解説

(1)鉄血演説　有名な「鉄血演説」は，軍事予算の増額を柱とする軍制改革をすすめるうえで，下院(かいん)が軍事予算を否決することを阻止するためにおこなったものである。ビスマルクはこの演説で軍制改革への断固たる決意を示した。彼は，強力な軍事力を背景にオーストリアを排除したドイツの統一(小ドイツ主義)を実現することになった。

(2)プロイセン＝フランス戦争　プロイセン＝オーストリア(普墺(ふおう))戦争に勝利した後，北ドイツ連邦宰相(さいしょう)となったビスマルクは，1870年スペイン王位継承問題でナポレオン3世がプロイセン国王に不当な要求を突きつけたとする「ねつ造電報」を公表し(エムス電報事件)，ドイツ世論をあおってプロイセン＝フランス(普仏(ふふつ)，ドイツ＝フランス)戦争に突入した。軍事力によるドイツ統一は，ヴェルサイユ宮殿でのドイツ帝国成立宣言によってその目的を達成した。しかし，戦争に敗れたフランスは，ヴェルサイユ宮殿でドイツ皇帝の即位宣言式がおこなわれたという屈辱(くつじょく)をも味わうことになり，フランスのナショナリズムはその後長くドイツに対する復讐心(ふくしゅう)を燃やすことになる。

(3)ビスマルクの外交　ビスマルクは，ドイツ統一以降宰相を退任するまで，いっさい戦争をしていない。宰相退任までの約20年にわたるビスマルク外交の基本は，フランスの孤立化とロシアのつなぎ止め(フランスとロシアが手をつなぐことを防ぐこと)であった。バルカン半島情勢で対立するオーストリアとロシア，「未回収のイタリア」の問題で対立するイタリアとオーストリア，地中海進出をめぐって対立するイギリスとロシアなど，ヨーロッパ内にある対立関係を同盟や協定によって調整し，フランス包囲網(もう)を形成した。

ドイツはヴィルヘルム1世の死後登場するヴィルヘルム2世のもとで帝国主義政策を推進するようになり，列強(れっきょう)が軍事力によって世界秩序を形成する時代を迎えると，ビスマルクがおこなったような外交政策は顧(かえり)みられなくなった。

要点　Q2 ▶▶▶ A2

ヨーロッパからフランスを孤立化させ，ロシアとフランスが手を組むことを防いだ。

POINT!

[ドイツ帝国の政治]
①プロイセン中心
②外見的立憲主義
③保護関税政策(大資本とユンカー保護)
④社会主義者鎮圧法と社会保険の整備
⑤フランスの国際的孤立化(ビスマルク外交の基本)

7 ｜ ロシアの近代化

1 農奴解放

　クリミア戦争の敗北により，ロシアでは，専制主義の欠陥と近代化の必要が認識され，上からの近代化がすすめられた。1861年，皇帝アレクサンドル2世が農奴解放令を発布し，貴族である領主の支配から農民を解放した。しかし，土地は有償であったため農民は土地と引きかえに国家に対して多額の債務を抱えることになり，生活苦で土地をはなれる者も多かった。

★1 結局，農奴解放は不徹底に終わり，農民の不満を高めたが，農業生産の向上と，土地をはなれた農民の工業労働力化などにより，ロシアの資本主義化が促進された。

2 自由主義運動の発生

　ロシアでは，都市の知識人階級（インテリゲンツィア）の自由主義的な改革運動が弾圧されると，インテリゲンツィアは，「ヴ＝ナロード（人民のなかへ）」のスローガンをかかげ，農村にはいって，ナロードニキ（人民主義者）運動をおこした。

★2 社会改革を求めるインテリゲンツィアは，農民の啓蒙を急務と考え，「ヴ＝ナロード（人民のなかへ）」を標語に農村に入っていったので，この名がある。

3 自由主義思想の過激化

　ナロードニキの運動は，農民の心にひろがらず失敗。絶望した彼らのあいだにはニヒリズム（虚無主義）がひろまり，これとアナーキズム（無政府主義）とが結びついて，一部にはテロリズムによる専制支配の打倒という思想も生まれた。アレクサンドル2世も，このようなテロリズムによって暗殺された。

[ロシアでは，どのような内政改革がおきたのだろう？] Q3 ▶▶▶ A3
①アレクサンドル2世による農奴解放令（1861年）→不十分
②ナロードニキ運動→ニヒリズム，アナーキズム，テロリズムがひろがる。

8 ｜ 国際的諸運動の進展

1 第1インターナショナル

　1864年，ロンドンで第1インターナショナル（国際労働者協会）が結成され，マルクスが指導者となったが，パリ＝コミューンを支持したことで各国政府に弾圧され，76年に解散した。

★1 西欧の社会主義的な政治クラブや，労働組合で組織された国際労働者協会のこと。バクーニンら無政府主義派との内部対立があり，1876年に解体。

2 国際赤十字社

　戦時における負傷者の救護を目的として，1864年にスイスの銀行家デュナンがジュネーヴ条約により設立。

9 19世紀の文化・科学と社会の変容

1 学問・科学技術の発達

❶哲学　弁証法哲学を唱えるヘーゲルがドイツ観念論哲学を完成。フランスではコントが実証主義哲学を創始し，社会学が成立した。イギリスではベンサムが「最大多数の最大幸福」を主張し功利主義哲学を創始した。

❷歴史学　ドイツのランケが，史料批判をとおして実証的・科学的に史実を求めようとする近代歴史学の基礎を確立した。

❸経済学　イギリスのアダム゠スミスの確立した自由主義経済学は，マルサスやリカードによって継承されて古典派経済学として大成された。また，マルクスは史的唯物論にもとづく資本主義の研究を『資本論』にまとめた。

▲マルサス

❹自然科学　ダーウィンが『種の起源』を発表して唱えた進化論は，思想界に大きな影響を与えた。ヨーロッパ人によるアフリカ，中央アジア，極地への探検もおこなわれた。

❺医学　パストゥールとコッホが細菌学を発展させ，レントゲンがX線を発見した。

2 19世紀の欧米社会

❶通信の発達　1830年代にモース（モールス）が電信機を実用化し，通信網が世界中にひろがった。そして，ベルが電話を発明し（1876年），マルコーニが無線電信を発明した（1895年）。また，大衆向けの日刊新聞が各国で発刊された。

❷交通の発達と人・モノの移動　陸上交通では，鉄道網が世界中をおおい，人とモノの交流をうながした。海上では，蒸気船やディーゼル船が活躍した。

★1 弁証法というのは思考論理の1つの方法で，すべての事物は矛盾・対立によって変化し，それが統合されて新しいものが生まれていくとする考え方。

★2 人間の道徳的善の基準は，理性や正義ではなく，その人間にとってどれだけ効用があるか（快楽への要求をどれだけ満たすことができるか）という点にあるとする考え。したがって，「最大多数の最大幸福」が功利主義学説の標語となり，現実主義的な面をもった。

★3 マルサス（1766～1834年）は『人口論』で，貧困の原因を人口の増大に求めた。リカードは労働価値説を展開。著書に『経済学および課税の原理』がある。

★4 このような交通の発達を背景に，ヨーロッパから全世界（特にアメリカ合衆国が多い）への移民が急激に増加した。

- CHAPTER

3 ≫ アメリカ世界の成立

まとめ

① 19世紀後半のアメリカ大陸 ☞p.90

□ **ラテンアメリカの独立運動**

- **諸国の独立**…シモン＝ボリバルの指導でボリビアなどがスペインから独立。
- **英米の対応**…アメリカはモンロー宣言を発し不干渉。イギリスも独立を支持。

□ **アメリカ合衆国の拡大**

- **19世紀初めの動き**…アメリカ＝イギリス戦争の結果，産業基盤が安定。
- **西部開拓**…先住民強制移住法により先住民を追放し，フロンティアを拡大。

□ **南北戦争**

- **南北の対立**…北部は保護貿易＝共和党。南部は自由貿易＝民主党。
- **南北戦争の発生**…北部出身のリンカンが大統領になると1861年に開戦→1863年にリンカンの奴隷解放宣言→1865年に南部が降伏。

□ **合衆国の再建**

- **国内**…南部で大農場主が没落。西部で大陸横断鉄道が開通。労働組合が成立。
- **対外**…アジア系の移民が流入。ロシアからアラスカを買収。

② 西アジアの変容と南アジア・東南アジアの植民地化 ☞p.98

□ **西アジアの変容**

- **エジプト**…ムハンマド＝アリーの支配→第2次エジプト＝トルコ戦争により不平等条約→スエズ運河が完成→ウラービー運動→イギリスの保護国化。
- **オスマン帝国**…ギュルハネ勅令，タンジマート(恩恵改革)→オスマン帝国憲法(ミドハト憲法)発布→アブデュルハミト2世が憲法を停止し専制。
- **イラン**…ガージャール朝が成立→トルコマンチャーイ条約でロシアに領土を割譲。(イラン出身の)アフガーニーがパン＝イスラーム主義を唱える。

□ **インドの植民地化**

- **イギリスのインド経営**…1600年に東インド会社を設立→プラッシーの戦い，マイソール戦争，マラーター戦争，シク戦争→インド全域を制圧。
- **インド帝国の成立**…1857年，シパーヒーの反乱(インド大反乱)→鎮圧後に東インド会社を廃止，ヴィクトリア女王を皇帝とするインド帝国を樹立。

□ **東南アジアの植民地化**　タイのみ緩衝地帯として独立を維持。
- **オランダ**…東インド会社を設立しインドネシアで香辛料貿易。
- **イギリス**…マレー半島に海峡植民地を建設。
- **フランス**…清仏戦争に勝ったフランスがベトナムを保護国化。
- **スペイン**…フィリピンを支配し大土地所有制を確立。

❸ 中国の開港 ☞ p.106

□ **アヘン戦争**
- **イギリスの中国貿易**…片貿易→三角貿易(アヘンの密輸で銀を回収)。
- **アヘン戦争**…清の林則徐がアヘンを没収→1840年イギリスが艦隊を派遣し開戦→イギリスが勝利し、南京条約を締結→片務的最恵国待遇を認める不平等条約締結。
- **アロー戦争(第2次アヘン戦争)**…イギリスはフランスと連合して清を破る→天津条約・北京条約。

□ **ロシア**　ネルチンスク条約、アイグン条約、北京条約を経て極東進出。
□ **太平天国の乱**　洪秀全(ホンシウチュアン)が「滅満興漢」をかかげ挙兵→鎮圧後、洋務運動。

❹ 日本の開国と貿易 ☞ p.114

□ **欧米諸国のアジア進出**　オランダ国王が日本に開国勧告、アメリカのビッドルが通商を要求→江戸幕府は拒否。

□ **開国の影響**
- **ペリー来航**…1853年に浦賀にアメリカのペリーが来航→翌年日米和親条約を締結→大老井伊直弼が日米修好通商条約に調印→桜田門外の変。
- **貿易の開始**…最大の輸出品は生糸、最大の貿易相手国はイギリス。金貨が海外に流出し物価が高騰。攘夷運動が激化。

□ **幕末の政局**
- **公武合体**…坂下門外の変→薩摩藩の島津久光が文久の改革。
- **尊王攘夷運動**…松下村塾、奇兵隊を有する長州藩が中心。薩英戦争、禁門の変、長州征討、四国艦隊下関砲撃事件で運動は衰退。
- **雄藩の方針転換**…長州藩で高杉晋作、木戸孝允、薩摩藩で西郷隆盛、大久保利通が実権を握り、開国へ方針転換。両藩は1866年、薩長同盟を結ぶ。

19世紀後半のアメリカ大陸 世界史

▶ アメリカ独立革命やフランス革命に刺激されて，ラテンアメリカにも独立の気運が高まり，スペイン・ポルトガル本国がナポレオンに占領されたのを機に，ラテンアメリカ諸国の独立運動が一挙に進んだ。

アメリカ合衆国は西部の開拓をすすめ，フロンティア精神とアメリカ民主主義を育成しながら，大陸国家として発展することとなった。しかしそれは一方で，アメリカ先住民の生活・文化を破壊することになった。

西部の発展とともに，以前から存在した北部と南部の対立が激化し，やがて奴隷問題を一つのきっかけとして南北戦争が勃発した。戦争後，アメリカ合衆国では産業革命が本格化し，工業国として成長した。

↻ このセクションでは，次の問いに答えられるようにする必要がある。

Q1 南北戦争には，どのような意義があったのだろう？

Q2 アメリカ合衆国が20世紀に世界最大の国力をもつことができた要因は何か。また，南北戦争後に，どのような問題を抱えたのだろう？

1 ｜ ラテンアメリカの独立運動

1 独立の先駆－ハイチの独立－

1791年，フランス領サン＝ドマングにおいて，トゥサン＝ルヴェルチュールの指導のもとで黒人奴隷の反乱がおこり，1804年に，ハイチとして独立を達成した。これは，初の黒人共和国であった。

2 諸国の独立の達成

ラテンアメリカでは，クリオーリョ（植民地生まれの富裕な白人の地主）が独立運動の主役となり，本国スペインがナポレオンの支配に服している間に，独立運動が激しくなった。

スペインの植民地では，1810～20年代にかけて，シモン＝ボリバルの指導により，ベネズエラ・コロンビア・ボリビアなどが独立した。メキシコは，1821年，イダルゴの指導でスペインから独立した。南部では，サン＝マルティンの指導でアルゼンチン・チリ・ペルーが独立した。こうして独立運動はラテンアメリカ各地にひろがり，ほとんどの地域が独立を達成した。

★1 これに対し，フランスの革命政府（国民公会）は奴隷の解放を認めたが，ナポレオンは一転して鎮圧をはかり，軍隊を派遣した。しかし，ねばり強い抵抗の前に屈した。

一時期のメキシコを除いてすべての国が共和国となり，奴隷制を廃止した。

　ポルトガルの植民地であったブラジルは，クリオーリョの動きを背景に，1822年，ポルトガル皇太子ペドロが皇帝に即位して独立。その後89年に共和政に移行した。

３ アメリカ・イギリスの対応

　1823年，アメリカ合衆国大統領モンローは，モンロー宣言を発し，ヨーロッパとアメリカ大陸との相互不干渉を強く主張した。イギリスは「世界の工場」としての経済力を背景に，自由な経済進出をねらってラテンアメリカ諸国の独立を支持した。

★2　この外交理念をモンロー主義という。

📖 資料　モンロー宣言

　ヨーロッパ諸国が現在領有する植民地ないし属領に対しては，われわれはいまだかつて干渉したこともなく，将来もしないであろう。ただし，すでに独立を宣言してそれを維持し，かつその独立を合衆国が慎重な考慮をもって正当な理由に基づき承認した諸政府に対しては，ヨーロッパのいかなる列強といえどもこれを圧迫し，またはその他の方法で，その運命を支配しようとする目的で加えた干渉は，すべてこれを合衆国に対する非友好的措置の表明とみなさざるをえない。

解説　1823年12月，モンロー大統領が議会に与えた年次教書のうち，外交方針を示した部分の一部。伝統的な孤立主義外交政策による。その効果は大きく，ヨーロッパ列強はラテンアメリカ諸国の独立を承認し，北米西岸に進出しようとしていたロシアの計画も阻止された。第一次世界大戦まで，ヨーロッパに対するアメリカの外交方針となった。

２ アメリカ合衆国の拡大

１ ルイジアナの購入

　1803年，合衆国は，フランスのナポレオンからルイジアナを買収して領土を倍増，ミシシッピ川のほぼ全流域を確保して西部発展の道をひらいた。

２ 経済的自立

　イギリスが，ナポレオンの大陸封鎖令に対抗して，フランスとの貿易を禁止したことから，合衆国はイギリスに宣戦して，アメリカ＝イギリス戦争(米英戦争)(1812〜14年)が勃発した。この結果，国民的自覚が高まり，国内産業が発展して国の基盤は安定した。

3 大陸国家の形成

　ミシシッピ川の西に領土をひろげたあと，19世紀半ば，アメリカ合衆国はテキサスとオレゴンを獲得した。また，アメリカ＝メキシコ戦争(1846〜48年)に勝利して，1848年，カリフォルニアを獲得した。こうして，合衆国は大西洋から太平洋にまたがる大陸国家を形成した。合衆国領となったカリフォルニアで1848年，金鉱が発見されると，ゴールドラッシュがおこって太平洋岸にも移民が殺到した。

4 西部開拓とアメリカ先住民

　西部の開拓がすすむにつれて，フロンティア(開拓の最前線の地域)はしだいに西方へ移動した。西部開拓は，同時に先住民(ネイティブアメリカン)を土地から追い払うものであり，1830年には，ジャクソン大統領が先住民強制移住法を発布し，先住民は西方に強制移住させられた。また，南部の大農場では奴隷が酷使されるなど，アメリカはヨーロッパ系移民中心の社会であった。

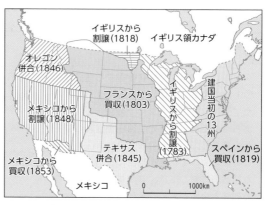

▲アメリカ合衆国の領土の拡大

3 ｜ 南北戦争

1 南北の対立

❶国内の分裂　西部の開発と資本主義の発達により，国内は①商工業者を中心とする北部，②奴隷を使用するプランテーション農園主らを中心とする南部[*1]，③独立自営農民を中心とする西部，の3つにわかれるようになった。

　とくに北部と南部とは，貿易政策・奴隷制などで，ことごとく対立した。

★1 綿花栽培と奴隷制が経済・社会の基盤であった。独立戦争後は奴隷制廃止の気運があったが，18世紀末から南部で綿花の栽培がはじまり，南部の主要産業になると，多くの人手がいるため奴隷が必要になった。

▼北部と南部の産業・主張の相違

北部		南部
資本主義的商工業	中心産業	綿花栽培の大農業
商工業を保護育成しイギリス工業に対抗するため，高関税の保護貿易を主張	貿易政策	綿花の大量輸出と工業製品の輸入のため，自由貿易を主張
自由労働者や進歩的市民階層が多く，自由労働を必要とし奴隷制に反対	奴隷制	大農場経営のために多くの奴隷を必要とし，奴隷制の存続を主張
連邦主義・共和党	政体・政党	反連邦主義・民主党

❷**南北対立の表面化**　北部と南部は，西部の新しい州をそれぞれの味方にしようとして対立した。

　　ミズーリ州の連邦加入の際には協定が結ばれたが，1854年にカンザス・ネブラスカ両準州の加入をめぐってふたたび対立した。

> 補説　**カンザス・ネブラスカ法**　1854年成立。カンザス・ネブラスカ地方を準州とする際，奴隷州か自由州かの決定を住民投票にゆだねることを定めたもの。これによりミズーリ協定は廃止され，奴隷州の拡大する可能性も大きくなり，南北対立がはげしくなった。

2 二大政党の成立

　カンザス・ネブラスカの両準州をめぐる対立から，奴隷制への反対を唱える共和党が成立（1854年）した。共和党は北部の自由州を地盤にし，南部に地盤をもつ民主党と対立した。ここに，今日の共和党・民主党にいたる二大政党体制がはじまることになった。

POINT!

　［南北の対立］
　　北部…保護貿易・奴隷制反対・共和党・連邦主義。
　　南部…自由貿易・奴隷制支持・民主党・反連邦主義。

★2　新設の州が，自由州になるか奴隷州になるかは，議員選出の際に南北の優劣を左右するので，政治的にも重要な問題であった。

★3　1820年，ミズーリ州を奴隷州とするかわりに，ミズーリ南境線（北緯36度30分）以北の地は将来，自由州に編入することを定めた。

3

アメリカ世界の成立

3 南北戦争

❶南部の分離　1860年，北部出身で熱心な連邦主義者である
リンカン^{★4}(在1861〜65年)が大統領に当選すると，民主党の
地盤である南部諸州が分離，ジェファソン＝デヴィスを大統
領に，リッチモンドを首都としてアメリカ連合国を設立。

❷南北戦争の経過　①1861年，南軍の武力攻撃から南北戦争
が勃発。②最初は南軍が有利であったが，北軍は人口と経済
力にまさり，グラント将軍指揮下に形勢を逆転。③リンカン
は，奴隷解放宣言によって北部の結束を強め，また内外世論
の支持を集めた。④1863年7月のゲティスバーグの戦いで
北軍の勝利が決定的となり，1865年リッチモンドが陥落，
南軍のリー将軍の降伏で，北軍の勝利に終わった。

❸南北戦争の意義　南北戦争は北部の勝利により，つぎのよ
うな意義をもつ。

　1 **自由主義の勝利**　奴隷制廃止論が勝ち，南部の奴隷が解
　　放された。^{★5}

　2 **国民主義(ナショナリズム)の勝利**　南部の分離をさける
　　ことができた。

　3 **産業革命の進展**　保護関税主義が勝って国内産業の保護・
　　育成がはかられ，国内に統一的な大市場が形成された。

▲リンカン

★4 リンカン(1809
〜65年)は，ケンタ
ッキー州に生まれ，
開拓者としてイリノ
イ州に移住。合衆国
第16代大統領に当
選後，国家の結束を
目的に南北戦争を遂
行。奴隷解放の父と
して，したわれた。

★5 300〜400万の
奴隷が解放されたが，
土地は与えられなか
ったため，もとの農
場主のもとで，シェ
アクロッパー(小作
農)となる者が多か
った。かれらは収穫
の2分の1ほどを小
作料としておさめな
ければならず，その
生活は貧しいままで
あった。

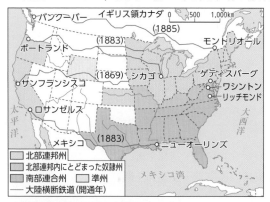

▲南北戦争当時のアメリカ合衆国

[南北戦争には，どのような意義があったのだろう？] Q1 ▶▶▶ A1

北部の勝利→奴隷の解放・合衆国の統一・国内市場の形成・保護貿易政
策→産業革命の進展。

4｜合衆国の再建

1 南部の変化

南北戦争後，旧大農場主（プランター）は没落し，プランテーションもくずれて，中小農民の勢力が成長した。また北部資本による重工業がおこった。

2 西部の発展

ホームステッド法[★1]による自作農の創設や，大陸横断鉄道の開通（1869年）によって西部の開発が急速に進展。アメリカは世界最大の農業国となり，**1890年ごろにはフロンティアが消滅**した。

3 工業国家の確立

鉄道の発達や多くの発明・技術改善により，石炭・石油・鉄鋼などの重工業も飛躍的に発展。**西部の開発は国内市場の拡大と資源をもたらした**[★2]。アメリカは農業国から工業国へと転換し，19世紀末には，世界最大の工業国になった。

4 労働組合の成立

工業国への成長により，労働問題もおこり，各種の農業組合・労働組合が成立。1886年には職業別組合の連合組織であるアメリカ労働総同盟（AFL）が結成され，労働条件の向上がはかられた。

5 新移民の流入

南北戦争後，東欧・南欧・アジア系新移民[★3]が流入。かれらは低賃金・非熟練労働者として工業発展・西部開拓の原動力になったが，貧富の差などの社会問題をまねいた。

6 対外政策

1853年にペリーを日本に派遣し，翌年，日米和親条約を結んだ。また1867年に，**ロシアからアラスカを買収**[★4]したほか，メキシコ内乱（1858〜67年）に介入していたフランスのナポレオン3世の軍を撤退させた[★5]。

★1　1862年にリンカンが発布。ミシシッピ川以西に自営農民を定着させることを目的とした自営農地法。公有地に移住して5年間定住，開墾すれば，160エーカーの土地が無償で与えられた。これによって西部入植者が増大した。

★2　1870年代末から大平原への進出がさかんとなり，農業技術の進歩や機械化によって，小麦の生産が急速に伸展した。

★3　中国人・インド人を中心とするアジア系の移民はクーリーとよばれた。

★4　わずか720万ドルでの買収であった。

★5　ナポレオン3世のこの失敗は，やがて彼の没落をまねいた。

📖 資料活用

アメリカ合衆国が20世紀に世界最大の国力をもつことができた要因は何か。また，南北戦争後に，どのような問題を抱えたのだろう？ Q2

資料1 「涙の旅路」

1828年，ジョージア州で金鉱が発見された。そこにはチェロキーというインディアンの国があり，議会を持ち，裁判所の組織もできていた。

1828年には，チェロキー語のアルファベットをもとにして，英語とチェロキー語を一緒に並べた週刊の新聞『チェロキー・フェニックス』が発刊された。また，白人との混血であるジョン・ロスが，アメリカの憲法にならった新しいチェロキー憲法のもとで，初代の大統領に選ばれた。

1828年の秋に，インディアンを対等の人間とみていなかったアンドリュー・ジャクソンがアメリカの大統領に当選し，たちまち西方への強制移住を求めてきた。ロスは何度もワシントン政府に歎願したが，その効果はまったくなく，そればかりかロスの不在中にワシントン政府はチェロキーの反ロス派と新しい条約を結んで，38年5月を移住の最終期限として決定してしまった。

その年がくると，スコット将軍が7,000人もの部下を率いてチェロキーに到着した。兵士たちや一般の白人が……略奪などの暴虐な行為をおこした。ロスはもう，西へ向かって旅立つ以外に方法はなかった。……大河ミシシッピをこえ，オクラホマの地まで全行程は約1,300キロ，支給された一枚の毛布とわずかばかりの荷物をもって，きびしい寒さに向かうこの季節に，彼らは「涙の道」についたのだ。

政府は一人の全経費66ドルとして移住を白人業者に請け負わせたので，業者は食費を最低にきりつめた。そのためチェロキーたちは身体の抵抗力を失い，寒さや病気のため，次つぎに倒れたり，脱落したりしていった。1839年3月オクラホマへ着くまでに，移住者総計1万数千人のうち，その4分の1が死んだ。文字通りそれは「涙の道」だった。しかも，そのオクラホマさえ，半世紀あとで白人は，前言をひるがえして侵入してくるのである。　＊一部改変

（猿谷要『アメリカ歴史の旅』朝日新聞出版）

解説

南北戦争後のアメリカはめざましい経済発展の時代を迎え，19世紀末には世界一の工業国となった。1869年には最初の大陸横断鉄道が開通し，東部の工業地帯と太平洋岸が鉄道で結ばれた。輸送手段の開発によって，ミシシッピ川以西の「最後のフロンティア」と言われたグレートプレーンズにおいて，鉱山開発が行われた。ついで，開拓農民による牧場経営がさかんになり，70年代半ばから西部・中西部への農民の移住が急増した。背景には，種まき機やコンバインなどの農業機械の開発が行われたことで，1862年制定のホームステッド法で160エーカーの土地を確保して家族経営ができる環境が整えられたことがある。

西部への移住熱により急増するヨーロッ

パ系農民を受け入れるのに障害となったのは，ジャクソン大統領による強制移住法によって連れてこられた先住民が占有する広大な土地だった。そこで，政府はこれまで認めていた「単一のインディアン保住地」を保障する政策を放棄し，ヨーロッパ系が必要としない狭い「保留地」に部族ごとに囲い込む政策を推進した。これに抵抗する

先住民と連邦軍との戦いが1860年代から30年間にわたり行われた。1890年サウスダコタのウンデッド＝ニーの虐殺を最後に先住民の掃討は完了した。**19世紀末アメリカは「世界一の工業国」「世界一の農業国」となるが，その要因の1つが先住民の土地と命を奪い取ることであった。**

資料2　リンカンの奴隷解放についての態度

（1）熱心な奴隷解放論者H. グリーリーの公開質問状に対して（1862年）

「この戦争における私の至上の目的は，連邦を救うことにあります。奴隷制度を救うことにも，滅ぼすことにもありません。もし奴隷を一人も自由にせずに連邦を救うことができるものならば，私はそうするでしょう。そしてもしすべての奴隷を自由にす

ることによって連邦が救えるならば，私はそうするでしょう。またもし一部の奴隷を自由にし，他はそのままにしておくことによって連邦が救えるものならば，そうもするでしょう。私が奴隷制度や黒人種についてすることは，これが連邦を救うことに役立つと信じているためなのです。」

(高木八尺・斎藤光訳『リンカーン演説集』岩波書店)

（2）1862年の段階でリンカンが考えていた奴隷の全面解放案の内容

①奴隷は徐々に解放する。②解放された奴隷については，議会の予算によって，その所有者に対し保証金を支給する。③解放された黒人は，アフリカその他へ送還する。

───この内容について彼は，経費は莫大なものだが，これで人類の忌むべき制度を絶滅させ，何百万という人々を幸福にできるならば，わずかな対価といわなければならない，とその感想を語っている。

(猿谷要『アメリカ黒人解放史』二玄社)

解説

　南北戦争は奴隷解放を目的とした戦争ではない。資料2にあるように，**リンカンは奴隷解放よりも連邦の統一を優先し，**奴隷は解放後アフリカその他への送還を考えていた。南北戦争は，南部プランターに対する勝利で終わり，南部が北部の経済圏に組み込まれることになった。これにより，アメリカ資本主義が発展，第2次産業革命と独占資本主義への道をひらくことになった。

　旧奴隷問題は解決しなかった。1867年，再建法が制定され，北部の産業資本家の支持を得た急進共和党が南部を軍政下においた。旧奴隷に市民権（1868年），選挙権（1870年）が与えられたが，土地は与えられず，南部に

進出した商人やプランターのもとでシェアクロッパー（小作農）となる黒人が多かった。結局，連邦軍が南部から完全撤退した後は，南部では北部産業資本家が南部プランターと妥協し，アフリカ系住民の選挙制限（読み書きテストで文字が書けないものには選挙人登録をさせない），人種隔離政策がおこなわれた。その後，**1960年代に公民権法が成立するまで，人種差別政策が続いた。**

要点　Q2 ▶▶▶ A2

　20世紀のアメリカが世界最大の国力をもった要因の1つとして，先住民の掃討が挙げられる。また，アメリカは南北戦争後も，人種差別問題を残したままだった。

2 西アジアの変容と南アジア・東南アジアの植民地化 世界史

▶ 19世紀，オスマン帝国では帝国内の諸民族の抵抗運動が活発となり，バルカン半島で勢力を伸ばすオーストリアや南下政策をとるロシアなどとの戦争もつづいた。この危機に直面したオスマン帝国は，皇帝を中心とした西欧化政策をすすめたが，そのための財源を西欧列強からの外債（がいさい）に求めたため，後の財政破綻（はたん）と西欧列強への経済的従属をまねいた。

18世紀，ムガル帝国の衰退が進むインドでは，18世紀半ば，イギリス東インド会社がフランス勢力を破り，ベンガル地方の徴税権（ちょうぜい）を獲得してインド支配の基礎を固めた。イギリスは，インドを原料供給地・商品市場（しじょう）として位置づけ，インド大反乱を平定後に植民地とした。

東南アジアでは，スペイン，オランダ，イギリス，フランスの進出により，シャム（タイ）を除く地域が植民地となった。

☞ このセクションでは，次の問いに答えられるようにする必要がある。

Q1 イスラーム世界はヨーロッパ諸国の進出に，どのように対応したのだろう？

Q2 南アジア・東南アジア諸国は植民地化で，どのように変わったのだろう？

1 | 西アジアの変容

1 オスマン帝国の動揺

18世紀になると，オスマン帝国は軍事的に弱体化して，近代的国家建設を進めるヨーロッパとの力関係が逆転した。ヨーロッパ列強は，帝国の諸民族の分離・独立運動に干渉しながら「東方」に進出した（東方問題）。

2 エジプトの自立と挫折

❶エジプトの動き　エジプトはナポレオン遠征でフランス軍に占領された。フランス軍がイギリス・オスマン帝国の連合軍に反撃（はげき）されると，この混乱に乗じてオスマン帝国から派遣されたムハンマド=アリー[★1]がエジプト総督となった。1806年にはオスマン朝もアリーをエジプトの総督と認めた。

❷ムハンマド=アリーの政治　彼は，国内のマムルーク領主[★2]を一掃（いっそう）して中央集権化と富国強兵策（ふこくきょうへい）を推進した。軍事・税制・法制で西欧化を進め，官営（かんえい）工場を設立するなど諸改革に

★1 もとオスマン帝国軍の傭兵（ようへい）隊長。彼を祖とするムハンマド=アリー朝は1805年から1952年の革命まで続く。

★2 トルコ人奴隷（どれい）出身のマムルーク軍人は，エジプトのマムルーク朝時代に支配階級をなしたが，オスマン帝国に支配されてからも農村に広大な領地をもっていた。オスマン朝はこのマムルーク領主を通じてエジプト農村を支配していた。

成果を上げた。対外的には，アラビア・東スーダンの征服，オスマン帝国への挑戦など大帝国の建設をこころざした。

❸第2次エジプト＝トルコ戦争の結果　1840年のロンドン条約の結果，エジプト政府はヨーロッパ列強に治外法権を認め，関税自主権を失い，国内市場を開放することとなった。特にエジプト産綿花は，イギリスの綿織物工業向けの商品作物となり，ヨーロッパ市場に組み込まれた。

❹スエズ運河　1869年，フランスの支援でスエズ運河が完成し，地中海とインド洋が結ばれエジプトの戦略的重要性が増大した。しかし，エジプトの国家財政は破綻寸前で，1875年に**スエズ運河の持ち株をイギリスに売却，運河の実質的支配権はイギリスに移った。**翌年財政破綻に陥ったエジプト財政はイギリス・フランスの財務管理下に置かれ，内政の支配も受けるようになった。

▲スエズ運河の開通式

❺ウラービー運動　列強の内政干渉・経済的侵略と宗主国オ
（オラービー）
スマン帝国の支配に対抗し，1881年に軍人ウラービーが，「エジプト人のためのエジプト」をスローガンに立憲制の確立を目的に武装蜂起。82年に政権を握ったがイギリスの出兵で同年鎮圧された。その後，エジプトはオスマン帝国領に属したまま，約40年間イギリスの保護国の状態に置かれた。

3　オスマン帝国の改革

❶西欧式軍団の創設　オスマン帝国はイェニチェリという伝統的な軍団を廃止（1826年）して西欧式の軍隊を創設，新たな軍事技術や軍服の洋装化を進めた。

❷タンジマート　1839年，スルタンのアブデュル＝メジト1世が，ギュルハネ勅令を発布し，ムスリムと非ムスリムとが法の下に平等であることを宣言し，軍制・税制・教育などの西欧化をめざすタンジマート（恩恵改革）が進められた。

❸西欧列強への経済的従属　西欧化改革のために必要な膨大な財政支出を，関税を担保とする西欧列強からの外債に求めため，後の財政破綻と西欧列強（特にイギリス）への経済的従属をまねいた。

★3　保守勢力の反対やロシア・オーストリアの干渉で，成果は少なかった。

3

アメリカ世界の成立

❹ミドハト憲法　1876年には，改革派の大宰相ミドハト＝パシャのもとでオスマン帝国憲法(ミドハト憲法)が発布。この憲法では，宗教・民族にかかわらず全住民が平等な「オスマン人」として扱われることが定められた。同憲法により，上院・下院による議会の開設が定められたが，1877年のロシア＝トルコ戦争勃発を理由に，翌78年，アブデュルハミト2世(在位1876〜1909年)により議会・憲法は停止された。

❺アブデュルハミト2世の治世　各国のムスリムとの連帯を唱えるパン＝イスラーム主義をかかげ，帝国内の非トルコ系ムスリムや帝国外のムスリムの支持を得て西欧列強に対抗しようとした。また，専制政治を行いつつ，国内産業の振興と近代的な教育改革を推進するなど，帝国の維持をはかった。

★4 国会開設，責任内閣制，言論の自由などが認められた。ミドハト＝パシャの名をとって，ミドハト憲法という。
★5 この考えをオスマン主義という。
★6 オスマン帝国は，この戦争に敗北し，サン＝ステファノ条約で領土を削られた。

4 イランの近代化の模索

❶ガージャール朝　イランで，18世紀末にガージャール朝が成立。19世紀にはいってロシアなどの進出をうけ，1828年のトルコマンチャーイ条約でロシアに国境地帯を割譲し，治外法権を認めさせられた。

❷パン＝イスラーム主義　19世紀後半，イラン出身のアフガーニーは，インド大反乱を目の当たりにして反帝国主義の立場に立ち，パン＝イスラーム主義による全ムスリムの団結を説き，イスラーム諸国にひろがる専制と無知を批判した。

★7 以後，列強のイランへの進出がはげしくなった。
★8 アフガーニーらが提唱した，イスラーム勢力の団結により，帝国主義列強の侵略に抵抗しようという考え方。各地の抵抗運動に大きな影響を与えた。

📖 資料活用　**イスラーム世界はヨーロッパ諸国の進出に，どのように対応したのだろう？** Q1

資料1　ギュルハネ勅令(1839年)とタンジマート

　「ギュルハネ勅令」では，帝国臣民の生命・財産・名誉の保障，租税の法定化，兵役の期間などの明確化，裁判を受ける権利の保障などが宣言された。そして，何よりも特筆すべきことに，ムスリムであろうと非ムスリムであろうと，宗教・民族にかかわらず，全オスマン帝国臣民に平等の原則が認められた。これは，ムスリム優位下に

おけるムスリムと非ムスリムの不平等下の共存という，オスマン帝国従来のシステムの根本的変更を意味した。

　それは，オスマン帝国が伝統的なイスラーム帝国から，近代西欧モデルを念頭においた多民族帝国へと変身しつつ，存立をたもとうとする努力の第一歩であった。

(坂本勉・鈴木董編『イスラーム復興はなるか』講談社現代新書)

3

アメリカ世界の成立

資料2　オスマン帝国憲法（ミドハト憲法）

第7条　……外国との条約締結，宣戦布告および講和，陸海軍の統帥，軍事行動の指揮とイスラーム法および法律の施行……はスルタンの神聖な大権に属する。

第8条　オスマン国籍を有する者はすべて，いかなる宗教宗派に属していようとも例外なくオスマン人と称される。……

第9条　すべてのオスマン人は個人の自由を有し，他者の自由を侵さない義務を負う。

第42条　帝国議会は，元老院と代議院という名の両議院でこれを構成する。

第113条　……国家の安全を侵害したことが，治安当局の確かな調査により明らかになったものを神護の帝国領から追放し，退去させることはただスルタン陛下のみが行使することのできる権限である。

（歴史学研究会編『世界史史料8』岩波書店）

解説

(1)タンジマート　タンジマートは1839年から76年まで続く改革運動であり，軍事，財政，文化，教育の「欧化政策」であった。ヨーロッパ・モデルの刑法や商法や土地法の整備，世俗的な裁判所の設置，ヨーロッパ式の学校や軍隊の整備などは，中央集権化された官僚機構の完成と密接に結びついていた。

(2)タンジマートの限界　この改革は，ヨーロッパや北アメリカ以外の地域における最初の体系的な近代化の試みでもあった。タンジマートは，清朝の洋務運動や日本の明治維新など，アジアの西欧化の先駆でもあった。しかし，明治政府の指導者たちは「富国強兵」を目標にして「富国」のための「殖産興業」にも精力を注いだのに対し，タンジマートを進めた指導者たちは，外交に優れ，「強兵」にも力を入れたが，その経済基盤となる「殖産興業」のための十分な経済政策をもたなかったことが限界であった。

(3)立憲運動から専制政治への後退　タンジマートの最終段階でミドハト＝パシャが起草したオスマン帝国憲法もアジアで最初の憲法であり，ヨーロッパ諸国の憲法を下敷きに，議会を中心とした責任内閣制を柱としている。ただ，立憲運動は国民のひろい支持を得るものではなく，第113条に国益を害する人物をスルタンが国外追放できるという権利を認めていたことから，発布後1ヶ月半でスルタンのアブデュルハミト2世によりミドハト＝パシャは追放され，専制政治に後退した。

　ヨーロッパ勢力の進出に対して西欧化，立憲制の導入で対抗しようとしたオスマン帝国は，アブデュルハミト2世の30年にわたる専制政治のもとで終焉を迎える。

要点　Q1 ▶▶▶ A1

　タンジマートの指導者によって立憲運動が進められるなど，欧化政策をおこなった。

2 | インドの植民地化

1 イギリスの植民地支配

❶**インド経営の開始**　1600年，イギリスは東インド会社を設立してインド貿易にのりだした。東インド会社は，ムガル帝国の衰退★1に乗じて内政に干渉しながら進出し，1757年のプラッシーの戦い★2でフランス勢力を破り，ベンガルを基盤にインド支配の基礎を固めた。イギリスのアジア進出を推進し，アジア貿易を独占した東インド会社は，プラッシーの戦い以後はインドに対する統治機関となった。

❷**植民地支配の開始**　プラッシーの戦いで功績のあった東インド会社職員のクライヴが初代ベンガル知事に任命され，ムガル皇帝には年金を与える約束でベンガル州の徴税権を獲得。ここにイギリスによるインドの植民地化がはじまった。

❸**支配地域の拡大**　プラッシーの戦い以後，イギリスはインドの内部分裂を利用して支配地域を拡大した。また，南部でマイソール戦争(1767〜99年)，西部でマラーター戦争(1775〜1818年)，西北部でシク戦争(1845〜49年)にも勝利して，19世紀半ばまでにインド全域を制圧した。

❹**東インド会社の変質**　東インド会社が徴税権を得て，インド経営に乗りだすと，イギリス議会はこれを本国政府の監督下においた。さらに，**1813年に東インド会社の貿易独占権は中国における茶貿易に限定され，1833年にはすべての商業活動の停止**★3が決定された。以後，東インド会社はイギリスのインド支配を代行する統治機関としてのみ存続した。

2 シパーヒーの反乱とインド帝国

❶**シパーヒーの反乱**　1857年，東インド会社のインド人傭兵(シパーヒーともいう)が反乱をおこした。反乱は全国に波及(インド大反乱)。農民・地主・手工業者のほか一部の王侯も加わって，一時はデリーを占拠したが，59年に鎮圧された。

❷**反乱の結果**　インドにおける最初の民族的大反乱となった。反乱軍に加担したという名目でムガル皇帝が廃され，ムガル帝国は滅亡した。また，東インド会社は，反乱の責任から解

★1　17世紀前半まではムガル帝国の最盛期で，列強も露骨な侵略はできなかった。

★2　第2次英仏百年戦争の最中で，イギリスがインドからフランスを追い出した。これ以降，フランスはインドシナ進出に転じる。

★3　1833年には，茶の取引と中国貿易の独占権の廃止が決定され，翌年実施された。これにより，東インド会社は貿易機関としての役割を完全に終えた。

散となり，インドはイギリス本国政府の直接統治となった。

❸インド帝国の成立　1877年，イギリスのヴィクトリア女王
がインド皇帝を兼ね，イギリス直轄領と藩王国（はんおうこく）からなるイン
ド帝国が成立。イギリスによるインドの植民地化が完成した。

📖 資料活用　**南アジア・東南アジア諸国は植民地化で，どのように変わっ
たのだろう？（インドを例にみてみよう）** Q2

資料1　イギリスとインドの綿織物の輸出

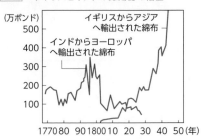

（万ポンド）

イギリスからアジア
へ輸出された綿布

インドからヨーロッパ
へ輸出された綿布

500
400
300
200
100

1770 80　90 1800 10　20　30　40　50（年）

資料2　産業革命とアジアの民衆

　イギリス綿工業の勝利は，彼ら*だけの貢
献によるのではない。政府による手厚い綿
業保護政策も大いに効果を発揮した。例え
ばインド綿製品に対する高い輸入関税，国
内織物業者を保護するための消費税などの
処置によって，インド・キャラコの流入を
阻止（そし）しようとした。それでもなお安心でき
ないマンチェスター綿業資本は，インドの
現地で職人たちを捕らえ，彼らの腕を切り
おとした。それでも足りないときは，眼を
くり抜いた。この話はインド人のあいだで
先祖代々語りつたえられているのか，先年
私がインドを訪れたとき，同じ話を何度も
きいた。それを語るとき，インド人はきま
って興奮にうちふるえ，顔面を怒りでこわ
ばらせながら，握りしめたこぶしを机に叩
きつけた。こうしてイギリスは文字どおり，
インド綿業の撲滅（ぼくめつ）をはかったのである。「邪
魔者は殺せ」これがイギリス人のやり方で
ある。
＊ ハーグリーヴズなどの産業革命期の発明家
（角山栄『生活の世界歴史10』河出書房新社）

解説

　資料1でわかるように，1820年代にはイ
ンドからヨーロッパへ輸出された綿布（めんぷ）の量
とイギリスからアジアへ輸出された綿布の
量が逆転している。産業革命後，イギリス
はインド製品に高い関税をかけて輸入を阻
止し，逆に機械化によって安く大量に生産
される綿製品をインドに輸出した。このた
め，インドの伝統的な木綿手工業は没落し，
綿製品の輸出国から輸入国に転じた。

　その結果，18世紀最大の綿工業の中心都
市ダッカ（現在のバングラデシュの首都）の
人口は18世紀末の15万人から1840年ころ
にはわずか2万人に減少している。

要点　Q2 ▶▶▶ A2

　インドでは，イギリスから流出する安い
綿製品によって，伝統的な綿工業が没落し
た。

[イギリスのインド支配]
①イギリスは東インド会社を通じてインド経営に乗りだす→1757年のプラッシーの戦いに勝って支配権を確立→諸州の徴税権を獲得。
②マイソール戦争・マラーター戦争・シク戦争などを通じて，イギリスはインドの大部分を支配。
③イギリス産業革命の進展は，インドの伝統的綿工業の没落をもたらす。
④シパーヒーの反乱を機にインド大反乱→ムガル帝国は滅亡→英領インド帝国へ。

3│東南アジアの植民地化

1 オランダによるインドネシア支配

❶オランダ東インド会社　17世紀より，オランダは東インド会社が中心となって，ジャワのバタヴィア(現在のジャカルタ)を根拠地に東南アジアに進出し，香辛料貿易を独占した。

❷ジャワ島の植民地化　商品作物の栽培・拠出を土着民に強制する必要から，17世紀末に東インド会社はジャワ島経営に着手。18世紀末以後，本国政府が直接統治にあたり，1830年から強制栽培制度を実施して利益をあげた。

★1 コーヒー・さとうきび・藍などのヨーロッパ向け輸出用作物をジャワ農民に強制的に栽培させた制度。これによって稲作がそこなわれ，農民は困窮したため，19世紀末までに漸次廃止された。

2 イギリスのマレー半島進出

❶ビルマ　イギリスはフランスのインドシナ進出に対抗してビルマに進出。3次にわたるビルマ戦争(1824〜86年)でコンバウン朝が敗れ，インド帝国に併合された。

❷マレー半島への進出　1826年，ペナン・シンガポール・マラッカを獲得して，イギリス直属の海峡植民地とした。また，マレー半島の諸王国にて，1895年マレー連合州を結成させ，イギリスの保護国とした。イギリスはこれらの地域で中国やインドからの移民労働者を使役し，錫やゴムを生産。

3 フランス領インドシナ連邦

❶阮朝の成立　1802年，阮福暎がフランス人宣教師ピニョーの援助を受けて阮朝を立て，ベトナムを統一(越南)。

❷フランスの進出　ナポレオン3世は阮朝がキリスト教徒を迫

害したことを口実に，ベトナムに出兵し，ベトナム南部のサイゴンに進出した。これに対し，太平天国滅亡後ベトナムに亡命していた劉永福が黒旗軍を組織して抵抗したものの，フランスはベトナム北部まで進出した。

❸清仏戦争　フランスはベトナムの宗主国であった清と戦って勝利し，1885年天津条約を結んで，ベトナムの保護国化を清に認めさせた。1887年，既に保護国となっていたカンボジアとあわせてフランス領インドシナ連邦が成立した。

4 フィリピン

　フィリピンはスペインの支配を受けていたが[★2]，スペインは自由貿易を求める欧米諸国からの圧力を受け，1834年にマニラを開港。サトウキビ，マニラ麻，タバコなどを生産するプランテーションの大土地所有制が成立した。

★2　1898年以降はアメリカ合衆国が領有。

5 独立を維持したシャム(タイ)

　シャム(タイ)は，チュラロンコン(ラーマ5世)のもとで政治改革をすすめ[★3]，イギリスとフランスの勢力均衡策を利用して，両国勢力の緩衝地帯として独立を維持した。

★3　外国人専門家をまねいて行政・司法組織を改革し，軍隊や教育の近代化，国民意識の形成，非自由民の解散，経済力をもつ華僑の同化といった政策を推進した。こうした一連の改革は「上からの近代化」の一典型であり，独立を守ると同時に，列強の力を利用して，王権の強化にも成功したといえる。

▲列強のアジア侵略

[東南アジアの植民地化]

①オランダ…ジャワ島のバタヴィアを根拠地に香辛料貿易を独占。

②イギリス…マレー半島に進出して海峡植民地を形成。ビルマをインド帝国に併合。

③フランス…インドシナ半島東部に進出。清仏戦争に勝って，天津条約でベトナム(越南)に対する保護権を獲得→フランス領インドシナ連邦を形成。

④シャム(タイ)…政治改革をすすめるとともに，英仏両国の緩衝地帯として独立維持。

SECTION ③ 中国の開港 世界史

▶ ヨーロッパ列強による世界市場形成の動きの中で，東アジア諸国もその脅威にさらされ，「開国」を余儀なくされていく。中国において，アヘン戦争・太平天国の乱・アロー戦争と続く歴史は，半植民地化が進行する過程であり，南京条約，北京条約を経て，欧米列強に様々な権益を奪われていく。一方で，太平天国はその後の中国民族運動・農民運動に大きな影響を与えた。

太平天国の乱後，清朝では漢人官僚がヨーロッパの近代技術導入をはかる洋務運動を始めたが，清仏戦争や日清戦争での敗北，宮廷内の保守派や列強の圧迫を受け，洋務運動は失敗した。

☞このセクションでは，次の問いに答えられるようにする必要がある。

Q1 清とイギリスの貿易は，どのようなものだったのだろう？

Q2 イギリスがアヘン戦争をおこした目的は何だろう？

Q3 太平天国の乱とは，どのようなものだったのだろう？

1 アヘン戦争

1 清朝の貿易の特色

❶すべて朝貢貿易の形式をとらせ，イギリスからの自由貿易の要求に応じなかった。

❷外国との貿易は広州1港にかぎった。
(ワンチョウ)

❸公行とよばれる特許商人組合に取引の独占権を認めた。
(コホン)

> |補説|　**冊封と朝貢**　中国皇帝は，支配の及んでいない地域の君主や首長に対して，国内の諸侯と同様の肩書きを与え，名目上の臣下とすることを**冊封**といい，臣下となった側には**朝貢**の義務があるとした。このように中国皇帝と君臣関係を結ぶことによって形成される国際秩序を**冊封体制**といった。また，周辺諸国の支配者が中国皇帝に貢ぎ物をし，代わりに返礼の品を授かるという形態の貿易を**朝貢貿易**という。イギリスが自由貿易を求めて中国貿易にのりだしてきたとき，清朝のとった態度も朝貢貿易であった。

２ イギリスの中国貿易

❶**対中国貿易の積極化**　イギリスは17世紀末から中国貿易に積極的になり，東インド会社に中国貿易を独占させていた。

❷**イギリスの片貿易**　イギリスは中国から絹・茶・陶磁器などを輸入し，その輸入量は年々増加したが，中国への輸出は少なく，多額の銀を支払わねばならなかった。そのうえ18世紀になるとヨーロッパで茶の需要が急速にのびたため，イギリスの対中国貿易はいちじるしい輸入超過となった。

★1 イギリスは，毛織物やインド産の綿花を中国へ輸出したが，その量はわずかであった。

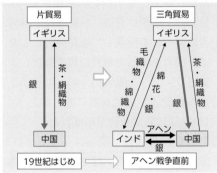

❸**イギリスの三角貿易**　銀の流出に対処するためイギリスはインドでアヘンをつくらせ，それを中国に輸出。

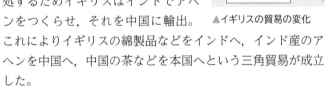
▲イギリスの貿易の変化

これによりイギリスの綿製品などをインドへ，インド産のアヘンを中国へ，中国の茶などを本国へという三角貿易が成立した。

> |用語|　**アヘン**　アヘンは中国とイギリスが衝突する最大の要因であった。アヘンはケシの花が散った直後，子房に傷をつけて出てくる液体を固めたもので，紀元前からその強い鎮痛作用と依存性(麻薬)が知られていた。　中英間の戦争の原因になるアヘンは，「19世紀アジアの三角貿易」を構成する中国・インド・イギリスを結ぶ三大商品(茶・綿布・アヘン)の一つとして18世紀末から登場する。中国からイギリスへの茶貿易は1780年代に成立，インドから中国へのアヘン貿易は1800年代に成立，最後にイギリスからインドへの綿製品貿易は1820年代に成立する。アヘン収入はインド植民地の最大の財源であった。

❹**朝貢貿易に対する不満**　イギリスは，中国貿易拡大のために自由貿易を望み，1793年にマカートニー，1816年にアマーストを派遣して公行などの障害をとりのぞく交渉にあた

★2 マカートニー(1737〜1806年)は乾隆帝に謁見する際，三跪九叩頭(3回ひざまずき，その都度地面に着くまで3回ずつ頭をさげる)の礼を求められた。ヨーロッパ人にとっては屈辱的であり，イギリス流の礼式を代用したが，貿易拡大の交渉は失敗。また，アマーストは，三跪九叩頭の礼を拒否したため，嘉慶帝に謁見できず，そのまま帰国した。

らせたが失敗した。一方，イギリスでは1834年に東インド
会社の貿易独占権を廃止して自由貿易としたので，中国での
貿易制限の撤廃が急務となった。

POINT!

[清とイギリスの貿易は，どのようなものだったのだろう？] Q1 ▶▶▶ A1
①清朝の貿易…朝貢貿易の形式。広州1港に限定。特許商人組合の公行
　が取引の独占権をもつ。
②イギリスの貿易…インド・中国とともに三角貿易を形成。

3 アヘン戦争

❶戦争の直接的原因　清朝は早くからアヘン輸入を禁じてい
たが，かえってアヘンの密輸が盛んになったため，1839年，
林則徐を広州に派遣。林則徐は，禁輸に応じないイギリス商
人のアヘンを没収して廃棄処分にした。これに対しイギリス
は，武力をもって貿易問題を解決しようとし，本国から艦隊
を送り，アヘン戦争（1840〜42年）となった。

❷戦争の結果　近代兵器にすぐれたイギリス軍の勝利となり，
1842年に南京条約が結ばれた。

❸南京条約の内容　清朝はイギリスに対して，①香港島の割
譲，②広州・厦門・福州・寧波・上海の5港の開港，③公行
貿易の廃止，④賠償金の支払い，などを認めた。
　翌1843年には，外国人に対する領事裁判権（治外法権）や
片務的最恵国待遇を認め，関税自主権がない不平等条約が結
ばれ，アメリカ合衆国，フランスとも同様の条約を結んだ。

用語　**最恵国待遇**　条約締結国の一方が，将来別の国に何らかの特権を与え
た場合，自動的に，元の締結国に対しても同様の特権を認めるという
とりきめ。清は，虎門寨追加条約ではじめてイギリスに認めたが，イ
ギリスは同様の義務を負わなかった（片務的最恵国待遇）。

4 アロー戦争

❶アロー戦争の背景　南京条約が成立したのちも，中国貿易
はイギリスの期待したほどには拡大せず，清朝も南京条約の
実行には熱心ではなかった。イギリスは，まもなくおこった
太平天国の乱に乗じて，ふたたび武力でさらに有利な条件を
獲得しようとした。

★3 貿易港では外国
人の居住が認められ，
上海などでは租界
（外国人が土地を借
り，建物を整備する
代わりに自治権を認
めさせた地域）が形
成された。

★4 1844年に，ア
メリカ合衆国と望厦
条約，フランスと黄
埔条約を結んだ。

★5 清朝は，条約を
守るというヨーロッ
パ的意識に乏しかっ
た。中華思想によれ
ば，条約もまた中国
皇帝の恩恵であり，
かならずしも守らな
ければならない義務
ではなかった。

❷**戦争の勃発** 1856年，広州でアロー号事件がおこると，イギリスはこれを口実に，フランスと連合して清を攻撃。これをアロー戦争(第2次アヘン戦争，1856〜60年)という。

> 用語 **アロー戦争** 1856年，広州港に停泊中のイギリス船籍のアロー号に清の官吏がのりこみ，海賊の疑いで中国人の乗組員を捕らえ，イギリス国旗をひきおろして侮辱したとすることからおこった。

❸**戦争の経過** イギリス・フランス連合軍は，広州を占領し天津にせまった。1858年，ロシア・アメリカが加わって天津条約で一応の講和が成立したが，使節船に対する砲撃事件で批准が妨害されたので，1860年，英仏軍は北京を占領した。この結果，ロシアの調停によって天津条約が批准され，改めて北京条約が結ばれた。

❹**天津条約** 1858年，清は英・米・仏・露と，それぞれ別個に条約を結んだ。清は列国に対して，①対等の国交と貿易の自由，②キリスト教の信仰と布教の自由，③**外国公使の北京駐在**，④外国人の中国内地での旅行の自由，⑤**漢口・南京など新たな10港の開港**などを認めた。条約の付属書において，関税を課す形でアヘン貿易は初めて合法化された。

❺**北京条約** 1860年，清が英・仏・露とそれぞれ別個に結んだ。天津条約の追加条約ということができる。天津条約の内容に加えて，①**天津の開港**，②**イギリスに九竜半島南端部を割譲**，③**ロシアに沿海州を割譲**，などが定められた。

5 ロシアの極東進出

❶**極東への関心** ロシアは，清との間でネルチンスク条約(1689年)，キャフタ条約(1727年)を結び，国境を画定。19世紀半ばには黒竜江(アムール川)方面への勢力拡大をはかっていた。

❷**アイグン条約** 1858年，アロー戦争を利用して清に圧力をかけ，清に黒竜江(アムール川)以北の地を割譲させ，ウスリー川以東の沿海州を共同管理地とした。

❸**北京条約** 1860年，この条約で沿海州を獲得し，その南端にウラジオストク港を築いて極東経営の根拠地とした。

★6 フランスは宣教師殺害事件を開戦の口実とした。

★7 このとき，北京郊外にあった離宮の円明園が破壊された。円明園には，カスティリオーネの設計した西洋式の宮殿もあった。

★8 この条約には，参戦しなかったロシアやアメリカ合衆国まで参加した。

★9 外国公使の北京駐在に対処するために，1861年に外交担当官庁として総理各国事務衙門(総理衙門)が新設された。

★10 ロシアは清と英・仏とを調停した代償として加わった。

3

アメリカ世界の成立

資料活用　イギリスがアヘン戦争をおこした目的は何だろう？ Q2

資料1　広州貿易における銀の流出入とアヘン密輸入価額　　　　　　　　　　　　（単位 銀両）

年	合法貿易			アヘンの密輸入価額	銀流出価額
	商品輸出価額	商品輸入価額	出超(＋)入超(−)		
1818〜19	14,415,017	10,002,162	＋4,412,855	3,416,400	− 996,455
1820〜21	13,374,090	7,173,709	＋6,200,381	6,048,576	− 151,805
1822〜23	15,150,148	6,896,615	＋8,253,533	5,752,080	− 2,501,453
1824〜25	15,422,345	9,182,859	＋6,239,486	5,707,800	− 531,686
1826〜27	13,734,706	10,284,627	＋3,450,079	6,957,216	＋ 3,507,137
1828〜29	13,901,480	8,805,107	＋5,096,373	9,899,280	＋ 4,802,907
1830〜31	13,316,534	8,462,825	＋4,853,709	9,895,680	＋ 5,041,971
1832〜33	15,988,204	9,498,107	＋6,490,097	10,240,056	＋ 3,749,959
1834〜35	10,253,991	10,616,770	− 362,779	9,272,304	＋ 9,635,982

※合法貿易の輸出入商品にアヘンは含まれない。　　　　　（『世界歴史21』岩波書店）

資料2　両江総督陶澍・江蘇巡撫林則徐の上奏文(1833年)

　外国の銀貨の件につきましては，江蘇省は商業が盛んなところなので，最も多く使われています。民間では外国銀貨一枚につき，だいたい漕平紋銀〔ある標準品位の銀塊をある標準秤で計量したもの〕で0.73両，高くなると0.76〜0.77両以上にもなります。そもそも品位も劣り目方も軽い外国銀貨の価値が純銀よりも高くなるなど，まことに転倒した話です。……

　アヘンが外国から輸入され，密かに内地で銀塊と交換されるのは，とくに大問題につながります。外国銀貨がもちこまれて銀塊と交換されるのに比べても害悪はいっそう深刻です。外国銀貨との交換は確かに外国銀貨の純度が劣る分が損となるものの，含有される銀がすべて失われるわけではありませんが，アヘンは(罌粟の子房液を染みこませた)土を銀に交換するのですから，まさに財政を損ない人命を害するものと言えます。　　※一部省略

（歴史学研究会編『世界史史料9』岩波書店）

解説

(1)アヘン密貿易　アヘン密貿易は，東インド会社を通じた合法貿易ではなく，イギリス商人による密貿易として行われている。中国の対イギリス貿易は，1826〜27年を境にして，それまでの茶輸出に依存した輸出超過から，アヘン輸入にともなう輸入超過に転化した(資料1)。1830年代には銀の流出が大きな問題と認識されるようになる。資料2では，林則徐らがアヘンの密貿易により質の悪いイギリスの銀が中国の高品位の銀塊と交換され流出の危険があること，アヘン流入により社会不安が心配されることを皇帝に上奏している。

(2)アヘンの流入と銀の流出　実際に，中国では1830年代半ばにアヘン流入にともなってアヘン中毒者の急増と銀の流出が問題となった。

　1830年代半ば，アヘンの輸入を合法化し，物々交換をして，銀による購買を禁止。すると，国内でアヘン生産を奨励することによって，外国アヘンの流入をおさえる弛禁（しきん）派と，銀流出の根源をアヘン厳禁によって絶ちきることを主張した厳禁派が対立。1838年には皇帝道光帝（どうこう）は厳禁派の意見を採用して，厳禁派の林則徐を広州に派遣（はけん）しアヘンの取り締まりに当たらせることになった。

(3)アヘン戦争　林則徐は，1839年3月，広州に着任すると，アヘン貿易商から手持ちのアヘンを没収・廃棄した。これに対しイギリスは，武力で自由貿易を認めさせようと画策し，16隻（せき）の軍艦，輸送船など32隻，陸兵4,000人（8割がインドのシパーヒー）で広州を攻撃した（アヘン戦争）。

(4)南京条約　清朝は惨敗し，イギリスは，1842年の南京（ナンキン）条約によって，香港（ホンコン）島の割譲（かつじょう），広州・上海（シャンハイ）など5港の開港などを清朝に認めさせ，翌年には追加条約で関税自主権を奪い，最恵国待遇や領事裁判権を獲得（かくとく）した。しかし，南京条約には戦争の原因となったアヘンに関する条項はなかった。両国は条約締結直前に清側がアヘン密輸を取り締まらないことで合意したのである。戦後アヘン貿易は急増し，アヘン貿易が合法化したのは，アロー戦争の最中の天津（てんしん）条約の付属書においてであった。

(5)アヘン戦争のその後　アヘン戦争はアヘン問題を終結させたのではない。逆にアヘン貿易を増大させ，インド・香港などイギリスの植民地支配を強化し，イギリス産業革命から100年経った時点で，その工業生産物のための広大な市場（しじょう）を中国に開くことになったのである。

　中国近代史はアヘン戦争の屈辱（くつじょく）的な敗北と，列強（れっきょう）への抵抗運動をもって始まる。

要点　Q2 ▶▶▶ A2

　イギリスからのアヘンの流入に対して，中国はアヘンの取り締まりをおこなった。これに対して，イギリスが自由貿易を認めさせることを目的にアヘン戦争をおこした。

［清とヨーロッパ列強との戦争］
①アヘン戦争（1840〜42年）…東アジアにおける列強の砲艦（ほうかん）外交の始まりとなった。→南京条約で講和。
②アロー戦争（1856〜60年）…イギリス・フランスが清を攻撃→1858年天津条約→1860年の北京条約で中国の半植民地化が進む。
③ロシア…1858年にアイグン条約，1860年に北京条約を締結。

3

アメリカ世界の成立

2 | 太平天国の乱

1 アヘン戦争後の中国社会

中国には安価なヨーロッパ製品が流入し，国内の家内工業を破壊，失業者が増大した。**アヘン戦争による多額の出費と賠償金支払いは，貿易で銀が流用したことによる銀価の高騰と増税をまねいた。**

農民は日頃は銅銭で生活していたが，税は銅銭を銀と交換して治めなければならなかった。アヘン戦争前から銀流失による銅銭の価値が下落しており，税を納めるために多額の銅銭が必要となり，農民の生活は困窮した。このような状態のなかで社会不安が増大し，各地で反乱が多発した。

2 太平天国の樹立

❶**太平天国の乱（長髪賊の乱）の発生**　1851年，キリスト教の教義を学んだ洪秀全が広西省金田村で挙兵。拝上帝会を中核に太平天国を創設し，農民や流民，没落した手工業者などを集めて大勢力をきずいた。

> 用語　**拝上帝会（上帝会）**　洪秀全が組織した宗教結社。キリスト教と中国古来の民間信仰を調和させ，人々の平等や悪習撤廃を主張したため，当時の下層社会にうけいれられ，発展した。

❷**太平天国の乱の性格**

1 「滅満興漢」をスローガンとして漢人による中国の復興をはかり，満洲人の清朝の支配に反抗。さらに外国の租界にも攻撃を加えた。この点で，中国の民族運動の先駆といえる。

2 男女平等の主張，天朝田畝制度による土地の均分，アヘン吸飲や纏足といった悪習の排除など，革命的要素ももっていた。

> 用語　**天朝田畝制度**　農民に均等に土地を分与し，25家を単位として共同体を組織させる制度。太平天国は儒教を否定したが，これはむしろ儒教の古典『周礼』によったものであり，私有財産を認めず，貧富の差のない理想社会を目標とする。ただし，実施はされなかった。

❸**太平天国の発展**　1853年に南京を占領，天京と改称して首都とした。1856年頃が最盛期で，清朝に対抗する大勢力と

★1 この傾向は，綿工業地帯であった華中・華南地方で強くあらわれた。

★2 銀1両がそれまでの銅銭600〜800文に対し，1830年代後半にはアヘン貿易による銀流出により，銀1両が1,500文と急騰し，銅銭を銀に交換して納める農民の実質税負担は2.5倍になった。

★3 反乱軍は，反清の立場から，満洲人の風俗である辮髪をやめ，中国古来の長髪とした。

★4 洪秀全（1813〜64年）は，広東省の客家の出身の革命家。科挙に失敗し，自分の将来に絶望したが，広州で出会ったキリスト教宣教師の感化をうけ，のち天啓をうけてキリストの弟と自称し，拝上帝会を組織。

★5 女性の足を幼時からしばり，小足とする中国の風習。小さな足は女性美の象徴とされたが，太平天国は，女性の自由をうばう悪習として禁止した。

なり，上海にせまった。これに対して，太平
軍の鎮圧にあたった清の政府軍(八旗など)は
弱体であった。

3 反太平天国勢力の結束

①中国古来の道徳と秩序を破壊する太平軍の
革命的行動は，漢人の地主・官僚の社会的・経
済的基盤をおびやかした。②漢人の地主・官僚
は郷勇とよばれる義勇軍を編成して，これに対
抗した。曾国藩の湘軍や李鴻章の淮軍が有名で
ある。③イギリス・フランスも，天津条約・北
京条約で利権を獲得したあとは，清朝の安定を
得策と考えて，清朝を支援するようになった。
イギリス軍人ゴードンのひきいる西洋式軍隊常
勝軍は太平軍鎮圧に大きなはたらきを示した。

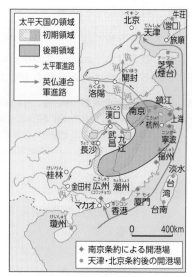

▲太平天国の乱と当時の開港場

4 太平天国の滅亡

太平天国の内部でも堕落や内紛がおこり，洪秀全は病死。
1864年に南京が陥落して，太平天国は滅んだ。

[太平天国の乱とは，どのようなものだったのだろう？] Q3 ▶▶▶ A3

① 太平天国…洪秀全がおこす。「滅満興漢」を唱え，外国の租界をも攻撃
→中国の民族運動の先駆。
② 天朝田畝制度…土地の均分化など革命的要素(実施はされなかった)。
③ 太平天国軍の鎮圧…清朝側は，義勇軍の郷勇(曾国藩の湘軍，李鴻章の
淮軍など)やゴードンらの常勝軍の支援を得て，太平天国軍の反乱を鎮
圧。

3 洋務運動

1 洋務運動

太平天国の乱ののち，ヨーロッパ近代文明の輸入によって富
国強兵をはかろうとした動きを洋務運動という。中国の伝統的
な道徳倫理を守りながら，西洋の技術を利用する「中体西用」
を基本的な考えとした。

2 洋務運動の推進者

▲李鴻章

　漢人官僚の曾国藩（ツォンクオファン）や李鴻章（リーホンチャン）らが中心となって洋務運動を推進した。彼らは太平天国の乱の鎮圧によって勢力を増し，満洲人にかわって政治に大きな力をもつようになった。

> [補説]　淮軍（わいぐん）と北洋軍　曾国藩の湘軍（しょうぐん）は早く解散したが，李鴻章の淮軍は解散せず，李鴻章の清朝での地位の昇進とともに強化され，李鴻章が北洋大臣を兼ねたことから北洋軍とよばれた。清朝末の袁世凱（えんせいがい）らは，この北洋軍を背景に北洋軍閥（ぐんばつ）を形成した。

3 洋務運動の展開

　①ヨーロッパ近代文明の輸入は，まず軍備強化のためにはじめられ，軍事工業がおこされた。②ついで，運輸・電信・鉱業や繊維（せんい）工業の発展など富国策がとられた。③外国語学校の設置や留学生の派遣（はけん）など，新しい知識の吸収につとめた。

4 洋務運動の性格

❶ヨーロッパ文化の導入も，軍隊の強化が主眼とされ，清朝（しん）の支配体制を強化するための技術的なものに限られた。

❷清朝の政治組織や国家体制の改革までは考えられず，この不徹底さが洋務運動（ようむ）を失敗に終わらせた。

　[洋務運動]…曾国藩・李鴻章らの富国強兵を図る近代化運動。
　　洋務運動は，中国の伝統を本体として実用・応用面で西欧文化を用いる（中体西用の動き）→結果は失敗。

4 日本の開国と貿易　[日本史]

▶18世紀末から日本近海にはロシア船がたびたび来航し，イギリス・アメリカの艦船も来航した。そして，アメリカのペリー来航，日米和親（わしん）条約の締結で日本は開国し，日米修好通商条約締結により貿易が始まった。開国・貿易の開始は，幕府や諸藩に大きな影響を与え，日本社会は大きな転換期をむかえた。

👆このセクションでは，次の問いに答えられるようにする必要がある。

　Q1　欧米は，なぜ日本の開国を求めてきたのだろう？

　Q2　開国は，日本の貿易・経済にどのような影響を与えたのだろう？

1 ｜ 欧米諸国のアジア進出

1 オランダ国王の開国勧告

　1844(弘化元)年，オランダ国王ウィレム2世は，日本に親書を送り，アヘン戦争を教訓にして世界の様子を説き，開国を勧告した。しかし，幕府は，「鎖国」という「祖法」(従来の法)を理由に，拒否した。

2 ビッドルの来航

　アメリカは，中国貿易に力を入れ，その商船や捕鯨船の寄港地として日本に関心をもっていた。1846(弘化3)年，アメリカ東インド艦隊司令長官ビッドルが，軍艦2隻で浦賀(神奈川県)に来航した。彼は通商を要求したが，幕府はこれも拒絶して，態度を変えなかった。

補説 **ロシアの接近と蝦夷地**　ロシアはシベリアからアラスカに進出し，さらに千島列島を南下して蝦夷地に接近してきた。1792(寛政4)年，ラクスマンは漂流民大黒屋光太夫らをともなって根室に来航し，通商を要求した。大黒屋光太夫らは，伊勢の船頭で，漂流してロシアに滞在し，エカチェリーナ2世にも謁見している。漂流から9年半で日本に戻った光太夫らに対し，幕府は尋問の上，軟禁した。蘭学者桂川甫周は光太夫の見聞をまとめ『北槎聞略』を著した。

　北方の対外的緊張が高まると，幕府は蝦夷地政策を本格化させた。1798(寛政10)年，最上徳内・近藤重蔵が蝦夷地，千島列島を，1808(文化5)年に間宮林蔵が樺太(サハリン)を探査し，樺太が島であることを発見した。

▼対外関係年表

年	できごと
1792(寛政4)	(露)ラクスマン，根室来航
1798(〃 10)	近藤重蔵ら，択捉島探査
1799(〃 11)	東蝦夷地を幕府直轄とする
1800(〃 12)	伊能忠敬，蝦夷地を測量
1802(享和2)	箱館奉行を設置
1804(文化1)	(露)レザノフ，長崎に来航
1807(〃 4)	蝦夷地をすべて直轄
1808(〃 5)	(英)フェートン号事件 間宮林蔵，樺太探査
1811(〃 8)	(露)ゴローウニン事件
1818(文政1)	(英)ゴルドン，浦賀に来航
1824(〃 7)	(英)英船常陸・薩摩に来船
1825(〃 8)	異国船打払令
1828(〃 11)	シーボルト事件
1837(天保8)	モリソン号事件
1839(〃 10)	蛮社の獄
1840(〃 11)	(英・中)アヘン戦争(〜42)
1842(〃 13)	天保の薪水給与令
1844(弘化1)	(蘭)国王，開国を勧告
1846(〃 3)	(米)ビッドル，浦賀に来航
1853(嘉永6)	(米)ペリー，浦賀に来航

3 アメリカ世界の成立

[欧米は，なぜ日本の開国を求めてきたのだろう？] Q1 ▸▸▸ A1
清との貿易のための商船や捕鯨船の寄港地として，日本に関心をもっていた。

2 | ペリー来航と日米和親条約

1 ペリー来航

❶**目的**　アメリカ大統領フィルモアの国書を手渡し，日本を開国させることにあった。その内容は，日本沿岸で遭難したアメリカ船員の救助と保護，日米両国の自由貿易，カリフォルニア・清間の定期船のための寄港地設置などであった。

❷**航路**　ペリーはアメリカ東海岸ノーフォーク港から大西洋・インド洋を経て，香港・上海に達し，さらに4隻の軍艦で琉球・小笠原諸島を経て，1853(嘉永6)年6月，浦賀に来航した。日本の事情を詳細に研究していたペリーは，長崎へ回航するようにという幕府の命令を聞かず，強硬な態度で国書をうけとらせ，回答をうけとるために，翌年再来日することを告げて去っていった。

○あめりかの米より喰ぬ国なれど
日本人はあわをくふなり

○陣羽織異国から来て洗いはり
ほどいて見れば裏が(浦賀)大変

○泰平の眠りをさます上喜撰(蒸気船)
たった四はい(四隻)で夜もねむれず

▲開国前夜の落首
　(世相を風刺した狂歌)

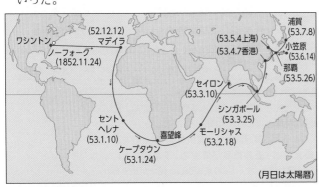

ワシントン　マデイラ (52.12.12)
ノーフォーク (1852.11.24)
浦賀 (53.7.8)
(53.5.4上海)
(53.4.7香港)
小笠原 (53.6.14)
那覇 (53.5.26)
セイロン (53.3.10)
シンガポール (53.3.25)
セントヘレナ (53.1.10)
喜望峰
ケープタウン (53.1.24)
モーリシャス (53.2.18)
(月日は太陽暦)

▲ペリー艦隊の来航図

2 幕府の対策と諸藩の態度

老中首座の阿部正弘(備後福山藩主)は，事態を朝廷に報告したあと，幕府役人や諸大名に意見を聞いた。その結果，朝廷や諸大名の政治的発言力が増大し，国論を二分することになった。

戦争を回避する手段としての開国論から，徳川斉昭(水戸藩)に
代表される強硬な鎖国・攘夷論まで様々な意見が出た。

3 日米和親条約

　　いったん清へ去ったペリーは，プチャーチンの来日の報に接
するや，翌1854(安政元)年1月に再来日した。7隻の軍艦で
江戸湾内を測量し，軍事的圧力を加えながら，前年の国書に対
する回答を迫った。幕府はやむなく神奈川にペリーをむかえ，
大学頭の林韑らを交渉にあたらせた。この結果，1854(安政
元)年3月，日米和親条約が結ばれた。日米和親条約の主な内
容は，次の4点である。
❶下田・箱館2港を開港し，薪水・食料・石炭の供給地とする。
❷難破船の乗組員を救助する。
❸下田に領事の駐在を認める。
❹アメリカに一方的な最恵国待遇を与える。

4 イギリス・ロシア・オランダとの交渉

　　日米和親条約に続き，日英・日露・日蘭条約が，ほぼ同じよ
うな内容で結ばれた。日露和親条約では，両国の国境は択捉島
と得撫島の間に設定され，樺太は両国雑居の地とされた。

★1 ロシア極東艦隊
司令長官プチャーチ
ンは，ペリー来航の
1か月後，長崎に来
航した。北方の国境
画定と通商を要求し
たが，幕府はこれを
拒否した。当時ロシ
アはクリミア戦争中
で，イギリス・フラ
ンスの艦船にあうと
交戦の危険があった
ので，プチャーチン
は交渉半ばでマニラ
に退去した。プチャ
ーチンは，イギリス
艦隊を避けながら，
長崎・大坂に来航し，
1854(安政元)年12
月，下田で日露和親
条約の調印にあたっ
た。

📄 **史料** ┃ **日米和親条約**

第一条 日本と合衆国とは，其人民永世不朽の和親を取結ひ，場所・人柄の差別これなき事。
第二条 伊豆下田・松前地箱館①の両港は，日本政府に於て，亜墨利加船薪水・食料・石炭欠乏
　　　の品を，日本人にて調候丈は給し候為め，渡来の儀差免し候。……
第三条 合衆国の船，日本海浜漂着の時扶助いたし，其漂民を下田又は箱館に護送し，本国の
　　　者受取申すべし。……
第九条 日本政府，外国人え当節亜墨利加人え差免さす候廉相免し候節は，亜墨利加人えも同
　　　様差免し申すべし。……
第十一条 両国政府に於て拠なき儀これ有り候時は模様により，合衆国官吏②のもの下田に差
　　　置候儀もこれ有るべし。尤も約定③調印より十八ヶ月後にこれ無く候ては，其儀に及ばず候事。
　　　　　　　　　　　　　　　　　　　　　　　　　　　　　　　　　　　『幕末外国関係文書』

注釈 ①下田は即時，箱館は1855(安政2)年　　　　明治初年まではこのように箱館の文字を
　　　3月から開港された。なお，いまの函館は，　　使った。②外交官のこと。③条約のこと。

5 幕府と諸藩の動向

❶幕府の動向

　幕府は，国防を充実させるために，以下の対応をおこなった。

1 大名に大船建造を許可。

2 伊豆韮山の代官江川英龍に，品川沖の台場(砲台)築造と韮山反射炉建設を命令。

3 長崎に海軍伝習所，江戸に蕃書調所(のちの開成所)，幕臣に洋式砲術を含む軍事教練をおこなう講武所を設置。

4 天然痘の予防接種をおこなう種痘所を直轄し，西洋医学の教育と研究をおこなう医学所と改称。

5 蘭学に通じる堀田正睦を老中主座とする(安政の改革)。

❷諸藩の動向

1 薩摩藩は，反射炉や造船所，集成館とよばれる洋式工場群を設置し，外国商人から洋式武器を購入して軍事力の強化をはかった。

2 水戸藩は，石川島造船所を建設。

3 佐賀藩は，反射炉を築造し，大砲の製造をおこなった。

▲佐賀藩の大砲製造所

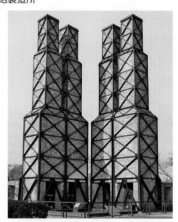
▲現在の伊豆韮山の反射炉

3 開国とその影響

1 ハリスの来日と通商条約の交渉

　1856(安政3)年7月，初代アメリカ総領事ハリスが来日し，下田に駐在した。ハリスは，着任の翌年に13代将軍徳川家定に謁見し，堀田正睦らに世界情勢を説き，通商条約の調印を迫った。

★1 ハリスは，「蒸気船の発明と利用によって世界情勢が一変し，日本は鎖国政策を続けることはできない。アロー戦争では，英・仏軍が清国を屈服させた。イギリス艦隊は日本へもアヘンの売り込みに押しかけてくる危険が迫っている。友好的なアメリカと事前にアヘン禁止条項を含む通商条約を結ぶしかない」と説いた。

2 通商条約の締結と勅許問題

　幕府は，通商条約の調印に反対する攘夷派をおさえるため，勅許(天皇の許可)を得ることにした。しかし，将軍継嗣問題がからみ事態は紛糾し，勅許は得られなかった。幕府の権威は揺らいだが，南紀派の代表で彦根藩主の井伊直弼が大老となり，1858(安政5)年6月，**勅許を得ないまま，日米修好通商条約に調印した**。ついで徳川慶福を将軍継嗣に決定，家定の死去により慶福は家茂と改名し，14代将軍になった。

> 用語　**将軍継嗣問題**　13代将軍家定は病弱で子がなく，そのあとつぎをめぐって対立がおこっていた。血筋の最も近い紀伊藩主徳川慶福をおす幕臣や譜代大名の南紀派と，聡明で年長の一橋家の徳川慶喜(徳川斉昭の子)をおす親藩や外様大名中心の一橋派が対立していた。それまで幕政から排除されてきた親藩・外様の諸大名は，対外問題を機に幕政に関与しだしたのである。

★2 中国では，アロー戦争の結果天津条約(1858年)が結ばれ，植民地化が進んだ。ハリスは英・仏軍の脅威を説き，条約締結を迫った。

3 日米修好通商条約

　全文14条からなり，重要な点は次の5点である。
1 神奈川・長崎・函館・新潟・兵庫の開港と江戸・大坂の開市。
2 通商は自由貿易とする。
3 開港場に居留地を定め，一般外国人の居住・営業は認めるが，国内旅行は禁止する。
4 領事裁判権を認める→**治外法権**を認めた。
5 関税は協議で決定する→**関税自主権**がない。なお，アヘンの輸入は認めなかった。
▶ オランダ・ロシア・イギリス・フランスとも同様の条約を結んだ。これらをまとめて**安政の五カ国条約**という。

★3 条約の締結により下田は閉港されることになったので，箱館・神奈川・長崎・新潟・兵庫の5港の開港が決まった。その後，東海道の要地・神奈川は横浜に代替され，兵庫・新潟の開港は遅れたので，1859(安政6)年から箱館・横浜・長崎の3港で貿易を始めた。

4 安政の大獄

　井伊直弼による幕府の独断専行を非難した一橋派の人々に対して，大弾圧が加えられた。徳川斉昭・松平慶永(越前藩主)・一橋慶喜らは隠居や謹慎を命じられ，橋本左内，吉田松陰，梅田雲浜，頼三樹三郎らは処刑された。1858(安政5)年9月から59(安政6)年にかけておこなわれたこの弾圧を，安政の大獄という。

5 桜田門外の変

1860（安政7）年3月，井伊直弼の処置に憤慨した水戸脱藩士たちは，江戸城桜田門外で井伊直弼を殺害した。

📄史料　日米修好通商条約

第一条 向後日本大君①と，亜墨利加合衆国と，世々親睦なるべし。……

第三条 下田・箱館港の外，次にいふ所の場所を，左の期限より開くべし。

　神奈川 西洋紀元1859年7月4日 ／長崎 同断 ／新潟 1860年1月1日／

　兵庫 1863年1月1日 神奈川港を開く後六ヶ月にして，下田港を鎖すべし。

　江戸 1862年1月1日 ／大坂 1863年1月1日

　右二ヶ所②は亜墨利加人，唯商売を為す間にのみ，逗留する事を得べし。…… 双方の国人，品物を売買する事総て障りなく，其払方等に付ては日本役人これに立会はず。……

第四条 総て国地に輸入輸出の品々，別冊③の通，日本役所へ運上④を納むべし。

第六条 日本人に対し法を犯せる亜墨利加人は，亜墨利加コンシュル⑤裁断所にて吟味の上，亜墨利加の法度を以て罰すべし。亜墨利加人へ対し法を犯したる日本人は，日本役人糾⑥の上，日本の法度を以て罰すべし。……

第十三条 今より凡百七十一箇月の後＜即1872年7月2日に当る＞双方政府の存意を以て，両国の内より一箇年前に通達し，此の条約並に神奈川条約⑦の内存し置く箇条及び此書に添たる別冊共に，双方委任の役人実験の上談判を尽し，補ひ或ひは改る事を得べし。

『幕末外国関係文書』

注釈 ①江戸幕府の将軍。②江戸・大坂。③貿易章程。④関税。⑤領事。⑥取り調べ。⑦日米和親条約。

[日本の開国と貿易]

①ペリー来航（1853年）→日米和親条約（1854年）→日本の開国

②ハリス来日（1856年）→日米修好通商条約（1858年）→貿易開始（1859年）

　→貿易相手国…イギリス（貿易港…横浜）

▶日本は，欧米中心の世界経済の中に組み込まれた。

4 | 貿易とその影響

1 貿易の形式

居留地で外国商人と売込商・引取商とよばれた日本人商人との間で，銀貨を用いておこなわれた。

2 貿易の状況

　貿易額は横浜が最も大きく，**相手国はイギリスが圧倒的。**★1**輸出品は，生糸が約80%**，ついで茶・蚕卵紙・海産物などの半製品や食料，輸入品は，毛織物・綿織物などの繊維製品が70%，ついで鉄砲・艦船などの軍需品。**はじめ輸出超過で，品不足からインフレーションがおこった。**貿易は急速に拡大し，国内の産業と流通に大きな影響を与えた。

3 産業への影響

　輸出品の大半を占めた生糸生産地では，マニュファクチュア経営も一部で生まれたが，**国内生糸が不足して価格が高騰し，**京都西陣などは打撃をうけた。一方，機械生産の安価な綿織物の大量輸入は，農村で発展していた綿作や綿織物業に大打撃を与えた。

4 流通への影響

　生産と直結した在郷商人が，輸出品を都市の問屋商人を通さず開港場に直送したため，江戸をはじめ大都市の問屋商人を中心とする従来の流通機構は崩れ，さらに，**急速に増大した輸出のため物価は高騰した。**

5 五品江戸廻送令

　貿易の統制と江戸の需要を確保するため，1860（万延元）年，幕府は雑穀・水油・蠟・呉服・生糸の五品の横浜直送を禁止し，江戸の問屋を通すように命じた（五品江戸廻送令）。しかし，在郷商人の抵抗と欧米列強から自由貿易が妨害されると抗議され，効果はあがらなかった。

6 金貨の海外流出

　金銀の比価が，欧米では1：15，日本では1：5であったので，外国商人は銀を金貨と交換し，大量に国外にもち出した。10万両以上の金貨が流出したので，幕府は金貨の品位を大幅に落とした万延小判を鋳造して対処したが，貨幣価値の下落は物価の高騰に拍車をかけ，民衆や下級武士の生活を苦しめた。

★1 イギリスは当時，世界一の繊維工業国で，市場を日本に求めた。アメリカは，国内の南北戦争（1861～65年）による影響や，産業発展が十分でなかったこと，中国への中継地や捕鯨の根拠地として日本を位置づけたことなどから，貿易額はイギリスより少なかった。

3
アメリカ世界の成立

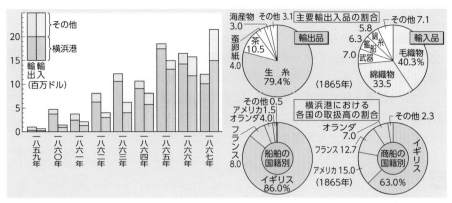

▲幕末における貿易の発展

7 攘夷運動の激化

　貨幣の価値が下がり，物価高騰による生活苦は，貿易への反感を強めて攘夷運動を激化させることになった。ヒュースケン暗殺事件，東禅寺事件，生麦事件，イギリス公使館焼打ち事件など，外国人を襲う事件があいついだ。[★2]

　[用語] **生麦事件**　島津久光（薩摩藩主島津忠義の父）が，1862（文久2）年8月，江戸からもどる途中，武蔵の生麦村（横浜市）で，久光の行列の前を横切ったイギリス商人らを薩摩藩士が殺傷した事件。この賠償をめぐって，翌1863（文久3）年，薩英戦争がおこった。

★2　1861（文久元）年に東禅寺に置かれていたイギリス公使館が水戸浪士に襲撃され，1862（文久2）年にもイギリス公使館（品川御殿山に建設中）が焼打ちされた。

資料活用　開国は，日本の貿易・経済にどのような影響を与えたのだろう？ Q2

資料1　幕末の物価推移

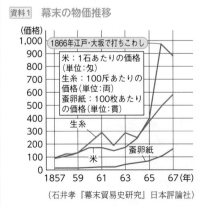

1866年江戸・大坂で打ちこわし

米：1石あたりの価格（単位：匁）
生糸：100斤あたりの価格（単位：両）
蚕卵紙：100枚あたりの価格（単位：貫）

生糸
米
蚕卵紙

（石井孝『幕末貿易史研究』日本評論社）

資料2　「時世のぼり凧」

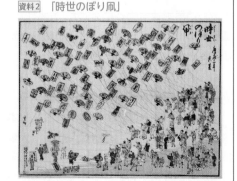

解説

(1)諸物価の高騰　日本の最大の輸出品は，開国後しばらくは生糸で，7〜8割ほどを占めていた。次いで輸出されたのは，茶と蚕卵紙だった。蚕卵紙とは，区分けした紙の上に蚕を入れ，卵を産み付けさせた特別な用紙のこと。当時，ヨーロッパでは蚕の病気が流行していたため，生糸だけでなく蚕卵紙も重宝されたのである。

　日本は開国後，大幅な輸出超過となり，資料1のように生糸と蚕卵紙の価格が値上がりしていった。さらに幕末の政情不安から，米が買い占められ，米価も急騰した。

　江戸幕府は物価統制をはかろうと，1860（万延元）年に五品江戸廻送令を出した。しかし，在郷商人・外国人の反発をまねき，効果を上げることはできなかった。

(2)空高く舞う「米」「茶」の凧　資料2は，1866（慶応2）年に出された瓦版で，「時世のぼり凧」という。「米」「茶」「酒」「麦」などの文字を記した凧が空高く舞っている。食料品だけでなく，「絹物」「武具」「べに」「芝居」などの文字も確認できるように，「諸色高直」（あらゆる物価の高騰）を嘆いた風刺画であった。上にあるほど値上がり幅が大きい。一方，奉公人の給与の凧は地に落ちている。

要点　Q2 ▶▶▶ A2

　日本は開国後，輸出超過となり，それにともない諸物価が高騰。民衆の生活を直撃した。

5 | 公武合体

1 公武合体の動き

　朝廷との関係を修復して反対派をおさえ，幕府の権威と権力を回復するため，**朝廷（公）と幕府（武）が合体して政局を安定させ**ようとした。井伊直弼暗殺後，老中安藤信正（磐城平藩主）らが，和宮（仁孝天皇第8皇女，孝明天皇の妹）と将軍家茂の結婚を強く朝廷に働きかけた。朝廷側も，岩倉具視らが中心となり，反対論を押さえて推進役となった。1860（万延元）年10月，降嫁の勅許が出され，翌1861（文久元）年10月，和宮は中山道を江戸へ下った。

2 坂下門外の変

　和宮降嫁は，尊王攘夷派を強く刺激し，1862（文久2）年1月，安藤信正は江戸城の坂下門外で水戸脱藩士らに襲われ，重傷を負って失脚した。幕府の権威はおとろえ，雄藩諸侯の発言力が強まった。

3 文久の改革

　島津久光は，公武合体による幕政改革を唱えていた。1862
（文久2）年，約1,000人の藩兵を率いて上洛し，勅使大原重
徳に随行して江戸に下り，朝廷の権威を背景に改革を要求し，
文久の改革をおこなわせた。改革の内容は，次の4点である。

❶徳川慶喜を将軍後見職，松平慶永を政事総裁職に任命した。

❷京都の治安維持のため，京都所司代の上に京都守護職を設置。
　松平容保（会津藩主）を任命した。

❸参勤交代を緩和して，3年に1回とし，江戸にいる妻子が国
　元へ帰ることを許可した。

❹兵賦令を定め，幕臣から石高に応じて兵士・兵賦金を徴集，
　農兵隊を編成した。

[公武合体]

| 幕府 | 老中安藤信正…和宮降嫁→坂下門外の変。 |
| 薩摩 | 島津久光…幕府へ改革要求＝文久の改革（1862年）。 |

6 ｜ 尊王攘夷

1 尊王攘夷

　長州藩は，初め公武合体を方針としていたが，吉田松陰の松
下村塾（山口県萩市）に学んだ者たちが藩主に迫り，1862（文久
2）年7月，藩の意向を攘夷に変更させた。そして，京都の尊
王攘夷派の公家と結び，尊王攘夷運動の中心となった。1862
（文久2）年末には，品川御殿山に建設中のイギリス公使館を焼
打ちするなどの行動に出た。

　また，京都では，翌1863（文久3）年にかけて，幕府の手先
とみなされた者に対する暗殺が続発した。そこで京都守護職は，
配下の新選組などを使ってこれに対抗した。

補説　**尊王攘夷運動をささえた人々**　尊攘派の基盤は，中・下級武士層
を中心に，浪士（浪人の武士）・郷士（農村在住の下級武士）や，地方の豪
農・富商・神官・国学者・医師・僧侶など，封建社会の中間層であった。
彼らは草莽の志士ともいい，幕藩体制の矛盾を敏感に感じ取り，政治
の激動のなかに主体的に参加していった。

2 朝廷の攘夷決定と幕府の対応

　朝廷では，1862(文久2)年9月，幕府に対して攘夷を命じることになり，勅使三条実美が江戸に下った。これは，長州藩の急進派の強い働きかけによるもので，攘夷の勅使をむかえた幕府は，天皇の攘夷方針を了承し，将軍家茂は上洛して攘夷の方法を天皇に説明しなければならなくなった。

　1863(文久3)年将軍家茂の上洛に際し，幕府は京都の攘夷論を押さえようとして，公武合体派の島津久光らとその勢力回復策をはかったが，幕府と雄藩大名の意見は一致しなかった。★1

3 攘夷の実行

　1863(文久3)年，上洛した将軍家茂は朝廷から攘夷の決行を迫られ，5月10日に実行することを約束させられた。

　長州藩は，5月10日を期して関門海峡を通るアメリカ・フランス・オランダなどの船を砲撃した。これに対してアメリカ・フランス軍艦の反撃にあい，長州藩の軍艦は大破され，砲台は占拠され，前田村は焼き尽くされた。

　長州藩ではこの後，藩士高杉晋作が近代的部隊を作ろうとした。下関で尊王攘夷運動に参加していた豪商たちの協力を得，下級武士を中心に，武士と百姓・町人混成の有志隊である奇兵隊を結成した。武器・俸給は藩から支給された。

★1 薩摩藩の島津久光は自説が実現しないとみてとると，鹿児島に帰った。山内豊信も土佐に帰り，政事総裁職の松平慶永も辞表を出して越前に帰ってしまった。京都に残った雄藩は，尊攘派の長州藩だけになってしまった。

▲高杉晋作

POINT!

[尊王攘夷]
①長州藩中心…吉田松陰の松下村塾の影響。
②奇兵隊の創設(高杉晋作)…攘夷の決行後に結成。

7 | 幕末の政局

1 薩英戦争

　1863(文久3)年7月，生麦事件の犯人逮捕と賠償金支払いを要求したイギリス代理公使ニール(総領事のオールコックは帰国中)の率いる艦隊7隻が，鹿児島湾に現れた。薩摩藩は要求を拒否し，戦争となった。艦砲射撃で砲台は破壊され，鹿児島市中は大火に包まれたが，イギリス艦隊も大きな被害を受けた。

薩摩藩は攘夷の不可能を実感し，急速にイギリスに接近して
いく。イギリスもまた，薩摩藩の力を評価し，幕府支持の方針
を転換した。[1]

2 八月十八日の政変

　薩摩藩は，公武合体派の公家，京都守護職の松平容保らとは
かり，まき返しをねらった。1863（文久3）年8月18日未明，
薩摩藩と会津藩によるクーデタが成功し，**長州藩の勢力と尊王
攘夷派の公家たちは朝廷から追放された。**[2]

> **用語**　**池田屋事件**　八月十八日の政変後も京都に残った尊攘派志士に対し，
> 京都守護職配下の新選組が弾圧にあたった。1864（元治元）年6月，
> 京都三条の池田屋に集まっていた志士を襲撃した池田屋事件がきっか
> けで，長州藩は京都に兵を進めることになり，禁門の変がおこった。

3 尊攘派の衰退

　八月十八日の政変に前後して，尊攘派は挙兵事件をおこすが，
いずれも鎮圧される。土佐藩の吉村虎太郎らが大和五条で挙兵
した天誅組の変では，天皇の大和行幸を機に討幕軍をおこすこ
とまで計画していた。生野の変は，天誅組の挙兵に応じて福岡
藩士平野国臣らが但馬の生野代官所を襲った事件。[3]

4 禁門の変（蛤御門の変）と「長州征討」

　1864（元治元）年7月，京都を追われ勢力挽回をはかりたい
久坂玄瑞らの率いる長州藩兵は京都に入り，御所を守る薩摩・
会津の両軍と交戦したが敗北した（禁門の変）。

　朝敵となった長州に対し，同年7月23日，「長州追討」の勅
命が出され，幕府は西南35藩の大名に「長州征討」を命じた。

5 四国艦隊下関砲撃事件（下関戦争）

　1864（元治元）年8月，**イギリス・フラ
ンス・アメリカ・オランダ4カ国の軍艦が，**
下関を砲撃した。前年の下関砲撃事件の
報復で，長州藩は敗北した。イギリスか
ら帰国した伊藤博文らの意見もあり，攘
夷を捨てて4カ国と講和した。

▲占領される下関砲台

★1 薩摩藩では，
1865（慶応元）年に
藩士をイギリスに派
遣して経済的・外交
的関係を強めようと
した。寺島宗則の使
節は，森有礼ら留学
生を率いて渡欧して
いる。

★2 8月18日未明，
三条実美以下7名の
急進派公卿の参内を
禁止し，長州藩の宮
廷警護の任を解く勅
旨が発表された。三
条実美らは長州へ落
ちのび（七卿落ち），
尊攘派は敗退した。

★3 他に水戸藩の天
狗党の乱があるが，
いずれも鎮圧された。

★4 長州藩では，
1863（文久3）年に伊
藤博文・井上馨ら5
名の藩士を，イギリ
スに密航させていた。
長州藩は日本と列強
の国力の差を知り，
攘夷が不可能である
ことを痛感した。

6 列国の動き

イギリス・フランス・オランダ・アメリカの４か国は，貿易の拡大には条約の勅許が必要であると考え，1865（慶応元）年に兵庫沖まで大艦隊を送って圧力をかけ，ついに兵庫開港を除く条約勅許を出させた。ついで翌1866（慶応２）年には，関税率を列国に有利なように改めた改税約書を幕府に調印させた。

> 用語　**改税約書**　イギリス公使になったパークスが主導して結ばれた。パークスは，幕府が負担することになった下関戦争の賠償金300万ドルの支払延期と兵庫開港延期を認める代わりに，貿易問題で幕府に譲歩を求めた。改税約書は，ほぼ20％の従価税であった関税を，従量税５％に引き下げるというものであった。これはアロー戦争後に中国が結ばされた天津条約と同じ条件で，これ以後関税収入は大幅に減少する。

7 長州・薩摩・英仏の動向

長州藩では幕府に降伏したのち，高杉晋作が奇兵隊を率いて挙兵し，1865（慶応元）年１月には藩政の実権をにぎった。木戸孝允（桂小五郎）・大村益次郎らとともに，藩論を幕府への抵抗と軍備強化に変更させた。

薩摩藩でも，1864（元治元）年になると，西郷隆盛，大久保利通，小松帯刀らが実権をにぎり，開国の方針に転じ，２回目の長州征討に応じなかった。

イギリス公使パークスは，開国政策をとるようになった薩摩・長州に近づいた。これに対し，フランス公使ロッシュは，幕府支持の立場をとりイギリスに対抗した。★5

★5 フランスは内政・外交上の助言，240万ドルの借款，横須賀製鉄所の建設などをおこなった。

★6 坂本龍馬（1836〜67年）は，土佐藩の郷士出身。1866（慶応２）年，薩長同盟を斡旋。67（慶応３）年，「船中八策」を起草し，公議政体論・大政奉還を提唱したといわれている。その最中，京都で中岡慎太郎とともに暗殺された。

8 薩長同盟

土佐藩を脱藩した坂本龍馬★6・中岡慎太郎が仲介し，1866（慶応２）年１月，薩摩藩の西郷隆盛と長州藩の木戸孝允らが薩長同盟（連合）の密約を結び，幕府に抵抗する姿勢を固めた。

POINT!

> **［薩摩藩と長州藩］**
> **薩摩藩** 薩英戦争→イギリスとの接近→西郷隆盛，大久保利通ら藩政掌握。
> **長州藩** ２度の長州征討，四国艦隊下関砲撃事件→高杉晋作，木戸孝允らが藩政掌握。
> ▶薩長同盟（1866年）…坂本龍馬，中岡慎太郎が仲介→倒幕へ。

CHAPTER
4 ≫ 明治維新と日本の立憲体制

まとめ

SECTION 1 明治維新と諸改革 ☞ p.130

□ 新政府の成立

- **幕末の混乱**…第2次長州征討で幕府軍が苦戦。世直し一揆,「ええじゃないか」の発生。
- **政権の返上**…15代将軍徳川慶喜が大政奉還→王政復古の大号令により新政府樹立→戊辰戦争で旧幕府軍を破る。
- **新政府の方針**…五箇条の誓文,五榜の掲示,政体書で示す。明治に改元し東京に遷都。

□ 中央集権体制

- **版籍奉還**…1869年,諸藩が領地と人民を朝廷に返す。
- **廃藩置県**…1871年,藩を廃止して府・県を置き,中央から府知事・県令を派遣→藩閥政府の土台。

□ 四民平等　華族,士族,平民の区分。解放令(賤称廃止令)。

□ 富国強兵

- **徴兵令**…満20歳以上の男子に兵役→反対一揆。兵部省を設置し,新政府が政権を握る。警察制度を整備。
- **秩禄処分**…士族・華族の秩禄を廃止。
- **貨幣制度**…円・銭・厘の貨幣を発行。金本位制を採用。国立銀行を設立。
- **地租改正**…不安定な現物納をやめ,地券を発行し地価の3%を金納させることで,財政の安定をはかる→地租改正反対一揆。

□ 殖産興業

- **官営模範工場**…欧米の技術を導入し,富岡製糸場などを設立。工部省,内務省を設置し産業を振興。
- 通信,郵便を整備。鉄道が開通。

□ 文明開化

- **思想と教育**…森有礼,福沢諭吉らの『明六雑誌』。学制を制定。教育令。
- 太陽暦を採用。煉瓦造りの建物,ガス灯,人力車。

② 明治初期の外交 ☞p.143

□ **岩倉使節団** 岩倉具視，大久保利通，木戸孝允らを派遣し，条約改正の予備交渉をおこなうが失敗。

□ **中国との関係** 日清修好条規を締結。

□ **朝鮮との関係** 西郷隆盛らが朝鮮の開国を要求(征韓論)→明治六年の政変で征韓派が下野→江華島事件→日朝修好条規で朝鮮開国。

□ **国境の画定**
- ・**北方**…蝦夷地を北海道とし開拓使を設置。ロシアとの間に樺太・千島交換条約。
- ・**南方**…小笠原諸島を領有。

③ 自由民権運動と立憲体制の樹立 ☞p.150

□ **西南戦争** 西郷隆盛を中心とする最後にして最大の士族反乱。

□ **自由民権運動のはじまり** 1874年に板垣退助らが民撰院設立の建白書→立志社→大阪会議→愛国社→国会期成同盟→国会開設の勅諭。

□ **政府の動き** 大阪会議→国会開設の勅諭→開拓使官有物払下げ事件→明治十四年の政変→松方財政による不況。

□ **自由民権運動の展開** 板垣退助が自由党，大隈重信が立憲改進党を結成→急進派による福島事件や秩父事件→大同団結の動き→建白の動きを保安条例で抑制。

□ **立憲体制**
- ・**憲法調査**…伊藤博文がドイツの憲法を参考に憲法草案を作成。
- ・**国家機構の整備**…華族令，内閣制度(初代内閣総理大臣は伊藤博文)，市制・町村制，府県制・郡制。

□ **憲法の制定** 1889年，大日本帝国憲法を発布。
- ・**天皇大権**…天皇が統治権を総攬。
- ・**内閣**…天皇大権を代行する行政府。
- ・**国民**…天皇の統治をうける臣民。

□ **諸法典** 教育に関する勅語を発布。刑法，民法を制定。

□ **帝国議会** 制限選挙で衆議院議員を選出。民党(民権派)が多数の議席。

4
明治維新と日本の立憲体制

1 明治維新と諸改革 日本史

▶ 徳川慶喜は大政奉還をおこない，幕府がなくなっても政権の主導権を握ろうとしたが，薩摩，長州を中心とした武力討幕派は，王政復古のクーデタを決行し，戊辰戦争で，旧幕府勢力を一掃した。鳥羽・伏見の戦いから箱館戦争にいたる約1年半の間に，新政府の施政方針である五箇条の誓文が発布された。その後，版籍奉還から廃藩置県を断行して中央集権体制を確立し，封建的身分制度の廃止，秩禄処分，徴兵令と改革を続けていった。新政府はどんな国づくりをめざしたのだろうか。

☞ このセクションでは，次の問いに答えられるようにする必要がある。

Q1 新政府の施政方針は，どのようなものだったのだろう？

Q2 文明開化では，どのようなことがおこなわれていたのだろう？

1 │ 新政府の成立と改革

1 新政府の成立と国内の統一

❶ 新政府の成立

1 **第2次長州征討（幕長戦争）** 江戸幕府は，1866（慶応2）年に第2次長州征討を開始したが，薩摩藩をはじめ参戦しない藩も多く，そのうえ幕府軍は，大村益次郎らによって訓練された長州軍に各地で敗れた。1866年8月の将軍家茂の死を理由に幕府軍は撤兵した。

2 **一揆・打ちこわし** 1866（慶応2）年は，幕長戦争にともなう米の買い占めと凶作で物価が高騰した。この年，一揆は100件をこえた。武州世直し一揆や信達騒動では世直しが叫ばれ，江戸・大坂では打ちこわしが頻発した。

3 **徳川慶喜の挽回策** 15代将軍となった徳川慶喜は，フランスの援助と人材登用で改革を急ぎ，幕府軍の洋式化など一定の成果を上げたが，1866（慶応2）年12月，幕府との提携を重視する孝明天皇が病死し，幕府に大きな打撃となった。

4 **「ええじゃないか」** 1867（慶応3）年，「ええじゃないか」と連呼する民衆の乱舞が東海地方から始まり，近畿・東海道一帯，さらに江戸その

★1 大村益次郎（1825～69年）は，長州出身の医師で，適塾で学ぶ。長州藩の軍制改革を指導し，第2次長州征討，戊辰戦争を指導した。

★2 武州世直し一揆や信達騒動には10数万人の農民が参加し，「世直し」が叫ばれた。

▲「ええじゃないか」の乱舞

他の地方にひろがった。「御蔭参り^{★3}」の伝統の上に，体制崩壊への不安と「世直し」への願望が示された。

★3 江戸時代に周期的におこった大規模な「伊勢まいり」。

5 大政奉還と討幕の密勅　社会が大きく動揺し，幕政改革がいきづまるなか，徳川慶喜は1867（慶応3）年10月14日，大政奉還の上表を提出した。将軍徳川慶喜は，土佐藩の山内豊信の説く大政奉還論^{★4}を取り入れ，名を捨てて実をとることにしたのである。

　一方，薩長両藩は，討幕派の岩倉具視らの密議で，10月14日に討幕の密勅を受けていたが，朝廷の正式な手続きを経ないものであった。大政奉還が正式な手続きで許可されたため，武力倒幕の大義名分が失われ，倒幕派は後退を余儀なくされた。

★4 公議政体論で提唱された，有力藩主らの諸侯会議を核とする国家権力の構想に基づく政治体制で，徳川慶喜が権力の中心に残ることができる。坂本龍馬の政治構想をもとに，土佐藩の後藤象二郎が前藩主の山内豊信に献策していた。

6 王政復古の大号令　12月9日，薩摩，安芸などの藩兵で御所を固め，岩倉具視らが朝廷の実権を握り，王政復古の大号令を発した。その夜の小御所会議で，**徳川慶喜の辞官納地**が決定された。これにより徳川慶喜が排除され，天皇を中心とする新政府が樹立された。

用語　**辞官納地**　内大臣（官）を辞職し，領地を朝廷に返上すること。松平慶永・山内豊信は強く反対したが，岩倉具視ら討幕派が押し切った。

補説　**明治維新**　開国，社会の動揺から倒幕，新政権が発足するまでの社会変革の過程を，総称して明治維新という。

📄 史料　**王政復古の大号令**

徳川内府①従前御委任ノ大政返上，将軍職辞退ノ両条，今般断然聞シメサレ候，抑癸丑②以来未曽有ノ国難，先帝③頻年宸襟④ヲ悩マセラレ候御次第，衆庶⑤ノ知ル所ニ候，之ニ依リ叡慮⑥ヲ決セラレ，王政復古，国威挽回ノ御基立テサセラレ候間，自今摂関，幕府等廃絶，即今先ズ仮ニ総裁，議定，参与ノ三職ヲ置カレ，万機⑦行ハセラルベク，諸事神武⑧創業ノ始ニ原キ，縉紳⑨，武弁⑩，堂上⑪，地下⑫ノ別無ク，至当ノ公議ヲ竭シ，天下ト休戚⑬ヲ同ジク遊バサルベキ叡念ニ付キ，各勉励，旧来驕惰⑭ノ汚習ヲ洗ヒ，尽忠報国ノ誠ヲ以テ，奉公致スベク候事。

『法令全書』

- -

注釈　①内大臣。ここでは徳川慶喜のこと。②1853（嘉永6）年で，6月ペリー，7月プチャーチンの来航をさす。③孝明天皇。④天皇の心。⑤人民。⑥天皇の考え。⑦すべての政治。⑧初代天皇とされる**神武天皇**のこと。⑨**公家**。⑩**武家**。⑪昇殿を許された五位以上の殿上人。⑫六位以下の人。⑬喜び悲しみ。⑭おごり怠けること。

4
明治維新と日本の立憲体制

7 **戊辰戦争**　1868(明治元)年1月から翌年5月まで続いた，旧幕府軍と新政府軍の一連の戦争を戊辰戦争という。

① **鳥羽・伏見の戦い**　徳川慶喜を擁した会津・桑名藩などの旧幕府軍が大坂から京都に進撃したが，1月に鳥羽・伏見の戦いで薩摩・長州藩兵らに敗れ，慶喜は海路で江戸へ逃れた。

② **新政府軍の東征**　慶喜追討の口実をつかんだ新政府軍は，薩長藩兵を主力とする東征軍を江戸へ送り，江戸城を無血開城させた。★5

③ **旧幕臣の抵抗**　一部の旧幕臣は，彰義隊を結成して江戸の上野で抵抗し，会津藩を中心とした東北諸藩も，新政府軍に抵抗を続けたが，鎮圧された。

④ **箱館戦争**　1869(明治2)年5月，新政府軍は，箱館五稜郭に拠る旧幕府海軍副総裁榎本武揚らを降伏させ，戊辰戦争は終わった。

補説 **東北戦争**　反薩長派は，会津藩を中心に奥羽越列藩同盟(東北25藩が盟約，越後6藩が参加)をつくって抵抗したが，1868(明治元)年9月に会津藩も降伏した。

❷新政府の施政方針

1 **五箇条の誓文**★6　江戸城総攻撃をひかえた新政府は，1868(明治元)年3月，天皇が神に誓うという形で5カ条にわたる方針を宣言した。公議世論の尊重と開国和親などをうたっている。

用語 **五箇条の誓文**　初め，越前藩の由利公正が諸侯会盟の規約(「議事之体大意」)として起草し，土佐藩の福岡孝弟の修正した「会盟」に長州藩の木戸孝允が国是の条文として加筆していった。

2 **五榜の掲示**　一般庶民に対しては，儒教道徳を説き，徒党や強訴，キリスト教を禁じた5枚の高札を掲げた。

用語 **五榜の掲示**　五箇条の誓文は，開明進取の方針を示していたが，翌日出された五榜の掲示は，旧幕府の民衆統治策の継続を表明している。

★5 新政府軍による江戸城総攻撃は，一大決戦になるはずであったが，慶喜は恭順の意を表した。横浜貿易への影響を恐れたイギリス公使パークスは，新政府軍に圧力をかけた。新政府軍参謀の西郷隆盛は，旧幕臣の勝海舟(義邦)と談判し，江戸城は無血開城となった。

★6 五箇条の誓文の第一で，「広く会議をおこし」とある会議とは，福岡案では「列候会議」になっていた。近代的な立憲思想に基づく会議ではないことに注意する。

③ **政体書**　1868(明治元)年閏4月，福岡孝弟・副島
種臣らが起草した政治の基本的組織を定めた法。
以下の3つの特徴がある。
① 太政官に権力集中。
② 三権分立の形式。
③ 全国を新政府が直接統治する府・県と諸藩の統
治する地域に分ける。

④ **改元**　明治天皇は，1868(明治元)年8月に即位式
をあげ，9月に明治と改元した。これ以後，<u>天皇一
代につき一元号とする一世一元の制</u>が定められた。

⑤ **東京遷都**　1868(明治元)年7月，江戸を東京と改めた。
天皇は翌年，東京に居を移し，東京が日本の首都となっ
ていった。

```
                      ┌ 議政官 ┬ 上　局
                      │ (立法) └ 下　局
                      │
                      │              ┌ 神祇官
            太        │              ├ 会計官
            政────────┤ 行政官 ───────┼ 軍務官
            官        │ (行政)        ├ 外国官
                      │              └ 民部官
                      │               (1869設置)
                      │
                      └ 刑法官
                        (司法)
```

▲政体書による官制

4

明治維新と日本の立憲体制

📄 **史料**　　**五箇条の誓文**

〔由利公正の原案〕

議事之体大意
一　庶民　志 ヲ遂ゲ，人心ヲ
　　シテ倦マサラシムル①ヲ
　　欲ス。
一　士民心ヲ一ニシテ，盛
　　ニ経綸②ヲ行フヲ要ス。
一　知識ヲ世界ニ求メ，広
　　ク皇基③ヲ振起スヘシ。
一　貢士④期限ヲ以テ賢才
　　ニ譲ルヘシ。
一　万機⑤公論ニ決シ，私
　　ニ論スルナカレ。
　　　　　　　『由利公正伝』

〔福岡孝弟の修正案〕

会盟⑥
一　列侯⑦会議ヲ興シ，万
　　機公論ニ決スヘシ。
一　官武一途庶民ニ至ル迄
　　各 其志ヲ遂ゲ，人心ヲシ
　　テ倦マサラシムルヲ欲ス。
一　上下心ヲ一ニシテ，盛
　　ニ経綸ヲ行フヘシ。
一　智識ヲ世界ニ求メ，大
　　ニ皇基ヲ振起スヘシ。
一　徴士⑧期限ヲ以テ賢才
　　ニ譲ルヘシ。
　　　　　　　『由利公正伝』

〔木戸孝允により公布された
誓文〕

一　広ク会議ヲ興シ万機公
　　論ニ決スヘシ
一　上下心ヲ一ニシテ盛ニ
　　経綸ヲ行フヘシ
一　官武一途庶民ニ至ル迄
　　各其志ヲ遂ケ，人心ヲシ
　　テ倦マザラシメンコトヲ
　　要ス
一　旧来ノ陋習⑨ヲ破リ天
　　地ノ公道⑩ニ基クヘシ
一　智識ヲ世界ニ求メ大ニ
　　皇基ヲ振起スヘシ
　　　　　　　『法令全書』

注釈　①飽きさせない。②国家統治の方策。
③天皇の国家の基礎。④1868(明治元)年
に設置。**各府県・各藩選抜の議事参加者。**
⑤政治のすべて。⑥会合して誓う。⑦諸大
名。⑧1868年に設置。**各藩士や民衆で有
能な者から選ばれた議事参加者。**⑨悪い習
慣。具体的には攘夷論をさす。⑩国際的に
公正な道理。

[新政府の施政方針は，どのようなものだったのだろう？] Q1 ▶▶▶ A1
①五箇条の誓文…天皇が神に誓うという形で政治方針を表明。
②五榜の掲示…旧幕府から民衆統治策は変わらず。
③政体書…太政官制を定める。
④明治改元…一世一元の制を定める。
⑤東京遷都…江戸を東京と改める。

2 | 中央集権体制の確立

1 版籍奉還

❶版籍奉還の実施 新政府の地方支配は，旧幕府領には府や県を置き，それ以外はそれまでの藩の支配体制のままという藩治職制であった。政府の権力を強めるために領地（版図で各国の領地）と人民（戸籍）を朝廷に返すこと（奉還）が考えられた。

★1 版籍奉還の版（版図）は領地のこと，籍（戸籍）は人民のことをさす。

1869（明治2）年1月，大久保利通・木戸孝允・板垣退助・大隈重信らは，それぞれが属する薩摩・長州・土佐・肥前の藩主に，版籍奉還を出願させた。その後，他藩もこれにならった。6月から版籍奉還は認められ，旧藩主を新政府の地方長官である知藩事とし，年貢収入の10分の1の家禄が与えられた。一気に藩を廃止することへの抵抗が大きかったため，このような形で藩は実質的に存続した。

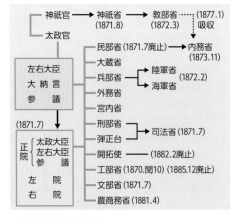
▲明治初期の中央官制

❷版籍奉還の結果 版籍奉還にともない，1869（明治2）年7月，官制改革がおこなわれ，二官六省が置かれた。この官制では，従来，太政官のもとにあった神祇官を太政官に上置し，祭政一致・天皇親政の方針を打ち出した。

② 廃藩置県

❶廃藩置県の実施　新政府は財政の強化をめざし，税の徴収にはきびしい姿勢で臨んだため，直轄地である府県を中心に農民一揆が続発した。財政破綻により廃藩を願う藩がでる一方，集権化の必要を主張して大胆な藩政改革をおこない，権力を強化する藩もしだいに増えた。

新政府は薩摩・長州・土佐から約1万の藩兵を集めて御親兵とし，これを直属の軍事力として，1871(明治4)年7月，廃藩置県を断行した。藩を廃止して府・県を置き，旧大名の知藩事を罷免して東京に居住させ，中央から府知事・県令を派遣する中央集権体制となった。

📄 史料　廃藩置県の詔

朕①惟フニ，更始ノ時②ニ際シ，内以テ億兆③ヲ保安シ，外以テ万国ト対峙④セント欲セバ，宜ク名実相副ヒ，政令一ニ帰セシムベシ。朕曩ニ諸藩版籍奉還ノ議ヲ聴納⑤シ，新ニ知藩事ヲ命シ，各其職ヲ奉セシム。然ルニ数百年因襲ノ久キ，或ハ其名アリテ其実挙ラザル者アリ。何ヲ以テ億兆ヲ保安シ，万国ト対峙スルヲ得ンヤ。朕深ク之ヲ慨ス⑥。仍テ今更ニ藩ヲ廃シ，県ト為ス。是務テ冗ヲ去リ，簡ニ就キ⑦，有名無実ノ弊ヲ除キ，政令多岐ノ憂⑧無ラシメントス。汝群臣其レ朕ガ意ヲ体セヨ。

『法令全書』

- -

注釈 ①天皇の自称。**明治天皇**のこと。②改革のとき。③人民。④ならび立つ。⑤許可。　⑥嘆く。⑦無駄を省く。⑧法令や命令が分散する恐れ。

---

❷廃藩置県の結果　新政府の中央集権体制の基礎が確立し，財政・民政・兵制・司法・教育などの全般にわたり，全国的に統一した改革ができるようになった。諸藩の負債を新政府が肩がわりすることとし，旧藩兵を解散させた。[★2]

さらに，官制の改革がおこなわれた。太政大臣・左大臣・右大臣・参議からなる正院を中心に，左院(法令の審議機関)・右院(各省長官・次官による連絡機関)の三院制となった。また，神祇官は神祇省に格下げされた。中央政府の機構が強化され，参議や卿(省の長官)・大輔(次官)には，薩摩・長州・土佐・肥前の4藩出身者が任命され，藩閥政府の土台がつくられた。

★2 廃藩置県後，政府は年収の約2倍にものぼる多額の藩債を引き継いだ。

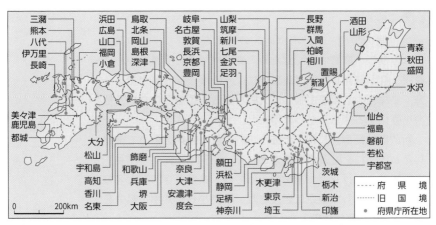

▲廃藩置県　＊1871年当時，3府72県。表中の県名は県庁所在地名と異なる場合もある

POINT!

[版籍奉還と廃藩置県]

① 版籍奉還(1869年)→廃藩置県(1871年)。

② 江戸時代の藩(小さな国)の集まりを廃止→明治政府(中央政府)が全国を支配する中央集権体制をつくった。

3 ｜ 明治政府の改革―四民平等と富国強兵―

1 四民平等

　江戸時代以来の封建的身分秩序が廃止された。旧藩主や公家などを華族，武士を士族，その他を平民とし，1872(明治5)年，新たな族籍に基づく戸籍がつくられた。平民に苗字をもつことを許可し，族籍をこえた結婚や移住・職業選択の自由が認められた。

　また，1871(明治4)年には「えた・非人」などの賤称を廃止する解放令(賤称廃止令)が出され，制度上では平等とされた。

▼身分制度の変革

年月	できごと
1869. 6	公家・諸侯を華族とする
12	一般藩士などを士族・卒とする
1870. 9	平民の苗字を許可する
1871. 4	平民の乗馬を許可する
8	農工商・賤民を平民とする
	散髪・脱刀を許可する
	華士族・平民間の結婚を許可する
1872. 2	卒を士族・平民に編入する
4	僧侶の肉食妻帯を許可する
12	職業の自由を認める
	裁判にあたっての尊卑の別を廃止する
1873. 2	仇討ちを禁止する
	華士族・平民間の養子を許可する
1876. 3	帯刀を禁止する(廃刀令)

2 徴兵令

❶徴兵令　大村益次郎の国民皆兵の構想を継いだ山県有朋は，1872(明治5)年末に徴兵告諭を出して，兵役を果たすべきことを示した。1873(明治6)年1月には徴兵令を発布し，4月から実施した。徴兵令は，国民皆兵を主旨とし，**満20歳以上の成年男子に3年間の兵役を義務づけた。**[1]

　　徴兵令は，士族にとっては特権の剥奪であり，農民にとっては負担の増大を意味し，いずれからも反感を買った。徴兵令はおもに農家の次男以下が対象であったため，農家にとっては貴重な労働力を失うことになった。そのため，徴兵告諭のなかにあった「血税」という言葉に対する誤解もからんで，血税一揆とよばれる徴兵令反対一揆がおこった。

❷新政府による兵制の整備　版籍奉還後に兵部省が設置され，廃藩置県の前に御親兵を整えた。1871(明治4)年には，全国の城や兵器・弾薬を接収し，約1万人の兵を4鎮台に集めた。[2] 御親兵は廃藩置県後に近衛兵と改称し，藩兵は解散させて，新政府が兵権を握った。1872(明治5)年，兵部省は陸軍省・海軍省に分離された。1878(明治11)年には軍令(軍の指揮命令など)機関として参謀本部ができ，軍が政府から独立する(統帥権の独立)もととなった。

❸警察制度の整備　1871(明治4)年に東京府に邏卒を置き，[3] 1873(明治6)年，内務省に全国の警察権を掌握させた。1874(明治7)年，川路利良の建議で，東京の治安維持のため警視庁が設置された。

3 秩禄処分

❶士族の社会的地位　明治初年の士族は約155万人(全人口の約5％)で，廃藩置県や徴兵令で無用化していた。

❷秩禄処分　新政府は士族・華族に対する給与である秩禄を引き継いだが，国家財政支出の約30％を占め，大きな負担であった。そこで1873(明治6)年に秩禄の返上を申し出た者に対し，禄高に応じて数年分の現金と秩禄公債を一時的に

▲「徴兵免役心得」
徴兵を逃れる方法を書いた指南書。

★1 戸主・長男・学生・官吏・官公立学校生徒や代人料270円を納めた者は，兵役を免除された。家族制度の維持が免役規定の主眼となっていたこの規定は，1883(明治16)年の改正で，範囲がせばめられた。

★2 東京・大阪・仙台・熊本の4鎮台が置かれ，反乱や一揆に備えた。

★3 治安維持にあたる巡査。

4

明治維新と日本の立憲体制

支給した。1875(明治8)年，これまで米で支給してきた秩
禄を金にかえ，金禄とよんだ。廃藩置県と徴兵令で政治と軍
事という士族の独占的な職分がなくなり，家禄支給の根拠が
失われたとして，1876(明治9)年の金禄公債証書条例によ
り金禄公債証書を交付して，華士族の秩禄を廃止する，秩禄
処分をおこない，同年には廃刀令も出された。

❸金禄公債支給後の士族　下級士族は，生活苦から公債を手
放す者が多かった。彼らのなかには官吏・軍人・巡査・教員
あるいは実業家へと転身する者もいたが，商業に転じた者は，
不慣れな仕事のために失敗することが多く，「士族の商法」
と嘲笑された。

▼金禄公債交付の状況　　　　　　(丹羽邦男『明治維新の土地変革』より)

区分	人数	公債の種類	公債総額	1人当たり
華族など	519人	5分利付	31,413,586円	60,527円
上中級武士	15,377人	6分利付	25,038,957円	1,628円
下級武士	262,317人	7分利付	108,338,013円	415円
その他	35,304人	1割利付	9,347,657円	265円
合計	313,517人		174,138,213円	557円

4 新しい貨幣制度

❶貨幣制度の整備　幕末以来，貨幣制度の混乱がはげしかっ
たため，政府発行の貨幣に統一することになった。
①1868(明治元)年，藩札の流通を禁じて太政官札を発行し
た。②1868(明治元)年，大阪に造幣所(現：造幣局)を設置
して，貨幣の鋳造を開始した。③1871(明治4)年，新貨条
例を発布し，貨幣は円・銭・厘の十進法に改められた。この
時，在米中の伊藤博文の建言で，金本位制を採用した。

❷金融制度の整備　金融制度も整備され，銀行が設立された。
1872(明治5)年，渋沢栄一らの努力で国立銀行条例が交付
され，民間の資本で金と交換できる兌換紙幣を発行させよう
としたが，民間にも金が乏しく，第一国立銀行以下4行しか
設立されなかった。1876(明治9)年，条例が改正され，正
貨兌換義務が除かれると，全国の主要都市に国立銀行が設立
された。また，1880(明治13)年には貿易上の金融を目的と
する，横浜正金銀行もできた。

★4 秩禄の種類と
禄高に応じて，その
5年分以上14年分ま
でに相当する額面の
公債を発行した。利
子も秩禄の種類によ
って4種類ある。そ
の利子は毎年2回に
分けて支払われ，元
金は5年間すえ置き
のあと，1882(明治
15)年から1906(明
治39)年まで毎年1
回の抽選で償還した。

★5 幕末の貨幣の
流通状況は，①金・
銀・銭の三貨，②各
藩発行の藩札(約
1800種)，③洋銀
(貿易決済で外国か
ら流入した銀貨)な
どが混在していた。
★6 この時の金本
位制は不完全なもの
で，実際は金銀複本
位制であった。
★7 アメリカの制
度を模範としてつく
られた銀行で，国法
に基づいて設立され
た民間銀行。正貨兌
換義務が取り除かれ
ると，153行まで設
立された。

5 地租改正

❶地租改正の概略　戊辰戦争の戦費をはじめ，新国家建設には，多額の費用がかかった。旧来の年貢は現物納であるため，地域により年貢率が異なり，豊作や凶作で収入が一定しないので，正確な予算を立てることができなかった。明治政府は国家財政を確立させるため，土地制度および土地税の大改革をおこなった。旧来の農民の保有地に私的所有権を認めて地券を発行し，**地価に対して３％の金納地租を課した。**

▲地券

❷地租改正の準備　1871（明治４）年，政府は農地への作付け制限を廃止し，翌年に田畑永代売買禁止令を解き，年貢の負担者に地券（壬申地券）を交付した。土地は地券所有者の私有財産となった。

❸地租改正の実施　1873（明治６）年，政府は地租改正条例を出し，改正に着手した。[★8] 地租改正事業の中心は地価の決定であった。政府は，これまでの歳入を減らさないという方針を立てた。地租以外の収入が政府にはほとんどなく，多くの地域で高い地価を押しつけ，その３％を徴収したため，各地で地租改正反対一揆がおこった。

★8 発布直後は，あまりすすまなかったが，1875（明治8）年に地租改正事務局ができてから促進され，81（明治14）年までにほぼ完了した。

▲地租改正反対一揆（伊勢暴動）

📄 **史料**　**地租改正条例**

第六章　従前地租ノ儀ハ，自ラ物品ノ税・家屋ノ税等混淆致シ居候ニ付，改正ニ当テハ判然区分シ，地租ハ則地価ノ百分ノ一ニモ相定ムベキノ処，未ダ物品等ノ諸税目興ラザルニヨリ，先ヅ以テ地価百分ノ三ヲ税額ニ相定候得共，向後，茶・煙草・材木其他ノ物品税追々発行相成，歳入相増，其収入ノ額二百万円以上ニ至リ候節ハ，地租改正相成候土地ニ限リ，其地租ニ右新税ノ増額ヲ割合，地租ハ終ニ百分ノ一ニ相成候迄漸次減少致スベキ事。

『法令全書』

資料活用　明治政府による地租改正の成果

資料1　地租改正条例

第六章　従前地租ノ儀ハ，自ラ物品ノ税家屋ノ税等混淆致シ居候ニ付，改正ニ当テハ判然区分シ，地租ハ則地価ノ百分ノ一ニモ相定ムベキノ処，未ダ物品等ノ諸税目興ラザルニヨリ，先ヅ以テ地価百分ノ三ヲ税額ニ相定候得共，向後，茶・煙草・材木其他ノ物品税追々発行相成，歳入増增，其収入ノ額二百万円以上ニ至リ候節ハ，地租改正相成候土地ニ限リ，其地租二右新税ノ増額ヲ割合，地租ハ終ニ百分ノ一ニ相成候迄漸次減少致スベキ事。

資料2　国税に占める地租の割合

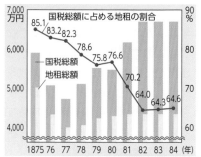

（三和良一・原朗編『近現代日本経済史要覧』東京大学出版会）

解説

(1)**地租改正とは**　江戸時代と異なり，課税対象を収穫高から政府が定めた農民の保有地（土地）の地価に変えたこと，納入方法を現物納から金納に変えたことが大きい。その税率は「先ヅ以テ地価百分ノ三ヲ税額ニ相定」とあるように，一律３％と定められた。地租改正にともない，全国各地で土地調査が実施され，村ごとに土地台帳がつくられた。

▼地租改正の要点

項目	改正前	改正後
課税対象	収穫高	地価
税率	一定せず	地価の３％
納入方法	現物納	金納
納税者	耕作者	土地所有者

(2)**竹槍でドンと突き出す二分五厘**　地租改正によって，政府は収穫高にかかわらず安定した税収を確保できるようになった。しかし，実態とかけ離れた地価の算定がおこなわれた地域も多く，地租引き下げや現物納復活を求める一揆が各地でおこった。これをうけ，明治政府は1877（明治10）年に地租を３％から2.5％に引き下げた。

　のちに「竹槍でドンと突き出す二分五厘」といわれたように，わずか0.5％の引き下げだったが，財政は大きな影響をうけた。地租が国家財政を支えていたことは，率を引き下げた1877年の国税総額が大きく落ち込んでいることからも読みとれる。また，農民の要求に屈したことは，明治政府の屋台骨をゆるがすことになった。

6 殖産興業

❶**封建的遺制の廃止**　欧米に追いつき，富国強兵を実現するために，政府は近代産業の育成政策を積極的におこなった。資本主義経済育成の阻害要因になる株仲間の独占，藩専売事業，関所，津留などを廃止し，居住・職業選択の自由を承認した。

❷官営模範工場の設立　外国資本に所有権や経営権を与えないように、政府の事業として欧米の新しい技術を導入することで、工業の発展をはかろうとした。洋式技術の導入のため、政府は外国人を雇い(お雇い外国人)、鉄道・電信・灯台・造船所の建設、鉱山の開発に最新技術を導入し、伝習と普及につとめた。群馬県の富岡製糸場★9、東京の千住製絨所(毛織物)、深川セメント製造所、品川硝子製造所などが代表である。

❸新技術の導入　殖産興業政策をすすめるため、政府機関の整備をおこなった。1870(明治3)年に工部省★10が設置され、鉄道・鉱山など欧米の工業が導入された。1873(明治6)年には内務省が設置され、大久保利通が内務卿となり、紡績・海運・開墾・牧畜などで、国内産業の改良につとめた。

☐1 通信　電信線は、1869(明治2)年に東京・横浜間に開通したのが最初で、以後全国各地に架設がすすめられた。

☐2 郵便　1871(明治4)年に前島密の建議で、飛脚を廃止して、東京・京都・大阪間で洋式の郵便事業が始められ、翌年から全国に拡充された。

☐3 鉄道　1872(明治5)年、東京の新橋と横浜間が開通した。その後、1874(明治7)年に大阪・神戸間、1877(明治10)年に京都・大阪間が開通し、1889(明治22)年には東海道線が全通した。

★9 渋沢栄一らの尽力でつくられた官営模範工場。フランス人ポール=ブリューナの指導で洋式技術の習得、品質改善、模範工女の養成がめざされた。

★10 初代工部卿は伊藤博文。

4
明治維新と日本の立憲体制

［四民平等と富国強兵］
① 四民平等…封建的身分の廃止。
　→徴兵令、秩禄処分、廃刀令によって士族の不満が高まる。
② 富国強兵
　→徴兵令…新しい軍隊を創設。
　→地租改正…新しい税制度を創設。安定した財源の確保。
　→新貨幣制度、官営模範工場の設立(殖産興業)。

4│文明開化

1 西洋思想の受容

　文化面でも近代化が推進された。近代的国民を育成するため、政府は西洋近代思想や生活様式をとりいれる啓蒙政策を展開し

た。イギリスの自由主義・功利主義，フランスの天賦人権思想，
ドイツの国家主義思想が導入された。

　1873(明治6)年，森有礼を中心に明六社が設立され，翌年
から『明六雑誌』を発行した。参加者には福沢諭吉，中村正直，
西周，加藤弘之，津田真道らがいた。

2 教育

　1872(明治5)年，フランスの制度にならって学制が制定さ
れた。学制は，現実に役立つ実学を強調し，「学問は身を立て
る財本」として立身出世と結びつけ，国民皆学をうたったが，
教育費の地域の負担が重く，地域の実情を考慮しない画一的制
度であったため，就学率は高まらなかった。

　1879(明治12)年に学制を廃止して，アメリカの制度になら
った教育令を出した。地方自治を尊重する，自由主義的なもの
であった。

★1 全国を8大学区
とし，1大学区を32
中学区，1中学区を
210小学区にわける
というもので，地域
の実態にあっていな
かった。

3 文明開化の世情

　従来の太陰太陽暦(旧暦)をやめ，太陽暦を
採用した。1872(明治5)年12月3日を1873
(明治6)年1月1日とした。時刻の表示も1
日24時間，1週間を7日とした。洋服の着用
が官吏から民間にひろまり，散切り頭が流行
し，牛鍋を食べる風習がひろまった。東京の
銀座には煉瓦造りの建物がならび，ガス灯，
人力車，乗合馬車が評判になったが，農漁村
では依然旧来の風俗・慣習が続いた。

▲明治初期の文明開化

📄 史料　学事奨励に関する被仰出書

　人々自ラ其身ヲ立テ，其産ヲ治メ，其業ヲ昌ニシテ，以テ其生ヲ遂ル所以ノモノハ他ナシ。
……サレバ，学問ハ身ヲ立ルノ財本①共云フベキ者ニシテ，人タルモノ誰カ学バズシテ可ナラ
ンヤ。……自今以後一般ノ人民「華士族・卒・農工商及婦女子」必ス邑ニ不学ノ戸ナク，家ニ不
学ノ人ナカラシメン事ヲ期ス。人ノ父兄タル者宜シク此意ヲ体認②シ，其愛育ノ情ヲ厚クシ，
其子弟ヲシテ必ズ学ニ従事セシメザルベカラザルモノナリ。　　　　　　　　　　　『法令全書』

注釈　①資本。②重要さを理解すること。

[文明開化では，どのようなことがおこなわれていたのだろう？] Q2 ▶▶▶ A2
① 西洋近代思想の導入…イギリスの自由主義，フランス天賦人権思想，ドイツの国家主義。
② 学校制度の創設…学制，教育令。
③ 太陽暦や西洋の技術の導入→農漁村では旧来の風俗・慣習が続く。

4

明治維新と日本の立憲体制

SECTION ② 明治初期の外交 [日本史]

▶ 明治新政府は，日本の正統政府として国際的な承認を得るため，欧米諸国にいち早く，五箇条の誓文などで開国和親の方針を伝えた。欧米諸国への屈服という批判はまだ強くあり，政府は条約改正に取り組むとともに，国威発揚を掲げなければならなかった。また，あいまいだった領土と国境の画定も急がねばならなかった。
↪ このセクションでは，次の問いに答えられるようにする必要がある。

Q1 岩倉具視らは，なぜ征韓論を排したのだろう？

Q2 明治政府は，中国や朝鮮とどのような外交関係を結んだのだろう？

Q3 明治政府は，どのように国境を画定していったのだろう？

1 ｜ 岩倉使節団の派遣

1 岩倉使節団の派遣

　1871（明治4）年11月，条約改正の予備交渉と欧米諸国の視察のために右大臣岩倉具視を大使とし，大久保利通・木戸孝允・伊藤博文らを副使とする大使節団を欧米諸国に派遣した。使節団は米・欧10カ国以上を歴訪し，1873（明治6）年9月に帰国した。

2 派遣の目的

❶ 欧米諸国との友好のために国書をもって訪問する。

❷ 1872（明治5）年に協議改定期限がせまっていた条約改正に関して，準備が整うまで延期を通知する。

❸ 条約改正の希望を伝え，そのために制度や法律を欧米式に改めることを表明する。

★1 出発時の使節団員は46名で，他に津田梅子ら5名の女子留学生をはじめ，中江兆民をふくむ61名の留学生が派遣された。

★2 アメリカに到着してから方針が変更され，条約改正の交渉に入ることになった。大久保と伊藤が全権委任状をとりにいったん帰国するが，その後，アメリカとの個別交渉は不利ということがわかり，中止した。

3 岩倉使節団派遣の意義

政府の中枢をなす人々が，直接欧米の社会や文化に触れたことで，産業発展の重要性，欧米各国の独自性と伝統の重視，国際関係の現実などについての認識を深めた。このことは，その後の政策に大きな影響を与えた。彼らの体験は，久米邦武により『米欧回覧実記』として刊行された。

補説　**留守政府の政策**　三条実美・西郷隆盛・大隈重信・江藤新平・板垣退助・後藤象二郎らの政府は，留守政府とよばれた。学制・地租改正・徴兵令・太陽暦の採用などの開化政策が相次いでおこなわれたが，征韓論も政治問題化した。

2 征韓論と明治六年の政変

1 朝鮮への開国要求

1868(明治元)年末，日本は朝鮮に対し，新政府成立通知書を送り，外交関係樹立を要求したが，拒否された。当時の朝鮮は，中国を宗主国とし，国王の父大院君が鎖国政策をとり，1871(明治4)年に来航したアメリカ艦船を撃退していた。

2 征韓論の高まり

1873(明治6)年，外務卿副島種臣の開国要求に対しても，朝鮮は日本を，蛮夷と交際する無法の国として拒絶したので，士族の不満をそらすためにも征韓論が高まった。同年8月，朝鮮と開戦も辞さぬ決意で，西郷隆盛を朝鮮に派遣することが決定した。

3 明治六年の政変(征韓論政変)

1873(明治6)年，欧米視察から帰国した岩倉具視と大久保利通・木戸孝允らは，同年10月，国内の政治に注力すべきと唱えて，太政官制下の政府の決定を天皇の名でくつがえし，征韓論は中止となった。そのため，西郷隆盛や板垣退助ら征韓派の参議は下野し，故郷に帰った(明治六年の政変，征韓論政変)。以後，大久保利通と岩倉具視が政権の中心となった。

★1 江戸幕府は，対馬藩を通じて朝鮮政府と外交関係をもっていた。この時明治政府が送った国書には，中国の皇帝が使用する「皇」「勅」などの文字が使われていたため，朝鮮は交渉に応じなかった。日本の天皇を朝鮮国王の上位に置くものと受け取られたからである。

★2 大久保利通は，伊藤博文・大隈重信らの協力を得つつ，以後，地租改正・殖産興業などの近代化政策を推進したが，西南戦争の翌1878(明治11)年に暗殺された。

📖資料活用　岩倉具視らは，なぜ征韓論を排したのだろう？　Q1

資料1　イギリスの視察
……噂に聞いていた以上だ。大都市のいたるところに工場があり，煙は天高く昇っている。とくにリバプールの造船所，マンチェスターの木綿工場，グラスゴーの製鉄所，エジンバラの製糸工場……巨大にして機械精巧をきわめている。イギリスの富強なす所以がここにあることが分かった。どんなに僻遠な地でも道路橋梁に手を付けており，馬車はもちろん，汽車がすべての地方を通っている。　　　　　（大久保利通の手紙）

資料2　岩倉使節団の報告
　ヨーロッパ人による大航海が始まって以来，熱帯の弱い国々はみな欧州強国が争って食うところとなり，植民地の豊かな物産が欧州本国に送られるようになった。はじめはスペイン，ポルトガルおよびオランダの三国がまず専ら利益を上げたが，原住民への対応は暴慢残酷で，収奪が苛烈だった……欧州への道筋のまだ半ばの地域に，非常に多くの潜在的な利益が転がっている…
（久米邦武編『特命全権大使　米欧回覧実記5』慶應義塾大学出版会）

資料3　風刺漫画

資料4　征韓論争の錦絵

解説

(1)岩倉使節団が見た西欧　資料1は，岩倉使節団の大久保利通がイギリスの工場を視察したあと，送った手紙の一部である。「世界の工場」イギリスの生産機能の精緻さや交通インフラの充実ぶりに驚嘆している。

　資料2は，帰国後の岩倉具視の報告書の一部である。「欧州への道筋のまだ半ばの地域」とは，アジアの南洋を指している。ヨーロッパ人の植民地政策を「暴慢残酷」と批判しながら，「潜在的な利益が転がっている」と記すなど，アジア植民地支配をすすめていく日本の行く先を予見させる。

(2)風刺された岩倉使節団の訪問　岩倉使節団はドイツ滞在中の1873（明治6）年3月，エッセンの砲兵工場を視察した。資料3は，そのときの様子を描いたドイツの風刺漫画である。「文明をのぞき込んでいる」と皮肉られ，こっけいに描かれている。

(3)内治派と征韓派の対立　この半年後，帰国した岩倉具視や大久保利通（資料4の右側）は，留守政府を任せていた西郷隆盛や板垣退助（左側）と朝鮮問題をめぐって対立した。西郷らは渡韓を決定していたが，岩倉らは国力の増強を優先すべきとして，この決定をくつがえしたのである。

要点　Q1 ▶▶▶ A1

　西欧の視察によって，西欧と日本の国力の差を実感したため，征韓論に反対した。

［征韓論をめぐる対立］

岩倉使節団…条約改正の予備交渉と欧米諸国の視察のために派遣。
▶帰国後，留守政府と征韓論をめぐる対立→西郷・板垣・江藤らが下野。

3 | 中国と沖縄

1 中国（清）との関係

　日清間は，江戸時代から無条約のままであったため，日本側の申し出で，1871（明治4）年7月に，天津で伊達宗城と清の李鴻章（リーホンチャン）の間で日清修好条規が結ばれた。しかし，その後，日本と清とは琉球帰属問題などで対立していくことになる。

2 琉球の帰属

　琉球は江戸時代，島津氏に支配されるとともに，中国とも朝貢・冊封関係をもつという，両属関係にあった。明治政府は，1872（明治5）年，琉球王国を琉球藩に改め，国王尚泰を藩王とすることにより，明治政府に編入した。

3 台湾出兵

　1871（明治4）年11月，台湾に漂着した琉球（宮古島）の漂流民54人が殺害されたが（琉球漂流民殺害事件），清は責任を回避した。1874（明治7）年，征韓中止後も継続した士族の不満をおさえるため，政府は西郷従道の主導で台湾出兵をおこなった。

4 台湾出兵の収拾

　木戸孝允は，この台湾出兵に反対して下野したが，大久保利通は，みずから全権として交渉にあたった。さらに，駐清イギリス公使ウェードの仲裁もあってこの問題は解決した。

5 琉球処分

　1879（明治12）年，明治政府は両属関係の持続を望む琉球に軍隊を送り，首里城を接収して**廃藩置県を断行**し，沖縄県を設

★1　日本が結んだ最初の対等条約で，領事裁判権の相互承認などが内容であった。1873（明治6）年に批准され，発効した。

★2　琉球王国は17世紀初め以降，薩摩藩に支配され，国政は薩摩の役人に監督されて貢租を納めていた。一方で琉球は，以前から中国の歴代王朝にも朝貢し，形式的には，中国王朝から琉球王に封じられていた。

★3　清は日本の出兵を「義挙」と認め，遭難者への賠償金と日本の台湾における施設建設費の合計50万両（当時の金額で77万円）を支払うことを約束した。

置した(琉球処分)。清はこれに抗議したが，来
日中のアメリカ前大統領グラントが，調停には
いった。しかし，決着がつかず，1895(明治
28)年の日清戦争の勝利で自然解決となった。

▼明治初期の外交年表

年	できごと
1871（明治4）	日清修好条規
1873（明治6）	征韓論政変
1874（明治7）	台湾出兵
1875（明治8）	樺太・千島交換条約
〃	江華島事件
1876（明治9）	日朝修好条規
〃	小笠原諸島の帰属
1879（明治12）	琉球を沖縄県とする

4 | 朝鮮の開国

1 江華島事件
こう か とう（カンファド）

　征韓論争後も，政府は不平士族への対策もあ
り，朝鮮に対しては強硬な姿勢で臨んだ。1875(明治8)年9月，
日本軍艦雲揚号が，朝鮮の首都漢城(現ソウル)防衛の要地であ
る江華島に無断で接近するという挑発行為をおこない，朝鮮側
と交戦するという事件がおこった。

> 用語　**江華島事件**　これまでは雲揚号の10月付公式報告書で，飲
> 料水を採取しようとして江華島に接近したところ，砲撃を受け
> て応戦したという説明がおこなわれていたが，9月中に作成さ
> れた報告書が発見された。それによると，日本側が武装したボ
> ートで接近し，朝鮮側には無断でさらにソウル側へ入ろうとし，
> 砲台の前を通り過ぎたときに砲撃され交戦となったと記されて
> いた。

2 日朝修好条規の締結

　江華島事件の処理，そして朝鮮と国交を結ぶため，
1876(明治9)年，黒田清隆が全権として派遣された。
日本は清の了解を得つつ軍事力を背景に交渉をすすめ，
日朝修好条規(江華条約)が結ばれた。

▲朝鮮半島の様子

3 日朝修好条規の内容
❶朝鮮を自主独立の国として承認する。
❷釜山・仁川・元山の3港を開港する。
　（ふ ざん）（じんせん）（げんざん）
❸開港地には日本の領事裁判権を認める。
▶付属の通商章程で，日本貨幣の流通，日本の輸出入商品の無
　関税も決められた。

4 日朝修好条規の意義

　日本が外国に初めて結ばせた不平等条約で，これにより朝鮮
は開国した。

補説 **江華島事件の真相**　江華島事件は，ペリー来航にならったものと説明されてきたが，内海侵入や，陸戦隊の上陸など，日本は国際法違反をくりかえしたものであった。条約締結交渉中は，下関で山県有朋陸軍卿が開戦に備え，広島・熊本両鎮台兵の派遣準備は整っていた。一方，清国は雲南省方面でイギリスと断交状態になっており，李鴻章は日本との交渉を妥結するように，朝鮮に助言していた。

📄 **史料**　**日朝修好条規**

第一款　朝鮮国ハ自主ノ邦ニシテ日本国ト平等ノ権ヲ保有セリ。……

第五款　京圻・忠清・全羅・慶尚・咸鏡五道①ノ沿海ニテ通商ニ便利ナル港口二箇所ヲ見立タル後，地名ヲ指定スベシ②。開港ノ期ハ日本暦明治九年二月ヨリ朝鮮暦③丙子年正月ヨリ，共ニ数ヘテ二十個月ニ当ルヲ期トスベシ。

第十款　日本国人民，朝鮮国指定ノ各口ニ在留中，若シ罪科ヲ犯シ朝鮮国人民ニ交渉スル事件ハ，総テ日本国官員ノ審断④ニ帰スベシ。　　　　　　　　　　　『日本外交年表竝主要文書』

注釈 ①朝鮮国の地方区分。東海岸(咸鏡道，慶尚道)・南海岸(全羅道の一部)・西海岸(京圻，忠清，全羅道の南半部)をさす。　②釜山・仁川・元山の3港。③朝鮮では太陰暦を使用。④審判と決定。

POINT!

[明治政府は，中国や朝鮮とどのような外交関係を結んだのだろう?] Q2 ▶▶▶ A2

①　清国…日清修好条規(1871年)で初めての対等条約。台湾出兵(1874年)。

②　朝鮮…江華島事件→日朝修好条規(1876年)で不平等条約を結ばせる。

---

5 ｜ 国境の画定―北海道の開発，小笠原―

1 樺太・千島問題

　幕末の日露和親条約(1855年)では，千島列島の択捉島以南は日本領，得撫島以北の千島列島はロシア領，樺太(サハリン)は両国雑居の地と定められていた。ロシアはクリミア戦争(1853～56年)後，樺太に軍隊を送り，積極的に進出してきた。明治政府も移民を送りこんだため，衝突がおこった。以後，樺太の帰属をめぐり対立が続いていた。

2 北海道の開拓

　明治政府は1869(明治2)年，**蝦夷地を北海道と改称**し，開拓使を置いて開発をすすめた。開拓次官の黒田清隆は，アメリ

カからケプロンを招き，開拓事業をおこなった。開拓使は，1876（明治9）年，アメリカからクラークを札幌農学校教頭に招き，技術者の養成と西洋式農法の導入をはかりつつ，ビール・製粉・製糖・製麻などの工場を設立し，鉱山開発や鉄道建設にも力を入れた。開拓使は，アイヌの同化政策もすすめた。また，開拓と防衛のために1874（明治7）年に屯田兵制度がつくられた。

★1 狩猟や漁労で生活していたアイヌに日本語を使用させ，固有の文化を尊重しなかった。1899（明治32）年には北海道旧土人保護法が制定され，同化政策はさらに強化された。

4
明治維新と日本の立憲体制

3 樺太・千島交換条約

　ロシアとの対立をさけるために，政府は黒田清隆の意見により樺太放棄を決定した。榎本武揚を公使としてロシアに派遣して交渉し，1875（明治8）年に**樺太・千島交換条約**を結んだ。これにより**樺太をロシア領，千島列島全体を日本領**とし，ロシアとの国境が画定した。樺太や千島のアイヌは，居住地の選択と移住をせまられ，日本とロシアそれぞれの国民として分離された。

★2 榎本武揚は，箱館五稜郭で最後まで新政府に抵抗したが，降伏後は，黒田清隆の推薦で明治政府の役人となった。

4 小笠原

　小笠原諸島は，1593（文禄2）年に，小笠原貞頼が発見したといわれているが，長らく「無人島」と通称されていた。1827（文政10）年，イギリスが領有を宣言し，欧米人などが居住していたが，1861（文久元）年，江戸幕府が領有を宣言し，イギリス・アメリカと帰属を争った。

▲▶日本の領土の変化

中国（清）	
1871年	日清修好条規①
1874年	台湾出兵②
朝鮮	
1873年	征韓論おこる
1875年	江華島事件③
1876年	日朝修好条規④
ロシア	
1875年	樺太・千島交換条約⑤
小笠原諸島	
1876年	日本が領有を宣言⑥
沖縄	
1871年	鹿児島県へ編入⑦
1872年	琉球藩を置く⑦
1879年	沖縄県を置く⑦

　1876（明治9）年，明治政府はイギリス・アメリカに小笠原諸島は日本の領土である旨を通告したが，両国とも異議を唱えなかったので，日本領であることが確定した。

補説　**尖閣諸島と竹島**　尖閣諸島は，日本漁民の漁場であった。1895(明治28)年に無人島であることなどを確認して，沖縄県に編入を宣言した。住民が定住し，かつおぶし工場も営まれていた。竹島は，江戸時代は幕府の許可を得て，日本漁民が竹島近海で漁業をおこなっており，遅くとも17世紀半ばには日本の領有権が確立していた。1905(明治38)年に島根県に編入し，領有の意思を再確認した。

[明治政府は，どのように国境を画定していったのだろう？]　(Q3) ▶▶▶ (A3)
① 樺太・千島交換条約(1875年)でロシアとの国境が画定。
② 小笠原諸島の領有宣言(1876年)。
③ 琉球処分…沖縄県を設置(1879年)。

SECTION ③ 自由民権運動と立憲体制の樹立　日本史

▶ 明治六年の政変後，藩閥政府の専制政治に対する不満は，国会開設と憲法制定を求める自由民権運動として爆発的な勢いでもりあがっていった。各地で政治が語られ，憲法草案がつくられた。政府は種々の法令でおさえようとしたが，1881(明治14)年，ついに国会開設を約束した。内閣制度などが整備され，憲法が発布され，帝国議会が開かれた。

☞ このセクションでは，次の問いに答えられるようにする必要がある。

(Q1) 自由民権運動は，どのように展開したのだろう？

(Q2) 政府は立憲体制成立に向けて，どのような準備をしたのだろう？

(Q3) 帝国議会が開かれると，政府と民党は何を主張したのだろう？

1 ｜ 自由民権運動の展開

1 自由民権運動の始まり

板垣退助・後藤象二郎・江藤新平・副島種臣らは，1874(明治7)年1月，愛国公党を結成し，民撰議院設立の建白書を左院に提出した。藩閥専制を批判し，国会の開設を求めるこの意見書が新聞で報道されると，自由民権運動がひろがっていった。この建白書の内容には，西洋の政治思想や政治制度が基礎になっている。

板垣は，土佐で片岡健吉らと立志社をつくり，自由民権運動をすすめていく。各地に政社がつくられ，1875(明治8)年に

★1 『日新真事誌』というイギリス人ブラックが東京で発行していた新聞。

★2 政治結社のことで，小室信夫らの自助社(徳島)，河野広中らの石陽社(福島)などが有名である。

は政社の全国的な連合組織として，大阪に愛国社が設立された。

> 補説　**天賦人権論**　自由民権運動の理論的基礎は，天賦人権論が中心で，植木枝盛，中江兆民などが活躍した。「人は生まれながらに自由・平等の権利をもつ」という考えで，加藤弘之らが紹介している。中江兆民はルソーの『社会契約論』を翻訳し，『民約訳解』を刊行した。

📄史料　民撰議院設立の建白

臣等①伏シテ方今政権ノ帰スル所ヲ察スルニ，上帝室②ニ在ラズ，下人民ニ在ラズ，而シテ独リ有司③ニ帰ス。……而モ政令百端，朝出暮改④，政情実ニ成リ⑤，賞罰愛憎ニ出ヅ。言路壅蔽⑥，困苦告ルナシ。……臣等愛国ノ情自ラ已ム能ハズ。乃チ之ヲ振救スル⑦ノ道ヲ講求スルニ，唯天下ノ公議ヲ張ルニ在ルノミ。天下ノ公議ヲ張ルハ，民撰議院ヲ立ツルニ在ル而已。

『日新真誌』⑧

注釈　①建白書を提出した**板垣退助・後藤象二郎**らのこと。②天皇。③上級の役人で，当時の政治を動かしていた**大久保利通・岩倉具視**らをさす。④政治の命令がばらばらで，変更がはなはだしい。⑤政治も刑罰も情実に左右されている。⑥ふさがっている。⑦救う。⑧出典の『日新真誌』は，1872（明治5）年にイギリス人ブラックが東京で創

刊した日本語の日刊新聞。

視点　愛国公党は1874（明治7）年1月に結成され3月ごろに消滅した最初の政党。愛国社は1875（明治8）年2月結成の**全国的政社**。立志社は1874年4月に板垣らが**土佐**で結成した政社で，一貫して自由民権運動の中心を担った。

2 大阪会議とその結果

　民権運動の高まりに対し，大久保利通は政権を安定させるために，1875（明治8）年1～2月に木戸孝允，板垣退助らと大阪会議をひらき，立憲政治の成立に向けて尽力することを約束し，木戸・板垣は政府に復帰した。

★3 木戸孝允は，台湾出兵に反対して下野していた。

　この結果，漸次立憲政体樹立の詔が出され，次のような制度がつくられた。
❶**元老院**　立法諮問機関として，左院を廃止して設置。
❷**大審院**　現在の最高裁判所にあたる裁判所。
❸**地方官会議**　府知事・県令を集め，地方の状況を政府に伝える。
▶危機を脱した大久保利通は，著作・文書などで官僚を批判することをやめさせる讒謗律と，新聞が政府を攻撃することをやめさせる新聞紙条例を制定して，自由民権運動をおさえた。

★4 大久保利通は，明治政府の中心として内治優先の近代化をすすめていたが，1878（明治11）年5月，東京の紀尾井坂で不平士族に暗殺された。

3 自由民権運動の発展

　　自由民権派は，政府の弾圧や士族反乱などで一時停滞したが，★5 西南戦争中の1877(明治10)年6月，立志社の片岡健吉が立志社建白を提出した。一時停滞していた運動はもりあがり，翌年には愛国社も再興された。

　　自由民権派は，演説やかぞえ歌，川上音二郎の芝居などで「自由」「平等」「権利」を民衆に訴えたので，いたるところで政治が話題になったという。地租軽減や参政権を要求する豪農(有力農民)も参加し，自由民権運動は発展した。

　　1879(明治12)年，愛国社は国会開設を求める請願運動をおこなうことを決定した。1880(明治13)年，愛国社を中心に大阪で国会期成同盟が結成された。国会期成同盟は，2府22県で8万7,000名余りの署名を集め，**国会開設の請願書を提出**した。また，各地で私擬憲法(憲法草案)がつくられていった。

▼不平士族による反乱

反乱	年月(日)	首謀・中心	内容
佐賀の乱	1874. 2	江藤新平	佐賀の反政府反乱
神風連の乱	1876. 10. (24)	太田黒伴雄	熊本で廃刀令に反対
秋月の乱	10. (27)	宮崎車之助	福岡旧秋月藩士族の反乱
萩の乱	10. (28)	前原一誠	長州(萩)士族の反乱
西南戦争	1877. 2〜9	西郷隆盛	薩摩士族の大反乱

補説 **自由民権運動の拡大**　豪農たちは，地租軽減や参政権を要求して自由民権運動に参加したことで運動は発展した。政府は，1878(明治11)年7月，**地方三新法**を施行した。これは，郡区町村編制法・府県会規則・地方税規則の3つで，地方行政の系列を府知事・県令—郡長—町村戸長とし，府県会を設け，地方税制を確立するというものであった。地方税は，2.5%に減額した地租の減収を補うためのものであり，政府は，地方税をとりやすくするために府県会を設けて，豪農にある程度の発言の場を与えようとした。しかし，府県会が開かれると，議員になった豪農たちは，税の軽減と地方自治の拡大を要求した。

用語 **私擬憲法**　このころつくられた憲法草案のことである。交詢社の「私擬憲法案」は，福沢諭吉らがつくった案で，二院制・議院内閣制をとりいれていた。植木枝盛の「東洋大日本国国憲按」は，一院制で，法の下の平等，思想・言論・集会・結社の自由を定め，政府の悪政には抵抗権・革命権も記された。「五日市憲法草案」は，千葉卓三郎を中心に，東京の農村青年たちの議論をもとに作成された。立憲君主制で，国民の権利と立法権の重視を特徴としている。また，岩手の「憲法草稿評林」のように，場合によっては国民が天皇を変えることができるという，リコール権を主張するものもあった。

★5 秩禄処分や徴兵令，廃刀令などの改革は士族の特権を奪うものであった。新政府に不満をもつ士族たちが，各地で反政府運動をおこした。

★6 西南戦争は，最後にして最大の士族反乱であった。征韓論で下野した西郷隆盛は，私学校をおこして士族の子弟を教育していた。鹿児島県は「西郷王国」とよばれるほど，県政の要職を西郷の弟子たちが占めていた。新政府も動向を警戒していたが，密偵(スパイ)事件を契機に，ついに反乱がおこった。

4 自由民権運動に対する政府内部の対立

　政府は，集会条例などで運動をおさえようとしたが，自由民権運動は下火にならなかった。こうしたなかで，大隈重信は議院内閣制の早期開設を上奏し，漸進論の伊藤博文らと対立するようになった。

5 開拓使官有物払下げ事件

　1881（明治14）年，北海道の開拓使官有物払下げ事件がおこると，民権運動はさらに高揚した。

> 用語 **開拓使官有物払下げ事件**　10年間に1,500万円余投じた施設を，わずか38万円余，しかも無利息30年賦で関西貿易社に払い下げようとしたのが発端となった事件。同社の五代友厚と開拓長官黒田清隆が，ともに薩摩出身であったことから，藩閥の情実の表れと激しく批判された。

6 明治十四年の政変

　1881（明治14）年に政府は，伊藤博文を中心に官有物の払下げを中止し，大隈を世論の動きと通じているとして罷免した。同時に国会開設の勅諭を出して，「明治23（1890）年に国会を開く，そのために憲法は天皇が裁定し公布する」と発表した。大隈を支持した官吏も辞職し，黒田清隆（薩摩）の権威もおとろえたので，伊藤博文を中心とする**長州閥の指導力が強い藩閥政府**となった。

2│自由民権運動の激化

1 政党の結成

❶ **自由党**　1881（明治14）年，自由民権運動の急進派は，自由党を結成し，板垣退助が総理に就任した。植木枝盛らが理論的指導者となった。

❷ **立憲改進党**　1882（明治15）年，民権派のなかで自由党に加わらなかった人々が立憲改進党を結成し，政府を追われた大隈重信が総理に就任した。

▲板垣退助

▲大隈重信

★7　大隈重信（佐賀藩出身）は，大蔵卿として西南戦争の戦費のために不換紙幣を増発し，インフレの原因をつくった。西南戦争後の財政難にも外債を導入した積極財政を主張し，伊藤博文ら藩閥主流と対立していた。

4

明治維新と日本の立憲体制

❸立憲帝政党　政府は，1882(明治15)年，政府系新聞記者の
福地源一郎に保守的な立憲帝政党をつくらせたが，その勢力
はふるわなかった。

▼3政党の比較[★1]

党名	結成年	党首	傾向	階級的基礎
自由党	1881	板垣退助	仏流急進	士族・豪農・農民
立憲改進党	1882	大隈重信	英流漸進	豪農・知識層・商工業者
立憲帝政党	1882	福地源一郎	政府系	保守派

> 補説　**自由党の結成**　自由党の結成は，国会開設の勅諭の前から準備され，
> 1881(明治14)年10月2日の国会期成同盟第3回大会で自由党を組
> 織することが決議されていた。10月12日の明治十四年の政変で，政
> 局が展開した。民権派の広範な統一はできず，土佐派主導のもとに10
> 月18日，自由党が結成された。1884(明治17)年に解党。

2 松方財政

❶**西南戦争後の経済**　大隈重信大蔵卿により，西南戦争の多
額の軍事費は不換紙幣によってまかなったため，戦争後は激
しいインフレーションがおこった。政府の歳入は，定額の地
租(地価の2.5%)を中心としていたので実質的に減少し，政
府は財政難となった。また，貿易も輸入超過で，金・銀貨も
不足していた。

❷**松方財政**　松方正義は，明治十四年の政変後に大蔵卿となり，
増税で歳入を増やしながら，軍事費以外の歳出を徹底的に緊
縮して，不換紙幣の整理をおこなった。松方は，1882(明治
15)年に**日本銀行を設立**し，国立銀行の紙幣発行権をとりあ
げて紙幣を回収し，1885(明治18)年から**銀兌換の銀行券を
発行**し，銀本位制をととのえた。

❸**松方財政のねらい**　デフレーション状態をつくって金・銀
貨の流出を減少させ，正貨を蓄積すること。また，日本銀行
を設立し，財政・金融の基礎を固めることであった。

❹**自由民権運動への影響**　緊縮財政により全国に不況がおよび，
米や繭の値段が下がって農村は大打撃を受けた。このため，
自作農から小作農に没落する者も多かった。一部の豪農は，
貸金と引きかえに土地を集めて地主となっていった。自由民

★1　自由党は，フ
ランス流の急進的議
会政治を唱え，立憲
改進党は，イギリス
流の漸進的議会主義
の実現を目標にした。
立憲帝政党は，主権
在君を唱えた。

権運動に参加していた豪農たちも，経営難で運動から離脱する者，没落して政治的に急進化する者に分かれた。

3 自由民権運動の激化

政府は，1882（明治15）年に集会条例を改正して政党の支部設置を禁止，翌年には新聞紙条例を改正して言論取り締まりを強めた。また，板垣退助を外遊させて，運動を弱めようとした。

❶**福島事件**　1882（明治15）年におこった。福島では県令三島通庸と，県会が対立を続けていた。県会議長は，自由党の河野広中である。三島は県会の反対を押し切って，「会津三方道路」の建設を強行した。河野たちは，工事中止の訴訟をおこして抵抗した。**会津地方の農民たちも，自由党員とともに大々的な反対運動をおこしたが**，運動の指導者が喜多方警察に逮捕された。さらに喜多方警察は，これに怒って押し寄せた農民たちを自由党弾圧の好機として大量検挙した。また，河野広中ら自由党幹部も一斉検挙され，内乱陰謀罪で有罪にされた。

❷**加波山事件**　1884（明治17）年，栃木県令を兼任した三島通庸を，河野広躰（広中の甥）ら福島自由党員と栃木自由党員が爆弾で暗殺しようとしたが，取り締まりがきびしいため失敗し，茨城県の加波山で挙兵したが，鎮圧された。

❸**秩父事件**　1884（明治17）年，**自由党解党直後の11月，松方デフレ下で，負債に苦しむ埼玉県秩父地方の農民たちが蜂起した。**農民らが結成した困民党を，田代栄助，井上伝蔵ら旧自由党員が指導し，約1万人が立ち上がった。彼らは，困民の救済・借金すえ置き・小学校費廃止などを要求し，「革命本部」を設置し，郡役所・警察・高利貸しを襲撃して警察・軍隊と衝突したが，最後は軍隊により鎮圧された。

❹**大阪事件**　1885（明治18）年，旧自由党急進派の大井憲太郎や景山英子らが，朝鮮の政権を倒し，金玉均らの急進派政権を樹立して日本国内の革命につなげようと挙兵を計画した。朝鮮に渡ろうとしたときに，大阪などで逮捕された。

★2 板垣の外遊費用は，井上馨が政商の三井から出させたものであった。立憲改進党は，板垣外遊問題で自由党を攻撃するが，自由党も立憲改進党と三菱の関係を攻撃し，両党は足の引っ張り合いを続けていた。

★3 自由党は，1884（明治17）年10月，大阪で解党大会を開き解党した。地方の激化事件を幹部がおさえられず，政府による弾圧の強化と財政難で解党したと説明されているが，一斉弾圧をさけるために解党を余儀なくされたともいわれている。

4 大同団結の動き

　自由民権運動はいったん衰退するが，国会開設を4年後にひかえた1886(明治19)年の秋，旧自由党の星亨らが，**党派的対立を乗りこえて，国会開設に向けて大同団結しようと訴え**，大同団結をよびかけた。1887(明治20)年，井上馨外相の条約改正交渉への批判を契機に，三大事件建白運動に発展した。後藤象二郎らも加わり，団結して国会開設に備えようとする運動は急速にひろがった。

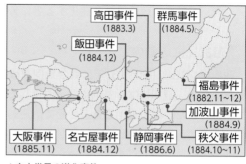

高田事件 (1883.3)	群馬事件 (1884.5)
飯田事件 (1884.12)	
	福島事件 (1882.11〜12)
	加波山事件 (1884.9)
大阪事件 (1885.11)	秩父事件 (1884.10〜11)
名古屋事件 (1884.12)	
静岡事件 (1886.6)	

▲自由党員の激化事件

5 三大事件建白運動

　三大事件とは，**言論集会の自由，地租軽減，外交失策の挽回(対等条約の締結)**の3つで，1887(明治20)年10月には，元老院に建白書が提出された。運動のもりあがりに対し，第1次伊藤博文内閣は保安条例を出して民権派の動きをおさえた。

★4 外交失策とは井上馨の条約改正交渉をさしている。

用語　**保安条例**　東京では，三大事件建白を掲げた星亨，片岡健吉ら民権派が躍動していた。保安条例は「内乱を企て，またはそのかし，治安を乱すおそれがある」者を，3年間皇居外3里以遠(東京市外)に追放できるとした。1887(明治20)年12月，星亨・中江兆民・尾崎行雄ら570余人が追放処分を受け，退去を拒絶した片岡健吉は禁固刑に処せられた。後藤象二郎は，翌1888(明治21)年も全国遊説を続けたが，民権派であった大隈重信は黒田清隆内閣の外相に就任して，条約改正交渉にあたることになった。1889(明治22)年には，後藤象二郎も黒田内閣の逓信大臣となり，大同団結運動は分裂した。

📄史料　**保安条例**

第四条　皇居又ハ行在所①ヲ距ル三里②以内ノ地ニ住居又ハ寄宿スル者ニシテ，内乱ヲ陰謀シ又ハ教唆③シ又ハ治安ヲ妨害スルノ虞アリト認ムルトキハ，警視総監又ハ地方長官④ハ内務大臣ノ許可ヲ経，期日又ハ時間ヲ限リ退去ヲ命ジ，三年以内同一ノ距離内ニ出入寄宿又ハ住居ヲ禁ズル事ヲ得。
　　　　　　　　　　　　　　　　　　　　　　　　　　　　　　　　　『官報』

注釈　①天皇の行幸(旅行)のときの宿泊所。②約12km。③そそのかす。④府県知事などのこと。

▼自由民権運動と政府の対策

事件	年月	概要
福島事件	1882.11 ～12	福島県令三島通庸が大規模な道路建設をするため賦役の強制をし，それに反対する数千人の自由党員と農民の蜂起。福島県会議長河野広中らは訴訟など穏健な手段で工事中止を求めたが，内乱を計画したという罪で処罰された。
群馬事件	1884.5	日比遜ら群馬自由党員が中心となって，専制政府を倒すことを目的に武力蜂起。高利貸を打ちこわし，警察署を占領した。
加波山事件	1884.9	栃木県令三島通庸の暗殺をはかる河野広躰(広中の甥)ら福島の自由党員と，栃木の自由党員が政府打倒を計画。茨城県加波山で蜂起した。
秩父事件	1884.10 ～11	秩父地方の農民と旧自由党員が各地に困民党を組織，高利貸に対し借金の軽減などを要求して組織的に蜂起した。
大阪事件	1885.11	旧自由党急進派の代表者大井憲太郎らが，朝鮮の内政改革を策して民権運動の再起をはかろうとしたが，大阪などで逮捕された。

[**自由民権運動は，どのように展開したのだろう？**] Q1 ▶▶▶ A1

① 民撰議院設立の建白書(1874年)…板垣退助・後藤象二郎ら。
　→ 立志社(土佐)ほか，各地に政社 → 愛国社(大阪，1875年)
　　▶ 政府は大阪会議(1875年)を開き，讒謗律・新聞紙条例で弾圧。
② 国会期成同盟(1880年)，国会開設の請願書，各地に私擬憲法できる。
③ 明治十四年の政変(1881年)…大隈追放，国会開設の勅諭(10年後)。
④ 自由党(板垣退助，1881年)，立憲改進党(大隈重信，1882年)の結成。
⑤ 松方財政 → 福島事件(1882年)・秩父事件(1884年)など自由民権運動は激化する。自由党解党で民権運動は衰える。
⑥ 大同団結の動き(1886年から)…三大事件建白運動がもりあがる。政府は保安条例(1887年)で弾圧。

3 │ 立憲体制の成立

1 憲法調査と憲法の起草

　元老院は，1880(明治13)年に「日本国憲按」をつくったが，憲法としての統一性がなく，岩倉具視らの反対で立ち消えた。
　伊藤博文らは1882(明治15)年，憲法調査のために渡欧した。伊藤は，ベルリン大学教授のグナイスト，ウィーン大学教授のシュタインらからドイツ流の憲法を学んだ。

伊藤はシュタインから，ドイツの憲法を通して，君主機関説[★1]という憲法理論を学んだ。西欧立憲国家のなかで君主制が強く，議会の権限が弱いドイツ憲法が，日本にふさわしいと考えた。

帰国後，宮中に制度取調局を設けて憲法草案の起草にとりかかった。ドイツ人顧問のロエスレルらが助言し伊藤博文を中心に，井上毅・伊東巳代治・金子堅太郎らが起草した。

1888（明治21）年に憲法草案が完成すると枢密院が置かれ，伊藤博文枢密院議長の下，憲法草案が非公開で審議された。

> 用語　**枢密院**　枢密院は1888（明治21）年，大日本帝国憲法草案の審議のために新たに設置された。しかし憲法で「天皇の諮詢に応え重要の国務を審議す」と規定され，条約の批准や緊急勅令の発布に関するなど，諮問事項は広範囲におよび，政党勢力や議会を抑制する藩閥官僚勢力の重要な基盤となった。

★1 君主機関説は，主権は国家にあり，君主はその重要な機関の1つで，君主権は憲法により制限されるとするもの。この考えは，市民革命を経たヨーロッパで，君主主権説にかわって君主を位置づけるものであった。

▲伊藤博文

2 諸制度の整備

政府は1890（明治23）年の立憲体制の導入に向けて国家機構の整備につとめた。

❶**華族令**　1884（明治17）年，従来の華族に維新後の功臣を加え，公・侯・伯・子・男の5爵とした。華族から貴族院の議員を選び，衆議院に対抗させるねらいがあった。

❷**内閣制度**　1885（明治18）年，伊藤博文が中心となり，太政官制を廃して内閣制度を創設した。総理大臣以下，各省大臣が事務を分担して行政をおこない，天皇を補佐する体制ができた。**初代首相は伊藤博文**で，薩長藩閥の色彩が強い。

❸**政府と宮中の別**　内閣制度の創設とともに，閣外に内大臣と宮内省を置いた。伊藤が初代の宮内大臣を兼任し，宮中改革を推進した。

　□1 **内大臣**　日本国璽（国の印鑑）と天皇御璽（天皇の印鑑）を管理し，閣外にあって常に天皇を補佐した。

　□2 **宮内省**　他の行政庁から独立し，宮廷と華族を管掌し，閣外の宮内大臣が管理することにした。

❹**皇室財産**　皇室財産を国家財産と分離し，機会あるごとに増加させた。こうして，天皇は日本最大の大資本家・大地主となっていった。[★2]

▼初代の内閣閣僚

大臣	氏名	出身
総理	伊藤博文	長州
内務	山県有朋	長州
外務	井上馨	長州
大蔵	松方正義	薩摩
司法	山田顕義	長州
文部	森有礼	薩摩
農商務	谷干城	土佐
逓信	榎本武揚	幕臣
陸軍	大山巌	薩摩
海軍	西郷従道	薩摩

★2 皇室財産は，維新当時10万円ほどであったが，1888（明治21）年に788万円，91（明治24）年には1,295万円と，当時の国家予算の約15％にまでふえた。

❺軍隊の統制と近代化　1878(明治11)年，陸軍の軍令機関である参謀本部を，政府から独立した天皇直属機関として設置した。1882(明治15)年，軍人勅諭を出し，天皇の軍隊であることを強調した。★3 1885(明治18)年にドイツよりメッケル少佐を陸軍大学校教官として招いて軍制改革を指導させ，陸軍はフランス式からドイツ式に変わった。1888(明治21)年には鎮台を廃止して，対外戦争にも対応できる師団制に改めた。1889(明治22)年，徴兵令を改めて，兵役免除を原則的に廃止した。

❻地方制度　山県有朋は，ドイツ人モッセの助言により地方制度の改革に着手し，1888(明治21)年に市制・町村制，1890(明治23)年に府県制・郡制をしいた。★4

3 大日本帝国憲法

❶憲法発布　1889(明治22)年2月11日，大日本帝国憲法(明治憲法)が発布された。これは，**天皇が定めて国民に与える**という**欽定憲法**で，当時の総理大臣は，**黒田清隆**であった。

❷天皇の権限　天皇は万世一系の天皇で，神聖不可侵であるとされ，**統治権を総攬**した。国務大臣及び官吏の任免権，宣戦・講和・条約締結などの外交権，緊急勅令の制定，陸海軍の指揮権(統帥権)★5などの大きな権限(天皇大権)をもった。ただし，その権限は内閣や軍令機関の補佐のもとに行使するとされた。

❸帝国議会　議会は帝国議会といわれ，国民の一部が選んだ議員からなる衆議院と，皇族・華族や，官僚などが決めた勅選議員などからなる貴族院との二院制であった。★6 衆議院と貴族院には，予算制定権と立法権が与えられた。**衆議院に予算案の先議権があるほかは対等**であった。

❹内閣　天皇に対してのみ責任を負う。**天皇大権を代行する行政府**の権限が強く，議会とは無関係に組織された。

❺国民の権利　国民は，天皇の統治を受ける「**臣民**」とされた。**基本的人権の保障は「法律ノ範囲内ニ於テ」という制限**はつけられたが，認められた。

★3 このころ，もりあがっていた自由民権運動に対し，軍隊を議会と政治から分離しようとした。

★4 モッセを顧問として整備し，自治というよりも，ドイツの制度を模範とする中央集権的な官僚指導の性格が強かった。自由民権運動に対抗するものである。

★5 統帥権は憲法上，天皇大権として規定されたが，実際の軍政では，陸軍省と海軍省がそれぞれ陸・海軍の行政・人事の実権をもっていた。戦時には，陸軍参謀本部と海軍軍令部が作戦・指導の中枢として大きな力をもった。

★6 貴族院議員は，皇族・有爵議員(伯爵以下は互選)，勅選議員のほか，多額納税者議員がいた。

4 明治維新と日本の立憲体制

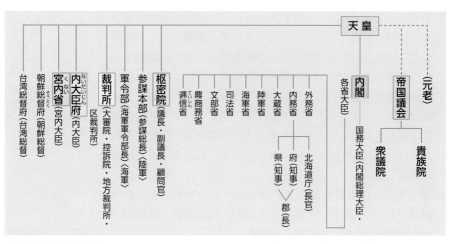

▲明治末期の政治組織

📄 史料　大日本帝国憲法

第一条　大日本帝国ハ万世一系ノ天皇之ヲ統治ス

第三条　天皇ハ神聖ニシテ侵スベカラズ

第四条　天皇ハ国ノ元首ニシテ統治権ヲ総攬シ此ノ憲法ノ条規ニ依リ之ヲ行フ

第八条　天皇ハ公共ノ安全ヲ保持シ又ハ其ノ災厄ヲ避クル為，緊急ノ必要ニ由リ帝国議会閉会
　　　ノ場合ニ於テ法律ニ代ルベキ勅令ヲ発ス

第十一条　天皇ハ陸海軍ヲ統帥ス

第二十条　日本臣民ハ法律ノ定ムル所ニ従ヒ兵役ノ義務ヲ有ス

第三十七条　凡テ法律ハ帝国議会ノ協賛ヲ経ルヲ要ス

第四十一条　帝国議会ハ毎年之ヲ召集ス

第五十五条　国務各大臣ハ天皇ヲ輔弼シ其ノ責ニ任ズ

視点 維新後20数年にして，日本は**立憲国家**になった。しかし，イギリスの立憲君主政と比べ，条文上は天皇の権限が強く，議会の権限が弱い。天皇の権限は**天皇大権**とよばれ，第8条によれば条件付だが，法律にかわる**緊急勅令**を出すこともできた。天皇の権限としての**統帥権**の名の下に内閣や議会は軍隊への関与を拒否されていった。第

37条は，法律は帝国議会で可決されなければならず，第41条で帝国議会は毎年開くことを規定し，第55条で，天皇は国務大臣の補佐のもとで政治をおこなうことを規定している。このように，天皇は憲法で制約された存在であった。なお，首相の各大臣への指導権は憲法に明示されなかった。

4 教育に関する勅語

1890(明治23)年，**教育に関する勅語(教育勅語)**が出された。教育勅語は**忠君愛国思想を説き，忠孝の道徳を国民教育の大原則**とした。

5 諸法典の整備

❶**皇室典範**　大日本帝国憲法と同時に公布された皇室典範には，皇位継承・即位など皇室に関することが定められ，皇室関係事項は議会の権限外とされた。

❷**刑法**　1882(明治15)年には，フランス人のボアソナードを法律顧問として，刑法と治罪法が施行された(公布は1880年)。1890(明治23)年，治罪法にかわって，刑事訴訟法がつくられた。

❸**民法**　1890(明治23)年にボアソナードにより，フランス民法を模範に制定され，3年後に実施と決められていた。ところが，ボアソナード民法は夫婦中心の家族構成をもとにしていたので，日本の家族制度を破壊するという論争(民法典論争)がおこり，

▲ボアソナード

施行は延期された。結局，**戸主権(家長権)**の強い民法がつくられ，1898(明治31)年から施行された。

★7 民法典論争は，東京帝国大学教授の穂積八束と梅謙次郎らとの間でおこなわれた。穂積八束は「民法出でて忠孝亡ぶ」と，ボアソナード民法を批判した。梅謙次郎は，この意見に反論していた。

★8 戸主権は，家長を筆頭として戸籍に記された複合大家族を「家」とした。財産の相続は，戸主の長男が全財産を受け継ぐ家督相続とし，戸主は家族を扶養した。

[政府は立憲体制成立に向けて，どのような準備をしたのだろう？] Q2 ▶▶▶ A2
伊藤博文が憲法調査で渡欧，ドイツ憲法を学ぶ。内閣制度など国家体制を整えながら憲法作成。
▶大日本帝国憲法を発布(1889年)…欽定憲法。天皇主権。教育に関する勅語(1890年)。

4

明治維新と日本の立憲体制

資料活用　19世紀後半にアジアで制定された2つの憲法の共通点

資料1　オスマン帝国憲法（ミドハト憲法）

第四条　スルタン陛下はカリフ位によりイスラーム教の守護者であり，全臣民の元首にしてスルタンである。

第八条　オスマン国籍を有する者は全て，いかなる宗教及び宗派に属していようとも，例外なくオスマン人と称される。

第十一条　帝国の国教はイスラーム教である。この原則を遵守し，かつ人民の安全または公序良俗を侵さない限り，帝国領において認められているあらゆる宗教行為の自由，及び諸々の宗派共同体に与えられてきた宗教的特権の従来通りの行使は，国家の保障の下にある。

第百十三条　……国家の安全を侵害したことが明らかになった者を神護の帝国領から追放し，退去させることはただスルタン陛下のみが行使できる権限である。　　　（抄訳）

資料2　大日本帝国憲法

第一条　大日本帝国ハ万世一系ノ天皇之ヲ統治ス

第三条　天皇ハ神聖ニシテ侵スベカラズ

第四条　天皇ハ国ノ元首ニシテ統治権ヲ総攬シ此ノ憲法ノ条規ニ依リ之ヲ行フ

第八条　天皇ハ公共ノ安全ヲ保持シ又ハ其ノ災厄ヲ避クル為，緊急ノ必要ニ由リ帝国議会閉会ノ場合ニ於テ法律ニ代ルベキ勅令ヲ発ス

第十一条　天皇ハ陸海軍ヲ統帥ス

第二十条　日本臣民ハ法律ノ定ムル所ニ従ヒ兵役ノ義務ヲ有ス

第三十七条　凡テ法律ハ帝国議会ノ協賛ヲ経ルヲ要ス

第四十一条　帝国議会ハ毎年之ヲ召集ス

第五十五条　国務各大臣ハ天皇ヲ輔弼シ其ノ責ニ任ズ

解説

(1)アジア初の憲法　オスマン帝国憲法は，オスマン帝国の宰相ミドハト＝パシャが1876年に起草した憲法である。大日本帝国憲法の制定（1889年）よりも早く，**アジア初の成文憲法**として知られる。君主であるスルタン（皇帝）の強い権限を認めながら，議院内閣制を導入するなど，民主的な内容の憲法だった。

　しかし制定から2年後，ロシアとの戦争が勃発したことを理由に，スルタン（アブデュルハミト2世）によって議会は停止され，パシャも第百十三条の規定にもとづいて追放されてしまった。オスマン帝国憲法も停止され，短命に終わったのである。

(2)君主の強い権限　大日本帝国憲法もオスマン帝国憲法と同じく，**君主（天皇）の権限が強く，内閣は天皇の補弼機関にすぎなかった**。さらに第十一条に示されているように，天皇は陸海軍を統帥する権利（統帥権）も有していた。

　国際協調のムードが高まるなか，1930年にロンドン会議が開かれ，浜口雄幸内閣は各国の艦船保有量を定めた条約に署名した。しかし，これが天皇の統帥権を侵す憲法違反（統帥権干犯）として，海軍軍令部や右翼からの攻撃をうけたのである。同年11月，浜口首相は右翼青年に東京駅で狙撃され，一命をとりとめたものの，この負傷が原因で辞任後に亡くなった。

4 | 初期議会

1 第1回総選挙と第一議会

　1890(明治23)年7月に第1回衆議院議員総選挙がおこなわれた。選挙人は満25歳以上の男子で，**直接国税15円以上を納める者に限られた制限選挙**であった。有権者は地主中心で，全国で約45万人，全人口の約1％にすぎなかった。

　選挙結果は，議席数300のうち，民党(民権派)とよばれた反政府派の諸勢力が171を占めた。

　政府は，議会に臨む態度として，議会や政党の意向と関係なく，政治をおこなうとする超然主義をとった。

　第一議会で，山県有朋首相は，施政方針演説で軍備拡張を主張した。政府の超然主義に反対の民党は，「政費節減・民力休養(地租の軽減)」を主張して対立した。予算委員会では，政府提出予算案の約1割を削減し，議会の権限を確保しようとした。山県内閣は，立憲自由党土佐派20余名を買収し，本会議では削減幅を小さくすることで妥協し，予算案を可決，成立させた。

2 第二議会

　山県有朋内閣の次の松方正義内閣は，政府提案の軍艦建造費と製鋼所設立費を削ろうとする民党を抑えるため，議会を解散した。第二議会では，樺山資紀海軍大臣の蛮勇演説も問題となった。

3 第2回総選挙

　1892(明治25)年2月の第2回衆議院議員総選挙では，松方内閣は民党をおさえるため，品川弥二郎内務大臣らによる選挙干渉をおこなった。それでも，民党は多数を占めた。

　松方内閣は，選挙干渉とその処分についての閣内意見対立で，第三議会の予算成立後，総辞職した。こうして，議会の支持を得ない超然内閣の危機が深刻になった。また，民党内部にも，貴族院の反対で地租軽減を実現できないという問題が認識された。

★1　被選挙権は，満30歳以上の男子で，直接国税15円以上の納入者。

★2　第一議会の勢力は次の通り。
①民党…立憲自由党130，立憲改進党41。
②政府系の吏党…大成会79。
③その他…中立，政府支持派50。

★3　山県有朋は，「主権線(国境)」とその安全にかかわる「利益線」として，朝鮮における日本の勢力確保を主張した。

★4　海軍の腐敗を批判された樺山資紀が，明治維新以来の，薩摩長州の功績を主張し，民党を批判した演説。議場は大混乱となり，解散のきっかけとなった。

★5　第2回総選挙は，政府の選挙干渉によって流血の総選挙といわれた。選挙干渉とは，政府が与党候補を有利にするため警察権力・金銭を利用して選挙に干渉を加えることをいう。この選挙で，死者25名，300名以上の重傷者を出した。

📄史料　黒田清隆首相の超然主義演説

　今般憲法発布式を挙行あせられて，大日本帝国憲法及び之に附随する諸法令①は昨日を以て公布せられたり。謹みて惟ふに，明治十四年十月，詔②を下して二十三年を期し，国会を開く旨を宣言せられ，爾来③，政府は孜々として④立憲設備の事を務め，昨年四月枢密院設立の後は，直に憲法及諸法令の草案を同院に下され，……唯だ施政上の意見は人々其所説を異にし，其の合同する者相投じて団結をなし，所謂政党なる者の社会に存立するは亦情勢の免れざる所なり。然れども政府は常に一定の政策を取り。超然，政党の外に立ち，至正至中の道に居らざる可らず。

『大日本憲政史』⑤

注釈　①衆議院議員選挙法・貴族院令・皇室典範などをさす。②明治十四年の政変で出された国会開設の勅諭。③それ以来。④励む様子。⑤反藩閥の立場の大津淳一郎の著。幕末からの政治史で，1927～28(昭和2～3)年の刊行。

視点　1889(明治22)年2月12日の黒田清隆首相の演説である。西欧の実情や自由民権運動から，藩閥勢力といえども，政党の存在を否定できなかった。政党を容認しつつ，政党の動向に左右されず，政府はその上に立つ，というのが**超然主義**の立場である。

📄史料　山県有朋首相の「主権線」と「利益線」の演説

　予算歳出額の大部分を占むるものは陸海軍に関する経費とす。……蓋し国家独立自営の道は，一に主権線を守護し，二に利益線を保護するに在り。何をか主権線と謂ふ。国疆①是なり。何をか利益線と謂ふ。我が主権線の安全と緊く相関係する区域なり。凡そ国として主権線を守らざるはなく，又均しく其利益線を保たざるはなし。方今列国の際に立ち，国家の独立を維持せんと欲せば，独り主権線を守禦するを以て足れりとせず。必ずや亦利益線を保護せざる可らず。……故に陸海軍の為に巨大の金額を割かざるべからざるの須要②に出るのみ。

『大日本憲政史』

注釈　①国境に同じ。②重点。
視点　1890(明治23)年11月の第一議会に政府が提出した予算案の最大の眼目は，陸軍と海軍の軍備拡張であった。山県首相は，

その理由を，日本一国の独立を守るには「主権線」だけでなく，「利益線」である**朝鮮半島**に勢力を伸ばさなければならないのだから，軍備拡大が必要だと力説した。

POINT!

[帝国議会が開かれると，政府と民党は何を主張したのだろう？] Q3 ▶▶▶ A3

① 第一議会…山県有朋内閣「軍備拡張」に対し，民党は「政費節減・民力休養」を主張し予算案に反対。

② 第2回衆議院議員総選挙(1892年)…松方正義内閣の選挙干渉。藩閥政府と民党が対立(民党勝利)→日清戦争直前まで政府と民党は対立。

5 » 帝国主義の展開とアジア

まとめ

1 条約改正，朝鮮問題と日清戦争 ☞ p.168

☐ 条約改正
- 寺島宗則の交渉…関税自主権の回復をめざすが失敗。
- 井上馨の交渉…鹿鳴館による欧化政策。ノルマントン号事件で世論が高まる。
- 大隈重信の交渉…外国人判事の登用が批判をうける。
- 青木周蔵の交渉…大津事件で辞任し交渉途絶。
- 陸奥宗光の交渉…1894年，日英通商航海条約を締結し，領事裁判権を撤廃。
- 小村寿太郎の交渉…1911年，関税自主権を完全回復。

☐ 日朝関係
- 親日派と親清派の対立から壬午軍乱(壬午事変)，甲申事変→漢城条約，天津条約。(テンチン)
- ロシア，イギリスも朝鮮へ進出をはかる。

☐ 日清戦争
- 1894年，甲午農民戦争をきっかけに開戦→日本軍が遼東半島を占領→下関条約で(リャオトン)(シモノセキ)日本は賠償金，台湾，遼東半島などを得る。
- 三国干渉…ロシア・フランス・ドイツが遼東半島の返還を要求→ロシアとの対立が深まる。

☐ 藩閥政府
- 第2次松方正義内閣(大隈重信が地租増税に反対)→第1次大隈重信内閣(板垣退助と協力，初の政党内閣)→立憲政友会の結成(伊藤博文)。

2 日本の産業革命と教育の普及 ☞ p.178

☐ 産業革命　日清戦争前後に軽工業，日露戦争後に重工業が進展。
- 繊維産業…渋沢栄一が大阪紡績会社を設立。綿織物生産が機械化。製糸業は輸出の中心。
- 鉄鋼業…1901年，八幡製鉄所が操業開始。

☐ 社会問題
- 農業…寄生地主制が確立。
- 鉱業…炭坑で過酷な労働。足尾鉱毒事件の救済を田中正造が請願。

- **労働運動**…低賃金・長時間労働→労働組合期成会が労働運動を支援。
- **社会主義**…片山潜，幸徳秋水らが社会主義研究会・社会民主党の結成→政府は治安警察法で取り締まり。工場法で労働者保護。
- **教育**…学校令で義務教育４年，のち６年に延長。

❸ 帝国主義と列強の展開 ☞p.188

□ **帝国主義**　欧米で銀行資本を背景とする独占資本主義が形成。商品の輸出先としてアジア・アフリカへ植民地を拡大。

□ **列強の内政**

- **イギリス**…植民地に自治領の地位を認める。労働党の結成。アイルランド自治法に対して北アイルランドで反対運動。
- **フランス**…ドレフュス事件をめぐる対立では，共和派が勝利。社会主義勢力が伸長。
- **ドイツ**…ヴィルヘルム２世のもと，宰相ビスマルクが退陣。
- **ロシア**…シベリア鉄道を起工。ロシア社会民主労働党，社会革命党（エス＝エル）が成立。日露戦争中に血の日曜日事件が発生（→1905年革命）。
- **アメリカ**…資本主義が発展→財閥の形成。中国における門戸開放を提唱。カリブ海諸国に対し棍棒外交。

□ **「世界の一体化」**　スエズ運河，パナマ運河が開通。第２インターナショナルが反戦平和を掲げる。

❹ 世界分割と列強の対立 ☞p.195

□ **アフリカの分割**

- **イギリス**…エジプトを保護国化。マフディー国家を征服しスーダンを占領。ケープ植民地を根拠地として南アフリカを侵略，南アフリカ連邦を形成→インド支配と結びつけて３Ｃ政策。
- **フランス**…スーダンでイギリスと対立→ファショダ事件。英仏協商でモロッコでの優越を確保。
- **ドイツ**…タンザニアで綿花栽培を強制→マジ＝マジの蜂起。
- **イタリア**…エチオピアを侵略→アドワの戦いで後退。イタリア＝トルコ戦争でリビア獲得。

□ 太平洋地域の分割
- **イギリス**…オーストラリアに植民地を築き白豪主義を実施，ニュージーランドも支配→先住民のアボリジニ，マオリを排除。
- **アメリカ**…ハワイ王国を併合。フィリピン，グアム島などを領有。

□ **ラテンアメリカの動向**…各国で大土地所有者と結びついた独裁政権が成立。メキシコ革命で独裁政権を打倒，民主的憲法を制定。

□ **列強の二極分化**
- **ドイツ**…「世界政策」に転換。ロシアとの再保障条約の更新を拒否。
- **イギリス**…「光栄ある孤立」を放棄。日英同盟，英仏協商，英露協商を締結してドイツを包囲。

⑤ 日露戦争とその影響 ☞p.204

□ **列強の中国進出**　ロシア，イギリス，日本などが各地に租借地を獲得。
- **清の変革**…変法運動，戊戌の変法により近代化→反対派が戊戌の政変。
- **義和団戦争**…「扶清滅洋」を唱え外国公使館を包囲→列強が鎮圧し北京議定書。

□ **日露戦争**
- 1904年に開戦，日本海海戦でバルチック艦隊を撃破。
- **ポーツマス条約**…アメリカの仲介で講和。南樺太を得るが賠償金はなし→講和反対の日比谷焼打ち事件。
- **韓国併合**…日韓協約で外交権，内政権をうばい韓国を保護国化→義兵運動，伊藤博文暗殺→1910年，韓国併合条約，土地調査事業。

□ **辛亥革命**　1912年，中華民国成立→三民主義をかかげる孫文（スンウェン）が臨時大総統→袁世凱（ユアンシーカイ）の独裁。

□ **その他のアジア**
- **インド**…インド国民会議がベンガル分割令に反対。イギリス側は全インド＝ムスリム連盟を設立。
- **ベトナム**…ベトナム光復会を中心に反フランス運動。
- **フィリピン**…フィリピン同盟による独立運動→フィリピン＝アメリカ戦争。
- **インドネシア**…イスラーム同盟（サレカット＝イスラーム）が成立。
- **トルコ**…青年トルコ革命で憲法と議会復活。
- **イラン**…立憲革命にイギリス，ロシアが干渉。

SECTION 1　条約改正，朝鮮問題と日清戦争 [日本史]

▶ 幕末に結ばれた不平等条約を改正することが日本政府の課題の1つであった。日本は近代化を進め，条約改正に成功する。一方，朝鮮との関係をめぐって日本は，清国との対立を深め，日清戦争がおこる。日清戦争は日本の勝利で終わるが，日本と東アジアに大きな影響を与えた。

☞ このセクションでは，次の問いに答えられるようにする必要がある。

Q1 日本と朝鮮の関係は，どのように推移したのだろう？

Q2 日清戦争は，どのように終わったのだろう？

Q3 日清戦争は，日本や東アジアにどのような影響を与えたのだろう？

1 ｜ 条約改正

1 岩倉使節団

1871（明治4）年から岩倉具視を大使に，欧米に使節団を派遣したが，条約改正の下交渉はできず，友好・親善，欧米の制度視察に努めた（☞ p.143）。

2 寺島宗則の交渉

外務卿の寺島宗則は，世界的な保護関税の動きと，わが国の輸入超過に苦慮して，1876（明治9）年から関税自主権の回復を第一目標に交渉を進めた。1878（明治11）年にアメリカとは合意するが，イギリス，ドイツなどが反対し失敗した。

3 井上馨の交渉

❶井上馨の改正案　寺島の次に外務卿（1885年から外務大臣）に就任した井上馨の改正案は，以下であった。

1 関税率を上げる。

2 外国人の内地雑居（国内での自由な移動と居住など）を認める。

3 期間を限り，日本の裁判に外国人判事（裁判官）を任用する。

▶井上は日本の近代化を印象づけるため，欧化政策を推進した。1883（明治16）年，東京の日比谷に国際社交場として

▲井上馨

洋風の鹿鳴館を建設し，各国外交官を招いて，毎夜のように西洋式の舞踏会を開いた。1886（明治19）年に列国代表を集めた条約改正会議を開き，秘密交渉とした。

▲鹿鳴館での舞踏会のようす

補説　**鹿鳴館での舞踏会**　東京の日比谷に建てられた鹿鳴館は，イギリスの建築家コンドルの設計による。華族・資本家・政府高官の夫人や令嬢などに洋装をさせて，風俗・習慣の欧化の象徴となった。この時代を鹿鳴館時代という。

❷条約改正反対運動　井上馨の条約改正案に対し，各方面から反対の声があがった。法律顧問のボアソナード，欧州視察から帰国した谷干城農商務大臣が，強く反対し[★1]，民間にその内容がひろまった。おりからのノルマントン号事件で，外国人判事に対する不信が広がった。条約改正反対の建白書が全国から元老院に殺到し，新聞は活気づいた。国会開設を前に大同団結をはかっていた自由民権派は，井上案を批判し続け，世論の前に1887（明治20）年9月，井上は外相辞任に追い込まれた。同年10月，高知県代表の片岡健吉が言論の自由・地租軽減・外交失策の挽回を主張する「三大事件建白」を行うと，条約改正反対運動は大きく盛り上がった。

用語　**ノルマントン号事件**　1886（明治19）年，紀州沖（和歌山県）で，イギリスの汽船ノルマントン号が沈没した。船長はイギリス人のみを救助し，日本人25名全員が水死した。神戸のイギリス領事は海事裁判で船長を無罪とした。その後，世論の高まりで，横浜領事館の審判で船長は禁固3か月に処せられたが，賠償は認められなかった。国民の間からは，国家主権の完全回復の声が高まった。

★1　ボアソナードは，新条約は日本人が原告の時だけでなく，被告の時も外国人判事によって裁かれることになるため，日本の立法権まで外国の支配下におかれてしまうと批判。谷干城は，改正案は極めて不利益と反対し，改正は議会開設後，「天下人民ノ輿論」によっておこなうべきと主張した。

5

帝国主義の展開とアジア

▲ノルマントン号事件の風刺画

4 大隈重信の交渉

　大隈重信は，井上案を受け継いだが，**外国人判事を大審院に限って任用**しようとした。1889(明治22)年4月，大隈案が新聞に載ると，「違憲である」との反対運動が強くなり，国粋主義者(対外硬派)の玄洋社の来島恒喜に爆弾を投げられ，片足を失って辞職した。

5 青木周蔵の交渉

　大隈のあとを受けた青木周蔵外相は，大隈案を修正して条約改正を実現させようとした。その要点は，外国人判事任用をやめ，治外法権を撤廃し，条約が改正されれば内地雑居を認めるというものであった。イギリスは好意を見せた。それは，ロシアの極東進出に対抗するものとして日本を利用しようとしたことによる。ところが，1891(明治24)年におこった大津事件で，青木外相は辞任し，イギリスとの交渉は中断された。

6 陸奥宗光の条約改正

　第2次伊藤内閣の外相となった陸奥宗光は，1894(明治27)年7月16日，日英通商航海条約の締結に成功した。主要な内容は次の2点で，1899(明治32)年に発効した。
❶ 領事裁判権を撤廃する。
❷ 関税自主権を部分的に回復する。
▶ ❶と❷の見返りに，居留地を廃止し，内地雑居を認める。

7 小村寿太郎の条約改正

　第2次桂太郎内閣の小村寿太郎外相が，日露戦争勝利を背景に交渉を進め，1911(明治44)年の日米通商航海条約の改定交渉で**関税自主権を完全回復**した。

[不平等条約の改正]
① 陸奥宗光…領事裁判権の撤廃。
② 小村寿太郎…関税自主権の完全回復。

★2 大隈は，外国人判事の大審院任用を外交告知文で処理しようとしたが，4月に『ロンドン＝タイムズ』，5月にその翻訳が新聞『日本』に載ると，2月に発布された憲法に抵触するとされ，天皇側近や枢密顧問官が反対し，国民主義者の陸羯南たちや，国粋主義者も大きな反対運動をおこした。

★3 来日したロシア皇太子ニコライ＝アレクサンドロヴィチが滋賀県の大津で警備の巡査津田三蔵に切りつけられた事件。ロシアとの関係悪化を恐れた政府は，大逆罪を適用して津田三蔵を死刑にしようと圧力をかけたが，大審院長児島惟謙は反対。津田は無期徒刑となり，司法権の独立を守った。

★4 最強国イギリスの態度や，日清戦争での日本の勝利を見て，他の国もイギリスにならって，次々に領事裁判権を撤廃した。

2 | 日本と朝鮮の関係

1 壬午軍乱

　朝鮮国内で政権をにぎっていた閔妃一族は，日本にならって改革を進めていた。一方，金玉均(親日派)ら開化派が政権の上層部で勢力を拡大していた。これに対し，国王の父大院君(親清派)一派の守旧派は，反発を強めていた。

　1882(明治15)年7月，日本の接近に不満を持つ旧軍兵士が反乱をおこし，朝鮮政府高官が殺害されたほか，漢城(ソウル)の日本公使館が襲撃され，この混乱の中，大院君が政権に復帰した。壬午事変ともよぶ。

2 壬午軍乱の結果

　清国政府は3,000名もの軍隊を派遣して大院君を清国に連行し，閔氏政権を復活させた。日本は清国の調停により，朝鮮と済物浦条約(1882年)を結んだ。これにより，朝鮮は日本に賠償金を支払うこと，公使館護衛のための駐兵権を認めることなどが定められた。

3 甲申事変

　清国は閔氏一族を後援した。これに対し，急進開化派の金玉均らは独立党と呼ばれ，対抗した。1884(明治17)年12月，清仏戦争で漢城の清国軍が少なくなった機をとらえ，金玉均，朴泳孝らがクーデタをおこした。竹添進一郎公使の率いる日本軍の援護で一時王宮を占領するが，袁世凱の清国軍に鎮圧された。日本公使館は焼かれ，居留民に死傷者を出した。

4 漢城条約と天津条約

　甲申事変に際し，日本は1885(明治18)年に朝鮮と漢城条約，清国と天津条約を締結した。
❶漢城条約　朝鮮の謝罪と賠償金の支払いを取り決めた。
❷天津条約　伊藤博文が天津で李鴻章と取り決めた。内容は，朝鮮から日清両軍の撤退，両国軍事顧問派遣の停止，朝鮮への出兵には相互に事前通告すること，などである。

★1 王妃の閔妃は，閔氏一族の勢力を背景に，内政改革をすすめようとしていた。

★2 開化政策で財政は圧迫された。日本人軍人が指導する近代的な新式軍隊に不満を持つ，旧軍兵士が反乱をおこし，開港の影響で生活に苦しむ民衆も同調した。

★3 当初は，日本の明治維新の近代化に注目して，親日派が多かった。壬午軍乱のあと，清国の支援を受けて保守的政策に方針を転換した。

★4 清仏戦争は，1884(明治17)年6月に始まった。清国はこれに対抗したが，敗れた。

★5 形式的には日本と清国の立場は平等になったものの，親日改革派は壊滅し，日本の影響力は後退した。清国は軍事力強化を背景に，朝鮮支配を強めた。

5
帝国主義の展開とアジア

5 列強の朝鮮接近と日朝貿易

　日本では1880年代半ばになると，ロシアが朝鮮に侵入する[★6]という警戒感が強まった。また，1885(明治18)年，イギリス海軍が朝鮮海峡の巨文島(かいきょう きょぶんとう)を占領し，1887(明治20)年まで占拠する事件(巨文島事件)もおきた。

　朝鮮からの日本の輸入品は，金と米が最重要品であった。朝鮮は1889(明治22)年，凶作に見まわれたので，地方長官が米穀(こく だいず)や大豆の輸出を禁止する防穀令(ぼうこくれい)を出したため，日本商人は大打撃を受けた。日本政府は，防穀令を廃止させたうえで損害賠償を求める交渉を，1893(明治26)年まで続け，朝鮮に賠償金を支払わせた(防穀令事件)。

> 補説　**日清戦争の準備**　壬午軍乱(じん ご)や甲申事変(こうしん)の反省の上に立って，日本では海軍の大拡張計画が始められた。しかし，西南戦争で疲弊し松方財政(せいなん)(ひ へい)(まつかた)で財政再建を行っている財政難の日本に比べ，清国の海軍拡張はめざましく，日本の海軍力は1880年代後半から1890年代初頭にかけて清国に対し劣勢となった。この間，陸軍は1888年鎮台を廃して師団(ちんだい)(し)(だん)(ちょうへい)を常時配置した。1889年には徴兵令を全面改正して戸主などの猶予を廃止し，国民皆兵がさらに徹底されるなど近代化が進展した。
> 　1893年になると，すでにある陸軍の参謀本部に加え，海軍の軍令部(さんぼう)(ぐんれい)(ぶ)(ほっそく)も発足し，1894年には大本営(東京，のち広島)も設置された。(だいほんえい)

POINT!

[日本と朝鮮の関係は，どのように推移したのだろう？] Q1 ▶▶▶ A1
① 壬午軍乱(壬午事変)(じんご)(1882年)…済物浦条約。(さいもっぽ)
② 甲申事変(こうしん)(1884年)…漢城条約(かんじょう)(1885年，日本と朝鮮)。
　　　　　　　　　　　　　　天津条約(てんしん)(1885年，日本と清国)。(シン)
③ 防穀令事件(ぼうこくれい)(1889～93年)
▶ 朝鮮では，清国の影響力が拡大していく。

3｜日清戦争

1 甲午農民戦争

　1894(明治27)年，朝鮮では，**東学の信徒を中心に**(とうがく★1)，**全羅道**(チョルラド)で農民反乱がおこった。その指導者は**全琫準**で(チョンボンジュン)(ぜんほうじゅん)，政府の圧政に対する数百名の民衆蜂起で始まった。その後，農民軍は1万人(ほうき)に拡大し，ソウルに迫る勢いを示した。これを**甲午農民戦争**と(こうご)も，東学の乱ともいう。

★6 ロシアは1885年にアフガニスタンに侵攻して軍事衝突をおこした。イギリスは植民地インドの防衛をめぐってロシアと対立を深めていた。日本は戦火が朝鮮に飛び火するのをおそれていた。

★1 行動綱領として農民軍は，①人を殺さず，物を害さず，②忠孝(ちゅうこう)ともに全うし，世を済くい民を安んず，③倭夷(日本軍)(わい)を駆滅して聖道を澄清し，④京に入り，権貴(閔氏政権)を人滅す，以上を定めていた。(みん)

2 日清両国の出兵と日本外交

　同年6月，清国は朝鮮政府から派兵を求められ，これに応じた。**天津条約に基づく清国の出兵通知が届くと，日本も出兵を通告し，陸軍を仁川（インチョン）に上陸させた。**しかし，農民軍はすでに朝鮮政府と和解していた。農民たちは農繁期に備えることと，清軍・日本軍の軍事介入を防ぎたかったのである。

　日本は，清国に，共同で内政改革をおこなおうと提案したが，拒否された。その後，日本は朝鮮政府に内政改革を要求し，なおも朝鮮に兵をとどめた。7月16日には，イギリスとの条約改正交渉が成功し，日英通商航海条約が締結された。

3 朝鮮王宮の占領

　同年7月23日早朝からの戦闘で，**日本軍は朝鮮王宮を占領**し，国王を捕らえて大院君（テウォングン）を担ぎ出した。閔氏（びん）政権を倒し，国王から清軍排除の依頼を取り付けた。

4 日清戦争の開始

　1894（明治27）年7月25日，日本海軍が豊島沖（ほうとう）の清国艦隊を砲撃して戦端が開かれ，8月1日に宣戦布告がおこなわれた。開戦に際し，日本側は前途を楽観していなかったが，9月の平壌（ピョンヤン）の戦い，黄海海戦（こうかい）で予想外の勝利をおさめてから，戦局は日本側優位となり，日本軍は遼東半島（リャオトン）の旅順★2（リュイシュン）・大連（ターリェン）を占領した。この間，10月に農民軍が再び蜂起するが，日本軍は朝鮮政府軍とともに鎮圧している。

　1895（明治28）年2月には山東（さんとう）半島の威海衛（いかいえい）を占領し，3月には台湾攻略のため，澎湖諸島（ほうこ）に上陸した。このころすでに，講和全権（こうわ）としての李鴻章（リーホンチャン）の任命がアメリカ経由で日本に通知されていた。

★2　旅順を占領した日本軍が，清国軍の捕虜や非戦闘員の市民を含む虐殺（ぎゃくさつ）事件を引きおこしたことが，英米の新聞に報道された。国際世論から激しい非難を受け，日本政府は弁明に終始した。

▲平壌の戦い

補説　**日清戦争での両国の反応**　日清戦争が始まると，広島に天皇と政府・大本営が移り，戒厳令下の臨時議会では，戦争に必要な予算が一挙に成立し，挙国一致体制がつくられた。日本国内では，新聞などによる戦争報道で国民が熱狂し，軍国美談も作られた。福沢諭吉は日清戦争を「文明の野蛮に対する戦争」，内村鑑三は「義戦」と正当化した。一方，清国政府は意見不統一のまま戦争に入り，軍務をつかさどる軍機処と政務の中心である総理衙門の意見は分離したままであった。李鴻章や西太后（リーホンチャン）らは，戦争回避論者であった。

5 下関条約

1895（明治28）年3月，下関で講和会議が開かれた。日本側の全権は伊藤博文首相・陸奥宗光外相，清国側全権は李鴻章であった。4月に結ばれた下関条約の内容は以下である。

❶清国は，朝鮮の独立を承認する。

❷清国は，日本に遼東半島（リャオトン）および台湾，澎湖諸島を割譲する。

❸清国は，日本に賠償金2億両を支払う。★3

❹日清通商航海条約を結び，日本に最恵国待遇を与える。

❺新たに沙市・重慶・蘇州・杭州を開市・開港する。

★3 2億両は，当時の3億1,000万円。これに遼東半島還付の賠償金3,000万両を加えると，2億3,000万両（約3億5,600万円）となった。当時の国家予算は年額約1億円。戦費は約2億円だったので，日本は約1億円の利益を得た。

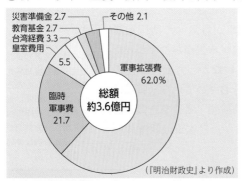

▲日清戦争の賠償金の使途

災害準備金 2.7
教育基金 2.7
台湾経費 3.3
皇室費用 5.5
臨時軍事費 21.7
軍事拡張費 62.0%
その他 2.1
総額 約3.6億円
（『明治財政史』より作成）

▲講和会議の様子

POINT!

［日清戦争は，どのように終わったのだろう？］ Q2 ▶▶▶ A2

① 日清戦争（1894〜95年）…朝鮮支配をめぐる日清間の戦争。
　　甲午農民戦争→朝鮮王宮の占領→豊島沖で清国艦隊を奇襲攻撃
　　→宣戦布告→朝鮮，中国東北部で戦闘→山東半島，威海衛占領→講和。

② 下関条約（1895年）…全権 伊藤博文・陸奥宗光と李鴻章。
　　内容 朝鮮の独立，遼東半島・台湾などの割譲，賠償金2億両（約3.1億円）。

4 ┃ 日清戦争後の日本，アジア

1 三国干渉

　下関条約の締結後，満洲への進出をねらうロシアは，フランス・ドイツを誘い，日本の遼東半島領有は東洋の平和に有害であるとして，清国に返還するように申し入れた。イギリスは中立を宣言したが，独力で3国に対抗する力のなかった日本は，遼東半島を手放した。その代わりに清国から3,000万両の代償を得た。国内では，藩閥政府批判の声が高まったが，「臥薪嘗胆」の合言葉で，官民一致して軍備拡張をはかった。

2 台湾征服戦争

　清国政府は台湾の日本への割譲を認めたが，台湾では日本の領有に反対し，独立国を樹立する動きが盛り上がった。地方有力者や富豪を中心に1895(明治28)年5月に台湾民主国の建国★1を宣言し，日本軍に抵抗した。台湾総督として派遣された樺山資紀は，台湾先住民である高山族の激しい抵抗を徹底的に弾圧した。台湾平定宣言が出されたのは，同年11月のことであるが，その後も高山族の抵抗は1902(明治35)年まで続いた。この戦争で，日本側，台湾側に非常に多くの犠牲者を出すことになった。日本は，南進の拠点としての台湾を，どうしても確保したかったのである。

3 日清戦争の影響

❶ 日本では巨額の賠償金と新市場の獲得により産業革命が進展し，貿易が拡大。金本位制も確立した。

❷ 日本はアジアの強国と認められ，条約改正が進んだ。

❸ 清国に代わり，ロシアが朝鮮への影響力を強めたので，日本は朝鮮を政治的に支配できず，ロシアとの対立が深まった。★3

4 藩閥政府と政党の提携

❶ 第2次伊藤内閣　日清戦争を行った。自由党と連携し，第九議会で軍備拡張を中心とする戦後経営予算を成立させた後，板垣退助を内相として入閣させた(1896年4月)。

★1 本土から移住した漢人商人を中心に，1895年5月に台湾民主国宣言が発表され，清国の官僚である唐景崧を総統に選んだ。9,000人と推定される清軍は，近衛師団が上陸すると一戦も交えず崩壊し，唐総統は台湾を脱出した。高山族を率いて，日本軍に激しく抵抗したのは劉永福であった。

★2 日本側は，近衛師団長北白川宮能久親王がマラリアで戦病死したのをはじめ，5,320名(戦死者164名，戦病死者4,642名，負傷者514名)，中国人兵士・住民14,000人が死亡した。

★3 三国干渉後，朝鮮では親ロシア派の閔妃一派が政権を握り，日本の影響を排除しようとした。そこで1895年10月，三浦梧楼公使らは閔妃を殺害した(閔妃殺害事件)。しかし，真相が列強に知れわたり，朝鮮における日本のロシアに対する政治的劣勢は明らかとなった。

5

帝国主義の展開とアジア

❷**第2次松方正義内閣**　進歩党(旧立憲改進党など対外硬派で結成)から大隈重信が外相として入閣した(松隈内閣)。第2次松方内閣(松隈内閣)は軍備を拡張したが，大隈重信が地租増徴に反対して辞職すると倒れた。

❸**第3次伊藤内閣**　地租増徴で自由・進歩両党と対立し，両党が合同して憲政党ができると，6か月で倒れた。政党勢力の動向は，内閣の維持に大きな影響を持つようになった。

❹**第1次大隈重信内閣**　憲政党が衆議院で圧倒的多数を占めているため，元老[★4]内には政権を引き受けるものがいなかった。そこで，1898(明治31)年，大隈重信(旧進歩党)と板垣退助(旧自由党)による，第1次大隈内閣が発足した。**初の政党内閣**である。大隈が首相，板垣が内務大臣となった(隈板内閣)。

　しかし，第1次大隈内閣は，旧自由・進歩両派の対立がはげしく，尾崎行雄文相の「共和演説事件」[★5]に端を発した閣内対立で，4か月で崩壊。憲政党は，旧自由党系の憲政党と旧進歩党系の憲政本党に分裂した。

❺**第2次山県有朋内閣**　憲政党と結び地租増徴案を成立させた。つづいて文官任用令の改正[★6]，軍部大臣現役武官制[★7]など，藩閥官僚支配強化策を実施した。また，選挙法改正に抵抗し，**選挙資格を直接国税10円に引き下げた**だけで，治安警察法[★8]を発布し，北清事変(⊃ p.206)にも出兵した。

❻**立憲政友会の結成**　憲政党(旧自由党)は，伊藤博文に接近した。伊藤は，1900(明治33)年に立憲政友会を結成した。

> |補説|　**立憲政友会の創設**　幸徳秋水は「自由党を祭る文」を書き，憲政党が，藩閥最有力者の伊藤博文のもとにはせ参じたことを痛烈に批判した。しかし，日清戦争後の産業革命の進展の中で，社会の中核をなす地主層や商工業者層は公共事業を求め，政党を待望しており，政党も民権期のスローガンでは国民を引き付けられなくなっていた。憲政党は，国民の要望に対応しようとして，新党(政友会)に参加したのである。

★4　天皇の最高顧問。大日本帝国憲法では，天皇が首相を選択・任命することになっていた。実際は，伊藤博文・山県有朋・黒田清隆・井上馨・松方正義など薩長の元老が後継首相を天皇に推薦し，天皇が任命していた。

★5　尾崎行雄文相が帝国教育会の茶話会で，金権万能の世を批判し，「仮に日本が共和政になれば，三井・三菱などの財力のあるものが大統領になるだろう」と言ったことが，不敬であると攻撃された。

★6　文官高等試験の合格者でなければ文官(高級官僚)になれないようにし，政党勢力が官界に進出するのを防ごうとした。

★7　陸・海軍大臣を現役の大将・中将に限定した制度。第2次西園寺内閣を倒すために使われた。

★8　労働・社会運動を抑えることを目的として制定。政治結社・集会を規制し，女性の政治結社への加入を禁じた。

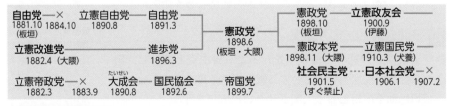

自由党	—×	立憲自由党	—自由党				憲政党	—立憲政友会
1881.10	1884.10	1890.8	1891.3		憲政党		1898.10	1900.9
(板垣)					1898.6		(板垣)	(伊藤)
立憲改進党			—進歩党		(板垣・大隈)		憲政本党	—立憲国民党
1882.4	(大隈)		1896.3				1898.11 (大隈)	1910.3 (犬養)
立憲帝政党	—×	大成会	—国民協会	—帝国党			社会民主党	‥‥日本社会党 —×
1882.3	1883.9	1890.8	1892.6	1899.7			1901.5 (すぐ禁止)	1906.1　1907.2

▲明治時代の政党の推移

📖 資料活用　ビゴーの風刺画

資料1　脱亜論（だつあろん）

　…我日本の国土は亜細亜（あじあ）の東辺に在りと雖ども，其国民の精神は既に亜細亜の固陋（ころう）を脱して西洋の文明に移りたり。然るに愛（ここ）に不幸なるは近隣に国あり，一を支那（しな）と云い，一を朝鮮と云ふ。…此二国の者共は一身に就き又一国に関して改進の道を知らず。

　…されば，今日の謀（はかりごと）を爲（な）すに，我国は隣国の開明を待て共に亜細亜を興すの猶予（ゆうよ）ある可らず，寧ろその伍を脱して西洋の文明国と進退を共にし，其支那朝鮮に接するの法も隣国なるが故にとて特別の会釈（えしゃく）に及（およ）ばず，正に西洋人が之（これ）に接するの風に従て処分す可きのみ。悪友を親しむ者は共に悪友を免（まぬ）かる可らず。我は心に於て亜細亜東方の悪友を謝絶するものなり。

（1885年3月16日『時事新報』）

資料2　「魚釣り遊び」（1887年）

資料3　「危険な黄色人種」（1897年）

解説

(1)福沢諭吉（ふくざわゆきち）の脱亜論　資料1の「脱亜論」は，日本がゆがんだ大国意識をもつようになったことを示す論考として知られる。福沢は近代化をいち早く成し遂げた日本を自賛し，「亜細亜東方の悪友」こと，中国と朝鮮を「謝絶する」べきと論じた。しかし，発表当時はあまり注目を浴びず，福沢も脱亜を繰り返し主張することはなかったという。

　その後，日本がアジア侵略を本格化させたことで，福沢の主張は注目を浴びるようになり，とりわけ第二次世界大戦後には批判の的となった。

(2)日清戦争前夜　資料2は，「脱亜論」の発表から2年後，フランス人画家ビゴーが描いた風刺画（ふうしが）である。ビゴーは1882年ごろ来日し，その後15年余りにわたって，日本の風景や社会の様相を数多く描いた。資料2は，日本と清（しん）が「朝鮮」と記された魚を釣り合

い，背後でロシアがその横取りをねらっているという，当時の極東（きょくとう）情勢を描いた風刺画である。7年後の1894年，日本は朝鮮支配をめぐって，中国(清)との戦争に突入した。

(3)脱亜のその先　日清戦争で，日本は「眠れる獅子（しし）」中国を破り，列強（れっきょう）への仲間入りを果たす。この後，「帝国」への道を歩み出した日本に対し，ビゴーは警戒心を強めていく。

　資料3は，ビゴーが台車に乗ったナポレオン気取りの日本軍人を描いたもので，「危険な黄色人種」というタイトルがつけられている。「アジアの諸国民よ，進め」と書かれた旗の下，刀を差した日本軍人はアジア各国の人々に台車を引かせ，前方の標識に記された「西洋への道」へと突きすすむのだった。

5

帝国主義の展開とアジア

[日清戦争は，日本や東アジアにどのような影響を与えたのだろう？] Q3 ▶▶▶ A3

① 三国干渉（1895年）…ロシア・フランス・ドイツが遼東半島の清への返
　　還を日本に要求→ロシアと日本の対立が深まる。

② 日本…巨額の賠償金と新市場の獲得によって産業革命が進展→金本位制
　　の確立→アジアの強国として認められる。

③ 台湾…台湾民主国を建国→樺山資紀が高山族の抵抗をおさえる→台湾
　　総督府が統治。

2　日本の産業革命と教育の普及　日本史

▶ 日本の産業革命は，官営工場の払い下げにより民間の産業活動が活発になり，
日清戦争後に，紡績・製糸などの軽工業部門から進展した。産業の発展を基礎に金
本位制が採用され，資本主義の基礎が確立されたが，同時に様々な社会問題も発生
した。日露戦争後には重工業部門も成長し，日本の工業化が飛躍的に発展する土台
が形成された。このような発展を支えたのは教育の普及であった。

☞ このセクションでは，次の問いに答えられるようにする必要がある。

Q1 日本の産業革命は，どのように発展したのだろう？

Q2 産業革命の進展に，政府はどのように関わったのだろう？

Q3 産業革命の進展とともに社会問題が発生するが，どのように解決しようとしたの
　　だろう？

1│産業革命の進展

1 日本の産業革命

　産業革命とは，機械制工業が成立し，産業資本が確立してい
く変革のこと。松方正義大蔵卿により貨幣・金融制度が整備さ
れ，1886（明治19）年から鉄道業・紡績業・鉱山業を中心に多
くの株式会社が設立され（企業勃興），経済は不況から脱出して，
日本の産業革命が始まる。

　産業革命は，日清戦争前後に軽工業部門で進展し，日露戦争
後には重工業部門も成長して，第一次世界大戦期の日本の工業
の飛躍的発展の土台を形成した。

2 紡績業の発展

　綿糸をつくる紡績業では，1870年代にガラ紡[★1]が発明され普及したが，生産力が低く，安価な輸入綿糸を超えることができなかった。

　1883(明治16)年に，渋沢栄一らの努力で，それまでの規模をはるかに上回る設備をもつ，大阪紡績会社が操業を開始した。以後1890(明治23)年に国内生産量が輸入量を上回った。さらに，東京・鐘淵・平野・尾張・尼崎などの大規模な紡績会社が，あいついで設立された。

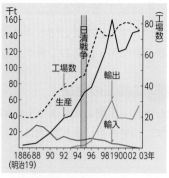

▲綿糸紡績業の発達

> 補説 **大阪紡績会社の設立**　大阪紡績は，渋沢栄一らが，華族や大商人から出資金を集めて設立した。イギリスからミュール紡績機16台，10,500錘を購入し，山辺丈夫の技術指導で操業を開始した。原料には中国綿(のちにインド綿)を使用し，若い女子労働者を集め，昼夜二交代制で，綿糸の大量生産に成功した。夜業のために，発明されて間もない電灯を導入している。大阪紡績会社の成功により，同規模な大紡績会社が続々設立された。

3 製糸業の発達

　国産まゆから生糸をつくる，輸出産業の中心であった製糸業では，初めは座繰製糸で，ついで，輸入機械に学び在来の技術を改良した器械製糸によって生産された。日清戦争後には器械製糸が座繰製糸をしのぎ，片倉組・郡是製絲・岡谷製糸などの大規模な会社ができた。

4 織物業の発達

　1890(明治23)年ごろに紡績会社が力織機を輸入して機械化が始まった。1900年代には，国産力織機が農村の中小工場にまで普及し，生産が拡大。綿織物の輸出もさかんになった。

5 鉄鋼業の発達

　官営の八幡製鉄所[★3]は，1901(明治34)年に操業を開始した。1906(明治39)年には，国産の銑鉄が輸入銑鉄をおさえ，日本の鉄鋼業が確立した。日本製鋼所など民間の製鋼会社も設立された。

[★1] 1873(明治6)年に，長野の臥雲辰致が発明した，足踏み式または水力を利用する紡績機。1877(明治10)年の第1回内国勧業博覧会で最高の賞を与えられた。

[★2] 豊田佐吉らが，1897(明治30)年に木製の力織機を発明した。力織機は，中小の織物工場の発展に大きく貢献した。

[★3] 中国の大冶鉄山の鉄鉱石と，九州の筑豊炭田の石炭とを使用して，製鉄を行った。

5

帝国主義の展開とアジア

6 機械工業の発達

アメリカ式旋盤と同水準に達する国産の旋盤を製作する池貝鉄工所など，民営の工場が多数出現した。

7 造船業の発達

官営・民間の造船所で大型船舶の建造が可能となり，明治末年に造船技術は世界的水準に近づいた。[★4]

★4 官営では，呉・横須賀の海軍工廠，民間では石川島（東京）・川崎（神戸）・長崎などの造船所があった。

資料活用　日本の産業革命は，どのように発展したのだろう？ Q1

資料1　綿糸の生産と輸出入

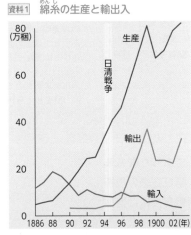

（飯島幡司『日本紡績史』創元社）

資料2　輸出入品の割合

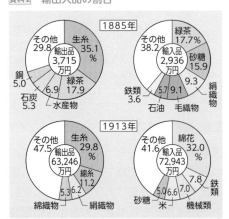

（『日本貿易精覧』東洋経済新報社）

資料3　主な品目の輸出・移出先（1913年）

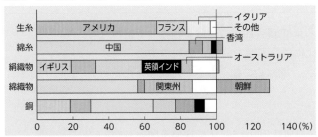

＊100％をこえる分は移出・移入（対植民地）
（大蔵省編「大日本外国貿易年表」，台湾総督府「台湾外国間及内地間貿易年表」より作成）

解説

(1)綿糸・綿織物の輸出増加　日本の産業革命は，1880年代後半に軽工業からはじまっ

た。主力の製糸にくわえ，綿糸の生産量も増えつづけ，日清戦争後の1897（明治30）

年には，輸出量が輸入量を上回るようになった。資料1からは，この紡績業（綿糸生産）の飛躍的な成長が読みとれる。

(2)貿易相手国・輸出入品の変化　資料2からは，綿織物の輸出も伸びていることがわかる。資料3の1913（大正2）年の輸出・移出先を見ると，生糸の輸出は欧米が中心だが，多くの品目の輸出・移出先の大半をアジアが占めており，貿易相手国も変化した。産業革命以前は対外貿易に占めるアジアの割合は4分の1程度だった

が，1913年には半分以上を占めている。

かつての三角貿易の形態はくずれ，**日本はアジアから原材料を輸出し，製造品を輸出する加工貿易をおこなう工業国へと成長**していった。また日露戦争以後，重工業が成長し，鉄鋼の生産も増えている。

要点　Q1 ▶▶▶ A1

日本の産業革命は，紡績業から始まり，機械での大量生産で輸出をのばしながら発展していった。

2 | 産業革命と政府の役割

1 金本位制への移行

松方正義が大蔵卿に就任し，1882（明治15）年に日本銀行が設立された。国立銀行は1883（明治16）年の条例改正で普通銀行に転換され，**1885（明治18）年から日本銀行が銀兌換券を発行（銀本位制を採用）し，日本の貨幣・金融制度が整備された。**

しかし，1887（明治20）年ごろから世界的に銀貨が下落したので，日本の為替相場は不安定になった。欧米列強と同様に金本位制を採用することが急務となり，**1897（明治30）年，貨幣法が制定され，日本は金本位制へと移行した。**必要な金の準備には，日清戦争の賠償金の一部があてられた。

★1 通貨の単位を一定量の金と対応させ，通貨と金の自由な兌換（交換），および金の自由な輸出入を認める貨幣制度。銀本位制は，金の代わりに銀とする同様の制度。

2 銀行資本の成長

政府の保護を受けた政商系の三井・三菱・安田・住友などの銀行は，日清戦争後に会社組織を確立し，成長した。紡績業や製糸業の急成長には，こうした銀行資本の支えが背景にあった。政府も，日本勧業銀行（1897年），日本興業銀行（1902年）などの特殊銀行を設立した。

3 鉄道の建設

華族の資本を集めて1881（明治14）年に設立された民営の日本鉄道会社の成功以来，山陽鉄道，九州鉄道などが設立され，政府の補助を受けながら幹線の建設がすすめられた。また，官

営鉄道の建設もすすみ，1889（明治22）年には，東海道線が全通（新橋－神戸間）した。その後，民営鉄道の建設はさらに進み，1889年には民営の営業距離が官営を追い抜いている。1906（明治39）年，西園寺公望内閣は鉄道国有法を制定し，主な民営鉄道は買収され，国有鉄道の比重が大きくなった。

4 海運業の発展

　佐賀の乱，台湾出兵で軍事輸送を独占した三菱会社は，政府の援助を受けて1875（明治8）年に上海航路にも進出した。しかし，明治十四年の政変で三菱と結びつきの強い大隈重信が下野すると，政府は共同運輸会社を設立して対抗させたため，両社の競争が過熱した。1885（明治18）年に両社は合併して半官半民の日本郵船会社が設立され，国内航路をおさえた。同社はその後，航海奨励法（1896年制定）などで政府の保護を受け，遠洋航路[2]にも乗り出していった。

★2 日清戦争前にボンベイ航路，日清戦争後には欧州・北米・豪州の3大航路を開いた。

5 電力事業の発展

　電力事業は，1890年代から火力発電を利用して始まったが，日清戦争のころから水力発電が導入された。日露戦争後には，遠距離送電の技術が発展し，電力事業が発展した。電灯は東京・大阪などの大都市の家屋だけでなく，地方へも普及するとともに，工業用電力としても利用が急増した。

6 財閥の形成

　日本経済は，日露戦争以来の重税と膨張した財政で疲弊しており，1907〜08年には恐慌がおこった。その後も第一次世界大戦の開始までは不況と貿易赤字が続いた。この中で，三井・三菱・住友・安田などは，持株会社[3]が金融・貿易・運輸・鉱山業など多角的な経営を行い，コンツェルン（企業連携）の形をとりながら財閥を形成して，四大財閥とよばれた。

★3 四大財閥では，三井合名会社，三菱合資会社，住友総本店（のち住友合資），安田保善社が，子会社の株式を所有して経営を支配した。

補説　財閥とコンツェルン　コンツェルンは，資本力のある大企業や銀行が，各種の企業の株式を持ち，実質上の支配下におく形態。カルテルは，大日本紡績連合会のように同一産業分野での企業連合で，価格協定などを通じて市場を統制しようとする独占の形態。トラストは同一産業分野での企業合同によって，市場を支配する独占の形態をいう。

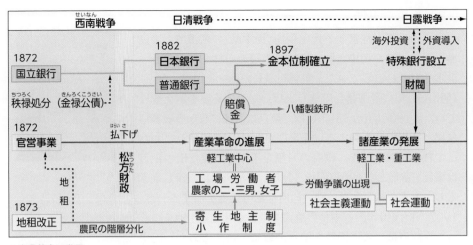

▲産業革命の進展

[産業革命の進展に，政府はどのように関わったのだろう？] Q2 ▶▶▶ A2
① 金本位制を実施…鉄道の整備，海運業の発展を援助。
② 財閥を保護…三井・三菱・安田・住友などがコンツェルンを形成。

3 | 社会問題の発生と社会運動

1 寄生地主制と農業

　日清戦争後になると，地主は小作料をもとに商工業へ投資をおこなうようになり，1890年代に寄生地主制[★1]が確立した。一方小作農は，重い現物の小作料のため農業だけで生活をすることができず，子女を製糸業や紡績業の工場に働きに行かせる者，自らも出稼ぎにいかざるを得ない者も多かった。政府は，農会や産業組合[★3]の設立をすすめ，農業を発展させようとした。また，地方改良運動を通じて生産の停滞や困窮に対応した。

2 高島炭鉱事件

　1888（明治21）年，三菱が経営する高島炭鉱（長崎県）[★4]の労働者管理が問題となった。納屋制度[★5]下の苛酷な労働条件が雑誌『日本人』に報道され，大きな社会問題になった。

★1 自分では耕作せず，小作人に耕作させ，高率の現物小作料をとる地主のこと。
★2 農事改良を目的に，道府県，郡市町村の行政組織に対応してつくられた。
★3 信用・購買・販売などの事業をおこなう協同組合。
★4 長崎港外の小島にあり，江戸時代から外国船に石炭を供給していた。
★5 納屋頭が借金や前貸しで労働者を拘束し，納屋に監禁状態にして強制労働させた。

5

帝国主義の展開とアジア

3 足尾鉱毒事件

　古川市兵衛が経営する足尾銅山(栃木県)の鉱毒で，渡良瀬川下流一帯が汚染され，煙害で周辺の山林を荒廃させ，洪水を引きおこしていた。衆議院議員の田中正造は，1891 (明治24)年に帝国議会で取り上げ，対策の必要を訴え続けていた。1900(明治33)年には，東京に請願にむかう被害地住民と警官隊が衝突する川俣事件がおき，15年余りにわたって社会問題化した。政府の対策を不十分と見た田中正造は議員を辞職し，1901(明治34)年，明治天皇に直訴しようとし，大きな話題となった。政府は鉱毒処理を命ずる一方，1907(明治40)年，谷中村の農民を退去させて遊水池をつくった。政府は，公害問題を治水問題にしようとした。田中正造は谷中村の遊水地化に反対し，同地に移住し，亡くなるまで鉱毒問題の解決を訴え続けた。

▲田中正造

4 労働運動の発生

　産業革命の進展とともに，労働者の数が急増し，低賃金・長時間労働，衛生設備の不十分，年少者の労働といった労働問題やストライキが発生した。

　1897(明治30)年，アメリカで労働運動を学んで帰国した高野房太郎らが職工義友会をつくって，労働者に労働組合の結成をよびかけた。同じ年，この会は片山潜らの参加を得て，労働組合期成会に発展し，活発な活動を始めた。

　労働組合期成会は，各地で演説会を開いて労働組合の結成を説き，同時に労働争議の解決にも関与して，鉄工組合・日本鉄道矯正会などの労働組合を組織・支援した。★6

5 社会主義運動の展開と政府の対応

❶社会主義運動の出現　1898(明治31)年，片山潜・幸徳秋水・安部磯雄らは，社会問題研究会(1897年結成)を社会主義研究会に発展させ，社会主義の原理を追究した。

　労働組合期成会の活動が活発化すると，労働運動が将来において拡大しないように，第2次山県有朋内閣は，1900(明治33)年，治安警察法を公布して，労働運動を取り締まった。

★6　1898(明治31)年2月，日本鉄道の機関方・火夫などの労働者が，賃上げと待遇改善を求めて，上野・福島・仙台などで一斉にストライキを実施，東北線全線をストップさせ，勝利した。(日鉄ストライキ)ストライキ成功後の4月に日本鉄道矯正会が組織され，労働組合期成会と密接な関係を持った。

このため，労働組合期成会は会員が減少し，1901
（明治34）年に消滅した。

> 用語 **治安警察法**　集会条例などを受け継ぎ，集会・結社などを
> 警察に届けさせた。軍人・警察官・宗教家・教員・学生・女
> 子の政治結社加入の禁止，女子の政治集会参加禁止，集会な
> どの解散権を警察官に与えた。当初は，労働者や小作人の団
> 結権や争議権の制限も規定され，労働運動，小作争議の弾圧
> 条項が盛り込まれていた。俗に「労働組合死刑法」といわれた。

❷**社会民主党の結成**　1901（明治34）年，わが国最初
の社会主義政党として社会民主党が結成された。片
山潜・幸徳秋水・安部磯雄・木下尚江らで結党した
が，2日後に治安警察法で結社は禁止された。

▲結成時の社会民主党

> 補説 **社会民主党の綱領**　人類平等主義，土地・資本の公有，軍備全廃，
> 階級制度全廃，貴族院廃止，団結権の保障，8時間労働制，普通選挙
> 制などを主張した。

6 工場法の制定

　1911（明治44）年，第2次桂内閣のもとで工場法が成立した。
この法律は，日本最初の労働者保護法であり，12歳未満の者
の就業を禁止，15歳未満の者の就業時間を1日12時間以内と
し，深夜業を禁止した。しかし，欧米に比べて技術が遅れてい
るので国際競争力が弱まるという経営者の反対で，適用範囲は
15人以上を使用する工場とされ，施行は5年後の1916（大正
5）年に延ばされた。

▼社会主義運動・労働組合運動

年	できごと
1894	大阪天満紡績スト
1897	職工義友会
	労働組合期成会
	社会問題研究会
1898	社会主義研究会 ↓ 社会主義協会 （1900〜1904）
	日鉄スト 日本鉄道矯正会 活版工同志懇話会
1901	社会民主党

5

帝国主義の展開とアジア

📄 **史料**   **工場法**

第一条（適用）一，常時十五人以上ノ職工ヲ使用スルモノ

第二条 工業主ハ十二歳未満ノ者ヲシテ工場ニ於テ就業セシムルコトヲ得ズ。……

第三条 工業主ハ十五歳未満ノ者及女子ヲシテ一日ニ付十二時間ヲ超エテ就業セシムルコトヲ
　　得ズ。主務大臣①ハ業務ノ種類ニ依リ本法施行後十五年間ヲ限リ前項ノ就業時間ヲ二時間以
　　内延長スルコトヲ得。……　　　　　　　　　　　　　　　　　　　　　　　『法令全書』

注釈 ①内務大臣。工場法は内務省が主務官庁であった。

[産業革命の進展とともに社会問題が発生するが，どのように解決しよう
としたのだろう？] Q3 ▶▶▶ A3

① 産業革命の進展→社会問題の発生
・低賃金，苛酷な労働条件→労働組合期成会（労働運動の発生）。
・足尾鉱毒事件…田中正造らによる最初の公害反対運動。
・寄生地主制→農会や産業組合の設立。
② 社会主義運動の進展…社会主義研究会（片山潜・幸徳秋水）→社会主義
　協会→社会民主党。
・第2次山県有朋内閣…治安警察法を制定。

4 │ 学校教育の進展

1 教育の国家主義化

　1879（明治12）年の教育令は，学制のあとをうけて自由主義
的であった。しかし，翌年の改正教育令は，中央集権化や国家
主義教育への第一歩を踏み出すものであった。

2 学校令

　学校令は，1886（明治19）年，初代文部大臣森有礼によって
制定された。帝国大学令・師範学校令・中学校令・小学校令の
総称で，帝国大学を頂点とする近代日本の教育体系が確立した。
学校令により，小学校の義務教育期間は4年間とされた。

★1 改正教育令は，
小学校教育の筆頭に
修身（道徳）をおき，
福沢諭吉らの著作を
教科書として使用す
ることを禁止した。

★2 1877（明治10）
年に江戸幕府の諸種
の学校を統合して設
立された東京大学は，
1886年，東京帝国
大学に再編された。

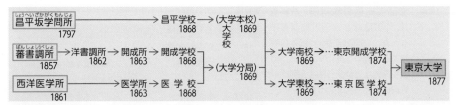

```
昌平坂学問所  ──────→ 昌平学校 ──→ (大学本校)
(しょうへいざかがくもんじょ)      1868      1869  大
1797                              学
蕃書調所 →洋書調所 →開成所 → 開成学校  校        ──→ 大学南校 →…東京開成学校
(ばんしょしらべしょ) 1862   1863   1868            1869       1874        東京大学
1857                          →(大学分局)                              1877
西洋医学所   ──────→ 医学所 → 医 学 校   1869    ──→ 大学東校 →…東京医学校
1861                   1863    1868             1869       1874
```

▲東京大学の成立

3　教育勅語

　1890(明治23)年に発布された教育の根本方針。起草には，元田永孚・井上毅らがあたり，「忠君愛国」を基本とした。★3

4　教育制度の整備

　高等学校令(1894年)により，第一高等学校(一高)以下の高等学校ができた。つづいて，実業学校令(1899年)・専門学校令(1903年)と整備された。また，1903(明治36)年から小学校教科書が国定教科書となった。

5　教育の普及

　日露戦争後，義務教育期間は6年間に延長され(1907年)，1911(明治44)年には就学率は98％をこえた。

6　私立学校の設立

　福沢諭吉の慶応義塾，新島襄の同志社英学校の他に，大隈重信の東京専門学校，津田梅子の女子英学塾など，私立学校も創設されて，独自の学風を発展させた。大学と改称する学校もあったが，政府が正式に大学と認めたのは，1918(大正7)年の大学令からであった。

▼主要な私立学校の設立年代と創立者

年	学校名	設立者
1868	慶応義塾(慶応義塾大)	福沢諭吉
1875	同志社英学校(同志社大)	新島襄
1881	明治法律学校(明治大)	岸本辰雄
1882	東京専門学校(早稲田大)	大隈重信
1900	女子英学塾(津田塾大)	津田梅子

(　)内は現大学名。

★3 忠孝を重んずる儒教的道徳思想にもとづき，天皇への忠誠と封建的家族制度の維持を方針とした。国民は，天皇を神格化して崇拝することを強制された。各学校では，御真影(天皇・皇后の肖像写真)の前で，教育勅語奉読がおこなわれるようになった。

▲福沢諭吉

▲新島襄

5

帝国主義の展開とアジア

補説　**文部省編纂の教科書**　教科書は，1903年から国定教科書になった。「修身（道徳）」以外の教科でも，戦争を美化するなど，自由主義的な方針から国家主義的な方向に変えられていった。

▼教育制度の移り変わり

年	できごと	備考
1871	文部省の設置	
1872	学制の公布	フランス式学制・初等教育の普及を目標
1877	東京大学の設立	学制による最初の大学
1879	教育令	アメリカ式学制・地方分権的
1880	改正教育令	再び中央集権的教育に改正
1886	学校令（初代文部大臣森有礼）	帝国大学令，師範学校令／中学校令／小学校令（義務教育4年間）
1890	教育勅語の発令	
1894	高等学校令	
1897	京都帝国大学の設立	東京大学（1886年）は東京帝国大学と改称
1899	実業学校令，高等女学校令，私立学校令	産業革命の進展とともに実業教育を重視
1903	専門学校令／国定教科書制度の成立	修身・国語・算術・国史・地理・図画などを国定教科書化
1907	小学校令の改正	義務教育を6年間に延長

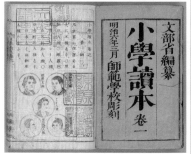

▲「小学読本」（1873年刊，文部省編）

［学校教育の進展］
教育制度の整備→教育勅語を重視→教育の国家主義化。

SECTION
③ 帝国主義と列強の展開 世界史

▶ 19世紀半ばまでイギリスの経済力は圧倒的で世界市場を支配していたが，後発の資本主義国でも工業化による経済発展はめざましく，アメリカ合衆国とドイツは，19世紀末には鉄鋼などの工業生産においてイギリスと並ぶまでになった。1870年代半ばから長期化した世界的な不況は，欧米諸国の経済構造の再編を促した。従来の石炭に加えて，石油や電力が新しい動力源として登場し，鉄鋼・化学・機械などの分野で技術革新がおこなわれ，企業間の競争が激化，独占資本の形成が進んだ。この過程で，イギリスの圧倒的優位は崩れ，世界は政治・経済の覇権をめぐる競争がふたたび激化する帝国主義の時代に入った。

↪ このセクションでは，次の問いに答えられるようにする必要がある。

Q1 帝国主義政策は，列強の内政にどのような影響をあたえたのだろう？

Q2 帝国主義時代とは，どのような特色をもった時代なのだろう？

1 | 工業発展と世界市場

1 第2次産業革命

　1873〜79年の世界的な不況は，欧米諸国の経済構造の再編を促した。従来の石炭に加えて，石油や電力を新しい動力源とする重化学工業中心の第2次産業革命がおこり，資本主義経済が発達した。その結果，独占資本が形成され，生産と資本を独占した巨大企業が，民衆の犠牲(ぎせい)のうえに繁栄した。

★1 1873年のウィーンでの株の大暴落から始まった不況。

> 補説 **独占の形態**　①**カルテル(企業連合)**　ドイツで発達。独立したいくつかの企業が協定を結び，競争をひかえて共存をはかろうとするもの。
> ②**トラスト(企業合同)**　アメリカで発達。同種または関連の深い企業が，1つの企業に統合されるもの。
> ③**コンツェルン(企業連携)**　多数の企業が同一系統の巨大な資本によって支配されるもので，独占の最も高度な段階。戦前における日本の財閥も，コンツェルンの一種である。

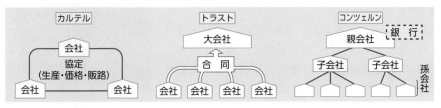

▲独占の形態

2 金融資本の成立

　大規模化した産業は，巨額の資本を必要としたため，銀行資本と産業資本とが融合した少数の金融資本によって，一国の経済・政治・外交が支配された。

3 資本の投下

　金融資本は国内市場で満足せず，より高い利潤(りじゅん)を求めて，国外，とくに労働力や原料の安い地域に投資され，商品の輸出とは別に，資本の投下が大規模におこなわれた。

4 領土の分割

　投下した資本を保護するには，投下先を領土化するのがもっとも安全である。そこで金融資本は国家権力を利用して植民地の拡大をおこない，アジア・アフリカ・太平洋諸島の大半が，いずれかの国の勢力圏に組みいれられた。

5

帝国主義の展開とアジア

5 労働運動・社会主義運動・民族運動の高まり

　帝国主義諸国の国内では，独占資本の搾取に反対して労働運動や社会主義運動が高まった。また，植民地・従属国となった国でも民族意識が高まり，抵抗の動きがあらわれた。

2 帝国主義

1 帝国主義とは

　巨大企業が発展した欧米諸国は，1870年代半ばから20世紀初めにかけて，海外に工業製品の市場や原料供給地，資本の投下先を求めて，アジア，アフリカ，太平洋地域に進出した。このように，独占資本主義段階の国家が勢力拡大を進める動きを帝国主義という。

2 帝国主義の時代

　1880年代以降になると，世界の各地で植民地獲得競争が激しさを増した。欧米諸国は，競って軍備を増強し，植民地を獲得して本国の経済成長や労働者の生活改善に努めたため，国民国家の確立に役だった。

　産業界や金融界と国家の結びつきが強くなり，排外主義や軍国主義の色彩が濃いナショナリズムが鼓舞された。一方，植民地では原住民に対してさまざまな差別的待遇が見られた。

▲フランスによるマダガスカル侵攻をうたうポスター

3 列強各国の内政と帝国主義

1 イギリス

　①1873〜79年の「大不況」に始まる世界的な経済不況に見舞われ，鉄鋼生産でドイツ・アメリカに抜かれた。②製造業に関してイギリスの相対的地位は低下したが，海外投資に努力し，商業や政治，金融の側面ではイギリスは依然として世界の中心

であった。③インドからアフリカに広大な植民地を保有。カナ
ダ，オーストラリア，ニュージーランドなど白人が入植した植
民地に自治領の地位を認め，本国と植民地の関係をより強めた。
④1871年，**労働組合法が成立して労働組合が合法化**され，
1906年には**労働党**が結成された。

> 補説　**アイルランド問題**　1905年，アイルランド独立をめざすシン＝フ
> ェイン党が結成され，アイルランドの完全独立を求めた。それに対し
> イギリス自由党内閣は上院の反対をおしきって，1914年アイルラン
> ド自治法を成立させたが，北アイルランドで激しい反対運動がおこり，
> 第一次世界大戦勃発を理由に施行を延期。

2 フランス

❶**植民地の拡大**　第三共和政のもとで，アフリカと東南アジ
　アで植民地を拡大したが，平等な市民による「共和政」の理
　念は，植民地には適用させなかった。

❷**共和政の危機**　1889年，軍部の台頭のなかで対独強硬派の
　ブーランジェ将軍によるクーデタが失敗（ブーランジェ事件）。
　1894年，軍部が関与した反ユダヤ主義にもとづくえん罪事
　件であるドレフュス事件をめぐって共和派と反共和派が対立。
　共和派の勝利により，共和政は安定に向かった。

❸**社会主義勢力の伸長**　1905年，社会主義者の各派が連合し
　てフランス社会党を結成，議席を伸ばしていく。

3 ドイツ

❶**ビスマルク退陣**　ヴィルヘルム2世（在位1888〜1918年）は，
　ビスマルクの親露政策や社会主義者鎮圧法の強化に反発。
　1890年，ビスマルクが辞職。

❷**皇帝親政下の内政**　ヴィルヘルム2世は，世界政策で海軍を
　増強し，国民の不満を外にそらす一方，**大資本家やユンカー
　（地主貴族）の利益**をはかりながら支配体制を強化した。

❸**社会主義政党の台頭**　1890年，ビスマルクの辞職と同時に
　社会主義者鎮圧法が廃止され，ドイツ社会民主党が成立，
　1912年に帝国議会で第一党となる。

★1　19世紀末以降
イギリスは「世界の
銀行」といわれ，資
本の長期貸し出し，
保険・海運業などの
サービス部門に経済
活動の重点が変化し
た。その中心がロン
ドンのシティ（金融
センター）。

★2　漸進的な社会改
革をめざした。

★3　第一次世界大戦
中に反乱をおこし，
勢力を拡大した。シ
ン＝フェインとは，
アイルランド語で
「我々自身」の意味。

★4　第二帝政崩壊
後に樹立された
（1870/71〜1940）。

★5　軍部の陰謀によ
りユダヤ系のドレフ
ュス大尉がドイツの
スパイ容疑で告発さ
れ，終身刑を宣告さ
れたが，クレマンソ
ーや文学者ゾラらの
運動で無実が証明さ
れた（ゾラ『私は弾
劾する』）。これによ
り軍部の信用は失墜
し，共和政は維持さ
れた。

★6　19世紀末から
のドイツの帝国主義
政策を指した言葉。

★7　ドイツのエルベ
川以東の大土地所有
の貴族層。プロイセ
ンの軍人・官吏の要
職を独占し，ドイツ
の保守主義・軍国主
義の中心となった。

5

帝国主義の展開とアジア

❹社会民主党の体質変化　労働者の生活の向上，有産階層の支持の増大などの結果，議会主義による社会主義実現を唱えるベルンシュタインらの修正主義の傾向が強まった。[8]

4 ロシア

❶ロシアの経済事情　フランスなどの外国資本の導入によって，1890年代以降は資本主義がいちじるしく発展し，独占もすすんだ。[9]1891年にはシベリア鉄道を起工し，東アジアへの進出と市場の拡大をはかった。義和団戦争（1900〜01年）に際して中国東北部（満洲）に進出し，この方面に進出をめざす日本と対立を深めた。

❷革命勢力の成立　ツァーリの専制支配[10]や資本主義の矛盾に対し，工場労働者を中心にしたマルクス主義運動や政府批判が高まった。1903年，レーニンやプレハーノフを指導者とするロシア社会民主労働党が成立。[11]また，ナロードニキ運動（⤴p.86）の流れをくむ社会革命党（エスエル）や立憲民主党が成立した。

❸1905年革命　①日露戦争中（1904〜05年）の1905年，血の日曜日事件を契機に勃発。②ペテルブルクの労働者がストライキに突入し，革命が全国に波及。③皇帝ニコライ2世は譲歩して十月宣言を発し，国会（ドゥーマ）の開設を約束，自由主義者のウィッテを首相に登用して革命をおさえた。[12]

補説　血の日曜日事件　1905年1月22日（日曜日），ロシア正教の司祭ガポンに率いられた民衆が，貧困からの救済と日露戦争の中止を皇帝に請願しようとペテルブルクの冬宮前広場でデモをおこない，軍隊に射撃されて多数の死傷者をだした。これにより，民衆の皇帝への信頼は失われ，1905年革命のきっかけとなった。

▲血の日曜日事件

★8 第一次世界大戦では戦争に協力し，そのことへの批判から，反対派が分派した。

★9 ロシアでの資本主義の発展は，①国家の保護，②外国資本の導入，③農奴解放による安価な労働力の存在，などが主因であった。

★10 アレクサンドル2世がテロリストに暗殺されたのち，アレクサンドル3世（在位1881〜94年），ニコライ2世（在位1894〜1917年）が即位したが，弾圧政治はさらに強化された。

★11 党の路線をめぐり，レーニン派のボリシェヴィキとマルトフ派のメンシェヴィキに分裂した。

★12 大都市の工場では，労働者の代表会議として，ソヴィエト（評議会）が結成された。

❹**革命後の状況**　皇帝は労働者の武装蜂起(ほうき)を鎮圧するとふたたび専制化し，国会も無視された。首相ストルイピンは革命抑圧とともに，農業改革[*13]をおこなったが，農民は窮乏(きゅうぼう)し社会不安は増大した。以後，政府は国民の不満をそらすため，バルカン・東アジアへの侵略をくわだてるようになった。

★13 ミール(農村共同体)を解体して土地の私有化をはかり，富農層を育成しようとした。

5 アメリカ合衆国

❶**資本主義の発展**　南北戦争後，鉄鋼・石油業を中心に資本主義がめざましく発展。19世紀末には，工業生産力はイギリスをぬいて世界一となり，海外市場の確保にのりだした[*14]。

❷**独占の進展**　経済発展にともない，企業の集中・独占が急速に進展。ロックフェラー，モルガンなどの大財閥(ざいばつ)が形成され，政権と結びついてさまざまな弊害(へいがい)を生んだ[*15]。

❸**対外進出**　①1898年，アメリカ＝スペイン(米西)戦争(べいせい)に勝利し，フィリピンやプエルトリコなど，大平洋やカリブ海のスペイン植民地を獲得し，**キューバを保護国化**。②1899年，国務長官ジョン＝ヘイが中国進出に向けて列国に門戸開放[*16]を提唱。③セオドア＝ローズヴェルト大統領が**中米諸国に対して武力干渉をともなうカリブ海政策を展開(棍棒(こんぼう)外交[*17])**。④1903年，パナマを独立させ，以後ラテンアメリカにおける軍事拠点とした。

> **補説**　**モンロー主義の変質**　もともとモンロー主義(⤳p.91)は，アメリカ大陸における合衆国の優越をその根源に有していたが，アメリカ＝スペイン戦争のころよりしだいに拡大解釈され，パン＝アメリカ主義のもとにラテンアメリカ進出を正当化するものとなった。

❹**移民の流入**　東ヨーロッパや南ヨーロッパからの大量の移民が，都市の貧困(ひんこん)問題を発生させた。また，大陸横断鉄道の労働者として流入した中国人などアジア系移民に対して排斥(はいせき)運動が起きた。

★14 1890年前後にはフロンティアも消滅し，国内市場の拡大に限界がみえた。
★15 財界と結びついた共和党の金権政治が横行。大資本に圧迫された西部の農民を中心に，改革を求める人民党(ポピュリスト)が結成された。
★16 門戸開放，機会均等，領土保全の3原則を内容とした。
★17 ローズヴェルトがよく使った「棍(こん)棒(ぼう)を携(たずさ)え，穏やかに話す」による。

POINT!

[帝国主義政策は，列強の内政にどのような影響をあたえたのだろう？]

Q2 ▶▶▶ A2

① 資本主義の発展→一方，労働者の生活改善を求める動きが活発化。
② 社会主義政党の躍進→ロシアでは労働者のデモから1905年革命に発展。

4 | 「世界の一体化」の進展

帝国主義時代は「世界の一体化（グローバル化）」が進んだ。

❶運河の開通　スエズ運河の開通（1869年）により，地中海と紅海が結ばれた。さらに1914年には，パナマ運河の開通によって大西洋と太平洋が結ばれた。

❷第2インターナショナル　社会主義実現を掲げる国際的な社会主義政党の国際組織として，1889年にパリで結成された。帝国主義が激化するなか反戦平和を掲げたが，第一次世界大戦が勃発すると，各国の加盟政党は，ほとんどが自国政府の戦争遂行を支持した。

📖 資料活用　帝国主義時代とは，どのような特色を持った時代なのだろう？ Q2

資料1　主要国の工業生産の推移

年	生産指数（1870年＝100）				各国の占める割合（%）				
	1880	1890	1900	1913	1870	1881〜85	1896〜1900	1906〜10	1913
世　界	137	226	316	513	100.0	100.0	100.0	100.0	100.0
イギリス	121	141	180	227	31.8	26.6	19.5	14.7	14.0
フランス	127	165	194	315	10.3	8.6	7.1	6.4	6.4
ドイツ	139	222	333	613	13.2	13.9	16.6	15.9	15.7
アメリカ	155	355	491	787	23.3	28.6	30.1	35.3	35.8

(*Heininger-König-Tuchschcerer, Ökonomische Anfsätze, Berlin* 1958,S.4,9.)

（武田隆夫編『経済学大系4』東京大学出版会）

資料2　帝国主義の形成

自由競争（18〜19世紀）		企業の集中と独占		帝国主義時代（1880年代以降）
産業革命 資本主義の確立	⇒	第2次産業革命	⇒	帝国主義
・軽工業中心 ・産業資本家による支配 ・原料供給地・市場としての植民地 ・労働力の商品化 （賃金労働者の誕生）		・技術革新 ・たび重なる不況 ・カルテル，トラスト，コンツェルン ・資本家による搾取 （低賃金労働）		・重化学工業中心 ・金融資本による支配 ・国家権力との結合 ・資本の投下先としての植民地 ・労働運動や社会主義政党

資料3　各国の帝国主義の特色と政策

国名	特色	政策
イギリス（1870年代）	強力な海軍力を背景に植民地支配。「世界の工場」から「世界の銀行」へ。	スエズ運河, 全社株買収(1875), インド帝国成立(1877), アフリカ縦断政策(エジプト―ケープ植民地),「光栄ある孤立」の修正。
フランス（1880年代）	イギリスに次ぐ植民地保有国。1890年代以降, ロシアなどへの対外投資が中心。	フランス領インドシナ連邦形成(1887), アフリカ横断政策。
ドイツ（1890年代）	ビスマルクの保護関税政策で独占資本が成立。ヴィルヘルム2世のもとで対外進出。	ヴィルヘルム2世の世界政策, 3B政策で英・仏と対立, 海軍力の増強など軍部拡張。
ロシア（1900年代）	国内資本が未成長, ニコライ2世の主導でフランスから資本を導入し工業化。	アジア進出(シベリア鉄道建設, 中国東北部進出), バルカン半島進出。
アメリカ（1890年代）	西部開拓で広大な国内市場を形成, 重化学工業生産が急成長, 独占資本形成。	カリブ海政策(棍棒外交), アメリカ=スペイン戦争(1898), 門戸開放。

解説

(1)**自由貿易体制の敗北**　独占資本が勢力を伸ばし, イギリスのような自由貿易体制が敗北した。資料1から読み取れるように, 世界の工業生産に占めるイギリスの割合が, 1880年代半ばにはアメリカ合衆国に, 1906年以降はドイツにも抜かれていた。

(2)**民族独立運動の激化**　植民地が, 原料供給地・市場としての役割から余剰資本の投下先にかわり, 帝国主義諸国はアジア・アフリカに進出し, 植民地獲得競争が激化した。それに対して, 植民地での民族独立運動が激化した。

(3)**社会主義政党の結成**　独占資本による低賃金労働が常態化し, 労働運動や社会主義運動が活発化した。20世紀に入ると, 労働党(イギリス), フランス社会党, ドイツ社会民主党, ロシア社会民主労働党などの社会主義政党が結成された。

要点　Q2 ▶▶▶ A2

　帝国主義時代の特色として, 独占資本勢力の台頭, 民族運動の激化, 社会主義運動の活発化などが挙げられる。

SECTION 4　世界分割と列強の対立　世界史

▶ 19世紀末から20世紀初めまでは帝国主義の全盛期といわれる。それを特徴づけたのは, 世界の工業先進国が軍事力を増強し, アジア・アフリカなどを植民地化して支配を強化し, 列強間の対立が激化したことによる。帝国主義時代には植民地獲得競争が世界のすみずみに広がり, 政治的に独立国だった中国・トルコ・イランなどアジアの旧大国をもまきこんだ。また, この競争に英・仏などすでに広大な植民地をもつ国々のほか, ドイツ, ロシア, イタリア, アメリカ合衆国, アジアの日

本なども加わって，対立は文字どおり世界的な広がりと激しさをもつようになり，第一次世界大戦にまでつながった。一方，帝国主義時代に進展した「世界の一体化」は，太平洋地域での先住民に対する支配やラテンアメリカでの欧米列強による市場支配と独裁政権樹立をまねいた。

☞ このセクションでは，次の問いに答えられるようにする必要がある。

Q1 帝国主義の出現は，世界をどのように変えたのだろう？

1 アフリカの植民地化

1 分割の開始

19世紀の後半以降，リヴィングストンやスタンリーらの探検により，アフリカ大陸内部の事情が紹介されると，西欧諸国はアフリカ大陸への進出をはかった。

各国の利害調整の必要から，ドイツのビスマルクは，1884～85年にベルリン＝コンゴ会議(ベルリン会議)を主催してアフリカ分割の原則(実効支配の原則＝先に占領した国が領有できる)を定めた。

2 イギリスのアフリカ分割

❶イギリスのエジプト侵略 1875年イギリス首相ディズレーリは，エジプトの財政難に乗じてスエズ運河の株式を買収し，エジプトの内政にも干渉した。1882年，ウラービー(オラービー)運動を鎮圧し，エジプトを保護下においた。

❷イギリスのスーダン侵略 イギリスは1885年スーダンに侵攻したが，ムハンマド＝アフマド[1]に率いられた反英イスラーム教徒の抵抗にあって失敗(マフディー運動，1881～98年)。1898年に，イギリスは大軍を送ってマフディー国家を征服し，スーダンを占領した。

▲列強のアフリカ分割

★1 イスラームの宗教指導者で，1881年に自らマフディー(導かれた者)と称し，「救世主」としてスーダンの宗教運動や反英闘争を指導した。

❸イギリスの南アフリカ侵略　①イギリスは，南アフリカでも
ケープ植民地を根拠地として開発をすすめた。②ケープ植民
地首相セシル=ローズは，本国の植民相ジョゼフ=チェ
ンバレンと呼応して先住のブール人(ボーア人)を圧迫し
た。③そこで，ブール人は北へ移動し，オレンジ自由
国・トランスヴァール共和国を建国。1899年，イギリ
スは南アフリカ戦争をおこして両国を併合。④ブール人
はイギリスと妥協し，1910年には，他の南アフリカ植
民地とあわせて，イギリスの自治領である南アフリカ連
邦がつくられた。

> 補説　**南アフリカ戦争**　イギリスとオレンジ・トランスヴァール両
> 国のあいだにおこった戦争。ブール(ボーア)戦争ともいう。オレ
> ンジ・トランスヴァール両国で金・ダイヤモンドが発見されると，
> 多くのイギリス人が移住し，これらを独占しようとして参政権を
> 要求したが，ブール人がこれを拒否したために戦争となった。ブール
> 人は，ゲリラ的戦法でイギリス軍を苦しめたが，1902年降伏した。

❹イギリスのアフリカ縦断政策　東北アフリカ・南アフリカ
を支配下においたイギリスは，アフリカ縦断政策をくわだて，
さらにこれとインド支配を結びつける3C政策をとった。

3　フランスのアフリカ進出

①1830年代よりアルジェリアを経営。②1881年，チュニ
ジアを保護国化して東進。③ギニアのサモリ帝国を侵略。サモ
リ=トゥーレが周辺諸国と反仏連合を結成して抵抗したが，
1898年フランス軍に敗れ，サモリ帝国崩壊。④サハラ砂漠を
占領してスーダンに進出。西アフリカサハラ地域と東岸のジブ
チやマダガスカルを結ぶアフリカ横断政策をとった。

4　ファショダ事件

①1898年，アフリカ縦断策をとるイギリスと横断策をとる
フランスが，スーダンのファショダで衝突。②政府間の交渉で
フランスが譲歩し，武力衝突はさけられた。③両国間に友好関
係が成立，1904年に英仏協商が結ばれ，**モロッコにおけるフ
ランスの優越とエジプトにおけるイギリスの優越**を相互に確認。

▲セシル=ローズをえがいた
風刺画

★2 ウィーン会議で，
オランダ領からイギ
リス領となった。

★3 セシル=ローズ
(1853〜1902年)は，
南アフリカでダイヤ
モンド鉱山や金鉱山
を経営して富を築き
ながら，ケープ植民
地の首相として南ア
フリカでのイギリス
の勢力拡大を推し進
めた。

★4 ケープ植民地に
入植したオランダ人
をはじめとするヨー
ロッパ諸国からの移
民の末裔に対するイ
ギリス側からの蔑称。

★5 アフリカ南端の
ケープタウン，エジ
プトのカイロ，イン
ドのカルカッタの頭
文字Cによる。アフ
リカ縦断とインド支
配を結びつけるイギ
リスの帝国主義政策
を示す言葉。

5 ドイツのアフリカ進出

①ビスマルク時代に南西アフリカ・トーゴ・カメルーン・東アフリカに進出。②ヴィルヘルム２世は，モロッコ事件をおこしてフランスのモロッコ支配に抗議したが，イギリスによってはばまれた。③ドイツ領東アフリカ(現在のタンザニア)でモノカルチャー綿花栽培を強制。1905～07年に抵抗運動(マジ＝マジの蜂起)がおこり，植民地政策の変更を迫られた。

★6 単一農作物のみを生産する農業形態。
★7 「マジ」とはスワヒリ語で「水」を意味する。魔法の水を飲めばドイツ軍の銃弾に当たらないとの予言をうけ戦ったことからこの呼称がついた。

6 イタリアの侵略

1880年代，エリトリア・ソマリランド征服後，1895年イギリスの支援をうけエチオピアを侵略。皇帝メネリク２世の反撃にあい，翌96年アドワの戦いで完敗。1911年，第２次モロッコ事件中にオスマン帝国と戦い(イタリア＝トルコ戦争，伊土戦争)，リビア・トリポリ・キレナイカを獲得。

| 補説 | アフリカの抵抗と独立国 　1881年，スーダンのムハンマド＝アフマドのマフディー(救世主)運動をきっかけに，各地で抵抗がおこったが，エチオピアがイタリア軍をおさえた以外は，列強の武力の前に敗れた。アフリカでは，20世紀はじめに独立を保っていたのは，エチオピア帝国とリベリア共和国の２国のみとなった。

2 | 太平洋地域の分割

1 オーストラリア

①18世紀末以降イギリスの囚人流刑地として開拓されはじめた。②19世紀初めヨーロッパからの自由移民も受け入れ，農業と牧羊業が発展。③先住民のアボリジニは移民に追われ，殺害や疫病で激減した。④19世紀中頃，金鉱が発見されたため，移民がさらに増え，オースト

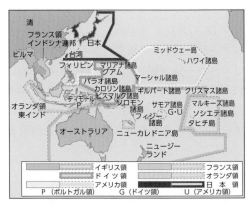

▲太平洋地域の分割

ラリア全域の開発が進み，1901年にはオーストラリア連邦が成立して大幅な自治権が与えられた。⑤1880年代からアジア系移民の移住を制限し，有色人種を差別する白豪主義がとられた。

★1 次第に中東やベトナムから多くの移民を受け入れはじめ，1970年代にいっさいの人種差別は禁止された。

2　ニュージーランド

　19世紀前半以降，イギリスの植民地になったが，先住民マオリが激しく抵抗した。19世紀末以降牧羊業が発展し，1907年にはイギリスの自治領となった。

3　ドイツの領有地

　アフリカで出遅れたドイツは，ビスマルク時代にマーシャル・ビスマルク諸島を領有，ヴィルヘルム2世時代に，スペインよりカロリン・マリアナ・パラオ諸島を買収した。

4　アメリカ合衆国の進出

　1898年，アメリカ＝スペイン戦争に勝ち，スペインよりフィリピン・グアム島を獲得して最初の海外領土とした。また，戦争中にハワイ王国を併合(1898年)，アジア進出の拠点とした。ドイツと戦い，サモア諸島を分割領有した(1899年)。

> 補説　**フィリピンの独立運動**　アメリカ＝スペイン戦争当時，フィリピンではアギナルドの率いる独立軍がスペインと戦っており，アメリカは，当初この独立軍を支援した。アギナルドは1899年，革命政府をたてて大統領となったが，独立を認めないアメリカが，今度は逆にこれを鎮圧した。

5　フランスの進出

　19世紀半ば，タヒチ島・ニューカレドニア島を獲得した。

3 ｜ ラテンアメリカの動向

1　ラテンアメリカ諸国の特色

❶農業国で，大土地所有制が残り，貧富の差が大きい。大土地所有者と結びついた独裁政権が生まれ，軍事クーデタが相次ぐなど，民衆は政治対立に翻弄された。

❷19世紀末以降，輸送手段と保存技術の発展により，ラテンアメリカ諸国は，コーヒー豆や食肉など欧米への供給地として位置づけられた。

❸メキシコ・中米は合衆国，南米はイギリスの影響力が強い。

5

帝国主義の展開とアジア

2 メキシコ革命

❶メキシコ革命の経過 ①1911年，自由主義者マデロ，小農・貧農を組織したサパタやビリャらが，外国資本と結びついたディアス独裁政権を倒す。②1913年，革命政権内部の対立に乗じて，大地主や外国資本の支持を得た右派のウェルタ将軍による反革命クーデタがおこり，マデロ政権が倒れる。[★1] ③1914年，自由主義的地主層を基盤とするカランサと，急進的な農地改革を求めるサパタやビリャがウェルタ政権を倒す。④1915年，カランサらがビリャら急進派を倒し政権掌握。⑤1917年，カランサ政権がアメリカ合衆国やラテンアメリカ諸国に承認され，中間的なブルジョワ勢力の支持を受けて1917年憲法を制定。

❷1917年憲法の意義 ①土地所有は根源的に国家に属し，メキシコ人とメキシコ法人に限られるとして，外国人および教会(法人格を否認)による所有を禁止。②農民・労働者の基本的権利の保護(8時間労働，最低賃金制，スト権，団結権の商人など)。③信仰の自由を確定して教会の特権的地位を否定。[★2]

> **補説** **メキシコ革命の意義** 列強の介入を排して「遅れた」地域が自立をめざした点や，民衆の権利を擁護した点で，辛亥革命やロシア革命とかさなる面があった。

> **用語** **メキシコ1857年憲法** 言論の自由，良心の自由，報道の自由，集会の自由，武装の自由といった個人の権利を確立した。また奴隷制度，債務者監獄，死刑などの酷刑の廃止を再確認した。

4 | 列強の二極分化

1 ドイツ外交の転換

❶ビスマルクの退陣 フランスの孤立化とロシアのつなぎ止めを柱とするビスマルク外交が終わる。

❷世界政策 1890年，親政を開始したヴィルヘルム2世は，それまでの平和外交をやめて，「新航路」といわれる積極的な帝国主義政策(世界政策[★1])に転換。ロシアの更新要求にもかかわらず，満期終了と同時に再保障条約を廃棄した。

❸露仏同盟 再保障条約の更新を拒否されたロシアが，孤立化を恐れてフランスに接近し，1894年に軍事同盟を締結。[★2]

★1 アメリカのウィルソン政権は，当初革命の進展に危機感をもち，ウェルタを支援したが，ウェルタが独裁化すると支援を打ち切り，宣教師外交に転じた。宣教師外交とは，ウィルソン大統領がとった，近隣諸国にアメリカの民主政治や人権尊重を輸出しようとする外交姿勢のこと。

★2 1917年憲法は当時世界で最も民主的な憲法。それまでの1857年メキシコ憲法の後継の憲法である。

★1 世界政策の背景①独占資本主義の発達の結果，植民地が必要になった。②国力が充実し，他国との対立を恐れなくなった。

★2 露仏同盟は，1891年に成立した政治協定と1894年に正式に成立した軍事協定からなる。これによりビスマルク体制の中核が崩壊。

2 イギリス外交の転換

❶イギリスの地位の低下　19世紀後半のイギリスは，ヨーロッパ大陸から距離をおき，孤立外交政策をとっていた（「光栄ある孤立」）。

❷「光栄ある孤立」政策の放棄　①極東でのロシアの進出をおさえるために，1902年に日英同盟を締結した。②ドイツの中近東進出^{★3}に脅威を感じてフランスとの対立関係を解消し，1904年英仏協商を結んだ。これにより長期にわたるフランスとの対抗関係が解消した。③日露戦争後はロシアとの対立を解き，ドイツを主要敵国とみなした。

★3 ドイツは「ロシアは極東へ，ドイツは近東へ」の政策をとった。

❸英露協商　1907年，英露協商を結び，イランを両国の勢力圏に分割し^{★4}，アフガニスタンを自国の勢力圏とした。

★4 ロシアはイラン北部，イギリスはイラン南東部での優越権が確定した。その結果，イギリスはペルシア湾を確保し，ロシアのダーダネルス・ボスフォラス両海峡への進出を黙認した。

3 三国協商の成立

　イギリス・フランス・ロシア3国間の提携・協商関係が成立。3国の植民地支配体制を維持するための協定であるとともに，ドイツ・オーストリア・イタリアの三国同盟に対抗し，ドイツを包囲する外交関係となった。

4 イタリアの対応

　三国同盟の一員であったが，オーストリアとの間ではトリエステなどの「未回収のイタリア」問題を抱えていたためオーストリアとの関係悪化。この結果，三国同盟は実質的に機能しなくなっていた。

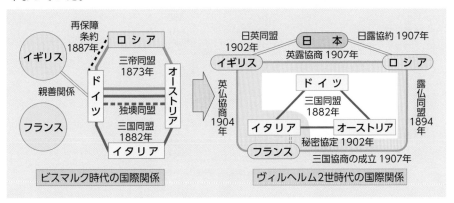

▲ドイツ外交政策の変化

5

帝国主義の展開とアジア

資料活用　帝国主義の出現は，世界をどのように変えたのだろう？ Q1

資料1　列強の植民地領有　　　　　　（単位：100万km², 100万人）

	本国	植民地				合　計	
	1914年	1876年		1914年		1914年	
	面積	人口	面積	人口	面積	人口	面積	人口
イギリス	0.3	46.5	22.5	251.9	33.5	393.5	33.8	440.0
フランス	0.5	39.6	0.9	6.0	10.6	55.5	11.1	95.1
ロ シ ア	5.4	136.2	17.0	15.9	17.4	33.2	22.8	169.4
ド イ ツ	0.5	64.9	－	－	2.9	12.3	3.4	77.2
イタリア	0.3	35.2	－	－	1.5	1.4	1.8	36.6
ベルギー	0.03	7.5	－	－	2.4	15.0	2.4	22.5
アメリカ	9.4	97.0	－	－	0.3	9.7	9.7	106.7
日 　本	0.4	53.0	－	－	0.3	19.2	0.7	72.2

（木谷勤『帝国主義と世界の一体化』山川出版社）

資料2　植民地下のアフリカの「単一産品輸出経済構造」

アフリカ大陸は，産業革命をいち早く達成した欧米諸国の原料争奪戦に巻き込まれ，そして植民地化されてきた。大陸全体で実に多種多様な一次産品が開発されたが，西部と東部では熱帯農産物，中部と南部では，それに加えて鉱産物が開発されている。農産物のなかではカカオ，コーヒー，タバコ，茶など，欧米諸国にとっての嗜好品も多く，鉱産物では，銅を除くと，貴金属が中心であった。……

植民地支配下に置かれた半世紀を通じて，アフリカ諸国の総輸出額の95%前後が一次産品で占められ，また総輸入額のほぼ60〜70%が工業品であった。各々の植民地は，その伝統的手工業の多くを破壊され（「非工業化」），かつ，自給向け食糧部門を別にして，数品目の一次産品の生産と輸出に特化（専門化・集中）するような経済構造（本書ではこれを「単一産品輸出経済化」と呼ぶ）を強いられたのである。

（北川勝彦・高橋基樹編著『アフリカ経済論』ミネルヴァ書房）

資料3　ヨーロッパ人のアメリカ合衆国への移住（単位：1,000人）

国・地域	1870〜1900年	1900〜20年
ドイツ	2,676	486
イギリス	1,612	867
スカンディナヴィア	1,211	709
ロシア・ポーランド	1,110	2,519
フランス	154	136
スイス	142	58
イタリア	1,015	3,156
南東ヨーロッパ	1,056	3,522
カナダ	780	921

（野村達朗『フロンティアと摩天楼』講談社より作成）

解説

(1)世界の植民地化　1876年から1914年までに列強8カ国は，地球の総面積の半分以上，世界人口のほぼ3分の1が住む土地を植民地として支配した（資料1）。当時，分割が急速に進んだアフリカでは，20世紀初頭，独立国家として残ったエチオピア帝国とリベリア共和国以外，ポルトガル，イギリス，フランス，ベルギー，ドイツ，スペイン，イタリアなどの列強によって分割された。

(2)モノカルチャー経済構造の定着化　こうして列強の植民地とされたアフリカ地域では，列強の資本でプランテーションや鉱山の経営がおこなわれた。本国が必要とするカカオ，コーヒー，タバコ，茶などの商品作物の生産や鉱産資源の採掘のために，アフリカ人の自給農業を破壊し，低賃金労働力として確保した。この結果，「植民地支配下に置かれた半世紀を通じて，アフリカ諸国の総輸出額の95%前後が一次産品で占められ，また総輸入額のほぼ60〜70%が工業品」というモノカルチャー経済構造が定着した（資料2）。

(3)資本と労働力の移動　帝国主義時代は資本と労働力が世界規模で移動した時代である。1870年代から第一次世界大戦までの約40年で約3,000万人が国外へと移動した。アメリカ合衆国への移民に関してみると，1870〜1900年までは，北・西ヨーロッパからの移民が中心であったが，19世紀末から20世紀初めには東・南ヨーロッパからの移民（新移民）が急増する。イタリア人，ポーランド人をはじめとする「新移民」は，大多数が極めて貧しく技能もなく，おまけに英語も話せなかったため，都市に流入して不熟練労働者として職を求めた（資料3）。

(4)アジア系移民の登場　一方，植民地や従属地域では，劣悪な労働条件にたえる不熟練労働者の需要はなくならない。19世紀からアフリカの黒人奴隷に代わって世界の労働市場に登場したのが中国やインドからのアジア系移民であった。中国人労働者はアメリカ大陸横断鉄道などの建設に従事したことで有名である。また，インド人労働者はアジア，アフリカ，カリブ海域など，広い地域に散らばっていった。

(5)世界の一体化　帝国主義の時代，世界経済の「中心」である欧米列強は，巨大な生産力と科学技術，軍事力の優勢を背景に，アジア，アフリカ，太平洋地域を資源の供給地，資本輸出先，人的資源の供給地として資本主義体制の中に組み込んで，世界の一体化を実現したのである。

要点　Q1 ▶▶▶ A1

帝国主義の出現によって，巨大な資本を持つ欧米列強から，労働や資源の供給地であるアフリカ・アジアまで，世界が資本主義体制の中に組み込まれていった。

5　帝国主義の展開とアジア

5 日露戦争とその影響 日本史 世界史

▶ 日清戦争後の列強による中国分割に対し，清朝の改革派知識人は変法運動をおこした。山東半島で農民中心の義和団が蜂起すると，清朝はこれを利用して列強に宣戦したが，列強が組織する8カ国連合軍の前に敗れ，巨額の賠償金と外国軍の北京駐留を認めた。

　20世紀初頭，朝鮮半島と中国東北部で影響力拡大をめざした日本と，中国東北部から朝鮮半島へ勢力拡大をめざすロシアが衝突して日露戦争がおこった。長期戦に耐えるには経済的限界があった日本と，1905年革命がおこり，戦争継続ができなくなったロシアの双方は，アメリカの調停でポーツマス条約を結んだ。日本は，ロシアから旅順・大連，東清鉄道南部の利権を獲得し，韓国に対する指導・監督権をロシアに認めさせ，1910年韓国併合をおこなった。

　日露戦争後，アジア各地で帝国主義に対抗する民族自決を主張する動きが生まれた。

☞ このセクションでは，次の問いに答えられるようにする必要がある。

　　Q1 日露戦争をおこした日本のねらいは，何だろう？

　　Q2 日本の勝利は，周辺地域にどのような影響をもたらしたのだろう？

1 ｜ 列強の中国進出と変法運動

1 中国の半植民地化

❶列強の中国分割の特色　帝国主義列強の中国分割競争は，①租借地の獲得や勢力範囲の設定，②鉄道敷設権・鉱産資源採掘権・関税特権など各種の利権の獲得，③各種の資本投下などのかたちをとってすすめられた。

❷中国を侵略した国　日清戦争後の日本，日本に三国干渉を加えたロシア・フランス・ドイツ，および中国貿易の先進国イギリスの5か国がとくに積極的であった（次ページの図参照）。

　ロシアは，清が日清戦争における対日賠償金の支払いに困窮しているのに乗じて清に借款を与え，その代償として東清鉄道の敷設権を得ると，ドイツ・フランスも代償を要求した。イギリスも中国貿易の支配権を守るため，武力を背景に租借地を獲得していった。

★1 租借地とは外国に貸し与えた土地のこと。期間は99年間など，事実上の植民地だった。列強は，租借地を根拠地として鉄道を敷き，その地域の不割譲を中国に約束させるかたちで勢力範囲を拡大した。

▼各国の租借地と権益

遼東半島の旅順・大連は下関条約で日本領となったが，三国干渉後にロシアが租借，日露戦争の結果，ふたたび日本の租借地となった。

国名	租借地	権益	勢力範囲
ロシア	旅順・大連(1898)	東清鉄道敷設権と沿線鉱山採掘権	満洲・長城以北
ドイツ	膠州湾(1898)	膠済鉄道敷設権と沿線鉱山採掘権	山東半島
イギリス	威海衛・九竜半島(1898)	津浦鉄道・滇緬鉄道敷設権	長江流域
フランス	広州湾(1899)	滇越鉄道・広九鉄道敷設権	広東・広西・雲南省
日本	旅順・大連(1905)	南満洲鉄道	福建省

▲列強の中国における勢力範囲

2 アメリカの門戸開放政策

　1899～1900年，アメリカ合衆国は国務長官ジョン＝ヘイの名で，中国の門戸開放・機会均等・領土保全の3原則を提唱し，列強の利権独占の排除と中国への進出をはかった。

3 変法運動と戊戌の政変

❶**変法運動**　列強による中国分割という事態に直面した知識人の間で，立憲君主制など日本の近代化にならって清朝の体制を根本的に変革（変法）しようとする動きがあらわれた。

❷**戊戌の政変**　1898年，光緒帝（在位1875～1908年）は康有為らを登用し，その主張にしたがって科挙や教育の改革，官吏の整理，軍隊の近代化などの改革（戊戌の変法）をおこなった。

　しかし，光緒帝の伯母西太后を中心とする保守派は，変法運動に反対。クーデタ（戊戌の政変）をおこして康有為らを失脚させた。変法は約3カ月で失敗し，以後は西太后が摂政となって，保守的・排外的な政治がすすめられた。

★2 門戸開放宣言。フィリピン領有後，アメリカは中国進出に積極的になった。

★3 清仏・日清両戦争での敗北は，洋務運動でのヨーロッパ技術の導入という表面的改革が無力であったことを示した。
★4 この年は，干支で戊戌の年にあたるので，戊戌の変法といわれる。

★5 康有為は日本に亡命し，光緒帝は幽閉された。

5
帝国主義の展開とアジア

2 │ 義和団戦争

1 背景

　中国の半植民地化がすすみ，生活を破壊された民衆のなかに排外意識がひろがった。北京条約でキリスト教の布教が公認されたため，各地でキリスト教徒とのあいだに紛争（教案）が続発し，反キリスト教運動がおこった。

2 義和団の蜂起

　列強の中国分割の進展とともに，中国民衆の排外感情はいよいよ高まった。1898年，こうした情勢下に山東省で宗教的武術集団の義和団が蜂起し，キリスト教会やドイツ人宣教師などを襲撃した。

3 義和団戦争の経過

　①義和団は，流民・労働者をひきいれ，「扶清滅洋」を唱えて華北一帯にひろがり，北京にすすんで外国公使館区域を占領した。②清朝政府は，排外政策にこれを利用。義和団を支援して列国に宣戦した。③列国は共同出兵（8カ国連合軍）して反撃を開始。北京を占領した（北清事変ともいう）。

▲義和団事件で出兵した連合国軍の兵士たち

4 結果

　清朝側が敗れ，1901年，清朝にとって屈辱的な北京議定書が結ばれて，中国の半植民地化が決定的となった。

> 用語　北京議定書　①4億5,000万両の賠償金の支払い，②首謀者の処罰，③外国軍隊の北京駐屯，④北京周辺の防備撤廃，などがとりきめられた。なお，この議定書の作成には約1年がついやされたが，これは列強の利害調整に手間どったためである。

★1 列強の侵略は，中国民衆の生活に次のような影響をおよぼした。①清朝の財政難をもたらし，それは中国民衆に対する重税となった。②外国商品の流入により，多数の手工業者が没落した。③鉄道・電信の敷設により，農民は土地を失い，運送業者・飛脚などは失業した。

★2 義和拳という武術を修練した宗教結社で反キリスト教団体。

★3 義和団が掲げた排外主義のスローガン。「清を扶けて，外国（洋）を滅ぼす」の意味。

★4 日本・イギリス・ロシア・アメリカ・フランス・ドイツ・イタリア・オーストリアの8カ国。アメリカはフィリピンとの戦争，イギリスは南アフリカ戦争で兵力に余裕がなく，日本とロシアが中心であった。

5 義和団戦争の歴史的意義

❶義和団戦争の結果，中国の半植民地化は決定的となった。

❷義和団の組織や行動は近代的ではなかったが，**反帝国主義の民族運動的性格**をもち，敗れたとはいえ，中国民衆の抵抗エネルギーの大きさを示した。

[列強の分割競争]…中国は，半植民地の状態に。

①列強…中国で租借地と鉄道敷設権を得て中国侵略，米ジョン＝ヘイの門戸開放宣言。

②中国国内の変革…変法運動(康有為)→戊戌の変法(光緒帝)→戊戌の政変(西太后)

③義和団戦争…義和団が「扶清滅洋」を唱える。

3 | 日露戦争

1 日露戦争の背景

❶**日露対立の原因**　ロシアは，義和団戦争に際して中国東北部[★1]に大軍を送ったが，戦争終結後も撤兵せず，かえって旅順(リューシュン)などの防備を強化し，朝鮮に迫った。日清戦争以来，朝鮮に進出していた日本は，ロシアの行動に脅威を感じ，三国干渉によるロシアへの反感はますます高まった。

❷**日英同盟**　日英同盟協約は1902(明治35)年，ロシアを仮想敵国として日本とイギリスとのあいだに結ばれた軍事同盟。イギリスは，東アジアにおけるロシアの進出を恐れてこの同盟を結んだが，これにより，イギリスの「**光栄ある孤立**」[★2]政策は放棄された。

2 日露戦争の勃発

❶**日露開戦**　1904(明治37)年，日本はロシアと開戦[★3]。中国東北部でロシア陸軍を敗走させ，日本海海戦ではロシアのバルチック艦隊を破って戦いを優位にすすめた。しかし，戦費は増税や外債(がいさい)で調達しており，日本は満洲の南半分を占領する以上の作戦は難しかった。

★1 当時，日本では中国東北部を満洲とよんだ。

★2 イギリスは19世紀には，圧倒的な工業力と海軍力を背景に，外交上の孤立を主張できた。

★3 2月8日仁川沖(インチョン)でロシア軍艦を攻撃し，10日に宣戦布告した。

5

帝国主義の展開とアジア

❷背後の国際関係　ロシアの背後にはドイツ・フランス(露仏同盟)、日本の背後にはイギリス・アメリカがあり、日露戦争はこれらの**列強の代理戦争としての側面**をもっていた。

❸戦争の終結　日本は兵力や財政面で戦争継続が困難となり、ロシアも1905年革命により、アメリカ大統領セオドア゠ローズヴェルトの仲介をうけいれ、講和した。

★4 ドイツは、バルカン半島での対立を緩和するため、ロシアの東アジア進出を支持した。

★5 イギリスは、日露開戦を望まなかった。ロシアが勝っても戦争で疲弊するなら、イギリスの国益になると考えていた。

★6 アメリカは、門戸開放政策の立場からも、ロシアの中国東北部における独占に反対し、日英同盟を支持。日露戦争でも外債などで日本を支援した。

▲日本海での海戦のようす

[日露戦争をおこした日本のねらいは、何だろう？] Q1 ▶▶▶ A1
ロシアによる朝鮮進出を止めるため。

4 ｜ 日露戦争の結果

1 ポーツマス条約の内容

1905(明治38)年、小村寿太郎とウィッテの間でポーツマス条約がまとめられた。ウィッテは日本の賠償要求をかたくなに拒否し、次の4点で妥協した。

❶日本の**韓国に対する監督・指導権**を認める。

❷**旅順・大連の租借権・および長春以南の東清鉄道**(のちの南満洲鉄道)とその付属の利権を日本に与える。

❸**樺太の北緯50度以南**を日本に譲渡する。

❹沿海州とカムチャツカ方面の漁業権を日本に与える。

▲遼東半島の関東州

2 日比谷焼打ち事件

　多大な戦費がかかったにもかかわらず，ポーツマス条約で賠償金を得られなかったことなどの結果，桂内閣に対して講和反対運動がおこった。そして，条約調印の当日，東京の日比谷を中心に多数の警察署・交番が焼打ちにあい，破壊された。

5 | 日露戦争後の大陸進出と日本の社会

1 韓国併合

❶第1次日韓協約　1904(明治37)年，日露戦争中に結ばれた第1次日韓協約は次の3カ条より成っている。①韓国政府は日本政府推薦の日本人1名を財政顧問とする。②日本政府推薦の外国人を外交顧問に任用する。③韓国政府は重要な外交案件については事前に日本政府と協議する。

❷第2次日韓協約　1905(明治38)年，日露戦争後締結された第2次日韓協約で，韓国の外交権を奪い，保護国化した。統監府を設置し，伊藤博文が初代統監に就任した。

❸第3次日韓協約　1907(明治40)年，韓国皇帝高宗が，オランダのハーグで開かれる第2回万国平和会議に使者を送り，日韓協約の不当性を訴えたが失敗(ハーグ密使事件)。日本はこれを理由に高宗を退位させた上で第3次日韓協約を結び，内政権を奪った。また，韓国の軍隊を解散させた。

❹義兵運動　1907年以降，韓国民衆の抗日運動である義兵運動が旧軍人の参加によって高まり，1909(明治42)年，ハルビンで伊藤博文が韓国の民族運動家安重根に殺害された。

❺韓国併合　1910(明治43)年，韓国併合条約を強要して植民地とし，朝鮮総督府を設置。憲兵・警察制度を整えて，治安維持をはかり，政治結社・集会を禁止し，言論を抑圧するなど，朝鮮人の権利・自由を厳しく制限。

❻土地調査事業　総督府は，1910年から18(大正8)年にかけて，土地の所有権を確定する土地調査事業を行い，所有者が不明の土地は国有とした上で国策会社の東洋拓殖会社や日本人地主などに払い下げた。これにより耕地を失った大量の朝鮮農民が生まれた。

★1 日露戦争の戦費の総額は約17億円で，年間予算の6倍以上であった。そのうち約7億円を外債，約6億円を内債に依存し，約3億円が増税でまかなわれた。

★2 講和条約への反対は，日本の国力への過信，戦時の重税への不満，賠償金がとれなければ莫大な戦費をまかなうための戦時増税が継続されることへの不安，平素の官憲の横暴に対する怒りなどが原因であった。

5 帝国主義の展開とアジア

★1 義兵とは，正規の軍隊ではなく，国家が危機にあるとき民衆が自ら立ち上がって戦うゲリラ闘争のこと。

★2 朝鮮は，1897(明治30)年に国号を大韓帝国(韓国)とあらためていた。日本政府は併合と同時に，韓国を旧称の朝鮮とよんだ。同時に漢城を京城とあらためた。

▼わが国の対韓政策の推移

協定・事件	年月	内容
日韓議定書	1904年 2月	日露戦争遂行のための便宜供与を承認させ，内政干渉の自由を得た。
第1次 日韓協約	1904年 8月	韓国の外交権を制限し，財政の指導権をにぎる。
第2次 日韓協約	1905年 11月	外交権を奪う（**韓国保護条約**）。**統監府**を漢城（ソウル）に置き内政を指導。初代統監は**伊藤博文**。
ハーグ 密使事件	1907年 6月	韓国が，日本の内政干渉を**ハーグ万国平和会議**に提訴（受理されず）。
第3次 日韓協約	1907年 7月	上の事件の処分として皇帝を退位させ，内政権を獲得。
伊藤博文 暗殺	1909年 10月	満洲滞在中の伊藤がハルビン駅で韓国人青年の**安重根**により暗殺。
韓国 併合条約	1910年 8月	韓国統治権を完全に植民地化し，**朝鮮総督府**を設けた。初代総督は**寺内正毅**。

2 韓国併合後の対外関係

補説 **韓国をめぐる列強の動き**　①桂・タフト協定（1905年）　日本の韓国指導権とアメリカのフィリピン統治とを相互に承認。
②**第2次日英同盟**（1905年）　日本が韓国，イギリスがインドで優先権をもつ。
③**第1次日露協約**（1907年）　日本の韓国保護国化とロシアの外蒙古に関する特殊権益を相互に認めた。
④**日仏協約**（1907年）　日本の朝鮮支配とフランスのインドシナ支配を相互に認めた。

❶**満洲・関東州の経営**　満洲では，戦前の宣言に反し，戦後も陸軍が駐留して外国に開放せず，外国の抗議でようやく撤兵した。1906（明治39）年には旅順に関東都督府を置き，租借地である関東州の管轄や南満洲鉄道株式会社（満鉄）の経営に当たった。

❷**日米関係の悪化**　南満洲の権益を独占しようとする日本の姿勢は，門戸開放を求めるアメリカの批判をまねき，アメリカでの日本人移民排斥運動と相まって，日米関係を悪化させた。

★3 日露戦争後，日本の台頭を警戒する黄禍論がアメリカに波及し，日本人移民排斥の気運が高まった。

3 日露戦争前後の日本社会

❶平民社の設立　1903(明治36)年に社会主義者の幸徳秋水や堺利彦らが平民社を組織し，『平民新聞』を発行して反戦論を展開した。

▲幸徳秋水

❷平民社以外からの反戦論・非戦論　内村鑑三がキリスト教の立場から平和論を説いた。また，明星派歌人の与謝野晶子が『君死にたまふこと勿れ』，大塚楠緒子が『お百度詣で』，木下尚江が小説『火の柱』を書いた。

❸社会主義勢力の結集　労働運動の高まりを背景に社会主義者が合同して，1906(明治39)年，第1次西園寺公望内閣のもとで日本社会党を結成。日本社会党は，国法の範囲内で社会主義を主張する，わが国最初の合法的社会主義政党であった。政府は1907(明治40)年，治安警察法によって党を解散させた。

❹政府の弾圧強化　1910(明治43)年，第2次桂内閣のとき，社会主義者らを大量に検挙した大逆事件がおこった。この事件を機に，社会主義運動は，第一次世界大戦後まで窒息状態となり，「冬の時代」といわれる沈黙時代にはいった。

> 用語　**大逆事件**　幸徳秋水・宮下太吉・管野スガらが，明治天皇暗殺を計画したとして，長野県の山中で1910(明治43)年5月逮捕された。政府はこれを機会に，事件には何ら関係のない数千名の社会主義者・無政府主義者，その他同調者・同情者らまでも検挙。幸徳秋水が首謀者となって天皇暗殺をくわだてたという大逆罪によって26人を起訴した。裁判は大審院で1回しか開かれず，非公開で，翌年24人を死刑とする判決が下り，幸徳ら12人は判決後まもなく死刑となった(ほかの12人は無期懲役に減刑)。

❺女性解放運動の始まり　社会的に差別されていた女性の解放をめざし，女性の自覚を訴える運動がすすめられた。1911(明治44)年，平塚明(らいてう)らが青鞜社を結成し，雑誌『青鞜』を刊行した。『青鞜』第1号は，「原始，女性は実に太陽であった。…私共は隠されて仕舞った我が太陽を今や取り戻さねばならぬ」と因習の打破などを呼びかけた。その後，1920(大正11)年には，平塚と市川房江が女性の参政権を求めて，新婦人協会を設立した。

▲『青鞜』の表紙

5
帝国主義の展開とアジア

6 | 辛亥革命

1 革命運動の進展と清朝の改革

❶革命団体の成立　①広東省出身の孫文は，1894年ハワイで興中会を組織し，革命運動をはじめた。②義和団戦争以後，華僑や留学生など海外在住の中国人の間に広まった。中国人の海外留学者が多くなったが，とくに主要な留学地である日本で，「排満興漢」★1を主張する革命思想がひろく宣伝され，いくつかの革命団体ができた。③孫文が，出身地ごとに分かれていた革命諸団体を結集し，1905年，日本の東京で中国同盟会を結成。三民主義★2に基づく綱領をかかげ，機関誌『民報』を発刊して勢力を拡大した。

❷民間資本の成長　外国資本の導入によって軽工業が発達。とくに紡績業が発達して民間資本も成長した。外国勢力や清朝支配に反発して利権回復の運動もおこり，民間資本家や華僑の多くは，各地の革命運動を経済的に援助した。

❸光緒新政　立憲君主制国家に向けての改革。①科挙を廃止し（1905年），新軍（西洋式軍隊）や警察を創設した。②憲法大綱を発表して国会開設を約束，責任内閣制を採用した。★3

2 辛亥革命

❶革命の発端　1911年，清朝政府は財政確保のため，幹線鉄道を国有化し，これを担保に外国資本を導入しようとした。外国利権の回収は，当時の革命運動の主張の1つであったため，各地で反対運動がおこり，四川省では暴動となった。

❷中華民国の成立　清朝は暴動鎮圧のために新軍を出動させたが，革命派の多かった武昌の軍隊が反乱をおこすと，革命はたちまち各省に波及，大部分の省が清朝から独立した。勢力を得た革命軍は翌1912年1月に南京で中華民国を建てて，孫文を臨時大総統とした。これを辛亥革命（第一革命）という。★4

❸清朝の滅亡　①清朝は，北洋軍の袁世凱★5を総理大臣に登用し，革命鎮圧にあたらせた。②袁世凱は清朝をみすて，革命政府と取引して密約を結んだ。③1912年2月，袁の圧力で最後の皇帝宣統帝（溥儀）が退位，清朝は滅亡した。

★1 満州人の清朝を倒し，漢人による中国を建設しようというスローガン。
★2 ①民族…満洲人王朝の打倒と漢人の独立をめざす，②民権…民主共和政を目標とする，③民生…貧富の差の抑制をはかる，の3つ。
★3 内閣は満洲貴族に占められ，漢人の反感は高まった。
★4 革命の勃発した1911年は，干支で辛亥にあたるのでこの名でよばれる。
★5 日清戦争後，袁世凱が李鴻章の権力を引きついで形成した軍。袁の死後，分裂して抗争した。

❹袁世凱の独裁化　①密約にしたがって，袁世凱は北京で臨
時大総統に就任。②その後，軍を背景に議会をおさえ，国民
党を弾圧するなど，独裁政権を強化した。③1913年，孫文
らは袁打倒に挙兵した(第二革命)が失敗。袁は正式に大総統
に選出された。④1915年，袁はさらに帝位につこうとした
が，内外の反対にあって，これを断念(第三革命)。翌年，病
死した。

★6　1912年，中国
同盟会を解散し，こ
れを母体として新た
に合法政党として結
成された。

3 中国の周辺民族

　中華民国は，清の領土を受けつぎ，漢・満・モンゴル・チベ
ット・回の「五族共和」をめざしたが，辛亥革命後，チベット
やモンゴルで独立の動きがおこった。1924年，ソヴィエト連
邦の影響のもと，モンゴル人民共和国が成立したが，その他の
地域は中華民国内にとどまった。

★7　ここでは，新疆
(東トルキスタン)の
ウイグル人などイス
ラーム系諸民族を指
す。

[辛亥革命] …アジア最初の共和政権が樹立。
①孫文の三民主義，中国同盟会の結成。
②清朝の改革…科挙の廃止，憲法大綱の発表。
③辛亥革命(中華民国の成立)→北洋軍の袁世凱が孫文にかわって臨時大
　総統となり，清朝滅亡→袁世凱の独裁化で革命失敗。

7 | インド・東南アジアの民族運動

1 インドの民族運動

❶インド帝国成立以後の情勢　イギリス資本による近代工業
が発達し，インド人資本も成長した。しかし，一般のインド
人の窮乏は激化，農民は地主への土地集中で貧困化した。そ
のため，労働者や農民の暴動が続発した。

❷インド国民会議の成立　近代思想の普及によってインド国
内に改革の動きがあらわれた。1885年，イギリスはインド
人の不満を和らげるため，商人・地主・知識人らで構成する
インド国民会議を創設し，ボンベイ(現ムンバイ)で開催した。

★1　創立大会では，
インド政府の行政制
度の改革，軍事費の
削減，輸入綿花関税
の再実施が決議され
た。

❸**国民会議の変質** 国民会議派はヒンドゥー教徒が中心で，穏健な知識人が多く最初は親英的であったが，**イギリスの帝国主義政策が強化されると，反英的性格を強めた。**

❹**ベンガル分割令** 1905年，イギリスの出した分割統治策。政治的意識の高いベンガル州を，ヒンドゥー教徒多住地域とイスラーム教徒の多い地域とに分割，両教徒の宗教的対立を利用して民族運動の目をそらそうとした。

❺**分割令反対運動** 国民会議派は，ベンガル分割令に反対。[★2] 1906年，カルカッタで会議を開き，スワラージ(自治獲得)・スワデーシ(国産品愛用)・英貨排斥(イギリス商品のボイコット)・民族教育の4綱領を決議した。

❻**イギリスの抑圧政策** イギリスは，1906年，全インド＝ムスリム連盟[★3]をつくらせてヒンドゥー教徒や国民会議派と対立させ，一方でインド人に若干の政治参加を認めるなど，弾圧と懐柔策をとったが，1911年，ベンガル分割令を撤回した。

2 東南アジアの民族運動

❶**ベトナムの民族運動** ①日露戦争後，民族運動指導者のファン＝ボイ＝チャウらが維新会を結成，フランスからの独立運動を指導した。②日本へ留学生を送るドンズー(東遊)運動をすすめ，ドンキン義塾を設立し，近代思想の普及につくすが，フランスの圧力で打撃をうけた。③辛亥革命に刺激され，ベトナム光復会を中心に，抗仏運動がつづけられた。

❷**フィリピンの独立運動** ①ホセ＝リサールが1892年フィリピン(民族)同盟を結成し，独立運動を指導したが，スペインからの独立をめざすフィリピン革命(1896〜1902年)に際し処刑された。②アギナルドを指導者とする革命軍が，介入したアメリカと戦い(フィリピン＝アメリカ戦争，1899〜1902年)，99年フィリピン共和国の独立を宣言。③アメリカは独立を認めず，フィリピンを植民地化した。

❸**インドネシアの民族運動** オランダの支配に抵抗する人々のあいだにインドネシア人としての民族意識が高まる。1912年，イスラーム同盟(サレカット＝イスラーム)が結成され，インドネシアの民族運動団体が組織化された。

★2 南アフリカ戦争でのイギリスの苦戦や日露戦争での日本の勝利が刺激となり，ティラクが反英強硬派を指導した。

★3 全インド回教徒連盟ともいう。イギリスの援助で，アーガー＝ハーンを総裁としてイスラーム教徒の政治的権利を守るために結成。ベンガル分割令に賛成した。

３ 西アジアの動き

❶トルコの革命　オスマン帝国では，オスマン帝国憲法（ミド
ハト憲法）の停止を不満とする人々が，1908年，青年トル
コ革命によって政権をにぎり，憲法を復活させて議会を再開
した。しかし，民族や宗教の違いをこえたオスマン国家の形
成は容易ではなく，トルコ人が主体となって国を支え，近代
化をめざすべきとするトルコ＝ナショナリズム（トルコ民族
主義）が生まれた。

❷イランの革命　ガージャール朝による専制と列強への従属
に反対するウラマー（イスラーム法学者）や都市住民を中心に，
1905年に立憲運動がおこり，翌年，憲法発布，議会開設を
達成（立憲革命）したが，ロシアの軍事介入で挫折。

▲植民地化に対するおもな抵抗運動

[アジアの民族運動・独立運動]

① インド…ベンガル分割令→スワラージ・スワデーシ

② ベトナム…ドンズー運動

③ フィリピン…ホセ＝リサールの独立運動

④ インドネシア…イスラーム同盟

⑤ トルコ…青年トルコ革命

⑥ イラン…立憲革命

資料活用　日本の勝利は，周辺地域にどのような影響をもたらしたのだろう？ Q2

資料1　ネルーが見た日露戦争

　アジアの一国である日本の勝利は，アジアのすべての国ぐにに大きな影響をあたえた。わたしは少年時代，どんなにそれに感激したかを，おまえによく話したことがあったものだ。たくさんのアジアの少年，少女，そしておとなが，おなじ感激を経験した。ヨーロッパの一大強国はやぶれた。だとすればアジアは，そのむかし，しばしばそういうことがあったように，いまでもヨーロッパを打ち破ることもできるはずだ。ナショナリズムはいっそう急速に東方諸国にひろがり，「アジア人のアジア」の叫びが起こった。……ところが，その直後の成果は，少数の侵略的帝国主義諸国のグループに，もう1国をつけくわえたというにすぎなかった。そのにがい結果を，まず最初になめたのは，朝鮮であった。

（ジャワーハルラール＝ネルー『父が子に語る世界歴史』みすず書房）

資料2　ファン＝ボイ＝チャウが求めたもの

　この時に当って東風一陣，人をしてきわめて爽快の想いあらしめた一事件が起こりました。それは他でもない，旅順・遼東の砲声がたちまち海波を逐うて，私達の耳にも響いて来たことでありました。日露戦役は実に私達の頭脳に，一新世界を開かしめたものということが出来ます。

（ファン＝ボイ＝チャウ『獄中記』平凡社）

資料3　安重根の主張

　日露開戦の天皇詔勅には，東洋平和の維持，韓国独立の堅持がうたわれているにもかかわらず，その信義は守られず，その後，日本は韓国の主権を奪い，皇帝を譲位させ，軍隊を解散し，鉄道・電信・鉱山・森林・河川を略奪したばかりか，庁舎や邸宅，田畑や先祖の墓地を徴発し，韓国民は耐えがたい屈辱を受けた。そのため全国的に義兵が蜂起すると，それを暴徒として討伐し，悲惨な弾圧をくり返した。

　このような残虐非道な日本の侵略は，老賊伊藤の姦計によるものであり，彼は韓国の保護・独立を口にして天皇を偽り，列国を欺いている。わが民族が伊藤を処罰しなければ，かならず韓国は滅亡し，東洋平和は乱れるに違いない。

（海野福寿『伊藤博文と韓国併合』青木書店）

解説

(1)アジア諸国に大きな衝撃を与えた日本の勝利　ジャーナリストのアメリカ人女性スメドレーは，「日露戦争における日本の勝利は，エジプトから中国までの被征服国民に大きな希望を与えた」と書いている（『偉大なる道』岩波文庫）。イランやオスマン帝国では，立憲主義をとる日本が専制主義のロシアに勝利したととらえ，憲法の制定や議会の開設を要求する声が強まり，イランの立憲革命や青年トルコ革命に結びついた。インドでも日本の勝利に刺激されて1905年，インド国民会議派によるベンガル分割令反対運動が引きおこされ，7年間続いている。

(2)日露戦争後の日本という国家の本質

インドの民族独立運動を指導したガンディーは、「イギリスを追い払って、日露戦争後の日本のような富強の独立国をつくり、強い軍隊をもつのが良いというなら、それはイギリス人のいないイギリスをつくるだけではないか」と主張した。ネルーは、日露戦争における日本の勝利の本質を「少数の侵略的帝国主義諸国のグループに、もう1国をつけ加えたというにすぎなかった」(資料1)と書いている。

(3)希望が絶望に変わったベトナム　ファン＝ボイ＝チャウは、日露戦争中の日本に密航し、日本の経済力や技術力を知り、ベトナム人の人材育成をめざし留学生を送り込むドンズー運動を始めた(資料2)。しかし、1907年、日仏協約が結ばれ、日本政府がベトナム人の国外退去に踏み切ったため、活動を断たれた。ファン＝ボイ＝チャウは、1909年に日本を去り、その後は辛亥革命を成功させた中国で独立運動をすすめることになる。

(4)帝国主義日本の直接の被害を受けた朝鮮

1907年、第3次日韓協約により日本に内政権をうばわれ、軍隊を解散させられると、韓国全土で反日義兵闘争がおこった。1907年から10年までに、衝突回数約2,800回、約14万の義兵が参加した。解散させられた兵隊や各地の民衆がおこなうゲリラ闘争に手を焼いた日本は、義兵の拠点を村ぐるみ火を放って燃やしてしまう方法をとった。義兵闘争が弾圧されるなか、1909年、義兵将を名乗る安重根が伊藤博文をハルビン駅頭で射殺した。捕らえられた安は、獄中で「東洋平和論」を著した(資料3)。「東洋平和論」は処刑直前まで書き続けられたが、未完に終わった。安が考える「東洋平和」は、韓国、清国、日本の三国が連携して列強の侵略を防ぎ、東洋平和を守るべきとする主張であった。伊藤博文も折に触れて「東洋平和」を主張したが、それは日本のアジア一極支配、つまりアジア制覇の上に立つ平和であって、安の「東洋平和」とは異質なものであった。

(5)被抑圧民族の独立運動の拠点となる中国

中国の革命家劉師培は、日本が朝鮮の敵であるだけでなく、インド、ベトナム、中国、フィリピンの共通の敵であると指摘し、「日露戦争の勝利や日本という国家は、もはやアジアの被抑圧民族の希望でも模範でもなく、革命中国こそがアジアの非抑圧民族にとって独立運動の拠点となっていく」と主張した。

要点　Q2 ▶▶▶ A2

日本の日露戦争での勝利は、専制主義への勝利として、イランの立憲革命や青年トルコ革命に影響を与えた。一方で、周辺地域においてはその帝国主義的な性格が批判を招き、抗日・独立運動の契機となった。

5

帝国主義の展開とアジア

☑ 要点チェック

CHAPTER 1　結びつく世界	答
☐ 1　15世紀から明に朝貢し，東部アジア地域を結ぶ中継貿易の中心となっていた王国を何というか。	1　琉球王国
☐ 2　徳川家康が豊臣氏を滅ぼした戦いを何というか。	2　大坂の陣
☐ 3　百姓の相互監視のために設けられた制度を何というか。	3　五人組
☐ 4　江戸時代初め，幕府から大名や商人に与えられた貿易の許可状を何というか。	4　朱印状
☐ 5　オランダ商館がおかれた長崎の人工島を何というか。	5　出島
☐ 6　将軍の代がわりごとに朝鮮から派遣された使節を何というか。	6　朝鮮通信使
☐ 7　江戸幕府が大量に流通させた銅銭を何というか。	7　寛永通宝
☐ 8　町人の資金を投じて開発された新田を何というか。	8　町人請負新田
☐ 9　問屋や地主などが作業場に道具をそろえ，小作人を集めて分業で生産するしくみを何というか。	9　工場制手工業（マニュファクチュア）
☐ 10　西廻り海運，東廻り海運を開いた商人はだれか。	10　河村瑞賢
☐ 11　江戸時代に商工業者がつくった同業者組合を何というか。	11　株仲間
☐ 12　全国の藩校の模範となった幕府の学問所を何というか。	12　昌平坂学問所
☐ 13　前野良沢，杉田玄白らが出版した医学書を何というか。	13　解体新書
☐ 14　明が北方のモンゴル人と南方の倭寇に苦しんだ様子を何というか。	14　北虜南倭
☐ 15　明や清が実施した官僚の採用試験を何というか。	15　科挙
☐ 16　清が広州での貿易の独占権を認めた特許商人の組合を何というか。	16　公行（コホン）
☐ 17　オスマン帝国の全盛期を築いた16世紀の皇帝はだれか。	17　スレイマン1世
☐ 18　16世紀，イラン高原に成立したシーア派の王朝を何というか。	18　サファヴィー朝
☐ 19　16世紀にバーブルが北インドに建てた帝国を何というか。	19　ムガル帝国
☐ 20　バタヴィアを根拠地にアジア交易をおこなった国はどこか。	20　オランダ
☐ 21　1600年にイギリスがアジア交易のために設立した会社を何というか。	21　東インド会社

CHAPTER 2　近代ヨーロッパ世界の成立	答
☐ 1　16〜18世紀のヨーロッパ諸国がとった，貿易により国の財政を豊かにしようとする政策を何というか。	1　重商主義
☐ 2　産業革命が最初におこった国はどこか。	2　イギリス
☐ 3　1756〜63年に起こった，北アメリカの植民地などをめぐるイギリスとフランスの戦争を何というか。	3　七年戦争
☐ 4　1773年にイギリスが制定した茶法をめぐって起こった事件を何というか。	4　ボストン茶会事件
☐ 5　アメリカ独立の必要性を説いたトマス゠ペインの著書は何か。	5　コモン゠センス
☐ 6　1789年にフランスで国民議会が発表した宣言を何というか。	6　人権宣言
☐ 7　1793年から独裁をしいた，ロベスピエールを中心とする急進派を何というか。	7　ジャコバン派
☐ 8　1794年，ロベスピエールが処刑された事件を何というか。	8　テルミドールの反動
☐ 9　1804年にフランス皇帝となった人物はだれか。	9　ナポレオン゠ボナパルト
☐ 10　1814〜15年，ヨーロッパの秩序再建のために開かれた会議を何というか。	10　ウィーン会議
☐ 11　ロシア皇帝アレクサンドル1世の提唱により成立したキリスト教の精神に基づく同盟を何というか。	11　神聖同盟
☐ 12　1830年，復活したブルボン王朝による反動政治の強行に対して起こった，パリの民衆による武装蜂起を何というか。	12　七月革命
☐ 13　1848年にフランスでおこった革命を何というか。	13　二月革命
☐ 14　エカチェリーナ2世が採用した不凍港を求める方針を何というか。	14　南下政策
☐ 15　1853年にロシアとオスマン帝国などの間におこった戦争を何というか。	15　クリミア戦争
☐ 16　イギリスでディズレーリが指導した政党を何というか。	16　保守党
☐ 17　1871年にフランスで成立した世界初の労働者による自治政府を何というか。	17　パリ゠コミューン
☐ 18　マッツィーニが指導したイタリア統一のための組織を何というか。	18　青年イタリア
☐ 19　鉄血政策をすすめたドイツの首相はだれか。	19　ビスマルク

□ 20	アレクサンドル2世が1861年にロシアの近代化のために発布した法令を何というか。	20 農奴解放令
□ 21	マルクスが指導して1864年に結成された労働者の組織を何というか。	21 第1インターナショナル
□ 22	『種の起源』を発表し進化論を唱えた科学者はだれか。	22 ダーウィン

CHAPTER 3　アメリカ世界の成立

		答
□ 1	アメリカ合衆国がヨーロッパとアメリカ大陸の相互不干渉を主張した1823年の宣言を何というか。	1 モンロー宣言
□ 2	1803年にアメリカ合衆国がフランスのナポレオンから買収した土地はどこか。	2 ルイジアナ
□ 3	19世紀半ば，カリフォルニアで発見された金鉱をめざして移民が押し寄せた現象を何というか。	3 ゴールドラッシュ
□ 4	南北戦争で自由貿易を主張したのは北部，南部のどちらか。	4 南部
□ 5	アメリカ合衆国の西部開拓の原動力となった，1869年に開通した鉄道を何というか。	5 大陸横断鉄道
□ 6	エジプトで1869年に完成した運河を何というか。	6 スエズ運河
□ 7	オスマン帝国で19世紀に実施された，西欧化をめざす改革を何というか。	7 タンジマート（恩恵改革）
□ 8	ミドハト＝パシャのもとで発布されたオスマン帝国の憲法を何というか。	8 オスマン帝国憲法（ミドハト憲法）
□ 9	イランで18世紀末に成立した王朝を何というか。	9 ガージャール朝
□ 10	1757年にイギリスがインドにおけるフランス勢力を破った戦争を何というか。	10 プラッシーの戦い
□ 11	1857年にインドでイギリスに対する反乱をおこしたインド人傭兵を何というか。	11 シパーヒー
□ 12	1858年に締結された第2次アヘン戦争の講和条約を何というか。	12 天津条約
□ 13	太平天国に対抗した義勇軍・淮軍の中心人物はだれか。	13 李鴻章（リーホンチャン）
□ 14	1853年，日本を開国させるために浦賀へ来航したのはだれか。	14 ペリー
□ 15	日米修好通商条約に調印した大老はだれか。	15 井伊直弼
□ 16	薩長同盟を仲介したのは坂本龍馬とだれか。	16 中岡慎太郎

CHAPTER 4　明治維新と日本の立憲体制	答
□ 1　徳川慶喜が政権を朝廷に返上したできごとを何というか。	1　大政奉還
□ 2　天皇を中心とする新政府の樹立の宣言を何というか。	2　王政復古の大号令
□ 3　1868年に天皇が神に誓うという形で宣言した新政府の方針を何というか。	3　五箇条の誓文
□ 4　藩を廃止して府・県を置いた改革を何というか。	4　廃藩置県
□ 5　満20歳になった男子に兵役を義務づけた法令を何というか。	5　徴兵令
□ 6　土地所有者に対して，地価の3％の金納を課した税制改革を何というか。	6　地租改正
□ 7　群馬県に設立され，製糸業の中心となった官営模範工場を何というか。	7　富岡製糸場
□ 8　6歳以上の男女に小学校教育を義務づけた法令を何というか。	8　学制
□ 9　条約改正の予備交渉のため欧米に渡った使節団を何というか。	9　岩倉使節団
□ 10　1871年に日本と清の間で結ばれた対等な条約を何というか。	10　日清修好条規
□ 11　琉球藩を廃して沖縄県を設置したできごとを何というか。	11　琉球処分
□ 12　1876年に日本が朝鮮と結んだ条約を何というか。	12　日朝修好条規
□ 13　北海道の開拓と防衛にあたった農兵を何というか。	13　屯田兵
□ 14　板垣退助らが推進した国会の開設を求める運動を何というか。	14　自由民権運動
□ 15　1877年におこった最後にして最大の士族の反乱を何というか。	15　西南戦争
□ 16　立憲改進党を結成したのはだれか。	16　大隈重信
□ 17　日本銀行を設立し銀本位制をしいた大蔵卿はだれか。	17　松方正義
□ 18　埼玉県で1884年におこった自由党員の激化事件を何というか。	18　秩父事件
□ 19　初期の帝国議会で多数を占めた，もと民権派の政党をまとめて何というか。	19　民党
□ 20　忠君愛国を説いた学校教育の原則を何というか。	20　教育に関する勅語

CHAPTER 5　帝国主義の展開とアジア	答
□ 1　鹿鳴館の建設など欧化政策をすすめた外務卿はだれか。	1　井上馨
□ 2　外国人判事に対する不信をまねいた1886年の事件を何というか。	2　ノルマントン号事件

1
～
5

要点チェック

☐ 3	青木外相が辞任するきっかけとなった1891年の事件を何というか。	3 大津事件
☐ 4	1894年に領事裁判権の撤廃に成功した外相はだれか。	4 陸奥宗光
☐ 5	朝鮮の守旧派と開化派の対立から1882年におこった反乱を何というか。	5 壬午軍乱（壬午事変）
☐ 6	1894年に東学の信徒を中心におこった朝鮮での反乱を何というか。	6 甲午農民戦争
☐ 7	日清戦争の講和条約を何というか。	7 下関条約
☐ 8	遼東半島を清に返還することとなったできごとを何というか。	8 三国干渉
☐ 9	伊藤博文が1900年に結成した政党を何というか。	9 立憲政友会
☐ 10	大阪紡績会社を設立した実業家はだれか。	10 渋沢栄一
☐ 11	1901年に操業を開始した官営の製鉄所を何というか。	11 八幡製鉄所
☐ 12	足尾鉱毒事件の解決に取り組んだ議員はだれか。	12 田中正造
☐ 13	1911年に制定された初の労働者保護法を何というか。	13 工場法
☐ 14	原料供給地や市場を求めて植民地を拡大する動きを何というか。	14 帝国主義
☐ 15	十月宣言を発して革命運動を抑えたロシア皇帝はだれか。	15 ニコライ2世
☐ 16	イギリスのスーダン侵略の中で，19世紀末におこった反乱を何というか。	16 マフディー運動
☐ 17	南アフリカのブール人を圧迫したケープ植民地の首相はだれか。	17 セシル＝ローズ
☐ 18	アフリカ縦断政策をとったヨーロッパの国はどこか。	18 イギリス
☐ 19	ドイツの三国同盟に対抗して結成された，ドイツを包囲する形の英仏露による外交関係を何というか。	19 三国協商
☐ 20	「扶清滅洋」を唱え，外国公使館を占領した結社を何というか。	20 義和団
☐ 21	日露戦争の講和条約を何というか。	21 ポーツマス条約
☐ 22	韓国併合に際して朝鮮に置かれた官庁を何というか。	22 朝鮮総督府
☐ 23	三民主義を唱え辛亥革命を指導した人物はだれか。	23 孫文（スンウェン）
☐ 24	インド国民会議の中心となったのはヒンドゥー教徒か，イスラーム教徒か。	24 ヒンドゥー教徒

第2編

国際秩序の変化や大衆化と私たち

・・・

第2編　日本と世界の歴史

日本史

▼シベリア出兵 (⇨p.240) で行進する日本軍：日本とロシアは共に満洲への進出を狙った

▼満洲での調査をおこなうリットン調査団 (⇨p.306)：日本は孤立を深めていく

▼関東大震災 (⇨p.281) 後の横浜市：大混乱の中で戒厳令が発令された

第一次世界大戦（一九一四）

シベリア出兵（一九一八）

関東大震災（一九二三）

満洲事変（一九三一）

時代　大正　｜　昭和

世紀　20　世界戦争の時代

世界史

第一次世界大戦（一九一四）

ロシア革命（一九一七）

パリ講和会議（一九一九）

三・一独立運動

世界恐慌（一九二九）

▲ガスマスクを使用する兵士 (⇨p.234)：「新兵器」の登場により戦争被害は拡大した

▲混乱するウォール街 (⇨p.289)：世界恐慌の混乱はファシズムの台頭を促した

▼日本の真珠湾攻撃（⇨p.324）：第二次世界大戦の主戦場がアジア・太平洋地域に拡大した

▼原子爆弾（⇨p.329）によるきのこ雲：原爆投下やソ連の参戦が終戦の契機となった

▼サンフランシスコ平和条約（⇨p.359）の調印式：日本は独立を回復した

二・二六事件
（一九三六）

日中戦争
（一九三七）

日独伊三国同盟
（一九四〇）

アジア太平洋戦争
（一九四一）

原子爆弾投下・終戦
（一九四五）

サンフランシスコ平和条約
（一九五一）

第二次世界大戦
（一九三九）

大西洋憲章
（一九四一）

ヤルタ会談
（一九四五）

朝鮮戦争
（一九五〇）

▲ヒトラー（⇨p.294）：不況脱却・経済回復をかかげるナチ党が政権を獲得した

▲英・米・ソによるヤルタ会談（⇨p.328）：連合国による戦後処理とソ連の参戦が決定した

▲朝鮮戦争（⇨p.341）の中，避難する難民：朝鮮半島は，冷戦下の米ソ代理戦争の場となった

1 》第一次世界大戦と大衆社会

まとめ

SECTION 1 第一次世界大戦とロシア革命 ☞p.230

☐ **バルカン半島での対立**

- **構図**…三国同盟(ドイツ・オーストリア・イタリア→同盟国)対三国協商(イギリス・フランス・ロシア→協商国)，パン゠スラブ主義 対 パン゠ゲルマン主義。
- **開戦**…サライェヴォ事件(1914年，セルビア人によるオーストリア帝位継承者夫妻の暗殺)→第一次世界大戦。

☐ **第一次世界大戦の経過**

- **新時代の戦争**…塹壕戦。配給制など国民を巻き込んだ総力戦。
- **日本の参戦**…日英同盟を口実に協商国側で参戦，ドイツに宣戦布告(1914年)→中華民国の袁世凱(ユアンシーカイ)政権に二十一カ条の要求をつきつける。
- **戦時外交**…イギリスの多重外交(フセイン・マクマホン協定，サイクス・ピコ協定，バルフォア宣言)。アメリカはドイツの無制限潜水艦作戦に反発し，協商国側で参戦。ロシアは革命後，ブレスト゠リトフスク条約でドイツと単独講和して戦線離脱。

☐ **終戦と結果**

- **終戦**…アメリカ大統領ウィルソンが「十四カ条」の平和原則。同盟国側の降伏で終戦。
- **結果**…植民地に自立の動き。アメリカ，日本の存在感が強まる。ロシアが資本主義・帝国主義の批判者として注目される。

☐ **ロシア革命**

- **革命の経過**…1917年，二月(三月)革命で皇帝ニコライ2世が退位→レーニンの四月テーゼ→ボリシェヴィキの台頭→レーニン・トロツキーによる十月(十一月)革命でソヴィエト政権(ソヴィエト゠ロシア)の成立。「平和に関する布告」，「土地に関する布告」発表。
- **ソ連の成立**…ボリシェヴィキの一党独裁に対する反革命の動き→日本・アメリカなど7カ国によるシベリア出兵→赤軍の反抗→新経済政策(ネップ)の実施→コミンテルン(第3インターナショナル)の結成→ソヴィエト社会主義共和国連邦が成立。日本はシベリアから撤退後，日ソ基本条約を締結。

❷ 国際平和と安全保障 ☞p.243

□ **第一次世界大戦の講和と軍縮**

- **パリ講和会議**…1919年，ウィルソンの「十四カ条」を原則として開催。ヴェルサイユ条約によりドイツに巨額の賠償金。
- **国際連盟**…アメリカは不参加。当初ドイツとソ連は除外。
- **軍縮**…ワシントン会議(主力艦を制限，四カ国条約で日英同盟の破棄，九カ国条約で中国の門戸開放を確認)。ロンドン海軍軍備制限会議(補助艦を制限)。

□ **1920年代の西ヨーロッパ諸国**

- **イギリス**…男女平等の普通選挙。ウェストミンスター憲章。アイルランドなどの権利を高め自治領に。
- **フランス**…ドイツのルール地方を占領するが撤退。
- **ドイツ**…ヴァイマル憲法を制定。ドーズ案による産業復興。
- **イタリア**…ムッソリーニのファシスト党による独裁。

□ **国際協調**

- **ロカルノ条約**…ドイツを含む7カ国がヨーロッパの安全保障をはかる。
- **不戦条約**…欧米，日本など15カ国が調印。国際紛争を解決する手段としての戦争の禁止を約束。のちに63カ国が参加。

❸ アジア・アフリカ地域の民族運動 ☞p.254

□ **朝鮮**

- **三・一独立運動**…日本は武力による統治「武断政治」から「文化政治」へ。

□ **中国**

- **国民党と共産党**…孫文(スン ウェン)が中国国民党，陳独秀(チン ドゥー シウ)が中国共産党を結成→第1次国共合作。蔣介石(チアン チエ シー)の国民革命軍が北伐。内戦から国民政府が中国を統一。

□ **インド**

- **インドの民族運動**…1919年，インド統治法(形式的な自治)。ガンディーの非暴力・非協力(不服従)運動。1935年に新インド統治法。

□ **東南アジア**
- **東南アジアの民族運動**…インドネシアでスカルノのインドネシア国民党による独立運動。ビルマでタキン党による独立運動。ベトナムでホー＝チ＝ミンのインドシナ共産党による独立運動。タイは立憲君主政に。

□ **アフリカ**
- **アフリカの民族運動**…アフリカ民族会議（ANC）の結成。パン＝アフリカ会議の開催。

□ **西アジア**
- **トルコ共和国の成立**…第一次世界大戦で敗戦したオスマン帝国で，ムスタファ＝ケマルによる新政府。カリフ制廃止などによる近代化。

□ **イスラーム諸国**
- **アラブ民族運動**…フセイン・マクマホン協定での独立の約束をイギリスが破棄→イブン＝サウードがサウジアラビア王国を建国。
- **そのほかの地域**…エジプト王国が独立。イランでパフレヴィー朝が成立。パレスチナ問題が発生。アフガニスタン王国が独立。

❹ 大衆消費社会とアメリカ合衆国 ☞p.264

□ **アメリカの繁栄**
- **債務国から債権国への転換**…ニューヨークのウォール街が国際金融市場の中心に。大量生産・大量消費・大衆文化を特徴とする大衆消費社会が成立。サラリーマンなどの都市中間層が台頭する。
- **人種差別**…クー＝クラックス＝クラン（KKK）や白人中間層のWASP（ワスプ）が人種差別，移民排斥をすすめる。移民法の制定。

❺ 日本の市民生活の変化 ☞p.268

□ **都市化** 大戦景気で工業が発達。都市部の人口が増加。関東大震災からの復興で都市が近代化。

□ **民衆の生活** 新中間層が増加。生活が洋風化。電気・ガス・水道の普及。職業婦人の出現。

□ **大衆文化** 新聞・雑誌の部数が増加。1925年，ラジオ放送の開始。映画・音楽・演劇が流行。

❻ 社会運動の発展と民衆の政治参加 ☞p.272

□ **政治参加の拡大**
- **大正政変**…第2次西園寺公望内閣が総辞職し桂太郎内閣が成立。犬養毅や尾崎行雄が指導する第1次護憲運動で桂内閣は総辞職(大正政変)。
- **シーメンス事件**…山本権兵衛内閣のときシーメンス事件がおこり，民衆運動の結果，総辞職。

□ **第一次世界大戦中の日本**
- **第一次世界大戦**…第2次大隈重信内閣のもと，日英同盟を理由に第一次世界大戦に参戦，中国に二十一カ条の要求。大戦中に寺内正毅内閣が成立。
- **大戦景気**…ヨーロッパ列強が後退したアジア市場に進出。輸出超過となり好景気。造船業・海運業が発達。物価は急上昇→労働者の生活圧迫。
- **米騒動**…1918年，米の安売りを求める運動。寺内内閣は総辞職に追い込まれ，原敬内閣が成立(初の本格的な政党内閣)。

□ **大正デモクラシー**
- **学説**…美濃部達吉の天皇機関説。吉野作造の民本主義。
- **社会運動**…普選運動。労働運動(初のメーデー，日本労働総同盟)。農民運動(小作争議，日本農民組合)，社会主義運動(日本社会主義同盟，日本共産党の結成)，被差別部落解放運動(全国水平社)。女性解放運動(平塚らいてう，市川房枝らが新婦人協会)。

□ **関東大震災**　1923年に発生。関東一円に戒厳令を発令。朝鮮人・中国人に対する殺傷事件。

□ **護憲三派内閣**
- 高橋是清内閣(積極財政抑制)→加藤友三郎内閣(シベリア撤兵)→第2次山本権兵衛内閣。
- **護憲三派内閣**…清浦奎吾内閣のもと，護憲三派が結束し第2次護憲運動→加藤高明が連立内閣を組織。普通選挙法(満25歳以上の男子に選挙権)，治安維持法を制定。特別高等警察(特高)を設置。
- **外交**…幣原喜重郎を外相に起用。協調外交(幣原外交)を展開し，日ソ基本条約を締結した。

第一次世界大戦とロシア革命 世界史 日本史

▶ 1914年，サライェヴォ事件から始まった局地的な紛争は，ヨーロッパから世界にひろがり世界大戦となった。戦争は長期化し総力戦となり，参戦各国では国民の協力を得られる政治・経済体制への転換が必要になった。ロシアの専制に不満をもつ労働者，農民，兵士は2度にわたる革命をおこし，社会主義体制樹立に向かった。ロシア革命で主導権を握ったレーニンは，ソヴィエト大会で「平和に関する布告」を採択し，全交戦国に無併合・無賠償・民族自決の原則による講和を呼びかけた。これに対抗してアメリカ合衆国大統領ウィルソンは，秘密外交の廃止，民族自決権の協調を含む「十四カ条」の平和原則を発表し，これが後のヴェルサイユ条約の基本的枠組みとなった。

☞ このセクションでは，次の問いに答えられるようにする必要がある。

Q1 第一次世界大戦は，なぜ多くの死者を生み出すことになったのだろう？

Q2 第一次世界大戦は，その後の世界にどのような影響を与えたのだろう？

1 ｜ バルカン半島での対立

1 三国同盟と三国協商

　1882年，ドイツ・オーストリア・イタリアの3国間で三国同盟が成立。また，1907年，イギリス・フランス・ロシアの間には三国協商が成立。この2つのブロックは，しだいに対立を深めていった。

★1 イギリスは3C政策，ドイツは3B政策を推進していたことから対立が深まった。

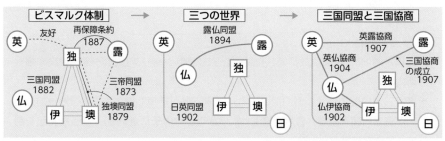

▲ヨーロッパの同盟と対立

2 パン＝スラヴ主義 対 パン＝ゲルマン主義

　日露戦争後，ロシアはパン＝スラヴ主義を奉じ，スラヴ系住民のトルコからの独立を支援して，バルカン半島の南下政策を

すすめた。それに対してドイツ・オーストリアもまた、パン＝ゲルマン主義を奉じ、バルカン半島での勢力拡大をねらっていた。

3 バルカン半島の緊迫化[★2]

　1908年に発生したトルコの青年トルコ革命に乗じてブルガリアが独立し、オーストリアは**ボスニア・ヘルツェゴヴィナ2州を併合した。**これに対してスラヴ系住民の不満は高まった。

★2 バルカン半島は「ヨーロッパの火薬庫」とよばれた。

4 バルカン同盟

　1912年、セルビア・ブルガリア・ギリシア・モンテネグロの4カ国でバルカン同盟が結成された。ロシアはこれを支援した。

5 第1次バルカン戦争

　1912年、バルカン同盟諸国は、トルコに戦争をしかけて、翌年勝利した。トルコはバルカン半島の地をほぼうばわれた。

> 補説　**イタリア＝トルコ戦争**　1911年、第2次モロッコ事件に乗じて、イタリアはオスマン帝国と開戦。翌年イタリアが勝利し、アフリカ北岸のリビア(トリポリ・キレナイカ)を領有した。

6 第2次バルカン戦争

　トルコから獲得した領土の分配をめぐってブルガリアとバルカン同盟の他の3国[★3]が対立。1913年に開戦した。ブルガリアは大敗し、戦後はドイツ・オーストリアに接近した。

★3 オスマン帝国・ルーマニアも3国側に加わった。

> 補説　**各地の反戦運動**　第2インターナショナル(労働者の国際組織)は愛国心の高まりにより帝国主義反対から一転して戦争を支持したが、レーニンやローザ＝ルクセンブルク(ポーランド出身のドイツの女性革命家)は反戦を唱えつづけた。

［第一次世界大戦前の対立］

三国同盟(独墺伊)　←×→　三国協商(英仏露)

対立

パン＝ゲルマン主義　←×→　パン＝スラヴ主義
(オーストリア支持)　　　　　(ロシア支持)

➡ 第1次・第2次バルカン戦争で危機が高まる

2│第一次世界大戦の開戦

1 サライェヴォ事件

　1914年6月，オーストリアの帝位継承者夫妻が，ボスニア・ヘルツェゴヴィナのサライェヴォでセルビア人に暗殺された。これを機に，オーストリアはセルビアに最後通牒（つうちょう）をおくり，1か月後には宣戦布告した。

2 第一次世界大戦へ

　ロシアはただちにセルビアを援助して動員を開始。ドイツはオーストリアを支持してロシアとその同盟国フランスに宣戦。ドイツがベルギー国境を侵略すると，それを理由にイギリスがドイツに宣戦。こうして第一次世界大戦（1914〜18年）が始まった。日本も日英同盟を理由に協商国側（三国協商）に加わりドイツに宣戦を布告し，中立だったイタリアも1915年に協商国側にたって参戦した。[★1]

★1 イタリアは三国同盟の一員であったが，オーストリアと対立し，1902年にフランスと秘密協定を結んでいた。

3 戦争の経過

❶西部戦線　ドイツは中立国ベルギーに侵入し，フランスに進撃したが，マルヌの戦い（1914年9月）で進軍は阻止（そ）された。以後，西部戦線では塹壕（ざん）にこもり機関銃で相手の攻撃を阻止する塹壕戦となり，膠着（こうちゃく）状態が続いた。

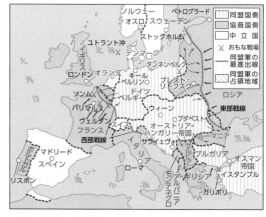

▲第一次世界大戦時のヨーロッパ

❷東部戦線　ドイツ軍はロシア領ポーランドに侵入したが（タンネンベルクの戦い1914年8月），決定的な打撃を与えることができず，ドイツは2つの戦線で同時に戦うことになった。[★2]

★2 ドイツ軍はまず西部戦線に全力を挙げてフランスを破り，ただちに東部戦線に兵力を移しロシアを破る計画を立てていた。

4 戦争の長期化

　同盟国軍は海上を封鎖され，経済的に窮乏（きゅうぼう）した。ドイツはヴ

ェルダン要塞攻撃(1916年2月)，ユトラント沖の海戦(16年5月)に失敗。ソンムの戦いでは，英・仏の反撃をうけた(16年6月)。状況を打開するために**毒ガス・戦車・飛行機などの新兵器も使われ**，長期戦となった。

5　戦争の拡大

　同盟国側はドイツ・オーストリア・オスマン帝国・ブルガリア4カ国，協商国側はイギリス・フランス・ロシアを中心に，セルビア・モンテネグロ，日本，1915年にイタリア，16年にルーマニア・ポルトガル，17年にアメリカ合衆国・中国・ギリシアなどが加わり合計27カ国となった。[★3]

3｜総力戦

1　総力戦体制

　戦争は国の生産力が戦局を左右する総力戦となり，政府が経済活動を統制し，食料や生活必需品(ひつじゅひん)の価格統制や配給制を導入。各国では，自国の戦争遂行を支持する，挙国一致(きょこくいっち)体制がしかれた。

　インドなど植民地の住民も兵士や労働者として動員された。また，男性労働力が不足するなかで女性が工場労働者，トラック運転手，警官などの職場に進出する現象も見られた。

2　各国の国内情勢

❶**イギリス**　1916年にロイド＝ジョージ内閣が成立した。戦争の遂行にあたり，アイルランドの反乱を鎮圧し，インドに自治を約束してインド人義勇兵をヨーロッパに派遣した。

❷**フランス**　熱狂的な愛国心[★1]も動揺しはじめたが，1917年，対独強硬派のクレマンソーが組閣し，戦争継続につとめた。

❸**ロシア**　戦争が長期化して武器・弾薬が不足し，戦局は悪化して損害も激増，兵士の戦意も低下した。生活必需品の不足から労働者・農民の不満が激化してストライキが増加した。

❹**ドイツ**　社会民主党が戦争に協力したが，経済統制が強まると，その左派が反戦運動にはしり，ストライキもおこった。

★3ドイツ社会民主党やフランス社会党は反戦を呼びかけたが，開戦直後にフランス社会党の指導者ジャン＝ジョーレスが暗殺され，各国の社会党が戦争支持に回ったことで国際的な反戦運動は崩れた。

★1 開戦時には，反戦を唱えた社会主義者ジャン＝ジョレスが暗殺されたほどであった。

資料活用　第一次世界大戦は，なぜ多くの死者を生み出すことになったのだろう？　Q1

資料1　19世紀半ば以降のおもな戦争の死者数

戦争	時期	死者数(人)＊
クリミア戦争	1853〜56	772,000
南北戦争(アメリカ)	1861〜65	820,000
プロイセン＝フランス戦争	1870〜71	250,000
第一次世界大戦	1914〜18	26,000,000
第二次世界大戦	1939〜45	53,547,000

＊戦士した兵士と非戦闘員の死者数
　（レスター・R・ブラウン『地球白書1999－2000』より作成）

資料2　ガスマスクをかぶり塹壕で戦う兵士

資料3　英陸軍の募兵用ポスター

資料4　死の商人

　ぼうだいな量の砲弾を一瞬にして消費してしまう消耗戦の長期化にともない，巨大な軍需工業会社にのしあがった企業がでてくる。ドイツ武器弾薬製作所がそのひとつ。同社は，1918年11月の敗戦まで，ぼうだいな量の武器と弾薬を，ドイツ陸海軍用に供給（製造・販売）しつづけた。

　約93万挺の銃，68万挺のピストル，5万8,000挺の機関銃，1億1,100万個の砲弾，40億の歩兵用薬きょうと乾電池，2,000万の大砲の薬きょうと5億8,000万の電管，99万の球入れ軸受け，そのほか，保弾帯，薬きょう帯，保弾帯に装着する弾薬，榴弾，信管，砲架，金属管その他多数。これが，ドイツ武器弾薬製作所が大戦中，国に供給しつづけた数である。

　1917年に，同社の純利益は，820万マルクから1,270万マルクにふえた。株主への配当も，20パーセントから30パーセントへとアップした。

　軍需工場の景気は，兵士の戦死や国民の苦しみとは関係なく，好調だった。

（笠原十九司『世界と日本の歴史9』大月書店）

解説

　第一次世界大戦での兵士と民間人の死者数は約2,600万人に上る。19世紀後半の戦争と比較すると，その死者数は桁外れに多くなっている。第二次世界大戦ではさらに倍以上の死者数を数え〔資料1〕，その**5〜6割は民間人**であった。なぜ20世紀の戦争はこれほど多くの死者を生み出したのか。

(1)**新兵器の登場**　19世紀末に進行した重化学工業化の結果，鉄鋼業が発達し，鋼鉄製の大口径砲や戦艦の製造が可能になった。さらに，1903年の**TNT火薬の発明**は，**弾薬の破壊力を飛躍的に高めた**。その結果，巨大戦艦と潜水艦による海上戦が主流となる。また，陸上では，機関銃と戦車が主流となり，**塹壕戦の長期化**で，迫撃砲と手榴弾や毒ガス弾が使用された〔資料2〕。その他，鉄道や自動車の発達に加えて，電話や電信の開発が進み，軍隊の移動や指令の伝達速度が飛躍的に高まった。さらに，飛行機が偵察や補助的な爆撃に使われた。

(2)**総力戦の登場**　第一次世界大戦は，すべての交戦国が徴兵制にもとづいて大量の兵力を動員して戦う消耗戦となった。圧倒的な海軍力を誇ったイギリスでさえ徴兵制に踏み切った〔資料3〕。大量の重火器や戦車，戦艦，飛行機を投入する戦闘が長引く中で，産業や国民を総動員して戦う「総力戦」という全く新しい戦闘方式が登場した。

(3)**「死の商人」の活躍**　第三に，新しい武器や弾薬，兵器を大量生産して国に売り込み，戦争をもうけの手段と考える資本家がいた〔資料4〕。

要点　Q1 ▶▶▶ A1

　第一次世界大戦が多数の死者を生んだ要因として，現代兵器の登場や国民を総動員して戦う「総力戦」体制の他，死の商人の活躍があげられる。

4｜日本の参戦

　日本は，第2次大隈重信内閣(外相加藤高明)が日英同盟を口実として協商国側に加わって参戦し(1914年8月)，ただちにドイツの東アジアにおける根拠地膠州湾の青島を政略し，さらにドイツ領の南洋諸島の一部を占領した。

　日本は，第一次世界大戦勃発によりヨーロッパ勢力がアジアから退潮したのに乗じ，中国大陸への進出をはかった。

5｜二十一カ条の要求

1 大隈内閣の対応

　1915年，日本は中華民国の袁世凱政権に二十一カ条の要求をつきつけた。中国は辛亥革命後で民族意識がもりあがっていたので大きな衝撃をうけ，反日運動が激化した。

★1 二十一カ条の要求を出した理由は，日本の旅順・大連の租借権の期限が，1923年に切れることや，中国から南満洲鉄道の買収の申し出があれば，応じなければならないなど，懸案があったため。

2 二十一カ条の要求のおもな内容

❶山東省のドイツ権益の継承。

❷南満洲・内モンゴルにおける日本の特殊権益の承認，旅順・大連および南満洲鉄道などの租借期限の99年間延長。

❸漢冶萍公司の日中両国による共同経営。★2

❹中国政府の政治・財政・軍事顧問に日本人を採用。

★2 漢陽製鉄所・大冶鉄山・萍郷炭坑を一体として経営する大会社。日本政府は，この中国最大の製鉄所に巨額の資本を投下していた。1908年の成立である。

3 二十一カ条の要求の承認

　要求の重点は上記の2の❷で，❹は希望事項とした。この交渉は難航し，日本は最後通牒を発して❹をけずり，ほかを若干譲歩して中国に承認させた。中国では，この要求をうけいれた5月9日を国恥記念日とし，反日感情が高まった。

6｜戦時外交とアメリカ合衆国の参戦

　戦争が長期化するなか，各国は，戦争を有利に進めるために，国内および敵国内の少数民族に対して，戦後の自治や国家建設を認めるという空約束を与えた。これが戦後，各民族間で厳しい対立を生むことになった。

1 イギリスの多重外交

❶フセイン・マクマホン協定　1915年，メッカの太守フセインとイギリスの高等弁務官マクマホンの間で，オスマン帝国の支配下に置かれていたアラブ人に独立国家の建設を認めるという約束が交わされた。

❷サイクス・ピコ協定　1916年，イギリス・ロシア・フランスの3国が戦後のオスマン帝国領の扱いを定めた秘密協定。各国の勢力範囲とパレスチナの国際管理を定めた。ロシア革命後，レーニンにより暴露された。

▲第一次世界大戦後の西アジア

❸バルフォア宣言★1　1917年，第一次世界大戦遂行に向けたユダヤ人の財政援助を期待して，イギリス政府がユダヤ人国家建設を認めた。

▶左ページの**1**の❶から❸の取り決めは互いに矛盾し，のちにパレスチナをめぐるアラブ人とユダヤ人の争いの原因となった。

2 アメリカの参戦

アメリカは中立国として，交戦国との貿易で巨利を得ていたが，しだいに協商国との経済的結びつきを深めていった。1917年2月，イギリスの海上封鎖に対してドイツが戦局の転換をはかって無制限潜水艦作戦★2に訴えると，アメリカの対独世論が硬化し，4月にはドイツに宣戦，大量の兵員と物資を送ったため，戦局は一挙に協商国に有利となった。

3 ロシアの戦線離脱

1917年，ロシアで2度の革命が勃発。十月（十一月）革命直後，レーニンは「平和に関する布告」をだし，交戦国に**無併合・無償金・民族自決の原則**に基づく即時講和を訴えた。ソヴィエト政権は，翌18年ブレスト＝リトフスク条約でドイツと単独講和を結んだ。

4 「十四カ条」の平和原則

ソヴィエト政権の平和のよびかけに対応して，1918年1月，アメリカ大統領ウィルソンが議会への教書で第一次世界大戦の講和原則を発表した。

5 大戦の終結

①ドイツは西部戦線で総攻撃をおこなったが失敗し，退却した。②1918年秋，ブルガリア・オスマン帝国・オーストリア★3が降伏。③ドイツでもウィルソンの「十四カ条」をうけいれて休戦を協議したが，1カ月後に国内で革命がおこり★4，帝政は崩壊してドイツ共和国が成立した。④1918年11月11日に休戦条約が締結され，戦争は終結した。

★1 英外相バルフォアがユダヤ人国家の建設を約束した。

★2 イギリスの通商路を破壊するために，中立国の商船をふくむ一切の艦船を潜水艦によって無警告で撃沈しようとするもの。なお，ドイツの無制限潜水艦作戦は1915年より英国船無警告撃沈というかたちではじまり，同年多くのアメリカ人乗客の乗っていたルシタニア号がその犠牲となり，アメリカの世論を憤激させた。

★3 オーストリアでも革命がおこってハプスブルク朝が倒れ，ハンガリーが独立（10月）した後，11月に降伏した。

★4 1918年11月，キール軍港の水兵が出航を拒否し，市民とともに反戦デモをおこなったことにはじまる革命で，各地に拡大した（ドイツ革命）。

1

第一次世界大戦と大衆社会

7｜第一次世界大戦の結果

　第一次世界大戦は，国際秩序におけるヨーロッパの一極支配を崩して，次のような多極化への転換をうながした。

❶動員された植民地の人々が政治的自覚を強め，戦後の自立に向けての動きを強めた。

❷国際社会でイギリスにかわってアメリカが政治的・経済的な発言力を強めた。

❸社会主義政権が誕生したロシアが，資本主義・帝国主義の批判者として注目された。

❹日本がアジア・太平洋地域で存在感を高めた。

★1 アフリカ人で戦争に動員された総数は約100万人，インドからは約150万人といわれる。

　[第一次世界大戦]…帝国主義戦争。
　①国民・諸勢力を巻き込んだ総力戦…毒ガス・戦車・飛行機など新兵器が登場。
　②1917年の転換点…アメリカ参戦，ロシア革命。
　③平和を求める提言…レーニンの「平和に関する布告」，ウィルソンの「十四カ条」。

8｜ロシア革命

1 二月（三月）革命と十月（十一月）革命

❶革命直前の状況　第一次世界大戦に突入したロシアでは，戦局の悪化につれて，食料欠乏・経済の混乱・軍需品不足などにより民衆の不満がつのり，兵士のあいだにも反戦意識が生まれていた。さらに政界の腐敗などにより，社会不安が深刻化した。

❷二月（三月）革命の勃発★1　第一次世界大戦中の1917年，首都ペトログラード（現サンクト＝ペテルブルク）で労働者の大規模なストライキが発生★2。兵士らも鎮圧命令を拒否して労働者と合流，各地にソヴィエト（評議会）が結成された。反乱は全国に波及して，皇帝ニコライ2世は退位した。これを二月（三月）革命といい，300年あまりつづいたロマノフ朝の支配に終止符がうたれた。

★1 ロシアでは革命前まで，グレゴリウス暦より13日おそいユリウス暦（ロシア暦）が使用されており，革命がおきたのはロシア暦では2月，グレゴリウス暦では3月であった。

★2 1917年3月8日（ロシア暦2月23日）の国際女性デーに，パンと平和を要求するデモがきっかけとなっておこった。

❸**臨時政府の成立**　二月革命により，自由主義者を中心に臨
時政府が成立した。臨時政府は，自由主義的ブルジョワジー
とソヴィエトとが妥協した二重政権であり，ブルジョワジー
の立憲民主党が主体となって戦争を継続させた。

❹**反政府運動の高まり**　1917年4月，ボリシェヴィキの指導
者レーニンが亡命地スイスから帰国し，四月テーゼを発表。
「一切の権力をソヴィエトに」をスローガンに臨時政府打倒
をよびかけた。ソヴィエト内のボリシェヴィキの力が強まり，
反政府運動が高まった。

❺**ボリシェヴィキの台頭**　1917年8月，社会革命党（エスエ
ル）のケレンスキーが首相となり，戦争を継続するいっぽう
でボリシェヴィキを弾圧。しかし，ボリシェヴィキの党勢が
回復し，ソヴィエトにおいて多数を占めた。

❻**十月（十一月）革命の勃発**　1917年11月（ロシア暦10月），
レーニン・トロツキー指導下にボリシェヴィキが武装蜂起し，
臨時政府を倒して初の社会主義政権であるソヴィエト政権
（ソヴィエト＝ロシア）を樹立，新政府は即時終戦を訴える
「平和に関する布告」と地主の土地を国有化する「土地に関
する布告」をだした。これが十月（十一月）革命である。

2　ロシアの内戦

❶**ボリシェヴィキの一党独裁**　革命直後に普通選挙がおこな
われて，社会革命党（エスエル）が第一党となる。翌1918年
1月，憲法制定議会が開かれたが，レーニンらは武力で議会
を閉鎖し，ボリシェヴィキによる一党独裁体制を樹立した。

❷**ドイツとの単独講和**　ソヴィエト政権は，トロツキーを代
表としてドイツと講和会議を開き，1918年3月，多額の賠
償金や領土の放棄を条件にブレスト＝リトフスク条約を締結
し，戦争を終えた。

❸**国家体制の整備**　1918年，ボリシェヴィキは共産党と改称，
全ロシア＝ソヴィエト会議を開いて，首都をモスクワに移し
た。

❹**反革命の動き**　ボリシェヴィキ政権が成立しても，旧軍人
や社会革命党の指導する反革命軍が各地で行動をおこし，ソ
ヴィエト政権に反対する連合国も反革命軍を公然と支援した。

▲レーニン

★3 当時のソヴィエ
トは社会革命党（通
称エスエル）とメン
シェヴィキが多く，
ボリシェヴィキの勢
力はまだ弱かった。

★4 革命政府の内閣
として人民委員会議
が設立され，レーニ
ンが議長，トロツキー
が外務人民委員，
スターリンが民族人
民委員に就任。

★5 トロツキーは
「無併合・無償金・
民族自決」を主張し
たが反対され，レー
ニンの意見をいれ，
西方の領土を手ばな
すこの条約に調印し
た。しかし，この条
約はヴェルサイユ条
約で無効とされた。

★6 新憲法で，18
歳以上の労働者・農
民・兵士に選挙権の
付与，男女同権，共
産党以外の政党の禁
止，などを定めた。

第一次世界大戦と大衆社会

1

3 ソ連の成立

❶対ソ干渉戦争　1918年5月，元オーストリア兵士から成る
チェコスロヴァキア軍団が反乱をおこすと，軍団の救出を口
実に[7]，同年8月英・米・仏・日など7カ国の軍隊がシベリア
に出兵した(シベリア出兵)。

❷ソヴィエトの反撃　レーニンは，新しい軍隊として赤軍を[8]
創設して反革命軍に対抗し，中央集権的な行政・経済機構を
確立，政治警察による厳しい監視体制を敷くことで，内戦を
勝ち抜いた。1920年までに反革命軍を鎮圧し，外国干渉軍
もしだいに撤退した。

❸新経済政策(ネップ)　内戦期(1918〜21年)に採用した厳
しい統制経済に対して民衆の抗議活動が激しくなったため，
21年，レーニンが新経済政策(ネップ)を導入して市場経済
を部分的に容認した。

❹コミンテルン(第3インターナショナル)　1919年，ロシア
共産党が各国の共産党と左派勢力を結集して結成。世界革命
の推進によって干渉戦争の危機を打開しようとした。

❺ソヴィエト連邦の成立　1922年に，ソヴィエト＝ロシアと，
ウクライナ・ベラルーシ・ザカフカースの3つの共和国が連
合して，ソヴィエト社会主義共和国連邦(ソヴィエト連邦，
ソ連邦，ソ連)が発足し，1924年にはソヴィエト連邦憲法
が制定された。ソ連が国家として安定すると，列国とソ連と
の国交が開かれるようになった。

★7 オーストリア＝
ハンガリー帝国で徴
兵されたスラヴ系の
チェコ人兵士は，集
団でロシアに投降し
た後，チェコ独立の
ためにシベリア経由
で帰国し，連合国側
に加わっていた。そ
のチェコ人兵士とロ
シア軍がシベリアで
衝突した。

★8 1918年1月ト
ロツキー指揮下にお
いて，労働者を中心
に組織された。

9 | 日本のシベリア出兵

1 シベリア出兵

　日本は，日露戦争後の日露協約でロシア
と分割した満洲の利権が革命によって失わ
れることを恐れ，1918年8月，7万3,000
人の兵を東部シベリアに送った。これは，
協商国が派遣した兵の総数，約2万人に対
し突出した数であり，戦費は約10億円に達
した。

▲シベリア出兵を伝える日本の画報

2 シベリア出兵の経過

　1920年になると，ソヴィエト政権が国内の反革命勢力をほぼ制圧し，シベリアの各国軍隊は撤退したが，日本は，国内への共産主義流入を防止するため，シベリア東部に1922年まで駐留を続けた。

3 尼港事件

　1920年3月から6月，ニコライエフスク(尼港)で日本人住民と日本兵約740人が革命派ゲリラ部隊に殺害される事件(尼港事件)がおこった。日本はこれを契機に石油や石炭の資源獲得をねらって北樺太(北サハリン)を占領した。

▲廃墟となったニコライエフスク

4 日本軍の撤兵

　1922年，ワシントン会議で日本は撤兵を明言し，北樺太を除き撤兵を完了した。北樺太については，1925年1月の日ソ基本条約締結にともない，同地の**石油・石炭の権益獲得**と引き替えに**撤兵**した。

📄 資料　**シベリア出兵**

　世界から批判を浴び，国際的に孤立した日本は1922年10月にシベリアから撤兵した。日本軍は，5年間にわたるシベリア干渉戦争で，約3,000名の死者と，その数倍にのぼる負傷者(凍傷も多かった)を出した。

　明治維新以来，日本が戦った最も長期の戦争で，日本は初めて敗北した。日本の政府と軍部は，敗北に終わった侵略戦争，不義の革命干渉戦争の真相を国民に秘密にした。「シベリア戦争」とはいわずに，「シベリア出兵」と呼んだのも，敗戦であったことを隠そうとする配慮がはたらいたからだ。

　なお，日本のシベリア戦争のために，8万人のロシア市民が殺されたと言われる。

(笠原十九司『世界と日本の歴史9』大月書店)

資料活用　第一次世界大戦は，その後の世界にどのような影響を与えたのだろう？ Q2

資料1　平和に関する布告（1917年11月8日）

……公正な，また民主的な講和は，戦争で疲れはて苦しみぬいているすべての交戦諸国の労働者階級と勤労者階級の圧倒的多数が待ちのぞんでいるものであり，……政府がこのような講和とみなしているのは，無併合（すなわち，他国の土地を略奪することも他の諸国民を強制的に統合することも

ない），無賠償の即時の講和である。……

政府は秘密外交を廃止し，自らすべての交渉を全人民の前で，完全に公然と行う確固たる意向を表明し，1917年2月から10月25日までに地主と資本家の政府によって確認または締結された秘密条約の，完全な公開にただちに着手する。

（歴史学研究会編『世界史史料10』岩波書店）

資料2　ウィルソンの「十四カ条」の平和原則

1	秘密外交の廃止
2	公海における航行の自由
3	関税障壁の撤廃と平等な通商関係
4	軍備縮小
5	民族自決の原則に基づく植民地問題の公正な解決
6	ロシアの完全独立とロシア領からの撤兵
7	ベルギーの主権回復
8	アルザス・ロレーヌのフランスへの返還
9	イタリア北部国境の修正
10	オーストリア＝ハンガリーの民族自治
11	バルカン諸国の独立保障
12	オスマン帝国支配下の民族の自治，ダーダネルス海峡の自由化
13	ポーランドの独立と海洋への出口保障
14	国際連盟の設立

資料3　不戦条約

第一条　締約国は，国際紛争解決のために戦争に訴えることを非難し，かつ，その相互の関係において国家政策の手段として戦争を放棄することを，その各々の人民の名において厳粛に宣言する。

第二条　締約国は，相互間に発生する紛争または衝突の処理または解決を，その性質または原因の如何を問わず，平和的手段以外で求めないことを約束する。

（歴史学研究会編『世界史史料10』岩波書店）

解説

(1)ロシア革命の影響　十月（十一月）革命後，ソヴィエト政権はすべての交戦国に，無併合（敗戦国の領土・国民の併合をしない）・無償金（敗戦国から賠償金を取らない）による即時講和，民族自決原則，ツァーリ政権

が結んだ秘密条約の完全な公開と条約の廃棄，秘密外交を否定する「平和に関する布告」（資料1）と地主の土地を没収する「土地に関する布告」を宣言した。「平和に関する布告」は協商国側に拒否されたが，アメリ

カ合衆国大統領ウィルソンは，「平和に関する布告」に対抗して1918年1月に，秘密外交の廃止，民族自決の原則を含む「十四カ条」の平和原則を発表し（資料2），これが後のヴェルサイユ条約の基本的な枠組みとなった。

(2)国際連盟発足　国際連盟規約の前文では，「締約国は戦争に訴えないという義務を受諾し」と明記され，戦争をおこす国に対して制裁措置をとる集団安全保障体制が確立された。しかし，提案国であるアメリカが議会の反対で参加せず，ドイツとソ連は加盟国から除外され，侵略に対しても経済制裁しか制裁手段がなかったものの，「戦争の違法化」を求める動きは高まり，1928年に，ブリアンとケロッグの尽力によって不戦条約（⊃ p.251）に結びついた。

(3)不戦条約の成立　不戦条約は，第1条で「国際紛争解決のために戦争に訴えることを非難し」「国家政策の手段として戦争を放棄すること」を宣言し，第2条で国際紛争の解決は「平和的手段以外で求めない」ことを約束している（資料3）。戦争は違法であり，国家政策の手段として戦争に訴えることを禁止し，平和的手段のみで解決をはかるという画期的な内容である。この不戦条約にはアメリカ，フランス，日本など15カ国が調印し，1938年末までにソ連など63カ国が参加した。アメリカとソ連は国際連盟には不参加であったが，両国は不戦条約にともに参加することになり，不戦・平和への期待は高まった。

(4)不戦条約の評価　不戦条約は，戦争の違法性を多国間で確認したという点で，画期的なことであったが，自衛のための戦争は禁止の対象外としたことから，その実効性には大きな限界もあった。しかし，21世紀の現在，戦争は違法なものとした不戦条約の世界史的意味は改めて注目されている。

要点　Q2 ▶▶▶ A2

　ソヴィエト政権による「平和に関する布告」や，アメリカ大統領ウィルソンによる「十四カ条」の平和原則などを機に，国際連盟が発足し，のちに不戦条約に結びつくなど，世界中で不戦・平和への期待が高まることになった。

SECTION 2　国際平和と安全保障　世界史

▶　「十四カ条」の平和原則はヴェルサイユ条約に大きな影響を与え，国際紛争の調停機関をめざす国際連盟の創設，民族自決原則に基づいて東ヨーロッパにつくられた新国家誕生により，ソ連を孤立させることに成功した。

　ヨーロッパを中心に成立したヴェルサイユ体制に対し，国際連盟に未加盟のアメリカ合衆国が主導して，東アジア地域を中心に，日本の勢力伸長をおさえ，戦後国際秩序の安定をはかるためにつくられたのがワシントン体制である。ヴェルサイユ体制とワシントン体制は第一次世界大戦後の国際秩序を支える2つの柱である。

　第一次世界大戦後，敗戦国ドイツは戦争責任のすべてを負わされ，領土削減と巨額の賠償金を課されて，ドイツ経済は崩壊の危機に追い込まれた。一方，イギリス・フランスは戦勝国であったが，アメリカに多額の借金があり，戦前のような活

況はもはやなかった。アメリカは，戦争を通じて債務国から債権国へと転じ，世界経済をリードするようになった。

☞ このセクションでは，次の問いに答えられるようにする必要がある。

　Q1 ヴェルサイユ体制とは，どのような体制だったのだろう？

　Q2 第一次世界大戦後に新たにつくられた国際秩序は，ヨーロッパにどのような問題を生み出したのだろう？

1 | パリ講和会議と国際連盟の成立

1 「十四カ条」の平和原則

　大戦中の1918年1月，アメリカ大統領ウィルソンが議会への教書で「十四カ条」の平和原則を発表した。**秘密外交の廃止**，海洋の自由，関税障壁の廃除（通商の自由），軍備縮小，植民地問題の公平な解決，民族自決，**国際連盟の設立**などをおもな内容とする。

2 パリ講和会議

　1919年1月から連合国代表が集まり，パリで講和会議を開いた。①アメリカ・イギリス・フランスの3国が会議の主導権をにぎり，敗戦した同盟国側やソヴィエト政権は参加できなかった。②ウィルソンの「十四カ条」が講和の原則とされたが，列強の利害を優先して，国際連盟の成立以外はほとんど実現しなかった。

3 ヴェルサイユ条約

　パリ講和会議の結果，1919年6月，連合国がドイツに結ばせた講和条約。**ドイツに対する懲罰的・報復的な性格が強く**，ドイツにとっては非常に苛酷なものとなった。

❶ アルザスとロレーヌをフランスに返還。
❷ ポーランド回廊を新興国ポーランドに割譲。
❸ すべての海外領土・植民地を放棄。
❹ 徴兵制の廃止などのきびしい軍備制限。
❺ **ラインラントの非武装化**（軍事施設の禁止）。
❻ 巨額の賠償金（ドイツの国民総生産20年分）。

★1 米大統領ウィルソン，英首相ロイド＝ジョージ，仏首相クレマンソー，伊首相オルランド，日本の西園寺公望ら。

★2 クレマンソーはフランスの安全確保のため，ドイツを徹底的に弱体化しようと画策した。

★3 パリ郊外のヴェルサイユ宮殿の「鏡の間」で調印。

★4 プロイセン＝フランス戦争でドイツが獲得していた。

★5 西プロイセンの一部とポーゼン地方。これによってドイツ本土と東プロイセンは切りはなされた。

★6 陸軍兵力10万人・海軍兵力15,000人まで，潜水艦・航空母艦の保有禁止，軍用機の開発・保有禁止など。

★7 ライン川東岸の，幅50kmの地帯。炭田のあるザール地方は国際連盟の管理下におかれ（15年間），炭鉱採掘権はフランスが独占した。

4 新国家の誕生

　連合国はヴェルサイユ条約のほか，ドイツ以外の同盟国と個別に講和条約を結んだ。[*8] その結果，**ドイツ，オーストリア＝ハンガリー，ロシアの旧帝国の領土から，民族自決の名のもとに多くの新興国家が生まれた。**一民族一国家を理念とする民族自決は，多民族がいりまじっていた東ヨーロッパでは，安定した国家建設には結びつかなかった。

★8 対オーストリアのサン＝ジェルマン条約，対ブルガリアのヌイイ条約，対ハンガリーのトリアノン条約，対オスマン帝国のセーヴル条約。

[補説]　ヨーロッパの新国家　ロシア帝国，オーストリア＝ハンガリー帝国の崩壊により中央・東ヨーロッパに新国家が成立した。これらは，「十四カ条」にうたわれた民族自決にもとづいていたが，諸民族が複雑に混住する中央・東ヨーロッパに国境線を引くことになり，各国は少数民族の問題を国内に抱えることになった。新国家は次のとおり。
①フィンランド（旧ロシア領），②エストニア・ラトヴィア・リトアニア（バルト３国，旧ロシア領），③ポーランド（旧ロシア・オーストリア・ドイツ領），④ユーゴスラヴィア（セルビア・モンテネグロ・旧オーストリア領），⑤チェコスロヴァキア（旧オーストリア領），⑥ハンガリー（旧オーストリア＝ハンガリー帝国から分離）。

▶第一次世界大戦後のヨーロッパ

　大戦前のドイツの領域　　大戦前のオーストリア＝ハンガリーの領域
　大戦前のロシアの領域　　● おもな条約締結地　　[国名] 新興国

5 植民地の扱い

　「十四カ条」は，民族自決の原則にもとづく植民地問題の公正な解決をとなえたが，イギリスやフランスは消極的で，アジア・アフリカは政治的に遅れていて自治や独立は時期尚早（しょうそう）として，委任統治領とされた。オスマン帝国統治下にあったアラブ地域はイギリス・フランスの，旧ドイツ植民地の南太平洋諸島は日本の委任統治領となった。

6 アジアの抵抗運動

　朝鮮の三・一独立運動や中国の五・四運動など，列強の支配に対する抗議運動が展開された。

▲五・四運動のひろがり（天安門広場）

7 国際連盟

❶ 国際連盟の設立　世界最初の本格的な国際平和機構として，1920年に創設された。本部をスイスのジュネーヴに置いた。

❷ 国際連盟の機関　総会・理事会・連盟事務局が主要機関で，国際労働機関（ILO）・常設国際司法裁判所とも提携。発足時の参加国は42カ国，イギリス・フランス・イタリア・日本が常任理事国となる。1926年にドイツが加盟して常任理事国となった（1933年の日・独脱退後の翌年，ソ連が常任理事国に）。

❸ 国際連盟発足時の欠陥

　　① 提唱者であったアメリカが孤立主義をとる議会（上院）の反対で参加せず。

　　② ドイツとソヴィエト＝ロシアは除外された。

　　③ 侵略に対して有効な制裁手段がなかった（**経済制裁のみ**）。

8 ヴェルサイユ体制

　パリ講和会議で決定したヨーロッパの新国際秩序。国際協調と民族自決を原則としたが，多くの問題点があった。

[ヴェルサイユ体制とは，どのような体制だったのだろう？] Q1 ▶▶▶ A1
　① 国際協調と民族自決が原則。
　② 国際連盟の発足時，アメリカ・ソヴィエト（ロシア）・ドイツは不参加。

2｜ワシントン会議と軍縮

1 ワシントン会議

　1921～22年，アメリカ大統領ハーディングの提唱によって開かれ，次の3つの条約が結ばれた。
❶海軍軍備制限条約　海軍主力艦の保有総トン数の比率を，
　米5：英5：日3：仏1.67：伊1.67と定めた。
❷四カ国条約[★1]　太平洋諸島の現状維持と日英同盟の破棄。
❸九カ国条約[★2]　中国の主権尊重・領土保全と機会均等・門戸
　開放などを約束し，中国への日本の単独進出がおさえられた。[★3]

2 ワシントン体制

　ワシントン会議の諸条約が形成したアジア・太平洋地域の国際秩序。ワシントン会議は，平和と軍備負担の軽減という諸国民の願いを反映したが，他方アメリカは大国間の軍事力均衡をはかり，大戦中からの日本の中国進出をおさえる意図をもっていた。この後アメリカは，国際政治の主導権をにぎるようになったが，やがてファシズムの台頭とともに，ドイツと日本がヴェルサイユ・ワシントン体制の打破を唱えるようになった。

3 その後の軍縮会議

❶ジュネーヴ会議（1927年）
　1 提唱者　クーリッジ（アメリカ大統領）。
　2 参加国　アメリカ・イギリス・日本。
　3 内容　補助艦の保有制限を協議したが決裂。
❷ロンドン海軍軍備制限会議（1930年）
　1 提唱者　マクドナルド（イギリス首相）。
　2 参加国　イギリス・アメリカ・日本・フランス・イタリア。
　3 内容　補助艦の保有トン数比を米：英：日＝10：10：7
　　とする。（フランス・イタリアは途中で脱退）

★1 アメリカ，イギリス，フランス，日本が締結。
★2 参加国は，アメリカ・イギリス・日本・フランス・イタリア・ベルギー・オランダ・ポルトガル・中国。
★3 日本は山東省と膠州湾の利権を中国に返還して二十一カ条の要求を一部放棄し，シベリアから撤兵した。

3 | 1920年代の西ヨーロッパ諸国

1 イギリス

❶**選挙法改正**　1918年，ロイド＝ジョージ内閣（自由党）のときの第4回選挙法改正で，**成人男性の普通選挙と30歳以上の女性の選挙権**が認められた。1928年，ボールドウィン内閣（保守党）のとき，第5回選挙法改正により**男女平等の普通選挙**[★1]が実現した。

❷**経済の不振**　大戦中アメリカから多額の戦債を負い，戦後は経済が停滞して，失業者が激増し，労働運動が高揚した。

❸**労働党内閣の成立**　①大戦後，労働党は選挙権の拡大や経済不況により**労働者の支持を高め**[★2]，1923年には自由党をおさえて保守党につぐ第二党になった。②1924年には自由党の協力をうけて労働党党首マクドナルドが**最初の労働党内閣**（第1次マクドナルド内閣）を組閣[★3]したが，短命に終わった。③その後は保守党内閣がつづいたが，労働党は自由党にかわって保守党とともにイギリスの二大政党となった。

❹**イギリス連邦の成立**　1926年，イギリス帝国会議は，自治領[★4]に本国と同等の地位を与え，1931年のウェストミンスター憲章によって成文化した。イギリス帝国はイギリス連邦（コモンウェルス）に再編された。

❺**アイルランドの独立**　アイルランドの自治は大戦によって延期されていたが，1919〜21年にアイルランド独立戦争[★5]がおこった結果，1922年にアルスター6州[★6]を除いてアイルランド自由国として自治領になった。1937年にイギリス連邦脱退を宣言，エールとして独立した（イギリス連邦からの離脱が認められたのは第二次世界大戦後）。

★1 21歳以上の男女に選挙権が与えられた。

★2 1914年に270万人であった労働組合総評議会（TUC）の組合員が，1920年には830万人に達し，労働組合運動が急激に高まった。

★3 ソ連を承認し，対ソ借款の供与などの親ソ政策をとったため，保守党の攻撃をうけた。

★4 自治領とは，ニューファンドランド・カナダ・オーストラリア・ニュージーランド・南アフリカ連邦・アイルランド。

★5 大戦中もシン＝フェイン党が独立運動をつづけていた。

★6 北アイルランドとして，現在もイギリス領である。

▼アイルランド関係年表

年	できごと
1649	クロムウェルのアイルランド征服
1801	イギリスに併合され，大ブリテン＝アイルランド連合王国が成立
1886	自由党内閣がアイルランド自治法案を提出（否決）
1919〜21	デ＝ヴァレラのシン＝フェイン党の反乱（対立独立戦争）
1922	イギリス自治領となる（アイルランド自由国を成立）
1937	新憲法を制定，イギリス連邦内の独立国に

2 フランス

❶大戦が与えた打撃　帝政ロシアへの投資はソヴィエト政権によって帳消しにされ，アメリカやイギリスへの戦債もあって，経済復興は困難であった。

❷対独強硬主義　大戦の被害により経済が混乱し，国民のドイツに対する復讐心は強かった。経済混乱の打開をドイツからの賠償金に求め，ベルギーとともに，1923年にドイツの鉱工業地帯ルールを武力占領した（ルール占領）。これによりフランス・ドイツ両国の関係は緊迫したが，1925年，国際的非難を受けて撤退した。

3 ドイツ

❶ヴァイマル共和国の成立　革命と敗戦により混乱したが，[★7]1919年1月，初の男女普通選挙権と比例選挙による国民議会選挙で，社会民主党が第一党となり，19年8月にヴァイマル憲法が制定された。エーベルトを大統領としてヴァイマル共和国[★8]が発足した。

> 用語　**ヴァイマル憲法**　当時，世界でもっとも民主的な憲法とされた。①人民主権，②連邦制，③20歳以上の男女の普通選挙，④大統領の直接選挙，⑤社会保障，労働者の団結権・団体交渉権など（社会権）を認めた。しかし，大統領の非常大権を認めたことなどから，憲法のもとでのヒトラーの首相就任や，全権委任法の制定を許すこととなった。

❷ヴァイマル共和国の試練　大戦の被害や多額の賠償金により経済が混乱した。さらにフランスのルール占領に対してストライキなどの「非協力の抵抗」をおこなったため，経済は破綻し，猛烈なインフレーションがおこった。[★9]

❸ヴァイマル共和国の安定　1923年シュトレーゼマンが首相・外相となり[★10]，新紙幣レンテンマルク[★11]の発行でインフレーションをおさえ，また，ドーズ案によりアメリカ資本を導入して産業を復興した。シュトレーゼマンはヴェルサイユ条約をできるだけ履行するという協調外交を展開し，1926年には国際連盟に加入した。しかし，経済安定とともに，国民の間に保守的な空気が強まり，エーベルトの死後，右派・軍部の推すヒンデンブルクが大統領に選出された。[★12]

★7 1919年1月，社会民主党の最左派（スパルタクス団）が武装蜂起したが，軍部と結んだ社会民主党主流派によって鎮圧された。最左派に属しドイツ共産党を結成していたカール゠リープクネヒトやローザ゠ルクセンブルクは，この蜂起のときに殺害された。

★8 ワイマールとも表記。

★9 1914年には1ドル＝4マルクであったものが，1923年11月には，1ドル＝4兆マルクにもなった。

★10 シュトレーゼマンは1923年の8～11月に首相を，その後，歴代内閣で1929年まで外相を務めた。

★11 1兆マルク＝1レンテンマルクで交換した。不動産などからの収入を担保とした。

★12 ①外国資本への依存，②合理化による失業者の増大，③植民地をもたない市場の狭さなど，ドイツ経済の基盤は弱体であった。

❹賠償問題　ドイツは1,320億金マルクという巨額の賠償金の支払いに苦しみ，協商国（連合国）側に支払いの延期を求めた。

❺ドーズ案　アメリカはドイツ救済にのりだし，1924年にドーズ案によって賠償金支払いの方法を定めた。その内容は，①アメリカがドイツに資金を貸しつけ，産業を復興させ，ドイツに賠償金支払いの能力をつけ，②イギリス・フランスはドイツからの賠償金によってアメリカに借金（戦債）を返済する，というものであった。[13]

▲ドーズ案による資金の流れ

❻ヤング案　アメリカはヤング案により，1929年ドイツの賠償金総額を3分の1以下とし，支払い年限も延長したが，ヤング案成立直後に世界恐慌がおこり，無意味になった。[14]

4　イタリア

❶戦後の混乱　イタリアは戦勝国であったが，「未回収のイタリア」のうち，1919年のサン＝ジェルマン条約でトリエステ・南チロルは回復したものの，フィウメの領有が認められず，[15]ヴェルサイユ体制に強い不満をもった。イタリアは資源に乏しく，産業の不振と人口過剰に悩まされていたので，戦後，戦債の負担も加わって，経済は混乱し，失業者が増大した。そのため社会主義の勢力が増大し，労働者や農民の争議があいついだ。

❷ファシスト党の台頭　ファシスト党を結成したムッソリーニは，ヴェルサイユ体制に不満な国民感情と，社会主義革命に対する資本家・中産層の恐怖心を利用して支持を集めた。[16]彼は，1922年に資本家・軍部の支持を背景に，「ローマ進軍」とよばれる示威行進をおこない，国王ヴィットーリオ＝エマヌエーレ3世から組閣を命じられた。

▲ムッソリーニ

★13 この後，1925年にフランスはルールから撤退，ドイツ経済は安定に向かった。

★14 1932年のローザンヌ会議で総額が引き下げられたが，ナチ党政権により，賠償は破棄された。

★15 アドリア海北部の港市フィウメ（リエカ）の帰属をめぐり，イタリアとユーゴスラヴィアが抗争。

★16「黒シャツ隊」とよばれる武装行動隊をもち，労働運動や社会主義・共産主義運動を弾圧した。

❸ファシズム体制の成立　ムッソリーニは反対派を弾圧，言論・出版・集会などの自由をうばい，**ファシスト党の一党独裁体制を確立した。**[★17] イギリス・アメリカから資金を導入して，工業の振興や国土の開発をはかり，失業者を吸収して経済を安定させたが，初期の社会主義的な主張は消えて大資本家・大地主勢力の利益がはかられた。

> 用語　**ファシズム**　ファシスト党の独裁体制と思想を，ファシズムとよぶ。①社会主義と議会制民主主義の否定，②宣伝や娯楽の提供による大衆へのアピール，③軍部・資本家・大地主などの支持による政権奪取，④労働運動の抑圧，⑤言論・表現の自由の否認，などがおもな特徴とされ，広義には，ドイツのナチズムや日本の軍国主義もファシズムにふくまれる。

4 | 国際協調の模索

1 ロカルノ条約

　1925年，フランスのルール撤退後，ドイツ外相シュトレーゼマンがフランス外相ブリアンと協力して，ドイツを含む7カ国で結んだ，**ヨーロッパの安全保障についての条約**[★1]。内容は以下の3点である。

❶ドイツとフランス・ベルギーの国境(西部国境)の現状維持。
❷ラインラントの非武装化などを確認。
❸ドイツの国際連盟加盟が了承された。[★2]

2 不戦条約

　1928年，フランス外相ブリアンとアメリカ国務長官ケロッグの提唱により，パリでアメリカ，フランス，イギリス，イタリア，日本など15カ国が調印。参加国は，国際紛争を解決する手段としての戦争を禁止することを約束した。[★3] 後にソ連を含む63カ国が加盟した。

★17 1928年には，ファシスト党の最高機関ファシズム大評議会が，国家の最高議決機関であるとされた。ムッソリーニは，大評議会議長・首相・ファシスト党党首を兼ねる統領となり，内相・外相・陸相・海相・労働相などを兼任した。

★1 スイスのロカルノで締結された5つの条約と，2つの協定の総称。そのなかで中心となったのは，左の❶と❷の内容を規定したライン保障条約である。
★2 ドイツが実際に加盟したのは，翌1926年。

★3 パリ不戦条約，ブリアン＝ケロッグ条約，ケロッグ＝ブリアン協定などともよばれる。自衛戦争を否定せず，また，制裁手段ももたないとしている。

資料活用 第一次世界大戦後に新たにつくられた国際秩序は，ヨーロッパにどのような問題を生み出したのだろう？ Q2

資料1 ヴェルサイユ条約の一部（対独制裁事項）

(1)ドイツは全植民地と海外のすべての権利を放棄し，領土を割譲（かつじょう）
　①アルザス・ロレーヌをフランスへ
　②ポーランド回廊（かいろう）をポーランドへ
　③メーメルを国際連盟管理下におく
　④ザールは15年間国際連盟の管理下におき（炭田の所有・採掘権はフランスに帰属），その後住民投票で帰属を決める
　⑤ダンツィヒは自由市として国際連盟管

理下におく
　⑥オーストリアとの合併（がっぺい）を禁止する　など

(2)軍備制限（陸軍10万，海軍1万5,000），徴兵制（ちょうへい）禁止，空軍・潜水艦（せんすいかん）保有禁止，ラインラント非武装化（左岸を15年間連合国が占領，右岸50kmを非武装化）

(3)賠償金支払い（ばいしょう）（額はのちのロンドン会議で1,320億金マルクに）

資料2 民族自決原則にもとづいてつくられた東欧の独立国家

　19年1月から始められたパリ講和会議で，この地域の戦後処理について話し合いがおこなわれた。その際，戦勝国とくにフランスには，この地域を敗戦国ドイツの復活に備える防波堤にしようとする意図が明白だった。同時に，イギリス，フランスはボリシェヴィキによる「ロシアの異質な革命」がヨーロッパに波及（はきゅう）するのを防ぐ「防疫線（ぼうえきせん）」の役割を，この地域に期待した。両

国は社会主義からヨーロッパ文明を守る砦（とりで）として，この地域を「東欧」として認識したのである。そのため，イギリス，フランスは東欧諸国にのみ例外的に，国民国家とワン・セットになった民族自決の原則を認めて独立を承認した。当時，中国や朝鮮あるいは中東地域でも民族自決が掲（かか）げられたが，その期待が裏切られてしまったのとは対照的であった。

（木村靖二・柴宜弘・長沼秀世『世界の歴史26』中央公論社）

資料3 ヴェルサイユ体制のもとで生じた少数民族の問題

　ヴェルサイユ体制のもとで生じた少数民族の存在は，国民国家の建設を進めようとする東欧諸国にとって，大きな問題であった。……
　面積・人口とも最大のポーランドは2,700万人（1921年）を擁し，そのうちポーランド人は1,900万人。少数民族としては，ウクライナ人，ユダヤ人，ベラルーシ人，ドイツ人，リトアニア人，ロシア人などが

おり，人口の約30%を占めていた。チェコスロヴァキアの人口は1,300万人（21年の統計），チェコ人とスロヴァキア人があわせて65%を占めており，少数民族のドイツ人は人口の23%にも達していた。人口1,800万人（30年）のルーマニアの少数民族としては,140万人のハンガリー人，ドイツ人，ユダヤ人，ルテニア人，ロシア人，ブルガリア人，ロマ人（ジプシー）などが人口の28%

を占めていた。……敗戦国として領土を大幅に縮小したハンガリーは人口が800万人（20年）になってしまったため，ドイツ人，スロヴァキア人，南スラヴ，ルーマニア人

などの少数民族は10％ほどであった。一方，近隣諸国に残されたハンガリー人の数は300万人にも達した。

（木村靖二・柴宜弘・長沼秀世『世界の歴史26』中央公論社）

解説

(1)対独制裁を必要としたフランス　フランスは，自国の安全保障を最優先に，アルザス・ロレーヌの返還だけでなく，ザール地方の15年間にわたる国際管理，ラインラントの非武装化，さらにドイツの戦闘能力を大幅に制限するために，徴兵制の禁止，陸海軍の兵力制限，空軍・潜水艦保有禁止などをヴェルサイユ条約に盛り込んだ。また，大戦中に負った対米債務の返済をおこなうためにドイツから賠償金を取ることは譲れなかった。ヴェルサイユ条約で決まった1,320億金マルクの約5割はフランスに支払われることとなり，アルザス・ロレーヌを取り戻したことにより石炭・鉄鋼の生産が拡大したこととも相まって，フランス経済は1923年には戦前の水準に回復した。

(2)賠償金がドイツにもたらした問題　敗戦国ドイツは，国土が縮小したばかりか，膨大な賠償金を課され，その一環である実物賠償（船舶・鉄道車両・機械・石炭など）も加わり，物資の欠乏と超インフレに見舞われ，国民のヴェルサイユ体制に対する不満は高まった。賠償金支払いは，アメリカが介入し，ドーズ案，ヤング案による総額の削減などで負担軽減がはかられたものの，最終支払いは1987年までということになっており，1929年の世界恐慌によってドイツ経済が大打撃を受けると，政権をとったヒトラーがヴェルサイユ条約履行を拒否する

ことになった。

(3)中欧・東欧の独立国家の新たな危機　民族自決原則にもとづいて，中・東欧ではフィンランド，エストニア，ラトヴィア，リトアニア，ポーランド，チェコスロヴァキア，ハンガリー，ユーゴスラヴィアが独立した。フランスなどは，ドイツの復活を牽制し，ボリシェヴィキの革命が西欧にひろがることを防ぐための「防疫線」としてこの地域を位置づけた。しかし，これらの地域は多くの少数民族を抱えるとともに，多数のドイツ人が居住する地域を含んでいたため，政情は不安定で，ポーランドのピウスツキ政権やハンガリーのホルティ政権などの独裁政権が生まれた。また，1930年代に入りドイツにヒトラー政権ができると，民族自決を根拠にドイツ人が住む地域を領土として要求し，戦争の脅威が高まった。ドイツとチェコスロヴァキア国境のズデーテン地方に対するヒトラーの領土要求は第二次世界大戦の導火線であった。

要点　Q2 ▶▶▶ A2

　第一次世界大戦後のヴェルサイユ条約による新しい体制は，ドイツにとって大きな負担となり，第二次世界大戦の原因のひとつとなった。

アジア・アフリカ地域の民族運動 世界史

▶ 第一次世界大戦後アジア・アフリカ地域の民族運動は，本国政府による戦後自治の約束，独立への期待，民族自決の国際的な動き，社会主義国の誕生などを背景に大きなうねりとなってひろがった。民族主義が高揚した朝鮮の三・一独立運動，五・四運動以降1920年代に頂点に達する中国の民族運動，インドのガンディーを指導者とする非暴力・非協力(不服従)運動，トルコのムスタファ゠ケマルを指導者としたトルコ革命，アフリカのパン゠アフリカニズムなど，植民地からの独立，列強の軍事的・経済的圧力からの自立を求める動きが各地でおこった。

☞このセクションでは，次の問いに答えられるようにする必要がある。

　Q1 第一次世界大戦後，アジア・アフリカのナショナリズムはなぜ高まったのだろう？
　　（インドを例にみてみよう）

1 | 第一次世界大戦と民族運動

　第一次世界大戦を境に，一部エリート中心の民族運動が，大衆までひろがっていく運動となった。その理由は以下のことが考えられる。

❶ヨーロッパ諸国が植民地の人々の協力を得る目的で戦後の自治や独立への支援を約束したのに，戦後それが果たされなかった。

❷ヨーロッパが戦場となったために，アジア諸国の工業生産が発達し，工場労働者を中心に都市住民が増え，彼らが大衆的政治運動の担い手となった。

❸「十四カ条」の平和原則でうたわれた民族自決原則がアジア・アフリカの植民地に適用されなかったことに対する抵抗運動が大衆にひろまった。

❹ロシア革命が成功し，コミンテルン指導下にアジア・アフリカの民族運動を支援した。

2 | 東アジアの民族運動

1 朝鮮の独立運動

❶三・一独立運動　ロシア革命や民族運動の影響をうけて，1919年3月1日，知識人らが日本からの独立を宣言する文書を発表，各地で「独立万歳」をさけぶデモや労働者のストライキがおこった（三・一独立運動）。日本の朝鮮総督府が，武力によって鎮圧した。

▲三・一独立運動

❷日本の対応　原敬内閣が，朝鮮総督の武官制を文・武官併用とし，武力による朝鮮統治の「武断政治」から「文化政治」★1へ転換した。

★1 憲兵制度の廃止や朝鮮人の地方官吏への登用などをおこなった。

2 中国の民族運動

❶五・四運動　大戦後のパリ講和会議で，中国は山東省の旧ドイツ利権返還をふくむ二十一カ条の要求の破棄をめざしたが，日本など列国によって無視された。1919年5月4日，北京大学の学生を中心とするヴェルサイユ条約反対のデモ行進をきっかけに，全国の労働者・商人・農民などをふくむ抗議運動がおこり，ストライキや日本商品の排斥★2がつづいた。この運動は中国政府を動かし，中国代表団はヴェルサイユ条約調印を拒否した。

★2 五・四運動は反帝国主義，反封建主義，軍閥打倒をめざす民衆運動の出発点となった。

❷新文化運動　1915年ごろから，陳独秀が主宰する雑誌『新青年』を中心に，科学と民主主義を重視し，儒教道徳や中国の旧制度を批判する新文化運動がおこった。

　1 胡適　『新青年』で口語文学を提唱。

　2 魯迅　『阿Q正伝』『狂人日記』などを著して文学革命を推進。★3

★3 白話運動，文学革命ともよばれ，伝統にとらわれず口語で思想や感情を表現することで，古い習慣や制度からの解放をめざした。

第一次世界大戦と大衆社会

3 国民党と共産党

❶**中国の状態**　1916年，帝位につこうとして失敗した袁世凱が死去すると，各地に軍事勢力が自立して抗争し，次つぎと北京に軍閥政府を樹立する形勢がつづいた。米・英・日などは，それぞれ軍閥と結んで中国で有利な地位を確保しようとし，ワシントン会議でも中国に対する不平等条約は残された。

★4 袁世凱の死後，彼の武将たちが各地に割拠し，民衆を搾取して形成した私兵集団。

❷**革命派政党の結成**　1919年，五・四運動の影響をうけた孫文は，新たな革命政党として中国国民党を発足させた。他方，コミンテルンの指導のもとに，1921年陳独秀が中国共産党を結成した。

❸**第1次国共合作**　孫文はロシア革命後のソ連に接近し，コミンテルンの支援もあって，1924年**中国国民党の改組**をおこない，**中国共産党と提携**した。これを第1次国共合作という。

★5 ソ連と提携し，共産党をうけいれ，労働者・農民を援助するという意味。

① 「連ソ・容共・扶助工農」★5の方針を採用して三民主義を発展させた。

② 共産党員がその党籍をもったまま，個人として国民党に入党することを認めた。

▶この国共合作により，五・四運動以来，高揚した反帝国主義・軍閥打倒の革命勢力が，中国国民党に結集されることになった。★6

★6 1925年3月，孫文は「革命いまだ成らず」の言葉を残して病死した。孫文の死後は蔣介石が中国国民党の指導者となった。

❹**北伐の開始**　1926年，蔣介石（チアンチエシー）を総司令官とする国民革命軍は，各地の軍事勢力の打倒と中国の統一をめざして北上を開始した。これを北伐という。

国民革命軍は民衆の支持をうけて武漢を占領し，翌27年には上海・南京にはいった。

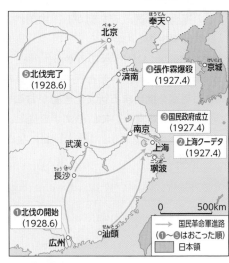

❺北伐完了（1928.6）

❹張作霖爆殺（1927.4）

❸国民政府成立（1927.4）

❷上海クーデタ（1927.4）

❶北伐の開始（1928.6）

ペキン　北京
ほうてん　奉天
けいじょう　京城
さいなん　済南
シャンハイ　上海　ナン　南京
ニンポー　寧波
ちょうさ　長沙
武漢
せんとう　汕頭
広州

0　500km

→ 国民革命軍進路（❶～❺はおこった順）
　 日本領

▲北伐の動き

❺**国共の分離**　北伐が進展すると，共産党が指導する農民運動が激化し地主を攻撃したことから国民党右派は危機感をいだいた。国民党右派の蔣介石は，1927年4月上海でクーデタをおこし，共産党を弾圧，南京に国民政府を樹立し，浙江財閥との提携をすすめた。ここに国共合作は破れ，以後，**国民党と共産党との内戦**がはじまった。

❻**国民政府の国内統一**　蔣介石は，国民政府の樹立後も北伐をつづけた。1928年，満洲の軍事指導者の張作霖が関東軍に殺されると，長男の張学良は蔣介石と結んだため，満洲も国民政府に帰属し，国民政府は中国の統一を完成した。イギリスやアメリカは，大陸進出をすすめていた日本と対抗するため，国民党のもとで関税自主権の回復がなされるなど，経済成長の基礎作りがすすめられた。しかし，国民政府は，外交力や軍閥・地主への統率力が弱く，政権は安定しなかった。

❼**ソヴィエト政権**　弾圧された中国共産党は江西省を中心に農村部に展開し，革命の拠点としてソヴィエト区を建設。1931年に江西省瑞金に毛沢東を主席とする中華ソヴィエト共和国臨時政府が樹立された。

3 ｜ インドの民族運動

1 イギリスの背信

　大戦中，イギリスは戦後の自治を約束し，インドに兵員や物資の供給などの協力をさせた。民族自決という国際世論を背景にインドの民族資本が成長した。しかし，1919年のインド統治法では形式的な自治しか認められず，しかも同年，イギリスはローラット法を発布し，民族運動を抑圧しようとした。

2 ガンディーの反英運動

　国民会議派の指導者ガンディーは，非暴力・非協力(不服従)の運動をおこし，全インド＝ムスリム連盟とも提携した。1929年，国民会議派はネルーらの急進派がラホールで「プールナ＝スワラージ(完全独立)」の方針を決議し，ガンディーも翌30年より塩の専売に反対して「塩の行進」をすすめた。

★7 大戦中には，日本以外の帝国主義列強の勢力が中国から後退し，中国の民族資本による国内産業が発達した。蔣介石の国民政府は，大民族資本である浙江財閥と提携した。浙江財閥は，上海を中心とする民族資本家の一団。

★1 ゾロアスター教徒のジャムシェットジー＝タタは，1868年にボンベイ(ムンバイ)でインド最大の財閥タタグループを立ち上げた，代表的な民族資本家である。

★2 英総督に，インド人に対する令状なしの逮捕，裁判ぬきの投獄を認めた。

★3 サティヤーグラハとよばれる。公職辞退，ストライキ，外国商品ボイコットなどをおこなった。

★4 ラホールの国民会議派の大会で完全独立を決議。英印円卓会議のボイコットと，非協力運動再開を決定した。

★5 イギリスの塩の専売法に反対して，1930年から抵抗を開始。約360kmを徒歩で行進し，海岸で製塩して抗議した。

第一次世界大戦と大衆社会

③ 新インド統治法の成立

　イギリスは，インド人の指導者を3回にわたる英印円卓会議にまねいて妥協をはかったが，合意にいたらず，1932年に独立運動が再開された。1935年には新インド統治法を制定し，州政治はインド人にゆずったが，中央の財政・外交・防衛はイギリスが掌握した。インドが求めていた完全な独立要求は無視された。

④ ヒンドゥー教徒とイスラーム教徒の対立

　1937年の州選挙では多くの州で国民会議派が勝利した。ヒンドゥー教徒の躍進に対し，イスラーム教徒(ムスリム)側は，全インド＝ムスリム連盟の指導者にジンナーを選出し，1940年にはイスラーム国家パキスタンの建設を目標にかかげた。

④ 東南アジアの民族運動

① フィリピン

　アメリカは独立運動をおさえながらも，フィリピンの近代化をすすめた。フィリピンは1934年に自治が認められ，10年後の独立を約束されたが，第二次世界大戦のために延期された(1946年に独立を達成)。

② インドネシア

　オランダ支配のもとで，1917年イスラーム同盟(サレカット＝イスラム)が独立を目標にかかげ，1920年にはインドネシア共産党が結成された。オランダの弾圧でこれらの運動が壊滅した後，1927年スカルノの指導のもとにインドネシア国民党が結成され，民族統一・独立をかかげて運動をすすめた。

▲スカルノ

③ ビルマ

　1920年代に民族運動がはじまり，1930年にはサヤ＝サンが指導する大規模な農民蜂起がおこった。一方，1930年にラングーン大学の学生を中心にタキン党が結成され，アウンサンの指導下に独立運動が展開された。

4 ベトナム

　フランス支配のもとで，1925年ホー＝チ＝ミンがベトナム青年革命同志会を結成し，これを母体に30年2月，ベトナム共産党が成立した。しかし，同年10月，コミンテルンの方針をうけた勢力が主導権をにぎり，インドシナ共産党と改称した。農民・労働者に次第に支持され，対仏・対日の抵抗，独立運動の主体となった。

▲ホー＝チ＝ミン

★1 コミンテルンは，アジアの民族運動のなかに共産主義を浸透させた。その結果，アジア各国において，共産党が重要な勢力となっていった。

5 タイ

　大戦後，不平等条約の撤廃[てっぱい]に成功。★2 1932年にピブンらによる無血革命がおこって立憲君主国となり，1939年に，国名をそれまでのシャムからタイに改めた。

★2 英・仏の緩衝[かんしょう]地帯となって独立を確保したタイは，両国から不平等条約をおしつけられていた。

5 ｜ アフリカの民族運動

1 アフリカ民族会議（ANC）

　1923年，南アフリカ先住民民族会議を改称した組織。反人種主義とアフリカ人の権利擁護を目標とする。

2 パン＝アフリカ主義運動

　19世紀末に英領西インド諸島やアメリカ合衆国に住む黒人の知識人により生まれたパン＝ニグロ運動が起源。後にアフリカ出身者が主導権を握り，アフリカ諸地域の独立運動を支える精神的支柱となった。

3 パン＝アフリカ会議

　1919年，パン＝アフリカ主義運動を始めたアメリカ合衆国の黒人解放運動の指導者デュボイスが，パリで第1回会議を開催。★1 アフリカ人の土地所有権や教育の機会を保障すること，アフリカ人の政治参加を段階的に認めることなどを求めた。

★1 パン＝アフリカ会議には2つの潮流がある。1900年に英領トリニダード出身の黒人で弁護士のシルベスター＝ウィリアムズが招集したロンドンでの会議と，1919年にデュボイスがパリで開催したものである。デュボイスはその後もパン＝アフリカ会議を，第2回（1921年），第3回（23年），第4回（27年）と開催し，アフリカ人とアメリカのアフリカ系との統一戦線をつくろうとした。

6 西アジアの情勢

1 トルコ共和国の成立

❶**大戦後のオスマン帝国**　敗戦国のオスマン帝国は，セーヴル条約★1(1920年)によって小国となり，小アジア西岸はギリシア軍に占領された。これに対しムスタファ＝ケマル★2は，1920年にアンカラでトルコ大国民議会を開催して新政府を樹立。ロシアのソヴィエト政権と修好条約を結んだ後，1922年ギリシア軍を小アジアから撃退した(ギリシア＝トルコ戦争)。1923年にローザンヌ条約★3を結んで，エーゲ海沿岸のイズミルなどを回復した。

❷**ケマルの改革**　ケマルは1922年に**スルタン制を廃止**し，オスマン帝国は滅亡した。翌1923年，トルコ共和国が成立して，ケマルが初代大統領に就任し，①**カリフ制の廃止**とイスラーム教の非国教化による政教分離，②ローマ字★4・太陽暦の採用，③教育の普及と改革，④女性参政権の実現，⑤国家主導の殖産興業政策などの改革をおこない，トルコの近代化をはかった。★5 しかし一方では，共和人民党★6の独裁がおこなわれ，従来の土地制度も残った。

2 イスラーム諸国の独立

❶**アラブ民族運動**　第一次世界大戦が勃発すると，イギリスは，オスマン帝国の支配下にあったアラブ人に対し，フセイン・マクマホン協定によって戦後の独立を約束し，オスマン帝国に対する武力闘争にたちあがらせた。★7 しかし，大戦後，その約束は守られず，①**イラク・パレスチナなどはイギリスの委任統治領**に，②**シリアはフランスの委任統治領**になった。(①②はその後，それぞれ独立した。)
③アラビアでは，1923年にイブン＝サウードがサウジアラビア王国を建設した。
　列強の引いた国境線は地域の実情を無視したもので，クルド人など国家建設を妨げられた民族の運動や地域紛争の原因をつくった。

★1 この条約で，領土の削減，軍備の縮小，治外法権の継続などを認めさせられた。

★2 ケマル＝アタテュルクともよばれる。アタテュルクは「父なるトルコ人」という意味の尊称。

★3 セーヴル条約にかわる条約。治外法権と外国による財産管理が廃止され，関税自主権と若干の領土が回復された。

★4 それまでのアラビア文字は廃止。

★5 1924年には人民主権の憲法を制定した。

★6 1923年にケマルが人民党を設立。翌年，共和人民党と改称した。

★7 アラブ人はメッカ首長フセインとイギリス情報将校ロレンスの指導下にトルコ軍と戦った。

★8 イラクは，1921年フセインの子ファイサルを王とするイラク王国となり，1932年，委任統治が解除。

❷**エジプト**　従来より，イギリスが実質的に保護国化。1914
年，正式に保護国とした。大戦後，ワフド党を中心に独立を
求める民族運動が高まり，1922年イギリスが保護権を廃止
してエジプト王国となったが，名目的な独立であった。その
後も独立運動がつづき，1936年にイギリスは完全独立を認
めたが，なおスエズ運河地帯にイギリス軍が駐留した。

★9 パリ講和会議に，
民族自決の原則の適
用を要求してエジプ
トの代表団（ワフド）
を送ろうとする運動
から結成された民族
主義政党。

❸**イラン**　①イギリスとロシアの勢力範囲になっていたが，
ロシア革命によってロシア軍が撤退すると，イギリスが支配
した。②1921年，軍人レザー＝ハーンがクーデタをおこし
てカージャール朝を打倒，イギリスからの独立を宣言した。
③1925年には王位についてパフレヴィー朝を創始し，
1935年に国名をペルシアからイランに改めた。

❹**パレスチナ問題の発生**　パレスチナにユダヤ人国家をつく
ろうとする動き（シオニズム）が強まり，パレスチナへ移住す
るユダヤ人がふえた。第一次大戦中にイギリスがとった多重
外交の矛盾が露呈し，大戦後アラブ人とユダヤ人の対立がお
こった。

★10 フセイン・マ
クマホン協定（1915
年，対アラブ人），
バルフォア宣言
（1917年,対ユダヤ人
），サイクス・ピコ協
定（1916年，対ロシ
ア，フランス）。

❺**アフガニスタン**　1919年，イギリスとの第3次アフガン戦
争に勝利し，アフガニスタン王国として独立した。

▲第一次世界大戦後の西アジア

資料活用　第一次世界大戦後，アジア・アフリカのナショナリズムはなぜ高まったのだろう？（インドを例にみてみよう）Q1

資料1　パンを求めて石をあたえられた

イギリスは大戦中，植民地のインドから兵員，戦費，戦略物資，食糧など，総力戦に必要なありとあらゆるものを徴発した。150万人のインド兵が強制的に集められ，ヨーロッパや西アジアの戦線，およびイギリス植民地に送られた。ヨーロッパの西部戦線では，イギリス軍の100人のうち，13人はインド兵だったといわれる。大戦が長期戦となり，植民地インドにますます頼らざるをえなくなったイギリスは，インド人の反発や不満を懐柔して，なんとしてでも戦争協力をえようと，戦後に自治をあたえる約束をする。……

第一次大戦が連合国の勝利で終わり，本国イギリスが勝ったことは，植民地のインドも勝ったことになる。ところがイギリスは，そうは考えなかった。イギリス政府は1919年に，あたらしい「インド統治法」を決める。しかし，これはインド人からみれば，自治というにはほど遠かった。州議会に立法権をあたえるとはいうものの，議決できる事項はひじょうに限られている。選挙権をもつ者は国民の2パーセントにすぎない。そのうえ，選挙制度には，ヒンズー教徒とイスラム教徒の対立を助長するように注意ぶかく細工がなされていた。……

（インド統治法とセットで出された）ローラット法は，新統治法で「自治」をみとめるまえに，インド人の言論や政治行動をおさえておくことをねらったものだ。イギリスを批判し，インド人の権利を主張する者にたいしては，政府と警察は，弁護も，うったえもゆるさず，逮捕・処罰できる。さらに，イギリス当局が好ましくおもわなかったり，疑わしいとおもっただけで，逮捕し，裁判なしに投獄できる。……

ガンディーは，「われわれはパンを求めて石をあたえられた」と怒りをあらわにした。

（笠原十九司『世界と日本の歴史9』大月書店）

資料2　第一次世界大戦後のインド経済の成長

インド工業の育成についても第一次世界大戦が方向転換を迫っている。……ドイツの巡洋艦により，英－インド間の交通が遮断されるという現実の前に，国内の自給自足が突然重要視されるようになった。……全インド的規模での計画的な工業化が図られている。……

この政策転換は，明らかにインド内の工業の発展と並行している。戦争による船舶の不足で，（イギリスから）インドへの綿製品輸入は打撃を受け，ジュートの輸出も同様だった。インド人経営の綿工業は需要の増大に潤った。インド人は，機械工業に着手し，軍需に応えた。第一次世界大戦が終わると，英印の貿易関係は転換し，イギリスからのインドへの綿製品輸入は取るに足らぬものになり，鉄鋼，セメントなどでも，インドは自前で国内需要に応えられるようになっていった。

（狭間直樹・長崎暢子『世界の歴史27』中央公論社）

資料3　ガンディーの提唱したサティヤーグラハ運動（非暴力・非協力運動）

1920年9月，カルカッタでひらかれた国民会議派臨時大会は，……ガンディーのとなえるイギリスへの非協力運動のプログラム（綱領）を採択した。

非協力運動は，インドの民衆のひとりひとりのだれもができる反英運動だった。まずてはじめに，イギリス政府から与えられたいっさいの称号や官職の返上，法廷や公立学校のボイコット，イギリス商品のボイコットなどからはじめられる。……非協力の対象はしだいにひろげられ，公職勤務や兵役（へいえき）のボイコット，さらには納税拒否にまですすむことが計画された。一方，大会は，これもガンディーの提唱する「スワデーシー（国産品愛用）運動」をひろめることを決める。手つむぎと手織りによる綿布生産運（めんぷ）動が全インドによびかけられた。ガンディーはみずからチャルカ（つむぎ車）を回して糸をつむぎ，運動の先頭にたった。「スワラージ（自治）」とともに「スワデーシー」がインド民衆の心をとらえ，無数の会合や会議において，スワラージ，スワデーシーとさけばれた。……

ガンディーが指導する反英抵抗運動の特（とく）徴は非暴力の思想にもとづく非協力・不服（ちょう）従の行動にある。……「暴力は禽獣の法則（きんじゅう）であり非暴力はわれわれ人類の法則である。イギリスが剣と暴力によるならば，インドは不滅の魂により非暴力を実践する。サティヤーグラハがわれわれの抵抗の力となる」

（笠原十九司『世界と日本の歴史9』大月書店）

解説

(1)民族自決が適用されなかったインド　第一次世界大戦中にインドが約150万人の兵力と戦費（せんぴ）・食糧（しょくりょう）などあらゆる物資を負担したにもかかわらず，戦争中にイギリスがした「戦後，インドに自治を与える」との約束は，戦後，イギリスの定めたインド統治法とローラット法で裏切られることになる。ウィルソンの「十四カ条」平和原則で期待された民族自決が植民地・従属国には認められなかったことに対する抗議がインド全土にひろがった。

(2)ガンディーによる反英非協力運動　ガンディーは，ローラット法案が法律となった日から数えて最初の日曜日に，店を閉め，業務を停止し，生活のすべての分野にわたってストライキをおこなう「ハルタール」の日とするよう呼びかけた。1919年4月6日，全国で，国民会議派の指導者が「インド政庁にローラット法をただちに撤回するよう要求する。ガンディーの指導の下に，ヒンドゥー教徒もイスラーム教徒も，すべてのインド国民は宗教の違いを乗り越えて団結するときがきた」と訴えた。この日は「サティヤーグラハ・デー」とよばれ，全インド規模の政治的デモンストレーションの日となった。ガンディーの指導下に大衆的な反英不服従運動が実施された。

(3)独立を求めて　第一次世界大戦後のインドは，大衆的ナショナリズムの時代をむかえる。その先頭に立ったガンディーが提唱したのが「サティヤーグラハ（非暴力・非協力運動）」であった。この運動のもとに，第一次世界大戦中に成長した資本家層や労働者階級，ヒンドゥー教徒もムスリムも結集することで，大きな力となった。

要点　Q1 ▶▶▶ A1

第一次世界大戦後のインドでは，イギリスからの自治が認められなかったことが原因で，ガンディーの指導による大規模な反英非協力運動が巻きおこった。

SECTION 4 大衆消費社会とアメリカ合衆国 [世界史]

▶ 第一次世界大戦後，経済や文化の面で世界の中心は西ヨーロッパからアメリカ合衆国へと移動した。世界最大の工業国であったアメリカは，大戦を機に債務国から債権国となり，ニューヨークのウォール街が国際金融市場の中心となった。

　1920年代には，アメリカで自動車の大量生産が始まり，電気冷蔵庫や電気掃除機などが登場し，アメリカ的生活様式を生み出した。また，ラジオ放送や映画という新しいメディアが人々をとらえ，野球やボクシングなどのスポーツもさかんになり，大衆文化が花ひらいた。

　一方で，20年代のアメリカは「不寛容な時代」ともよばれる。大戦後北部で黒人労働者が増えると，北部都市では人種暴動がおこった。また，人種差別団体KKKが復活し，反黒人だけでなく，反ユダヤ人などの排外主義や白人至上主義が社会にひろがった。

☞ このセクションでは，次の問いに答えられるようにする必要がある。

　Q1 アメリカで生まれた大衆消費社会は，人々の暮らしをどのように変えたのだろう？

1 │ 大衆消費社会の到来とアメリカ合衆国の繁栄

1 経済的繁栄

❶ 債務国から債権国へ　アメリカは大戦中，ヨーロッパ諸国が必要とする兵器を生産するとともに，資金も提供することで，戦後は債務国から債権国となった。国土が戦場とならなかったアメリカは，戦後の国際社会で政治的・経済的に大きな力を獲得した。ニューヨークのウォール街[★1]が国際金融市場の中心となった。

❷ 大衆消費社会　1914年，自動車会社の経営者フォードが，T型フォードの生産工場にベルトコンベアを導入，流れ作業と部品の均一化で，大量生産と低価格を実現した。この革新的な経営・生産方式はフォーディズムとよばれる。1920年代，アメリカは大量生産・大量消費・大衆文化を特徴とする大衆消費社会を生み出した。[★2]

★1 1923年末には世界の金保有高の約半分がアメリカに集中し，世界の金融の中心は，ロンドンのロンバード街（シティ）からニューヨークのウォール街に移った。

★2 大衆とは，工業化の進展にともなって，特に都市部に登場した社会集団。一般に貧困層には属さず，中程度の生活水準にあることが多い。

❸アメリカ的生活様式

　　1 都市部を中心に電化が進み，電気冷蔵庫や掃除
　　　機など家庭電化製品が普及<ruby>普及<rt>ふきゅう</rt></ruby>しはじめた。

　　2 大量に生産された自動車は，1920年代に普及
　　　率20%をこえた。

　　3 新聞や雑誌の広告と分割払い，頻繁<ruby>頻繁<rt>ひんぱん</rt></ruby>なモデルチ
　　　ェンジで購買意欲を高め，消費を楽しむ生活ス
　　　タイルを確立させた。

▲電気冷蔵庫の広告

2 中間層と大衆文化

❶中間層の登場　1920年代，サラリーマン(俸給生
活者)が都市中間層として登場し，社会の中核とな
った。

❷大衆文化　経済的繁栄<ruby>繁栄<rt>はんえい</rt></ruby>とともに，多くの人が楽しめる娯楽
としての文化がもてはやされた(大衆文化)。ハリウッド映画，
野球・ボクシングなどのプロスポーツ観戦が人気を集め，ラ
ジオ放送やレコードの普及<ruby>普及<rt>ふきゅう</rt></ruby>とともに，ダンスやジャズ音楽も
普及した。

3 アメリカ社会と人種差別

❶KKK　大戦後，権利意識を高めた黒人の出
現を背景に，人種差別団体クー＝クラック
ス＝クラン(KKK)が復活，黒人や移民に暴
力を加えた。

❷WASP<ruby>WASP<rt>ワスプ</rt></ruby>　イギリス系でプロテスタントを信
仰するWASP★3といわれる白人中間層が，黒
人差別・移民排斥<ruby>排斥<rt>はいせき</rt></ruby>などをすすめた。禁酒法
(1919年)も酒造業にたずさわる移民系企業
への反発を反映していた。

▲クー＝クラックス＝クラン

★3 White Anglo-
Saxon Protestant
の頭文字をとったも
の。

❸移民法　1924年に制定した移民法で，東欧・南欧からの移
民を規制，日本をふくむアジア系移民を事実上禁止。

資料活用　アメリカで生まれた大衆消費社会は，人々の暮らしをどのように変えたのだろう？ Q1

資料1　フォーディズム

　1913年8月のある日，ハイランド・パーク工場の77メートルの移動組立ラインの上をシャシーをのせたソリがロープに引っ張られて動き出した。横には6人の組立工が立ち，一定の場所に配置された部品を取りつけて一台の車が組み立てられた。完成に要した時間は5時間50分，それまで固定組立法のもっとも好条件のもとでの作業時間12時間28分のおよそ半分の時間であった。

　フォードの自動車組立作業に関する考え方は，①労働者は一歩以上動くべきでない，②労働者は腰を曲げる必要はない，であった。……14年になると，組み立てラインをエンドレスチェーンを使って動かし，シャシー組み立てラインにさまざまな部品組立てラインが連動するシステムが開発された結果，一台のシャシーを組み立てるのに要する時間は93分となり，大幅に短縮された。

　自動車生産に必要な何千という部品は，高度に精密な加工を必要とした。これを可能にしたのは，フライス盤やタレット旋盤などの工作機械の開発であり，マイクロメーターや限界ゲージなどの精密測定器の出現であった。これらの技術を駆使して規格化，標準化された部品がつくられた結果，自動車の大量生産が可能になったのである。

（歴史教育社協議会編『100問100答 世界の歴史3』河出書房新社）

資料2　フォードの世界初の生産ライン

資料3　アメリカの自動車広告（1921年）

解説

(1)自動車の登場　ガソリン内燃機関で走る自動車の出現は，1886年のドイツだった。高度な技術が必要，かつ高価であったため，ヨーロッパでは自動車のユーザーは上流階級に限定されていた。高級車中心の生産から大衆車主流の時代へと急展開したのは，大量生産のシステムで生産されたT型フォードの出現による。

　フォード社を創業したヘンリー゠フォード(1863～1947年)は，農村での移動や農産物の出荷を容易にするため，性能，品質，堅牢さの3つがそろい，しかも安価な自動車の生産をめざした。1903年，モデルAから始まった新車開発は，1908年に標準大衆モデルT型が登場し，これ以降20年間にわたってこのT型を唯一の基本モデルとして生産・販売された。この間，のべ1,500万7,033台が生産され，1920年代には普及率が20%をこえた。

(2)フォーディズムの登場　1914年1月，組み立てラインをエンドレスチェーンによって作動させる新しい経営・生産方式(フォーディズム)が始動した。固定組み立て方式で12時間28分かかったものが，このシステムを使うと，わずか93分で完成した。必要とされる部品や専用機械・工具などはすべて規格化され，ラインでは単純化された労働が配置されるなど，体系的な生産管理が特徴である。

　フォードは，「労働者は一歩以上動くべきでない，もし可能ならこの一歩も避けるべ

きだ」と考えていた。部品の生産から最終組み立てにいたる作業工程を7,882種に分解して，エンジンやトランスミッションからボディーまで，別々に生産するコンベアを，最終組み立てラインの作業スピードに接合するなど，時間的ロスを極力避ける効率的な生産に努めた。こうして1925年には9109T型車を10秒に1台生産という驚異的な生産能力を誇った。また，徹底してコストダウンを追求した結果，1909年に950ドルした価格が25年には290ドルまで下がった。

(3)マーケティングの時代へ　1920年代後半になると，販売に陰りが見られ，1927年T型の生産が中止される。この生産停止を見計らって，GMのシボレーがフォード市場を奪って，1927年には前年の3割増しの94万台を売り上げ，翌28年には120万台にのばした。この成長の裏には，GM側がとった，徹底したマーケティングと短期間でのモデルチェンジがあった。このような大量生産方式と，新聞や雑誌などの広告を通して宣伝し，信用販売(月賦)で多くの人々の手に届くものにするという販売方式は，21世紀の現在とほとんど変わりがない。

要点　Q1 ▶▶▶ A1

　自動車の大量生産の仕組みであるフォードシステムの登場によって，ユーザーがそれまでの上流階級から大衆へと変わっていった。

5 日本の市民生活の変化 [日本史]

▶ 第一次世界大戦後，国際社会で政治的・経済的に大きな力をもったアメリカには，1920年代に大衆消費社会が到来していた。大量生産・大量消費・大衆文化を特徴とする大衆消費社会は，第一次世界大戦後の日本にも都市化の進展とともに到来する。

☞ このセクションでは，次の問いに答えられるようにする必要がある。

Q1 都市化の進展，教育や学問は，日本の市民生活にどのような影響を与えたのだろう？

Q2 メディアはどのような影響を与えたのだろう？

1 | 都市化の進展と教育の発達

1 都市部の拡大

　大戦景気と大戦後の産業の発達は，都市人口の増大をもたらした。東京では，関東大震災後の復興によって，都市の近代化が大きく進んだ。大阪も都市化が進展し，大阪市の人口は，1925(大正14)年には日本一となり，「大大阪」とよばれた。

2 生活の変化

　俸給生活者(サラリーマン)などの新中間層[★1]が増加した。生活の洋風化が急速に進み，洋装が女性にもひろがりはじめ，断髪[★2]の女性も増加した。東京や大阪の郊外には洋風の応接間をもつ和洋折衷の文化住宅が建設され，関東大震災後にはアパートも建設されるようになった。百貨店(デパート)がつくられ，鉄道の発着駅にはターミナル・デパートもつくられた。休日には，家族で，私鉄が郊外に建設した遊園地に出かける人，デパートでの買い物や，映画館に出かける人も増えた。デパートの大食堂ではカレーライス・トンカツ・コロッケなどの洋食が人気メニューとなり，家庭料理として広まっていった。大都市の繁華街にはモボやモガ[★3]が闊歩し，電気，ガス，水道が普及していったが，農村の生活は以前と変わらず，格差がひろがった。

★1 農民・中小企業者の旧中間層に対して，事務仕事に従事する人々の総称。
★2 ショートヘアのこと。1920年台半ばにはパーマネント(電髪)が始まり，美容院が登場した。
★3 モダンボーイとモダンガールの略。

▲東京の銀座を歩くモガ(1928年)

第
一
次
世
界
大
戦
と
大
衆
社
会

1

補説　**小林一三**（いちぞう）　現在の阪急電鉄の創立者。慶応義塾（けいおうぎじゅく）を卒業後，三井銀行（みつい）を経て，箕面有馬電気軌道（みのおありま）（現阪急宝塚線（たからづか）・箕面線）を設立，その後阪神急行電鉄会社（阪急）を発展させた。沿線の土地を住宅地として開発し，宝塚温泉に遊園地と宝塚少女歌劇団をつくって旅客を集めた。1932（昭和7）年に東京に進出し，東京宝塚（東宝）は映画や演劇で成功する。1929（昭和4）年に，梅田駅（ターミナル）に直営の百貨店を開店させ，沿線の住民を行楽地に運び，ターミナル・デパートで買物をしてもらうという「阪急商法」は私鉄経営のモデルとなった。

3　近代家族

俸給生活者や工場労働者は，故郷を離れて核家族を営むことが多く，夫は会社や工場で仕事，専業主婦の妻が家事・育児を担当するという性的役割分担の傾向も強まった。

4　職業婦人

教師，看護師，女医に加えて，バスの車掌（しゃしょう），電話交換手，タイピストなどの職業に就く女性も増加した。記者や編集者などの職種では，男性と対等に仕事をこなす女性もあらわれた。

5　高等教育の増設

義務教育は，明治時代末期には就学率は100％に達した。原内閣は，1918（大正7）年に大学令の制定，高等学校令の改正によって高等教育機関の充実をはかった。

★4 鈴木三重吉（みえきち）が，1918（大正7）年に児童雑誌『赤い鳥』（あかいとり）を創刊した。北原白秋（きたはらはくしゅう）や島崎藤村（しまざきとうそん）が寄稿し，児童文学が発展した。

6　自由教育運動

画一的な教育にかわって**子どものもつ可能性や内発性を伸ばす自由教育の動き**があらわれ，東京の自由学園や文化学院など，新しい教育理念による私立学校が開設された。子どものための童話や詩歌をつくる運動★4，生活をありのまま，感じたままに表現する生活綴方運動（つづりかた）★5や自由画教育の運動もひろがった。

★5 綴方とは作文のこと。型にはまった作文を否定し，実生活に即した作文を書かせた。

[都市化の進展，教育や学問は，日本の市民生活にどのような影響を与えたのだろう？] Q1 ▶▶▶ A1

① 産業の発展…都市化の進展→東京，大阪の発展。
② 生活の変化…洋風化，俸給生活者（サラリーマン）の増加（新中間層），職業婦人の出現。

2 日本の大衆文化と消費文化

1 新聞

　速報性と娯楽性を武器として急速に部数を拡大した。大正末期には『大阪朝日新聞』『大阪毎日新聞』などが伸び，それぞれ発行部数が100万部に達した。昭和にはいると，『読売新聞』も急速に伸びて三大紙を形づくった。

2 出版

　『中央公論』『改造』などの総合雑誌が発展し，大衆雑誌として『キング』も創刊された(1925年)。昭和に入ると，円本や岩波文庫が登場し，大量出版の先がけをつくった。『種蒔く人』や『戦旗』など，プロレタリア文学の雑誌も発行された。

3 放送

　1925(大正14)年には，ラジオ放送が開始され，人々は家で浪花節・講談・落語などの大衆娯楽を楽しむことができるようになった。26(昭和元)年，ラジオ放送は準国営の日本放送協会(NHK)に統合。28(昭和3)年には，「国民保健体操」の名称でラジオ体操もはじまった。ラジオ放送により，情報やスポーツなどの実況が全国に伝えられるようになった。

4 映画・音楽・娯楽

　映画は明治・大正期には活動写真とよばれ，無声で映像の内容を弁士が説明したが，昭和初期になってトーキー(音声の出る映画)が普及し，大衆娯楽の代表的存在となった。レコードも普及し，流行歌だけでなく，ジャズ音楽も青少年層の人気を集めた。また，宝塚少女歌劇団や浅草オペラの軽演劇が大衆に親しまれた。

★1 1926(大正15)年に改造社が『現代日本文学全集』全63巻を1冊1円という廉価で売り出し，円本ブームをつくった。

▲雑誌『キング』創刊号の表紙

★2 1925年3月に東京放送局が仮放送を開始。7月までに大阪，名古屋でも放送を開始。1926年に3放送局が統合され，日本放送協会(NHK)が設立された。

[メディアはどのような影響を与えたのだろう？] Q2 ▶▶▶ A2

　新聞・雑誌・放送などのメディアが発達し，文化の大衆化がすすんだ
　→円本，ラジオ放送，トーキー映画，レコードなど。

📖 資料活用　大衆社会の危険性

資料1　大衆化の時代

　大衆とは，善い意味でも悪い意味でも，自分自身に特殊な価値を認めようとはせず，自分は「すべての人」と同じであると感じ，そのことに苦痛を覚えるどころか，他の人々と同一であると感ずることに喜びを見出しているすべての人のことである。……そのことの善し悪しは別として，今日のヨーロッパ社会において最も重要な事実の一つがある。それは，大衆が完全な社会権力の座に登ったという事実である。大衆というものは，その本質上，自分自身の存在を指導することもできなければ，また指導すべきでもなく，ましてや社会を支配統治することなどおよびもつかないことである。

（オルテガ゠イ゠ガセット『大衆の反逆』1930年）

資料2　新聞の発行部数の推移

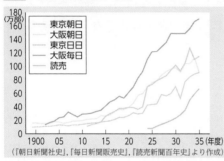

凡例：東京朝日／大阪朝日／東京日日／大阪毎日／読売

（『朝日新聞社史』，『毎日新聞販売史』，『読売新聞百年史』より作成）

資料3　ラジオの普及率の推移

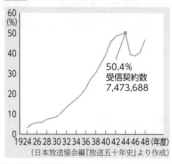

50.4%
受信契約数
7,473,688

（日本放送協会編『放送五十年史』より作成）

解説

(1)大衆社会の誕生　第一次世界大戦前後，社会の表舞台に立つようになったのが，「大衆」である。近代国家のしくみが確立し，民主的な選挙制度が導入されたことで，あらゆる人々が政治に参加し，社会の諸問題と向き合うことになった。一方，為政者にとっては，大衆の支持を得ることが最重要課題になったのである。大衆の意思が政治や社会のあり方を左右する大衆社会が誕生したのだった。

(2)国家の暴走をあとおし　資料1は，大衆社会に警鐘を鳴らした思想家オルテガの著作の一節である。オルテガは，「すべての人」と同じであることに喜びを見出した大衆は，いつのまにか主体性を失い，目の前の欲望に走ってしまう，と分析した。自己の権利だけを求める無責任な大衆の合唱に，ファシストが応じるとどうなるか。大衆は，国家の暴走をあとおしする危険性もはらんでいるのである。

(3)平準化された大衆　明治時代末期，日本の小学校の就学率はほぼ100％に達し，高等教育への進学率も上昇した。大正時代になると，都市部では，俸給生活者（サラリーマン）を中心とする新中間層が生まれ，大衆社会が形成されていった。資料2・資料3のように，新聞・雑誌の発行が増え，ラジオ放送も普及していった。こうした教育の拡充やマス・メディアの発達は，多様な考えの大衆を生み出すはずだった。しかし，画一化された教育やメディアの情報は，平準化された大衆を生み出すことになったのである。

社会運動の発展と民衆の政治参加 日本史

▶ 大正時代に入ると，日本でも民衆の政治参加の拡大，地位向上を求める動きが高まり，政治や社会の民主的な「改造」をめざす，「大正デモクラシー」とよばれるような運動がおこってきた。大戦景気と米騒動を経て，民衆の運動はさらに活発となり，民衆はそれぞれの全国組織をもって運動をすすめ，急速に拡大していった。

☞ このセクションでは，次の問いに答えられるようにする必要がある。

- Q1 大正政変はどのような経緯でおこり，政権交代にいたったのだろう？
- Q2 米騒動はなぜおこり，社会にどのような影響を及ぼしたのだろう？
- Q3 労働運動・農民運動・普選運動などの社会運動はどのように発展したのだろう？
- Q4 護憲三派内閣はどのような経緯で成立し，どのような政治をおこなったのだろう？

1 ｜ 大正政変

1 第2次西園寺内閣の崩壊

　日露戦争後，日本の政界は桂園時代が続いていた。第2次西園寺公望内閣は，行財政整理のため，陸軍が要求する朝鮮への2個師団増設を拒絶した。陸軍は上原勇作陸相を辞任させ，後任を出さなかった。このため，第2次西園寺内閣は陸相を欠くことになり，総辞職に追い込まれた。

　元老によって，後任の首相に桂太郎が選ばれた。桂は内大臣兼侍従長となっていたため，天皇の詔勅を利用して組閣した。

> 補説　**2個師団増設問題**　日露戦争後，「帝国国防方針案」に基づき陸海軍の充実がはかられた。1911(明治44)年10月の辛亥革命で清朝が倒れ，中国国内が混乱していたので，日本の中国大陸進出への動きが強まった。陸軍は植民地朝鮮の防衛上必要であるとの名目で，19個師団(1個師団は平時1万人ぐらい)あるところに，さらに2個師団の増設を要求していた。

2 第1次護憲運動と大正政変

❶ **第1次護憲運動**　この藩閥・陸軍の動きに対し「閥族打破・憲政擁護」のスローガンをかかげた憲政擁護運動(第1次護憲運動)が都市部を中心に展開した。立憲国民党の犬養毅と立憲政友会の尾崎行雄らが先頭に立ち，ジャーナリスト，弁

★1 藩閥官僚勢力を代表する桂太郎と，立憲政友会総裁の西園寺公望が交互に政権を担当していた。
★2 直接天皇に辞職を上奏した。
★3 第2次山県有朋内閣で1900(明治33)年に確立した軍部大臣現役武官制により倒閣された。
★4 宮中に入った者は，従来はふたたび政権を担当することはなかった。
★5 1882(明治15)年の立憲改進党の結成に参加し，第2次護憲運動では革新倶楽部のリーダーとなった。1931(昭和6)年に政友会の内閣を組織したが，五・一五事件で暗殺された。

護士，商工業者や都市民衆も加わり，全国に拡大した。

❷**大正政変**　桂は新党を結成して反対派の切り崩しをはかったが，護憲運動の盛り上がりのため新党結成はすすまなかった。1913(大正２)年，護憲派は内閣不信任案を提出し，尾崎行雄は桂を弾劾する演説をおこなった。桂は詔勅の発布と議会の停会で批判をかわそうとしたが，護憲派の民衆がこれに反発して議会を包囲するなか，桂内閣は53日間で総辞職した(大正政変)。**民衆の力で内閣を倒した最初の出来事である**。桂はこの年の10月に病没するが，新党は12月に立憲同志会として結成された。

★6 1882(明治15)年の立憲改進党の結成に参加し，以来，政党政治家として活躍した。第1次護憲運動や普選実現につくし，「憲政の神様」とよばれた。

📄 **史料**　**尾崎行雄の桂内閣弾劾演説**

彼等①ハ常ニ口ヲ開ケバ直ニ忠愛ヲ唱ヘ，恰モ忠君愛国ハ自分ノ一手専売ノ如ク唱ヘテアリマスルガ，其為ストコロヲ見レバ，常ニ玉座②ノ蔭ニ隠レテ，政敵ヲ狙撃スルガ如キ挙動ヲ執ッテ居ルノデアル。彼等ハ玉座ヲ以テ胸壁トナシ，詔勅ヲ以テ弾丸ニ代ヘテ政敵ヲ倒サントスルモノデハナイカ。……　　　　　　　　　　　　　　　『帝国議会衆議院議事速記録』③

- -

注釈 ①桂太郎・山県有朋らの藩閥政治家。②天皇の座所，さらには天皇の権威。③『官報』号外として一般に公表。

視点 約2週間の停会後，1913(大正２)年2月5日に再開された議会で，立憲政友会の尾崎行雄は激しく桂内閣を攻撃した。大正新天皇のもと

で内大臣となり宮中にはいった桂太郎は，組閣するにあたって天皇の勅語をうけ，天皇の命でやむなく宮中を出たとの形をとって，批判をかわそうとした。「詔勅ヲ以テ弾丸ニ代ヘテ」とはこのことをさす。

---

3 シーメンス事件

桂内閣の後，1913(大正２)年，薩摩出身の海軍大将山本権兵衛が，立憲政友会と提携して組閣した。山本内閣は，大幅な行財政整理を断行し，**軍部大臣現役武官制を緩和**して，予備役・後備役の大将・中将も大臣に就任できるようにした。また，**文官任用令を改正**して政党員が高級官僚になれる道をひろげた。しかし，1914(大正３)年に海軍の高官たちが軍艦発注に対し，シーメンス社(ドイツ)やヴィッカーズ社(イギリス)などから収賄したシーメンス事件がおこり，海軍出身の山本首相に非難が集中するなか，内閣弾劾の民衆運動が盛り上がり，山本内閣は総辞職に追いこまれた。

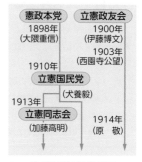

▲20世紀初頭の政党系図

POINT!

[大正政変はどのような経緯でおこり，政権交代にいたったのだろう？] Q1 ▶▶▶ A1
① 辛亥革命により清朝が滅亡→陸軍は，朝鮮への2個師団増設を要求。
② 第2次西園寺内閣が2個師団増設拒否で倒れる→桂内閣発足。
③ 第一次護憲運動がおこる→桂内閣総辞職（大正政変）。

2 | 第一次世界大戦と米騒動

1 第一次世界大戦への参戦

❶日本の参戦　元老は，民衆の台頭に対応するため，国民的
人気の高い大隈重信を後任首相に推薦し，立憲同志会の第2
次大隈重信内閣が成立した。

　1914（大正3）年に第一次世界大戦がおこると，第2次大
隈内閣（加藤高明外相）は，**日英同盟を口実にして連合国側で
参戦**した（1914年8月）。

　加藤外相は，1915（大正4）年，中華民国政府の袁世凱に
二十一カ条の要求をつきつけ，承認させた。★1

❷大隈内閣の退陣　大隈内閣は，第一次世界大戦による好景
気を背景に，1915年の総選挙で与党の立憲同志会が圧勝し，
2個師団増設や海軍拡張案を成立させた。しかし，参戦や二
十一カ条の要求が国際的な不信をまねいたとして元老たちか
ら批判され，閣僚の汚職事件もあって，退陣した。1916（大
正5）年10月に，長州出身の寺内正毅が組閣した。

★1 二十一カ条の要
求（⤴ p.235）の第五
号，「中国政府の政
治・財政・軍事顧問
に日本人を採用する」
などを保留して，そ
れ以外の大部分を承
認させた。

📄史料　元老井上馨の進言

　一，今回欧州ノ大禍乱ハ，日本国運ノ発展ニ対スル大正新時代ノ天祐①ニシテ日本国ハ直ニ
挙国一致ノ団結ヲ以テ，此天祐ヲ享受セザルベカラズ。　　　　　　　　　　『世外井上公伝』②

注釈 ①天のたすけ。②井上馨（号は世外）の伝記。

視点 当時の**財政状況は危機的**で，日露戦争とそ
の後の外債の累積のため日本は多額の債務国と
なり，連年の貿易入超のため正貨（金）保有高も

急激に減少していた。日本は第一次世界大戦へ
の参戦により，国内の「挙国一致ノ団結」をつく
りだすことで，財政危機を打開しようとした。

2 大戦景気

❶大戦景気　第一次世界大戦が勃発すると，日本はヨーロッパ列強が後退したアジア市場に進出し，1914(大正3)年度から輸出超過に転じた。**日本製の綿糸・綿織物などの輸出が急増し，好景気のアメリカへの生糸輸出が増大し**，協商国からの軍需品注文も増大し，日本は大戦景気とよばれる好景気となった。大戦による，世界的な船舶不足から，**日本の造船業と海運業は大発展**し，船成金が続出。技術的にも世界水準に達し，イギリス，アメリカにつぐ世界第3位の海運国となった。

　また，ドイツからの輸入が途絶し，化学肥料や染料などの化学工業が発達した。電力事業も都市での電灯の普及や工業原動力の電化によって発展した。

❷貿易発展の結果　輸出の増大で貿易収支は黒字に転じ，1914(大正3)年には11億円の債務国であったが，1920(大正9)年には27億円以上の債権国となった。

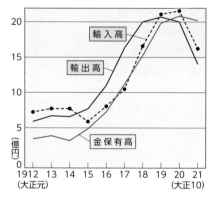

▲貿易の発展と金保有高の増大

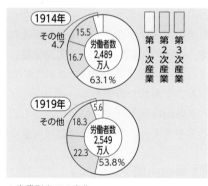

▲産業別人口の変化

❸産業構造の変化　資本主義の発展とともに，労働者も激増し，第一次世界大戦の末期には**工業生産が農業生産を上回るようになり，日本は工業国となった**。大戦景気で成金が続出したが，労働者の賃金は物価上昇に追いつかず，生活を圧迫した。

3 米騒動

❶米騒動の発生　1918（大正7）年7月下旬，富山県魚津町（現魚津市）などの富山湾沿岸の漁民の妻たちが立ち上がり，富山産の米が移出されていくのを阻止しようとし，地主・米屋に押しかけて**米の安売りを要求した**。これらの行動が新聞で報道されると，米騒動は全国に拡大した。米騒動は，京都・名古屋・大阪・神戸・東京・横浜といった大都市をはじめ，1道3府35県におよび，約70万人の人々が参加した。

❷米騒動の原因　米騒動の原因は，大戦景気にともなう物価高騰，とくに米価が急騰したことである。シベリア出兵のニュースが流れると，米穀商人の買い占め，地主の売り惜しみが続出し，米価が暴騰したからである。

▼白米小売価格の高騰（東京1石あたり）

年	価格
1915年（平均）	16円35銭
1916年（〃）	17円19銭
1917年（〃）	24円57銭
1918年（1月）	30円15銭
（6月）	34円20銭
（8月）	45円21銭

寺内正毅内閣は，警察，軍隊を動員して米騒動を鎮圧する一方，新聞に政府発表以外の米騒動記事の掲載を禁止した。寺内内閣は，朝鮮や台湾などの植民地，ベトナム・中国などから外米を輸入し，市町村にも米の安売りをさせて米騒動を抑えた。しかし，**内閣の非立憲的，強圧的な姿勢**に対し，**言論擁護，内閣打倒の声**が高まり，寺内内閣は総辞職に追いこまれた。また世論の力で，政権交代がおこなわれたのである。

　米騒動は自然発生的におこったものであったが，大衆行動の効果を教え，以後の社会運動に大きな影響を与えた。

4 原敬内閣

　寺内内閣が総辞職したあと，9月には立憲政友会の原敬内閣★3が誕生した。原は，初の衆議院議員の首相で，陸軍・海軍大臣以外は立憲政友会員またはその支持者からなる，**初の本格的な政党内閣**である。原は爵位をもたない「平民宰相」として国民の期待を集め，産業振興，交通整備，高等教育機関の充実などの政策をおこなったが，1920（大正9）年には戦後恐慌が始まった。

▲原敬

[米騒動はなぜおこり，社会にどのような影響を及ぼしたのだろう？]

Q2 ▶▶▶ A2

米騒動の原因…シベリア出兵を見込んだ米の買い占めによって米価が急騰→全国各地に米騒動が拡大→寺内正毅内閣が総辞職。

3 大正デモクラシーと社会運動の発展

1 大正デモクラシーの思想

　大正デモクラシーとは，日露戦争後，男子普通選挙の成立までの時期に強まった政治・社会・文化の諸方面における民主主義的潮流のこと。第一次大戦後は，都市から農村部にまで浸透していった。美濃部達吉と吉野作造の学説が大きな影響を与えていった。

❶天皇機関説　東京帝国大学教授の美濃部達吉は，明治末年に「統治権は法人としての国家に属し，天皇は憲法に基づいて統治権を行使する国家の最高機関である」と唱えた。これによって，**天皇の統治権を議会によって制限するという憲法学の体系**を示した。

❷民本主義　東京帝国大学教授の吉野作造が，雑誌『中央公論』1916（大正5）年1月号に論文「憲政の本義を説いて其の有終の美を済すの途を論ず」を発表し，民本主義を唱えた。主権の所在を明確に言わず，**主権運用の方法として一般民衆の意向を重視すべきであるという考え**から，政党内閣制や普通選挙の実現を期待した。

▲吉野作造

2 普選運動

　普通選挙運動は1919（大正8）年から翌年にかけて労働者，農民，学生の間で，都市を中心に高まった。これに対し，**普選を時期尚早と見る原敬内閣は，選挙人資格を直接国税3円以上に引き下げただけ**で，1920（大正9）年，**小選挙区制の下での総選挙に圧勝**。この後，普選運動は一時沈滞したが，1920年代前半には農村にまで拡大し，1924（大正13）年の総選挙で護憲三派が圧勝する要因となった。

③ 労働運動

　1912(大正元)年，鈴木文治が労資協調の立場から友愛会を結成。会員は急増し，米騒動を経て，1919(大正8)年には大日本労働総同盟友愛会という全国組織に発展し，1921(大正10)年には日本労働総同盟と改称し，労資協調主義から資本家との対決姿勢を鮮明にする労働組合に成長した。さらに，1925(大正14)年には左派が分かれて日本労働組合評議会を結成した。世界でも，国際労働機関(ILO)の設立など，労働者の待遇改善を求める動きが強まっていく。

　1920(大正9)年5月2日に，東京・上野公園で日本最初のメーデーが行われ，1万人余りの労働者が集まった。

④ 農民運動

　寄生地主制のもとで生活に苦しむ小作人たちによる，小作料の減免や小作権確認を求める小作争議★1が増加していたが，1922(大正11)年，賀川豊彦，杉山元治郎らが中心となり，日本農民組合(日農)を結成した。小作立法や普選を要求し，全国的な農民組合として発展した。

★1 政府は1924年に小作調停法を成立させ，地主と小作の利害の調和をめざした。

⑤ 社会主義運動

　1910(明治43)年の大逆事件以降「冬の時代」を経て，ロシア革命などの影響もあり，1920(大正9)年に日本社会主義同盟が結成された。日本社会主義同盟は，マルクス主義者・無政府主義者などの混じった組織で思想的統一性もなかったが，原内閣によって1921年に禁止された。1922(大正11)年7月，堺利彦・山川均らは，政府の弾圧を避けて，コミンテルン(国際共産党)の日本支部として秘密のうちに日本共産党を結成した。

⑥ 水平社運動

　被差別部落の人々の社会的差別を撤廃しようという動き★2が発展し，1922(大正11)年3月，西光万吉らによって全国水平社が結成された。

★2 江戸時代に差別されていた人々。明治時代には平民とされたが，社会的差別は依然として残っていた。

7 女性解放運動

青鞜社は1916(大正5)年に解散したが, 1920(大正9)年に新婦人協会が平塚らいてう・市川房枝・奥むめおらを中心に結成された。**女性の政治活動を禁じた治安警察法を改正するための活動をすすめた。**1921(大正10)年には社会主義の立場から, 山川菊枝たちが赤瀾会を結成した。市川房枝たちは, 1924(大正13)に**普通選挙を要求する**, 婦人参政権獲得期成同盟会を結成し, 運動をつづけた。

★3 1922年には同法は一部改正され, 女性も政治集会に参加できるようになった。

▲新婦人協会
第1回総会(右端が市川房枝)のようす。

8 学生運動

1918(大正7)年, 吉野作造・福田徳三らを中心に黎明会が結成され, 民本主義・自由主義の普及につくした。これに呼応し, 東京帝国大学の学生赤松克麿らを中心に新人会も結成され, 「現代日本の合理的改造」を主張し, 普選運動や労働運動に参加し, のち社会主義運動にも接近していった。

POINT!

[労働運動・農民運動・普選運動などの社会運動はどのように発展したのだろう?] Q3 ▶▶▶ A3
① 友愛会(鈴木文治)…日本労働総同盟に発展。
② 日本農民組合…(賀川豊彦・杉山元治郎)小作争議が増加。
③ 新婦人協会・全国水平社・新人会・日本共産党の結成。
▶民衆がそれぞれの組織をつくり, 社会運動がひろがる。

1 第一次世界大戦と大衆社会

🔲 資料活用　社会運動の勃興（ぼっこう）

資料1　『青鞜（せいとう）』の創刊（1911年）

　元始（げんし），女性は実に太陽であった。真正の人であった。今，女性は月である。他に依って生き，他の光によって輝く，病人のやうな蒼白い（あおじろい）顔の月である。偖てこゝに『青鞜』は初声（うぶごえ）を上げた。……私共は隠れて仕舞った我が太陽を今や取戻（とりもど）さねばならぬ。……私の希ふ真の自由解放とは何だらう。云ふ迄もなく潜める天才を，偉大なる潜在能力を十二分に発揮させることに外（ほか）ならぬ。　　　　　　　　　（『青鞜』）

▲雑誌『青鞜』

資料2　吉野作造（よしのさくぞう）の民本主義（みんぽん）（1916年）

　所謂（いわゆる）民本主義とは，法律の理論上主権の何人（なんぴと）に在りやと云ふことは措（お）いて之（これ）を問はず，只（ただ）其（その）主権を行用するに当って，主権者は須（すべ）らく一般民衆の利福並に意嚮（いこう）を重んずるを方針とす可（べ）しという主義である。即ち国権の運用に関して其指導的標準となるべき政治主義であって，主権の君主に在りや人民に在りやは之を問ふ所でない。勿論此（もちろんこの）主義が，ヨリ能（よ）く且（かつ）ヨリ適切に民主国に行はれ得（う）るは言ふを俟（ま）たない。　　　　　　（『中央公論』）

資料3　水平社宣言（すいへい）（1922年）

　全国に散在する我（わ）が特殊部落民よ団結せよ。……我々（われわれ）は，かならず卑屈（ひくつ）なる言葉と怯懦（きょうだ）なる行為によつて，祖先を辱（はずか）しめ，人間を冒瀆（ぼうとく）してはならぬ。そうして人の世の冷たさが，何（ど）んなに冷たいか，人間を勸（いた）はる事が何んであるかをよく知つてゐる吾々（われわれ）は，心から人世の熱と光を願求礼讃（がんぐらいさん）するものである。水平社は，かくして生れた。人の世に熱あれ，人間（じんかん）に光あれ。　　　　（『水平』）

▲全国水平社の創立（1922年）

解説

(1)『青鞜』の創刊　日露戦争後の1911年，平塚（ひらつか）らいてうが文芸雑誌『青鞜』の前文で，女性解放を高らかに宣言した（資料1）。従来の「良妻賢母」の価値観を批判し，女性の自立をうながしたのである。『青鞜』は1916年に廃刊になるが，平塚は市川房枝（いちかわふさえ）とともに1920年に新婦人協会を設立する。

(2)民本主義　資料2の「民本主義」はデモクラシーの訳語だが，吉野は「民主主義」と訳さなかった。主権在民の学説と混同されることや天皇大権への批判と見なされることを避けるためだった。吉野の民本主義は，美濃部達吉（みのべたつきち）の天皇機関説とともに大正デモクラシーに大きな影響を与えた。

(3)水平社宣言　1920年代，社会運動はひろがりを見せる。差別された人々も立ち上がり，1922年に全国水平社を創立。資料3は，創立大会での宣言文（水平社宣言）である。

4 | 関東大震災

　1923（大正12）年9月1日午前11時58分，京浜一帯を中心とする関東地方が大地震に襲われ，大きな被害を受けた（関東大震災[★1]）。9月2日に成立した第2次山本権兵衛内閣は，東京・神奈川・埼玉・千葉の1府3県に戒厳令を発令し，経済対策ではモラトリアム（支払猶予令）を出す一方で，**震災手形に対する[★2]特別融資をおこなって損失を補填した。**

　震災の大混乱，戒厳令下でも，外国人をふくめた様々なボランティアによる救援活動もおこなわれていたが，朝鮮人・中国人殺傷事件，亀戸事件，甘粕事件がおこった。これらは軍隊・警察・自警団が関わった事件である。

　震災による首都壊滅を，デモクラシーに浮かれた天罰とする主張（天譴論）も出現した。政府は個人主義と社会主義の台頭を警戒し，国民精神作興詔書を出し，思想取り締まりを強化した。

▲関東大震災の惨状

★1 関東大震災を引きおこした地震は，相模湾北西部を震源に発生。マグニチュード7.9。死者・行方不明者10万人余，家屋全焼44万7,128戸，家屋全壊・半壊25万4,499戸，被害総額50億円をこえた。
★2 関東大震災のため支払えなくなった手形。政府は，震災手形割引損失補償令を出して，特別融資を行った。

補説　**戒厳令下の事件**　①**朝鮮人殺傷事件**　「朝鮮人が井戸に毒を投げ入れた。暴動をおこした」という流言飛語（デマ）が流れ，戒厳令下，軍隊・警察，自警団による殺傷事件がおこなわれた。被害者数は，諸説あるが約6,000人といわれている。
②**中国人殺傷事件**　約700人の中国人が殺された。中国人労働者の待遇改善運動に取り組んでいた王希天が，軍人に殺害された。
③**亀戸事件**　東京の亀戸署で，労働組合の活動家が捕らえられ，川合義虎，平沢計七ら10人が殺された。
④**甘粕事件**　憲兵大尉甘粕正彦が，無政府主義者の大杉栄と内縁の妻であった伊藤野枝，甥の橘宗一（6歳）を扼殺し，井戸に投げ入れた。

[関東大震災]…山本権兵衛内閣が戒厳令発令。
① 朝鮮人・中国人の殺傷事件，亀戸事件，甘粕事件→社会運動を抑える。
② 大量の不良債権の発生（震災手形）。

1

第一次世界大戦と大衆社会

5 | 護憲三派内閣の成立

1 普選運動の拡大とその対応

❶高橋是清内閣　原敬の暗殺(1921年)後,蔵相高橋是清が内閣を組織した。戦後不況に対応するため,**軍縮や積極財政抑制**など新しい方向をめざし,ワシントン会議をまとめたが,立憲政友会内の対立を収拾できず,総辞職した。

❷加藤友三郎内閣　ワシントン会議の首席全権として活躍した海軍大将加藤友三郎が,1922(大正11)年,立憲政友会を準与党として組閣した。**シベリア撤兵や軍備縮小**などをおこない,普通選挙導入の検討も始めたが,在任中に病気で亡くなった。

❸第2次山本権兵衛内閣　1923(大正12)年9月に組閣した。関東大震災後の混乱処理にあたりつつ,積極的に普通選挙制導入の準備をすすめたが,虎の門事件がおこり,引責辞職した。

2 護憲三派内閣

1924(大正13)年1月,清浦奎吾内閣が成立した。枢密院議長だった清浦は,貴族院に基礎を置く特権内閣だった。

立憲政友会(高橋是清★2)・憲政会(加藤高明)★3・革新倶楽部(犬養毅)の3党は護憲三派として結束し,「憲政擁護・普通選挙実現・貴族院改革」などを掲げ,第2次護憲運動をおこした★4。これに対し,政友会内で高橋是清総裁らがすすめる普選実施などの政治刷新に批判的な人々は脱党して政友本党を結成し★5,清浦内閣を支持した。

▲護憲三派内閣

★1 1923年12月,帝国議会に臨む摂政宮裕仁親王(のちの昭和天皇)が,東京の虎の門で,無政府主義者の難波大助に狙撃された事件。

★2 1916(大正5)年,立憲同志会を中心に,他の小会派が合同して結成された。総裁は加藤高明。

★3 1922(大正11)年,立憲国民党の犬養毅を中心に結成。普選即行・軍備縮小を主張した。

★4 第1次護憲運動のように,政党が民衆とともにたたかうという姿勢ではなく,民衆の政治参加要求を取り入れることで,反体制運動にむかうことを防止するものであった。

★5 1924(大正13)年に結成。総裁は床次竹二郎。

　清浦内閣は議会を解散して総選挙に訴えたが，護憲三派に敗れた。元老西園寺公望の指名によって，第一党の憲政会総裁の加藤高明が護憲三派の連立内閣を組織した。

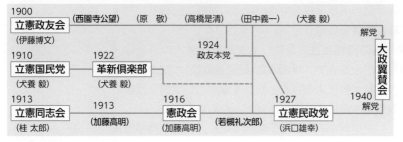

▲1920年代のおもな政党系図

3 普通選挙法と治安維持法

❶普通選挙法　加藤高明内閣は，再び高揚していた普選運動や社会運動の高まりに対応するため，1925(大正14))年，普通選挙法を成立させた。これは，**満25歳以上の男性全員に対して納税額にかかわりなく選挙権を与えたもので，女性は除外された。**

▼1925年までの選挙資格

年	内　閣	選　挙　資　格	投票法	選挙区
1889(明治22)	黒田清隆内閣	満25歳以上の男性で直接国税15円以上の納税者	記名	小選挙区
1900(明治33)	山県有朋内閣	満25歳以上の男性で直接国税10円以上の納税者	無記名	大選挙区
1919(大正8)	原敬内閣	満25歳以上の男性で直接国税3円以上の納税者	無記名	小選挙区
1925(大正14)	加藤高明内閣	満25歳以上の男性全員(普通選挙法成立)	無記名	中選挙区

❷治安維持法　また加藤内閣は，普通選挙法の成立と同時に治安維持法を成立させた★6。その内容は，「**国体**」の変革(天皇制の廃止)や私有財産制度の否定を目的とする結社や，その加入者をとりしまるものであった。同法にもとづくとりしまりをおこなうために，全国に特別高等警察(特高)が設けられた。

❸ソ連との国交樹立　加藤内閣の外交では，幣原喜重郎を外相に起用し，ワシントン体制のもとで，中国の内政に干渉せず，経済進出を重んじる協調外交を展開した(幣原外交)。また，1925(大正14)年1月，ソ連と日ソ基本条約を結んで国交を樹立した★7。

★6 1928(昭和3)年，田中義一内閣の時に，緊急勅令で最高刑が死刑とされた。

★7 国交の樹立と，日ソ間で北洋漁業の権利問題についての交渉がおこなわれた。シベリア出兵中におこった尼港事件の報復で，日本は北樺太を占領していたが，この条約で日本軍の撤退がおこなわれた。

❹**宇垣軍縮**　加藤高明内閣の宇垣一成陸相は，4個師団を廃止する「宇垣軍縮」を実現した。その内容は旧式装備の廃棄，自動車隊をつくるなど陸軍の近代化に努めるもので，廃止された4個師団の現役将校を中学校以上の学校に配属し，授業として軍事教練を実施させた。

❺**治安維持法の目的と社会運動**　治安維持法制定の目的は，①普通選挙法の成立で，無産階級（労働者階級）が議会に進出し，社会運動が激化するのをとりしまる，②日ソ国交回復で共産主義思想が浸透するのを恐れた，ためである。

　しかし，天皇制を否定しない範囲でなら，労働条件や権利などの主張も認められたので，労働者や小作農の地位向上をめざす無産政党が結成された。1925（大正14）年，最初の合法無産政党である農民労働党が結成されたが，即日禁止されている。翌年には労働農民党が結成された。その後，共産党の影響が強い労働農民党（左派）から，社会民衆党（右派）と日本労農党（中間派）とが分立した。

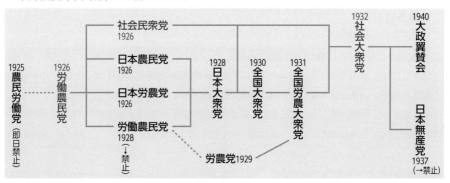

▲無産政党の系譜

[護憲三派内閣はどのような経緯で成立し，どのような政治をおこなったのだろう？] Q4 ▶▶▶ A4

　⎡成立⎤　清浦奎吾内閣に対して，第2次護憲運動「特権内閣反対，憲政擁護，普選実現」→護憲三派（政友会・憲政会・革新倶楽部）の勝利。

　⎡政治⎤　普通選挙法，治安維持法，日ソ基本条約，幣原外交。

2 » 経済危機と第二次世界大戦

1 世界恐慌の発生と各国の対応 ⤷p.288

□ 世界恐慌の発生

- **アメリカ**…アメリカで生産過剰→1929年にニューヨーク株式市場で株価が大暴落→不況が世界へ拡大(世界恐慌)。
- **通貨制度**…イギリスは金本位制から管理通貨制度へ移行。日本は金本位制へ復帰(金解禁, 金輸出解禁)→翌年, 金輸出再禁止。

□ 各国の対応

- **アメリカ**…ローズヴェルト大統領のもとでニューディール(農業調整法, ワグナー法など)。中南米に善隣外交。
- **イギリス**…マクドナルド首相の挙国一致内閣が成立。スターリング＝ブロックを形成し, 排他的な経済圏を確立。
- **フランス**…フラン＝ブロックを形成。
- **ソ連**…スターリンの独裁のもと, 社会主義の計画経済にもとづく五カ年計画を推進。反対派を粛清。

2 ファシズムの台頭 ⤷p.293

□ **ファシズム**　人民の権利を否定。一党独裁による全体主義。

- **イタリア**…ムッソリーニによるファシスト党の独裁。エチオピアを併合。
- **ドイツ**…ヒトラー率いる国民社会主義ドイツ労働者党(ナチ党, ナチス)の一党独裁が確立し, ヴァイマル憲法を停止。全権委任法を制定。ユダヤ人を迫害。国際連盟を脱退し再軍備宣言。ロカルノ条約を破棄して, ラインラント非武装地帯に進駐。

□ **1930年代のヨーロッパ**

- **東ヨーロッパ**…ハンガリー, ポーランド, ユーゴスラヴィアなどで独裁体制。
- **人民戦線**…コミンテルンがファシズムに対抗。フランス・スペインで人民戦線政府が成立。
- **スペイン**…フランコが反乱をおこし内戦に発展。
- **ドイツ**…オーストリアを併合。チェコスロヴァキアを解体させる。
- **イギリス, フランス**…ドイツの対外強硬策に対して宥和政策。

まとめ ✓

^{SECTION}
❸ 日本の恐慌と満洲事変 ☞p.300

☐ **恐慌下の社会・経済** 若槻礼次郎内閣が金融恐慌で総辞職。田中義一内閣がモラトリアム(支払猶予令)を実施。昭和恐慌の中，労働争議と小作争議が急増。財閥が増長。

- **外交**…幣原喜重郎外相が協調外交を展開。
- **政治**…田中義一内閣(満洲の張作霖を支持，山東出兵。ジュネーヴ軍縮会議に参加。三・一五事件，四・一六事件で共産党を弾圧)。浜口雄幸内閣(金解禁。世界恐慌により生糸輸出減，米価暴落，ロンドン海軍軍縮会議に参加するが統帥権干犯問題に発展，首相狙撃)。

☐ **満洲事変**

- **満洲事変**…1931年，関東軍が南満洲鉄道を爆破(柳条湖事件)。
- **満洲国**…関東軍が溥儀を執政に「満洲国」を建国。
- **国際連盟脱退**…国際連盟がリットン報告書に基づき満洲国を不承認→日本は国際連盟を脱退。
- **軍国主義化の進展**…三月事件，十月事件，血盟団事件。1932年の五・一五事件で犬養毅首相暗殺(政党政治の終了)。

☐ **経済の回復** 軍部と新・旧の財閥が手を結び重化学工業化。金輸出再禁止で輸出急増。農山漁村経済更生運動。

^{SECTION}
❹ 日中戦争と国内外の動き ☞p.308

☐ **軍部の動き**

- **陸軍内部の対立**…統制派と皇道派が対立。1936年，皇道派の青年将校が二・二六事件をおこす。
- **政治への介入**…広田弘毅の組閣に干渉。軍部大臣現役武官制を復活→軍備拡張計画を推進。

☐ **日中戦争**

- **開戦**…軍部が華北分離工作→西安事件(張学良が蒋介石に抗日要求)→近衛文麿が挙国一致内閣→1937年，盧溝橋事件を発端に日中戦争開戦→中国で抗日民族統一戦線→日本軍，南京占領。
- **経過**…近衛声明で東亜新秩序の建設を唱える。日本の汪兆銘工作は失敗。

□ 対外関係と戦時体制

・対ソ連…張鼓峰事件とノモンハン事件で敗北。

・対アメリカ…援蔣ルートの遮断をはかる日本に対し，アメリカは日米通商航海条約を廃棄。

・進駐と軍事同盟…北部仏印進駐。日独伊三国同盟の締結。

・戦時体制…企画院を設立。国家総動員法を制定。切符制・配給制・供出制。

□ 思想の統制　滝川事件。天皇機関説事件。人民戦線事件。文部省が皇国史観の教育推進(国民学校)。国民精神総動員運動。大政翼賛会。

❺ 第二次世界大戦とアジア太平洋戦争 ☞p.321

□ 第二次世界大戦

・開戦…ドイツとイタリアが枢軸を形成。1939年に独ソ不可侵条約→ドイツがポーランドに侵攻→英仏がドイツに宣戦。

・ドイツの攻勢…1940年にフランスを降伏させ，イギリスを空襲。1941年にはソ連に侵攻。

・ソ連…バルト3国を併合。

・連合国…米英が大西洋憲章を発表。カイロ会談。テヘラン会談。

・戦局の転換…スターリングラードの戦いでドイツ敗退。イタリアが降伏。連合国がノルマンディー上陸で反抗。1945年に連合国がヤルタ会談(ヤルタ協会)→ドイツが降伏。

□ アジア太平洋戦争

・開戦…1941年に日ソ中立条約を結び南部仏印に進駐→東条英機内閣の成立後，日米交渉が決裂→ハワイ真珠湾，マレー半島を奇襲しアジア太平洋戦争が開戦。

・戦局…ミッドウェー海戦の敗退を機に劣勢→大東亜会議→東条内閣が総辞職。

・国民生活…学徒出陣，勤労動員，朝鮮・台湾での徴兵。

・敗戦…1945年，東京大空襲→沖縄戦→ポツダム宣言→広島・長崎への原子爆弾投下，ソ連の対日参戦→ポツダム宣言受諾で日本が無条件降伏。

1 世界恐慌の発生と各国の対応 世界史

▶ 1929年10月24日，ニューヨークのウォール街で株価が大暴落して世界恐慌に発展した。第一次世界大戦後，世界の資本主義をリードしたアメリカ合衆国が恐慌に突入し，アメリカからの資金供与に支えられるドイツの賠償金支払い問題を直撃したことで，ヨーロッパ経済は大打撃を受けた。

　大混乱のなか，アメリカではフランクリン＝ローズヴェルトが大統領に就任し，ニューディール政策をとり恐慌からの脱出をめざした。また，イギリスやフランスは，本国と植民地・自治領などが，排他的な経済圏を形成すること（ブロック経済）で生き残ろうとした。一方，広大な植民地をもたないドイツ・イタリア・日本は経済的に不利な立場に置かれ，ファシズム体制が生まれた。

　ソヴィエト連邦は恐慌の影響をほとんどうけず，五カ年計画と農業の集団化を推進し，国家経済を発展させた。また，政治的にはスターリン独裁がおこなわれた。

☞ このセクションでは，次の問いに答えられるようにする必要がある。

　Q1 世界恐慌に，各国はどのように対応したのだろう？

1 | 世界恐慌の発生

1 世界恐慌の発生とひろがり

❶恐慌の背景　ドーズ案成立後，資本主義経済は好況となり，産業の合理化と設備投資がすすんで生産力がいちじるしく増大した。しかし，消費がこれに伴わず，**生産過剰が深刻化した**。農業部門でもヨーロッパの復興によって生産がだぶついた。また，貿易も不振であった。

❷1929年の恐慌　1929年10月24日，アメリカのニューヨーク株式市場（ウォール街）で，株価が大暴落した。これをきっかけに破産者や企業倒産が続出，工業生産は激減して失業者が増大し，商業・貿易も不振におちいる大恐慌となった。

❸世界恐慌への発展　世界経済の中心であったアメリカの不況は，計画経済の体制をとっていたソ連を除く全世界に波及し，世界恐慌となった。ドイツの賠償金支払いはアメリカの資金供与によって支えられていたため，アメリカ資本の撤退によって，経済が破綻した。

★1 生産過剰の理由としては，以下があげられる。
①合理化による失業者の増大，勤労者の低収入，慢性的な農業不況などで，国民の購買力が増加しなかった。
②諸国の高関税政策により，自由貿易が妨げられた。
③社会主義国ソ連の成立で資本主義市場がせばまった。
★2 1929年10月24日は，「暗黒の木曜日」とよばれた。

❹**世界恐慌の影響**　各国の景気は長期にわた
り低迷し，多くの企業が倒産。労働人口の4
人に1人にあたる，多くの失業者が街にあ
ふれ，社会不安がひろがった。

2｜金本位制からの離脱

1 金本位制からの離脱

▲混乱するウォール街

　世界恐慌当時，世界各国は金本位制をとっていた。1931年，
イギリスはポンドが売られて自国の金が流出することを防ぐた
め金本位制を離脱。その後，各国は管理通貨制度に移行した。

★1 貨幣を金と兌換
(交換)することがで
きる金本位制は，19
世紀末まで国際経済
の規範となっていた。
各国は第一次世界大
戦中にこれを一時停
止していたが，戦後
再び金本位制に復帰
した。

2 日本の金本位制復帰と金輸出再禁止

　日本は1917年以来，禁止していた金輸出を1930年に解禁
(金輸出解禁)し，金本位制に復帰した。しかし，直後に世界
恐慌が波及し，日本経済は深刻な不況(昭和恐慌)におちいった。

3｜アメリカの恐慌対策

1 アメリカのニューディール

❶**ローズヴェルトの登場**　恐慌によってアメリカ経済は極度
の不況におちいった。共和党のフーヴァー政権は景気回復に
失敗し，1932年の大統領選挙では，民主党のフランクリン
＝ローズヴェルト(在職1933〜45年)が圧勝した。

❷**ニューディール**　ローズヴェルト大統領がとった不況克服
政策。国民の購買力の増大をはかって国内の需要を喚起し，
危機を乗り切ろうとするもの。全国産業復興法と農業調整法
によって生産を調整して価格の安定をはかり，TVAなどの
公共事業をおこして失業者の救済と需要の拡大をはかった。

▲フランクリン＝
ローズヴェルト

★1 このニューディー
ル(New Deal)は，「新
規まき直し」と訳され
る。3R(救済 Relief・
回復 Recovery・改革
Reform)がスローガン
としてかかげられた。

　また，1935年，ワグナー法(全国労働関係法)を定めて，
労働者に団結権・団体交渉権を与え，労働者の地位の向上を
はかった。この結果，労働運動が活発化した。

> 補説　ニューディールのおもな政策　①全国産業復興法　NIRA。1933
> 年制定。国家の監督のもとに企業間の競争をなくし，生産を制限して
> 物価や労働賃金の引き上げをはかり，企業の経営を回復させようとす
> るもの。
> ②農業調整法　AAA。1933年制定。農作物の作付面積制限・生産制
> 限などをおこなって農産物価格の引き上げをはかり，農民の救済と購
> 買力の増大をめざした。
> ③TVA　テネシー川流域開発公社。テネシー川流域の治水・発電・植
> 林・土地改良などをおこなう総合開発事業で，民間企業による独占に
> 対抗するものでもあった。
> ④ワグナー法(全国労働関係法)　ローズヴェルトのとった分割立法の
> 一つ。提唱者の上院議員ワグナーの名をとった。全国産業復興法が違
> 憲の判決をうけたため，労働者の権利の部分を，改めて立法化したもの。

❸ニューディールの推進　ニューディールは，**国家が経済活
動を統制し，大資本家の利潤をおさえるもの**であった。その
ため，大資本家は企業の自由を侵すものとしてこれに強く反
対し，最高裁判所も，1935年に全国産業復興法に，1936
年に農業調整法に違憲の判決をくだした。これに対してロー
ズヴェルトは，法律を分割して成立させるなどして，政策を
強力に推進していった。

> 補説　ニューディールの意義　①従来の自由放任主義の原則は放棄され，
> 国家が経済活動に介入する修正資本主義の先駆をなした。
> ②第二次世界大戦の勃発によって，最終的な効果はみきわめられなか
> ったが，国民各層の利害を調整し，民主主義を守りながら恐慌対策を
> すすめ，経済の混乱を脱したことは高く評価される。

❹ニューディール期の外交　①ラテンアメリカ諸国に対しては，
互恵的な関税引き下げや友好関係の推進など善隣外交を展開
した。②日本の中国侵略に対し蔣介石政権を支援し，1933
年にはソ連を承認。③フィリピンに独立を約束。

　　これらの外交政策によって世界貿易の拡大につとめ，30
年代末には国際情勢の緊迫のなか，軍備増強にのりだした。

4 | イギリス・フランスの恐慌対策

1 恐慌下のイギリス内閣

　　1929年，労働党が第一党となり第2次マクドナルド内閣が
成立した。政府が恐慌克服策として失業保険手当を引き下げる
と，1931年労働党は党首マクドナルドを除名したが，同年マ

★2 これによってド
ル＝ブロックが形成
された。
★3 従来の高圧的・
武力的なパン＝アメ
リカ主義を改め，キ
ューバの完全独立を
承認し，メキシコ駐
兵権を放棄した。

★1 第1次マクドナ
ルド内閣は1924年
に発足。最初の労働
党内閣だった。
★2 恐慌の影響で，
失業保険の給付が増
大し，政府財政を圧
迫していた。

クドナルドは保守党・自由党の支持を得て挙国一致内閣を組織。
金本位制廃止・保護関税などで危機の打開をはかった。

2 オタワ連邦会議

　イギリスは，1932年，カナダの首都オタワでイギリス連邦
経済会議を開き，イギリス連邦内の関税を下げ，連邦外の国に
対して高関税を課すスターリング＝ブロック(ポンド＝ブロック)を形成した。

3 フランスにおける恐慌の影響

　フランスでは，ややおくれて恐慌による不況がはじまった。
政府はフラン＝ブロックをきずいて，経済安定をはかった。

POINT!
[世界恐慌に，各国はどのように対応したのだろう？] Q1 ▶▶▶ A1
① アメリカ…フランクリン＝ローズヴェルトのニューディール。
② イギリス…マクドナルド内閣のとき，スターリング＝ブロック形成。
③ フランス…フラン＝ブロック形成。

5 ソ連の社会主義

1 一国社会主義

　1924年のレーニンの死後，トロツキー(世界革命を主張)と
スターリン(一国社会主義論を主張[1])が，共産党の指導権をめぐ
って争った。この権力争いに勝利したスターリンは政敵を次々
に追い落として，権力を独占した。

2 国際社会への復帰

　①1922年，ヴェルサイユ体制から排除されていたドイツと
ソヴィエト＝ロシアがラパロ条約によって国交を結んだ。
②24年，イギリスとフランスがソ連と国交を結び，ソ連を承
認。③25年，日本もソ連と国交を結び，占領していた北樺太
(北サハリン)から撤兵。

★3 イギリス・カナ
ダ・ニュージーラン
ド・オーストラリ
ア・南アフリカ連
邦・ニューファンド
ランド・アイルラン
ド・南ローデシア・
インドが参加。特恵
関税による相互の経
済交流をはかり，他
国を排除した。

★1 トロツキーは，
ロシア一国だけで社
会主義を維持・発展
させることは不可能
であり，全世界の社
会主義化をめざさな
ければならないとす
る世界革命論(永久
革命論)を主張した。
スターリンは，ロシ
アは革命に有利な特
殊性をもち，一国だ
けの社会主義建設が
できると主張した。

経済危機と第二次世界大戦　2

③ ソ連経済と恐慌

　ソ連は，社会主義の計画経済に基づく五カ年計画をすすめて
おり，世界恐慌の影響はほとんどうけなかった。

④ 五カ年計画の推進

❶ **第1次五カ年計画**　全面的な社会主義建設へ舵を切り，
計画経済体制を導入。1928年開始。重工業化の推進
と農業の集団化・機械化がすすめられた。農民は，集
団農場へ編入され，国家への穀物供出を強制された。

❷ **第2次五カ年計画**　1933年開始。農業の集団化はほ
ぼ完了。消費財の生産にも力がいれられ，1930年代
後半ごろには，アメリカにつぐ**世界第2位の工業国**と
なった。

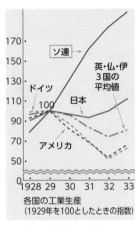

各国の工業生産
（1929年を100としたときの指数）

▲ソ連の工業生産の変化

⑤ スターリン独裁の進行

　スターリンは，**農業の集団化**で多数の農民を餓死させ，
反対派を大量に処罰し，個人崇拝を強めて独裁を強化し
た。1936年にいわゆるスターリン憲法を制定し，社会
主義国家体制を確立した。

> 補説　**コルホーズとソフホーズ**　どちらも集団化による大農法で，農業の
> 社会主義化をめざした。コルホーズは協同組合組織による集団農場で，
> 土地・農具など生産手段を共有し，分配は作業量に応じた。当初，加
> 入は自由意志となっていたため，保守性の強い農民の加入率は低かった。
> 第2次五カ年計画では加入が強制され，個人経営の農家は消滅した。
> ソフホーズは，没収した土地を基礎にした国営農場で，農民は賃金労
> 働者となって働いた。

★2 1936年のソヴ
ィエト大会で成立。
①18歳以上の男女
による普通選挙，②
ソ連邦最高会議の設
置，③労働者・農民
の差別の撤廃，④諸
民族の平等，などが
定められた。

⑥ 1930年代前半のソ連外交

　社会主義建設のためには，平和が維持される必要があったた
め，ソ連は**資本主義国との協調**につとめた。1933年にアメリ
カの承認を得て，翌34年には国際連盟に加盟して常任理事国
となった。35年には，ドイツの脅威にそなえフランス・チェ
コスロヴァキアと相互援助条約を結んだ。

★3 1935年，コ
ミンテルン第7回大会
で，ファシズムに対
抗するために，民主
主義勢力の結集をは
かる人民戦線戦術の
採用が決定。

②ファシズムの台頭 世界史

▶ 1920年代にイタリアで生まれたファシズム体制は，世界恐慌の後ドイツにもひろまった。世界恐慌による経済的混乱のなかでナチスが台頭し，ヒトラー政権のもとでヴェルサイユ体制を破壊する侵略政策がすすめられた。イタリアもエチオピアを侵略し，両国は急速に接近して，1936年にベルリン＝ローマ枢軸が形成された。

　一方，ファシズムに反対する勢力が幅ひろく協力して，民主主義を守り，戦争を防ごうとする人民戦線方式が世界各地にひろがり，フランスやスペインに人民戦線政府が樹立された。

　1936年に始まるスペイン内戦は，ヒトラーやムッソリーニの支持を受けたフランコと人民戦線政府との戦いであったが，イギリスやフランスは宥和政策をとり，ファシズムの伸長を許すことになった。

☞このセクションでは，次の問いに答えられるようにする必要がある。

　Q1 ファシズムは，どのようにして台頭したのだろう？

1 ｜ ファシズム体制のひろがり

1 ファシズムとは

❶立憲政治・議会政治を否認して一党独裁制を主張し，**国民の基本的人権を無視し，**言論や出版の自由を制限，反対勢力を力で封じ込める。

❷人民主権の原理を否定し，独裁者の統治を理想と考え，人民大衆の政治参加を否定する。

❸共産主義，民主主義の排除，全体主義，侵略主義を唱える。

2 イタリアのファシズム体制

　国粋主義的なファシスト党を結成していたムッソリーニは，国民のヴェルサイユ体制に対する不満と，**社会主義革命を恐れる資本家・中産階級の恐怖心にうまくつけこんで支持を集めた。**彼は，1922年，「ローマ進軍」をおこなって国王に組閣を命じさせ，政権を握った。

2│ドイツのナチズム

1 ナチ党の勢力伸張

❶**世界恐慌とドイツ**　世界恐慌によってもっとも大きな打撃をうけたのはドイツである。とくにアメリカ資本の撤退の影響は深刻で，1930年の失業者は300万人以上となり，社会情勢は悪化した。

❷**ヴァイマル共和国の政情**　政情も不安定で，大統領の緊急命令に頼る少数派内閣が短命のうちに交代した。この間，共産党と，ヒトラーの率いる国民社会主義ドイツ労働者党(ナチ党，ナチス[*2])が台頭した。

❸**ナチ党の台頭**　ナチ党は，**ヴェルサイユ条約に反対**し，ドイツ民族の優秀性とユダヤ人排斥(はいせき)を強調する主張に，福祉政策を加えてたくみに宣伝し，恐慌に苦しむ都市の中産層を中心に勢力をのばした。同時に共産主義を否定し，資本家や軍部の支持をも集めた。

2 ナチ党の政権獲得

❶**ヒトラー内閣の成立**　1932年の総選挙で第一党となり，翌年1月，ヒトラーが首相に任命された。

❷**ナチ党の独裁体制の樹立**　ヒトラーは議会で過半数を得ようとしてただちに議会を解散。総選挙中に国会議事堂放火事件がおこり，これを口実に共産党などに大弾圧を加えた。そして，新議会で過半数を獲得したナチ党は，政府に立法権をゆだねる全権委任法を成立させると，ナチ党以外の諸政党や労働団体を禁止・解散させて一党独裁を確立し，ヴァイマル憲法は事実上停止された。

❸**第三帝国の形成[*3]**　1934年，ヒンデンブルク大統領が死去すると，ヒトラーは大統領・首相・党首をひとりで兼ねて総統(フューラー)と称した。

❹**ナチ党の内政**

　　[1] **公共事業**　大規模な公共土木事業をおこない，軍需産業(ぐんじゅ)を振興して失業者を吸収し，資源・食料の確保をはかった。

★1 ヴァイマル憲法では，非常時の大統領独裁の緊急命令権(非常大権)を認めており，ヒンデンブルクはこれを利用して，議会で少数派となったヴァイマル連合の内閣を維持した。

★2 ナチ党は政敵がつけたよび方。1919年ミュンヘンで結成されたドイツ労働者党が前身。ナチ党員と党の支持者を，ナチスという。

▲ヒトラー

★3 ナチ党は，神聖ローマ帝国をドイツにおける最初の帝国(第一帝国)，ホーエンツォレルン家のドイツ帝国を第二帝国とみなし，ナチス=ドイツを第三帝国と称した。

② **統制経済**　軍事色の強い統制経済がおこなわれ，ナチ党と大資本家との結びつきが強まった。

③ **言論統制**　言論・出版などの自由をうばって思想統制を徹底し，人種差別主義をあおってユダヤ人を圧迫した。

補説　**ナチ党の迫害**　帝国主義時代には，ダーウィンの進化論を人間社会に適用し，社会は生存競争と自然淘汰により進化すると主張する社会ダーウィニズムの思想が隆盛をきわめた。ナチ党は，これを根拠に，「劣っている」人々は抹殺してしかるべきと主張し，ユダヤ人などに徹底的な迫害を加えた。迫害をさけるためにドイツ国外へ亡命した人のなかには，物理学者アインシュタイン（ユダヤ系）や文学者トーマス＝マン（ナチ党に強く反対した）などもいた。

📄 資料　**ドイツの議会勢力の分布**

選挙年月		1924 12月	1928 5月	1930 9月	1932 7月	1932 11月	1933 3月
右派	ナチ党	14	12	107	230	196	288
	国家人民党	103	73	41	38	52	53
	人民党	51	45	30	7	11	2
ヴァイマル連合	中央党	69	62	87	99	90	92
	民主党	32	25	14	4	2	5
	社会民主党	131	153	143	133	121	120
左派	共産党	45	54	77	89	100	81
全議席数		493	491	577	608	584	647

注釈　ナチ党のめざましい躍進に注目しよう。このあと1933年11月の選挙では，全議席661のうち659の議席を獲得する。なお，1933年3月の選挙において，共産党が活動を禁止されているにもかかわらず81議席を得ているのは，その根強い人気を物語っている。

③ ナチ党の対外強硬策

❶**国際連盟脱退**　ヴェルサイユ体制に不満をいだいていたドイツは，1933年，日本につづいて国際連盟を脱退した。

❷**再軍備の開始**　1935年，ドイツは，住民投票によってザール地方を編入。さらにヴェルサイユ条約の軍事条項を破棄して再軍備宣言をおこない，徴兵制度（義務兵役制度）を復活させた。

★4 ヴェルサイユ条約により，ザール地方は国際連盟の管理下にあった。

❸列強の態度　ドイツの動きに対抗して，①イギリス・フランス・イタリアの3国は相互協力を約束し,★5②フランス・ソ連・チェコスロヴァキアは相互援助条約を結んだ。しかし一方で，イギリスはドイツと海軍協定（英独海軍協定，1935年）を結ぶなど，ドイツに対する宥和政策をとった。

❹ラインラント進駐　ドイツは，上記②の相互援助条約をロカルノ条約違反ときめつけ，1936年にロカルノ条約を破棄してラインラント非武装地帯に軍隊をすすめた。

★5 ストレーザ戦線という。イタリアはファシズム国家であったが，ドイツのオーストリア進出を恐れて，英・仏に同調。
★6 これによりストレーザ戦線は崩壊。イギリスはソ連の進出を警戒して，ドイツの再軍備を黙認した。

[ファシズムは，どのようにして台頭したのだろう？] Q1 ▶▶▶ A1
①後進資本主義国では世界恐慌の影響をうけ，ファシズムがひろまる。
②ヒトラー率いるナチ党は，全権委任法で独裁化→国際連盟脱退，ザール奪還と再軍備，ラインラント進駐→ヴェルサイユ体制を破壊。

3 | 1930年代のヨーロッパ

1 イタリアのエチオピア併合

　経済危機を打開するために，かねてから対外進出をねらっていたイタリアは，1935年にアフリカ北東部のエチオピアに侵入し，翌36年には併合を宣言した。国際連盟は経済制裁を宣言したが，イギリス・フランスが実際的な措置をとらなかった。しかし，国際世論が反発するなか，イタリアはドイツに接近した。

2 東ヨーロッパ・バルカン諸国

　複雑な民族問題をかかえていた各国では，世界的な農業不況の影響をうけ，政治的にも不安定であった。このため1920年代ごろには多くの国で地主や軍部による保守的な独裁体制がしかれた。ハンガリーでは，1919年から25年間ホルティの独裁が続き，ポーランドでも26年からピウスツキが軍事独裁を開始した。ユーゴスラヴィアは29年に国王独裁に移行し，ブルガリア，ルーマニアの国王も，30年代には独裁制をあいついで宣言した。

3 1930年代のソ連国内

　ウクライナや北カフカスのような穀倉地帯では，農業集団化による混乱で生産が大幅に低下し，加えて厳しい調達が加えられ，農村は荒廃した。1932〜33年，ウクライナでは数百万人もの農民が餓死した（ホロドモール）。

　スターリン体制批判を許さない厳しい監視体制がしかれ，特に1937〜38年には100万人以上の人々が銃殺や流刑に処せられたともいわれる（粛清）。

4 反ファシズム人民戦線

❶人民戦線　ファシズムに反対する勢力が幅ひろく協力して，民主主義を守り，戦争を防ごうとする人民戦線の方式が，1935年，コミンテルン第7回大会で採択され，世界にひろがった。

❷コミンテルン第7回大会　ドイツでのファシズムの台頭や日本軍国主義の中国侵略に対抗するために，共産党以外の諸政党や自由主義者・知識人など社会の諸勢力が協力する反ファシズム人民統一戦線の結成方針を打ち出した。

❸人民戦線政府の誕生　1935年，フランスで共産党・社会党・急進社会党が人民戦線を結成，36年の選挙で勝利し社会党のブルム首相の下で人民戦線政府が成立した。

> 用語 人民戦線　革命による社会変革を重視する共産主義勢力と，議会をとおした漸進的な改革をめざす社会民主主義勢力は，それまではげしく対立してきた。しかし，ファシズムの力が強大化するなかで，ドイツの軍事的脅威を強く感じたソ連が，各地の共産主義勢力の姿勢転換をうながしたため，両勢力の協調が実現した。さらに，共産主義者や社会主義者以外の多くの人々も，反ファシズム人民戦線に結集していった。

5 スペイン内戦

❶内戦の勃発　スペインでは，1931年の革命で共和政が成立，1936年には左派勢力を中心に人民戦線政府が成立した。これを不満とする右派勢力は，同年フランコの指導下にモロッコで反乱をおこし，やがて本土でのはげしい内戦（スペイン内戦）に発展した。

★1 スペインは，貴族と教会による大土地所有がつづく後進の農業国であり，工業・銀行業には英仏の資本が進出していた。1923年からつづいた軍部独裁が30年に崩壊。31年には革命がおこってブルボン朝が廃止され，共和国となった。

★2 1892〜1975年。軍部の出身で，反乱に勝利したのち，1975年に死去するまで独裁体制をしいた。

❷列強の態度

　① ドイツ・イタリア　フランコ側を軍事支援。

　② ソ連　人民戦線政府を支持。

　③ アメリカ・イギリス・フランス　不干渉。

❸内戦の性格　各国の自由主義者・社会主義者が国際義勇軍として人民戦線政府側に加わり，スペイン内戦は，**民主主義対ファシズム**の国際情勢をそのまま反映するものとなった。

❹内戦の終結　1939年，内戦は内乱（フランコ）側の勝利に終わり，スペインはファシズム国家の一員となった。[★3]

> ★3 フランコ政権は防共協定に参加して国際連盟を脱退したが，イギリス・フランス・アメリカなどはフランコ政権を承認した。

補説　**スペイン内戦と列国**　①スペインの内戦に際し，国際義勇兵として人民戦線政府側に加わった数千人のなかには，小説家のヘミングウェー（米）やジョージ＝オーウェル（英）もいた。士気は旺盛だったが，かれらは正規の訓練をうけておらず，装備の質や数の点でもフランコ（反政府）側に劣っていた。そのうえ，反政府側にはドイツ・イタリアの正規軍が参加していた。

②バスク地方の町ゲルニカが，ドイツ空軍の無差別爆撃によって破壊されたことへの怒りからピカソの「ゲルニカ」が描かれたことはよく知られている。一方，人民戦線政府への援助は，遠くソ連から得られたのみであった。人民戦線政府は，武器の買いつけに走ったが，ヨーロッパ諸国は，戦火の拡大を恐れて，イギリスを中心に「不干渉委員会」を設立して，スペイン内戦においては中立を守り，どちらの側にも武器輸出をしない不干渉政策を実施した。この委員会にはドイツ・イタリアも加盟していたが，両国は委員会のとりきめを守らなかったため，結局この委員会はフランコ側に有利なだけであった。アメリカもまた，中立政策をとった。

▲ヘミングウェー

▲ジョージ＝オーウェル

▲ピカソ

4 | ドイツの拡張政策

1 オーストリア併合

　1938年，ドイツはイタリアの支持を得て，「民族自決」（ドイツ民族統合）を名目に，武力でオーストリアを併合した。

2 ズデーテン地方の割譲要求

　さらに同年ドイツは，ドイツ人在住者が多いズデーテン地方[★1]の割譲をチェコスロヴァキアに要求した。チェコスロヴァキアは，ソ連・フランスとの相互援助条約をたのみにこれを拒否し，戦争の危機が高まった。

★1 チェコスロヴァキアとドイツとの国境地帯。ドイツ系住民が多かった。

3 ミュンヘン会談

　1938年9月，ドイツの 2 の要求に対処するためにミュンヘンで開かれた英・仏・独・伊の首脳会談[★2]。イギリス・フランスがドイツによる併合を認めたため戦争は回避できたが，このような宥和政策はドイツを増長させた。

★2 ヒトラーとムッソリーニ，イギリス首相チェンバレン，フランス首相ダラディエが参加。

4 宥和政策の破綻

　①イギリス・フランスの弱腰に乗じたドイツは，ミュンヘン会談の協定を破って，1939年3月にチェコスロヴァキアのベーメン(ボヘミア)・メーレン(モラヴィア)を保護領とし，スロヴァキアを保護国として支配下においた(チェコスロヴァキア解体)。これとほぼ同時に，ヴェルサイユ条約で失ったメーメル地方をリトアニアからうばい，さらにダンツィヒ

▲ナチス＝ドイツの侵略

(現・グダンスク)の返還などをポーランドに要求した。②イタリアは，1939年4月にアルバニアを併合した。③ドイツの動きをみたイギリス・フランスは宥和政策をやめ，同年8月，ドイツの次の目標とみられた**ポーランドと相互援助条約**を結んだ。また，ソ連に協力を求めたが，宥和政策に不信をもっていたソ連は，これを拒否した。

2

経済危機と第二次世界大戦

3 日本の恐慌と満洲事変 日本史

▶ 第一次世界大戦後の戦後恐慌以降，慢性的な不況におちいっていた日本経済に，関東大震災が追い打ちをかけ，金融恐慌がおこった。さらに世界恐慌の影響をうけて，日本経済は危機的状況となった。大量の失業者に加えて，農業恐慌が重なり，昭和恐慌とよばれる悲惨な状態におちいった。この間，財閥は国家との結びつきを強め，日本経済への支配力を強化した。そして，不況に苦しむ民衆は，財閥・政党政治への不満から，軍部・右翼への期待を高めていった。

日本は柳条湖事件を引きおこし，「満洲国」を建国したが，諸外国から大きな批判をうけた。さらに日本は国際連盟を脱退し，国際的孤立の道を歩みはじめた。

☞ このセクションでは，次の問いに答えられるようにする必要がある。

Q1 日本はどのようにして，昭和恐慌におちいったのだろう？

Q2 日本はどのようにして，恐慌から回復したのだろう？

1 | 経済恐慌と政党政治

1 幣原外交

加藤高明・若槻礼次郎内閣の外務大臣幣原喜重郎は，中国の民族運動に対しては干渉をさけ，アメリカ・イギリスと協調しながら，合理的に日本の利権を発展させようとした。また，日中関税協定では，中国の関税自主権回復を認めている。

2 金融恐慌

1927(昭和2)年3月，憲政会の若槻礼次郎内閣は，震災手形(☞ p.281)処理法案の審議をしていたが，片岡直温蔵相の発言から一部銀行の経営悪化が表面化し，「取り付け騒ぎ」がおこった。その結果，**震災手形を多数かかえた中小銀行が倒産**した。その後，4月に鈴木商店が破産すると，**鈴木商店に巨額の融資を続けてきた台湾銀行の経営が悪化**した。若槻内閣は，緊急勅令で台湾銀行に特別融資をおこない，救済しようとしたが，**枢密院で緊急勅令案を否決**され，総辞職においこまれた。

つづく立憲政友会の田中義一内閣は，3週間のモラトリアム(支払猶予令)を出し，22億円の日銀非常貸出をおこなって金融恐慌をおさめた。

★1 長州藩閥出身の陸軍軍人で，退役後の1925(大正14)年，高橋是清の後を継いで第5代立憲政友会総裁となった。

> 用語　**鈴木商店**　神戸で，台湾の砂糖や樟脳を扱っていた。大番頭の金子直
> 吉の指導で，第一次世界大戦中に各種事業に手をひろげ，三井・三菱
> に並ぶ日本有数の大商社にのし上がった。ところが，大戦後の不況で
> 経営不振におちいり，台湾銀行から無担保で巨額の融資を受けたが立
> ち直れず，しかもこのことが暴露されて政治問題となり，台湾銀行か
> ら新規貸出を停止されて倒産した。

3 田中義一内閣と強硬外交

❶田中外交　田中義一内閣は，中国では軍部と結んで積極外交を唱え，満洲軍閥の張作霖(チャンツォリン)を擁護して，満蒙(中国東北部)における日本の権益を維持・拡大しようとしていた。1927(昭和2)年，田中首相(兼任外相)や森恪外務政務次官らが中心となり東方会議を開き「対支政策綱領」をまとめた。ここでは満洲を中国本土から切り離して，日本の勢力下におくことを決定している。

▲昭和初期の中国の情勢

> 用語　**対支政策綱領**　支とは「支那」のことで，当時中国のことを
> 「支那」とよんでいた。対支政策綱領の要点は①中国において，
> 日本の利益や日本人の生命・財産が侵されるおそれのある場合，
> 自衛の手段をとる，②満蒙における日本の特殊地位が侵害され
> るおそれのある場合，機を逸せず適当な措置をとる。

❷山東出兵　国民革命軍による北伐に対しては，日本人居留民保護と権益確保を名目に武力干渉を実施し，3度にわたって山東出兵を強行した。1928(昭和3)年の第2次山東出兵では，日本は国民革命軍との間に武力衝突を引きおこした(済南事件)。

　このような山東出兵に対し，無産政党，とくに労働農民党は，日本農民組合などと対支非干渉全国同盟(山本宣治委員長)を結成し，山東出兵に反対した。

❸張作霖爆殺事件　1928(昭和3)年6月，張作霖は北伐軍が北京にせまったため，奉天(現・瀋陽)に引き上げようとした。その途中，関東軍参謀河本大作らにより，乗っていた列車を爆破されて殺害された。これに乗じて関東軍は南満洲を直接占領しようとしたが，その計画は失敗に終わった。田中首相は，「満洲某重大事件」として，爆殺の真相を隠そうとした。関係者処分にも消極的だったため，昭和天皇に問責され，1929(昭和4)年に田中内閣は総辞職においこまれた。

★2 1919(大正8)年，関東都督府が関東庁に改組された。その際，長官には文官をあて，軍隊は関東軍として独立させた。本部は旅順におかれ，大陸進出の拠点となっていった。

4 田中内閣の内政

　1928(昭和3)年，**最初の普通選挙で無産政党が8名の当選**者を出し[★3]，非合法の日本共産党も公然と活動をはじめた。この事態に驚いた田中義一内閣は，3月15日に共産党とその支持者の全国一斉検挙をおこない(三・一五事件)，緊急勅令で**治安維持法の最高刑を死刑**とした。また，社会運動の取り締まりにあたる特別高等警察(特高)を全国に配備し，翌年4月16日にも共産主義者の一斉検挙がおこなわれた(四・一六事件)。

> [補説] **山本宣治**　京大や同志社大で生物学を教えていたが，1922年に来日したサンガー女史の産児制限運動の影響をうけ，労働運動・農民運動に関わるようになる。1928年の第1回普通選挙で，労働農民党から京都2区で立候補し，当選した。緊急勅令で出された治安維持法改正案(最高刑が死刑)の事後承認をめぐっては，最後まで反対の立場を貫いた。治安維持法改正案が事後承認された日の夜，右翼団体の男に暗殺された。庶民からは「山宣(やません)」と親しまれていた。

★3 無産政党の当選者は，労働農民党の山本宣治，社会民衆党の安部磯雄らで，得票数は987万票のうち，48万票(4.9%)を占めた。

▲山本宣治

5 浜口内閣と世界恐慌

❶浜口内閣の経済政策　田中義一内閣のあと，立憲民政党の浜口雄幸が内閣を組織した。蔵相に井上準之助を起用し[★4]，緊縮財政と産業合理化をかかげ，1930(昭和5)年，金解禁(金輸出解禁)を実施した。**物価を引き下げ，輸出を伸ばし，景気回復をはかろうとしたのである。**

❷世界恐慌の波及　1929(昭和4)年10月，ニューヨークのウォール街の株価暴落に端を発し，世界恐慌(大恐慌)がおこった。金解禁の実施を発表した直後の日本にも世界恐慌が波及し，経済界は不況の極みに達した。金解禁により，かえって金貨が大量流出し，物価が暴落して深刻な事態をまねいた。

❸昭和恐慌　農村では，アメリカの経済破綻から生糸の需要が激減して，養蚕農家が打撃をうけた。1930(昭和5)年は大豊作で，豊作貧乏と呼ばれる現象がおこり，米価が暴落した。翌年の東北・北海道の大凶作から，深刻な不況におちいり(農業恐慌)，若い女性の人身売買が問題となった。労働者は，慢性化した不況と産業の合理化で生活をおびやかされ，失業者は100万人をこえた。学校に弁当をもって行けない「欠食児童」が増加し，大きな社会問題となった。昭和恐慌とよばれる，深刻な事態におちいったのである。

★4 元日本銀行総裁で，第2次山本，浜口，第2次若槻内閣で蔵相をつとめた。1932年血盟団員に暗殺された。

▲浜口雄幸

❹**財閥の確立**　金融恐慌以降，三井・三菱・住友・安田の四大財閥が強化され，昭和恐慌の中で，財閥の産業支配はさらに強まった。浜口内閣は，1931(昭和6)年，重要産業統制法を制定して，カルテルの結成を助長し，国際競争力の強化をはかった。

❺**社会運動の激化**　生活の困窮は労働運動を激化させ，労働争議は最高潮となった。農民運動では地主の土地取りあげに抵抗する小作争議が増えた。

> 用語 **金解禁**　金解禁とは国際収支決済のため金貨または金地金の輸出を自由にすること。第一次大戦後，列強は金本位制に復帰していたが，日本は戦後恐慌，震災恐慌と不況がつづき，金解禁を実施できなかった。政府は緊縮財政と産業合理化によって輸出商品の価格を下げ，金解禁を実施して輸出を振興しようとした。

6 国際会議への対応

❶**田中内閣と国際会議**　田中義一内閣は，対中国積極外交をすすめるいっぽう，英米に対しては協調の維持をはかった。1927(昭和2)年ジュネーヴ軍縮会議に参加し，補助艦の制限について交渉したが，成果は上がらなかった。翌年のパリで開かれた不戦条約会議にも参加し，戦争放棄に関する不戦条約に調印した。

❷**浜口内閣の外交**　1930(昭和5)年，イギリスのマクドナルド首相のよびかけで，ロンドン海軍軍備制限会議が開かれた。浜口雄幸内閣が派遣した，日本の全権代表若槻礼次郎らは，補助艦比率が米：英：日＝10：10：6.975で，海軍軍令部の反対を抑えて調印した。これに対し，軍部・右翼・立憲政友会は，政府による兵力量の決定は天皇の統帥権を犯すものだと攻撃した(統帥権干犯問題)。政府は，元老の西園寺公望，憲法学者の美濃部達吉や世論を背景に条約を批准した。同年11月，浜口首相は東京駅で狙撃されて重傷を負い，翌年死去した。

▼昭和初期の政党内閣

内閣	できごと	与党
若槻礼次郎 (1926〜27)	金融恐慌	憲政会
田中義一 (1927〜29)	山東出兵 東方会議 三・一五事件	立憲政友会
浜口雄幸 (1929〜31)	世界恐慌立憲 金解禁 ロンドン海軍 　軍備制限会議	立憲民政党

　浜口内閣の外相幣原喜重郎により協調外交が展開されたが，浜口内閣が経済政策の失敗で，不況を深刻化させて信頼を失うと，中国権益の拡大を求める声が高まり，幣原外交への批判が強まった。

▲幣原喜重郎

▼国際会議と日本

年	会議名	首席全権	内閣	
1919年	パリ講和会議	西園寺公望	原	敬
1921〜22年	ワシントン会議	加藤友三郎	高橋	是清
1927年	ジュネーヴ会議	斎藤 実	田中	義一
1928年	不戦条約	内田 康哉	田中	義一
1930年	ロンドン海軍軍備制限会議	若槻礼次郎	浜口	雄幸

POINT!

[日本はどのようにして，昭和恐慌におちいったのだろう？] Q1 ▶▶▶ A1

① 第一次世界大戦後の戦後恐慌→震災恐慌→震災手形の処理→金融恐慌→中小銀行の倒産→財閥系銀行の支配力拡大。

② 浜口内閣が緊縮財政と金解禁政策を実施した直後，世界恐慌がおこる→農業恐慌→昭和恐慌。

2 | 満洲事変と軍部の台頭

1 満洲事変の勃発

❶満蒙の危機　満洲では，張作霖爆殺事件後，張学良（張作霖の子）が国民政府に合流し，日本から満洲の権益の回収をはかった。また，中国では南満洲鉄道を包囲する鉄道線を計画するなど，抗日運動がつづいていた。日本の軍部は満洲の動向に危機感をもち，満蒙を武力で占領しようとした。政党・財閥・大新聞や右翼もこれに呼応し，「満蒙の危機」「満蒙は帝国の生命線」と大宣伝した。

❷柳条湖事件　1931（昭和6）年9月18日夜，関東軍参謀の石原莞爾らは，奉天（現・瀋陽）郊外の柳条湖で南満洲鉄道の線路を爆破し，これを中国軍のしわざとして軍事行動を開始。翌日には奉天城を占領した（柳条湖事件）。

★1 張学良の国民政府への合流，南満洲鉄道包囲線の建設以外に，1931年6月に中村大尉事件（満洲でのスパイ活動中に殺害された事件），7月に万宝山事件（朝鮮人農民と中国農民の紛争）などがおこっていた。

❸満洲事変の拡大　関東軍や大手新聞はこの事件を中国軍による攻撃と大宣伝し，関東軍の計画した事件であることを国民に知らせなかった。**第2次若槻礼次郎内閣は，当初不拡大方針を唱えたが，在朝鮮軍の独断越境や関東軍の軍事行動を追認していった。**関東軍は，半年後には満洲の主要都市を占領した（満洲事変）。**多くの新聞は満洲事変を大々的に報道し，国民の間には熱狂的な戦争支持がひろがった。**1932（昭和7）年1月，上海で日本人僧侶殺傷事件がおこると，戦火は上海に飛び火した（第1次上海事変）。これは，満洲占領への注意をそらすねらいがあった。

▲満洲事変における日本軍の動き

2 満洲国の建国

関東軍は，天津にいた溥儀を脱出させ，1932（昭和7）年3月，溥儀を執政にして「満洲国」を建国した。犬養毅内閣は満洲国承認に消極的であったが，次の斎藤実内閣が，9月に満洲国を承認し，日満議定書に調印した。こうして，**関東軍による満洲支配の体制**が完成した。1933（昭和8）年，日本軍は熱河省・河北省に戦線を拡大した。日本は5月の国民政府との塘沽停戦協定によって，河北省東北部を非武装地帯とし，日本の満洲・熱河支配を事実上承認させた。

3 国際連盟の脱退

中国は，満洲における日本の軍事行動を，国際連盟に提訴していた。国際連盟は，実情調査のため，1932（昭和7）年2月イギリスのリットンを団長とする調査団を日本・満洲に派遣し，同年10月にリットン報告書が出された。

国際連盟では，1933（昭和8）年2月総会を開き，リットン報告書に基づいて**日本軍の満洲撤兵勧告案**を，42対1（日本）で採択し，日本軍の撤退と満洲国承認取り消しを求めた。これに対し，日本全権代表の松岡洋右は退場し，3月，日本は**国際連盟脱退**を通告した。国民はこれを支持した。

★2 清朝最後の皇帝宣統帝。1934（昭和9）年には満洲国の皇帝となった。
★3 長春を「新京」と改称して首都とした。「五族協和（漢・朝・満・蒙・日の協和）」の「王道楽土」を建設するというスローガンを掲げたが，実際は日本の傀儡国家であった。
★4 満洲事変後の処理として日本と中国との間に結ばれた協定。のち非武装地帯をめぐって紛争するようになる。

資料活用　リットン調査団の報告書

資料1　リットン報告書

第四章　（一九三一年）九月十八日午後十時ヨリ十時半ノ間ニ鉄道線路上若クハ其付近ニ於テ爆発アリシハ疑ナキモ……長春ヨリノ南行列車ノ定刻到着ヲ妨ゲザリシモノニテ其ノミニテハ軍事行動ハ正当トスルモノニ非ズ。同夜ニ於ケル叙上日本軍ノ軍事行動ハ正当ナル自衛手段ト認ムルコトヲ得ズ。

第六章　「政府」及公共事務ニ関シテハ，仮令各部局ノ名義上ノ長官ハ満洲ニ於ケル支那人タル在住民ナリト雖モ，主タル政治的及行政的権力ハ日本人ノ役人及顧問ノ掌中ニ在リ。……吾人ハ「満洲国政府」ナルモノハ地方ノ支那人ニ依リ日本ノ手先ト見ラレ，支那人一般ニ之ニ何等ノ支援ヲ与ヘ居ルモノニ非ズトノ結論ニ達シタリ。

（『中央公論』別冊付録）

資料2　リットン調査団の動き

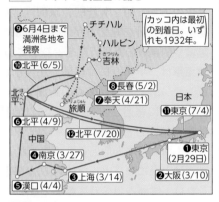

資料3　国際連盟の決議を伝える記事

（「朝日新聞」）

解説

(1)半年以上におよんだ視察　国際連盟は中国の提訴をうけ，リットン調査団を現地に派遣した。 資料1 は報告書の一部で， 資料2 は調査団の動きを示した地図である。調査団は満洲事変勃発の翌1932年2月から各地を視察し，報告書としてまとめた。柳条湖（南満洲鉄道の爆破現場）だけでなく，日本，中国のひろい範囲を詳細に調査した。

(2)報告書の内容　 資料1 中の「支那人」は中国人，「吾人」は報告者たちのことを指している。報告書の概要は，以下の通り。

　①日本軍の軍事行動は，正当な自衛手段ではなく，満洲国建国も民族の自発的運動ではない。②日本の満洲占領は不当であり，日本軍は満洲から撤退すべきである。③日本の「満蒙」（満洲と内モンゴル）における特殊権益は認める。

(3)国際連盟を堂々と脱退　調査団は，満洲国は日本の傀儡国家だと見なした一方，満洲を日本の自治領と認めることで，妥協をはかろうともしていた。国際連盟の総会は，報告書を賛成42，反対1（日本），棄権1で採択した。しかし，日本は納得せず，全権大使の松岡洋右は総会を退場した。日本の大衆は松岡の行動を支持し，マスメディアも 資料3 のように，松岡の退場をたたえ，「連盟よさらば！」「我が代表堂々退場す」という見出しを一面に踊らせたのである。

4 軍部の進出と軍国主義化の進展

❶**右翼によるテロ事件**　世界恐慌以後の社会不安に乗じ，右翼団体のテロ行為がつづいた。1930(昭和5)年の浜口雄幸首相狙撃事件(東京駅で佐郷屋留雄にピストルで狙撃されて負傷，翌年死去)をはじめ，1932(昭和7)年には，金解禁を実施した前蔵相の井上準之助と三井合名会社理事長団琢磨の暗殺(血盟団事件)★5などがおこった。

❷**軍部によるクーデタ計画**　陸軍青年将校の一部(桜会)★6と右翼とが組んで，1931(昭和6)年に2度クーデタを計画した(三月事件★7・十月事件★8)。いずれも未遂に終わったが，若槻礼次郎内閣の満洲事変拡大阻止の姿勢を弱めた。

❸**五・一五事件**　1932年(昭和7)年5月15日，海軍青年将校らがおこしたクーデタ。陸軍士官学校生徒や右翼の橘孝三郎らも加わり，首相官邸，警視庁，日本銀行，立憲政友会本部などを襲撃し，犬養毅首相を暗殺した。この五・一五事件の結果，政党政治は終わりを告げた。

> **[日本の国際連盟の脱退]**
> 柳条湖事件→満洲事変→「満洲国」建国→中国が国際連盟に提訴→リットン調査団→国際連盟は満洲国不承認，日本軍の撤退を求める→日本が国際連盟を脱退。

5 恐慌からの回復

　五・一五事件の後，斎藤実海軍大将，ついで岡田啓介海軍大将が軍部・官僚・政党の妥協の上に挙国一致内閣をつくった。

　犬養・斎藤・岡田の3内閣の高橋是清蔵相は，犬養内閣下で金輸出再禁止(1931年)をおこない，**日本は管理通貨制度に移行**した。そして大量の**公債**を発行し，積極的な景気回復政策をおこなった。

❶**重化学工業の発展**　軍部の権力増大により軍事支出がふえたため，重化学工業化が促進された。軍部と結んだ日産・日窒・森などの新興財閥が台頭し，満洲・朝鮮に進出し，既成財閥も競合して重化学工業化が進展した。

★5 血盟団は，日蓮宗の僧侶井上日召を中心とする右翼団体で，「一人一殺主義」をとり，政・財界の要人暗殺を企図した。

★6 1930年に結成された陸軍軍人の組織。橋本欣五郎を中心に陸軍省・参謀本部の中堅将校がメンバーとなり，クーデタによる国家改造をめざした。政党政治を排撃し，積極的対外進出を主張した。

★7 桜会の将校と右翼の大川周明が結び，宇垣一成陸相を首班とする軍部内閣の樹立をめざした。

★8 桜会のメンバーと大川周明が再度計画したクーデタ計画。若槻首相，幣原外相の暗殺を企て，東京を戒厳令下に置き，荒木貞夫大将を首班とする軍部内閣の樹立をめざした。

❷輸出の伸長　犬養内閣の金輸出再禁止により円為替相場が下落し，円安で輸出が急増した。綿織物ではイギリスを抜いて日本が世界一の輸出国となった。イギリスをはじめ列強は，日本の行為をソーシャル＝ダンピングと非難し，高関税を設定し，ブロック経済圏をつくって対抗した。

❸時局匡救事業　政府による農村部での失業対策事業。1932（昭和7）年から34年にかけて16億円という財政を投下し，道路建設，河川改修，治山・治水，港湾改良などの公共土木事業をおこない，農民に労賃収入を与えようとした。

❹国民経済の回復　その結果，日本経済は1933（昭和8）年には，列強の中で最も早く，世界恐慌以前の生産水準を回復した。しかし，景気回復後，高橋是清蔵相は軍備拡大に消極的となり，ワシントン・ロンドン海軍軍備制限条約が失効する1936（昭和11）年を日本の危機ととらえ，軍備拡大を主張する軍部，右翼と対立することになった。

　政府は，農山漁村経済更生運動を推進したが，農村経済の停滞はつづいた。農村の人口過剰が問題となり，その解決策として満洲国への農業移民が奨励された。

★9 政府は「自力更生」の名のもとに，勤倹・貯蓄を奨励した。また，共同販売・共同購入などをおこなう産業組合の設置をすすめた。農村での地主・小作人の対立を抑制し，自小作農を中心に「生産の共同体」としての農村を再編，農民の結束を強化しようとした。

[日本はどのようにして，恐慌から回復したのだろう？] Q2 ▶▶▶ A2
　犬養毅内閣（立憲政友会）の高橋是清蔵相…金輸出再禁止。
　→国債を発行して恐慌対策（軍備拡大，重化学工業化，新興財閥の発展）
　→円安→綿製品を中心に輸出急増→世界恐慌以前の生産水準回復。

SECTION 4 日中戦争と国内外の動き 日本史

▶ 日本は，「満蒙の危機」を打開するため，満洲事変をおこし，「満洲国」を建国した。その後，華北分離工作を進めて華北に進出し，中国との対立を深めた。
　国内では，危機を打開するために青年将校・右翼などによって「国家改造」がさけばれ，クーデタを利用して軍部が権力を拡大した。そして，治安維持法を根拠に反戦運動をおさえ，戦争やファシズムに反対できない体制が築かれていった。
　盧溝橋事件から日中戦争がはじまったが，日本の予想に反して長期戦となった。

日本は，行き詰まりを打開するために，産業・経済，文化の各分野に厳しい統制を加え，新体制運動をすすめていった。ファシズム国家と軍事同盟を結んだ日本は，石油・鉄鉱石・ゴムなどの資源を求めて南進し，米英との対立を激化させていった。

☞このセクションでは，次の問いに答えられるようにする必要がある。

Q1 満洲事変以後，どのように思想弾圧がおこなわれてきたのだろう？

Q2 日中戦争は，なぜ長期化したのだろう？

Q3 日中戦争をすすめていくために，日本はどのような体制を確立しようとしていたのだろう？

1 | 軍国主義化の進展―ファシズムへの傾斜―

1 学問，思想・良心の自由への弾圧と軍国主義化

　満洲事変以後，思想弾圧が強化され，社会主義・共産主義思想だけでなく，自由主義思想にまで弾圧がおよんでいった。

❶滝川事件　1933（昭和8）年，内務省は京都帝国大学教授滝川幸辰の刑法学説が共産主義的であるとして，著書を発行禁止にし，さらに文部省は滝川に休職処分を命じた。この動きに抗議して，法学部の全教官が辞表を出し，学生も反対運動をおこしたが，教員・学生側の敗北に終わった。

❷天皇機関説事件　1935（昭和10）年，美濃部達吉の天皇機関説が，貴族院で国体に反するとして非難された。貴族院議員だった美濃部は，本会議で説明するが，立憲政友会の一部・軍部・右翼から激しく攻撃された。岡田啓介首相は統治権の主体は天皇にあるという国体明徴声明を出し，美濃部の著書『憲法撮要』などを発行禁止処分にした。

❸陸軍の動き　1934（昭和9）年に『国防の本義と其強化の提唱』を発表し，**国防の絶対性と，政治・思想・経済などのすべてが国防に奉仕しなければならないこと**を主張した。

❹文部省の動き　1937（昭和12）年『国体の本義』という冊子を20万部作成して**学校・官庁などに配布し，国体の尊厳を説き**，学校では皇国史観の教育をおこなった。[1]

▲滝川事件を報じる新聞

★1 日本は皇室を中心とする一大家族国家であるとし，現人神である天皇への絶対服従を説いた。学校では日本は「万邦無比の神国」で，天皇中心にこの国は治められてきたという教育をおこなった。

2 満洲事変反対の動きと弾圧・転向

　大手新聞・ラジオなどマスコミは満洲事変を肯定的に報道し，戦争支持の世論を拡大したが，石橋湛山の『東洋経済新報』などは，満洲事変を批判する主張を展開した。また，非合法の日本共産党は，満洲事変がおこると反戦活動を強化するが，民衆に直接影響を与えることはできなかった。しかし，これらの動きは政府・軍部には大きな衝撃を与えたので，治安維持法で厳しく取り締まられた。その後共産党は，大量の逮捕者を出し，組織的な抵抗はおこなえなくなった。

3 国家社会主義の動き

　無産政党のなかにも，軍部に接近する動きが出てきた。赤松克麿は社会民衆党を脱党し，日本国家社会党を結成(1932年5月)して軍部と連携し，天皇制のもとで社会主義をめざすと主張した。また，1932(昭和7)年，社会民衆党と全国労農大衆党が合同し，社会大衆党が結成されたが，しだいに軍部に接近していった。

4 陸軍内部の対立

　陸軍内部では，軍部の統制のもとで官僚や政・財界とも連携しながら総力戦のための国家改造をめざそうとする統制派と，直接行動で政党・元老・財閥などを倒して，天皇中心の国家を構想する皇道派との対立が激化していた。

5 二・二六事件

　1936(昭和11)年2月26日未明，北一輝の国家改造論を信奉する皇道派青年将校らが，約1,400名の将兵を率いてクーデタをおこした。岡田首相や重臣を襲い，高橋是清蔵相・斎藤実内大臣・渡辺錠太郎陸軍教育総監を殺害し，陸軍省や警視庁などを占拠した。東京に戒厳令が出され，昭和天皇の命令で蜂起部隊は反乱軍として鎮圧された。首謀者の将校たちは，軍法会議にかけられ処刑された。思想的影響を与えた北一輝も死刑にされた。事件後，陸軍の統制派を中心に軍部の影響力が拡大していった。

★2 機関紙『赤旗』以外に，兵士むけの「兵士の友」などを発行し，反戦を訴えた。最高幹部佐野学・鍋山貞親らの「転向」などもあり，組織的運動はおこなえなくなるが，非転向者の獄中闘争はつづけられた。

★3 社会大衆党は，反資本・反共・反ファシズムの三反主義をかかげ，1937(昭和12)年の総選挙で37名を当選させた。

★4「日本改造法案大綱」を著し，皇道派に大きな影響を与えた国家社会主義者。天皇大権を発動して，在郷軍人を主体としたクーデタをおこし，国家社会主義的な改革を実行することを説いた。

6 軍部大臣現役武官制の復活

　政治的発言力をいちだんと強めた陸軍は，前外相広田弘毅の組閣に干渉を加えた。1936(昭和11)年，広田内閣は，広義国防国家(準戦時体制)の建設を基本政策とし，**軍部大臣現役武官制を復活**させた。公債と大増税により，軍備拡張計画を推進し，8月には「国策の基準」を決定し，大陸進出と南方進出を国策にかかげた。

> 補説　**日独伊三国防共協定の締結**　1936(昭和11)年，広田弘毅内閣は，国際連盟脱退後の国際的孤立をさけ，ソ連と対抗するためにドイツと防共協定(日独防共協定)を結んだ。翌年にはイタリアも加わった(日独伊三国防共協定)。これにより，ソ連だけでなく，アメリカ・イギリス・フランスなどとの対立が深まった。

📄 史料　天皇機関説事件

　私ノ著書①ニ於テ述ベテ居リマスル見解ハ，第一ニハ，天皇ノ統治ノ大権ハ，法律上ノ観念トシテハ権利ト見ルベキモノデハナクテ，権能デアルトナスモノデアリマスルシ，又第二ニ，ソレハ万能無制限ノ権力デハナク，憲法ノ条規ニ依ッテ行ハセラレル権能デアルトナスモノデアリマス。……所謂機関説ト申シマスルノハ，国家ソレ自身ヲ一ツノ生命アリ，ソレ自身ニ目的ヲ有スル恒久的ノ国体，即チ法律学上ノ言葉ヲ以テ申セバ一ツノ法人②ト観念イタシマシテ，天皇ハ此法人タル国家ノ元首タル地位ニ在マシ，国家ヲ代表シテ国家ノ一切ノ権利ヲ総攬シ給ヒ，天皇ガ憲法ニ従ッテ行ハセラレマスル行為ガ，即チ国家ノ行為タル効力ヲ生ズルト云フコトヲ言ヒ現ハスモノデアリマス。

　　　　　　　　　　　　　　　　　　　　　『帝国議会貴族院議事速記録』③

> 注釈　①美濃部達吉の著者論文『憲法撮要』『逐条憲法精義』など。上の演説の2カ月後に発禁処分とされた。②天皇機関説は，国家を1つの法的人格と考える，国家法人説をとっていた。③この議事速記録は，『官報』号外に掲載された。

> 視点　美濃部達吉の**天皇機関説**に対しては，早くから蓑田胸喜の原理日本社などがはげしく批判していた。1935(昭和10)年2月の貴族院本会議で右翼軍人の菊池武夫が天皇機関説をとりあげ，「緩慢なる謀反であり，明らかなる反逆である」と攻撃すると，数日後，美濃部は貴族院において「一身上の弁明」として約1時間にわたり機関説の正しさを説いた。このなかの一節が上の史料である。しかし美濃部の弁明により，機関説排撃はいっそうはげしさを増し，岡田内閣によって国体明徴声明が出された。これにより，30年以上にわたって公認学説の位置を占めていた天皇機関説は否定され，政党政治を支えた理論が失われた。

　なお，天皇機関説排撃の意図の1つに，天皇の側近であった元老西園寺公望・内大臣牧野伸顕・枢密院議長一木喜徳郎ら天皇機関説を支持する現状維持的な勢力の打倒ということがあった。とくに一木は，かつて東京帝大教授として機関説的な憲法理論を講義し，美濃部が師事した人物でもあった。

[満洲事変以後，どのように思想弾圧がおこなわれてきたのだろう？] Q1 ▶▶▶ A1
学問・思想の統制…滝川事件（1933年），天皇機関説事件（1935年）
① 大手新聞，ラジオの戦争報道→国民の戦争熱をあおる。
② 反戦，反ファシズムの動き→治安維持法で弾圧。

2 | 日中全面戦争の勃発と戦争の拡大

1 華北分離工作

塘沽停戦協定のあとも，日本軍は満洲の開拓をすすめ，1935（昭和10）年になると，華北五省で自治運動の名のもとに，同地を国民政府から切りはなす華北分離工作に着手した。12月には冀東防共自治委員会を樹立し，万里の長城以南に勢力を拡大していった。

2 西安事件と第2次国共合作

蔣介石の国民政府は共産党軍討伐に全力をあげていた。蔣介石は1936（昭和11）年末，包囲戦をおこなう張学良の要請をうけて前線に出動した。そのとき，張学良らに捕らえられ西安に監禁された。張学良は蔣介石に，内戦停止と抗日を求めた（西安事件）。共産党の周恩来が西安に行き，**蔣介石に対し，釈放と引きかえに国共内戦の停止と抗日を約束させた**。その結果，第2次国共合作への道が開けた。

3 第1次近衛内閣の成立

広田弘毅内閣が政党と軍の衝突により総辞職し，次の林銑十郎内閣も政党の攻撃により退陣した。その結果，1937（昭和12）年6月，華族の名門出身の近衛文麿が，軍部や政党などの期待を担って挙国一致内閣をつくった。

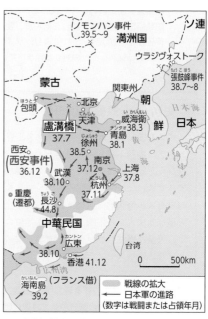

▲日中全面戦争の動き

★1 浜田国松代議士（立憲政友会）は，軍部の政治関与をめぐって寺内寿一陸相と対決し（腹切り問答），広田内閣を総辞職に追い込んだ。陸軍をおさえるために宇垣一成元陸相が首班に指名されたが，陸軍の反対で不成功に終わった。（宇垣流産内閣）

4 日中戦争の勃発

　1937(昭和12)年7月7日夜，北平(北京)郊外の盧溝橋で日中両軍の小衝突が発生(盧溝橋事件)。現地では一応停戦が成立したが，近衛内閣は華北への派兵を決定し「北支事変」と称した。近衛内閣は，この際中国に一撃を加えて抗日運動を屈服させ，華北の資源と市場を獲得しようとした。日中は宣戦布告のないまま全面的な戦争に拡大した(日中戦争)。

★2 盧溝橋事件は，夜間演習中の日本軍陣地への発砲がきっかけであるが，日本軍説，中国国民党説，中国共産党説など諸説あり，真相は不明。

2　経済危機と第二次世界大戦

5 日中戦争の拡大

　1937(昭和12)年8月，戦火は上海に拡大し(第2次上海事変)，9月には「支那事変」と改称された。中国は一撃では屈服せず，激しい戦争となった。蔣介石は中国民衆の総決起をよびかけ，中国共産党も「救国抗日10大綱領」を発表し，9月には第2次国共合作が成立した。抗日民族統一戦線を結成した中国の抵抗は強力で，日本は大軍を投入して11月に上海，12月に国民政府の首都南京を占領したが，中国は降伏しなかった。

> 補説 **南京事件**　1937年12月の南京占領の際，日本軍は捕虜・民間人をふくめおびただしい数の中国人を殺害し，略奪・放火・暴行をおこなった。日本国内には知らされなかったが，欧米では『ニューヨーク・タイムズ』などによって報道され，日本は国際的な非難を受けた。戦後日本が受諾した極東国際軍事裁判の判決では，殺害された人数を「20万人以上」としている。日本の研究では，20万人以上，10数万人，数万人などの見解があるが，長江に流されたり，埋められたりしたため，正確な数はわかっていない。南京市の侵華日軍南京大屠殺遇難同胞紀念館では30万人と表示されている。

6 日中戦争の長期化

❶ **近衛声明**　近衛内閣は，ドイツを介して和平工作(トラウトマン和平工作)をおこなったが条件が合わず，1938(昭和13)年1月，「国民政府を対手とせず」という声明を出し(第1次近衛声明)，蔣介石政権を否認して和平への道をとざした。国民政府は首都を武漢，のちに重慶に移し，アメリカ・イギリス・ソ連などの援助をうけて徹底抗戦し，戦争は長期戦となった。

❷汪兆銘工作　1938(昭和13)年11月，近衛内閣は，**戦争の目的は日・満・華連帯を骨子とする東亜新秩序の建設である**とし(第2次近衛声明)，12月には「善隣友好・共同防共・経済提携」の近衛三原則を発表した(第3次近衛声明)。この間，日本は中国国民党副総裁の汪兆銘を重慶より脱出させ，汪兆銘(ワンチャオミン)に新政権をつくらせて戦争終結をさせようとした(汪兆銘工作)。しかし汪兆銘への同調者が少なく，展望を失った近衛内閣は，1939(昭和14)年1月に退陣した。汪兆銘が南京に新国民政府をつくったのは1940(昭和15)年3月のことであるが，汪兆銘政権は無力な存在であった。

📑史料　第1次近衛声明(国民政府を対手とせず)

　帝国政府ハ南京攻略後尚ホ支那国民政府ノ反省ニ最後ノ機会ヲ与フルタメ今日ニ及ベリ。然ルニ国民政府ハ帝国ノ真意ヲ解セス漫リニ抗戦ヲ策シ，内民人塗炭ノ苦ミ①ヲ察セズ，外東亜全局ノ和平ヲ顧ミル所ナシ。仍テ帝国政府ハ爾後②国民政府ヲ対手トセズ，帝国ト真ニ提携スルニ足ル新興支那政権ノ成立発展ヲ期待シ，是ト両国国交ヲ調整シテ更生新支那ノ建設ニ協力セントス。　　　　　　　　　　　　　　　『日本外交年表竝主要文書』

- -

注釈 ①非常な苦しみ。②以後。

視点 1937(昭和12)年秋から近衛内閣(外相は広田弘毅)はドイツの中国駐在大使トラウトマンに和平を斡旋させた(トラウトマン和平工作)。

しかし国民政府の首都南京が早期に陥落したことで，日本は中国に対して強硬な態度をとるようになった。

▼日中関係年表

1915	1917	1919	1927	1928	1931	1932	1933	1934	1937	1938	1940	1945
二十一カ条要求	西原借款成立	五・四運動	第1次山東出兵	第2次山東出兵 張作霖爆殺事件	柳条湖事件 満洲国建国宣言	第1次上海事変 日満議定書調印	国際連盟脱退	満洲国帝政実施	盧溝橋事件 7 第2次上海事変 8 南京事件 12	近衛内閣「国民政府を対手とせず」と声明 1	汪兆銘の「新国民政府」南京に成立 3	日本無条件降伏 8

1924	1926	1927	1928		1934	1936.12	1937.9		1945
第1次国共合作	北伐開始	蔣介石上海クーデタ	北伐完了	満洲事変	中国共産党長征	西安事件	日中全面戦争 第2次国共合作		国共内戦始まる

〔補説〕 **中国の抵抗と日本軍**　アメリカ・イギリスなどの援助をうけた国民
党軍は徹底抗戦をつづけ，中国共産党の八路軍なども，ソ連や民衆の
協力をえてゲリラ戦を繰りひろげた。
　　日本はおもな都市・鉄道（点と線）などは占領下においたが，重慶ま
で攻め込むことができず，海軍が無差別爆撃をおこなった（重慶爆撃）。
無理な行軍や長期の戦闘，ゲリラ戦の恐怖などから，軍紀が乱れた日
本兵による暴行・略奪・住民や投降兵士への殺害などもおこった。内
モンゴルでアヘンを生産し，占領地で販売したりした。ハルビンの
「731部隊」のような細菌戦部隊が配備された地域もあり，国際法で
禁止されている毒ガスもしばしば使用された。華北でのゲリラ戦に悩
まされた日本軍は，抗日根拠地で「三光作戦」（焼きつくす，殺しつくす，
うばいつくす）と中国側でよばれた攻撃をおこなった。

7　欧米との関係悪化

❶ソ連との国境紛争　1938（昭和13）年7
月，満洲・ソ連の国境にある張鼓峰で日
本軍がソ連軍と衝突，敗北した（張鼓峰
事件）。1939（昭和14）年5月，満洲国
とモンゴル国境付近のノモンハンで，関
東軍（日本軍）とソ連・モンゴル軍が衝突。
関東軍は，ソ連の大戦車部隊によって壊
滅的打撃をうけ，9月に停戦した（ノモ
ンハン事件）。日本軍の装備の近代化の
遅れが明らかとなった。

❷アメリカ，イギリスとの関係悪化
1939（昭和14）年8月，**ドイツとソ連が
不可侵条約を結んだため**，平沼騏一郎内
閣は「欧州情勢は複雑怪奇」と声明を出
して退陣し，陸軍大将の阿部信行内閣が
発足した。日中戦争の長期化で物資不足

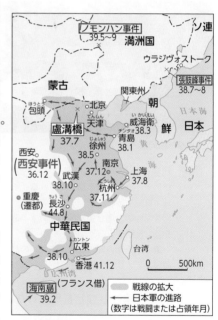

▲日本全面戦争の動き

に悩む日本は，石油・鉄鉱石・ゴムを獲
得し，あわせて援蒋ルートの遮断をねらって**海南島を占領し，
南進策をすすめた**。これはイギリス・アメリカの対日警戒心
を強めさせ，1939（昭和14）年7月，**アメリカは日米通商航
海条約の廃棄を通告**してきた。日中戦争への，対日経済制裁
である（翌年1月に条約は失効）。

経済危機と第二次世界大戦

❸日独伊三国同盟　1939(昭和14)年9月，ドイツのポーラン
ド侵攻で第二次世界大戦がはじまった。阿部信行内閣，次の
米内光政内閣は，大戦不介入の方針をとっていた。その後，
ドイツが優勢になると，ドイツと同盟して南進を求める意見
が陸軍を中心に台頭した。1940(昭和15)年7月に陸軍は米
内内閣を倒し[★3]，第2次近衛文麿内閣が発足した。

　第2次近衛内閣は，援蔣ルート遮断のために9月に北部仏
印進駐をおこなうとともに，日独伊三国同盟を締結した。こ
れで日本と米英との対立は決定的となり，アメリカは日本へ
の航空機用ガソリン・屑鉄の輸出を制限し，中国への援助を
強めた。

★3　三国同盟に難色
を示す米内光政内閣
を倒すために，畑俊
六陸相が辞職した。
陸軍は軍部大臣現役
武官制を使って倒閣
したのである。

▲日独伊三国同盟のへの署名

補説　日独伊三国同盟の内容　①日本とドイツ(独)・イタリア(伊)の3国
が，ヨーロッパとアジアにおける「新秩序」の指導的地位を相互に承
認・尊重すること。
　②3国中の1国が第三国と交戦する時は，政治・経済・軍事的方法で
相互に援助すること。
　→第2次近衛内閣の松岡洋右外相のとき，ベルリンで来栖三郎大使が
調印。アメリカを仮想敵国としたため，アメリカの反発をまねいた。

[日中戦争は，なぜ長期化したのだろう？]　Q2 ▶▶▶ A2
盧溝橋事件を発端に日中戦争開始→抗日民族統一戦線の結成。
・日本軍による「三光作戦」…中国民衆の憎悪拡大。
北進　日ソ衝突→張鼓峰事件，ノモンハン事件の敗北。
南進　イギリス，アメリカと対立→アメリカが日米通商航海条約を廃棄。

③｜戦時体制の強化

　第1次近衛内閣以降，日本は国民の戦争協力を促進するために，国民精神総動員運動をはじめ，あらゆる分野で総動員体制を築いていった。

１ 戦時経済の統制

❶企画院　1937(昭和12)年10月，物資動員計画を立案するために，企画院を内閣直属機関として設立した。

❷国家総動員法　1938(昭和13)年4月，国家総動員法を制定し，政府は議会の承認なしに労働力や物資を統制・運用する権限を得た。翌年には，**賃金統制令・国民徴用令・価格等統制令などを発令**した。また，電力管理法によって，電力の国家管理をおこなった。

❸戦時統制経済　満洲事変以後，機械・化学・電力などの軍需関係の工業が国家の強力な援助のもとで発展した。旧財閥の他にも新興財閥などが成長し，満洲・朝鮮での重化学工業化が進展した。

　経済界は軍需産業を優先した結果，生活物資の不足をきたしたので生活必需品の物価が高騰した。政府は，価格等統制令や切符制・配給制・供出制を実施したが，闇取引はおさえられなかった。

> 補説　**切符制と配給制**　国民に対して「ぜいたくは敵だ」というスローガンのもとに生活を切り詰めさせ，砂糖・マッチ・炭・衣料品などの生活必需品の購入を切符制とした。さらに，1941(昭和16)年には米の配給制(大人1人で1日2合3勺)がおこなわれるようになった。

❹農村の状況　工場への労働力を供給し，戦場へ多くの兵士を送り出した農村は，**深刻な労働力不足**となった。**戦争に馬が徴発され，肥料の供給も少なくなったので，農業生産力は大きく低下し**，食糧不足の原因となった。満洲への農業移民が奨励され，全国で結成された開拓団[1]が，満洲に入植していった。

★1 広田弘毅内閣時に，20年間で100万戸の移民計画が立てられた。移民の数は，特別の訓練を受けた満蒙開拓青少年義勇軍を合わせると30万人をこえたという。

資料活用　総動員体制が国民生活に与えた影響

資料1　国家総動員法（1938年）

第一条　本法に於て国家総動員とは，戦時（戦争に準ずべき事変の場合を含む以下之に同じ）に際し国防目的達成の為，国の全力を最も有効に発揮せしむる様，人的及物的資源を統制運用するを謂ふ

第四条　政府は戦時に際し国家総動員上必要あるときは，勅令の定むる所に依り，帝国臣民を徴用して総動員業務に従事せしむることを得，但し兵役法の適用を妨げず

第六条　政府は戦時に際し国家総動員上必要あるときは勅令の定むる所に依り従業者の使用雇入若は解雇又は賃銀其の他の労働条件に付必要なる命令を為すことを得

第二十条　政府は戦時に際し国家総動員上必要あるときは，勅令の定むる所に依り，新聞紙其の他の出版物の掲載に付，制限又は禁止を為すことを得……

（『官報』）

資料2　財政支出の増大

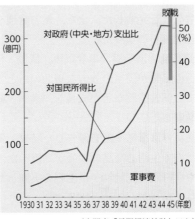

（高橋亀吉『大正昭和財界変動史』東洋経済新報社）

資料3　国家予算に占める軍事費の割合

（内閣府「長期経済統計」ほか）

解説

(1)全国民と物資の統制　中国との和平のきっかけを逸した近衛文麿内閣は，日中戦争を「聖戦」と位置づけ，国民に戦争協力をうながしていった。

資料1は，1938年4月に制定された国家総動員法の一部である。第一条に示されているように，国家があらゆる「人的及物的資源」を「統制運用」することを可能にした法律だった。大衆の意見は封じられ，反戦論は事実上禁じられた。その後，国家総動員法にもとづいて，国民徴用令（39.7），

価格等統制令（39.10），新聞紙等掲載制限令（41.1），生活必需物資統制令（41.4），学徒勤労令（44.8），女子挺身勤労令（44.8）などが次々と制定された。

(2)軍事費の増大　1936年の二・二六事件のあと，広田弘毅内閣は軍部の要求に応じ，軍事拡張予算を認めた。資料2・資料3を見ると，前述の諸法が制定されるなか，**軍事費が増大しつづけ，財政を圧迫していった**ことがわかる。公債・紙幣の乱発によって，インフレが加速し，国民生活は困窮した。

2 文化・思想の統制

❶国民精神総動員運動　1937(昭和12)年10月から，「挙国一致」「尽忠報国」「堅忍持久」をかかげた国民精神総動員運動を開始した。日中戦争を「聖戦」とし，1939(昭和14)年9月1日から毎月1日は「興亜奉公日」として，国旗掲揚・宮城遥拝・勤労奉仕がおこなわれた。

❷報道統制，検閲　内閣情報部による報道統制や内務省による検閲がおこなわれ，国民は戦争反対を訴えることはできなかった。内閣情報部は1940年には内閣情報局に拡大され，文化統制にも関与するようになった。

❸思想・文化・教育の統制強化　自由主義的な学者の弾圧に[2]加え，人民戦線事件[3]では治安維持法違反容疑でマルクス経済学者たちが検挙された。政府は国家主義を鼓吹するために教学局を設けて，思想統制・超国家主義の実践機関とした。文部省は「国体の本義」「臣民の道」などを国民教科書として使用した。1941(昭和16)年4月には小学校を国民学校と改称し，「皇国ノ道」にもとづく「少国民」の錬成をめざす国家主義的教育を強化した。

3 大政翼賛会の発足

　1940(昭和15)年7月，新体制運動を推進していた近衛文麿が，第2次内閣を組閣した。社会大衆党や立憲政友会・立憲民政党などが解散し，新体制運動に合流し，さまざまな団体を統合して，10月に近衛文麿を総裁に大政翼賛会が発足。翌年の改組を経て，首相を総裁に，道府県知事を支部長に，町内会・部落会・隣組[4]を下部組織とし，「大政翼賛の臣道実践」を主張する，「上意下達」の官僚的全国組織が成立した。

> **用語** **大政翼賛会**　新体制運動では，新党は結成されず，大政翼賛会が発足した。当初，近衛文麿の側近グループは，形骸化した国民精神総動員運動にかわる組織を実現して，軍部に対抗しようと目論んでいた。軍部は，ナチスのような親軍的な一国一党の実現を期待し，日本共産党を除く政党は，新党に参加して政権にありつこうとした。一方，内務省は新体制運動に対抗して，国民精神総動員運動の下部組織としてつくられた町内会・部落会・隣組の全国的整備をすすめていた。平沼騏一郎や右翼たちからは，近衛による一国一党は国体に反する「幕府政治」と批判されていた。

★2 1937(昭和12)年，日中戦争を批判する見解を発表した矢内原忠雄，翌年「ファシズム批判」を著した河合栄治郎は東大を追われ，1940(昭和15)年には津田左右吉の「日本上代史研究」などが皇室の尊厳を犯したという理由で訴えられ，発行禁止となった。

★3 反ファシズム人民戦線結成を企てたとして，1937(昭和12)年に加藤勘十・山川均・鈴木茂三郎らが(第1次人民戦線事件)，1938(昭和13)年には大内兵衛・有沢広巳・美濃部亮吉ら教授グループ(第2次人民戦線事件)が検挙された。

★4 隣保班ともいう。5〜10戸を単位とする組織で，国民精神総動員を各戸に徹底する実践機関として位置づけられた。隣組長は常会を開くように指導され，政府方針の伝達，配給，貯蓄，国債の販売，防空，防火，防諜などを任務とした。

4 大日本産業報国会

　政府は，大政翼賛会を改組し，各種の戦争協力団体を統括さ
せた。産業報国会の結成を促進し，1940(昭和15)年には，こ
れらの全国組織として大日本産業報国会を結成した。この結果，
労働組合や農民組合はすべて解散させられ，農業報国連盟，商
業報国会，大日本婦人会などとともに，大政翼賛会の傘下に入
った。

★5 1938(昭和13)
年より，事業所ごと
に労資一体の組織と
して設立が推奨され
たが，当初は普及し
なかったが，大日本
産業報国会のもと，
道府県，職場ごとに
整備された。

5 植民地朝鮮・台湾の生活

　日本の植民地となった朝鮮・台湾では，日中戦争開始後から
皇民化政策がすすめられた。皇民化政策とは，「天皇信仰」を
軸に「大日本帝国の臣民」に「同化」させることをめざすこと
である。神社参拝や日本語の常用を強制し，天皇への忠誠を誓
う「皇国臣民の誓詞」を学校・会社・商店など人の集まるとこ
ろで暗唱させた。

　朝鮮では日本式の氏を創り，名を日本式に改める創氏改名が
実施された。

　台湾ではこの政策を，改姓名という。日本軍の兵力不足を補
うために志願兵制度が実施され，のちに徴兵制が導入された。
また，労働力不足を補うために，国民徴用令を適用して工場や
鉱山で働かせた。

[日中戦争をすすめていくために，日本はどのような体制を確立しようと
していたのだろう？] Q3 ▶▶▶ A3

・国家総動員法(1938年)…賃金統制令，国民徴用令，価格等統制令の実施。
・国民精神総動員運動(1937年)…思想・文化の統制。
・国民学校…「少国民の錬成」→教育の軍国主義化。
・大政翼賛会(1940年)…戦争協力体制の確立。
・植民地での皇民化政策。
▶日中戦争をすすめるための戦時体制の確立がすすめられた。

第二次世界大戦とアジア太平洋戦争 世界史 日本史

▶ 1939年，ドイツが，ポーランドに進撃して第二次世界大戦が始まった。ドイツ軍の攻撃に，フランスは降伏しイギリスは交戦を続けた。1941年には独ソ戦が開始され，第二次世界大戦は新たな段階に入った。また，1941年にアジア太平洋戦争が始まると，アジア・太平洋地域も主戦場となった。こうして，第二次世界大戦はファシズムに対する民主主義勢力の戦いとなった。

　ドイツや日本の占領地では，抵抗運動が高まるとともに，ファシズム側に対する連合国の反撃がすすめられた。1943年にはイタリアが降伏し，連合国は米英中ソの首脳が会談し，協力体制を強めた。1945年にドイツ・日本が降伏，原子爆弾の投下という悲惨な結果をもって，6年にわたる第二次世界大戦はおわった。

☞ このセクションでは，次の問いに答えられるようにする必要がある。

Q1 第二次世界大戦はどのような性格をもっているのか。また，戦後の世界にどのような影響を残したのだろう？

1 ｜ 開戦とドイツの攻勢

1 独ソ不可侵条約

　ポーランド侵攻をねらい，東部国境の安全を確保したいドイツとイギリス・フランスへ不信を抱き国際的な孤立を恐れるソ連との利害が一致，1939年8月に不可侵条約が締結された。**反共産主義のナチスと反ファシズムのソ連とが結びついたことは世界に大きな衝撃を与えた。**

2 ドイツのポーランド侵攻

　1939年，ドイツはポーランドに対して，**ダンツィヒの返還とポーランド回廊に対する特権**を要求した。ポーランドが，英・仏の援助を期待してこれを拒否すると，同年9月1日，ドイツ軍がポーランドに侵攻した。英・仏両国は，9月3日，ドイツに対して宣戦布告し，第二次世界大戦がはじまった。

用語 **ポーランド回廊** 第一次世界大戦後，ヴェルサイユ条約によりドイツからポーランド領となった西プロイセン・ポーゼン地方北部の総称。ポーランドは独・ソの牽制役を期待され，バルト海への通行権を与えられた。

★1 1939年に，満洲国とモンゴル人民共和国との国境をめぐってノモンハン事件がおきるなど，日本との対立が深まっていたことも，不可侵条約締結の理由の1つ。また，軍備拡張の時間かせぎをはかるという目的もあった。

★2 バルト海沿岸の自由市。東西ヨーロッパの交易港として栄え，1793年プロイセン領となった。ヴェルサイユ条約により，国際連盟の管理下におかれた。

③ 独ソの領土分割

　ドイツ軍は航空機と戦車などを集中的に投入する電撃戦により，3週間ほどでポーランド軍を壊滅させ，西半分を占領。これに呼応してソ連軍がポーランドの東半分を占領，ポーランドは消滅した。

　ソ連は旧領土の奪回をはかり，フィンランドに宣戦(ソ連＝フィンランド戦争)，1940年3月，軍事基地などを割譲させた。同年6月，ルーマニアからベッサラビアなどを獲得。8月にはエストニア・ラトヴィア・リトアニアのバルト3国を併合した。

▲ドイツ軍の侵略

④ ドイツの優勢

　1940年4月，ドイツはデンマーク・ノルウェーを占領，5月には西部戦線で攻撃をはじめ，ルクセンブルク・オランダ・ベルギーに侵入，北フランスに進撃した。6月，英・仏両軍をダンケルクから撤退させた。中立を守っていたイタリアは，ドイツ軍の優勢をみて，ドイツ側について参戦した。

⑤ フランスの降伏

　1940年6月，パリが陥落し，フランスはドイツに降伏した。フランスの北部はドイツが占領し，南部にはペタンを首班とするヴィシー政府が設立されてドイツに協力，第三共和政は崩壊した。軍人のド＝ゴールらはこれを不満として，ロンドンに亡命政権(自由フランス政府)を樹立。フランス国内では，市民による対独抵抗運動(レジスタンス)がおこった。

⑥ イギリスの抵抗

　イギリスもチャーチル首相の指導のもとにドイツ空軍のはげしい空襲に耐えぬき，ヒトラーの短期決戦による勝利の意図をくじいた。一方，ヨーロッパで中立を維持したのは，スペイン・ポルトガル・スウェーデン・スイスなどわずかであった。

★3 ポーランド＝ソヴィエト戦争(1920～21年)で失った西ウクライナ・ベラルーシに進駐。この時期，ソ連は帝政時代の領土をほぼ回復した。

★4 冬戦争ともいう。フィンランドが国際連盟に提訴し，連盟はソ連を除名。

★5 ドイツ・フランス国境では，このときまで互いに積極的な攻撃をせず，「奇妙な戦争」とよばれた。

★6 弱体だったイタリアは，開戦に際し中立を宣言，同盟国ドイツに対し，つかずはなれずの態度をとっていた。

★7 ヴィシーは南フランスの都市。

★8 1940年5月，首相に就任。保守党・労働党の挙国一致内閣を組織した。

2 | 独ソ戦

1 独ソ戦

　1941年6月，ドイツは不可侵条約を破ってソ連に侵攻を開始，モスクワにまでせまった。しかしソ連もはげしく抵抗し，イギリスと相互援助条約を結び，アメリカもソ連に武器を貸与した。

2 アメリカ合衆国の態度

　アメリカは，大戦に際して中立の態度をとっていたが，フランスが降伏すると，1941年3月に武器貸与法を成立させ，反ファシズム勢力を援助した。フランクリン＝ローズヴェルト大統領は，1941年1月に「4つの自由(言論と意志表明の自由・信教の自由・欠乏からの自由・恐怖からの自由)」を提唱。同年8月には，チャーチルと大西洋会談をおこなって大西洋憲章を発表し，ファシズム勢力と戦う姿勢を明確にした。

★1 徴兵制を実施し，軍備を拡張するなどして，ファシスト勢力を牽制した。

3 戦争の性格

　独ソ戦によって，第二次世界大戦はファシズム陣営と民主主義陣営の戦争という性格を帯び，連合国間の協力体制が確立した。

3 | アジア太平洋戦争の勃発

1 北部仏印進駐

　フランスがドイツに敗北すると，1940年9月，日独伊三国同盟の締結直前に，日本軍は日中全面戦争と南方問題の解決のため，援蔣ルートを断とうとして北部仏印(フランス領インドシナ北部)に進駐した。

★1 イギリス・アメリカが，重慶の蔣介石を援助するために軍需物資を輸送した道をいう。ビルマ(英領)・仏印から重慶へ通じていた。

2 アメリカの姿勢

　1940年11月，アメリカ大統領にローズヴェルトが3選され，中国を支援，日本に対して経済制裁をおこなうなど，圧力を強めた。日本の第2次近衛文麿内閣は，日米開戦をさけるためアメリカ大統領ローズヴェルトと親交のあった駐米大使野村吉三郎を派遣，アメリカの国務長官ハルと交渉させた。

★2 日米交渉の内容
①日本軍の大陸撤退を条件に満洲国を承認し，蔣介石・汪兆銘両政権を合併させる，②日米の通商関係を正常化させる，などであった。

3 日ソ中立条約

　1940～41年にドイツ軍がバルカン半島に侵略したことに不安をもったソ連と，南進政策をとるために北方での安全をはかることをねらっていた日本との利害が一致し，1941年4月，日ソ中立条約を結んだ。しかし，6月に独ソ戦が勃発すると，日本は対ソ戦の好機をねらうようになった。

★3 南進政策は松岡洋右外相が主張した。

4 南部仏印進駐

　日本は，南方進出をめざし，1941年7月，南部仏印に進駐した。アメリカはイギリス・オランダとともに，在米日本資産の凍結でこれに応酬し，さらに石油などの輸出を禁止した。

★4 アメリカ(America)・イギリス(Britain)・中国(China)・オランダ(Dutch)の諸国が，日本の南方進出に対して共同で経済封鎖の体制をとった（日本の軍部などはこれを，ABCD包囲陣とよんだ）。

5 第3次近衛内閣

　近衛文麿首相は，日本の国力ではアメリカとの戦争は難しいとみて，対米強硬論を唱える松岡洋右外務大臣を更迭するため総辞職して第3次近衛内閣を成立させ，日米交渉を継続した。
　第3次近衛内閣は，9月の御前会議（天皇臨席の会議）で対米英蘭戦争の準備を決定したが，最終的な決定を下せず，陸軍などの対米強硬論にあい，総辞職した。

6 東条英機内閣の成立

　1941年10月，対米強硬派の陸軍軍人東条英機が組閣，事態の打開を求めて日米交渉をつづける一方，交渉不成立の場合に備え，開戦準備もすすめた。

7 アジア太平洋戦争の勃発

　アメリカは東条内閣の成立のころから，中国・イギリスなどの意見を考慮し，日本と戦争になっても仕方がないと考えるようになっていった。こうして11月末に，事実上の最後通牒といわれるハル＝ノートを日本につきつけ，日本側が絶望するような強い姿勢を示した。そのため日本はアメリカとの交渉をあきらめ，ついに1941年12月8日，自衛を名目に日本陸軍がイギリス領マレー半島のコタバルに奇襲上陸，日本海軍もハワイの真珠湾を奇襲攻撃して，アジア太平洋戦争が勃発した。

★5 1941年11月，日米交渉中にアメリカ国務長官ハルが示したアメリカ側の回答。①日本の中国・仏印からの撤退，②重慶政府だけを中国の正統政府と認めること，③日独伊三国同盟の破棄，などを要求した。

4 | アジア太平洋戦争─戦局の展開─

1 緒戦の勝利

　日本は，先制攻撃によって緒戦に勝利をおさめ，フィリピ
ン・マレー半島・ジャワ(インドネシア)・ビルマ(ミャンマー)
と，南太平洋一円にわたる地域を占領した。1943年には占領
地の指導者を集め，大東亜会議を開いた。

> **補説**「**大東亜共栄圏**」の実態　①対中国　日本は日中戦争において，す
> でに南京陥落の際，数万人以上ともいわれる多数の中国軍民を虐殺し，
> 国際的非難をうけていた。その後も中国共産党の抗日根拠地に対する
> 大掃討作戦が「三光作戦」(焼きつくす・殺しつくす・奪いつくす)とし
> て非難された。
> ②対朝鮮　植民地の朝鮮では，日本風の氏にかえさせる創氏改名や神
> 社参拝などを強制して，日本への同化を求める皇民化政策を推進した。
> さらに，戦争末期に至って労働力が不足すると，多くの朝鮮人や中
> 国人を日本本土に強制連行し，鉱山などで働かせた。
> ③対東南アジア　東南アジア各地の欧米の植民地では，旧来の政治機
> 構や現地支配者を利用して，物資の獲得や日本軍の必需品の調達，
> 土木事業への強制労働などをおこない，飢餓・災害を発生させた。
> また，多額の軍票(占領地で軍隊が使用した不換紙幣)を使用したため，
> これらの地域では悪性のインフレーションがおこった。

★1 1943年11月に
東京で開催された。
戦争完遂と大東亜共
栄圏の確立をめざす
大東亜共同宣言を採
択したが，効果はな
かった。

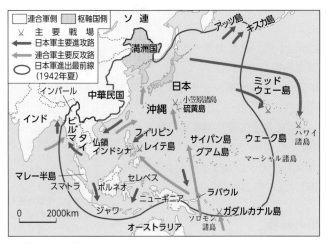

▲アジア太平洋戦争の様相

経済危機と第二次世界大戦

2 戦局の変化

1942(昭和17)年6月のミッドウェー海戦での敗退を機に，戦局は日本に不利となった。その後，ガダルカナル島撤退，アッツ島全滅，ビルマ(現ミャンマー)からインドへの侵攻をはかったインパール作戦の失敗，サイパン島の陥落(かんらく)とつづき[★2]，1944(昭和19)年7月，東条内閣は総辞職(とうじょう)した[★3]。

3 戦時下の社会

食料や生活必需品(ひつじゅ)の配給制・切符制や代用品の奨励，金属の供出，学徒出陣(がくとしゅつじん)，女性や学生の勤労動員，学童疎開，中国の占領地や朝鮮からの労働者の強制徴用(ちょうよう)，朝鮮や台湾での徴兵制施行などがおこなわれた[★4]。

5 | ファシズム諸国の敗北

1 ヨーロッパ戦局の転換

❶東部戦線　1942年の秋以来，戦局はソ連軍に有利となり，1943年2月スターリングラード(現ヴォルゴグラード)でのドイツ軍の降伏をきっかけに反撃に転じた。1943年6月，スターリンはコミンテルンを解散して，イギリス・アメリカとの協力体制を強化した。

❷北アフリカ戦線　1942年11月，連合国軍が北アフリカに上陸し，翌年には枢軸(すうじく)軍を一掃した[★1]。

❸イタリア降伏　1943年7月，連合国軍がシチリアに上陸してイタリア本土にせまると，ムッソリーニは失脚(しっきゃく)，バドリオの新政権が樹立されて，9月に連合国軍に無条件降伏した[★2]。

❹ユダヤ人虐殺(ぎゃくさつ)　敗色が濃くなる中でも，ドイツはユダヤ人の抹殺(まっさつ)をつづけ，ポーランドのアウシュヴィッツなどの強制収容所で数百万人を殺害した(ホロコースト)。

2 アジア・太平洋戦局の転換

❶太平洋戦線　日本海軍は，1942年6月，ミッドウェー海戦で決定的な打撃をうけ，ガダルカナルでもアメリカ軍に敗れて敗走をはじめた。

★2 ミッドウェー海戦の敗退によって，日本は太平洋における制海権と制空権をアメリカ軍に奪われた。また，サイパン島の陥落によってアメリカ軍の長距離爆撃機B29の本土空襲(くうしゅう)が可能となった。

★3 東条内閣のあと小磯国昭(こいそくにあき)が組閣し，「一億鉄石の団結の下，必勝を確信し，皇土を護持してあくまで戦争の完遂(かんすい)を期す」(1944年8月19日の御前(ごぜん)会議)と，徹底抗戦を主張した。

★4 各地の戦場では，慰安所(いあん)が設けられ，日本や朝鮮，台湾，占領地の女性が慰安婦として集められた。強制されたり，だまされて連行されたりした例もある。

★1 これに先だち，イタリア軍とドイツ軍がそれぞれエジプトにせまったが，イギリス軍に敗れた。エチオピアは41年に独立を回復。

★2 ドイツ軍は一挙にイタリアに展開してイタリア北部を占領，ムッソリーニを救出し，傀儡(かいらい)政権を樹立した。45年，ムッソリーニはパルチザンにとらえられ処刑された。

❷**中国戦線** 抗日民族統一戦線によって日本軍は前進をはばまれた。

❸**アジア各国の動き** 日本の抑圧的な支配に対して，ベトナムやフィリピンなどで抗日運動がおこった。

❹**連合国軍の協力** ①1943年11月，ローズヴェルト・チャーチル・蔣介石がカイロ会談をおこない，対日処理方針に関するカイロ宣言を発した。②同月，ローズヴェルト・チャーチル・スターリンによるテヘラン会談が開かれ，ソ連の要望する第二戦線[★4]の問題が討議された。③テヘラン会談に基づいて，1944年6月，アイゼンハワーを総司令官とするアメリカ軍主体の連合国軍が，北フランスのノルマンディーに上陸した。

★3 会議では，3国の共同作戦や戦後の安全保障組織の設立なども決議された。
★4 東部戦線でドイツと戦っていたソ連は，西方からのヨーロッパ上陸で，第二線線を形成し，ドイツの戦力を分散させることを主張した。

▼連合国側の会議

会談	年月	出席者	内容
大西洋上会談	1941.8	フランクリン＝ローズヴェルト(米) チャーチル(英)	連合国の戦争目的の明確化と戦後の平和構想などをまとめた大西洋憲章をつくる。
カサブランカ会談	1943.1	フランクリン＝ローズヴェルト(米) チャーチル(英)	対伊作戦の開始と，枢軸国に対して「無条件降伏」を要求することを確認。
カイロ会談	1943.11	フランクリン＝ローズヴェルト(米) チャーチル(英) 蔣介石(中)	対日戦の協力を確認，日本が第一次世界大戦後に獲得した領土の返還，朝鮮の独立，日本の無条件降伏などの方針を決定(カイロ宣言)。
テヘラン会談	1943.11〜12	フランクリン＝ローズヴェルト(米) チャーチル(英) スターリン(ソ)	対独戦争の方針(北フランス上陸をめざすノルマンディー上陸作戦の実行を確認)。
ダンバートン＝オークス会議	1944.8〜10	フランクリン＝ローズヴェルト(米) チャーチル(英) スターリン(ソ) 蔣介石(中)	国際連合設立の原則と国際連合憲章の原案を作成。
ヤルタ会談	1945.2	フランクリン＝ローズヴェルト(米) チャーチル(英) スターリン(ソ)	対独戦争処理問題，国際連合設立問題などの合意(ヤルタ協定)。秘密協定としてソ連の対日参戦と南樺太・千島列島の占領を了承。
ポツダム会談	1945.7〜8	トルーマン(米) チャーチル→(総選挙) →アトリー(英) スターリン(ソ)	ヨーロッパの戦後処理，日本軍への無条件降伏・終戦条件を勧告(ポツダム宣言は米・英・中で発表)。

2

経済危機と第二次世界大戦

③ ドイツの降伏

①ノルマンディーに上陸した連合国軍は，1944年8月にパリを解放，ライン川にせまった。一方，ソ連軍は東からドイツ領内に進撃した。②1945年2月，ローズヴェルト・チャーチル・スターリンが会談し（ヤルタ会談），ドイツの戦後処理とソ連の対日参戦が討議され，ヤルタ協定[*5]が結ばれた。③東西から挟撃されたドイツ軍は総くずれとなり，1945年5月2日ソ連軍がベルリンを占領。ヒトラーはこれに先だつ4月30日に自殺しており，5月7日，ドイツは連合国に対し無条件降伏した。

★5 ヤルタ協定のおもな内容は，次のとおり。①ドイツを米・英・仏・ソ4国で共同管理すること。②ドイツの戦争犯罪人に対する処罰。このほか秘密協定として，ドイツ降伏後のソ連の対日参戦，南樺太・千島のソ連の領有などが約束された。

6 | 日本の敗北

① 本土爆撃

1944年11月，アメリカ軍は日本本土への爆撃（空襲）を開始，45年に入ると都市への無差別爆撃を開始した。3月には東京の下町に焼夷弾爆撃がおこなわれ，およそ10万人が死亡した（東京大空襲）。以後，日本の主要都市が爆撃をうけ，大きな被害が出た。

② 沖縄戦

アメリカ軍が，1945年3月26日に慶良間諸島，4月1日には沖縄本島に上陸。6月23日，日本守備軍約10万人が死亡した。この沖縄戦では，現地で招集され戦闘に参加した郷土防衛隊や男女生徒など沖縄県民10万人以上が死亡し，渡嘉敷・久米島などでは日本軍の守備隊による住民殺害事件もおきた。

③ ポツダム宣言

1945年7月，トルーマン[*1]・チャーチル[*2]・スターリンによるポツダム会談がおこなわれ，ポツダム宣言を発して，日本に降伏を勧告した。おもな内容は**日本への無条件降伏勧告**。

> 補説　**ポツダム宣言**　①日本の軍国主義勢力の除去，②日本の主権を本州・北海道・九州・四国および連合国の指定する諸島に限定，③日本軍の武装解除，④戦争犯罪人の処罰，⑤民主主義の確立，⑥平和産業の振興，⑦以上の目的が達成されるまでの連合国による日本占領，など。

★1 ローズヴェルトの急死で，副大統領から大統領に昇格。

★2 会談の途中，保守党が選挙に敗れたため，アトリー新首相と交代。

4 日本の敗戦

　1945(昭和20)年4月,鈴木貫太郎内閣が終戦を図るため成立。しかし,ソ連を通じての和平工作も失敗し,8月の広島・長崎への原子爆弾投下と日ソ中立条約を無視したソ連の参戦を見て,8月14日に日本はポツダム宣言を受諾して無条件降伏を連合国に通告した。翌15日,天皇の玉音放送で国民に発表された。しかし,その後ソ連軍の侵攻はつづき,犠牲者が出た。

5 降伏文書の調印

　降伏とともに,東久邇宮稔彦内閣が成立した。8月末には連合国軍が日本に進駐し,9月2日,米軍艦ミズーリ号上で降伏文書の調印がおこなわれた。

▼第二次世界大戦の推移

	年月	できごと
開戦とドイツの攻勢	1931.9	満洲事変の勃発
	1937.7	日中戦争の勃発
	1939.5	ノモンハン事件
	1939.8	独ソ不可侵条約締結
	1939.9	ドイツ,ポーランド侵攻(第二次世界大戦開戦)
		ソ連もポーランドに侵攻
	1939.11	ソ連=フィンランド戦争
	1939.12	国際連盟がソ連を除名
	1940.5	ドイツがベルギー・オランダ・ルクセンブルクに侵攻
	1940.6	フランスがドイツに降伏
	1940.8	ソ連がバルト3国併合
	1940.9	日独伊三国同盟成立
	1941.4	日ソ中立条約が成立
	1941.6	独ソ戦開始
	1941.8	米・英が大西洋憲章を発表
	1941.12	日本が真珠湾を攻撃→アジア太平洋戦争の勃発
戦局の転換と破局	1942.6	ミッドウェー海戦で日本軍が敗北
	1943.2	スターリングラードの戦いでドイツ軍が敗北
	1943.7	連合国軍がシチリア島に上陸し,ムッソリーニ失脚
	1943.9	イタリアが連合国に無条件降伏
	1943.11	カイロ会談,テヘラン会談(〜12)
	1944.6	連合国軍がノルマンディー上陸
	1944.8	連合国軍,パリ解放
	1945.2	ヤルタ会談
	1945.4	沖縄本島に米軍上陸
	1945.5.2	ソ連軍,ベルリンを占領
	1945.5.7	ドイツが無条件降伏
	1945.7〜8	ポツダム会談
	1945.8.6	広島に原爆投下
	1945.8.8	ソ連の対日参戦
	1945.8.9	長崎に原爆投下
	1945.8.14・15	日本の無条件降伏

7 第二次世界大戦の結果

❶米ソの影響力拡大　戦後,アメリカとソ連が国際社会の中で影響力をもつようになった。

❷民主主義・対ファシズム　独ソ戦とアジア太平洋戦争の開始以降,民主主義をかかげる連合国と,それを否定する枢軸国との,世界観をめぐる対決という性格を帯びるようになった。

❸民族独立の達成　アジア・アフリカにおける植民地支配体
制が大きく揺らいで，民族解放を求める運動が展開された。
アジアにおいては，フィリピンの抗日人民軍(フクバラハッ
プ)，ベトナムのホー＝チ＝ミン率いるベトナム独立同盟会，
ビルマのアウン＝サンが率いる反ファシスト人民自由連盟な
どが抗日運動をとおして，民族独立を果たすようになった。

[第二次世界大戦]

①独ソ不可侵条約締結後，ドイツがポーランドに侵攻(1939年)⇒第二次
世界大戦が始まる→パリが陥落してフランスが降伏(1940年)。

②米の武器貸与法，独ソ戦開始(1941年)→ファシズム勢力と民主主義勢
力の戦争。

③日独伊三国同盟に対し，米は対日石油輸出を禁止→アジア太平洋戦争。

④1945年のヤルタ会談後にドイツ降伏，ポツダム会談後に日本降伏。

📖 資料活用　第二次世界大戦はどのような性格をもっているのか。また，
戦後の世界にどのような影響を残したのだろう？ Q1

資料1 「ドイツ軍ソヴィエトへ侵入」との報を聞いたチャーチルの言葉

　「過去25年を通じ，わたくしより頑固な
反共主義者はいなかった。わたくしは共産
主義について述べたこれらの言葉をひとこ
とも取り消すつもりはない。しかし，それ
はいま繰りひろげられつつある光景の前に
すべて消えてなくなる。

　われわれはいま，ただひとつの目的しか
もっていない。われわれはヒトラーとナチ
ス政体の痕跡をすっかり撲滅することにき
めている。われわれは，ナチスの圧制から
地球の諸民族を解放するために戦う。ナチ
スに対して戦うものは，ひとも国もわれわ

れの援助を受ける。ヒトラーとともに歩む
ものは，ひとも国もわれわれの敵である。

　この戦いは階級闘争ではない。それは人
種と宗教と党派を越えた戦いである。ヒト
ラーがソビエト攻撃によって，偉大な民主
主義諸国家の攻撃からすこしでも逃れ得る
と想像するならば，とんでもない考えちが
いである。

　わが家の炉のために戦うロシア人の立場
は，あらゆる自由人，自由国民の立場とお
なじである。ロシアの危険はわれわれの危
険である。」

(笹本駿二『第二次世界大戦下のヨーロッパ』岩波書店)

資料2 ヤルタ会談　米英ソ三首脳の思惑

　ヤルタ会議の主な議題は四つあった。第
一が新しい世界平和機構の設置に関する問
題。第二がドイツの戦後処理問題，すなわ
ちドイツの無条件降伏，占領管理の方法お

よび賠償問題である。第三が東ヨーロッパ
とくにポーランド問題。そして第四がソ連
の対日参戦の取り決めである。……

　ヤルタで決められたことがらの多くは，

戦後の世界の人々の運命を左右するものとなった。協調主義にいろどられた会談の背後にみえかくれした三大国の大国主義は，……鋭い対立＝「冷戦」を生みだした。ヤルタで理想主義を奏でたルーズヴェルトは会議の2ヶ月後に死去し，イギリスの威信を一身に背負ったチャーチルも45年7月の国政選挙に敗れ，国際政治の舞台から姿を消した。以後イギリスは米ソの強大な力の前に発言権をしだいに失い，ヤルタ体制のにない手から脱落する。これにともない戦後国際体制は，対立する米ソ二超大国によ

ってになわれていく。

　1945年5月8日(原文ママ)のドイツ降伏をうけてソ連は，東ヨーロッパ地域に衛星国の建設を始める。ヤルタでの約束にもかかわらず，新生ポーランドを実力でソ連の勢力下においたのである。一方，ルーズヴェルトの後任者となったトルーマン新大統領は，露骨な膨張主義政策をみせ始めたソ連に対し敵対姿勢をあらわにした。協調主義は早くも過去のものになりつつあった。アメリカは強気であった。原子爆弾を手にしたことは対ソ強硬姿勢に拍車をかけた。

(成瀬治・佐藤次高監修『世界史テーマ学習80』山川出版社)

解説

(1)第二次世界大戦はどのような性格をもっているのか？　①米英仏など先進資本主義国と日独伊の後発資本主義国との**世界分割をめぐる帝国主義戦争**，②ファシズム諸国に対する社会主義国ソ連と資本主義国米英などが民主主義の名の下に結束して戦った**ファシズム(日独伊)対反ファシズム(米英ソ)の戦争**という性格である(資料1)。
(2)ヤルタ会談の内容と戦後体制　ソ連にとって第二次世界大戦は，**ソ連の社会体制防衛と領土獲得戦争**という側面をもっていた。資料2のヤルタ会談で，新生ポーランドの領土を全体として西方に移動しソ連の領土を拡大するというスターリンの提案は，概ね了承され，ソ連の対日参戦の取り決めも密約の形で了承された。内容は，第一にソ連はドイツ降伏後3ヶ月以内に参戦すること，第二にその見返りとして，日露戦争でロシアが失った権利を回復させること(南樺太のソ連返還，大連港の使用権，旅順港の租借

権)，第三に千島列島をソ連領土とすること，である。ソ連の対日参戦を是非とも得たいと考えたのはローズヴェルトであり，対日戦争での犠牲を最小限に食い止めるためであった。

　ソ連は，ドイツ降伏後東ヨーロッパに衛星国をつくり，バルト3国もソ連領土内に確保し，ポーランドも勢力下においた。これに対し，**アメリカは原爆を日本に対して使用することで核による優位を背景にソ連に厳しく対峙した**。このように，第二次世界大戦末期には，冷戦がはじまっており，米ソ二陣営による世界支配はヤルタ体制として冷戦終結までつづくことになる。

要点　Q1 ▶▶▶ A1

　第二次世界大戦は，社会体制の防衛と領土獲得戦争の側面ももっており，戦後はソ連とアメリカとの対立構造が続いていくことになる。

≫ 戦後の国際秩序と日本の改革

まとめ

❶ 新たな国際秩序と冷戦のはじまり ☞p.334

□ 国際連合

- **成立**…第二次世界大戦中の大西洋憲章，ダンバートン＝オークス会議，サンフランシスコ会議で国際連合憲章が採択→1945年10月に発足。
- **機構**…安全保障理事会を中心に世界平和の維持をはかる。常任理事国に拒否権。
- **世界人権宣言**…1948年に国連総会で採択。

□ **ブレトン＝ウッズ体制**　ドルを基軸通貨とする固定為替相場制。国際通貨基金 (IMF)，国際復興開発銀行(IBRD，世界銀行)，関税と貿易に関する一般協定 (GATT)。

□ **冷戦**　西側(資本主義)と東側(共産主義)の対立。

- **米ソ対立のはじまり**…西側はトルーマン＝ドクトリンによる社会主義封じ込め，マーシャル＝プランで西ヨーロッパ復興。東側はコミンフォルム，経済相互援助会議(COMECON)を結成。
- **東西対立の固定化**…ドイツが東西に分裂。西側は北大西洋条約機構(NATO)を結成。東側はワルシャワ条約機構を結成。

❷ アジア諸地域の独立 ☞p.340

□ 東アジア

- **新中国の成立**…国共内戦→1949年，毛沢東を主席とする中華人民共和国の成立 (蔣介石総統は台湾で中華民国政府を維持。)→中ソ友好同盟相互援助条約。
- **朝鮮**…北部に朝鮮民主主義人民共和国，南部に大韓民国が成立。

□ **東南アジア**　フィリピン・インドネシア・ビルマ・マラヤ連邦が独立。ベトナムでインドシナ戦争→フランスが敗北→ジュネーヴ休戦協定。

□ **南アジア**　インドとパキスタンが独立→両国はカシミールをめぐり紛争。セイロンがイギリス自治領として独立→1972年，スリランカとなる。

□ 西アジア

- **イラン**…モサッデグ首相が石油国有化。パフレヴィー2世が白色革命。
- **イスラエル**…国連がパレスチナ分割案が可決→イスラエル建国→パレスチナ戦争，以後，数次の中東戦争。

3 戦後の国際秩序と日本の改革

❸ 占領下の日本と民主化 ☞p.346

☐ **占領政策**　連合国軍最高司令官総司令部(GHQ)の間接統治。五大改革の指令。
- **圧政的諸制度の廃止**…治安維持法, 特別高等警察(特高)の廃止。
- **婦人の解放**…満20歳以上の男女に選挙権。女性議員が誕生。
- **教育の自由主義化**…教育基本法, 学校教育法の制定。教育委員会の設置。
- **経済機構の民主化**…財閥解体指令と独占禁止法の制定。農地改革。
- **労働組合の結成奨励**…労働組合法, 労働関係調整法, 労働基準法の制定。

☐ **日本国憲法の制定**
- **過程**…憲法問題調査委員会の設置→松本案の却下→マッカーサー三原則に基づくGHQ草案→帝国議会で憲法改正草案を審議, 修正可決→1946年11月3日公布, 47年5月3日施行。
- **原則**…国民主権, 戦争放棄(平和主義), 基本的人権の尊重の3原則。そのほか象徴天皇制。

☐ **経済の立て直し**　インフレ→預金封鎖→傾斜生産方式→ガリオア資金。

❹ 占領政策の転換と日本の独立 ☞p.354

☐ **政党政治の復活**
- **政党の再建**…日本共産党, 日本社会党, 日本自由党, 日本進歩党などが活動。
- **中道政権**…吉田茂内閣(憲法公布)→片山哲内閣→芦田均内閣(昭和電工事件)→第2次吉田茂内閣(以後6年の保守政権の安定)。

☐ **占領政策の転換**
- **経済政策**…経済安定九原則→ドッジ゠ライン(1ドル＝360円)→シャウプ勧告。
- **労働運動が激化**→レッド゠パージ(共産党員とそのシンパを公職追放)。

☐ **朝鮮戦争と日本**　1950年, 開戦→日本で警察予備隊の設置→特需景気で工業回復。

☐ **日本の独立**
- **冷戦の激化**…トルーマン大統領の対日講和七原則。
- **サンフランシスコ平和条約**…1951年, 吉田茂首相が48カ国と調印。同時に日米安全保障条約を締結。翌年, 日本は主権を回復。

新たな国際秩序と冷戦のはじまり 世界史

▶ 第二次世界大戦後の世界秩序の構想は，すでに1941年の大西洋上会談で話し合われていた。これをもとに，1945年のサンフランシスコ会議で国連憲章が正式に採択され，国際連合が成立した。国際連合は，平和維持や国際協調を目的とし，かつての国際連盟の失敗を教訓にして，安全保障理事会が強い権限をもち，多数決制や違反国に対する武力制裁などを採用した。

　第二次世界大戦後，アメリカ・ソ連の両大国の対立があらわになった。ソ連が東ヨーロッパに影響力を強めると，アメリカと西ヨーロッパ諸国は軍事的・経済的に結束して対抗した。この対立は冷たい戦争とよばれ，1980年代までつづいた。

☞ このセクションでは，次の問いに答えられるようにする必要がある。

　Q1 戦争を繰り返さないために，人々はどのような体制をつくったのだろう？

　Q2 冷戦はどのようにして，はじまったのだろう？

1 ｜ 新たな国際秩序

1 国際連合の成立

❶ 大西洋憲章　1941年8月，イギリスのチャーチル首相とアメリカのローズヴェルト大統領が，大西洋上で会談して発表した。連合国側の戦争目的を明らかにするもので，戦後の世界構想をふくみ，国際連合成立への第一歩となった。

❷ ダンバートン＝オークス会議　1944年8〜10月，米・英・ソ・中が国際連合憲章の原案をつくった。

❸ サンフランシスコ会議　1945年4〜6月，連合国50カ国が参加し，戦後処理と国際平和問題を討議し，国際連合憲章を採択した。同年10月に国際連合が正式に発足し，翌年1月にはロンドンで第1回国連総会が開かれた。

2 国際連合の機構

　主要機関は，総会，安全保障理事会，信託統治理事会（1994年に活動停止），経済社会理事会，国際司法裁判所，事務局で構成されている。

★1 ①領土不拡大，②住民の希望によらず領土変更をしないこと，③民族自決，④通商と資源に関する機会均等，⑤労働条件改善と社会保障のための国際協力，⑥恐怖と欠乏からの自由，⑦公海航行の自由，⑧武力行使の放棄の8カ条からなる。

★2 「連合国」の名称をそのまま使い，51カ国で発足。本部はニューヨークにおかれた。

❶**総会**　全加盟国が参加。投票権は1国1票制で，過半数の賛成を原則とする（重要事項は3分の2）。

❷**安全保障理事会**　国際連盟の意思決定に実効力がなかったことから，意思決定に実効力をもたせるためにつくられた機関。世界平和と安全の維持を任務とする，国連のもっとも重要な機関で，必要時には経済的・軍事的制裁をとる権限が与えられている。拒否権をもつ**アメリカ・イギリス・フランス・ソ連★3・中国★4の5カ国**の常任理事国と6カ国（1966年から10カ国）の非常任理事国からなる。

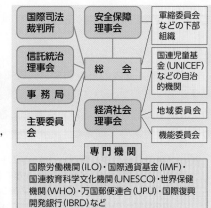
▲国際連合のおもな組織

★3 現在はロシア。
★4 中国代表権は，1971年に中華民国（台湾）から中華人民共和国に移行。

3 世界人権宣言

すべての国民・国家の達成すべき基本的人権と自由についての宣言。1948年の国連総会で採択された。

4 ブレトン＝ウッズ体制

1944年7月連合国代表がアメリカのブレトン＝ウッズに集まり，アメリカの通貨であるドルと金との交換率を固定した金ドル本位制を採用，アメリカの**ドルを基軸通貨**にした固定為替相場制を導入した。1945年12月に発足した**国際通貨基金（IMF）**と**国際復興開発銀行（IBRD，世界銀行）**が中心機構である。1947年10月には「**関税及び貿易に関する一般協定（GATT）★5**」が成立し，自由貿易をめざす体制ができた。

★5 1995年より，GATTを発展させた世界貿易機関（WTO）が発足した。

POINT!

[戦争を繰り返さないために，人々はどのような体制をつくったのだろう？]

Q1 ▶▶▶ A1

①国際連合の成立…大西洋憲章→ダンバートン＝オークス会議→サンフランシスコ会議で国際連合憲章採択。
②ブレトン＝ウッズ体制…国際通貨基金と世界銀行が中心機関。

3
戦後の国際秩序と日本の改革

2 | 米ソ対立のはじまり

1 トルーマン＝ドクトリン

　1947年アメリカのトルーマン大統領（在職1945〜53年）は、ギリシア・トルコへのソ連の影響力の浸透を阻止するための援助を表明した。これは、アメリカによる共産主義封じ込め政策のはじまりであり、同時に冷戦の契機となった。

> 補説 「鉄のカーテン」演説　1946年3月にイギリス元首相チャーチルがアメリカのミズーリ州のフルトン市でおこなった演説。「今日、バルト海のシュテッティンからアドリア海のトリエステにいたるまで、大陸を横切って、鉄のカーテンがおりている」の一節は共産主義勢力の脅威を指摘し、冷戦の対立構造が明確となった。

2 マーシャル＝プラン

　1947年6月、アメリカの国務長官マーシャルの発表したヨーロッパ経済復興援助計画。西欧16カ国はただちにこれをうけいれた。アメリカは、ヨーロッパを経済的に復興させることによって共産主義勢力をおさえ、同時に膨大な生産力のはけ口となる市場を確保することをねらった。

3 コミンフォルムと経済相互援助会議

　①マーシャル＝プランに対抗してコミンフォルム（共産党情報局）が1947年に発足。ソ連を中心に、東欧諸国とフランス・イタリアの共産党が参加した。大戦中に解散したコミンテルンと異なり、各国共産党相互の情報交換機関であるとされた。さらに1949年には、経済相互援助会議（COMECON）が結成され、経済面でも結束してマーシャル＝プランに対抗した。②1948年2月、大統領ベネシュのもと、チェコスロヴァキアがマーシャル＝プランの受け入れを決めると、ソ連はこれを撤回させ、さらに共産党は街頭デモを組織して、ベネシュを辞任に追い込んだ（チェコスロヴァキア＝クーデタ）。③東ヨーロッパ諸国では、人民民主主義体制という名のもとに、形式的には複数政党制をのこしつつ、実際には共産主義政党が独裁体制を確立し、ソ連と同様の政治・経済制度を導入した。

★1 ギリシアは戦後、内戦となり、1946年イギリスの援助で王政が復活したが、左派ゲリラが抵抗。トルコではソ連の圧力に対する封じ込め政策の結果、両国とも西側陣営となった。
★2 武器を使用する「熱い戦争（hot war）」に対して、相いれない体制・国家のあいだの国際的な緊張状態を「冷たい戦争（cold war）」といった。
★3 マーシャル＝プランの発表をうけて、英・仏を中心にヨーロッパ経済復興会議が開かれたが、東側は不参加。1948年4月、西欧16カ国はヨーロッパ経済協力機構（OEEC）を結成。
★4 社会主義諸国間の国際分業と開発途上国援助などを協定。ソ連・ブルガリア・ハンガリー・ポーランド・ルーマニア・チェコスロヴァキアで結成。その後アルバニア（62年脱退）・東ドイツ・モンゴル・キューバ・ベトナムが加盟。

4 ユーゴスラヴィア

　ティトーが率いるユーゴスラヴィアは，第二次世界大戦でパルチザンが自力でドイツからの解放をなしとげたため，ソ連の影響をうけず，戦後は独自の社会主義の道を歩んだ。

3│東西対立の固定化

1 ベルリン封鎖

　ドイツ統一問題について，ソ連と米・英・仏3国とのあいだには対立があった。1948年6月，西側3国は西ドイツだけの通貨改革をおこなって，マーシャル゠プランに組みいれようとはかった。これに対してソ連は，**西ベルリンの経済封鎖**をねらって西ドイツからの交通を遮断したが，3国が大規模な空輸で対抗したため，翌年5月に封鎖がとかれた。これによって，東西ドイツの分裂が決定的になり，ドイツの中立・非武装化という連合国の当初の計画は挫折した。

2 ドイツの分裂

　西側3国は，西ドイツの自立をはかり，1949年5月，3国管理地区にドイツ連邦共和国（西ドイツ，首都ボン）が生まれた。これに対し，東ドイツには，同年10月，ドイツ民主共和国（東ドイツ，首都ベルリン）が成立した。

3 北大西洋条約機構（NATO）

　1949年4月，アメリカ・カナダと西欧ヨーロッパ（連合）諸国などの西側12カ国で設立した。加盟国への攻撃に対して，全加盟国が共同し，相互に武器援助・共同防衛をおこなうもので，西側の集団防衛体制の中心となった。

4 パリ協定

　1954年，西欧連合諸国にアメリカ・カナダ・イタリア・西ドイツが加わり，西側陣営の軍事力強化をねらって締結された。この協定で，**西ドイツの再軍備とNATO加盟**とともに，主権回復が実現した。

★1 1948年2月，チェコスロヴァキア゠クーデタで，共産党が一党独裁をかためた。これに衝撃をうけた西欧諸国（英・仏とベネルクス3国）が，社会主義勢力と対抗するため，西ヨーロッパ（西欧）連合条約を結んだ。

★2 西ヨーロッパ連合の5カ国とデンマーク・ノルウェー・イタリア・ポルトガル・アイスランド。のちにトルコ・ギリシア・西ドイツ（現ドイツ）・スペインが加盟。

3

戦後の国際秩序と日本の改革

5 ワルシャワ条約機構^{★3}

　西側陣営の集団防衛体制の強化に対抗して，1955年の東ヨーロッパ相互援助条約によって結成された（ユーゴスラヴィアは不参加）。西側の攻撃に対する共同防衛を想定して軍事面での結束をかためたほか，経済・文化・技術面での相互援助を規定。ソ連を中心とする東側諸国の結束を強めた。

★3 参加国は，ソ連・ブルガリア・ポーランド・ルーマニア・チェコスロヴァキア・ハンガリー・アルバニア(68年脱退)・東ドイツ。91年解散した。

6 冷戦

　戦後，アメリカとソ連の勢力拡大の動きは，資本主義・自由主義圏（西側陣営）と社会主義・共産主義圏（東側陣営）の対立という形をとって，世界の様々な地域にひろがっていった。

POINT!

　[東西対立]
　① 西側…トルーマン＝ドクトリン（冷戦の開始），マーシャル＝プラン，北大西洋条約機構（NATO）。
　② 東側…コミンフォルム・経済相互援助会議結成，ワルシャワ条約機構。

📖 資料活用　冷戦はどのようにして，はじまったのだろう？ Q2

資料1 鉄のカーテン(1946年3月5日)

　ソ連とその共産主義的な国際組織がこれから何をしようとしているのか，またかれらのひろがり行く思想浸透の動きには，かりに限界があるにしても，それはどの程度のものなのかということすらわからぬ。バルト海のシュテッティンからアドリア海のトリエステまで鉄のカーテンがおろされている。この線の背後はモスクワに服従している。これらの国々では……警察政府が国民を圧迫し，民主主義に反する統制をおこなっている。……これはわれわれが戦争の目的とした「解放されたヨーロッパ」でもなければ，永久平和の条件をそなえたヨーロッパでもない。……原子爆弾が，アメリカの手中にあるからこそ，世界の人々は安眠できる。…原爆の知識と経験とを国連にまかせることはあやまりである。……大英帝国とアメリカ合衆国の国民が結合し，その協力が，地球上のいたる所におよぶならば，強力な安全保障体制が確立される……。

資料2 トルーマン＝ドクトリン(1947年3月12日)

　ギリシアは今日，国家の存立そのものをとくに北方の境界地方で，共産主義者に指導された……幾千人かの武装せる暴力主義者の活動によっておびやかされています。……アメリカ以外に，ギリシアの民主的な政府に対し，必要な供給を喜んであたえ得る国はない。……合衆国の外交政策の主要目的の1つはわれわれおよび他国民が，強制から自由な生活様式をいとなむことができるような条件をつくりだすことでありま

す。……もしわれわれが全体主義的体制を強制しようとする侵略的な運動に対抗して，自由な制度と国家の保全を維持しようとする自由国民をすすんで援助しなければ，われわれの目的は実現しないでしょう。……世界の幾多の国民が最近みずからの意志に

反して全体主義体制（注：ファシズムではなく共産主義体制を指す）を強制させられました。……そこで私は，ギリシアとトルコに対し，……４億ドルの援助をあたえる権限をみとめられることを議会に要請いたします。

資料3　マーシャル＝プラン（1947年6月5日）

　今後3～4年間に，ヨーロッパが必要とする外国－おもにアメリカ－からの食糧その他の重要物資は，ヨーロッパの支払い能力よりはるかに大きいので，ばく大な援助を必要としている。さもなければ，重大な性格をおびた経済的・社会的・政治的後退に直面せざるを得ない。……それがアメリカにあたえる影響の重大性は明白である。アメリカが，それなしには政治的安定も保障された平和もあり得ない，世界の正常な

経済状態への復帰を助けるために，あらゆる可能なことをなすのは当然である。われわれの政策は……その目的とするところは自由な諸制度が生存できる政治的・経済的諸条件を可能にする活動的な世界経済の再興にある。……他国の復興を阻止しようとする政府……政治的またはその他の利益のために人類の不幸を永続させようとする政府・政党・団体はアメリカ政府の抵抗を受けることになるであろう。

解説

(1)鉄のカーテン　イギリス元首相チャーチルが「シュテッティンからトリエステまで鉄のカーテンがおろされている」と，東欧が「ソ連圏化」したことを強調し，アメリカに政策転換をせまった（資料1）。イギリスのアトリー政権は，ソ連の脅威を強調してアメリカからの援助を引き出すことによってイギリスの影響力の減退を最小限にしようとした。47年2月にはイギリスの外相が，財政危機のためソ連の圧力を受けていたギリシアとトルコに対する軍事援助をトルーマン政権に申し入れている。

(2)トルーマン＝ドクトリンとマーシャル＝プラン　1947年3月12日，アメリカ大統領のトルーマンは，議会にギリシアとトルコへの軍事支援法案を提案した。その際，問題を東地中海地域に限定せず，現在の世界では自由主義と全体主義とのあいだで生活様式の選択をせまられており，「武装した少数者や外部からの圧力による征服の試み

に抵抗している自由な諸国民を援助することこそ合衆国の政策」であるべきだと主張した。これが「ソ連封じ込め」をねらうトルーマン＝ドクトリンである（資料2）。

　47年6月5日，マーシャル国務長官は，ヨーロッパの経済復興を助長するために大規模な経済援助を供与する計画（マーシャル＝プラン）を発表した。ドル資本を援助し，資本主義的な方向で経済再建を促進しようとしたものであった（資料3）。

(3)コミンフォルムの結成　ソ連は，計画への参加を希望していた東欧諸国に圧力をかけ，不参加を強要し，9月には東欧やフランス・イタリアの共産党によるコミンフォルムを結成して，西側に対抗した。

要点　　Q2 ▶▶▶ A2

　アメリカのトルーマン＝ドクトリンやマーシャル＝プランに対抗する形で，ソ連はコミンフォルムを結成。ヨーロッパの分裂が決定的になり，米ソ冷戦がはじまった。

2 アジア諸地域の独立 　世界史

▶ 第二次世界大戦後，日本や欧米の植民地であったアジア諸国では，独立の動き
が活発になった。朝鮮やベトナムは冷戦下で南北に分裂し，インドは宗教上の対立
から2国に分かれた。

　第二次世界大戦後，中東諸国でも民族主義的な抵抗運動が展開されたが，複雑な
宗教事情や石油をめぐる欧米の介入もあって，世界の紛争地帯の一つとなった。

　中国では国共内戦に勝利した共産党が中華人民共和国を建国し，国民党は台湾へ
のがれた。朝鮮では南北が対立して朝鮮戦争がおこった。また，インドシナでも独
立戦争としてはじまった戦争が，南北の対立をはらんで長期化した。

☞ このセクションでは，次の問いに答えられるようにする必要がある。

Q1 第二次世界大戦後，東アジア諸国はどのように独立を達成したのだろう？

▲第二次世界大戦後のアジアの動き

1 中華人民共和国の成立

1 国共内戦

　第二次世界大戦末期から国民政府と共産党の対立が深まり，
1946年に内戦が本格化した（国共内戦）。はじめはアメリカが
援助する国民党が優勢であったが，共産党は土地改革によって
農民の支持を得て力を強め，内戦に勝利した。

★1 地主や富農の土
地を，貧しい農民や
土地をもたない耕作
者に与える政策。

2 中華人民共和国の成立

　国民政府は，経済的混乱と党内の腐敗から民衆の支持を失った。新民主主義を唱える毛沢東指導下の共産党は，1949年にほぼ中国全土を支配し，同年10月毛沢東を主席，周恩来を首相に中華人民共和国を樹立した。蔣介石を総統とする国民政府は台湾に逃れ，中華民国政府を維持した。

3 新中国をめぐる国際情勢

　中華人民共和国は土地改革や民族資本育成による工業化をすすめ，1953年から第１次五カ年計画に着手した。外交では，1950年にソ連と中ソ友好同盟相互援助条約を結んだ。アメリカなどの西側諸国は，イギリスを除いて中華人民共和国を承認せず，台湾の中華民国政府を中国を代表する政府とする立場をとった。

★2 毛沢東が唱えた革命理論。地主の土地を農民に解放し，財閥を打倒して，労働者階級の指導下に農民・民族資本家が統一戦線を形成，民主主義革命をおこなう。これによって農業国から工業国に移行し，社会主義化への前提とするというもの。

★3 ソ連とその衛星国は新中国を承認し，つづいてインド・イギリスが承認した。

2 | 朝鮮戦争

❶ **戦後の朝鮮半島**　日本の植民地だった朝鮮半島は第二次世界大戦中のカイロ会談で独立が決まっていたが，戦後北緯38度線を境に，北部をソ連が，南部をアメリカが占領することになった。

❷ **国家建設**　朝鮮半島では，1948年，南に李承晩を大統領とする大韓民国（韓国）が，北には金日成を首相とする朝鮮民主主義人民共和国（北朝鮮）が成立した。

❸ **朝鮮戦争**　1950年６月，北朝鮮軍が，北緯38度線をこえて侵攻し，朝鮮戦争がはじまった。北朝鮮軍が半島南部の釜山にせまると，アメリカが韓国を支援，国連も北朝鮮軍の行動を侵略と断定し，**アメリカ軍を主体とする国連軍**を派遣，形勢が逆転した。戦線が中国国境にせまると，中華人民共和国は北朝鮮に人民義勇軍を送った。

　以後，戦線は38度線付近で膠着状態となり，51年７月にソ連の提案で休戦交渉がはじまった。53年７月に板門店で**休戦協定が成立したが，南北朝鮮の分断が固定化**された。

❹ **東アジアにおける冷戦の固定化**　①北朝鮮では金日成の独裁体制が確立，韓国でも李承晩による強権的な政治がおこなわれて軍部の力が増大した。②中華人民共和国では，ソ連の

中華人民共和国

国連軍の進出線
(1950.11)

朝鮮民主主義人民共和国

平壌

38度線

軍事境界線

ソウル

大韓民国

北朝鮮軍の進出線
(1950.8)

釜山

対馬

▲朝鮮半島の分裂

★1 安全保障理事会において，当時中国を代表していたのは台湾の中華民国であり，ソ連は中華人民共和国が中国を代表すべきだとして安全保障理事会を欠席したため，拒否権を行使できなかった。

3

戦後の国際秩序と日本の改革

援助のもとで1953年から第1次五カ年計画が実施され，重工業化や農業集団化など，社会主義計画経済の建設が急速にすすめられた。③台湾では，蔣介石政権のもと戒厳令がしかれ，「大陸反攻」を唱えて大陸側の「台湾解放」の主張に対抗した。

★2 一般に非常時に際して通常の行政権，司法権の停止と軍による一国の全部または一部の支配の実現を意味する非常法をいう。

[第二次世界大戦後，東アジア諸国はどのように独立を達成したのだろう？] Q1 ▶▶▶ A1

① 中国…第2次国共内戦→中華人民共和国の成立（主席：毛沢東，首相：周恩来）。

② 朝鮮…南に韓国，北に北朝鮮が成立→朝鮮戦争→北緯38度線で分断が固定化。

3　東南アジアの独立

第二次世界大戦中，東南アジア各地は日本軍に占領されたが，民族運動や抗日運動を基礎に，戦後は独立を達成した。

1 フィリピン

1944年，アメリカ軍がレイテ島に上陸，45年の日本降伏後，親米政権を復活させた。46年に独立を宣言，フィリピン共和国が誕生した。その後，農村を基盤に武力闘争をつづけるフクバラハップを制圧，51年には米比相互防衛条約を結ぶなど，親米・反社会主義路線をとった。

★1 太平洋戦争の時期から戦後にかけて，フィリピン共産党が組織した，抗日武装闘争の組織。

2 インドネシア

第二次世界大戦の終結とともにスカルノを指導者としてインドネシア共和国の独立を宣言，これを認めないオランダとのあいだに武力衝突がおこったが，1949年に独立を達成し，スカルノが初代大統領となった。

★2 その後スカルノ大統領の独裁下で共産党が力をのばしたが，65年以降，軍が実権を掌握し，共産党勢力を一掃した。

3 ビルマ

大戦中，日本軍に一時協力していたアウン＝サンらが，1944年に反ファシスト人民自由連盟を結成してイギリスからの独立を要求した。戦後，1948年にビルマ連邦共和国として

独立した（1989年に国名をミャンマーと改称）。1962年には，ネ＝ウィンがクーデタで軍事政権を樹立した。

4 マラヤ連邦

1957年，イギリスから独立。1963年，マラヤ連邦はシンガポール，サラワク，英領北ボルネオ（サバと改称）と新たな連邦を結成し，マレーシアが成立した。[★3]

★3 シンガポールは，1965年，マレーシアから追放される形で独立。

5 ラオスとカンボジア

ラオスはフランスからの完全独立を果たしたが，その後共産党系のパテト＝ラオ（ラオス愛国戦線）と，中立派・右派との内戦がつづいた。カンボジアも1953年に独立，国王シハヌークを国家元首として中立政策をとった。

6 インドシナ戦争

第二次世界大戦中，日本の占領下でホー＝チ＝ミンらがベトナム独立同盟（ベトミン）を組織し，戦争終結直後の1945年9月，ベトナム民主共和国の独立を宣言した。しかし，宗主国フランスはこれを認めず，軍事介入した。

ベトナムの独立宣言に対してフランスが武力介入したため，ベトナムとフランスの対立[★4]は，ラオス・カンボジアもふくめたインドシナ戦争となった。インドシナ戦争は，中華人民共和国の成立による社会主義勢力の拡大を恐れたアメリカがフランスを支援したため，東西両陣営が対立する戦争となり，長期化した。戦争は，1954年ディエンビエンフーの戦いでのフランスの敗北で終結。ジュネーヴ休戦協定で，北緯17度線を暫定軍事境界線としてベトナムを南北に分けて休戦し，2年後に統一選挙をおこなうこととした。

★4 フランスは1949年に阮朝最後の王バオ＝ダイを復位させて，ベトナム国をつくっていた。

4 南アジアの独立

1 インドとパキスタン

大戦後の独立が約束されていたインドでは，終戦とともに全インド＝ムスリム連盟を率いるジンナーと統一インドを主張するガンディーが対立した。1947年，イギリス議会でインド独

立法が制定され，ヒンドゥー教徒のインド連邦とイスラーム教徒のパキスタンに分離して独立した。両国は独立後も対立をつづけ，国境地帯のカシミールの帰属をめぐって紛争がおこった。

インドでは，48年ガンディーが急進派ヒンドゥー教徒に暗殺されたが，初代首相ネルーのもとで，50年にカーストによる差別の禁止，不可触民制の廃止などを定めるインド憲法を制定し，共和国となった。
★1　★2

② セイロン

1948年，イギリス連邦内の自治領として独立し，非同盟主義をとった。ヒンドゥー教徒のタミル人は抑圧され，仏教徒のシンハラ人が優遇された。72年，仏教を準国教とする新憲法を制定し，スリランカとなった。

5│イラン民族運動の挫折

1 第二次世界大戦中のイラン

イランは中立を宣言したが，1941年に独ソ戦が始まると，この地はイギリス・アメリカがソ連に軍事援助するための重要なルートとなり，南北からイギリス軍とソ連軍が進駐して，親ドイツ派の国王レザー＝シャーは退位した。

2 石油国有化宣言と白色革命

①イランでは戦後，石油産業を支配するイギリス系のアングロ＝イラニアン石油会社に対する批判が高まり，製油所の労働者らによる大規模な抗議活動を契機に，石油国有化を求める動きが高まった。②1951年，民族運動が展開するなかで，モサッデグ首相が石油国有化を宣言し，イギリス系の石油会社の施設を接収した。しかし，53年，イギリスやアメリカ，国際石油資本などに支援された国王パフレヴィー2世がモサデグ政権を倒し，親米・親英路線に転じた。英・米・仏・オランダ4カ国による国際石油合弁会社が設立されたため，石油国有化は挫折した。③以後，イランは親米政策をすすめ，アメリカに軍事基地を提供，豊富な石油資源を背景に近代化を進めた。このイランにおける上からの近代化は白色革命とよばれている。
★2

★1　ヒンドゥー教社会ではカースト制度により不可触民とされた人々が差別されていたが，アンベードカルらの反カースト運動で憲法に差別の禁止が規定された。
★2　パキスタンは1956年に立憲共和国となったが，インドに対抗して親米・反社会主義政策をとり，東南アジア条約機構にも加盟。なお，71年には東パキスタンがバングラデシュとして独立した。

★1　当時，相互に協定を結んで世界の石油の生産と販売をほぼ独占していたアングロ＝イラニアン石油会社やロイヤル＝ダッチ＝シェルなど巨大石油企業7社の総称。メジャーともいう。
★2　イランは冷戦のなかでアメリカの支援のもとで中東地域の軍事大国となった。

6 ｜ イスラエルの成立とパレスチナ戦争

1 イスラエルの成立

①第二次世界大戦後，イギリスの委任統治下にあったパレスチナでは，アラブ人とヨーロッパから移住していたユダヤ人（シオニスト）との対立が激化した。②ホロコーストのおこなわれたヨーロッパでは多数のユダヤ人がパレスチナへの移住を求めていた。③イギリスは事態の収拾を国際連合に任せ，1947年，国連が提起したパレスチナ分割案が可決した。

2 パレスチナ戦争（第1次中東戦争）[*1]

①1948年，イギリスが撤退，ユダヤ人国家建設をめざしてきたシオニストは，イスラエルを建国し，世界中からユダヤ人移民をうけいれた。[*2]②アラブ側はこれを認めず，パレスチナ戦争（第1次中東戦争）となったが，1949年国連の調停によって停戦した。この結果，イスラエルは独立を確保し，領土はむしろ拡大した。③この地から70万人以上のアラブ人が追放されて難民となった。④以後，イスラエルとアラブ諸国の対立は深まり，戦争が繰り返され（中東戦争），パレスチナ問題は深刻化した。

▲イスラエルの変遷

補説　**パレスチナ分割案**　①国連ではパレスチナ特別委員会が組織され，その調査にもとづき，1947年11月29日の総会で，パレスチナをユダヤ人国家とアラブ国家に分割してそれぞれ独立させ，イェルサレムは国際管理下におくという「パレスチナ分割案」が可決された。賛成派33カ国（アメリカ，ソ連，フランスなど），反対派13カ国（アラブ諸国など），棄権は10カ国（イギリス，中国など）であった。
②分割決議は，当時まだパレスチナの土地の7％しか所有していなかったユダヤ人に国土の56％を与える，シオニストに圧倒的に有利な内容のものだった。少しでもひろい領域の獲得をめざしたシオニストは軍事組織を結成して各地でテロをおこない，現地住民に恐怖を与えパレスチナの外に退去させようとした。
③1948年5月14日をもってイギリスの委任統治が終了すると同時に，シオニストは，国境線を確定しないまま，イスラエル国家樹立を宣言し，翌15日にはトランスヨルダン，エジプト，イラク，シリア，レバノン，サウジアラビアなどアラブ諸国がパレスチナに攻め込んで，第1次中東戦争が勃発した。

3

戦後の国際秩序と日本の改革

★1 中東とは第二次世界大戦後からひろく使われるようになった地域名称で，アラブ諸国とトルコ・イラン・アフガニスタンを含む地域を指す。
★2 1945年3月にエジプト・サウジアラビア・シリア・レバノン・トランスヨルダン・イラク・イエメンの7カ国が集まってアラブ連盟を結成し，結束を固めた。

③ 占領下の日本と民主化 日本史

▶ 日本はポツダム宣言を受諾し，連合国によって占領された。占領政策をおこなうGHQは，ポツダム宣言にもとづき，日本の民主化と非軍事化をすすめた。戦争犯罪人が極東国際軍事裁判で裁かれ，政党政治も復活した。日本国憲法が制定され，財閥解体，農地改革，教育制度の自由主義的改革と日本の民主化がすすめられていった。しかし，空襲による工場の破壊，生産力の低下，海外からの引揚者による人口急増で，食糧不足，物資不足，インフレーションがおこる。こうした状況の中から日本の再建ははじまった。

☞ このセクションでは，次の問いに答えられるようにする必要がある。

Q1 日本の占領の目的と終戦処理は，どのようなものだったのだろう？

Q2 日本の民主化は，どのようにすすめられたのだろう？

Q3 日本の復興は，どのようにすすんだのだろう？

1 | 日本の占領と終戦処理，戦犯裁判

1 占領の基本方針

　1945(昭和20)年9月2日，日本は降伏文書に調印し，連合国により占領された。連合国は，ポツダム宣言にもとづき，軍国主義の除去と民主主義の育成という2点に重点をおいて，日本の占領をおこなった。

2 GHQによる間接統治

　アメリカ陸軍のマッカーサーを連合国軍最高司令官(SCAP)とする，連合国軍最高司令官総司令部(GHQ)が東京におかれ，GHQから日本政府に指令・勧告をおこなう間接統治という方法で占領した。右図の通り，占領政策決定の最高機関は極東委員会(FEC)で[*1]，連合国軍最高司令官(SCAP)の諮問機関が対日理事会である。GHQは日本政府に対し，罰則規定をもった勅令(ポツダム勅令，新憲法施行後は政令)を出すことができた。占領軍のほとんどはアメリカ軍で，マッカーサー主導のもと，アメリカ政府の主導で占領政策がすすめられた。アメリカの初期の対日方針は，究極の占領目的を①日本がアメリカや世界の脅威にならないこと，

▲連合国の日本占領機構

★1 1946年2月にワシントンに設置された対日占領政策の最高決議機関。米・英・ソ・中などで構成された。天皇の戦争責任をめぐって米・英・ソでは意見が対立した。

②アメリカの目的を支持する政府が樹立されること，とした。

> 補説 **朝鮮・沖縄・小笠原(お が さ わ ら)・樺太(か ら ふ と)・千島(ち し ま)** 沖縄などの南西諸島と小笠原諸島はアメリカ軍が，南樺太と千島列島はソ連軍が占領した。朝鮮は北緯38度線を境に，北はソ連が，南はアメリカが直接占領した。

3 人権指令と東久邇宮内閣

　GHQは10月4日，**天皇批判の自由**，治安維持法・治安警察法の廃止，政治犯の釈放，特別高等警察(特高)廃止などの覚(お ぼ え)書(が き)(人権指令)を発したが，皇族の東久邇宮稔彦内閣はこれを実行できないとして総辞職した。

4 五大改革

　次の幣原喜重郎(し で は ら き じ ゅ う ろ う)内閣に対し，GHQは10月11日に憲法改正を示唆(し さ)し，五大改革の指令をだした。内容は以下である。
❶婦人の解放(女性参政権)。
❷労働組合の結成奨励(し ょ う れ い)。
❸教育の自由主義化。
❹圧政的諸制度(秘密警察など)の廃止。
❺経済機構の民主化。
▶陸海軍が解体され，年末までに治安維持法，国家総動員法が廃止された。

5 天皇の「人間宣言」

　1946(昭和21)年1月1日，**昭和天皇はみずからの神格を否定**し，天皇と国民との結びつきは相互信頼(し ん せ き)と敬愛によるものであると宣言した。皇族の多くも臣籍(し ん せ き)に降下し，1947(昭和22)年に，**華族(か ぞ く)制度は廃止**された。

6 極東国際軍事裁判

　GHQは，1945(昭和20)年9月以降，**東条英機(と う じ ょ う ひ で き)**ら戦争指導者を戦争犯罪人として逮捕し，翌年5月から極東国際軍事裁判(東京裁判)が開かれた。28名の軍人・政治家・国家主義者がA級戦犯として起訴(き そ)され，東条英機・広田弘毅(ひ ろ た こ う き)元首相・板垣征(い た が き せ い)四郎(し ろ う)ら7名が絞首刑(こ う し ゅ)となり，18名が無期または有期の禁固刑となった。

★2 東京裁判は，原爆投下や空襲などが不問に付されたため「勝者の裁き」という一面をもち，旧植民地代表の意見も十分反映されなかったが，侵略戦争の犯罪性を裁いた意義は大きい。一方，インドのパル判事らは，事後法による裁判であると，批判的な意見書を提出した。

用語 **戦争犯罪人**　Ａ級戦犯とは，侵略戦争の遂行や南京事件のような重大事件を指導した者などを，平和に対する罪，人道に対する罪として戦争犯罪人と規定したものである。Ｂ・Ｃ級戦犯は通例の戦争犯罪（捕虜虐待など）で，横浜やアジア太平洋地域で裁判が開かれ，約5,700名が起訴され，4,403名が有罪となり，うち984名が死刑となった。

　　昭和天皇の戦争責任を問う声は国内外からも上がっていたが，GHQは占領統治に天皇の力が必要として，天皇は訴追しなかった。

7 公職追放

　職業軍人・戦争協力者・軍国主義者や国家主義者の約21万人が公職や教職から追放された。非民主主義的な制度（特別高等警察・枢密院）も廃止され，大政翼賛会も解散させられた。

補説 **その他の諸改革**　①戦時法令，統制令，治安維持法の廃止　②政治犯・思想犯の釈放　③神社の国家保護からの分離　④学校での教育勅語奉読，修身・日本歴史・地理の授業停止など。

8 復員・引きあげ

　日本軍は武装解除され，在外軍人の復員や在外日本人の引きあげがおこなわれた。海外の収容所からの民間人の引きあげは悲惨を極め，病気や栄養失調で命を落とす人も少なくなかった。特に満洲では，帰国時に，現地の中国人に子どもをあずけざるを得なかった場合もあった（中国残留孤児問題）。

[日本の占領の目的と終戦処理は，どのようなものだったのだろう？]

Q1 ▶▶▶ A1

連合国による日本の占領…GHQによる間接統治。
占領の目的　ポツダム宣言の実行→日本の非軍事化と民主化。
終戦処理　極東国際軍事裁判の実施，戦争指導者らの公職追放。

2 | 新憲法制定と民主化政策

1 政党の再出発

　1945（昭和20）年末までに政党が続々と再建・結成され，労働運動や民衆運動が盛り上がった。10月には日本共産党が，はじめて合法政党として再建され，11月には無産政党各派を

統一して日本社会党が結成された。戦時中の翼賛選挙での非推
薦議員らにより日本自由党，翼賛選挙で大日本政治会に属して
いた議員を中心に日本進歩党が結成された。

2 政党内閣の復活

　1945（昭和20）年11月，選挙法改正で選挙権が**20歳に引き
下げられ，女性参政権が認められた**。翌年4月の総選挙では，
女性議員39名が当選した。第一党の日本自由党の議席は3割
弱で，幣原内閣は居座りをはかったが倒閣運動がおこり，5月
に吉田茂が日本進歩党の協力を得て第1次吉田内閣を組閣した。

3 日本国憲法の制定

❶新憲法制定の経過　1945（昭和20）年10月，GHQより憲
　法改正を示唆されていた幣原喜重郎内閣は，憲法問題調査
　委員会を設けて国務大臣の松本烝治を委員長にし，憲法改
　正の準備をおこなった。各政党や憲法研究会の憲法草案も
　発表された。

　1946（昭和21）年2月8日，幣原内閣は憲法改正要綱（松
本試案）をGHQに提出した。しかし，松本案は天皇の権限
が強く，戦前と変わらなかったので，GHQはこれを拒否し，
2月13日GHQ草案を手交した。日本政府は，「帝国憲法改
正草案要綱」を決定して3月に発表した。

❷帝国議会で修正可決　4月の総選挙の後，憲法改正草案が
　帝国議会に出されて修正可決された。日本国憲法は11月3
　日に公布され，翌1947（昭和22）年5月3日に施行された。
　新憲法では，象徴天皇制のほか国民主権・戦争放棄（平和主
　義）・基本的人権の尊重を3原則としているが，これらは**女
　性議員もふくめた，帝国議会の審議で決定**されたものである。
　主権については，政府原案ではあいまいにされていたが，
　帝国議会の審議で「主権が国民にある」と前文と第1条で明
　記され，第9条で戦争放棄が確認された。また，第25条の
　健康で文化的な生活を営む権利なども加えられた。

3

戦後の国際秩序と日本の改革

★1 選挙権は満20
歳以上の男女になっ
たが，内地に居住す
る旧植民地出身者に
は選挙権は与えられ
なかった。米軍占領
中の沖縄県は，選挙
が実施されなかった。

★2 高野岩三郎・鈴
木安蔵ら7名の案は，
1945年12月に発表
された。自由民権期
の憲法草案やワイ
マール憲法の影響を受
け，国民主権の立憲
君主制をとり，その
内容はGHQから高
く評価されていた。

★3 日本政府は，天
皇制を維持するため
にこの案を受け入れ
た。

★4 この案は，天皇
は象徴として残り
（象徴天皇制），戦争
放棄，基本的人権と
民主主義を基調とす
るもので，マッカー
サーも支持表明した。

用語 **GHQ草案**　GHQ草案は，民生局職員たちが，アメリカ合衆国憲法と世界の民主主義・理想主義の考えを合体させてつくった。前文と92カ条からなる。1946(昭和21)年2月1日，毎日新聞のスクープで，松本案の保守的な内容が明らかになった。GHQ民生局は，2月3日に示されたマッカーサー三原則(天皇制存続・戦争放棄・封建的諸制度の廃止)にもとづき，憲法研究会の草案も参照して改正案を作成した。第24条「個人の尊厳と両性の平等」は，女性職員ベアテ＝シロタによって書かれた。

4 法律の改正，地方制度改革

　新憲法の精神にもとづいて，家族制度・地方制度・司法制度などの民主的な改革がおこなわれた。

❶民法は憲法第24条の趣旨に従って改正され，**旧来の戸主制度・家督相続制度が廃止**された。遺産の均分相続や**男女同権，結婚の自由**などが保障された。

❷地方制度は，地方自治法により首長は住民の直接選挙で選ばれることが定められ，地方行政に権力をふるってきた内務省は廃止された。警察は自治体警察が中心となり，国家地方警察が補助する制度に改められた。

❸司法制度は，新刑事訴訟法で黙秘権が認められた。刑法改正で，大逆罪・不敬罪・姦通罪などが廃止された。

5 教育の民主化

　敗戦直後は「墨ぬり教科書」★5が使用され，修身教育などが停止された。1946(昭和21)年3月にアメリカの教育使節団が来日した。その勧告にもとづいて，1947(昭和22)年に教育基本法，学校教育法が制定された。教育基本法は，「個人の尊厳を重んじ，真理と平和を希求する人間の育成」をめざし，**教育の機会均等や男女共学**などの民主主義の教育理念を示した。学校教育法は，教育基本法の理念にもとづき，**9年間の義務教育をふくめた6・3・3・4制の学校体系**を設けた。1948(昭和23)年6月，国会で教育勅語の失効が決議された。教育の民主化のため，都道府県・市町村に公選制(のち任命制)の教育委員会がおかれた。

★5 1945年10月以降，GHQは，教育勅語にもとづく軍国主義的教育を禁止する指令を出した。子どもたちは，教科書の軍国主義的な内容を墨で消した教科書で勉強した。

6 財閥解体

1945(昭和20)年11月，GHQは財閥解体がおこなわれた。三井・三菱・住友・安田など4財閥を解体，持株会社整理委員会を設けて財閥家族の持株の大部分を処分し，財界人を追放した。さらに1947(昭和22)年，独占禁止法や，過度経済力集中排除法を制定してその徹底をはかろうとしたが，財閥の中枢の大銀行はそのまま残り，日本の産業復興の基軸となった。

★6 1947年4月公布。私的独占・不公正な取引及び競争を禁止し，公正取引委員会を設置して違反行為を監視。

7 農地改革

❶**第1次農地改革**　1945(昭和20)年12月，日本政府は農地改革案を決定。<u>不在地主の農地所有を不可とし，在村地主の小作地も制限</u>，小作料を金納とした。しかし，GHQはこの改革案では不十分とした。

❷**第2次農地改革**　GHQの勧告にもとづき，1946(昭和21)から50(昭和25)年にかけて，改正農地調整法と自作農創設特別措置法により実施。<u>在村地主の小作地を1町歩</u>(北海道は4町歩)に制限し，それ以外は政府が強制的に買い上げて，小作人に安く売却した。また，小作料は収穫米代金の25%以内とした。

1950(昭和25)年までに小作地は全農地の約10%に減少し，寄生地主制を消滅させたが，山林はそのまま残された。

▶敗戦直後の諸改革年表

内閣	年度	月	改革事項
幣原喜重郎	1945年 (昭20)	10	五大改革
		11	財閥解体
			新選挙法
			(女性参政権)
		12	農地改革
			労働組合法
	1946年 (昭21)	1	天皇の人間宣言
			公職追放令
		5	メーデー復活
吉田茂(1)	1947年 (昭22)	3	教育基本法
		4	労働基準法
			独占禁止法
		5	日本国憲法施行
片山哲		12	過度経済力集中排除法公布

8 労働者の権利拡大

1945(昭和20)年から47(昭和22)年にかけて，労働組合法・労働関係調整法・労働基準法の，いわゆる労働三法が制定された。労働委員会や労働省(1947年)も設置された。

▼労働三法

法令名	公布年月	おもな内容
労働組合法	1945年12月	労働者の団結権・団体交渉権を保障
労働関係調整法	1946年9月	労働争議の調停と争議行為の制限など
労働基準法	1947年4月	労働者の保護と労働条件の最低基準など

復活した労働運動は発展し，1946(昭和21)年，労働組合の全国組織として，日本労働組合総同盟(総同盟)と全日本産業別労働組合会議(産別会議)が結成された。

[日本の民主化は，どのようにすすめられたのだろう？] Q2 ▶▶▶ A2
日本国憲法の制定…女性議員も参加した帝国議会で，修正可決した。
→女性参政権の実施，財閥解体，独占禁止法，農地改革，教育の民主化，労働者の権利が拡大。

3 ｜ 難航する復興

1 敗戦直後の混乱

戦時中からの軍需インフレに加え，食糧などの生活物資の不足，赤字公債の濫発などのために**インフレが進行**し，国民生活は窮乏状態におちいった。[★1]

2 金融緊急措置令

インフレによる物価の高騰を抑えるため，幣原喜重郎内閣は一定額以上の**預金の封鎖**，**新円への切り替え**，給与の支払い制限などをおこなったが，効果は一時的にとどまった。

3 傾斜生産方式[★2]

第1次吉田内閣は，石炭・鉄鋼などの産業復興に必要な分野に，膨大な財政投融資(政府資金)や労働力の投入をおこなったため，インフレがいっそう高進した。

4 アメリカの援助

ガリオア資金(エロア援助)とよばれる資金が食料や原材料の形でアメリカから供与された。[★3]

★1 1946年5月1日，11年ぶりにメーデーが復活し，5月19日の食糧メーデー(飯米獲得人民大会)では25万人が皇居前広場に集まった。翌日，マッカーサーは「暴民デモ許さず」の声明を発表した。
★2 傾斜生産方式の「傾斜」とは，「重点的に」という意味。
★3 占領地行政救済の予算から出された資金のこと。日本は，食糧や医薬品などの給付をうけた。エロア援助はその一部としてのちに追加されたもので，占領地域経済復興援助資金。日本は，綿花・羊毛などの原材料輸入資金の貸与をうけた。

[日本の復興は，どのようにすすんだのだろう？] Q3 ▶▶▶ A3
食糧不足，インフレ，生活難→国民生活は貧しくなり，大衆運動が高揚する→アメリカの経済援助をうける(ガリオア資金，エロア援助)。

📖 資料活用　ドイツと日本の占領政策のちがい

資料1　ドイツとベルリンの分割

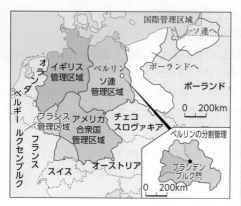

資料2　マーシャル=プラン

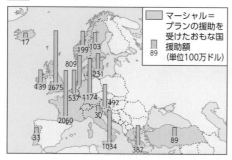

マーシャル=プランの援助を受けたおもな国援助額（単位100万ドル）

資料3　連合国の日本管理機構

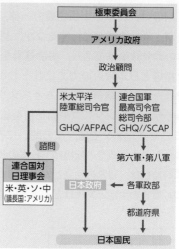

資料4　東京裁判のようす

3
戦後の国際秩序と日本の改革

解説

(1)ドイツの占領政策　資料1のように，戦後のドイツは米・仏・英・ソの4カ国に分割統治された。ナチス政府は廃止され，各占領軍に直接統治されたのである。非ナチ化も徹底しておこなわれた。冷戦が激化すると，ドイツは，米・仏・英の占領地区（西ドイツ）とソ連の占領地区（東ドイツ）に分断され，1949年に2国が成立した。その後，西ドイツはアメリカのマーシャル=プランの恩恵をうけ，NATO（北大西洋条約機構）に加盟しながら，経済的発展を遂げた。

(2)日本の占領政策　ドイツと異なり，日本は資料3のように，事実上アメリカの単独占領下におかれた。中央政府は廃止されず，従来の政府が天皇制の存続を条件に，GHQの憲法改正要求や五大改革指令を受け入れていった。また，日本は多国間の安全保障体制に参加することもなく，経済・軍事の両面でアメリカに依存することになった。資料4は東京裁判の写真である。この裁判では，戦争指導者の全員が裁かれたわけではなかった。これも徹底した非ナチ化がおこなわれたドイツとの大きな違いだった。

4 占領政策の転換と日本の独立 日本史

▶ GHQは，日本の軍国主義の一掃，民主主義の復活という民主化政策をつづけていたが，米ソ冷戦が進行するなか，1940年代末に対日占領政策を転換した。この間，日本の政党政治は復活し，労働運動をはじめとする大衆運動も高揚した。GHQの強力な指導と日本政府の力でこれをおさえ，激しいインフレーションもおさえることができた。朝鮮戦争がおこるとアメリカは対日講和を急ぎ，日本政府も早期講和を求めてサンフランシスコ平和条約を結び，6年8カ月の日本の占領は終わった。

☞ このセクションでは，次の問いに答えられるようにする必要がある。

Q1 対日占領政策の転換は，日本の政治にどのような影響を与えたのだろう？
Q2 冷戦は，日本の独立と安全保障にどのような影響を与えたのだろう？
Q3 戦後の生活と文化はどのように変化したのだろう？

1 政党政治の復活

1947(昭和22)年4月，新憲法施行にともなう総選挙と参議院選挙がおこなわれた。日本国憲法を公布・施行した吉田茂（日本自由党）は総選挙に敗れ，総辞職した。

1 片山内閣

1947(昭和22)年4月の総選挙で第一党になった日本社会党委員長の片山哲が，6月に民主党・国民協同党との連立内閣をつくった。中道政権の成立を望んでいたGHQも，片山内閣の誕生を祝した。しかし，炭鉱国家管理問題などで閣内不一致となり，短期間で倒れた。

★1 片山哲は，第一党になった日本社会党の首相であるが，内容は3党連立の中道内閣であった。

2 芦田内閣

1948(昭和23)年3月，民主党の芦田均は民主党・日本社会党・国民協同党の連立内閣を組織した。民主党は修正資本主義をかかげ，自由党の左，社会党の右に位置するとしていた。7月芦田内閣は，マッカーサーからの書簡をうけ，「政令201号」を交付してすべての公務員の争議行為を禁止し，団体交渉権を厳しく制限した。GHQは民主化推進のために中道政権の継続

★2 片山内閣と同じ政党の組み合わせで，中道政権をめざした。大手肥料会社の昭和電工の不正に絡み，内閣総辞職し，芦田首相も起訴された。

を望み，芦田内閣に期待したが，昭和電工事件で，芦田内閣は
10月に総辞職した。

3 第2次吉田内閣

　1948（昭和23）年10月，民主自由党の第2次吉田茂内閣が
成立し，以後6年の長期にわたり保守政権がつづいた。同年
12月の国家公務員法改正で，国家公務員の争議権，団体交渉
権を否定した。

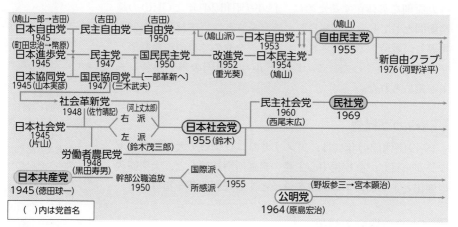

▲戦後のおもな政党の変遷

POINT!

［政党の再建］

日本共産党が合法化→日本社会党，日本自由党（→民主自由党→自由党），
日本進歩党が誕生。
片山哲連立内閣（日本社会党）→芦田均連立内閣（民主党）の中道政権。

2 占領政策の転換と朝鮮戦争

1 経済安定九原則

　第二次世界大戦後，内戦のつづいていた中国で，共産党の勢
力が優勢となり，アメリカは蔣介石の国民党を通してソ連を封
じ込める構想を断念した。そして日本を反共の防波堤にするた
め，日本に経済復興を強く求めるようになった。

　日本経済の復興を急いだアメリカ政府は，1948(昭和23)年
12月，マッカーサーを通じて第2次吉田内閣に，日本経済安
定のための経済安定九原則の実行を指令した。その内容は，**経
費の節約，予算の均衡，徴税の強化，物価の統制**，資金貸出先
の制限，賃金の安定，輸出増加などで，赤字財政をなくし，引
き締めによってインフレを収束することをねらいとした。

2 ドッジ＝ライン

　九原則を具体化するために，1949(昭和24)年にGHQの経
済顧問としてドッジが来日し，赤字を許さない予算編成などを
指導し，戦時下で形成された統制経済をやめて自由主義経済と
する土台をつくった。この時 **1ドル＝360円** の単一為替レー[★1]
トが定められた。

3 シャウプ勧告

　1949(昭和24)年には，アメリカのコロンビア大学教授シャ
ウプが来日し，直接税中心主義・累進所得税制など，大衆課税
の強化と企業に対する減税を骨子とする税制改革を指導した。

4 GHQの指令の結果

　以上の結果，大企業は立ち直り，企業再建の基礎ができたが，
一方で中小企業は倒産し，行政整理・人員整理によって失業者
は増大。勤労者は不況と窮乏生活にあえぎ，労働運動が激化し
た。1949(昭和24)年には官公庁や民間企業で大量の人員整理
(解雇)が強行され，人員整理反対運動がおこっているなかで，
国鉄で下山事件・三鷹事件・松川事件が7月から8月にかけて
相いでおこり，共産党や労働組合の共謀でおこされたような
報道と取締まりがされたため，労働運動は大きなダメージをう
け，大量の人員整理がおこなわれた。

❶**下山事件**　国鉄の第1次人員整理が発表された翌日の1949
　(昭和24)年7月5日に下山定則国鉄総裁が行方不明となり，
　6日に轢死体となって発見された事件で，真相は不明。

❷**三鷹事件**　7月13日に第2次人員整理が発表された後，15
　日に東京・三鷹駅構内で無人電車が暴走，民家に突入して死
　傷者を出した事件。裁判の結果，国鉄労組員の被告1名のみ

★1 ドッジは当時デ
トロイト銀行頭取。
日本の経済を，アメ
リカの援助と政府の
補助金からなる「竹
馬経済」と考え，竹
の足をあまり高くす
ると転んで首の骨を
折る危険があるとし
て，超均衡・超デフ
レ予算を組んで国民
に耐乏生活を要求し
た。この結果，イン
フレは抑制され，経
済再建の基礎ができ
たが，労働者の整理
(解雇)や賃金ストッ
プなどをもたらした。

有罪(再審請求中に獄死)で他の被告は無罪となった。

❸松川事件　8月17日福島県松川駅付近で列車が転覆し，機関車乗務員3名が即死した事件。逮捕されたのは国鉄と東芝の労働組合の活動家らで，労働運動に打撃を与えたが，長い裁判の結果，1963(昭和38)年に最高裁で全員無罪が確定している。

5 レッド＝パージ

1950(昭和25)年6月6日，GHQは日本共産党中央役員の公職追放の命令を出し，朝鮮戦争開戦の翌日に機関紙『アカハタ』を発行停止にした。7月以降，官公庁・学校，報道機関，民間諸産業の職場から共産党員やその支持者が解雇・追放されていった(レッド＝パージ)。また，戦争に反対する社会運動や在日朝鮮人団体への弾圧も強まった。GHQの指示をうけて7月に結成された日本労働組合総評議会(総評)は，レッド＝パージを容認した。これと対照的に軍国主義者や国家主義者として**公職追放をうけていた政治家や旧軍人の追放が解除**されていった。

6 朝鮮戦争と日本

❶朝鮮戦争の開始　1950(昭和25)年6月25日，朝鮮民主主義人民共和国(北朝鮮)は，ソ連・中国の同意を取り付けたうえで，武力統一をめざして大韓民国(韓国)に侵攻し，朝鮮戦争(⟳p.341)がはじまった。

国連の安全保障理事会は，ソ連欠席のもとで北朝鮮を侵略者とみなし，アメリカ軍を中心に，ヨーロッパ，南米，アジアをふくむ17カ国で構成された多国籍軍である国連軍を組織した。

▲朝鮮戦争

★2　韓国の李承晩政権は「北進統一」を，北朝鮮の金日成首相は「南部解放」を唱え，武力による統一の準備をすすめていた。この戦争での犠牲者は軍人・民間人合わせて300〜400万人といわれている。

❷警察予備隊の創設　1950(昭和25)年7月8日，マッカーサ
ーは書簡で7万5,000人の警察予備隊の創設を指令し，吉田
内閣は8月10日，警察予備隊令を公布した。国連軍として
駐留アメリカ軍が朝鮮半島に出動するため，空白になる日本
国内の治安維持を目的とした。装備・兵器はすべてアメリカ
製で，訓練もアメリカ将兵によっておこなわれた。

❸特需景気　朝鮮戦争の勃発とともに，日本はアメリカ軍の
朝鮮出動基地となった。アメリカ軍は日本で綿布・毛布・麻
袋などの繊維製品や自動車・鋼材などの大量の軍需品を日本
の会社に発注した。この結果，日本の産業界は繊維産業や鉄
鋼業を中心に生産が急上昇し，特需景気を現出して，工業生
産は戦前の水準に回復した。

★3 アメリカ軍の軍
事資材の調達などに
よる特別の軍需。
1950〜1955年の特
需は約16億ドル(約
5,700億円)だった。

用語 　**警察予備隊**　警察予備隊はGHQの指令により，国会審議抜きの政令
で設置，旧軍人が採用された。朝鮮戦争に参加した国連軍の主力は，
日本本土とアメリカ軍政下の沖縄から移動した米軍で，日本は前線基
地になった。日本人が直接戦闘に参加することはなかったが，海上保
安庁職員が朝鮮海域で機雷処理にあたったり，日本赤十字社の看護師
が国内の米軍病院で看護の仕事に就いたり，ほかに武器・弾薬の輸送
にあたったりした例があり，数百名もの死傷者が出ている。

[対日占領政策の転換は，日本の政治にどのような影響を与えたのだろ
う?] Q1 ▶▶▶ A1
①米ソ冷戦が深刻化→対日占領政策の転換→日本経済復興を優先する。
②吉田茂内閣…経済安定九原則，ドッジ=ライン，シャウプ勧告→経済
　再建，インフレ収束，デフレ不況→労働運動の激化→レッド=パージ。

3 ┃ 日本の独立—平和条約と安保条約—

1 対日講和をめぐって

❶対日講和問題の検討　冷戦の激化とともに，アメリカ政府
は日本を西側陣営に編入するため，対日講和を急いだ。
1950(昭和25)年4月，アメリカは吉田首相が秘密裏に提案
した「アメリカ軍の日本駐留を認める形での早期講和」をう
け，対日講和問題の検討を本格的にはじめた。

❷**単独講和か全面講和か**　アメリカはダレスを対日講和問題
担当の国務省顧問に任命して各国との交渉をはじめた。6月
に勃発した朝鮮戦争は講和条約締結を急がせ，9月トルーマ
ン大統領は対日講和の検討を公式に表明し，11月には「対
日講和七原則」を公表した。「対日講和七原則」には，米軍
の日本駐留，沖縄・小笠原の占領継続，対日賠償請求権の放
棄などが書かれていた。それに対して日本国内では，**単独講
和か全面講和かの意見が分かれた**。日本社会党左派が全面講
和・再軍備反対・軍事基地提供反対をかかげ，総評がそれを
支持した。**沖縄・奄美では住民ぐるみの占領継続反対運動が
おこり，日本復帰運動が高揚した。**

★1 沖縄では有権者
の 約72%，奄美で
は14歳以上の住民
のほぼ全員の復帰署
名が集まった。

補説　**単独講和派と全面講和派**　自由党などの保守系政党は，早期独立回
復のため西側諸国との講和だけでも良いとした。全面講和派は，中国・
ソ連をふくむ全交戦国との講和を要求した。安倍能成らの学者による
平和問題談話会は1950（昭和25）年1月，全面講和・平和共存・中立
と国連加盟・軍事基地反対の声明を出していた。平塚らいてう，野上
弥生子らは，ダレスに「講和に関する日本女性の希望条項」などを渡
していた。日本共産党が全面講和論の立場をとったほか，日本社会党
も全面講和の立場であったが，左派と右派で意見が対立していた。

2 サンフランシスコ平和条約

❶**サンフランシスコ講和会議**　1951（昭和26）年
9月，サンフランシスコで52カ国が出席して
対日講和会議が開かれた。インド・ビルマ（ミ
ャンマー）・ユーゴスラヴィアは条約案に不満
で参加せず，中華人民共和国・中華民国は招請
されなかった。9月8日，日本の全権代表吉田
茂首相らと48カ国との間で，サンフランシス
コ平和条約が調印された。ソ連・ポーランド・
チェコスロヴァキアは，外国軍隊の駐留や賠償
権放棄に不満で調印しなかった。

▲サンフランシスコ平和条約の調印

❷**サンフランシスコ平和条約**　条約の内容は①日本の主権の
回復，②朝鮮の独立，③台湾・澎湖諸島・千島列島・南樺太
に対する権利の放棄，④北緯29度以南の南西諸島（沖縄・奄
美）・小笠原に対するアメリカの施政権の継続，⑤外国軍隊
の駐留の承認，⑥原則として連合国の賠償請求権の放棄，⑦

★2 協定を結んだ外
国軍隊は駐留を認め
た。

3

戦後の国際秩序と日本の改革

極東国際軍事裁判判決の受諾，などであった。

3　日米安全保障条約

　サンフランシスコ平和条約調印の日の午後，アチソン国務長官と吉田茂全権との間で日米安全保障条約が調印された。アメリカは，日本の希望により軍隊を駐留させることになり，極東の安全保障のためにこの軍隊を使用し，外国によっておこされた内乱の鎮圧のためにこの軍隊を使用できるとした。翌1952（昭和27）年2月，米軍駐留に関する日米行政協定★3が結ばれた。

4　主権の回復

　サンフランシスコ平和条約は，1952（昭和27）年4月28日に発効し，日本は主権を回復した。同時に沖縄・奄美・小笠原は，アメリカの統治が継続されることになった。安保条約とそれにもとづく日米行政協定によって，引きつづきアメリカ軍の駐留と基地使用が認められた。日本は全面講和を実現することができず，戦争被害の補償も不十分なままに終わった。

★3　アメリカ軍の駐留経費の分担，駐留軍関係者の犯罪捜査や裁判はアメリカがおこなうことなど，アメリカに有利なものであった。

📖 資料活用　日米安保体制下の日本

資料1　日米安全保障条約（1951年）

第一条　平和条約及びこの条約の効力発生と同時に，アメリカ合衆国の陸軍，空軍及び海軍を日本国内及びその付近に配備する権利を，日本国は，許与し，アメリカ合衆国はこれを受諾する。この軍隊は，極東における国際の平和と安全の維持に寄与し，並びに，一又は二以上の外部の国による教唆又は干渉によって引き起こされた日本国における大規模の内乱及び騒じょうを鎮圧するため日本国政府の明示の要請に応じて与えられる援助を含めて，外部からの武力攻撃に対する日本国の安全に寄与するために使用することができる。

解説

(1)日米安保体制の確立　1951（昭和26）年，サンフランシスコ平和条約の締結とあわせて，日米安全保障条約（日米安保条約）が締結された。朝鮮戦争のさなかのことである。

日本が米軍の駐留を承認し，他国からの侵略や日本の内乱の際，米軍が出動するという内容だった。期限も記されず，アメリカの行動だけを規定した片務的なものだった。

資料2　**イギリスの帝国領（1945年）**

■1945年のイギリス帝国領（自治領などをふくむ）

資料3　**米軍基地がある国と米軍が派遣されている国（2017年）**

■米軍の基地
などがある国
■米軍が派遣
されている国
（兵員10人以上）
[2017年9月30日現在]

解説

(2)**イギリス型の帝国**　イギリスは17〜19世紀にかけて世界の4分の1を支配し，世界最大の「帝国」となった。植民地諸国をイギリス連邦ブロックに組み入れ，経済的に支配したのである。1929年の世界恐慌も，このブロック経済体制で乗り切った。

　第二次世界大戦後，民族自決の気運が高まり，多くの植民地が独立したが，いまも50か国以上がイギリス連邦（コモンウェルス）に属している。ただし，その結合はゆるやかで，政治的な活動はおこなっていない。

(3)**アメリカ型の帝国**　古典的「帝国」のイギリスと異なり，アメリカはフィリピンや太平洋の島々以外，領土を保有することはなかった。国内で反帝国主義連盟が結成さ

れるなど，国民も「帝国」への警戒心を強くもっていた。

　しかし第二次世界大戦後，アメリカは海外に多くの軍事基地を置いた。冷戦が激化すると，NATO（北大西洋条約機構）で結束した西ヨーロッパや反共の東・東南アジア地域に軍事進出したのである。さらに湾岸戦争（1991年）後，「世界の警察官」を自負するアメリカは，サウジアラビアなど中東にも駐留するようになった。

　日本はいち早く，戦後すぐアメリカ型「帝国」の下に組み入れられた。その後，日米安保条約の締結によって，東アジア有事の橋頭堡（最前線の拠点）と位置づけられるようになったのである。

[冷戦は, 日本の独立と安全保障にどのような影響を与えたのだろう?]　Q2 ▶▶▶ A2

米ソ冷戦の激化…中華人民共和国の成立(1949年), 朝鮮戦争(1950年)。

アメリカ　対日講和を急ぐ

日本国内　単独講和か全面講和か

→サンフランシスコ平和条約(1951年)…日本の主権回復。

→日米安全保障条約(1951年)…米軍の駐留と基地の使用を認める。

4 ｜ 戦後の生活と文化

1 敗戦直後の生活

　焼け跡でのバラック生活, 闇市, 戦災孤児, 買出し列車などの風景が都会の各所に見られた。生活物資の極端な不足とインフレのため, 人々は生活に追われたが, 空襲がなくなり, 将来に希望がもてるようになった。

▲闇市

2 言論・マスコミ

　思想・表現の抑圧がなくなり, 民主主義・平和主義に立脚する文化・言論・出版活動がひろがり, 多くの新聞や雑誌が復刊・創刊された。しかし, GHQや占領政策への批判は禁止された。[*1]日本放送協会(NHK)がラジオ網を拡充したほか, 1951(昭和26)年にはラジオ民間放送, 1953(昭和28)年には白黒でテレビ放送がはじまった。

3 学術

　学問研究の自由が保障されるとともに, 人文科学・社会科学の研究が活発となった。アメリカ的文化と民主主義が大きな影響をもち, 超国家主義の権威は失墜した。天皇制への批判が自由になったので, 日本古代史や近代史の研究がすすんだ。自然科学でも, 理論物理学者の湯川秀樹[*2]が1949(昭和24)年, 日本

★1 GHQのプレスコード, ラジオ＝コードで占領政策への批判は禁止され, 新聞・雑誌・放送などは検閲がおこなわれた。

★2 湯川秀樹(1907～1981年)は, 物理学者。1935年に中間子理論を発表に, 日本人初のノーベル賞受賞者。

人として最初のノーベル賞をうけ，国民に勇気を与えた。同年，
学術の発達とその行政・産業・国民生活への反映を目的とし，
あらゆる分野の科学者を代表する機関として日本学術会議が誕
生した。1950(昭和25)年には文化財保護法が制定された。

4 芸術・スポーツ

❶歌謡　生活の苦しさを忘れさせる，明るい大衆文
化が発展した。並木路子の歌う「リンゴの唄」が
大流行し，ついで少女歌手の美空ひばりが人気を
あつめた。石坂洋二郎原作の映画『青い山脈』の
主題歌では，自由と平和の明るい時代がやってき
たことが表現されている。

▲美空ひばり

❷映画　映画では，黒澤明(「羅生門」，「七人の侍」)
や溝口健二(「雨月物語」)の作品が，優れた映像美
や人間描写によって世界的に注目され，評価された。

▲映画「羅生門」

▲映画「雨月物語」

❸スポーツ　プロ野球が復活し，競泳の古橋廣之進が1947
(昭和24)年に非公認ながら世界新記録を出したことも明る
い話題となった。

POINT!

[戦後の生活と文化はどのように変化したのだろう？] Q3 ▶▶▶ A3
戦争が終わり，生活は苦しいが将来に希望がもてるようになった。
→学問の自由が保障され，民主主義・平和主義に立脚する文化が発展。
→流行歌やスポーツなど，明るくのびやかな大衆文化が発展。

☑ 要点チェック

CHAPTER 1　第一次世界大戦と大衆社会	答
☐ 1　19世紀末にドイツ・イタリア・オーストリアが結んだ同盟を何というか。	1　三国同盟
☐ 2　オーストリア帝位継承者夫妻が暗殺された都市はどこか。	2　サライェヴォ
☐ 3　1915年に日本が中華民国に対して求めた，ドイツ権益の継承の要求を何というか。	3　二十一カ条の要求
☐ 4　1917年に四月テーゼを発表したロシアの革命家はだれか。	4　レーニン
☐ 5　日本やアメリカ，イギリスなどの協商国がロシア革命に干渉するため出兵したことを何というか。	5　シベリア出兵
☐ 6　民族自決などをかかげる「十四カ条」の平和原則を発表したアメリカ大統領はだれか。	6　ウィルソン
☐ 7　1921年からアメリカで開かれた国際会議を何というか。	7　ワシントン会議
☐ 8　1919年にドイツで成立した民主的な憲法を何というか。	8　ヴァイマル憲法
☐ 9　1925年，ドイツなど7カ国が結んだヨーロッパの安全保障に関する条約を何というか。	9　ロカルノ条約
☐ 10　1919年，朝鮮でおこった日本からの独立を求める運動を何というか。	10　三・一独立運動
☐ 11　1926年に北伐を開始した国民革命軍の総司令官はだれか。	11　蔣介石
☐ 12　インドで非暴力・非協力(不服従)の運動をおこした指導者はだれか。	12　ガンディー
☐ 13　オスマン帝国でスルタン制を廃止するなどの改革をおこない，トルコ共和国の初代大統領となった人物はだれか。	13　ムスタファ=ケマル
☐ 14　パフレヴィー朝の成立で，ペルシアの国名は何に変わったか。	14　イラン
☐ 15　アメリカで流れ作業を導入した自動車会社の経営者はだれか。	15　フォード
☐ 16　第一次世界大戦中の日本に訪れた好景気を何というか。	16　大戦景気
☐ 17　第一次護憲運動を指導した立憲政友会の政治家はだれか。	17　尾崎行雄
☐ 18　大正政変で辞職した内閣総理大臣はだれか。	18　桂太郎
☐ 19　1918年におこった，米の安売りを求める全国的な運動を何というか。	19　米騒動

☐ 20	1918年に成立した初の本格的な政党内閣の首相はだれか。	20 原敬
☐ 21	民本主義を唱えた学者はだれか。	21 吉野作造
☐ 22	被差別部落の解放を求めて結成された組織を何というか。	22 全国水平社
☐ 23	1924年に護憲三派の連立内閣を組織したのはだれか。	23 加藤高明
☐ 24	1925年制定の，共産主義運動を取り締まる法律を何というか。	24 治安維持法

CHAPTER 2　経済危機と第二次世界大戦　　　　　　　答

☐ 1	1929年に株価の大暴落がおこった金融街を何というか。	1 ウォール街
☐ 2	ローズヴェルト大統領がおこなった恐慌対策を何というか。	2 ニューディール
☐ 3	世界恐慌に際して挙国一致内閣を組織したイギリス首相はだれか。	3 マクドナルド
☐ 4	恐慌のころ，ソ連で五カ年計画を推進した指導者はだれか。	4 スターリン
☐ 5	イタリアでファシスト党を率いた指導者はだれか。	5 ムッソリーニ
☐ 6	ナチ党が成立させた，政府に立法権をゆだねる法律は何か。	6 全権委任法
☐ 7	フランスなどで台頭した反ファシズムの勢力を何というか。	7 人民戦線
☐ 8	金融恐慌のとき，3週間のモラトリアム(支払猶予令)を発した日本の首相はだれか。	8 田中義一
☐ 9	日本の農村で多発した，小作料減免を求める運動を何というか。	9 小作争議
☐ 10	浜口雄幸内閣のときにイギリスで開かれた軍縮会議を何というか。	10 ロンドン海軍軍縮会議
☐ 11	関東軍は線路爆破事件をきっかけに軍事行動をおこしたが，このできごとを何というか。	11 満洲事変
☐ 12	犬養毅首相が暗殺された事件を何というか。	12 五・一五事件
☐ 13	天皇機関説が国体に反するとして非難された学者はだれか。	13 美濃部達吉
☐ 14	陸軍内部で，直接行動により天皇中心の国家を打ち立てようとした一派を何というか。	14 皇道派
☐ 15	日中戦争のきっかけとなった，日中両軍の武力衝突を何というか。	15 盧溝橋事件
☐ 16	議会の承認なしに政府が人や物資を運用できる権限を得た法律を何というか。	16 国家総動員法
☐ 17	すべての労働組合が解散して合流した全国組織を何というか。	17 大日本産業報国会
☐ 18	1941年にドイツが不可侵条約を破って侵攻した国はどこか。	18 ソ連

□	19	太平洋戦争が開戦したときの日本の首相はだれか。	19	東条英機
□	20	日本の戦局が不利に転じた1942年の海戦は何か。	20	ミッドウェー海戦
□	21	ソ連の対日参戦を密約した1945年2月の会談を何というか。	21	ヤルタ会談
□	22	日本の無条件降伏を勧告した宣言を何というか。	22	ポツダム宣言

CHAPTER 3　戦後の国際秩序と日本の改革 　　　　　　答

□	1	常任理事国が拒否権をもつ国連の主要機関は何か。	1	安全保障理事会
□	2	国際通貨基金(IMF)と国際復興開発銀行(IBRD)を中心とする国際経済体制を何というか。	2	ブレトン゠ウッズ体制
□	3	各国の共産党相互の情報連絡機関を何というか。	3	コミンフォルム
□	4	中華人民共和国の初代の主席はだれか。	4	毛沢東（マオツォトン）
□	5	朝鮮半島を南北に分断した軍事境界線の緯度は何か。	5	北緯38度
□	6	スカルノを初代大統領として独立した国はどこか。	6	インドネシア
□	7	イランで，イギリス・アメリカの支持を受け，1953年クーデターを起こした国王はだれか。	7	パフレヴィー2世
□	8	1948年に成立したユダヤ人の国家を何というか。	8	イスラエル
□	9	GHQの最高司令官はだれか。	9	マッカーサー
□	10	日本国憲法の基本原則は国民主権，基本的人権の尊重ともう1つは何か。	10	戦争放棄（平和主義）
□	11	財閥の資産を凍結し，その下にある企業を独立させた改革を何というか。	11	財閥解体
□	12	地主の土地を政府が買い上げ，小作人に安く売り渡した改革を何というか。	12	農地改革
□	13	労働三法は労働関係調整法，労働基準法ともう1つは何か。	13	労働組合法
□	14	徴税の強化，物価の統制など経済を安定させるために示された原則を何というか。	14	経済安定九原則
□	15	朝鮮戦争をきっかけに日本でおこった好景気を何というか。	15	特需景気
□	16	対日講和の検討を公式に表明したアメリカ大統領はだれか。	16	トルーマン
□	17	サンフランシスコ平和条約に調印した日本の首相はだれか。	17	吉田茂
□	18	サンフランシスコ平和条約と同じ日にアメリカとの間で締結された条約は何か。	18	日米安全保障条約
□	19	日本人初のノーベル賞を受賞した物理学者はだれか。	19	湯川秀樹

第3編

グローバル化と私たち

• • •

第3編　日本と世界の歴史

日本史

▼安保条約改正に反対するデモ隊（⇨p.404）：日米の軍事同盟強化と平和主義の立場が対立

▼東京オリンピック（⇨p.409）の開会式：日本復興の象徴となった

▼沖縄返還の実現（⇨p.406）：ベトナム反戦運動やアメリカの財政悪化が後押しした

日米安保条約（一九五一）

五十五年体制成立（一九五五）

国際連合加盟（一九五六）

日米安保条約改定（一九六〇）

東京オリンピック（一九六四）

日韓基本条約（一九六五）

沖縄の日本復帰　日中共同声明（一九七二）

時代　昭和

世紀　20　冷戦と「第三世界」の台頭

世界史

冷戦の開始（一九四六）

アジア・アフリカ会議（一九五五）

アフリカで17カ国が独立（一九六〇）

キューバ危機（一九六二）

ベトナム戦争激化（一九六五）

ニクソン訪中（一九七二）

▲第1回アジア・アフリカ会議（⇨p.387）：東西冷戦下で「第三世界」諸国が連帯した

▲キューバ近海でにらみあうアメリカの軍用機とソ連の貨物船（⇨p.419）：核戦争勃発の危機にまで発展した

▲アメリカ軍機の攻撃から川を泳いで逃げる親子（⇨p.428）：戦争の長期化に反戦運動が拡大した

▼石油危機による品不足を示すはり紙（⤴p.433）：世界同時不況が発生した

▼阪神・淡路大震災で倒壊した高速道路（⤴p.495）：安全対策の意識が変化した

▼小泉純一郎（左）と金正日（右）：日朝首脳会談（⤴p.496）での国交正常化交渉は難航した

石油危機（一九七三）

日中平和友好条約（一九七八）

バブル経済（一九八六）

消費税導入（一九八九）

PKO協力法成立（一九九二）

阪神・淡路大震災（一九九五）

日朝首脳会談（二〇〇二）

自衛隊イラク派遣（二〇〇四）

東日本大震災（二〇一一）

平成

21

第四次中東戦争（一九七三）

イラン・イラク戦争（一九八〇）

プラザ合意（一九八五）

冷戦終結（一九八九）

湾岸戦争（一九九一）

EU成立（一九九三）

同時多発テロ（二〇〇一）

イラク戦争（二〇〇三）

リーマン＝ショック（二〇〇八）

▲開戦直後のエジプト軍：第4次中東戦争（⤴p.433）によって石油危機が発生した

▲ベルリンの壁崩壊（⤴p.453）：開放の1年後に東西ドイツは統一された

▲同時多発テロ事件（⤴p.479）：「対テロ戦争」の時代が始まる

1 》 冷戦と世界経済①

まとめ

❶ 集団防衛体制と核開発 ☞p.372

☐ **集団防衛体制**

- **西側陣営**…北大西洋条約機構(NATO)のほか東南アジア条約機構(SEATO)，バグダード条約機構(METO)が結成。アメリカは日本をはじめ太平洋周辺諸国とも連携。西ドイツの再軍備。
- **東側陣営**…ハンガリー反ソ暴動，「プラハの春」に対してソ連が軍事介入。

☐ **核開発競争**

- **核兵器の開発**…アメリカが「マンハッタン計画」で原子爆弾を開発。広島・長崎に投下。マッカーシズム(アメリカで共産主義者取り締まる「赤狩り」)。
- **核保有国**…アメリカのほかソ連，イギリス，フランス，中国に拡大。

☐ **平和運動** ストックホルム＝アピール。第五福竜丸事件→原水爆禁止世界大会。ラッセル・アインシュタイン宣言→パグウォッシュ会議。

❷ 米ソ両大国と平和共存 ☞p.378

☐ **戦後のアメリカ**

- **大衆消費社会**…製造業のオートメーション化。ホワイトカラーの増加。
- **軍産複合体**…肥大化した軍需産業が政府機構と一体化。
- **ブラウン判決**…人種隔離政策の見直し。

☐ **平和共存**

- **ソ連の変化**…集団指導体制→スターリン批判→ジュネーヴ４巨頭会談(緊張緩和)。
- **スターリン批判の影響**…ポズナニ暴動。ハンガリー事件。中ソ論争。
- **ベルリンの壁**…西ベルリンへの脱出を防ぐ(東西対立の象徴)。

❸ 西ヨーロッパの経済復興 ☞p.382

☐ **イギリス** アトリー内閣が重要産業国有化。福祉国家。アイルランドがイギリス連邦を離脱。

☐ **フランス** 第四共和政のもと短命政権。

☐ **イタリア** 王政を廃止し共和政へ。

- □ **オーストリア**　オーストリア国家条約で主権を回復し，永世中立を宣言。ドイツとの合邦を禁止。
- □ **西ヨーロッパ統合の始まり**
  - ・**統合の流れ**…ヨーロッパ経済協力機構(OEEC)。ベネルクス関税同盟。ヨーロッパ石炭鉄鋼共同体(ECSC)。ヨーロッパ経済共同体(EEC)。ヨーロッパ原子力共同体(EURATOM)。1967年，ヨーロッパ共同体(EC)を結成。
  - ・**ECの政策**…貿易自由化，共通関税，共通農業政策。
  - ・**イギリス**…ヨーロッパ自由貿易連合(EFTA)結成→のちEC加盟。
- □ **フランス第五共和政**　アルジェリア独立を承認。ド＝ゴールのもと核保有，NATOの軍事部門から離脱。

- -

④ 第三世界の連携と試練 ⇨p.387

- □ **第三世界の連携**　平和五原則(ネルーと周恩来が平和共存などを主張)→アジア＝アフリカ会議(平和十原則)→非同盟諸国首脳会議。
- □ **インド周辺の紛争**　インド＝パキスタン戦争(カシミール問題)。チベット動乱。中印国境紛争。バングラデシュの独立(第3次インド＝パキスタン戦争)。
- □ **アフリカ諸国**
  - ・**独立**…1960年に17カ国が独立(「アフリカの年」)。アフリカ諸国首脳会議でアフリカ統一機構(OAU)を結成。
  - ・**問題**…モノカルチャー経済。コンゴ動乱，ナイジェリア内戦などの紛争。
- □ **中東**　エジプト革命。スエズ戦争。パレスチナ解放機構(PLO)の結成。
- □ **石油危機**　1973年，第4次中東戦争で石油輸出国機構(OPEC)とアラブ石油輸出国機構(OAPEC)が石油戦略→第1次石油危機(「世界同時不況」)。エジプト＝イスラエル平和条約。
- □ **ラテンアメリカ**　米州相互援助条約。パン＝アメリカ会議で米州機構(OAS)結成。グアテマラでクーデタ。カストロやゲバラのキューバ革命に対しアメリカは抑圧し，「進歩のための同盟」を提唱。キューバはソ連の援助をうけ，社会主義国となった。

SECTION 1　集団防衛体制と核開発 [世界史]

▶ 第二次世界大戦後，アメリカ合衆国とソ連が直接戦争状態に入ることはなかったが，互いに相手を仮想敵国と見なし，核兵器をふくむ軍事力増強につとめた。また，互いに防衛網をつくり，集団防衛体制を構築した。

米ソの冷戦は，核兵器開発競争に拍車をかけ，世界平和を危機にさらす状況が生み出された。これに対し，日本や世界の人々のなかから原水爆禁止を求める平和運動が盛り上がった。

☞ このセクションでは，次の問いに答えられるようにする必要がある。

Q1 米ソによる核開発競争と集団防衛体制は，どのように展開したのだろう？

Q2 核開発競争に対し，日本や世界の人々はどのような運動をすすめたのだろう？

1 ｜ 集団防衛体制の構築

1 集団防衛体制

アメリカとソ連は牽制（けんせい）しあいながら軍事的包囲網をつくり，東西両陣営が軍事的に対峙（たいじ）した。

2 資本主義陣営（西側陣営）の防衛網

❶反共産圏包囲網　朝鮮戦争で中国の力を認識したアメリカは，ヨーロッパだけでなく太平洋周辺諸国でも反共陣営の形成を急ぎ，集団防衛体制の拡大に努め，中国・ソ連を封（ふう）じ込める反共包囲網である北大西洋条約機構（NATO），東南アジア条約機構（SEATO）［シアトー★1］，バグダード条約機構（中東条約機構，METO）［メトー★2］を形成した。

❷日米安全保障条約　サンフランシスコ平和条約とともに日米安全保障条約（1951年）が締結され，日本は西側陣営に組み込まれた。

❸その他の安全保障条約　アメリカは，1951年に太平洋安全保障条約（ANZUS）［アンザス★3］，米比（フィリピン）相互防衛条約，朝鮮戦争後の53年に米韓相互防衛条約，54年には米華（台湾）相互防衛条約を結んだ。

★1 参加国は，アメリカ，イギリス，フランス，オーストラリア，ニュージーランド，タイ，フィリピン，パキスタン。1977年に解消。

★2 イラクとトルコの相互防衛条約にイギリス・パキスタン・イランが加わったもの。1979年のイラン革命を機に解消。

★3 アメリカを中心に，オーストラリア，ニュージーランドの3カ国が参加。

3 西ドイツの再軍備・NATO加盟

西ドイツは1954年のパリ協定で主権を回復し，翌55年にアメリカ・イギリス・フランスが西ドイツの再軍備を認め，NATOに加盟した。アデナウアー首相(在職1949～63年)のもとで経済も急速に回復した。

4 社会主義陣営(東側陣営)の包囲網

1955年，ソ連と東ヨーロッパ7カ国でワルシャワ条約機構を結成した。56年のポーランド反ソ暴動(ポズナニ暴動)ではポーランド指導部がこれを収拾させたが，ハンガリー反ソ暴動(ハンガリー事件)[4]，68年の「プラハの春」[5]では軍事介入した。

★4 ハンガリーでソ連やハンガリー共産党政権の権威と支配に反対する民衆による全国規模のデモ行進・蜂起(ほうき)がおこり，ソ連軍が鎮圧に乗り出した。

★5 チェコスロヴァキアの民主化運動。ソ連が要請したワルシャワ条約機構軍が軍事介入。

2 │ 核開発競争

1 核時代の到来

①核兵器とは，核反応(核分裂と核融合(ゆうごう))を兵器に利用するもので，通常兵器とは桁違(けた)いに破壊力が大きい。
②第二次世界大戦中にアメリカは，「マンハッタン計画」をすすめて，原子爆弾(原爆)の開発・製造に成功した。
③1945年7月16日，ニューメキシコ州アラモゴードで初の核実験に成功し，8月6日に広島，8月9日に長崎に原爆を投下し[1]，1945年末までに広島市・長崎市で約21万人が死亡した。

▲広島に投下された原爆のきのこ雲

2 核軍拡競争

❶ マッカーシズム(1950～54年)　1949年のソ連による核実験成功や中華人民共和国の成立を背景に，アメリカでは上院議員マッカーシーが中心となって，左翼運動や共産主義者を攻撃する「赤狩り」(さ)(ょく)がおこった[2]。この間，進歩的なリベラル派が多数弾圧をうけた。

❷ 核兵器保有国　ソ連に続いて，1952年にイギリスが核実験に成功した。同年，アメリカが原爆よりはるかに巨大な威力をもつ水素爆弾(水爆)実験に成功，翌53年にはソ連も水爆実験に成功した。続いて，60年にフランス，64年に中国が原爆の開発に成功し，核兵器保有国は5カ国になった。

★1 広島型原爆はウラン235，長崎型原爆はプルトニウム239を使っている。アラモゴードで実験に使われたのは長崎型。

★2 同時期に日本でも，レッド＝パージがおこっていた。

❸核軍拡競争　米ソは核軍拡競争を続け，両国とも相手国を
数十回も全滅させられるほどの核兵器を保有した。この結果，
世界中の人々が，核戦争の脅威にさらされることになった。

3 ｜ 平和運動

1 ストックホルム＝アピール

　1950年，世界平和委員会（後の世界平和評議会）がストック
ホルム大会で採択した，核兵器廃絶に向けての決議。核兵器の
禁止，原子力の国際管理，最初の核兵器使用政府を戦争犯罪者
とすることなどが提起された。

2 第五福竜丸事件

　1954年3月1日，太平洋上のビキニ環礁[かんしょう]★1でおこなわれた**ア
メリカの水爆実験**により，マグロ漁船第五福竜丸[ふくりゅうまる]★2が「死の灰」
（放射性降下物）を浴びて乗組員が被爆し，9月に無線長の久保
山愛吉[やまあいきち]が死亡した。

3 原水爆禁止運動

　第五福竜丸事件をきっかけに，日本では主婦を主体とする原
水爆禁止署名運動がおこり世界中にひろがった。1955年8月
6日に広島で第1回原水爆禁止世界大会が開かれた。

4 パグウォッシュ会議

　1955年のラッセル・アインシュタイン宣言をうけて，1957
年，世界の科学者がカナダでパグウォッシュ会議を開いて**核兵
器禁止**を訴えた。

5 原子力の平和利用の動き

　1953年，アメリカ大統領アイゼンハワーが，国連総会で**原
子力の平和利用**を提起した。これにより世界各国で**原子力発電
の開発**★3が本格化した。

★1 アメリカは，こ
の地に住む人々を強
制的に他の島に移し，
1946年から58年ま
でここを核実験場と
し，67回もの実験
をおこなった。人々
の間ではガンや甲状
腺[こうじょう]異常，先天的に障
がいを持つ子どもが
生まれるなど，被害
が現れている。
2010年，ビキニ環
礁は世界遺産に登録
された。

★2 日本各地から多
くの漁船が出漁し，
第五福竜丸と同じよ
うに被害をうけた。
1954年末までに
856隻[せき]が放射能に汚
染されたマグロを水
揚げしている。

★3 原爆と原子力発
電には技術的親和性
がある。ウランを約
90％に濃縮すると
原爆の原料，3〜4
％に濃縮すると原子
力発電の原料となる。

[核廃絶に向けた平和運動]

平和運動…1950年，ストックホルム＝アピール（核廃絶）→54年，第五福竜丸事件→原水爆禁止運動→55年，第1回原水爆禁止世界大会（広島）→55年，ラッセル・アインシュタイン宣言→57年，パグウォッシュ会議

📖 資料活用　米ソによる核開発競争と集団防衛体制は，どのように展開したのだろう？ Q1

年	で き ご と
1945	アメリカが世界初の核実験に成功。広島・長崎に原爆投下。
1946	冷戦始まる→イギリス元首相チャーチル「鉄のカーテン」演説。
1949	北大西洋条約機構（NATO）成立。ソ連が原爆の実験に成功。
1950	ストックホルム＝アピール。
1951	米比（フィリピン）相互防衛条約，日米安全保障条約，太平洋安全保障条約締結。
1952	イギリスが原爆の実験に成功。アメリカが水爆実験に成功。
1953	米韓相互防衛条約締結。ソ連が水爆実験に成功。
1954	アメリカによるビキニ環礁での水爆実験により第五竜丸など数百隻が被爆→原水爆禁止署名運動開始（3,238万人署名）。東南アジア条約機構成立。米華（台湾）相互防衛条約締結。
1955	ワルシャワ条約機構結成。原水爆禁止世界大会。バグダード条約機構成立。ラッセル・アインシュタイン宣言。
1956	ソ連のフルシチョフ首相がスターリン批判→米ソ両陣営に平和共存の動き（雪解け）。ポーランドとハンガリーで反ソ暴動。
1957	パグウォッシュ会議。ソ連が人工衛星打ち上げに成功。
1960	フランスが核実験に成功。
1964	中華人民共和国が核実験に成功。
1963	部分的核実験禁止条約（米英ソ）。
1968	核拡散防止条約（NPT）→フランス・中国は当初参加せず，62カ国で発足。
1972	米ソが戦略兵器制限交渉（SALT Ⅰ）に調印。
1974	インドが核実験に成功。
1987	米ソが中距離核戦力（INF）全廃条約を締結。
1989	米ソ首脳が冷戦終結宣言。
1991	米ソが戦略兵器削減交渉（START Ⅰ）に調印。ソ連崩壊。
1996	包括的実験禁止条約（CTBT）が国連で採択（ただし未発効）。
1998	インドとパキスタンが相次いで核実験。
2006	北朝鮮が核実験。

※赤字が核開発競争にかかわる項目。青字が集団防衛体制にかかわる項目。緑字が核軍縮にかかわる項目。

要点　Q1 ▶▶▶ A1

　第二次世界大戦後，米ソ両陣営は互いに核兵器の開発や集団的な防衛体制を構築するなど，軍事力の増強や拡大を激化させたものの，1950年代の「雪どけ」以降は核兵器の廃絶に向けた運動もおこり始めた。

資料活用 核開発競争に対し，日本や世界の人々はどのような運動をすすめたのだろう？ **Q2**

資料1 ストックホルム＝アピール（全文1950年3月19日）

1．わたくしたちは人類に対する威嚇と大量殺りくの武器である原子兵器の絶対禁止を要求します。

2．わたくしたちはこの禁止を保証する厳重な国際管理の確立を要求します。

3．わたくしたちはどんな国であっても初に原子力を使用する政府は，人類に対して犯罪行為を犯すものであり，その政府は戦争犯罪人として取扱います。

4．わたくしたちは全世界のすべての良心ある人々に対し，このアピールに署名するよう訴えます。

（日本平和委員会編『平和運動20年資料集』）

資料2 第五福竜丸の無線長久保山愛吉の手記

運命の3月1日午前3時半電信室より通路づたいに船尾に出て，間もなく朝食を済ませて機関部の高木君の所へ行きドッカリと腰を下した。推定3時50分頃，丸窓が急に明るくなり思わず「オイ日が出たぞ」と無意識に話しかけた。高木君も居合せた機関長他3，4人も頭を上げたが，輝きは約3分後に消えた。

午前7時3分全員眼が痛くなってきた。「オイ何だか降ってきたぞ」「白いものだ」「何だろう」2，3人が水中眼鏡をかけたり帽子を深く冠ったりして（分らぬながら何か不安な気持もあった）作業を続けた。

10時55分揚縄を終り進路を北にビキニ島より遠ざかった。空は大分明るくなって来たが南西方は真黒な雨雲のようだった。揚縄中私も灰を手にして見た。真白な珊瑚礁のように思えた。この時半田君が「灰はとってあるよ，紙に包んでしまってあるよ」と言ったので「入港したら調べて貰おう」と話した。まさか！　まさか！　この灰が「死の灰」と夢にも思わず，丁寧にも14日間枕の下に置いて過したのである。

（小松良郎・松田由美『ファミリー版世界と日本の歴史11』大月書店）

資料3 ラッセル・アインシュタイン宣言－決議（1955年7月9日）

私たちは，この会議を招請し，それを通じて世界の科学者たちおよび一般大衆に，次の決議への署名を勧める。「およそ将来の世界戦争においては必ず核兵器が使用されるであろうし，そしてそのような兵器が人類の存続を脅かしているという事実から見て，私たちは世界の諸政府に，彼らの目的が世界戦争によっては促進されないことを自覚し，このことを公然と認めるよう勧告する。従ってまた，私たちは彼らに，彼らの間のあらゆる紛争問題の解決のための平和的な手段を見出すよう勧告する。」

1

冷戦と世界経済①

解説

(1)ストックホルム＝アピールによる原爆使用の禁止要求　米ソを中心とした核軍備競争が拡大される中で，1950年3月，世界平和委員会(後の世界平和評議会)がストックホルム大会で核兵器廃絶に向けて，次のようなアピールを採択した。①原子兵器の無条件使用禁止，②核兵器禁止のための厳格な国際管理の実現，③最初に原子兵器を使用した政府を人類に対する犯罪者とみなす資料1。これに賛同する署名数は世界で約5億万筆に達し，「この運動のために朝鮮戦争で核兵器を使うことができなくなった」(キッシンジャー回顧録)と言われる。しかし，米ソの核開発競争は止まらず，1952年にはイギリスが核実験，アメリカが水爆実験，53年ソ連が水爆実験に成功した。

(2)原水爆禁止運動の開始　1954年3月1日，アメリカがビキニ環礁でおこなった水爆実験に巻き込まれて第五福竜丸が被爆した。3月14日に焼津に寄港して乗組員23名の被爆が明らかになった資料2。9月には，無線長の久保山愛吉が「原水爆の犠牲者は，わたしを最後にしてほしい」との言葉を遺して亡くなった。この事件は，日本国民に広島，長崎の惨禍を思い出させた。5月9日，東京杉並区の婦人団体，福祉協議会，PTA，労働組合など39人で原水爆禁止署名活動杉並協議会が結成され，全国に原水爆禁止署名運動がひろがった。そのアピールの一節には次のように書かれている。

「全国民の決意にもとづいて，水爆そのほか一切の原子兵器の製造・使用・実験の禁止を全世界に訴えましょう。…この署名運動によって訴える相手は，特定の国家ではなく，

全世界のすべての国家の政府および国民と，国際連合および国際会議であります」

　署名運動は全国に広がり，55年8月15日の集計では3,238万人に達した。日本国民のうち3人に1人が原水爆禁止に署名したことになる。世界全体では6億7,000万の署名が集まった。

　この間，1955年4月11日，哲学者ラッセルと物理学者アインシュタインは，核戦争絶滅を訴えるよびかけ，ラッセル・アインシュタイン宣言をおこなった。同月18日，アインシュタインは死去したが，7月9日，湯川秀樹らノーベル賞受賞科学者9人が加わり発表された資料3は，核兵器による人類の危機を訴え，紛争解決のために平和的手段を見出すよう勧告したものである。

　1955年8月6日原爆投下10年をむかえた広島で，第1回原水爆禁止世界大会が開かれた。アメリカ，オーストラリア，中国など11カ国50人の代表をふくめ5,000人が参加したと報道されている。また，ラッセル・アインシュタイン宣言をうけて，1957年にはカナダのパグウォッシュで第1回パグウォッシュ会議が開かれ，核兵器の脅威と核戦争廃止に向けての科学者の社会的責任について声明を発表した。パグウォッシュ会議は，核廃絶を目指す科学者の組織として，現在も活動をつづけている。

要点　Q2 ▶▶▶ A2

　ストックホルム＝アピールをはじめ，日本での原水爆禁止運動のほか，ラッセル・アインシュタイン宣言をうけてカナダでパグウォッシュ会議が開かれるなど，核廃絶に向けた運動が国内外ですすめられた。

^{SECTION} 2 米ソ両大国と平和共存 世界史

▶ 1950年代のアメリカ合衆国では，軍と企業が結びついた「軍産複合体」が政治に影響力をもった。また，都市中間層を中心とする大衆消費社会がさらに拡大した。一方で，国内の人種差別に批判的な目を向ける動きが生まれてきた。

　ソ連では独裁的指導者スターリンが死去すると，外交政策を転換し，1955年，アメリカ・イギリス・フランスとともにジュネーヴ4巨頭会談を開催して，西側と協調する姿勢を見せた。また，フルシチョフらが56年，スターリン批判をおこない，西側との平和共存路線を打ち出し，東西陣営の間で緊張緩和（デタント）が進行した。

☞ このセクションでは，次の問いに答えられるようにする必要がある。

　Q1 米ソの平和共存に向けた動きは，どのように展開したのだろう？

1 | 戦後アメリカ社会

1 大衆消費社会

　1950年代，原子力・航空機・コンピュータなど戦争と結びついた産業部門で技術革新がすすみ，経済成長が見られた。製造業におけるオートメーション化，消費の拡大による事務・サービス部門の増大により，事務職の「ホワイトカラー」の数が肉体労働者である「ブルーカラー」の数を上回り，都市中間層を中心とする大衆消費社会がさらに拡大した。

2 軍産複合体

　冷戦が深刻化する中で，肥大化した軍需産業と軍部とが結びつき，アメリカの経済成長をもたらしたものの，経済の軍需依存を強めた。軍需産業と軍部，政治機関の一部が一体化した「軍産複合体」がつくられ，アメリカの政治に影響力をもった。

3 人種隔離政策見直しの動き

❶世界人権宣言　ナチスのホロコースト（ユダヤ人大量虐殺）の反省から人種差別の禁止を求める国際世論が高まり，1948年，国連総会で「世界人権宣言」が採択された。

❷軍隊　朝鮮戦争時に軍隊における人種隔離が禁止された。

❸ブラウン対教育委員会事件　黒人少女が白人公立小学校へ
入学することを拒否された「ブラウン対教育委員会事件」で,
連邦最高裁判所が違憲判決を出した(ブラウン判決)。

★1 それまでの「分
離すれども平等」に
もとづいておこなわ
れてきた人種差別が
憲法違反であるとの
判決が出た。

2 ｜ ソ連の「雪どけ」

1 緊張緩和への動き(「雪どけ」)

❶緊張緩和　1953年にスターリンが死去すると, 後継者らは
集団指導体制をしき, 内政と外交で緊張緩和をはかった。
　　1 外交　朝鮮戦争に停戦がもたらされ, ユーゴスラヴィア
　　とも和解した。
　　2 内政　スターリンによって追放された人々の名誉回復,
　　政治犯の釈放, 消費財の生産の重視がおこなわれた。
❷雪どけ　1955年には, アメリカ・ソ連・イギリス・フラン
スの指導者によるジュネーヴ4巨頭会談が開かれた。世界平
和について協議され, 「雪どけ」の第一歩となった。

★1 米大統領アイゼ
ンハワー, 英首相イ
ーデン, ソ連首相ブ
ルガーニン, フラン
ス首相フォールの4
首脳による会談。

2 平和共存路線

　1956年, ソ連共産党第20回大会で, フルシチョフ第一書
記は, 資本主義諸国との平和共存を強調するとともに, ゆきす
ぎた中央集権主義の是正などの新方針をうちだした。また, 秘
密報告で, スターリン体制下の個人崇拝の誤りや, 彼の政治犯
罪を暴露した(スターリン批判)。さらに, コミンフォルムも解
散した。フルシチョフは1958年首相になり, 59年にはアメ
リカを訪問して, キャンプデーヴィッドでアイゼンハワー米大
統領と会談し, 積極的に平和共存外交をすすめた。

★2 アメリカのメリ
ーランド州にある,
アメリカ大統領の公
用別荘。

★3 アイゼンハワー
も訪ソの予定であっ
たが, 翌年ソ連でア
メリカの偵察機が撃
墜される事件がおき,
中止された。

3 スターリン批判の影響

　1956年6月, ポーランドのポズナニで民主化を求める反ソ
暴動がおこった(ポズナニ暴動)。その後, 共産党第一書記ゴム
ウカ(ゴムルカ)のもとで, 農業集団化の廃止, ローマ＝カト
リック教会との融和, 検閲の緩和など, 一定の自由化がおこな
われたが, 次第にゴムウカ政権は保守化し, 自由化要求を抑圧
した。1956年10月には, ハンガリーで反ソ暴動がひろがり,
首相ナジがワルシャワ条約機構からの脱退をうちだしたため,

ソ連軍が軍事介入して鎮圧し，ナジ[★4]を処刑した（ハンガリー事件）。また，中国の毛沢東は，スターリン批判後のソ連がすすめる平和共存路線を修正主義と批判し，中ソ論争がおこった。

★4 冷戦終結の1989年にナジの名誉回復がおこなわれた。

4 ソ連の宇宙開発

1957年，人類初の人工衛星スプートニク1号の打ち上げに成功し，61年にはガガーリン[★5]が最初の宇宙飛行を成功させた。

★5 人工衛星打ち上げでソ連に先を越されたアメリカは，威信を傷つけられ，衝撃をうけた（スプートニク＝ショック）。

5 ベルリンの壁

東ドイツで1950年代末に農業集団化がおこなわれると，東ベルリンから西側に脱出する人々が増えたため，61年，西ベルリンを囲んで「ベルリンの壁」を築いた。この「ベルリンの壁」はその後東西対立の象徴となった。[★6]

★6 1989年11月にベルリンの壁は崩壊した。

📖 資料活用　米ソの平和共存に向けた動きは，どのように展開したのだろう？ Q1

資料1 フルシチョフの「スターリン批判」（1956年2月25日）

スターリンは集団的な指導や集団的な活動にはまったく我慢がならず，気まぐれと専横な性格ゆえに，自分に反対する人々だけでなく自分の方針に反していると思われた人々に対しても，無作法な暴力を行使した。彼は，説得や説明，人々とともにおこなう面倒な活動を通じてではなく，自分の方針を無理強いし自分の意見に無条件に服従することを求めるやり方で活動した。これに抵抗したり，自らの見解やその正しさを示そうとしたりした人々は，指導的集団から排除されて，精神的および肉体的に抹殺される運命に陥った。

（歴史学研究会編『世界史史料11』岩波書店）

資料2 ハンガリーのメフェス建築工科大学学生集会決議（1956年10月22日）

1．すべてのソ連軍がハンガリーから即時に，講和の諸決定に基づき撤退することを要求する。
4．国内で，新たな国会の選挙のために，複数政党制のもとでの普通・平等・秘密の選挙を要求する。労働者のストライキ権の保証を要求する。
13．スターリンの専制と政治的抑圧の象徴であるスターリン像を出来るだけ早く解体し，代わりに1848−49年の解放戦争の英雄と犠牲者のための記念碑を打ち立てるよう要求する。

（歴史学研究会編『世界史史料11』岩波書店）

資料3 スプートニク＝ショック

ソ連では57年10月に，合衆国に先駆けて，人類史上初めての人工衛星，スプートニク1号の打ち上げに成功した。フルシチョフは得意満面になって「ソビエト社会主義」の優位性が証明されたと宣言したが，合衆国側の衝撃は甚大であった。それは，ソ連が大陸間弾道弾によって直接アメリカ大陸を攻撃できる能力を持ったことを意味し，「もっとも豊かで最強の国」という自負に酔っていた合衆国の国民にとっては大変なショックであった。

ただちに合衆国内部ではミサイル・ギャップ論争がおこり，科学・技術の遅れを指摘する声が高まった。アイゼンハワーは，ミサイル開発の強化を命じ，翌58年1月に合衆国初の人工衛星，エクスプローラー

の打ち上げに成功した。また，7月には航空宇宙局（NASA）を設置して，宇宙開発を本格化させた……。

（油井大三郎・吉田元夫『世界の歴史28』中央公論社）

資料4　アイゼンハワーの警告（アイゼンハワー告別演説：1961年1月17日）

政治を議するにあたってわれわれは，軍産複合体が，好むと好まざるとにかかわらず，不当な影響力を手中にするのを防がなければならない。置き場所を誤った権力が恐るべき力をもつようになる潜在性は現にあるし，これからも存在し続けるであろう。

このような結びつきの重みが，われわれ

の自由や民主主義的な手続きを脅かすようなことのないようにしなければならない。……産業と軍部からなる巨大な防衛機構をわれわれの平和的な手法と目的にうまく合致させて，安全保障と自由を共存させることができるのは，自覚のある知的な市民のみである。　（歴史学研究会編『世界史史料11』岩波書店）

解説

(1)スターリン批判とその影響　1956年2月25日，フルシチョフが第20回ソ連共産党大会最終日で「スターリン批判」をおこなった（資料1）。スターリンによる大量粛清などの犯罪を暴露し，過度の個人崇拝を非難したこの「スターリン批判」をきっかけに，「平和共存」外交がスタートした。

「スターリン批判」の影響は，東ヨーロッパにあらわれた。1956年6月，ポーランドのポズナニで生活改善と民主化を求める民衆と軍・警察の衝突がおこった。これはポーランド政府が自由化路線を採用して収まったが，10月には，ハンガリーで学生や労働者が首都ブダペストで大規模なデモをおこない，民主化を要求した（資料2）。新首相に就任したナジは，ワルシャワ条約機構からの脱退とハンガリーの中立を表明した。ソ連は，軍を派遣して鎮圧し，ナジを捕らえて処刑した。ソ連は，東側陣営内での民主化運動に対して徹底的に弾圧する姿勢を示した。

一方，1959年9月，フルシチョフはアメリカを訪問。アイゼンハワーとキャンプデーヴィッドで会談し，国際紛争の平和解決に努力することで合意したが，翌60年5月，アメリカのU2偵察機がウラル山脈上空で撃墜

される事件が発生し，米ソ首脳会談は実現されなかった。

(2)軍産複合体の影響力拡大　緊張緩和がすすまなかった事情はアメリカの側にも原因があった。1957年，ソ連が人工衛星スプートニク1号の打ち上げに成功し，大陸間弾道弾によって直接アメリカ大陸を攻撃できる能力をもったことが明らかになった。アイゼンハワー政権は，ソ連に対抗するために，新兵器の開発や宇宙開発を本格化させた（資料3）。ソ連の軍事力をこえようとする政府と巨大な利益を確保しようとする兵器産業の利害が一致して，軍産複合体がアメリカの政治に大きな影響力をもつようになった。

資料4は，アイゼンハワー大統領が退任3日前に行った告別演説である。彼は，自ら生み出した軍産複合体が自由や民主主義を危険にさらすと警告した。

要点　**Q1** ▶▶▶ **A1**

フルシチョフによる「スターリン批判」の影響をうけ，東ヨーロッパで民主化を求める運動がおこったが，ソ連はこれを弾圧した。アメリカとソ連の対立は，「雪どけ」の動きをみせたものの，ミサイル開発や宇宙開発など様々な面で緊張はつづいた。

西ヨーロッパの経済復興 世界史

▶ 6年間に及ぶ戦争で荒廃した西ヨーロッパの国々では，アメリカの圧倒的な影響力のもとで，戦後の社会再建のためのさまざまな努力が払われた。冷戦体制のもとで，西側陣営で最もアメリカを支えたのはイギリスであった。イギリスはアトリー政権のもとで重要産業の国有化をすすめ，福祉国家体制をつくり上げた。

　経済復興につとめる西ヨーロッパ諸国では，フランス，西ドイツ，ベネルクス3国，イタリアが経済統合に向けて動き出した。それは現在のEUのもととなった。

　経済復興がすすむにつれて，西ヨーロッパ諸国の間には，次第にアメリカの主導権のもとから脱却しようとする動きが見られるようになった。最初に動き出したのはフランスであった。アルジェリア独立運動に直面して，1958年にド゠ゴールが政権に返り咲き，第五共和政を発足させ，アメリカに対抗して新たな動きをはじめた。

↻ このセクションでは，次の問いに答えられるようにする必要がある。

　Q1 西ヨーロッパ統合の目的はどのようなものだったのだろう？

1 | 第二次世界大戦後の西ヨーロッパ

1 イギリス

　1945年7月の選挙で，チャーチル率いる保守党に労働党が勝利してアトリー内閣が成立した。労働党政権は，石炭・電気産業などの**重要産業の国有化**をすすめるとともに，「ゆりかごから墓場まで」というスローガンをかかげて福祉国家の体制を整えた。

　1956年，イーデン保守党内閣のもとでスエズに出兵して失敗し，60年代のウィルソン労働党内閣の時のポンド切り下げやスエズ以東からの撤兵で，世界におけるイギリスの影響力は大きく低下した。

2 フランス

　1946年に第四共和政が発足したが，大統領の権限が弱く，共産党，社会党，人民共和派など諸政党が対立し，短命政権がつづいた。

３ イタリア

1946年6月，国民投票で王政が廃止され，共和政へ移行した。

４ アイルランド

第二次世界大戦中は中立を貫き，1949年に共和国を宣言し，イギリス連邦を離脱した。

５ オーストリア

1955年，アメリカ，イギリス，フランス，ソ連の4カ国とのオーストリア国家条約で主権回復。**ドイツとの合邦禁止，核兵器やそのほかの特殊兵器の禁止**，などとともに永世中立が定められた。

２ ヨーロッパ統合の開始

１ 戦後の西ヨーロッパの課題

第一次世界大戦後の戦後処理でドイツを国際的に孤立させた結果，ナチ党の台頭をまねいた反省から，**①西ドイツを西ヨーロッパの復興過程に組み入れること，②国家の枠を超え，地域統合すること**，以上の2つが課題となった。

２ 西ヨーロッパ統合への動き

❶ **ヨーロッパ経済協力機構(OEEC)**　1948年，マーシャル＝プランによるアメリカからの援助をうけいれる組織としてヨーロッパ経済協力機構(OEEC)が西ヨーロッパ16カ国で結成された。経済協力の試みとしてベネルクス関税同盟結成。[★1]

❷ **シューマン＝プラン**　1950年，フランスの外相シューマンが西ドイツとフランス両国の石炭・鉄鋼を共同の機関のもとに管理する案(シューマン＝プラン)を発表。

❸ **ヨーロッパ石炭鉄鋼共同体の成立**　1952年，シューマン＝プランにもとづき，フランス，西ドイツ，イタリア，ベルギー，オランダ，ルクセンブルクの6カ国で石炭業・鉄鋼業の共同管理をするヨーロッパ石炭鉄鋼共同体(ECSC)が発足した。フランスと西ドイツの融和とともに，ヨーロッパ統合の出発点となった。

★1 ベルギー，オランダ，ルクセンブルクをベネルクス3カ国という。

❹ ヨーロッパ石炭鉄鋼共同体設立の目的

　① 国境をこえた共通市場の形成。

　② フランスとドイツの軍事的な対立を回避すること。

　③ アメリカへの依存体質から脱却すること。

❺ ヨーロッパ経済共同体(EEC)　1958年，ECSCに参加する
6カ国で，ヨーロッパの共同市場化と共通政策による経済発展，生活水準の向上をめざすヨーロッパ経済共同体(EEC)を発足させた。

❻ ヨーロッパ原子力共同体(EURATOM)　1958年，EECと
同じ6カ国が原子力開発を共同ですすめることを目的として設立する。★2

❼ ヨーロッパ共同体(EC)　❸・❺・❻が合併して1967年，
ヨーロッパ共同体(EC)が成立。以下の3点が進められた。

　① 加盟国に対する貿易自由化。

　② 非加盟国に対する共通関税を設けて関税同盟を形成。

　③ 共通の農業・エネルギー・運輸政策，高度な経済統合。★3

　▶ 1993年，ヨーロッパ諸国間の通過や安全保障政策を目標とするヨーロッパ連合(EU)に発展した。

★2 ECSC, EEC, EURATOM は，加盟国の主権の一部を確保し，加盟国政府の政策決定を拘束することができた。

★3 経済統合には，市場拡大など大きなメリットもあったが，一方では主権の行使が制限されるというデメリットもあった。

▲EUの旗
深い青色の地に12の黄色の星を配する。

年	共同体
1952	ECSC(ヨーロッパ石炭鉄鋼共同体) European Coal and Steel Community。
1958	EEC(ヨーロッパ経済共同体)。 European Economic Community。
1958	EURATOM(ヨーロッパ原子力共同体) European Atomic Energy Community。
1967	EC(ヨーロッパ共同体)。 European Communities。
1993	EU(ヨーロッパ連合) European Union。

▲▶ヨーロッパ連合(EU)の成立まで

ECSC
EEC
EURATOM
↓
1967年
EC
(ヨーロッパ共同体)
市場統合が目標
↓
1993年
EU
(ヨーロッパ連合)
通貨統合・政治統合などの実現

③ 西ドイツの復興

　1954年，パリ協定で主権を回復し，キリスト教民主同盟を率いるアデナウアーが長期政権を築き，国際社会への復帰とNATO加盟を実現するとともに，ヨーロッパ統合にも加わり，経済復興を成しとげた。

4 イギリスの動き

　1960年，イギリスはEECに対抗して，EECに加入していない7カ国でヨーロッパ自由貿易連合(EFTA)を結成。73年，方針を大きく転換し，アイルランド，デンマークとともにECに加盟した。EFTAから脱退し，その後EFTAの加盟国は減少していった。

★4 イギリス，オーストリア，スイス，ポルトガル，デンマーク，ノルウェー，スウェーデンの7カ国。

★5 加盟国間で自由貿易はおこなったが，共通関税は設けなかった。

3 ｜ フランス第五共和政の動き

　西ヨーロッパ諸国では，経済復興がすすむにつれてアメリカの主導権のもとから脱却する動きが見られるようになった。

1 アルジェリアの独立

　1954年からアルジェリアの民族解放戦線(FLN)がフランスからの独立運動をおこした。当時のアルジェリアは，アラブ系住民約900万人をフランス人入植者(コロン)の子孫約100万人が支配する構造で，コロンが現地のフランス軍と提携して独立阻止のクーデタをおこし，内乱の危機におちいった。

2 第五共和政

　アルジェリア紛争の最中，ド=ゴールが政権に復帰し，第五共和政憲法を制定して大統領が強力な権限をもつ第五共和政を成立させた。1959年に大統領に就任，**62年にアルジェリアの独立を承認**した。

3 ド=ゴールの政治

　アメリカから距離を置いた独自の外交につとめた。①1960年，原子爆弾の実験に成功し，アメリカ，ソ連，イギリスに次ぐ核保有国となった。②63年，キューバ危機後に成立した部分的核実験禁止条約に参加しなかった。③64年，中華人民共和国を承認した。④66年，NATOの軍事部門から脱退，モスクワを訪問した。
　1968年，パリの学生・労働者などを中心とした大規模な暴動をきっかけに政治的危機におちいり，69年に退陣した。

★1 第二次世界大戦中，ロンドンに亡命政権の自由フランス政府を樹立した。1944年8月パリが解放されると，直後にフランスに戻った。45年11月に臨時政府の首相となったが，共産党との対立などから閣内不一致となり，1946年1月，首相を辞任した。

★2「フランスの栄光」を掲げ，フランスの国際的地位を高めた。

📖 資料活用　西ヨーロッパ統合の目的はどのようなものだったのだろう？　Q1

資料1　シューマン＝プラン（1950年5月9日）

世界平和は，平和を脅かす様々な危険に応じた創造的な努力なくして守ることはできないでしょう。

一体化し活力あるヨーロッパが文明のために貢献することこそが，平和的な関係の維持に不可欠なのです。……

ヨーロッパは，一挙に，また単一の構造体としてつくられるわけではありません。ヨーロッパは，まず実態ある連帯を生みだす具体的な成果を積み重ねることにより形成されるのです。ヨーロッパ諸国が一つとなるためには，ドイツとフランスの積年の敵対関係が一掃されることが必要です。フランスとドイツこそが率先して行動をおこすべきなのです。……

フランス政府は，独仏の石炭および鉄鋼の全生産物を共通の高等機関のもとで，ヨーロッパのその他の国々が参加する開放的組織に配することを提案いたします。石炭・鉄鋼生産の共同化は，経済発展の共通基盤を早急に確立し，ヨーロッパ連邦の第一歩を記すでしょう。そしてそれは長きにわたって武器製造という定めを負わされ，常にその犠牲を重ねてきたこれらの地域の運命を変えることになるのです。

このようにして取り結ばれる生産の連帯により，仏独間のいかなる戦争も想像すらできなくなるだけでなく，実質的に不可能となるでしょう。

（歴史学研究会編『世界史史料11』岩波書店）

解説

(1)フランスとドイツの対立の解消　ヨーロッパ統合の試みは，資料1に示したシューマン＝プランから始まった。シューマンは，「ヨーロッパ諸国が一つとなるためには，ドイツとフランスの積年の敵対関係が一掃されることが必要」だとして，「フランスとドイツこそが率先して行動をおこすべき」と主張している。

第二次世界大戦後のヨーロッパ外交の課題は，プロイセン＝フランス戦争（普仏戦争）から第二次世界大戦まで戦争の原因となってきたドイツとフランスの対立を解消することであった。その具体的提案であるヨーロッパ石炭鉄鋼共同体（ECSC）設立によって，ドイツの経済復興と復興に対する近隣諸国の不安感の和らげ，安全保障を確立するためのヨーロッパ諸国の統合など，和解と共存共栄の枠組みの実現をめざした。

1952年に発足したECSCに始まる統合の動きは，67年にEECとEURATOMが統合してECに発展する。フランス，西ドイツ，イタリア，ベネルクス3国の6カ国ではじまったECは，73年にイギリス・デンマーク・アイルランドが加わり拡大ECとなる。

(2)ヨーロッパ経済の拡大　1980年代にはギリシア，ポルトガル，スペインが加盟して12カ国体制となり，ヨーロッパ経済の統合がすすんだ結果，1980年代の世界経済は，アメリカ合衆国一極から，経済統合をすすめたヨーロッパ，高度経済成長をとげた日本を加えた三極構造に転換。このようなヨーロッパの経済的結びつきが強まることによって，加盟国間の武力衝突がさけられる仕組みがつくられることになった。

要点　Q1 ▶▶▶ A1

シューマン＝プランから始まった西ヨーロッパ統合の動きは，ドイツ・フランスなど各加盟国の対立緩和のみならず，世界経済におけるアメリカ・日本に対抗する勢力に成長した。

SECTION 4 第三世界の連携と試練 世界史

▶ 戦後独立したアジア・アフリカ諸国は，アジア＝アフリカ会議を機に自国の独立維持のために互いに連帯を強め，米ソいずれにもくみしない非同盟主義外交を展開した。

アフリカでは，独立の波が続き，1960年には一挙に17カ国が独立し「アフリカの年」とよばれた。

また，中東では，スエズ戦争を機にアラブ＝ナショナリズムが盛り上がった。それに触発されてパレスチナの独立をめぐる中東戦争がおこった。

ラテンアメリカでは，米州機構(OAS)を通じたアメリカ支配に対する民族運動が高揚するなか，キューバ革命がおこり，ラテンアメリカに初めて反米政権がつくられた。

☞ このセクションでは，次の問いに答えられるようにする必要がある。

Q1 第三世界は，どのように連携を強化したのだろう？

Q2 アジア・アフリカ・ラテンアメリカ諸国は，東西陣営の対立にどのように対応したのだろう？（アフリカのガーナを例にみてみよう）

1 | 第三世界の連携

1 第三世界の台頭

東西両陣営の対立のなか，そのいずれの側にも属さない非同盟主義の立場で世界平和を実現しようとする動きが，インドのネルー首相を中心にすすめられた。1954年，セイロン(現スリランカ)の首都コロンボに南アジアと東南アジアの首脳が集まり(コロンボ会議)，アジア・アフリカ諸国会議の開催を提案した。ネルーは1954年に中華人民共和国の周恩来首相と会談して平和五原則(①領土保全と主権の尊重，②不侵略，③内政不干渉，④平等と互恵，⑤平和共存)を発表し，第三世界の世界平和に対する姿勢を方向づけた。

★1 現在の首都は，スリ・ジャヤワルダナプラ・コッテ。

★2 この会談の前にインドと中国のあいだでかわされた，チベットに関する協定の前文にかかげられていた原則を再確認したもの。

2 アジア＝アフリカ会議

1955年インドネシアのバンドンで史上初のアジア・アフリカ諸国による国際会議が開かれた。参加国は29カ国で，立場の違いをこえ，反植民地主義・平和共存・非同盟主義などからなる平和十原則を決議した。

★3 バンドンで開催されたためバンドン会議ともよばれる。

3 非同盟諸国の団結

　インドのネルー首相，ユーゴスラヴィアのティトー大統領，エジプトのナセル大統領らは，非同盟主義の立場をとる発展途上国の結集をはかり，1961年には第1回非同盟諸国首脳会議を開いた。この会議では，核兵器禁止，植民地主義の打破などをめざして共同することが宣言された。こうしたアジア・アフリカ・ラテンアメリカなどの非同盟諸国を総称して「第三世界」という。その後も会議を重ね，世界平和・反植民地主義・経済自立のために団結をはかった。

★4 第1回はユーゴスラヴィアの首都ベオグラードで25カ国が参加。その後，参加国も増加し，1973年にアルジェリアのアルジェで開かれた第4回会議では「天然資源の国有化」をうたい，資源を政治的武器とする姿勢を示して注目された。

[第三世界は，どのように連携を強化したのだろう？] Q1 ▶▶▶ A1
① 平和五原則…ネルー，周恩来による演説。
② アジア＝アフリカ会議…平和十原則を決議。
③ 非同盟諸国首脳会議…ネルー，ティトー，ナセルらによって開催。

2 インド＝パキスタン（印パ）戦争と中印国境紛争

1 カシミール問題

　インド・パキスタンの分離・独立の際，カシミール地方では，ヒンドゥー教徒の支配者がインドへの帰属を決定し，人口の約8割を占めていたイスラーム教徒（ムスリム）の住民と対立した。この対立は，インドとパキスタンが介入し，3度にわたるインド＝パキスタン（印パ）戦争にまで発展した。

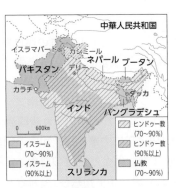

▲南アジアの宗教分布

★1 第1次，1947～48年。第2次，1965年。第3次，1971年。カシミール地方をめぐる紛争は現在もつづいている。

2 中印国境紛争

　1959年のチベット動乱をめぐって中国とインドの関係が悪化し，62年に両国の間でカシミール地方の国境をめぐって紛争がおきた（中印国境紛争）。このインドと中国の対立は非同盟諸国の結束をそこなうことになった。

★2 チベットは1951年に中華人民共和国の支配下に入ったが，59年に民衆が蜂起した。蜂起は鎮圧され，ダライ＝ラマ14世はインドに亡命し，チベット独立を宣言した。

3 バングラデシュ独立

　言語などの違いから東パキスタンが西パキスタン(現在のパキスタン)からの独立を試みると，インドが支援して第3次インド＝パキスタン戦争(1971年)がおこり，インドが勝利した結果，東パキスタンがバングラデシュとして独立した。

3 アフリカ諸国の独立

1 第二次世界大戦以前のアフリカ

　独立国家は，アメリカ合衆国の解放奴隷が1847年に建国したリベリア共和国，古代からつづくエチオピア帝国，1922年にイギリスから独立したエジプト王国，イギリスの自治領南アフリカ連邦の4カ国のみ。[*2]

2 北アフリカ

　1951年にリビアがイタリアから，56年にモロッコとチュニジアがフランスから独立した。フランスの支配下にあったアルジェリアは，民族解放戦線(FLN)が武装闘争をつづけ，62年に独立を達成した。

3 アフリカの年

　1957年，イギリス領ゴールドコーストがエンクルマ(ンクルマ)首相の下でガーナとして独立，サハラ以南のアフリカ(ブラック＝アフリカ)において，第二次世界大戦後で最初の独立国となった。翌58年，ギニアのセク＝トゥーレが「隷属の中の富よりも，自由の中の貧困を選ぶ」と高らかに宣言してフランスから独立。60年には17カ国が独立を達成し「アフリカの年」といわれた。現在のアフリカの独立国家は54カ国である。

★1 イタリアとの第2次エチオピア戦争に敗れ，1936年から41年まで東アフリカ帝国(イタリア領東アフリカ)となる。41年に再独立を果たし，42年に連合国として第二次世界大戦に参戦した。

★2 4カ国のうち黒人国家はリベリアのみ。

▲アフリカ諸国のおもな独立

4 アフリカ統一機構(OAU)

　1963年，エチオピアの首都アディスアベバにアフリカの首脳らが集まり，アフリカ諸国首脳会議が開催された。そこでアフリカ統一機構(OAU)が結成され，アフリカ諸国の連帯と発展，植民地主義の克服(こくふく)をめざすことになった。

5 独立後にかかえる問題点

　旧宗主国との従属関係が継続，モノカルチャー経済，独裁や内戦，クーデタによる政情不安，公共インフラの未整備など，さまざまな課題をかかえている。

❶コンゴ民主共和国　1960年の独立後，銅など鉱産資源をめぐって旧宗主国ベルギーが干渉し，1960～65年に内戦が生じた(コンゴ動乱)。
★3

❷ナイジェリア内戦(ビアフラ戦争)　1967～70年，ナイジェリア南東部でイボ人が「ビアフラ共和国」として独立を宣言し，連邦政府との間で内戦。イギリス・ソ連の支援をうけた政府軍が，フランスの支援を得たビアフラ軍を制圧した。

> 補説　**多民族国家**　アフリカ諸国の国境線は直線で引かれているところがある。これは，ヨーロッパ列強が，1884～85年のベルリン＝コンゴ会議でアフリカを分割した結果である。独立後のアフリカ諸国は多民族国家となった。国内に100以上の民族が存在する国としては，スーダン(約600)，タンザニア(約120)，ガーナ(約100)，ナイジェリア(300以上)，アンゴラ(約100)，カメルーン(約200)，チャド(約200)，コンゴ民主共和国(200以上)をあげることができる。

★3 宗主国ベルギーが介入し，カタンガ州の銅・ウラン・コバルトなどの資源をめぐって内乱がおこった。首相ルムンバがソ連に支援を求めると，共産化を恐れアメリカが介入した。

4 | エジプトの台頭と中東戦争

1 エジプト革命

　1952年ナギブとナセルを中心とする自由将校団がムハンマ
★1
ド＝アリー朝のファルーク国王を追放し，大地主の土地所有を制限して小作農(こさくのう)に土地を分配する農地改革を断行し，53年エジプト共和国が成立した(エジプト革命)。54年，ナギブが追放され，ナセルが政権をにぎった。

★1 アジア＝アフリカ会議に出席して積極的中立主義をとなえ，第三世界の有力な指導者となった。

2 スエズ戦争

　1954年，政権を手に入れたナセルは，アスワン＝ハイダム

の建設に着手し，スエズ運河一帯のイギリス軍を撤兵させた。
56年，アメリカ・イギリスが同ダム建設の資金援助を停止すると，エジプトはこれに対抗し，資金確保のために**スエズ運河の国有化**を宣言した。

★2 エジプトはスエズ地帯からイギリス軍を撤退させたが，運河の経営権はイギリス，フランスがにぎっていた。

　これに対し，フランス・イギリスとイスラエルの3国軍がエジプトに出兵して**スエズ戦争(第2次中東戦争)**がはじまった。エジプトは苦戦したが，3国は米ソ両国の圧力と国際世論の非難をあびて撤退した。イラン・サウジアラビアはアメリカの影響下におかれる一方で，イラク・エジプト・シリアはソ連へと接近し，西アジア諸国は米ソの冷戦構造の中に組み込まれた。

3　パレスチナ問題の展開

　1948年パレスチナ戦争(第1次中東戦争)と56年スエズ戦争(第2次中東戦争)によりイスラエルが地歩をかためるなかで，イスラエルの占領下にあるパレスチナを解放することを目標に，多くの抵抗組織が結集して64年に**パレスチナ解放機構(PLO)**を結成し，対イスラエル闘争の中心となった。69年にファタハ党を率いる**アラファト**がPLO議長となった。

★3 イスラームの教えに基づいた国家や社会の建設をめざす社会運動や政治思想のこと。

4　第3次中東戦争

　イスラエルは，1967年エジプト・シリアを奇襲攻撃して東エルサレムをふくむヨルダン川西岸地区・ガザ地区・シナイ半島(1982年エジプトに返還)・ゴラン高原を占領した。これが**第3次中東戦争**で，6日間戦争ともいわれる。エジプトは大敗し，ナセルに象徴されるアラブ＝ナショナリズムは大きな打撃をうけた。アラブ地域では，ナセル政権下で抑圧されていたムスリム同胞団のような**イスラーム主義**勢力が力をもつようになった。

★4 アメリカの援助を得たイスラエルが戦況を逆転させて停戦した。

★5 OPECは原油価格を引き上げると発表し，同時にアラブ石油輸出国機構(OAPEC)が産油制限や親イスラエル国に対する石油禁輸措置をとったため，先進国を中心に経済が混乱した。

5　第4次中東戦争

　1973年，ナセルのあとをついだエジプトのサダト大統領は，イスラエルに対して反撃したが，まもなく停戦となった。この**第4次中東戦争**の際，石油輸出国機構(OPEC)は，原油価格の大幅引き上げや石油の輸出制限などの石油戦略を発動し，イ

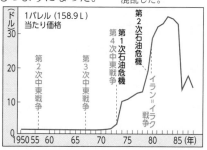

▲石油価格の変化

スラエルを支援する西側諸国に対して圧力をかけた。このため，先進資本主義国の高度成長は終わり，「世界同時不況」がおこった（第1次石油危機）。

> 補説　**石油輸出国機構（OPEC）**　1960年，イラクのよびかけにより，イラン・クウェート・サウジアラビア・ベネズエラが参加して結成した。原油価格の値下がりが結成のきっかけであったが，本来の目的はメジャー（国際石油会社）の寡占体制に対抗し，産油国が石油の供給権をにぎることにあった。OPECは，1979年にも石油価格の大幅な引き上げを実施し，第2次石油危機がおこった。

6 国連のPLO承認

　国連は，1974年パレスチナ人の民族自決権・独立国家樹立権を承認し，PLOをパレスチナ人の唯一正統な代表権をもつ組織として国連へのオブザーバー参加を認めた。[6]

★6 これに先だち，PLO議長アラファトは，アラブ首脳会議でPLOがパレスチナ唯一の代表組織であることを承認させた。

7 エジプト＝イスラエル平和条約

　1977年エジプトのサダトがイスラエルを訪問，イスラエルとの和解に転じた。78年には，カーター米大統領が仲介して，サダトとイスラエルのベギン首相が米大統領の山荘があるキャンプデーヴィッドで会談し，**エジプト・イスラエルの国交正常化とシナイ半島の返還で合意**（キャンプデーヴィッド合意）した。79年にはエジプト＝イスラエル平和条約が締結された。しかし，イスラエルとの単独和平は，アラブ諸国やPLOの反発をまねき，エジプトはアラブ連盟脱退を発表した。81年にサダトは，対イスラエル和平に不満をもつイスラーム原理主義（イスラーム主義）のグループ（ジハード団[7]）によって暗殺された。

★7 ムスリム同胞団のような穏健路線を否定し，武装闘争をおこなっている組織。

5 ｜ ラテンアメリカ諸国とキューバ革命

1 第二次世界大戦後の中南米

　ラテンアメリカ諸国は，アメリカの強い影響下におかれた。
- ❶**米州相互援助条約（リオ協定）**　1947年，アメリカとラテンアメリカ諸国との間で，相互の軍事的支援を約束。
- ❷**米州機構（OAS）**　1948年，パン＝アメリカ会議を開催し，合衆国の指導により，19世紀から続いたパン＝アメリカ会議を改組して，米州機構（OAS）を結成することが合意された。

★1 アメリカ大陸国家の国際会議。1889年，合衆国主催で第1回会議がワシントンで開かれた。事実上合衆国主導の会議。

2 ラテンアメリカの民族運動

①1946年，アルゼンチンではペロンが大統領になり，外国資本の国有化や初等教育の拡大など，民族主義的政策をおこなった。独裁的な政治で，地主やアメリカ資本と対立し，55年，軍部のクーデタで失脚した。②51年，グアテマラで民族主義的な左翼（さよく）政権が誕生（たんじょう）し，農地改革やアメリカ資本の接収（せっしゅう）をおこなった。54年，アメリカに支援された亡命（ぼうめい）グアテマラ人の反革命軍が侵攻し，クーデタにより政権は崩壊した。

▲ラテンアメリカ地域の動向

メキシコ
グアテマラ
　1951 左翼政権成立
　1954 軍事クーデタ
　　　 親米独裁政権成立
　1986 民政移管
ハイチ
パナマ　ベネズエラ
キューバ
　1952 軍事クーデタ
　　　 バティスタ大統領再任
　1959 キューバ革命
　1961 社会主義宣言
　1962 キューバ危機
0°（赤道）
太平洋
ペルー
ブラジル
ボリビア
ニカラグア
　1979 ニカラグア革命
　　　 サンディニスタ民族解放戦線
　　　 政権掌握
　1990 親米政権成立, 内戦終結
チリ
　1970 アジェンデ人民連合政権成立
　1973 軍事クーデタ
　1974 ピノチェト軍事独裁政権成立
　1990 民政移管
大西洋
アルゼンチン
　1946 ペロン大統領就任
　1955 軍事クーデタ
　1973 ペロン大統領再任
　　　 （～74）
　1976 親米軍事政権成立
　1982 フォークランド戦争
　　　 （対イギリス）
　1983 民政移管
ウルグアイ
フォークランド
諸島

3 キューバ革命

①キューバでは，1959年にカストロやゲバラが親米的なバティスタ独裁政権を倒して革命政府を樹立した（キューバ革命）。新政権は，第1次農地改革で小作人（こさくにん）に対し土地を無償で与えるとともに大土地所有制限をおこなった。②60年に入るとアメリカ合衆国および国内大企業との対立が決定的となる。合衆国は米州機構（OAS）でキューバ非難を開始し，砂糖輸入割当量（わりあて）を削減した。カストロは，石油精製所，製糖工場，電力会社，銀行などアメリカ系企業および国内大企業を国有化。③61年1月，アメリカ大統領アイゼンハワーはキューバと断交し，次[★2]のケネディ政権は反革命軍を支援してキューバに侵攻させたが失敗。一方，キューバが社会主義共和国であることを宣言すると，ソ連などが貿易拡大を通して援助した。

★2アメリカは62年にキューバを米州機構から除名し，全面禁輸をおこなった。

4 「進歩のための同盟」

キューバ革命は，ラテンアメリカ諸国の革命運動や民族運動に大きな影響を与えた。社会主義の拡大を恐れたアメリカ合衆国は，1961年，キューバを除く中南米諸国と「進歩のための同盟」[★3]を提唱し，ラテンアメリカ諸国に経済援助をおこない，キューバの孤立化をはかった。

★3アメリカのケネディ大統領が，キューバでおきた革命に危機感をもち，米州機構（OAS）加盟国に対する開発援助と民主化の推進を提案した。実効性はなかった。

📖 資料活用　アジア・アフリカ・ラテンアメリカ諸国は，東西陣営の対立にどのように対応したのだろう？（アフリカのガーナを例にみてみよう）Q2

資料1　平和十原則（1955年）

1．基本的人権，国連憲章の目的と原則の尊重。

2．すべての諸国民の主権・領土保全の尊重。

3．あらゆる人種の同権，大小すべての国民の同権の承認。

4．他国の内政に介入あるいは干渉しないこと。

5．国連憲章に一致する諸国民の単独あるいは集団的自衛権の尊重。

6．（イ）大国の特定の利益に役立てるために集団的防衛のとりきめを利用しないこと。

（ロ）いかなる国も他国を圧迫しないこと。

7．いかなる国の領土保全，侵略のあるいは政治的独立にたいしても，侵略行為のおどかし，あるいは力の行使をしないこと。

8．あらゆる国際紛争の解決は，国連憲章に一致する。話しあい，ゆずりあい，仲裁あるいは裁定のような平和的方法ならびに当事国がえらぶその他の平和的方法で解決すること。

9．相互的利益と協力の促進。

10．正義と国際的義務の尊重。

（上原専祿・仁井田陞・飯塚浩二監修『現代アジア史3』大月書店）

資料2　ガーナ独立式典におけるエンクルマ（ンクルマ）の演説（1957年3月6日）

　ガーナの皆さん。戦いはやっと終わりました。皆さんの愛する国ガーナはここに永久に自由になりました。戦いに参加し勝利したこの国の首長，人民，青年，農民，女性たちにこの機会に感謝を申し上げます。……今日そして今後，世界に新しいアフリカ人が存在します。この新しいアフリカ人は自己の戦いをする準備，黒人は自分の問題を処理することができる用意が最終的にできています。……私たちはアフリカ人自

身のパーソナリティとアイデンティティを創造しようとしています。これは私たちが自己の運命の主人公であると世界に示す唯一の方法です。……私たちは闘ってきました。さらにアフリカの他の国々を解放する闘争に再び立ち上がりましょう。なぜなら，私たちの独立は，アフリカ大陸の全面的な解放と結びつかなければ，意味がないからです。

（歴史学研究会編『世界史史料11』岩波書店）

資料3　アフリカからアジア＝アフリカ会議に参加した国家と政治（1955年）

国名	政治体制	政変件数
エジプト	多党制	2
エチオピア	一党制	3
ガーナ	軍事政権	6
リベリア	多党制	2
リビア	軍事政権	2
スーダン	多党制	5
モロッコ	多党制	0
チュニジア	一党制	1

（川端正久『アフリカの政治を読む』法律文化社より作成）

資料4　ガーナの輸出品目

1968年 3.3億ドル

カカオ豆 55.6%	木材 8.5	アルミニウム 8.0	金 7.7	カカオバター 7.2	その他 13.0

2018年 171.0億ドル

金 35.6%	原油 30.4	カカオ豆 14.3	ココアペースト2.3	果物3.5	その他 13.9

（UN Comtrade）

(1)アジア＝アフリカ会議　植民地からの独立を果たしたアジア・アフリカ諸国は，国民国家建設と経済発展(経済的自立)という難問に直面し，東西いずれかの陣営への帰属選択をせまられていた。そのような情勢のなかで会議の最終コミュニケとして発表されたものが「平和十原則」である(資料1)。基本的人権ならびに国連憲章の目的と原則の尊重，国家の主権と領土の尊重，人種と国家間の平等，内政不干渉，自衛権の尊重，集団防衛体制の反対，正義と国際義務の尊重などが示され「バンドン精神」といわれる。

(2)ガーナの独立　この会議に参加したエンクルマ(ンクルマ)は，「バンドン精神」に深く共鳴し，1957年にイギリスからの完全独立を達成した。国名は8～11世紀にさかえた「ガーナ王国」に由来している。資料2は，独立式典でのエンクルマの演説である。ガーナ独立の意義を国民に語りかけながら，同時に，「アフリカ大陸の全面的な解放」をアフリカ諸国人民によびかけたのだ。

　彼がよびかけた「アフリカ大陸の全面的な解放」は，1963年，アフリカ統一機構(OAU)として実を結ぶ。

(3)クーデタ　資料3は，アジア＝アフリカ会議にアフリカから参加した国の冷戦下の政治体制と政変件数を示したものである。1990年までにアフリカ大陸でおこった政変は約160件で，70件以上のクーデタが成功した。クーデタを経験したアフリカ諸国の数は30カ国(1990年のアフリカの独立国数は52)をこえている。前政権の経済開発の失敗が軍部の台頭をまねいた場合が多い。

　エンクルマは，社会主義の看板をかかげ，国有化と経済的自立の政策を実行した。当時のガーナの経済は，宗主国イギリスが遺したカカオ輸出が主産業のモノカルチャー経済であった(資料4)。世界市場でのココア価格の急落がエンクルマ政権の経済開発計画を挫折させ，これが1966年の軍部と警察によるクーデタの背景となった。独立当初から，アメリカ政府はガーナ社会主義の動向を警戒しており，66年のクーデタもアメリカの中央情報局(CIA)が画策したものであった。クーデタ後に生まれたブシア政権は，反エンクルマを基本とし，アメリカに接近してアメリカからの援助を引き出した。しかし，ガーナの主力商品であるカカオの価格は下落をつづけ，経済は逼迫し国民の不満は募った。72年に軍人のアチャンポンがクーデタをおこし軍事独裁政権を立ててソ連側に接近する。その後もクーデタがつづき，米・ソの間を行き来する。

(4)モノカルチャー経済　モノカルチャー経済は多くの問題をかかえている。輸出する特定の農産物が天候や国際価格変動の影響をうけやすい，外貨獲得のため輸出する商品作物栽培が優先され自給用の穀物自給率が低下する，児童労働が常態化し新しい産業を担う人材が育たない，などである。ガーナ経済は農業・鉱業等に依存する典型的な一次産品依存型であり，主要輸出品も金，原油，カカオ豆が上位を占めており(資料4)，国際市況及び天候の影響をうけやすい。モノカルチャー経済からの脱出が課題となっている。

要点　Q2 ▶▶▶ A2

　モノカルチャー経済に依存したアフリカ諸国は，経済的自立に失敗。米ソ両陣営にくみすることを繰り返した。

2 » 冷戦と世界経済②

まとめ

① 55年体制の成立と政治・外交の展開 ☞p.400

□ 政党政治の変化

- **革新勢力**…1952年，血のメーデー事件→政府は破壊活動防止法制定。警察予備隊を保安隊に改組。アメリカとMSA協定を結び，防衛庁を設け，その統轄下に自衛隊を設置。
- **保守勢力**…鳩山一郎の日本民主党が政権を獲得。日本社会党が再統一。日本民主党は自由党と合併(保守合同)し，自由民主党が誕生，社会党が野党第一党に→55年体制(やがて野党は多党化)。
- **社会運動**…米軍基地反対運動。第五福竜丸がアメリカの水爆実験により被爆→原水爆禁止運動の高まり。

□ 国際社会への復帰

- **国際機関**…1951年，サンフランシスコ平和条約締結→国際通貨基金(IMF)，国際復興開発銀行(IBRD)への加盟→日本への資金援助→復興資金として活用。
- **国際連合**…安全保障理事会の常任理事国であるソ連が拒否権を行使→ジュネーヴ4巨頭会談で緊張緩和→鳩山一郎内閣が平和共存路線に転じたソ連と関係改善へ→1956年，日ソ共同宣言により国交回復(領土問題は未解決のまま)→日本の国際連合への加盟が実現。

□ 日米安全保障条約の改定　警察官職務執行法の強化をめぐる対立→1960年，安保闘争→岸信介内閣が新安保条約を締結(アメリカとの間に相互防衛義務)→岸内閣総辞職。

□ ベトナム戦争と沖縄

- **戦争の激化**…米軍の後方基地として日本の役割が増大。
- **沖縄**…ベトナム反戦運動，沖縄の祖国復帰運動が高まる→佐藤栄作首相が非核三原則を表明→1971年調印，1972年発効の沖縄返還協定により本土復帰。

□ 東アジア外交

- **日韓基本条約**…韓国と国交正常化。
- **日中共同声明**…中華人民共和国と国交，1978年に日中平和友好条約を締結。

❷日本の高度経済成長と社会の変化 ☞p.408

☐ **高度経済成長のはじまり**　朝鮮戦争→アメリカが日本の工業で軍備を補充→特需景気→神武景気(高度経済成長へ)。

☐ **高度経済成長の展開**　池田勇人内閣による「所得倍増計画」→減税や社会保障による所得格差の是正→1968年にGNPが資本主義国第2位となる。東京オリンピック，日本万国博覧会の開催。

☐ **国際競争力**　IMF＝GATT体制への参加。池田勇人内閣が貿易為替自由化大綱を発表。OECD(経済協力開発機構)加盟で資本の自由化→独占禁止法の緩和，旧財閥系の銀行は企業集団を形成。

☐ **産業構造の変化**　第1次産業は就業人口・生産額ともに減少，第2・3次産業が中心となる。設備投資が増加(「投資が投資をよぶ」)。石炭から石油へエネルギーの主役が移動(エネルギー革命)。終身雇用・年功賃金・労使協調を基本とする日本的経営が根づく。農業基本法の制定。食料自給率の低下とともに国内の農業生産額減少→兼業農家の増加。

☐ **国民生活**
- **消費生活の変化**…中流意識。「三種の神器(電気洗濯機・白黒テレビ・電気冷蔵庫)」「新三種の神器(自動車・カラーテレビ・エアコン)」の普及。核家族の増加。大量生産・大量販売→スーパーマーケットが急成長。
- **交通**…マイカーの普及。名神高速道路，東名高速道路，東海道新幹線開業。1964年に日本人の海外旅行が自由化。
- **食生活の変化**…食の洋風化→食料自給率の低下。減反政策。

☐ **社会問題**
- **都市と人口**…集団就職→都市の過密化。農村部は過疎化。モータリゼーション→交通渋滞。ニュータウン建設→ドーナツ化現象。
- **公害**…イタイイタイ病，水俣病，新潟水俣病，四日市ぜんそくの四大公害訴訟→公害対策基本法，環境庁。

まとめ

❸ 核戦争の恐怖から核軍縮へ 👉p.418

- ☐ **キューバ革命**　カストロが社会主義を宣言→反米へ。
- ☐ **キューバ危機**　1962年ソ連がキューバにミサイル基地を建設→米ソ臨戦態勢→ケネディ大統領，フルシチョフ第一書記の折衝で核戦争の危機回避。
- ☐ **緊張緩和（デタント）**　西ドイツのブラント首相がポーランド，ソ連，東ドイツとの間に友好的条約→東ドイツとともに国連加盟。
- ☐ **核軍縮**　核兵器保有国の増加（アメリカ・ソ連・イギリス・フランス・中国）→部分的核実験禁止条約（PTBT）→核拡散防止条約（NPT）→戦略兵器制限交渉（SALT Ⅰ，Ⅱ）。

❹ 冷戦構造の揺らぎ 👉p.424

- ☐ **中国の変化**　1953年，第1次五か年計画で農業の集団化→1958年，第2次五か年計画（「大躍進」政策）で増産→人民公社の建設→食糧難。
- ☐ **中ソ論争**　毛沢東がソ連の平和共存路線を修正主義と批判→中ソ論争から中ソ国境紛争へ。
- ☐ **プロレタリア文化大革命**　劉少奇・鄧小平による「調整政策」→毛沢東と林彪が紅衛兵を組織し「資本主義復活をはかる実権派」と批判して開始→共産党の統治機構破壊，社会が大混乱。
- ☐ **ソ連の停滞**　キューバ危機で譲歩したフルシチョフが失脚，ブレジネフが第一書記に就任。
- ☐ **「プラハの春」**　チェコスロヴァキアでおこった民主化・自由化運動。
- ☐ **ベトナム戦争**　親米派のベトナム共和国に対して南ベトナム解放民族戦線結成→アメリカが北爆を開始→財政危機におちいったアメリカは撤退開始→ベトナム（パリ）和平協定→ベトナム共和国（南ベトナム）崩壊。
- ☐ **アメリカの動揺**　ケネディ大統領（ニューフロンティア政策）→ジョンソン大統領（公民権法，北爆開始）→ニクソン大統領（72年訪中，ウォーターゲート事件で失脚）。

❺ 世界経済の転換 ☞p.432

□ **ブレトン゠ウッズ体制** 国際通貨基金(IMF)と国際復興開発銀行(IBRD)を基礎とする体制。

□ **ドル゠ショック** ベトナム戦争による軍事費の膨張と経済援助でドルの流出→ニクソン大統領が金ドル交換停止。ブレトン゠ウッズ体制は崩壊し，西側諸国は変動相場制へ移行。

□ **石油危機** 第4次中東戦争→石油輸出国機構(OPEC)とアラブ石油輸出国機構(OAPEC)が石油戦略を発動→先進国でスタグフレーションが発生→省エネルギー化，先進国首脳会議(サミット)で対応。

□ **西側諸国の変化** サッチャー政権(イギリス)，レーガン政権(アメリカ)で新自由主義の政策。

❻ アジア諸地域の経済発展と市場開放 ☞p.436

□ **開発独裁と経済発展**

・**韓国**…朴正熙政権下で重化学工業化。

・**マレーシア**…統一マレー人国民組織(UMNO)がイギリスからの独立をめざす→マラヤ連邦として独立→シンガポールが分離→ブミプトラ政策→マハティール首相の経済開発政策。

・**インドネシア**…スハルト大統領による軍事独裁。

・**シンガポール**…リー゠クアンユーのもとで経済発展。

・**フィリピン**…マルコス大統領による独裁。

・**中国**…鄧小平による改革開放路線。

□ **日本経済の変化**

・**安定成長**…ME化，OA化，減量経営。貿易摩擦→日米構造協議。政府開発援助(ODA)供与額が増加。牛肉・オレンジなどを輸入自由化。

・**1980年代**…中曽根政権が行財政改革。プラザ合意をきっかけに円高→通貨量増大でバブル経済。1989年に消費税導入。

SECTION 1 55年体制の成立と政治・外交の展開 日本史

▶ 中華人民共和国の成立と朝鮮戦争によって極東で冷戦が深刻化すると，日本は資本主義陣営の一員としての立場を明確にした。国内では55年体制が成立し，自由民主党による長期保守政権がつづいた。

☞ このセクションでは，次の問いに答えられるようにする必要がある。

Q1 日本の独立回復後，国内の政治や社会運動はどのように変化したのだろう？

Q2 日本の国際連合への加盟が遅れたのは，なぜだろう？

Q3 アメリカ軍専用の施設の多くが沖縄に置かれたのは，なぜだろう？

1 | 55年体制の成立

1 労働組合と革新勢力の動き

1952(昭和27)年にサンフランシスコ平和条約が発効した直後のメーデーでは，講和条約の内容や再軍備，米軍配備に反対するデモ隊が，使用が許可されていなかった皇居前広場に入り，警官隊と衝突して死傷者が出た(血のメーデー事件)。この事件をきっかけに，政府は破壊活動防止法(破防法[*1])を成立させた。

吉田内閣は1952年7月，警察予備隊を保安隊に改組し，1954(昭和29)年には，アメリカとの間にMSA協定[*2]を結んだうえで，防衛庁を設け，その統轄下に自衛隊が設置された。

▲血のメーデー事件

★1 暴力主義的破壊活動をおこなった団体の解散，集会の禁止などを命じる法律。朝鮮戦争で在日米軍が朝鮮半島へ出動したことから，国内の治安維持を強化する目的で制定された。

★2 アメリカが日本に経済援助をあたえるかわりに，日本は防衛義務と自衛力の強化が義務づけられた。

2 保守勢力の動き

1951(昭和26)年に公職追放が解かれて政界に復帰した鳩山一郎は，1954(昭和29)年，自由党を離党して日本民主党を結成した。吉田内閣は総辞職に追い込まれ，鳩山一郎が首相となった。鳩山内閣は再軍備や憲法改正をかかげ，翌1955(昭和30)年の総選挙で勝利した。

一方でサンフランシスコ平和条約をめぐり分裂していた日本社会党(社会党)は，「非武装中立」「護憲」を唱えて再統一した。保守勢力もこれに対抗し，自由党と日本民主党が合併して自由

民主党(自民党)を結成した(保守合同)。やがて，自民党が衆議院で約3分の2弱という多数を占め，社会党が野党第一党として対抗する保守優位の安定した政治体制を確立する。この体制は55年体制とよばれた。

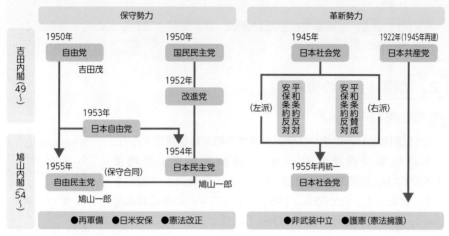

▲保守勢力と革新勢力の流れ

3 社会運動の高まりと政党政治の変化

❶米軍基地反対運動　砂川町(現在の東京都立川市)にあった旧日本軍の飛行場を，戦後に米軍が接収し，拡充することが明らかになると町民は強く反発し，1955(昭和30)年から反対闘争がはじまった。[★3] 1967(昭和42)年に東京都で美濃部亮吉知事が誕生すると，米軍の土地の収用は取り消され，その後米軍は横田基地に移転した。

❷原水爆禁止運動　1954(昭和29)年3月，太平洋上で日本の漁船第五福竜丸が，**アメリカの水爆実験によって被爆**した。核兵器の恐怖が改めて国民にひろまり，原水爆の禁止を求める署名運動がここからはじまった。翌年8月，第1回原水爆禁止世界大会が，広島で開催された。原水爆禁止運動は当初，国民的な運動へ発展したが，やがて日米安保条約の改定，社会主義国の核実験に対する立場の違いから，運動は分裂していった。[★4]

★3 石川県内灘町でも大規模な反対運動がおこった。
★4 野党の一部は，社会主義国のソ連や中国の核実験が増加すると，一貫した反核の立場をとれなくなった。

▲第1回原水爆禁止世界大会

POINT!

[日本の独立回復後，国内の政治や社会運動はどのように変化したのだろう？] Q1 ▶▶▶ A1

政治 日本社会党が統一。保守合同で，自由民主党を結成→55年体制ができる。

社会運動 米軍基地拡張反対運動，原水爆禁止運動などの社会運動がひろがる。

2 | 国際社会への復帰

1 国際機関への加入

　1951（昭和26）年にサンフランシスコ平和条約を締結すると，日本は世界保健機関（WHO），国連教育科学文化機関（UNESCO），国際労働機関（ILO）などの国際機関への加盟を次々とはたした。なかでも，1952（昭和27）年の国際通貨基金（IMF），国際復興開発銀行（IBRD）への加盟で日本への資金援助がはじまり，発電所や鉄道の整備など復興資金として活用された。

★1 サンフランシスコ平和条約締結により，翌1952（昭和27）年にGHQによる占領が終了するとともに，ガリオア資金・エロア援助による日本への援助も打ち切られた。

2 国際連合への加盟

❶ソ連の拒否権　ソ連はサンフランシスコ講和会議に出席したものの，米軍が日本に駐留しつづけることなどに反発して条約調印を拒否していた。以後，日本は国際連合への加盟を申請したが，**安全保障理事会の常任理事国であるソ連が拒否権を行使**して実現しなかった。

❷ソ連との国交回復　1955（昭和30）年に米英仏ソの首脳がジュネーヴ4巨頭会談を開き，冷戦の対立が緩和されると，鳩山一郎首相は平和共存路線に転じたソ連との関係改善をめざした。交渉のなかで鳩山内閣は，第二次世界大戦でソ連が占領した北方領土の一括返

▼日本の国連加盟の経緯

年月	できごと
1951.9	サンフランシスコ平和条約の締結
1952.6	日本が国連加盟を申請
.9	日本の加盟申請を否決
1956.10	日ソ共同宣言の調印
.12	日本の国連加盟を可決

▼日本の国連加盟についての審議

1952年		1956年	
常任理事国	非常任理事国	常任理事国	非常任理事国
アメリカ イギリス フランス ソ連 中華民国	チリ，ブラジル，パキスタン，ギリシャ，トルコ，オランダ	アメリカ イギリス フランス ソ連 中華民国	キューバ，ペルー，オーストラリア，ユーゴスラヴィア，イラン，ベルギー
賛成10，反対1		賛成11，反対0	

還を求めたがソ連が拒否したため，1956（昭和31）年，領土問
題は未解決のまま日ソ共同宣言に調印し，**戦争状態の終了と
国交回復**を実現した。これによりソ連の支持を得た日本は，
同年に**国際連合への加盟**をはたした。

> 補説　**北方領土問題**　国後島・択捉島・歯舞群島・色丹島の四島のうち，歯
> 舞群島・色丹島の二島を，将来の平和条約締結時に返還することが決ま
> った。

［日本の国際連合への加盟が遅れたのは，なぜだろう？］Q2 ▶▶▶ A2
サンフランシスコ平和条約で日本が独立を回復する→米軍駐留に反対し，
ソ連が調印を拒否→ソ連が拒否権を行使したため，国連への加盟ができ
なかった。
　▶ 日ソ共同宣言で戦争状態の終了と国交回復を実現した後，ソ連の賛成
　　を得る→日本の国連への加盟が実現。

3 ｜ 日米安全保障条約の改定

1 日米安保条約の改定

　1957（昭和32）年に首相となった岸信介★1は，日米安全保障条
約（日米安保条約）を改定して日米関係をより対等なものにしよ
うと考えた。一方でアメリカも，**経済的に自立した日本を西側
陣営に改めて組み入れよう**と考え，条約改正交渉がすすめられ
た。その結果，1960（昭和35）年，**日米相互協力及び安全保障
条約（新安保条約）**が締結された。この条約は，アメリカ軍が日
本に基地を設置することを認める点では先の条約と共通するが★2，
次のような点が異なる。

❶**旧安保条約**　単純な地位提供条約。アメリカ軍が日本に駐
　留する。アメリカ軍が日本国内の治安の乱れに対処する（→
　内政干渉のおそれ）。**アメリカのみが日本の安全に寄与**（→片
　務的）。

❷**新安保条約**　対等な立場の相互防衛条約。日本が独立国と
　しての体裁を確保。日米経済協力の強化，アメリカ軍への日
　本の援助，**相互防衛義務**（→双務的）。

★1 第二次世界大戦
を指導した東条英機
首相の下で国務大臣
を担った人物である
ことから，戦後，極
東国際軍事裁判でA
級戦犯容疑者として
逮捕・拘留された
（1948年に不起訴と
なり釈放）。

★2 米軍への基地提
供および使用に関し
ては，日行政協定
（1952年に締結）で
定められた。米軍関
係者による公務中の
犯罪は米軍が裁判権
をもつ，という取り
決めもされた。

2

冷戦と世界経済
②

2 新安保条約が想定したこと

❶**事前協議制度**　日米の軍事同盟関係は明確となり，**日本の領域内で日米いずれかが攻撃をうけた場合は，共同で対処する**こととなった。反対勢力は「日本周辺でアメリカが戦争をはじめると，日本が巻き込まれる危険がある」と指摘（してき）した。これについて日本政府は，アメリカ軍が日本から出動するときの基地の利用については，両国政府が事前に協議をおこなうことになるため，その危険はないと説明した。

❷**集団的自衛権**　相互防衛義務は，双方（そうほう）が集団的自衛権を行使することを前提としたものである。しかし，**日本は集団的自衛権をもっているが，憲法上行使できない**というのが日本政府の立場であった。そこで日本は基地を提供し，アメリカは日本を守るという形に収めることとなった。

> 用語　**集団的自衛権**　自国と同盟関係にある国が武力攻撃をうけたとき，その国を守るために共同で防衛行動をとる権利。国際連合憲章第 51 条に記された国際的に認められた権利であるが，安全保障理事会による強制措置がとられるまでの間だけ認められる。これは日本国憲法第 9 条の認める「必要最小限度の自衛の範囲をこえるものである」として反対する意見がある。

3 安保闘争

❶**新安保条約の承認**　改正交渉がすすめられたころ，警察官職務執行法（警職法）（しっこう）★3の強化をめぐって社会党・共産党などの革新勢力は政府との対立を深めていた。1959（昭和 34）年には安保条約改定阻止国民会議が組織され，反対運動が高まっていった。1960（昭和 35）年 1 月，アメリカで新安保条約が調印され，5 月には衆議院で条約承認に関する審議がおこなわれた。反対する社会党議員★4が座り込みをおこなうと，議長は警官隊を国会内に導入して排除し，会期を延長したうえで強行採決した。

❷**大規模デモ運動**　**国会周辺は数十万人のデモ隊に連日包囲**された。6 月には 500 万人以上の労働者が参加して全国各地でストライキがおこなわれた。岸（きし）首相が条約承認を急いだのは，6 月にアイゼンハワー米大統領の来日が予定されたためであるが，混乱のなかで大統領の来日は中止された。採決から 30 日後，参議院の議決を経ずに衆議院の議決のみで条

★3 他人に危害を加えるおそれがある者を発見した場合，警察官が制止・保護をする行為を認めた法律。このとき，警察官の職務権限を拡大する改正案が提出されたが，国民からの反対で実現しなかった。

★4 社会党などの革新勢力は自民党に対して審議拒否などの対決行動に出た。

約は自然承認され，岸内閣は批准の手続きをすませたうえで，総辞職した。

❸**新安保条約の延長**　新安保条約は，改定から10年を経過した後，日米いずれか一方の意思により1年間の予告で破棄できるが，その意思表示がない限り条約は存続する「自動延長」の方式がとられた。これにもとづいて**1970(昭和45)年に新安保条約が延長**された。

▲国会を取り巻くデモ隊（1960年6月）

[日米安全保障条約の改定]
① 改定の目的…│日本│ 日米関係をより対等なものにする。
　　　　　　　│アメリカ│ 経済的に自立した日本を西側陣営に組み入れる。
② 革新勢力の反対理由…日本が戦争に巻き込まれる危険が高まる。

4 ベトナム戦争と沖縄

1 ベトナム戦争の激化

　1965(昭和40)年，アメリカのジョンソン大統領が南北ベトナムの紛争への軍事介入を決定し，北ベトナムへの空爆を開始した。以後，この**ベトナム戦争が激化すると，アメリカは日本と韓国に連携を求めた**。第二次世界大戦後にアメリカの軍政下に置かれていた沖縄は，米軍の後方基地として重要性を増した。

★1 沖縄の米軍病院には，ベトナム戦争で負傷したアメリカ兵が多数送られ，治療をうけた。

　沖縄の米軍基地は，占領直後から広大な面積を占めていたわけではなかった。1950年代半ばまで，米軍基地の約9割は日本本土にあったが，各地で米軍基地反対運動がおこると沖縄への移転がはかられ，1970年代にかけて沖縄の米軍基地は全国の約8割を占めるようになった。

▲沖縄から出撃し，爆撃を開始する米軍機B52

2 米軍基地の配置

❶**世界に展開した米軍** 米軍が基地を置いた国は，日本だけではない。ソ連や中国に対する包囲網をめぐらせるため，**沖縄・グアム・サイパン・フィリピンなど太平洋の島々は，軍事的な要(かなめ)として重視された。**アメリカとともにNATO(北大西洋条約機構(きこう))に加盟する西ヨーロッパ諸国にも，多くのアメリカ兵が駐留した。後方基地としての沖縄は，アメリカの敵対国からの攻撃対象となる危険をかかえる一方で，**アメリカ兵を相手とする飲食業やリゾート産業が発達し，主要産業となった。**さらにベトナム戦争がはじまると，朝鮮戦争のときのような「特需(とくじゅ)」も発生し，米軍向けの資材や衣料の生産が活発になった。

❷**祖国復帰運動の高まり** 一方アメリカ国内ではベトナム反戦運動が活発になり，世界の社会運動に影響をあたえた。沖縄でも祖国復帰運動が高まっていった。それまで日本政府も沖縄への経済援助をつづけてきたが，沖縄の施政権(しせい)の返還を求める方向へ傾いた[★2]。1965(昭和40)年，佐藤栄作(えいさく)首相は沖縄施政権の日本への返還を希望することを初めて表明し，67年におこなったジョンソン米大統領との会談で2, 3年以内に返還の時期を確定することなどで合意した。さらに反核運動の高まりをうけて，1967(昭和42)年には国会で非核三原則を発表した。

> 用語 **非核三原則** 「核兵器をもたず，つくらず，もち込ませず」とする日本政府のかかげる政策。佐藤首相は退任後の1974年にノーベル平和賞を受賞した。

3 沖縄返還の実現

❶**返還交渉の進展** アメリカではベトナムからの帰還兵の社会復帰が大きな問題となり，ベトナム戦争の収束を望む風潮は一段と高まった。1969(昭和44)年にニクソンがアメリカ大統領になると，ベトナムから段階的に撤兵(てっぺい)することが公約された。ニクソン大統領の方針(ニクソン゠ドクトリン)として以下の2つがあげられる。

1 同盟国に対して軍事的負担の増額を求める。

2 アジアの紛争へ積極的に介入しない。各国に自助を求める。

★2 沖縄の帰属問題は，日本へ復帰すべき，独立すべき，国連の信託統治下に置かれるべきという3つの選択肢の間で，長年議論が交わされてきた。1960(昭和35)年に結成された沖縄県祖国復帰協議会を中心に，ベトナム反戦運動と結びつきながら日本復帰運動はひろがっていった。

▶ベトナム戦争の出費によるアメリカの財政悪化が原因。
佐藤首相は渡米してニクソン大統領と会談し，**「核抜き」**で
沖縄返還する約束を取りつけた。

❷**沖縄返還とその後の問題**　1972（昭和47）年5月15日，前
年に結ばれた沖縄返還協定にもとづき，沖縄の本土復帰が実
現した。ドル＝ショックによるドル安がすすむなかでの通貨
の切り替え，米軍施設の雇用者の大量解雇
など，当初は困難がつづいたが，1975（昭
和50）年の**沖縄国際海洋博覧会（海洋博）**の
開催を機に高速道路の建設がすすむなど，
社会資本が急速に整備されていった。しかし，
日本にあるアメリカ軍専用の施設の約7割
は依然として沖縄に集中し，**返還後も基地
の整理・縮小はすすまなかった。**

▲返還後，ドルを円に交換する沖縄の人々

★3 有事の際に核兵器の再持ち込みを認めること，アメリカが支払うべき土地の原状回復保証費を日本が肩代わりすること，これらは公表されなかった（アメリカとの密約）。

[**アメリカ軍専用の施設の多くが沖縄に置かれたのは，なぜだろう？**] Q3 ▶▶▶ A3
① ソ連や中国という脅威へ対処するための重要な位置にある。
② 日本本土で米軍基地反対運動がおこり，沖縄への移転がはかられた。

5 ｜ 韓国・中国との関係

1 韓国との国交正常化

　大韓民国（韓国）はサンフランシスコ講和会議にまねかれていな
かったため，日本の独立後，戦後補償をめぐって長く交渉がつづ
けられていた。アメリカは極東において社会主義勢力の拡大をお
さえるため，日本と韓国の連携を求め，交渉を仲介した。この結
果，1965（昭和40）年に佐藤内閣が韓国の朴正煕政権との間で日
韓基本条約を締結し，国交を正常化した。日韓基本条約のおも
な内容として以下の2つがあげられる。
❶ 韓国を朝鮮半島唯一の合法的な政府と認める。
❷ 賠償ではなく援助をおこなう（総額8億ドル）。

★1 竹島（島根県）をめぐる領土問題は，このときは棚上げされた。

2 中国との国交正常化

❶**日中共同声明**　1960年代にソ連との関係が悪化した中華人民

共和国(中国)は，アメリカに接近し，1972(昭和47)年に二ク
ソン大統領の訪中が実現した。これを機に，田中角栄首相が
訪中し，同年，日中共同声明を発表して国交を正常化した。こ
の声明で日本は，戦争を通じて中国国民に重大な損害をあたえ
たことへの反省を示した。

❷日中平和友好条約　1978(昭和53)年には日中平和友好条約
が結ばれ，経済・文化面でも交流がいっそうすすんだ。文化
大革命により経済が混乱していた中国にとっては，その翌年か
らはじまった**日本のODA(政府開発援助)は産業発展のうえで
大きな推進力となった**。また，日本にとっても中国の大きな市
場は魅力であり，以後多くの**日本企業が中国へ進出した**。

★2 中華人民共和国
は中華民国(台湾)を自
国の一地域と見なして
いるため，このとき日
本は台湾との国交を断
絶した。その後，資本
主義経済の下で民主化
のすすんだ台湾は，民
間レベルでの日本との
良好な関係がつづいた。

SECTION
2 日本の高度経済成長と社会の変化 日本史

▶ 高度経済成長期に，日本は年平均約10%という経済成長を記録し，所得倍増計
画のもと，社会が大きく変容した。産業の高度化がすすみ，生活が豊かになる一方，
さまざまな社会問題も発生した。

☞ このセクションでは，次の問いに答えられるようにする必要がある。

Q1 戦後の日本は，どのように高度経済成長をとげたのだろう？

Q2 貿易・資本の自由化により，日本の経済活動はどのように変化したのだろう？

Q3 高度経済成長によって，国民の意識はどのように変わったのだろう？

1 ｜ 高度経済成長のはじまり

1 朝鮮戦争と好況

　1950(昭和25)年6月，朝鮮戦争がはじまった。
GHQの占領下にあった日本は，後方基地として
重要な役割を担った。また，**アメリカは戦場に
近い日本の工業を利用して装備を補った**。この
結果，翌年には日本の工業生産指数と実質国民
総生産(GNP)がともに戦前の水準に回復した。
また，世界各国も再び軍備を増強し，日本商品
が海外に販売をひろげたため，輸出額も急増し
た(特需景気)。朝鮮戦争は1953(昭和28)年に

▼日本経済の歩み

年	できごと	
1950	朝鮮戦争の勃発	
1960	国民所得倍増計画の発表	
1962	全国総合開発計画の策定	高度経済成長
1965	戦後初の赤字国債発行	
1968	GNPが資本主義国2位に	
1973	第1次石油危機	
1979	第2次石油危機	安定成長
1985	プラザ合意	
1991	バブル経済の崩壊	
1997	アジア通貨危機	低成長
2008	世界金融危機	

休戦となったが，繊維・金属を中心とする生産拡大はつづき，1955(昭和30)年からは神武景気とよばれる好況がはじまった。このころ，日本経済は高度経済成長の時代へ突入した。

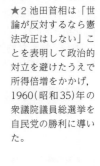

★1 初代天皇とされる神武天皇以来の好況という意味で名づけられた。

2 冷戦と世界経済②

> 補説 「もはや戦後ではない」 1956(昭和31)年の『経済白書』には，「もはや戦後ではない」という言葉が記された。これは戦後の混乱期を終えて経済成長へ向かうという意味ではなく，戦後復興を通じての経済成長は終わり，今後は新たな推進力が必要であるという危機感をもった提言であった。

2 高度成長政策の展開

❶所得倍増計画 岸信介にかわって首相となった池田勇人は，安保や憲法をめぐる対立を避けて経済成長を政策の中心にすえ，「所得倍増計画」をかかげた。その後の経済成長を支えた要素は，次の3点であった。

★2 池田首相は「世論が反対するなら憲法改正はしない」ことを表明して政治的対立を避けたうえで所得倍増をかかげ，1960(昭和35)年の衆議院議員総選挙を自民党の勝利に導いた。

1 技術革新 すでに欧米で開発されていた技術を取り入れ，生産性が向上した(実質的には「技術導入」)。

2 規模の拡大 大規模な工場を建設することで，効率的な生産がすすんだ。

3 内需 大量消費社会が拡大し，耐久消費財の生産が増えた。

▶減税や社会保障による所得格差の是正に努めた結果，国民の労働意欲が引き出された。また，池田内閣は野党との話し合いによる国会運営を心がけ，政局は安定した。

❷日本経済の発展 1964(昭和39)年にはアジア初のオリンピック競技大会となる東京オリンピック，1970(昭和45)年には大阪で日本万国博覧会(大阪万博)が開催され，関連事業として交通網の整備が急速にすすめられた。所得倍増計画は当初，10年でGNPを倍増させて完全雇用を実現するという計画であったが，GNP(実質)の目標に関しては約6カ年で達成した。1968(昭和43)年にはGNPが資本主義国ではアメリカに次ぐ第2位の水準に達した。1960年代後半の経済成長率は10%をこえ，日本は「世界の奇跡」とよばれる高度経済成長をとげた。

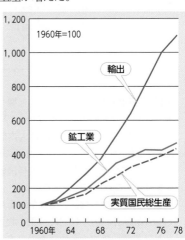

▲日本経済の高度成長

★3 開催に合わせて首都高速道路，地下鉄などの都市交通の整備が急速にすすみ，東海道新幹線も開通。

📖 資料活用　戦後の日本は，どのように高度経済成長をとげたのだろう？　Q1

資料1　国民所得倍増計画の構想

(1)**計画の目的**　国民所得倍増計画は，速やかに国民総生産を倍増して，雇用の増大による完全雇用の達成をはかり，国民の生活水準を大幅に引き上げることを目的とするものでなければならない。この場合とくに農業と非農業間，大企業と中小企業間，地域相互間ならびに所得階層間に存在する生活上および所得上の格差の是正につとめ，もって国民経済と国民生活の均衡ある発展を期さなければならない。

(2)**計画の目標**　国民所得倍増計画は，今後10年以内に国民総生産26兆円（昭和33年度価格）に到達することを目標とするが，これを達成するため，計画の前半期において，技術革新の急速な進展，豊富な労働力の存在など成長を支える極めて強い要因の存在にかんがみ，適切な政策の運営と国民各位の協力により……実現を期する。

（「内閣公文書」）

資料2　おもな物資・サービスの契約額
（1950年6月からの5年間）

（単位：万ドル）

物資		サービス	
兵器	14,849	建物の建設	10,764
石炭	10,438	自動車修理	8,304
麻袋	3,370	荷役・倉庫	7,592
自動車部品	3,111	電信・電話	7,121
綿布	2,957	機械修理	4,822

（「資料・戦後二十年史」日本評論社）

資料3　GNPの国際比較

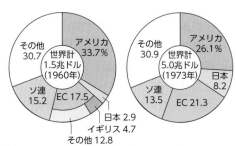

世界計1.5兆ドル（1960年）：アメリカ33.7%　その他30.7　ソ連15.2　EC17.5　日本2.9　イギリス4.7　その他12.8

世界計5.0兆ドル（1973年）：アメリカ26.1%　その他30.9　ソ連13.5　EC21.3　日本8.2

（「数字でみる日本の100年」ほか）

解説

(1)**国民所得倍増計画の構想**　安保闘争で退陣した岸信介内閣のあとを受け，1960（昭和35）年7月に成立した池田勇人内閣は同年末，資料1の「国民所得倍増計画の構想」を閣議決定した。ただし，高度経済成長の始まりは，これ以前にさかのぼる。

(2)**戦争特需**　資料2は，朝鮮戦争が勃発した1950（昭和25）年6月から5年間の物資・サービスの契約額をまとめたものである。アメリカ軍からの膨大な特需（朝鮮特需）は1953（昭和28）年7月の休戦によって終息したが，その後も繊維・金属など工業製品の輸出が順調に拡大し，1955（昭和30）年から1957（昭和32）年にかけて，神武景気と

いう新たな好景気を迎えた。

(3)**9％を超える経済成長**　1950～1960年代，日本の経済成長率は年平均10%前後となり，1968（昭和43）年には，日本のGNP（国民総生産）は資本主義国の中でアメリカに次ぐ世界2位となった。資料3を見ると，国際社会における日本の経済的地位が著しく向上したことがわかる。

要点　Q1 ▶▶▶ A1

　戦後の日本は，1950年の朝鮮戦争をきっかけとした特需によって工業製品の輸出が急増し，好景気となった。60年には池田勇人内閣による「国民所得倍増計画」によって，ＧＮＰ世界第2位にまで成長した。

2｜高まる国際競争力

1 IMF＝GATT体制への参加

　日本は1952（昭和27）年8月にIMF（国際通貨基金）に加入した。円とドルとの交換比率が360円に固定されていた日本は，為替管理と輸入制限に守られて経済成長のきっかけを得たが，1955（昭和30）年にGATT（関税及び貿易に関する一般協定）に加入すると，日本の輸入制限に対する国際的な批判と，貿易自由化の要求が高まっていった。1960（昭和35）年，池田内閣は貿易為替自由化大綱を決定し，国際[★1]

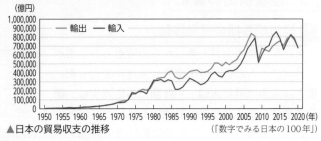

▲日本の貿易収支の推移　　　（「数字でみる日本の100年」）

競争力の高まった産業から輸入を自由化していくことにした。

2 資本の自由化の影響

❶資本の自由化　1964（昭和39）年にはOECD（経済協力開発機構）に加盟し，資本の自由化が義務づけられた。[★2]この結果，日本は先進国間の協調を保ったうえで経済成長をつづけることとなった。外国企業が次々と日本に進出してくると，買収から身を守るために株式の持ち合いが一般化した。独占禁止法は緩和され，旧財閥系の三菱・三井・住友などの銀行は，系列企業への融資を通じて企業集団を形成した。

> 補説　企業集団　財閥では本社と直系企業の間に絶対的な上下関係が築かれたが，企業集団ではグループ内の企業の関係は対等である。

❷企業の合併　また，国際競争力を高めるため，造船や鉄鋼などの重化学工業で大企業どうしの合併がすすんだ。三菱重工は，財閥解体で新三菱・三菱日本重工・三菱造船の3社に分割されたが，1964年に再合併し三菱重工業となった。八幡製鉄と富士製鉄も，財閥解体によって日本製鉄を2社に分離させて成立した企業であったが，1970（昭和45）年に両社の合併が実現し新日本製鉄となった。

★1　貿易自由化品目の割合を，1960（昭和35）年時点の40%から，3年間で約80%に引き上げることを目標とした。

★2　OECDは自由主義諸国間の自由な意見交換を通じて，経済成長・貿易自由化・発展途上国支援に貢献することを目的とする組織。資本の自由化により，海外企業が日本へ自由に進出できるようになった。

[貿易・資本の自由化により，日本の経済活動はどのように変化したのだ
ろう？] Q2 ▶▶▶ A2
① 自由貿易の枠組で自由主義諸国と協調→IMF・GATT・OECDに加盟。
② 外国資本からの防衛のため企業集団を形成→企業どうしの大型合併。

3 | 産業構造の変化

1 経済成長期の労働移動

重化学工業の成長と農村からの労働力の都市へ
の移動にともない，産業構造は急速に変化した。
**第１次産業は就業人口・生産額ともに減少し，第
２次産業・第３次産業の割合が上昇**した。

1965（昭和40）年ごろまでは家庭電化製品を中
心とする内需の伸びが成長を支え，以降は国際競
争力の高まりとともに輸出主導の成長へ転じた。
この間，一貫して大企業による設備投資が活発に
おこなわれ，「**投資が投資をよぶ**」好循環となった。

	第1次産業	第2次産業	第3次産業	その他
1950	48.5	21.8	29.6	0.1
1960	32.7	29.1	38.2	
1970	19.3	34.0	46.6	0.1
1980	10.9	33.6	55.4	0.1
1990	7.1	33.3	59.0	0.5

▲日本の産業別就業人口割合の推移

★1 長期間にわたっ
て使用する機械など
に資金を投じること。

2 エネルギー革命

1950年代半ばから60年代にかけて，石炭から石油へエネ
ルギーの主役が移動した。これをエネルギー革命という。
1960年には労働者の大量解雇に反対する三池争議が九州でお
こったが，石炭産業の衰退は止まらず，**九州や北海道の炭鉱は
次々と閉山**していった。一方，石油は輸入にたより，**中東など
から輸入される安い石油**が経済の安定的な成長を支えた。

★2 物価・賃金の上
昇にともなって石炭
の採掘コストが上が
る一方で，安い石油
が輸入され石炭の需
要が低下したため，
炭鉱の経営は悪化し
ていった。

3 企業経営の変化

企業経営にも欧米の手法が導入され，効率的な販売・品質管
理がすすんだ。その一方で，**終身雇用・年功賃金・労使協調を
基本とする日本的経営**が根づいた。労働者の権利も向上し，労
働組合の中央組織である総評が指導する「春闘」が毎年おこな
われ，所得も増えていった。

4 農業の近代化

第1次産業の中心である農業に関しては，第2次産業・第3次産業との所得格差を是正するため，1961(昭和36)年には農業基本法が制定された。農家は機械や化学肥料の導入により生産性を向上させたが，食料自給率の低下とともに国内の農業生産額は減少し，農業以外の仕事を兼ねる兼業農家が増えていった。

4 | 消費の拡大

1 耐久消費財の普及

国民の所得の増加とともに，より豊かな生活を求めて消費活動が活発になった。労働者の間では，多消費型の生活が理想とされ，その実現のため長時間労働にはげんだ。そのなかで，自分は社会の中間層に位置するという中流意識をもつ国民が8〜9割を占めるようになった。家電製品のなかでも，電気洗濯機・白黒テレビ[★1]・電気冷蔵庫は急速に普及率を高め，「三種の神器」とよばれた。

1960年代後半には，いざなぎ景気の下，自動車・カラーテレビ・エアコンが「新三種の神器（3C）」とよばれるようになった。

2 家族の変化

夫婦と未婚の子どもからなる核家族の割合が高度経済成長期に増え，1世帯あたりの人数が減少した。その一方で世帯数は増えたため，「一家に一台」というタイプの商品の市場が拡大した。

3 生産と流通

耐久消費財は，組立てライン方式に代表される大量生産と，割賦販売制度，大量販売体制によって，世の中に大量に出回った。労働者は割賦販売のしくみを利用して，自動車などの高額な商品でも積極的に購入するようになった。小売業では多様な品揃えと安い価格設定でスーパーマーケットが急成長した。

★1 テレビの普及を促進したのは，1959(昭和34)年におこなわれた当時の皇太子の「ご成婚祝賀パレード」である。その前年には東京タワーが完成し，広域にテレビ電波を送信できるようになったため，パレードはテレビで生中継されることとなり，テレビの売り上げは急増した。同じように，1964(昭和39)年の東京オリンピックはカラーテレビの普及をもたらした。

★2 20世紀初め，アメリカのフォード・モーター社が自動車を大量生産するために導入した流れ作業の方式。自動車だけでなく家電製品，食料品などの工業でも取り入れられている。

5 | 国民生活の変化

1 食通の発達

❶**自動車**　自動車保有台数は1967（昭
和42）年に1,000万台を上回ると，
そのわずか4年後に2,000万台に達
した。マイカーの普及と並行して，
自動車専用道路の建設がすすんだ。
1965（昭和40）年には名神高速道路，
1969（昭和44）年には東名高速道路

	鉄道	自動車	内航海運
1955年度	52.0	9.7	38.3
1965年度	30.3	26.6	43.1
1975年度	13.1	35.9	51.0
1985年度	5.0	47.4	47.4

▲国内の貨物輸送量割合の変化　（運輸省「運輸白書」）

が開通した。東京・名古屋・大阪の三大都市圏を結ぶ「大動
脈」が完成したことにより，沿線の工場がたがいに結びつい
て部品を供給し，1つの工場のように機能するようになった
ため，工業地域の立地がひろがった。商品がより効率的に輸
送されるようになり，レジャー産業も活気づいた。

❷**鉄道**　1964（昭和39）年に東海道新幹線が開業し，企業の活
動は活発化した。年間利用者数は初年度では約1,100万人だ
ったが，10年後には1億人をこえた。しかし，東海道新幹
線が開通したその年に，日本国有鉄道（国鉄）の経営は赤字に
転じ，以後債務が急速にふくらんでいった。

❸**航空**　敗戦後の日本は民間航空が禁止されていたが，1951
（昭和26）年に国内線が，その3年後に国際線の運航が開始
された。1960（昭和35）年には国内でジェット機が導入され，
ようやく**1964年になって日本人の海外旅行が自由化された**。[★1]

★1 1年1回限り，渡
航費以外に外貨の持
ち出しは1人500
ドルまでとするなど
の制限が設けられた。

2 食生活の変化

　高度経済成長の半ばごろまでは，米をはじめ魚・野菜・果物
などの食料は国内で自給できていた。しかし**食の洋風化がすす
み，肉の消費が増えたことなどから，食料自給率が低下しはじ
めた**。米は増産がつづき，1967（昭和42）年には過去最高の生
産量を記録したものの，食の洋風化などの影響で消費量は
1962（昭和37）年を境に減少していった。供給過剰となった米
は政府が買い取り，財政の負担となってきたため，1970（昭和
45）年から米の作付を制限する減反政策[★2]がはじまった。

★2 米以外の作物を
生産する転作に応じ
た農家には，政府か
ら補助金が支給され
た。

📖 資料活用

高度経済成長によって，国民の意識はどのように変わったのだろう？ Q3

資料1　耐久消費財の普及率の推移

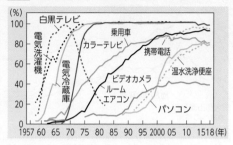

資料2　中流意識の推移

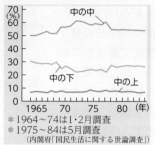

＊1964〜74は1・2月調査
＊1975〜84は5月調査
（内閣府「国民生活に関する世論調査」）

2

冷戦と世界経済②

解説

(1)もはや戦後ではない　日本が国際連合加盟をはたした1956(昭和31)年の「経済白書」には，高度経済成長の狼煙ともいえる「もはや戦後ではない」という言葉がおどった。しかし，国内はまだ熱い政治の時代であった。

　1960(昭和35)年の安保改正法案をめぐっては，反対する国民が連日のように国会に押し寄せ，岸信介内閣を退陣に追い込んだ。

　この安保闘争のあと成立した池田勇人内閣は，「寛容と忍耐」「低姿勢」をかかげ，「所得倍増計画」を発表した。「政治」の時代から「経済」の時代への転換点となったのである。

(2)一億総中流時代　高度経済成長期の国民のおもな消費対象は，白黒テレビ・電気洗濯機・電気冷蔵庫の「三種の神器」から，自動車(カー)，エアコン(クーラー)，カラーテレビの頭文字をとった「3C(新三種の神器)」へと移っていった。資料1のように，すべての耐久消費財の普及率は右肩上がりで伸びていった。

　1967(昭和42)年，日本の人口は1億人を超えた。国民の生活はそこそこ豊かに均質化され，1970年代になると，自分の生活水準は「中の中」と意識する国民が6割を占め，「中の上」「中の下」を含めて「中流」と意識する国民は8〜9割を占めるようになった(資料2)。一億総中流時代が到来したのである。

要点　Q3 ▶▶▶ A3

　安保闘争の混乱を経て，日本は，高度経済成長を迎えた。カラーテレビ，自動車などの耐久消費財も普及し，国民の8〜9割が自らの生活水準を「中流」であると考える，一億総中流時代となった。

6│社会問題の発生

1 人口の移動

❶**集団就職**　1950 年代後半〜1960 年代前半,農村部の中学校の新卒者が集団で都市部に就職する「集団就職」がさかんにおこなわれた。**農業の生産性が向上したことで人手は少なくてすむようになり,跡取り以外の子どもは早**

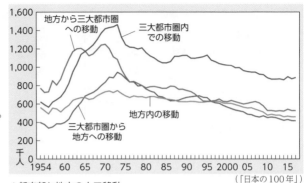

▲都市部と地方の人口移動

期に自立させようとする傾向が強まったのである。

❷**過疎化**　高度経済成長の後半になると,新しい技術の習得が期待される若い労働力は一段と求められ,都市部に若者が移り住み,そこで結婚をして家庭をつくった。農村部では跡取りまでが都市へ流出するようになり,過疎化(か そ)がすすんだ。[★1]

2 都市問題

❶**過密化**(か みつ)　都市部への人口集中は過密化を引きおこした。生産関連社会資本(★2)の整備が優先された結果,教育施設・ごみ処理場・下水道などの生活関連社会資本の整備が人口の増加に追いつかず,**住宅不足・通勤ラッシュ・公害などにより都市部における生活環境は悪化した。**また,自動車交通の発達(モータリゼーション)は交通渋滞の悪化,交通事故の激増,交通公害の発生をまねいた(交通戦争)。

❷**住宅不足**　都市部への通勤がしやすく地価が安い郊外で宅地開発がすすめられた。東京では多摩(た ま)ニュータウン,大阪では千里(せん り)ニュータウンが丘陵地(きゅうりょう)に建設され(★3),それにともない鉄道網も郊外へ延びていった。**都心部の人口は郊外に流出し,人口分布が周辺部で厚くなる「ドーナツ化現象」がすすんだ。**また,職場である工場と労働者のための住宅をまとめて郊外へ移転する「職住近接」の開発もすすめられた。

★1 高齢化とともに著しく人口が減少して,地域社会の維持が危ぶまれる現象。過疎地域の面積は日本全体の約 60%を占める(2021 年)。

★2 生産関連社会資本は道路・港湾(こうわん)・鉄道など,生活関連社会資本は下水道・教育施設・病院・公園などをさす。

★3 ニュータウンは周辺の交通や教育施設,公園などをふくめて広いエリアにわたる開発がおこなわれた集合住宅。近年は建物の老朽化(ろうきゅう)とそこに居住する住民の高齢化が問題となっている。

3 公害問題

❶公害の認定　重化学工業の発達にともない公害が深刻化した。工場や自動車の排出ガスによる**大気汚染，工場排水による水質汚濁，産業廃棄物の投棄，自動車による騒音**などが発生したが，経済成長を優先する政策がとられたため環境の悪化はすすんだ。1960年代後半になると，被害者が組織的な住民運動を開始し，イタイイタイ病・水俣病・新潟水俣病・四日市ぜんそくの四大公害訴訟がおこった。訴訟の過程で，健康被害が産業型の公害によるものであることを政府が認めていった。

❷行政の対応　1967(昭和42)年には，国・地方公共団体の責務を明らかにする公害対策基本法が制定された。1970(昭和45)年に国会で公害問題が集中的に審議され，翌年には公害行政を一元化するため環境庁[★4]が設置された。**四大公害訴訟では次々と被害者側勝訴の判決**が下され，産業界の要請をうけ，1973(昭和48)年には公害健康被害補償法が制定された。

年	できごと
1891	足尾鉱毒事件が発生
1956	水俣病が表面化
1957	イタイイタイ病の鉱毒説発表
1961	四日市ぜんそくが深刻化
1965	新潟水俣病が表面化
1967	公害対策基本法の制定
1968	大気汚染防止法の制定
1970	国会で公害関連14法成立
1971	環境庁の発足
1973	公害健康被害補償法の制定

▲公害問題の歩み

▲四日市市の大気汚染

4 革新自治体の躍進

住民運動が盛り上がると，革新自治体[★5]への期待が高まった。1963(昭和38)年の統一地方選挙では，横浜・大阪・北九州市で革新市長が誕生し，1967(昭和42)年には日本社会党や日本共産党が推す美濃部亮吉が東京都知事に当選した。1971(昭和46)年の統一地方選挙直後には，革新自治体は全国都市の約2割にもおよんだ。革新自治体は住民との対話を重視し，**「開発・成長」から「生活・福祉」への政策の転換**をめざした。保守の首長も環境や福祉に力を入れるようになっていった。

★4 2001(平成13)年の中央省庁再編で環境省となった。

★5 大阪では黒田了一が府知事に当選した。

POINT!

[政府の公害対策の立ち遅れ]

経済成長を優先したことが原因で，公害対策が立ち遅れた→公害関連法の制定→革新自治体の躍進。

③ 核戦争の恐怖から核軍縮へ 世界史

▶ 1950年代後半から60年代にかけて，米ソ両国間では冷戦が緩和して「平和共存」が実現されたが，1962年にソ連がキューバにミサイル基地を建設すると，米ソ間で核戦争勃発(ぼっぱつ)の危機が発生した。世界が破滅するかもしれないという危機は13日間つづき，世界は固唾(かた)をのんで見守った。ソ連が譲歩して危機は去り，米・英・ソ3カ国で部分的核実験禁止条約が結ばれ，緊張緩和(かんわ)(デタント)が大きくすすんだ。

　米ソ対立の一方で，東ヨーロッパ諸国と西ヨーロッパ諸国では「緊張緩和」の動きがみられた。西ドイツのブラント首相は，ソ連・東ヨーロッパ諸国との関係を改善し，1973年に東西両ドイツは国際連合に加盟した。

　1960年フランス，64年中国が核実験に成功し核保有国は5カ国となった。核開発競争に歯止めをかけようとする動きがひろがり，核兵器の拡散と核保有国の増大を防ぐために核拡散防止条約(NPT)が結ばれた。

　↩ このセクションでは，次の問いに答えられるようにする必要がある。

　Ⓠ1 キューバ危機とは，どのような事件だったのだろう？

　Ⓠ2 キューバ危機後の核軍縮は，どのようにすすんだのだろう？

1 ｜ キューバ危機

1 キューバの社会主義建設

❶キューバ革命の性格　カストロの革命政権は，必ずしもアメリカ合衆国・ソ連のいずれかだけに接近しようとしたわけではなかったが，1961年1月，アメリカがキューバとの国交を断絶したことをうけて，カストロが**社会主義を宣言**[★1]。これにより，キューバ革命は反独裁・民主主義革命から社会主義革命へと転化した。

❷経済構造の変革　砂糖モノカルチャーのような半植民地的な経済構造からの脱却(だっきゃく)をめざす。1961〜62年全面的な工業化と農業の多角化をめざしたが失敗。63年，カストロ首相の訪ソを契機に，砂糖生産を基軸(きじく)とした新しい方針に転換し，ソ連との間で長期的な砂糖輸出と貿易協力を約束。砂糖のような一次産品の輸出により資金を確保して工業化を推進する政策をすすめた。

★1 キューバ革命は，ラテンアメリカ諸国の革命運動や民族運動に大きな影響を与えた。社会主義の拡大を恐れたアメリカ合衆国は，1961年にキューバを除く中南米諸国と「進歩のための同盟」を結成し，キューバの孤立化をはかった。

❸第2次農地改革　67.5ヘクタール以上の土地がすべて国有
化され，大地主は完全に排除された。農牧業部門の約70％
が国営農場に組み入れられた。

2 キューバ危機

①1962年9月，キューバとソ連が武器援助協定を結び，フ
ルシチョフ[★2]が秘密裏にミサイル基地建設をはじめた。②10月
15日，アメリカの偵察機U2機がキューバにあるソ連の中距
離弾道ミサイル基地を確認。③10月22日，ケネディ大統領が
事態を国民に知らせるとともに，ソ連にミサイル撤去を要求し
てキューバの海上封鎖などの強硬措置を発表した。④両国は臨
戦態勢をとり，世界は核戦争の恐怖に直面した。⑤フルシチョ
フとケネディの書簡の交換，ウ＝タント国連事務総長やバート
ランド＝ラッセルによる危機回避のよびかけがおこなわれ，
10月28日，ケネディ大統領のキューバ侵攻をしないとの保証
の下に，ソ連はミサイル基地を
撤去することをアメリカに通告
した。核戦争の危機は避けられ
た。

▲フルシチョフ
★2 フルシチョフ
(1894～1971年)は，
スターリンの死後，
ソ連の最高指導者と
なり，1956年のソ
連共産党大会におい
てスターリン批判を
おこない，集団指導
体制を掲げた。

▶キューバ危機
　キューバ近海でにらみ合うアメリカの
　軍用機と，ソ連の軍用貨物船。

3 キューバ危機のその後

①米ソ両首脳の意思疎通を改善するため，モスクワとワシント
ンの間に直通電話(ホットライン)を開設する。②1963年，米・
英・ソが地下核実験を除く部分的核実験禁止条約(PTBT)を締結
した。③キューバ危機におけるフルシチョフの譲歩と米・英・ソ
間の部分的核実験禁止条約を中国が非難し，中ソ対立が表面化し
た。④64年10月，フルシチョフが失脚して，ブレジネフがソ連
の党第一書記になる。

資料活用　キューバ危機とは，どのような事件だったのだろう？ Q1

資料1　フルシチョフ（左）とケネディ（右）

(Cartoon by Leslie Gilbert Illingworth, courtesy of dmg media licensing)

資料2　IRBMとMRBMの射程距離

資料3　ケネディ大統領のフルシチョフ首相宛書簡（1962年10月22日）

　私が，キューバで一定の事態が生じれば，アメリカは自国および同盟国の安全を守るためあらゆる行動をとると公式に声明したのは，貴国政府がキューバにかんして誤った判断を下すのを避けるためです。
　……キューバでは，長距離ミサイル基地を含む攻撃的兵器システムの配備が急速に進められています。アメリカは，この西半球の安全への脅威を除去する決意であると申し上げなければなりません。同時に，わが国がとっている行動は，西半球諸国の安全への脅威を取り去るうえで必要最小限のものであることを指摘しておきたいと考えます。しかし，最小限の対応しかとっていないという事実によって，貴下がいかなる誤解もされないよう強く望みます。

(歴史学研究会編『世界史史料11』岩波書店)

資料4　フルシチョフからの書簡

(10月26日)「我々は…キューバにある兵器は撤収するか破棄する。その代わりに，アメリカはキューバに侵攻しないと約束し，海賊のような臨検行為を中止する。」

(10月27日)「ミサイルを撤去する条件として，アメリカもトルコに配備しているミサイルを撤去しなくてはならない。」

(浜林正夫・野口宏『ドキュメント戦後世界史』地歴社)

解説

(1)キューバ危機の発端　1962年10月14日，アメリカの偵察機U2機がキューバ西部の山中で撮影したフィルムに，ソ連のミサイル基地の建設現場が写っていた。翌15日，分析の結果，ミサイル基地であることが確認された。「人類危機の13日間」の始まりである。それを風刺した 資料1 では，米ソ首脳が互いに相手のミサイルに座って，核のボタンを押そうとしている。

　翌16日から21日まで，ケネディの側近13人が秘密裏に集まって検討がはじまり，最終的にはキューバを海上封鎖する作戦で一致した。21日には，空軍では水爆を搭載した90機のB52戦略爆撃機をふくむ1,500機の重爆撃機，海軍では183隻の艦艇，3隻の空母，30,000名の海兵隊員が臨戦態勢

をとっていた。

(2)経緯　10月22日，モスクワの米大使館からソ連外務省に届けられた書簡が資料3である。その1時間後，全米向けのテレビ・ラジオ演説で，キューバにおけるソ連のミサイル基地建設の事実を明らかにし，キューバを海上封鎖すること，ソ連に核ミサイルを撤去するよう要求すること，ソ連が核ミサイルを発射すれば全面報復攻撃をすることを表明した。

翌23日，フルシチョフからケネディに電報が送られ，フルシチョフは封鎖宣言を海賊行為だと抗議し，公海上の自由を侵すとともにキューバとソ連への侵略行為だと抗議した。同時にソ連全軍は最高度の戦闘態勢に入った。

(3)核ミサイル配置の意図　フルシチョフがキューバに核ミサイルを配備した意図は，「ベルリンの壁」建設についてのアメリカの譲歩を勝ち取ること，そして中国から核兵器を製造しないという約束を取り付けて，「太平洋核非武装地帯」を構想することにあり，そのためにキューバを利用したのだ。一方，アメリカにとってキューバにソ連が中距離弾道ミサイル(IRBM)を配備することは，3,900メートルの射程の中に合衆国のほぼすべての主要都市がふくまれることになる。準中距離弾道ミサイル(MRBM)の場合はワシントンが射程内に入り，資料2，これはアメリカ存続の最大の危機を表すものであった。

(4)米ソの交渉　28日の危機収束までに，少なくともケネディが5回，フルシチョフが6回のメッセージを互いに送り，事態を解決しようとした。26日，アメリカ国務省が「もしミサイル基地建設工事がつづけられるなら，アメリカにはこれ以上の行動が正当化される」との声明を出した。その日の夕方，フルシチョフからモスクワの米大使館にフルシチョフから手紙が届く。「アメリカがキューバに侵攻しないと約束すればミサイル撤去

…」とあった（資料4）。

アメリカがソ連への回答を準備している間にフルシチョフからの「ただし，アメリカもトルコに配備したミサイルを撤去せよ」との手紙が届いた（資料4）。これに対し，アメリカはフルシチョフの先の要求を無視することにし，「キューバにあるソ連の核ミサイルの撤去に応じれば，船舶停止命令・臨検を中止し，キューバに侵攻しないことを約束する」との回答を示した。28日午前，モスクワのニュースで，フルシチョフがケネディの書簡をうけいれ，ミサイルを撤去すると述べたことが報道された。全世界が人類滅亡の危機から脱出した瞬間だった。だが実は，アメリカがまだ準備段階にあると踏んでいたソ連のミサイルは発射可能となっており，一時は現地司令官に発射権限が委ねられていたことがわかっている。

(5)多様化へ向かう世界　キューバ危機を乗り越えた後，米ソ両国は急速に「雪どけ」にむかう。ホットライン設置協定が結ばれ，米英ソ3カ国による部分的核実験禁止条約が調印され，1970年代の緊張緩和(デタント)にむかう出発点になった。一方，フルシチョフによる頭越しの解決にカストロはソ連に対する不信感を強めた。

中国が核実験に成功し，ソ連は社会主義陣営内のコントロールも難しくなった。フランスなど西ヨーロッパがアメリカの影響下から離れて独自外交をすすめる動きが明確になり，世界はキューバ危機以降多極化にむかうことになった。

要点　Q1 ▶▶▶ A1

1962年10月，アメリカのU2偵察機がキューバ山中にソ連のミサイル基地の建設現場を発見。アメリカは海上封鎖などの強硬措置をとるなど，緊張が高まったが，米ソ間での交渉の末，ソ連がミサイル基地を撤去した。その後，米ソは「雪どけ」に向かい，ホット・ラインが設置された。

2

冷戦と世界経済②

2 | 西ドイツの東方外交

1 緊張緩和

　米ソ対立の一方で，東ヨーロッパ諸国と西ヨーロッパ諸国では「緊張緩和（デタント）」の動きがみられた。

2 西ドイツの東方外交

　①「ベルリンの壁」建設によって東西ドイツ統一の可能性が遠のくなか，東側諸国との国交樹立を拒否してきたアデナウアー首相が引退した。②1969年，社会民主党のブラントが首相に就任し，積極的にソ連や東ヨーロッパ諸国との関係改善をはかる東方外交をはじめた。1970年，西ドイツ＝ポーランド国交正常化条約，ソ連＝西ドイツ武力不行使条約，72年に東ドイツと東西ドイツ基本条約を締結。③73年，東西ドイツが国際連合に加盟。

▲建設中のベルリンの壁（1961年）

3 | 核軍縮へ

1 核兵器保有国の増加

　アメリカ（1945年），ソ連（49年），イギリス（52年），フランス（60年），中国（64年）が核実験に成功。

2 部分的核実験禁止条約（PTBT）

　キューバ危機後，アメリカ・ソ連・イギリスが地下核実験をのぞく核実験を禁止する部分的核実験禁止条約に調印。すでに地下核実験の技術をもっている米・英・ソ3カ国は，地下において実験を継続できるが，後発核兵器国であるフランスと中国は実質的に核実験ができないため，米英ソ3国による核の寡占体制を制度化するものだとして，フランスと中国はこの条約に調印しなかった。

3 核拡散防止条約（NPT）

国際社会が核の秩序を国際法によって規定する枠組みをつくったもの。**核不拡散，核軍縮，原子力の平和利用を目的とする条約**で1968年に国際連合で採択され，70年に発効した。当初，核保有国であったフランスと中国は加盟しなかった（1992年に加盟）。1967年1月1日以前に核兵器その他の核爆発装置を製造し，かつ爆発させた国を「核保有国」（米ソ英仏中）として核兵器保有が認められ，それ以外の国は「非核保有国」として核兵器保有は認められない。現在，事実上核兵器を保有しているインド，パキスタン，イスラエルはNPTに加盟していない。[★2]

★1 現在はロシア。
★2 NPT では，不平等性を緩和するために，核保有国には核軍縮を誠実に交渉することを義務づけている。日本は1970年に署名，76年に批准した。

4 戦略兵器制限交渉（SALT I, II）

❶**第1次戦略兵器制限交渉（SALT I）**　NPTで核の独占をはかった米ソ両国が，1969年から戦略兵器を制限する交渉をはじめた。72年にアメリカ大統領ニクソンが訪中し，米中関係が好転すると，中国と対立していたソ連もアメリカとの関係改善に積極的になり，アメリカとソ連の間で大陸間弾道ミサイル（ICBM）や潜水艦発射弾道ミサイル（SLBM）を当時の配備数で凍結することに合意した。[★3]

❷**第2次戦略兵器制限交渉（SALT II）**　1972年より戦略兵器の性能向上にともなって交渉がはじまったが難航し，ようやく79年6月，アメリカのカーター大統領，ソ連のブレジネフ書記長との間で合意が成立し，調印され条約となった。しかし，79年12月のソ連によるアフガニスタン侵攻で条約は批准されなかった。

★3 1972年には，互いに相手側の本土を攻撃できる長距離核弾道ミサイルの保有に上限を設けるという協定が結ばれた。通常の意味での軍縮ではなく，あくまでも，米ソ対立という国際秩序の現状維持をはかるものである。

[キューバ危機後の核軍縮は，どのようにすすんだのだろう？] Q2 ▶▶▶ A2

①部分的核実験禁止条約（米・英・ソ，1963年）…地下核実験をのぞく核実験の禁止。

②核拡散防止条約（NPT，1968年）…核兵器国（米ソ英仏中），それ以外は「非核兵器国」→現在，核兵器を保有しているインド，パキスタン，イスラエルは加入していない。

③戦略兵器制限交渉（1972年SALT I，1979年SALT II）…米ソ両国が戦略兵器を制限。

冷戦構造の揺らぎ 世界史

▶ 東側陣営では，ソ連と中国の対立が激しさを増すとともに双方で混乱が深まった。中国では劉少奇（リゥ シャォ チー）らの市場原理を導入する政策に対し，毛沢東らが巻き返しをはかり，プロレタリア文化大革命をすすめた。また，ソ連のブレジネフ指導部は，「プラハの春」に対して，ワルシャワ条約機構軍を動員して弾圧をはかった。

　他方西側陣営では，アメリカがベトナムに軍事介入した。ソ連や中国の支援をうけた北ベトナムや南ベトナム解放民族戦線との戦争は泥沼化した。アメリカ社会では反戦運動や公民権運動がひろがり，国際的な反戦運動の高まりをうけて，アメリカの威信は大きく揺らいだ。

　1970年代，ニクソン大統領が訪中し，米中関係の回復をはかると，それに刺激されたソ連が，中国への接近とアメリカとの関係改善に動き，緊張緩和が本格化した。
☞このセクションでは，次の問いに答えられるようにする必要がある。

　Q1 1960年代以降の東西両陣営の社会は，どのように変わったのだろう？
　（公民権運動とベトナム戦争にゆれるアメリカ社会を例にみてみよう）

1│中ソ対立と中国の混乱

1 大躍進政策と人民公社

　①土地改革を全国に拡大し，銀行や工場を国有化していった中国は，1953年からの第1次五か年計画で**農業の集団化**をすすめた。②58年からはじまった第2次五か年計画では「大躍進」とよばれる増産政策が開始された。③その中心になったのは，小型土法炉による鉄鋼の大量生産であったが，原始的な手法によって生産された鉄鋼は質が悪く使い物にならなかった。④農村では集団化をすすめ，土地・農具・家畜を公有として，生産は労働に応じて分配するという，共産主義の理想を現実化するために人民公社を建設したが，ダム建設のための大規模動員による労働力不足，深く耕しギッシリ植え込んで増収をはかる深耕密植法という不合理な農法による不作により毎年大凶作におちいった。⑤59年には中国全土で深刻な食糧難が発生し，59〜61年にかけて餓死した人は2,000万人とも3,000万人ともいわれる。

2 中ソ対立

毛沢東は，スターリン批判後のソ連がすすめる平和共存路線
(マオツォトン)
を修正主義と批判し，中ソ論争がおこった。1960年にソ連が
中国に派遣していた技術者を撤退させると，中ソ対立は決定的
(は　けん)
となり，69年にはウスリー川の珍宝島でおきた事件（ダマンス
(ちんぼうとう)
キー島事件）などの中ソ国境紛争に発展した。

▲毛沢東

3 プロレタリア文化大革命

大躍進政策で失敗した毛沢東にかわって国家主
席についた劉少奇は，市場原理を導入した「調整
政策」をとった。これに反対する毛沢東と軍をに
ぎる林彪らは，66年学生らを主体とした紅衛兵
(りんぴょう)　　　　　　　　　　　　　　　　　(こうえいへい)
を組織して，劉少奇・鄧小平らを「資本主義復活
　　　　　　　　　　(トンシャオピン)
をはかる実権（走資）派」として非難し，プロレタ
(そうし)
リア文化大革命をはじめた。

約10年におよぶこの大衆運動は，共産党の統
治機構を破壊し，中国の社会は大混乱におちいっ
た。党幹部や知識人が迫害されたほか，古い価値
(はくがい)
観の否定という名目のもと，伝統産業や文化遺産
も攻撃された。

▲紅衛兵（天安門広場）
紅衛兵が掲げている赤い冊子は毛沢東
の思想や言葉をまとめた毛沢東語録。

2 ｜ソ連の停滞と「プラハの春」

1 ソ連の停滞

1960年代初頭，ソ連はコメコン（ソ連・東ヨーロッパ諸国の経
済協力機構）を利用して社会主義国際分業体制を築こうとしたが，
中ソ対立によって困難となった。64年，フルシチョフの不在中
に開催されたソ連共産党拡大幹部会は，フルシチョフがおこなっ
た農業政策の失敗，キューバ危機でのミサイル基地撤去などを理
由に，フルシチョフを第一書記兼首相から解任した。後任として，
ブレジネフが党第一書記，コスイギンが首相に就任した。

2 東ヨーロッパの変化

中ソ対立によって東ヨーロッパ各国では政治的な変化が現れた。

❶ポーランド　農業の集団化を中断しつづけ，カトリック教会との協調を追求した。

❷ハンガリー　ハンガリー革命後政権を担ったカーダールのもとで国民的和解の政策をとった。

❸ルーマニア　チャウシェスクのもとで中ソいずれにもくみせず中立的な立場をとった。

3 「プラハの春」

1968年4月，チェコスロヴァキアでは改革派の共産党指導者ドプチェクが民主化・自由化をおしすすめ，言論の自由が保障され，「人間の顔をした社会主義」をめざすことを打ち出した。プラハの街には西ヨーロッパ風の文化が流入し，6月には70人あまりの知識人が署名して「二千語宣言」が発表され，ドプチェク路線を強く支持し，旧来の体制に戻ることに強い反対が表明された。これら1968年の一連の自由化の爆発を「プラハの春」という。

8月20日にソ連のブレジネフ政権は，ワルシャワ条約機構5カ国軍を動員して軍事弾圧に踏み切り，市民の抗議の嵐のなかプラハの中心部を制圧，ドプチェクらを連行した。このチェコ事件によって「プラハの春」は終わった。

▲「プラハの春」
チェコスロヴァキアの国旗を持つ人々と燃えるソ連の戦車。

3 ベトナム戦争

1 インドシナ戦争後

①1954年，インドシナ休戦協定後フランスが撤退した後，アメリカは休戦協定を認めず，共産主義勢力の南下を阻止するために南のベトナム国を支配した。②55年，アメリカはベトナム国のバオ゠ダイを追放し，親米派のゴ゠ディン゠ジエムを大統領としてベトナム共和国を成立させた。③60年，旧地主勢力を保護し民衆を弾圧するジエム政権に反発する南の民衆と北の

ベトナム労働党が結合して，南ベトナム内に南ベトナム解放民族戦線が結成され，南ベトナム軍に対するゲリラ戦を開始した。

2 アメリカの対ベトナム政策

①南ベトナム解放民族戦線によるゲリラ戦に対して，ケネディ政権は積極的な軍事介入に乗り出した。②1963年，ジエム政権に統治能力がないと見限って，政府軍に軍事クーデタをおこさせ，南ベトナム(サイゴン政権)への関与を深めていく。③解放戦線側の攻撃が激化すると，アメリカのジョンソン大統領は，南ベトナムが共産主義勢力の手に落ちると隣接する国々もドミノ倒しのように共産主義化すると考え，「自由世界の防衛」をかかげて，軍事介入を本格化させた。④64年，アメリカが，北ベトナム沿岸のトンキン湾でアメリカの駆逐艦が北ベトナムによる魚雷攻撃をうけたという事件(トンキン湾事件)をつくり上げ，北ベトナムの哨戒艇と銃撃戦を展開した。

3 ベトナム戦争

❶北爆の開始　①1965年2月，アメリカが北ベトナム(ベトナム民主共和国)に対する爆撃(北爆)を開始し，これ以降大量の軍隊をベトナムに送り，最大約54万人に達した。②北のベトナム民主共和国はソ連と中国などの支援をうけ，南ベトナム解放民族戦線を支援しながら戦いをつづけ，戦争は泥沼化した。③戦局が好転しないアメリカは，枯れ葉剤の散布，堤防の破壊，病院の爆撃など通常の国際法に違反する作戦を展開した。

❷和平交渉の開始　①長引く戦争に対し，アメリカ国内をふくめ世界的にベトナム反戦運動が盛り上がるなか，ジョンソン政権は北爆を停止し，1968年5月からはパリ和平会談をはじめた。[*1]②和平交渉がすすまないなか，南ベトナム政府軍は，北ベトナムから南ベトナム解放民族戦線への支援ルートがあるラオスやカンボジアに空爆を加え戦火がひろがった。③アメリカは，ベトナム戦争のための予算が国家財政を圧迫し，ドル危機もせまっていたことから，71年5月から7月のパリ会談以降，一方的に米軍の撤退をはじめた。④72年，

★1 1968～73年，ベトナム戦争終結に向けて，南北ベトナム両政府・アメリカ・南ベトナム解放民族戦線が会談を続けた。和平交渉が進まず，戦争が長期化するなか，アメリカで始まったベトナム反戦運動は全世界に広がった。とくに戦争当事国アメリカの中で，自国の戦争政策に反対して行われた運動は，軍隊内部での抵抗をも含めて前例のない規模でひろがった。

ニクソン米大統領が訪中し，米中関係の回復をはかると，それに刺激されたソ連が，中国への接近とアメリカとの関係改善に動き，73年1月，ベトナム和平協定(パリ和平協定)が成立した。⑤3月にアメリカ軍のベトナム撤退が開始され，南ベトナム軍は単独で北ベトナムおよび南ベトナム解放民族戦線との戦いを余儀なくされ，ついに75年4月，南ベトナムの首都サイゴンが陥落し，ベトナム共和国は崩壊した。

補説　**ベトナム戦争と沢田教一**　ベトナム派遣米軍兵士の数が一番多くなったのは，1969年の54万人である。戦争で使われた爆弾は第二次世界大戦時の約3.5倍であった。ベトナム戦争におけるベトナムの犠牲者は南北あわせて813万7,000人にのぼり，うち458万1,000人が民間人であった。フォトジャーナリスト沢田教一は，米軍機によって投下されるナパーム弾が降り注ぐなか，川を泳いで逃げるベトナム人母子5人の姿にレンズを向けた。24歳のル・チ・ダオが恐怖に顔をゆがめながら幼女を抱き，チャン・チ・バがもう一人の少女を支え，その後ろの少年アン(グエン・バン・アン)が急流に押されながらも，懸命に川を渡っている。この写真は「安全への逃避」というキャプションで，新聞や雑誌のフロントページをかざった。アメリカの戦争をあばきだした最初の写真として65年第9回ハーグ世界報道写真グランプリ，66年にはピュリッツァー賞に輝いた。

　翌年，沢田は村人に受賞を知らせるためロクチュオン村を訪れた。彼は受賞写真にお金を添えて贈り，再び訪問することを約束した。

　彼が最後に村を訪れたのは，69年だった。その時少年アンは，手術待ちでサイゴン病院に入院していた。沢田は病院にも行き，アンを驚かせた。「サワダはわれわれが危険なとき，いつもそばにいてくれた」とアンはいう。その後，沢田は70年，取材活動の帰路カンボジアの国道で狙撃され，死亡した(34歳)。

▲「安全への逃避」(沢田教一)

4　アメリカの動揺

1　ケネディ大統領

　民主党。在職1961～63年。共和党のアイゼンハワー(在職1953～61年)にかわって，大統領に就任した。ケネディはニューフロンティア政策をかかげ，積極的な経済成長と福祉政策をとったが，63年に暗殺され，**副大統領ジョンソン**が昇任して，その政策をうけついだ。

▲ケネディ

2 ジョンソン大統領

　民主党。在職1963～69年。1964年，**黒人差別の撤廃**をめざす公民権法を成立させ，差別と貧困の解消をめざす社会政策を推進した。しかし対外的には，65年ベトナム戦争に介入し，北爆を強行した。ベトナム戦争が泥沼化した60年代後半には，ベトナム反戦運動と黒人の公民権運動が，アメリカ社会を大きく揺り動かした。

▲ジョンソン

> 補説　**キング牧師**　1929～68年。黒人差別に反対し，市民としての権利を要求する公民権運動の指導者。ガンデイーの影響をうけた非暴力による抵抗の思想は，運動の重要な指針となった。63年，奴隷解放宣言の100周年に際してワシントン大行進を組織し，「私には夢がある」の演説をおこなう。ベトナム反戦運動をすすめるなか，暗殺された。

▲キング牧師

3 ニクソン大統領

　共和党。在職1969～74年。71年，ベトナム戦争の泥沼化を打開するため，**国務長官キッシンジャーが秘密裏に中国を訪問**し下交渉をした後，72年，中国を訪問。73年にベトナム和平協定（パリ和平協定）を結んで，ベトナムからアメリカ軍を撤退させたが，ウォーターゲート事件で74年に辞任した。[1]

▲ニクソン

★1 1972年の大統領選挙の際，ワシントンのウォーターゲート＝ビルにある民主党本部に盗聴器を仕掛けるようニクソンが指示した事件。ニクソン自身が関与していたにもかかわらず，これを否定したため，下院の弾劾中に辞職した。

5 ｜ 米ソの緊張緩和

　①アメリカはベトナム戦争，ソ連は「プラハの春」の鎮圧により，それぞれ国際的威信を損ねた。②1972年，ニクソン訪中により共同宣言が出され，アメリカは中華人民共和国を中国を代表する政府と認めた。前年には，国際連合の代表権が中華民国（台湾）から中華人民共和国へ移っていた。③ソ連が，中国への接近とアメリカとの関係改善に動き，緊張緩和が本格化した。

📖 資料活用　1960年代以降の東西両陣営の社会は，どのように変わったのだろう？（公民権運動とベトナム戦争にゆれるアメリカ社会を例にみてみよう）Q1

資料1　**キング牧師の演説「私には夢がある」(1963年8月28日)**

　私には夢があります。アメリカ・ドリームの伝統に深く根ざした夢があるのです。いつの日かこの国は立ち上がり，国の礎となった信念にしたがって，「神はすべての人を平等に創り給われた，それは自明のことである」という信念にしたがって歩み始める，そんな夢が私にはあるのです。

　私には夢がある，ジョージアの赤土の丘の上で，かつての奴隷の子孫たちとかつての奴隷主の子孫たちが，友愛に固く結ばれてひとつのテーブルを囲む，そんな日が来るという夢が。

　私には夢がある，私の幼い四人の子供たちは，肌の色ではなく，人格で判断される，そんな国に住むことができる，そんな日が来るという夢が。私には夢があるのです！

(歴史学研究会編『世界史史料11』岩波書店)

資料2　**ソンミ村虐殺事件(1968年3月16日)**

　虐殺は何の警告もなく始まった。ハリー・スタンリーがCID*に述べたところによると，……「何人かの老婆と小さな子供たちが……香をたいている寺院の周りに集まっていました。彼らはひざまずいて，泣いたり，祈ったりしていました。そしていろんな兵隊たちは……通りすがりにこれらの女子供の頭をライフルで撃ち，死刑を執行したのでした。」……

　夜が来るまでに……ベトコンは戻って来，生き残ったものたちが死者を葬るのを手伝った。5日かかった。……グエン・バは，「あの攻撃があってから……村民はみんな共産主義者になった」と証言している。

＊アメリカ陸軍犯罪捜査司令部

(S・ハーシュ『ソンミ』草思社)

資料3　**キングとベトナム戦争**

　「アメリカ政府が，ベトナムで1人の人間を殺すために33万2,000ドルもの巨費を投じているというのに，アメリカで貧困にあえいでいる人に対しては，1人あたりたった53ドルしか支出しないというのは，どう考えても道徳的に許されるものではありません」(キング『私たちの進む道』の中の記述)

　自由と幸福を求める権利が万人にあることを世界に向けて宣言したアメリカが，攻撃をしかけられたわけでもないのに，住民を殺すために，大挙して派兵することに，彼は大きな疑問を感じずにいられませんでした。

　キングは，すでに65年頃から，この戦争を憂慮していることを折にふれて表明していました。かねがね彼は，暴力，貧困，人種主義という3つの悪を批判していましたが，ベトナム戦争は，その3つが悪いかたちで結びついたものである以上，肯定できるものではありませんでした。

(辻内鏡人・中條献『キング牧師』岩波書店)

解説

⑴公民権運動とキング　1955年12月，黒人女性ローザ・パークスが人種的隔離(ジム＝クロウ法)に反して，バスの座席を白人にゆずらずに逮捕される事件がおこった。キング牧師は，この事件をうけて，黒人はいっさいバスに乗らないでおこうとよびかけ，「モンゴメリー・バス・ボイコット闘争」を1年間にわたってつづけて勝利し，公民権運動の指導者として一躍有名になった。

　1960年，ノースカロライナ州グリーンズボロで4人の黒人の若者が，市内にある大手雑貨店ウルワースに入り，「白人専用」の

ランチ・カウンターに座るという事件(ランチ・カウンター座り込み事件)がおこった。翌日も翌々日も座り込む黒人の若者が増えていった。彼らは，店員や白人客からケチャップやマヨネーズを頭からかけられても何の抵抗もせず座りつづけるという非暴力の抵抗運動をつづけた。この運動にキングは若者らから協力を要請されて，彼自身も座りつづけ警察に逮捕された。このとき，キング釈放に動いたのが，当時民主党から大統領選に出馬していたケネディであった。

その後も，フリーダム・ライド(1961年)，アラバマ州バーミングハム闘争(1963年)などの闘いを通じて非暴力大衆行動を推しすすめ，公民権運動の指導者となった。1963年8月には，首都ワシントンに25万人の群衆を集めたワシントン大行進をおこない(この時にキングがおこなった演説が 資料1)，ケネディを動かして公民権法案を議会に提出させた(ケネディ暗殺後，ジョンソン政権のもとで64年成立)。64年，キングは非暴力的公民権運動を発展させた功績によってノーベル平和賞を受賞した。

⑵ベトナム反戦運動とキング　1967年3月，キングはシカゴで演説し，アメリカはベトナム戦争によって民族自決を踏みにじり，国内の貧困対策を妨げていると主張し，批判した(資料3)。

キングは，もはやアメリカが，「革命，そして，自由，民主主義のイメージではなく，暴力と軍国主義のイメージ」に堕したことを人々に訴え，「悲しむべきことは，近代世界の革命的な精神をつちかってきた欧米諸国が，いとも簡単に，共産主義に対する恐怖の虜になり不正に屈服して，いまや反革命の旗頭になったことです。…今日，唯一望めることは，革命的な精神を取り戻し，軍国主義と貧困，人種主義に対して戦いぬくと宣言することです」と主張した。ベトナムでアメリカがおこなった非人道的な行為を象徴するもの

が 資料2 のソンミ村虐殺事件である。

ソンミ村虐殺事件(1968年3月16日)から20日後，4月4日にキングはテネシー州メンフィスで暗殺された。1968年を境に国際世論でもアメリカ社会でも大規模な反戦運動がおこる。アメリカ自体も財政的に戦争を継続することができず，ベトナム和平協定を結んで撤退する。

⑶ベトナム戦争の後遺症　本格的な介入から10年以上におよぶこの戦争は，アメリカ史上最長の戦争となった。負傷者30万人は第二次世界大戦に次ぐものだった。ベトナムでの兵役を終えて帰ってきた兵士たちは今日もなお，精神障害やアメリカ社会への不適応(犯罪や自殺，アルコール中毒)に苦しめられている。1988年議会に提出された5年がかりの調査によれば，ベトナムに従軍した314万人の15％に当たる47万人が，今も心的外傷後ストレス障害(PTSD)を病んでいる。これほど精神障害の発生率が高かった戦争は，かつてなかった。それは，戦闘員の平均年齢が19.2歳(第二次世界大戦の際は26歳)と，きわめて低かったことも関係している。アメリカの侵略戦争の先兵にされた帰還兵は，十分な保障もなく今も苦しみつづけている。それは，アメリカ国民全体の心の傷である。

この戦争の最も重要な結果は，この戦争によって，アメリカの力が全能で無敵だとの神話が崩れたこと，そして，自ら正義の十字軍として描いてきたアメリカ像が大きく揺らぎはじめたことだった。(上杉忍『パクス・アメリカーナの光と陰』講談社参照)

要点　Q1 ▶▶▶ A1

公民権運動の指導者キング牧師は，非暴力での抵抗運動やアメリカの介入したベトナム戦争への反対運動に取り組んだ。約10年に及ぶこの戦争は，アメリカ史上初の敗戦に終わり，大国としてのゆるぎない威信が崩れ始めた。

世界経済の転換 世界史

▶ 第二次世界大戦後，西側諸国の経済はアメリカ合衆国の圧倒的な経済力に支えられて復興・成長してきた。しかし，ベトナム戦争のために必要とされた膨大な戦費がアメリカの国際収支の悪化を促進し，ドル危機が深刻化した。1970年代に入り，世界経済のあり方に大転換をもたらす出来事がおこった。1つ目はアメリカによる金ドル本位制の停止（ドル＝ショック），2つ目は石油危機である。

☞ このセクションでは，次の問いに答えられるようにする必要がある。

Q1 ドル＝ショックと石油危機は，世界にどのような影響を与えたのだろう？
（新自由主義の登場を例にみてみよう）

1 ｜ ドル ＝ ショック

1 ブレトン＝ウッズ体制

　第二次世界大戦の終戦間近に，連合国は戦後の新しい国際金融の秩序を求めて，国際通貨基金（IMF）と国際復興開発銀行（IBRD）がつくられた。この2つの組織を基礎とする体制をブレトン＝ウッズ体制という。第二次世界大戦後の国際通貨体制（ブレトン＝ウッズ体制）を支えたのは，アメリカが十分な金を保有していることが前提だった。

2 ドル＝ショック

　ベトナム戦争による軍事費の膨張と経済援助によってドルの流出が続いたアメリカでは，ニクソン大統領が1971年に**金とドルの交換停止**，10%の輸入課徴金の導入を発表した（ドル＝ショック）。73年には，西側諸国は為替の固定相場制から変動相場制に移行して，ブレトン＝ウッズ体制は崩壊した。

★1 アメリカのすべての輸入品に10%の課徴金を課すことによって，アメリカの輸入超過を抑え，ドルの流出を防止しようとしたものである。

3 ドル＝ショック後の世界

　資本主義経済はアメリカへの一極集中ではなくなり，アメリカ・西ヨーロッパ・日本の三極構造にむかった。アメリカの経済的影響力が相対的に低下したことで，西ヨーロッパの統合が促進された。

2 ｜ 経済成長重視の見直し

　1950年代から60年代にかけて，各国で公害や公害病が，環境破壊とともに，深刻な社会問題として浮上した。1970年代はじめ，日本では四大公害裁判の判決が出され[*1]，経済的利益を優先する社会から，生命や人権を重視する社会へと転換がせまられた。

★1　1973年判決が下された熊本県水俣病(みなまた)訴訟を最後に，富山県イタイイタイ病訴訟(そしょう)(第1次訴訟)，新潟県新潟水俣病訴訟，三重県四日市公害訴訟のいわゆる四大公害訴訟(よっかいち)の裁判は一応の終結をみた。

3 ｜ 石油危機

1 第1次石油危機

　1973年，第4次中東戦争に際し，サウジアラビアなど石油輸出国機構(OPEC)(きこう)(オペック)は原油価格の引き上げや石油輸出制限などの石油戦略を発動した。このため，安価な石油を基盤に経済成長をつづけてきた先進工業国は深刻な打撃をうけた。先進資本主義国の高度成長は終わり，「世界同時不況」となった。

▲石油危機による品不足

2 第2次石油危機

　1979年，当時世界2位の石油産出国であるイランでイラン＝イスラーム革命がおこり[*1]，これを契機に中東の産油国が減産と価格引き上げをおこなったことにより世界的な経済危機となった。先進国はスタグフレーション[*2]におちいった。

3 省エネとハイテク化

　西側諸国の経済混乱で企業倒産や人員削減がすすむなか，石油や石炭，天然ガスなど，限りあるエネルギー資源がなくなってしまうことを防ぐため，エネルギーを効率よく利用する省エネルギー化や，コンピュータによるハイテクノロジー(ハイテク)化が加速し，情報産業が重要な産業部門となった。

4 先進国首脳会議（サミット）

　経済成長の鈍化(どんか)，通貨・債務問題(さいむ)，エネルギー問題などに対応するため，1975年以降，毎年，先進国首脳会議(サミット)が開かれるようになった。

★1　国王による西欧化と世俗主義により宗教勢力への弾圧が激しくなると，1979年パフレヴィー朝が倒され，亡命先(ぼうめい)のフランスから帰国したホメイニを指導者とする反ソ・反米をとなえる革命勢力が，イスラーム教にもとづく国家体制を樹立した。
★2　経済が停滞している中で，インフレーションがつづいている状態のこと。

4 | 石油危機後の東西陣営

1 西側陣営

❶福祉国家再建の試み　1970年代終わりまでは，ヨーロッパの社会民主主義政権やユーロ＝コミュニズムの運動，日本の革新自治体が，社会保障・教育・医療を中心に福祉の強化をめざしたが，財政危機におちいり挫折した。

❷新自由主義の登場　国家の市場への介入をやめて，**規制緩和や民営化による自由競争**の促進によって経済活動を活性化させる新自由主義の政策がイギリスやアメリカに登場した。★1

❸サッチャー政権　1979年に成立したイギリスのサッチャー保守党政権が，電話会社・ガス会社などの各種国営企業を民営化し，所得税率や法人税率の引き下げや付加価値税の引き上げなどをおこなって，経済再建と経済活性化をめざした。★2

❹レーガン政権　1981年にアメリカ大統領に就任した共和党のレーガンは，「小さな政府」をスローガンに，社会保障費を削減し，大幅減税や規制緩和などをおこなった。★3

❺中曽根康弘　1982年に総理大臣となり，新自由主義にもとづいて，電電公社・専売公社・国鉄の民営化を実施した。

2 東側陣営

西側諸国とは対照的に原油と天然ガスを大量に産出する資源大国であったソ連が，石油危機による世界的な原油価格の高騰によって大きな利益を得た。そのため，省エネやハイテク化といった経済構造の刷新はおこなわれなかった。★4

★1新自由主義は，公営企業の民営化，公共サービスの縮小による財政の削減，「小さな政府」をめざした。1970年のエジプト，73年のチリで，国営企業の民営化など新自由主義政策が先行して採用されるなど，日本をふくむ世界各国で採用された。

★2「ゆりかごから墓場まで」といわれた福祉政策は放棄された。

★3レーガンの経済政策はレーガノミクスといわれる。

★4東ヨーロッパ諸国もソ連のエネルギー資源に依存していたため，産業構造の転換に乗り遅れた。

📖 **資料活用**　ドル＝ショックと石油危機は，世界にどのような影響を与えたのだろう？（新自由主義の登場を例にみてみよう）Q1

資料1　『ウィメンズ・オウン』誌インタビューでのサッチャー発言（1987年）

あまりにも多くの子どもや大人たちが，もし自分たちに問題があれば，それに対処するのは政府の仕事だと思いこまされた時代を過ごしてきたように思います。「私は困っている。援助金が得られるだろう！」「私はホームレスである。政府は私に家をさがさなければならない！」こうして，彼らは自分たちの問題を社会に転嫁しています。でも社会とは誰のことをさすのでしょうか。社会などというものは存在しないのです。存在するのは，個々の男と女ですし，家族です。そして，最初に人々が自分たちの面

倒をみようとしないかぎりは，どんな政府だって何もできはしないのです。自分で自分の世話をするのは私たちの義務です。そ

れから，自分たちの隣人の面倒をみようとするのも同じように義務です。

（歴史学研究会編『世界史史料11』岩波書店）

資料2　レーガン米大統領の一般教書演説（1984年1月25日）

　……80年代に入ったとき，われわれは戦後最悪の危機に直面していた。70年代は問題がより重大化し自信がより薄れていった時代であった。政府が統治される者の同意する以上に大きくなってしまったことが感じられた。勤勉，節約，企業的冒険心などに対する報酬の価値を減らしてしまうインフレの高まりと税金の侮辱とに対して，家庭はなす術がなかった。これらすべては，ますます増大する規則や規制の膨らんだ網によって覆われていた。

　しかし……アメリカは再出発したのである。今夜，何百万もの若い人の家庭も年長の市民たちも，不公正な増税や圧し潰されそうなインフレから解放されて，希望に満ちている。インフレは年率12.4％から3.2％へと低下した。……われわれは協力して，ケネディ減税以来はじめてのすべての人のための全般的大減税をおこなった。……交通機関などの重要産業分野の経済統制撤廃は，消費者により多くの機会，選択を，また企業家に新たな変化，機会を提供した。

（大下尚一・有賀貞・志邨晃佑・平野孝『史料が語るアメリカ』有斐閣）

解説

(1)**サッチャリズム**　1975年頃のイギリスは，加速するインフレや失業，頻発するストライキなどの社会不安にあえいでいた。79年に政権の座についたサッチャーは，国営企業の民営化，社会保障の削減などによって財政支出を抑制し，金融の自由化を断行した。この政策は「サッチャリズム」といわれ，それまで主流であった「大きな政府」から「小さな政府」への転換をはかったものである。資料1は，サッチャーの独特の社会観を表す記事である。国家に依存しない個人と家族の責任の重視こそが19世紀半ばのイギリスの繁栄をもたらし，逆に福祉国家の拡大による国家への依存が人々の自助努力の精神を衰退させたという歴史認識にもとづいて，イギリス社会の一大変革を模索したのだ。

(2)**レーガノミクスの成果と限界**　資料2は，サッチャーと同じ新自由主義政策をすすめたレーガン米大統領の一般教書演説である。1970年代から80年代はじめ，高い失業率とインフレ率，貿易赤字と財政赤字という

「双子の赤字」に直面していたレーガン政権が，勤勉，節約といった伝統的な価値観に訴えて勤労意欲を向上させ，84年の段階で「インフレは年率12.4％から3.2％へと低下した」とし，それは「ケネディ減税以来はじめてのすべての人のための全般的大減税」（減税）と「重要産業分野の経済統制撤廃」（規制緩和）にもとづく経済政策によるといっている。このレーガンの経済政策は，「レーガノミクス」といわれ，インフレを収束させたが，財政赤字は縮小できなかった。

（歴史学研究会編『世界史史料11』資料解説参照）

要点　Q1 ▶▶▶ A1

　ドル＝ショックと石油危機は西側諸国に，「**新自由主義**」をもたらした。①イギリスはサッチャー首相のもと「サッチャリズム」といわれる「大きな政府」から，「小さな政府」への転換をはかった。②アメリカは，レーガン大統領による「レーガノミクス」によりインフレを収束させた（財政赤字は解消できなかった）。

アジア諸地域の経済発展と市場開放 世界史

▶ 1960年代後半からアジア諸地域では，開発独裁体制のもとで工業化をすすめ，貧困（ひんこん）からの脱出をめざす国々があらわれた。韓国，フィリピン，インドネシアなどが典型的な国家である。1960年代半ばから急速に経済成長をとげたアジアNIES（ニーズ）やASEAN（アセアン）のような地域協力機構が生まれた。

　石油危機を乗り切った日本は，省エネ，ハイテク化で安定成長を実現したが，アメリカとの貿易摩擦（まさつ）や，アジアの新興工業経済地域との厳しい競争に直面した。

　1980年代に貿易赤字と財政赤字の「双子の赤字」が深刻になったアメリカは，85年に債務国（さいむ）になった。同年，米・英・西ドイツ・仏・日の先進5カ国でドル高の是正（ぜせい）のため協調介入（プラザ合意）がなされた。プラザ合意により円高不況（えんだか）におちいった日本は，低金利政策をとったがバブル経済に見舞われた。

☞ このセクションでは，次の問いに答えられるようにする必要がある。

　Q1 1970年代以降，急速な工業化がすすんだ東南アジアの国々には，どのような要因があったのだろう？（シンガポールを例にみてみよう）

1 ┃ 開発独裁とアジアの経済発展

1 開発独裁

　①開発独裁とは，1960年代後半以降，アジアの発展途上国で多く見られた軍事独裁や一党独裁などの強権的な政治体制。軍人や官僚中心の政権が政治活動や国民の政治的自由を制限・禁止する強権的・独裁的な支配がおこなわれた。②労働者の賃金を低く抑えて外国企業を誘致（ゆうち）するなど，外国の資本（外資）を利用して，労働集約的な工業製品[★1]を先進国に輸出した。③「反共」の姿勢を明確にすることで，アメリカや日本などの西側諸国から技術提供・資金援助などをうけた。[★2]

2 新興工業経済地域（NIES）（ニーズ）

　アジアにおける輸出指向型工業化は，まず韓国・台湾・香港（ホンコン）・シンガポールで進展し，ブラジル・メキシコなどとあわせて新興工業経済地域（NIES）[★3]とよばれた。1970～80年代にかけて高い経済成長率を実現した。

★1 生産コストにおいて人件費の占める割合が高い製品のこと。繊維（せんい）工業などの軽工業に多い。

★2 日本の政府開発援助（ODA）もこの枠組みでおこなわれた。

★3 韓国・台湾・香港・シンガポールは，特にアジアNIESとよぶ。

3 東南アジア諸国連合(ASEAN)

　1967年，インドネシア・マレーシア・シンガポール・タイ・フィリピンの5カ国で東南アジア諸国連合(ASEAN)を結成。当初は，東南アジア条約機構(SEATO)にかわる反社会主義軍事同盟の性格が強かったが，71年以降，東南アジア域内の政治的・経済的協力がすすめられ，東南アジアの地域的な自立を高める方向にむかった。★4

2 | 1960～70年代のアジア諸地域

1 韓国

　学生や市民の民主化要求で1960年に李承晩政権が倒れた後，61年の軍事クーデタで朴正煕★1が政権をにぎって63年に大統領になる。

　大統領就任後は強権的な政権運営のもと，財閥企業を中心とした輸出指向型工業化による経済発展をすすめた。

▲朴正煕

　1965年，佐藤栄作政権との間で日韓基本条約★2を結んで国交を正常化し，請求権問題を解決するために日本からの無償資金と借款，技術協力という経済援助を手に入れたこと，ベトナム戦争による特需，韓国軍のベトナム派兵の見返りにアメリカからの外資導入がすすんだことで，1970年代には製鉄や造船などの重化学工業化がすすんだ。

2 台湾

　台湾は国民党の一党体制下にあり，アメリカの資金援助により1950年代から輸入代替工業化政策★3がすすめられた。60年代からは輸出指向型工業化がめざされ，蔣介石・蔣経国父子による強権政治のもとに経済成長を実現した。

★4 2023年6月現在の加盟国は，インドネシア，カンボジア，シンガポール，タイ，フィリピン，ブルネイ，ベトナム，マレーシア，ミャンマー，ラオスの10カ国。

★1 朴正煕(1917～75年)は，「維新体制」を標榜した独裁政治のもとで，日本と日韓基本条約で国交樹立，ベトナム派兵，経済開発推進に努めたが，側近によって暗殺された。

★2 両国の，大日本帝国時代の諸条約の無効，大韓民国が朝鮮半島における唯一の合法政府であることの確認などを内容とした。

★3 輸入に依存していた製品を自国で生産し，自給できるように工業化を推進する政策。輸入品への高関税政策や輸入制限政策をとることもある。

3 マレーシア

❶独立 日本の占領時代(1942～45年)をへてイギリスに再植民地化され，1948年，英領マラヤ連邦が形成された。これに対し，マレー系の統一マレー人国民組織(UMNO)が独立をかかげて運動を開始，非マレー系の華人(中国系)やインド系の独立組織と協力体制をつくり，57年にラーマンのもとでマラヤ連邦として独立を達成した。ついで，63年にボルネオ島北岸のサバ・サラワク・シンガポールを加えたマレーシア連邦が形成されたが，マレー系と華人(中国系住民)との対立が鮮明になり，65年，華人の多いシンガポールが，マレーシア連邦から分離独立した。[★4]

★4 2022年現在のマレーシアの人口は，マレー系(約70%)，中国系(約23%)，インド系(約7%)。

❷ブミプトラ政策 1969年，選挙をめぐって華人系住民とマレー系住民とが衝突し，多数の死傷者をだす事件がおこり，マレーシア社会の経済をにぎる華人勢力の伸張を恐れたUMNOは，70年代より**マレー人を優遇するブミプトラ政策**をとった。

> 用語 **ブミプトラ政策** ブミプトラとはブミ(土地)とプトラ(子)の合成語で，「土地の子」の意味。政策は，①マレー人と他民族との所得を均衡させる，②マレー人の雇用比率を優先させる，③会社の資本金へのマレー人の出資比率を一定にさせる，④マレー人資本の会社をふやす，の4つの柱で構成される。

❸マハティールの政策 1981年に首相になったマハティールの指導のもと，マレー系住民を中心とした国民統合を推しすすめ，日本や韓国に見習った経済開発政策をとった。[★5]

★5 「ルックイースト(東方を見よ)」政策という。

4 シンガポール

1945年に日本の占領から解放されると，海峡植民地は解体され，ペナン・マラッカを失って単一の植民地になった。59年の総選挙で圧勝した人民行動党のリー゠クアンユー[★6]を首相にイギリスの自治領となった後，63年にマレーシア連邦結成に加わったが，65年に分離独立をはたした。1960

▲リー゠クアンユー

年代，**ジュロン工業団地を造成**し，造船・製鉄・繊維など工業の振興策をとったほか，中継貿易港としての海運業にも力を注ぎ，**70年代以降，急速な経済成長をつづけた**。

★6 リー゠クアンユー(1923～2015年)は，1965年のシンガポール独立以来，90年まで首相をつとめ，シンガポールの経済発展を実現した。

5 インドネシア

　1965年，九・三〇事件★7で実権をにぎった軍部は，共産党を弾圧，スカルノ大統領を失脚させた。スカルノは，親中国路線をとり，対立していたマレーシアが国連安保理の非常任理事国になったために1965年に国連を脱退したが，68年にスカルノにかわって大統領になったスハルトは，親米・反社会主義路線をとり，**国家主導の経済開発**に着手するとともに，国連にも復帰した。1975年にスハルトは，ポルトガルの植民地放棄宣言★8を機に独立を宣言した東ティモール★9に対して軍事介入をおこない，スマトラ島北部のアチェ独立運動にも弾圧を加えるなど，**軍事独裁体制**をしいた。

6 フィリピン

　1965年大統領となったマルコス（在職1965～86年）が，独裁的な権力を手にし，アメリカなどからの外資を導入して経済開発政策を展開した。

7 タイ

　1947年のクーデタ後，48年にピブン政権が成立。親米・反社会主義路線をとり，朝鮮戦争には国連軍として参加。54年には，東南アジア条約機構（SEATO）の原加盟国となった。また，西側諸国からの援助を得て工業化をすすめた。58年のクーデタで政権をにぎったサリットのもとでは，工業化にとどまらず，農業・地方・交通・教育などの開発がおこなわれた。

8 中国

　1976年，周恩来と毛沢東が相ついで死去すると，77年にプロレタリア文化大革命の終結が宣言され，農業・工業・国防・科学技術の「四つの現代化」がすすめられた。81年には鄧小平を中心にした新指導部が成立し，改革開放路線★10が推進された。78年，日中平和友好条約が締結され，翌年には日本から中国へのODAがはじまった。

★7 1965年，軍の親スカルノ派によって，反スカルノ派の将軍6名が惨殺された事件。スハルト将軍が，クーデタを鎮圧し，その背後にインドネシア共産党があるとして，スカルノ政権を支えていたインドネシア共産党を壊滅させた。

★8 ポルトガルでは74年に革命がおこって独裁政権が倒された。

★9 インドネシアに併合された後，独立をめぐって武力対立が続いたが，2002年東ティモール民主共和国として独立した。

★10 1978年以降，鄧小平の指導下で，人民公社の解体や農業価格の自由化などがおこなわれた。また対外経済開放の拠点として「経済特区」が設けられ，外資や技術の導入もおこなわれた。

３｜日本の安定成長

１ 石油危機と高度経済成長の終了

　1973年の第1次石油危機により，高度経済成長を支えてきた円安と安い石油という条件が失われ，1974年には経済成長率が戦後はじめてマイナスを記録し，高度経済成長は終了した。

２ 安定成長の実現

　石油危機を乗りきった日本は，省エネルギー（省エネ）型の産業，省エネ型のライフサイクルを追求して，1970年代末から80年代前半にかけて3〜5％前後と，欧米先進国に比べると相対的に高い経済成長率を維持し，安定成長を実現した。

３ 安定成長下の日本社会

　ME（マイクロ＝エレクトロニクス）技術の駆使と情報化が，1970年代後半以降の技術革新を特徴づける現象である。コンピュータや産業用ロボットなどME技術を駆使し，物流業務，在庫管理，経理業務，顧客管理などをコンピュータを使って自動化するオフィス＝オートメーション（OA）化がすすんだ。

　企業は，省エネ化や人員削減，パート労働への切り替えなど「減量経営」に努めた。そのため労働組合は弱体化し，賃金の上昇は抑えられ，「サービス残業」が日常化し，「過労死」が社会問題となった。

４ 貿易摩擦

　1970年代後半から，日本は技術の高度化や新しい経営の合理化によって不況から早期にたちなおった。しかし，この過程で企業の海外進出がすすみ，また，欧米諸国との間の貿易摩擦が深刻化した。このため，アメリカは，農産物などの市場開放を要求しつづけ，日本側では，鉄鋼や自動車などの輸出量の自主規制をおこなった。

★1 石油危機と円高を乗りきるために経営者と労働組合が協調する動きが増えた。

★2 不況からのたちなおりとともに円高が進行し，1994年には，1ドル＝100円を割りはじめた。

★3 急増する日本車は，アメリカ自動車産業を脅かす象徴と見なされた。

2

冷戦と世界経済②

[日本経済の安定成長を生み出した要因]
①第1次石油危機(1973年)と第2次石油危機(1979年)に対し，省エネ型産業，省エネ製品の開発，省エネ型のライフスタイルを導入→3〜5％の経済成長を実現(安定成長)。
②企業が減量経営(省エネ，人員削減，パート労働)，技術革新(ME技術の駆使と情報化)，OA化を進めた。
③省エネ型の自動車，半導体・集積回路(IC)・コンピュータなどのハイテク産業が輸出を中心に生産を伸ばし，大幅な貿易黒字を生んだ。

4 ｜ 経済大国へ

1 経済大国日本の内実

①1980年には，世界の国民総生産(GNP)総計に占める日本の割合は約10％に達し，日本は「経済大国」となった。②開発途上国に対する政府開発援助(ODA)の供与額も世界最大規模となった。③1980年代半ば以降には，**1人あたりの国民所得でアメリカを追い抜き，貿易黒字が累積して世界最大の債権国**となった。④高度経済成長がおわったこの時期，税収が著しく減少する一方で，**公共事業費や社会保障費は増えつづけ，政府財政の赤字が拡大し，国債発行額が増えた。**[★1]

★1 1979年度における政府財政の国債依存度は39.6％，公債残高は59兆円となった。

2 日米構造協議

①日米貿易摩擦が繰り返され，農産物の輸出拡大をめざすアメリカは1988年，日本に対して**牛肉・オレンジの輸入自由化**を求めた。②アメリカ通商法に**スーパー301条**(不公正な貿易であるとアメリカが認定した場合，その国に対して一方的に制裁措置をとることができる)が成立。③1989年には，アメリカは日本を同条項の不正貿易国と特定し，**日米構造協議**[★2]が開始された。④1993年には**米市場の部分的開放**を決めたが，アメリカはその後も日本の制度や商習慣が外国製品の日本市場への自由な参入を妨げていると批判をつづけた。

★2 貿易摩擦にいらだつアメリカが，自由な貿易をはばむ日本の構造障壁撤廃をめざしはじめた。日本は大規模小売店舗法改正を決めた。

3 1980年代のアジア経済

　アジアNIESやASEAN諸国が急速に工業化に成功，中国も経済成長を軌道に乗せた。

　1989年，アジア太平洋経済協力（APEC）が発足した。

★3 オーストラリアのホーク首相（当時）の提案で発足。2023年現在は21の国・地域で構成。

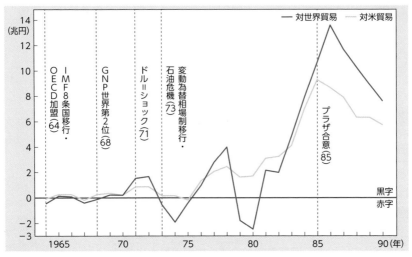

▲日本の貿易収支　　　　　　（「財務省貿易統計」，総務庁統計局監修『日本長期統計総覧』）

5 | プラザ合意からバブル経済へ

1 プラザ合意

　レーガン（在職1981〜89年）政権による軍備増強は「双子の赤字」を深刻な状況に追いこみ，EC諸国や日本との間にはげしい貿易摩擦を引きおこした。1985年には債務国に転落したアメリカを救うために，ニューヨークのプラザホテルで，アメリカ，日本，西ドイツ，イギリス，フランス5カ国の財務大臣と中央銀行総裁（G5）が会議を開き，ドル安政策をすすめることで協調した（プラザ合意）。

　プラザ合意による急速な円高により，日本では自動車・家電などの輸出産業が打撃をうけたため，政府・日銀は円高不況対策として，公定歩合の引下げなどの金融緩和と公共事業の拡大による景気刺激策をとり，国内需要（内需）の拡大をはかった。

★1 貿易赤字と財政赤字を指す。

2 バブル経済

　1980年代，日本経済は回復にむかったが，プラザ合意の影響による急激な円高を避けるため，ドル買い・円売りの市場介入がおこなわれると，国内の通貨量が増加した。1987年ごろから，投機的に土地と株式に資金が流れて，地価と株価が実体から離れて異常な高値を示した。このバブル経済のなかで円高がさらにすすみ，日本企業は国外に工場を移し，国内産業の空洞化がすすんでいった。

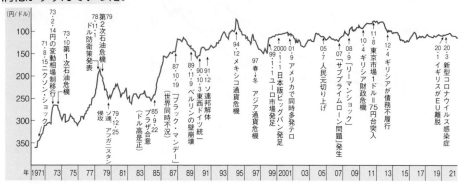

▲円相場の推移

6 | 民営化と規制緩和

1 中曽根康弘政権

　1982年，「戦後政治の総決算」をかかげて成立した中曽根康弘内閣は，レーガン政権の方針に同調し，防衛費の増額をはかった。また，レーガン政権やイギリスのサッチャー政権がかかげた新自由主義に基づく新保守主義[1]を採り入れ，財政赤字をおさえるため，第2次臨時行政調査会(臨調)の方針をうけ，行財政改革をおこなった。1985年には電電公社(現NTT)と専売公社(現JT)，1987年に国鉄(現JR)が民営化された。

★1 膨大な財政赤字を解決するため，福祉国家政策を批判し，自由放任経済に戻ることを主張するもの。

2 消費税の導入

　財政再建のために大型間接税を導入することは，大平正芳内閣から試みられたが，中曽根内閣までの間，実現しなかった。次の竹下登内閣のもとで，3％の消費税として導入され，1989年4月から実施された[2]。

★2 1997年に5％，2014年8％，2019年10％に増額された。

🔊 資料活用　1970年代以降，急速な工業化がすすんだ東南アジアの国々には，どのような要因があったのだろう？（シンガポールを例にみてみよう）Q1

資料1　アジア諸地域の1人あたりの実質GDP

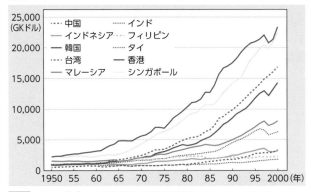

資料2　シンガポールの工業化の発展過程

　第一段階は，1960～65年の輸入代替型戦略である。このねらいは，植民地期に輸入していた欧米工業製品の生産をシンガポールに移転し，それで雇用を創出し失業問題を解決することにある。工業製品の市場（しじょう）としては，マレーシア国内市場が想定され，……大きな沼地のジュロンを大規模に埋め立てて工業団地を造成し，労働集約型の外資系企業を誘致（ゆうち）し，ここを一大生産基地にしようとした。

　1965年の分離独立で，この開発戦略の基盤が崩壊してしまう。わずか200万人の消費者市場を対象にした輸入代替による保護産業育成は，意味がない。……どうしたか。その答えが，第二段階の輸出志向型戦略で，これは1965～79年まで続く。この戦略を一言でいえば，世界市場を相手に生産と輸出を行なうものである。……1960年代末の時期は，世界貿易が50年代に比して飛躍的に拡大し，労働集約型分野の多国籍企業が安い労働力を求めて発展途上国に進出を開始した時期であった……。多くの欧米諸国や日本の大企業が，インフラストラクチャーが整備され，労働規律のあるシンガポールに目をつけた。……

　電器・電子部品産業を中心に多国籍企業がシンガポールに大量進出し，これをテコに1970年代初頭には，工業化の「テイク・オフ」を遂（と）げ，70年代末になると，NIES（ニーズ）（新興工業経済地域）の一つとして世界の注目を集めるまでになる。1966～78年の経済成長率は，第一次オイルショックの前後を除くと，毎年2桁（けた）台を記録し，目覚ましいものだった。

（岩崎育夫『リー・クアンユー』岩波書店）

資料3　リー＝クアンユーの言語政策

　英語と，言語性質上は何の関連もないマレー語・中国語・タミール語を学ぶ二言語主義は当然，子供たちには重荷だ。しかしもし母国語の単一言語主義をとっていたら，経済成長は不可能だ。……英語を実用言語とすることで多民族間の紛争を防いだと同時に，競争力を強化できた。英語はビジネス，外交，テクノロジーの世界の国際語だったからだ。英語を実用語としなかったら，世界中の多国籍企業や200以上の世界トップの銀行をシンガポールに誘致するのは不可能だっただろう……。

（リー・クアンユー『リー・クアンユー回顧録〈下〉』日本経済新聞社）

解説

(1)アジアNIESの経済力　資料1の上位4カ国は，1970年代にアジアNIESといわれた国家・地域であり，1970年代から90年代にかけてGDPが急上昇している。どのような政策をとることで成功したのか，シンガポールを例にみてみよう。

(2)シンガポールの社会　1965年にマレーシアから独立したシンガポール共和国の人口は200万人足らずで，約75%が華人，マレー人が14%，インド人が9%という人口構成だった。課題は民族の融合をどうするかである。リー＝クアンユーらは，国語としてマレー語，公用語として英語，華語(標準中国語)，マレー語，タミル語を採用した。1966年には教育現場で二言語政策が採用され，英語を第一言語，それぞれの民族語を第二言語として学ぶことが義務づけられた。英語識字率(10歳以上)は，57年の20%から80年には56%，2010年には79.9%となった。15歳から24歳で英語を理解できない人はわずか4%であり，英語を採用することで民族融和に導いたといえる。資料3

(3)経済発展　1960年代後半の国際環境がシンガポールに有利にはたらいた。67年にASEANの結成に参加し，東南アジアにおいて反共政権による政治協調がはじまった。経済的に先進国の経済成長で世界貿易が飛躍的に増大し，多国籍企業が安い労働力を求めて途上国に大量投資・進出を開始するようになり，シンガポールは外資の力を借りて経済発展する道を追求する。

第一段階は，1960～65年の輸入代替工業化政策である。ねらいは，植民地期に輸入していた欧米工業製品の生産をシンガポールに移転し，それで雇用を創出し失業問題を解決することにある。しかし，65年の分離独立でこの政策は転換をせまられた。200万人の消費者市場を対象とする輸入代替では展望がもてなかったのである。

第二段階は，65年から79年までの輸出志向型工業化政策である。シンガポールには世界市場に通用する地場企業がなかったので，政府は，外国資本が投資・進出しやすい国内の政治・経済体制の構築に全力を注いだ。これが「開発独裁(開発体制)」であり，分離独立から数年間で開発体制の制度が完成し，外国資本をうけいれる体制が整った。1960年代末は，労働集約型分野の多国籍企業が安い労働力を求めて発展途上国に進出を開始した時期であり，多くの欧米諸国や日本の大企業が，インフラが整備され，労働規律のあるシンガポールに目をつけた。66～78年のシンガポールの経済成長率は，第一次石油危機の前後を除くと毎年2桁台を記録した。しかし，70年代後半になると周辺諸国が豊富で安い労働力を武器にシンガポールを追い上げたため，再び政策の転換がせまられることになった。

第三段階は，1979年から2000年頃までの産業構造高度化政策である。この戦略のもとで政府は，ハイテク産業や研究・開発型企業の誘致・振興に力を注ぎ，同時に大幅な賃上げ政策をとって，労働集約型企業の淘汰をおこない，高度化政策を達成しようとした。80年代以降，60～70年代の経済成長を牽引した製造業に加え，金融・サービス業が大きく成長し，シンガポール経済を支えることになる。資料2

(岩崎育夫『リー・クアンユー』岩波書店，田村慶子『シンガポールの基礎知識』めこん　など参照)

要点　Q1 ▶▶▶ A1

1970年代からシンガポールは，外国資本が投資進出しやすい体制を国内に構築する「開発独裁」によって，急速な経済成長をとげた。

CHAPTER

3 » グローバル化する世界

まとめ

① 冷戦の終結と国際情勢 ☞ p.450

□ **ブレジネフ時代** アメリカと互角の核軍事力を保有。社会主義体制の危機が進行。
   ・アフガニスタン侵攻→米ソは緊張緩和から新冷戦へ。
□ **新冷戦** レーガンが「強いアメリカ」をかかげて軍備拡張と対ソ強硬外交を展開。
□ **ゴルバチョフ** ペレストロイカとグラスノスチによる刷新。中距離核戦力(INF)
   全廃条約などの「新思考外交」。東欧諸国への内政不干渉を表明。
□ **東欧革命**
   ・**ポーランド**…労組「連帯」の指導者ワレサが改革要求。
   ・**ハンガリー**…複数政党制の導入，土地私有制の復活。
   ・**東ドイツ**…1989年，ベルリンの壁開放。
   ・**チェコスロヴァキア**…「プラハの春」以降，「人間の顔をした社会主義」を推進。
   　1993年，チェコ共和国とスロヴァキア共和国に分離。
   ・**ルーマニア**…チャウシェスク政権が崩壊。
□ **冷戦の終結** 1989年，マルタ会談でゴルバチョフとブッシュアメリカ大統領が冷
   戦の終結宣言→翌年，東西ドイツが統一。
□ **イラン** パフレヴィー2世による近代化・西欧化政策(白色革命)に対し国民が反対
   運動→イラン=イスラーム革命→イラン=イスラーム共和国成立→第2次石油危
   機を誘発。
□ **イラク** サダム=フセイン政権下でイラン=イラク戦争，クルド人を攻撃。
□ **湾岸戦争** フセインによるクウェート侵攻→1991年，多国籍軍の攻撃によりイラ
   ク撤退。

② ソ連の崩壊と経済のグローバル化 ☞ p.458

□ **ソ連の崩壊** ゴルバチョフの改革に保守派が抵抗→エリツィンがロシア共和国の
   大統領となる→ソ連共産党解体→バルト3国(エストニア・ラトヴィア・リトアニ
   ア)が独立→独立国家共同体(CIS)が成立しソ連崩壊。
□ **ロシア** エリツィン(計画経済から市場経済へ移行，チェチェン紛争，アジア通貨
   危機の影響でプリマコフ首相による財政政策)。プーチン(上海協力機構の設立に
   参加，2014年のウクライナへの軍事介入・クリミア半島併合，2022年のウクラ

イナ侵攻)。

□ **ウクライナ**　1994年「ブダペスト覚書」締結。オレンジ革命。ユーロマイダン革命。「ミンスク合意」。

□ **ジョージア**　ソ連崩壊で独立。独立後から紛争がつづく。南オセチアなどで独立の動き。

□ **ユーゴスラヴィア**　ティトーが独自の社会主義路線→ミロシェヴィチなどの民族主義者の政権→内戦，クロアティア，ボスニア＝ヘルツェゴヴィナ，コソヴォなどが独立。NATO がコソヴォを空爆(人道的介入)。

□ **グローバル化**

・**ヨーロッパ統合**…マーストリヒト条約によりヨーロッパ連合(EU)発足→共通通貨ユーロ導入→東欧へ加盟国拡大→イギリスが EU 離脱。

・**世界経済の協力**…北米自由貿易協定(NAFTA→のちに USMCA へ)，アジア太平洋経済協力(APEC)，世界貿易機関(WTO)。

❸ 開発途上国の民主化と独裁政権の動揺 ⤷p.468

□ **ラテンアメリカ**

・**アルゼンチン**…イギリスとフォークランド戦争。

・**ブラジル**…カステロ＝ブランコの軍事独裁政権→民政に移管。

・**チリ**…アジェンデ政権→ピノチェトの軍事政権の新自由主義→民政に移管。

・**ニカラグア**…サンディニスタ民族解放戦線による革命。

・**ベネズエラ**…チャベスが反米政策。

□ **アジア**

・**フィリピン**…マルコス大統領が失脚。アキノの暗殺。

・**タイ**…通貨下落でアジア通貨危機の発端となる。

・**ベトナム**…ドイモイ(刷新)政策で市場経済導入，ASEAN，APEC にも加盟。

・**カンボジア**…社会主義体制から王政へ移行。

・**インドネシア**…スハルトがアジア通貨危機で退陣。

・**ミャンマー**…選挙で勝利したアウン＝サン＝スー＝チーを軍事政権が軟禁→スー＝チーの文民政権→クーデタで再び軍政。

- **インド**…社会主義的政策。核実験に成功。
- **パキスタン**…ムシャラフ政権がアメリカと協調。
- **韓国**…朴正熙(ぼくせいき)(パクチョンヒ)と全斗煥(ぜんとかん)(チョンドゥホアン)の強権政治に対する国民の不満→光州事件(こうしゅう)。1991年に北朝鮮とともに国連加盟。金大中(きんだいちゅう)(キムデジュン)が太陽政策をかかげ北朝鮮と首脳会談。2018年，文在寅(ぶん)(ジェイン)が金正恩(きんしょうおん)(キムジョンウン)と南北首脳会談。
- **北朝鮮**…金日成(きんにっせい)(キムイルソン)が死去→息子の金正日(きんしょうにち)(キムジョンイル)が権力掌握(しょうあく)。小泉純一郎(こいずみじゅんいちろう)首相が訪朝→日本人拉致(らち)問題。核開発，ミサイル発射実験。
- **台湾**…李登輝(りとうき)(リードンフイ)による台湾本土化運動。
- □ **中国**　人民公社の解体，市場経済化。1989年の天安門事件(てんあんもん)を鄧小平(とうしょうへい)(トンシャオピン)が弾圧。香港(ホン)(コン)・マカオに一国二制度。チベット・ウイグル自治区で人権侵害。13年には習近平(しゅうきん)(シーチン)(ぺい)(ピン)が国家首席に就任。
- □ **南アフリカ**　アパルトヘイト政策に対してアフリカ民族会議(ANC)が抗議。民主的選挙の結果マンデラ大統領が誕生(たんじょう)。

④ 地域紛争の激化　⇨p.478

- □ **中東**　イスラエルがレバノン侵攻。ガザ地区などのパレスチナ人がインティファーダ(民衆蜂起)。オスロ合意でパレスチナ人の暫定(ざんてい)自治。パレスチナ自治政府内ではファタハとハマースが対立。イスラエルがガザに侵攻。
- □ **同時多発テロ事件**　2001年9月11日，アメリカでウサーマ＝ビン＝ラーディンの指示による航空機テロが発生。アメリカやイギリスはアフガニスタンを「テロ支援国家」として空爆。
- □ **イラク戦争**　2003年，アメリカがイギリスとイラクを攻撃しフセイン政権を打倒。
- □ **「アラブの春」**　2010年末からアラブ諸国で民主化運動。
  - **チュニジア**…ジャスミン革命でベン＝アリ大統領が亡命(ぼうめい)→独裁政権崩壊。革命がアラブ世界にひろまる。
  - **エジプト**…反政府デモによりムバラク大統領が退陣→独裁政権崩壊。
  - **リビア**…反政府勢力と政府側が対立。カダフィによる武力弾圧→NATO(ナトー)軍が介入→カダフィが失脚(しっきゃく)。
  - **シリア**…アサド政権による民主化運動への弾圧→内戦状態に。多くの難民が発生。混乱の中から「IS(イスラーム国)」が台頭→一時，イラクからシリアにまたがる地域を支配。

□ **アフリカ**　冷戦終結後，民族紛争や地域紛争が多くおこる。

・**ソマリア内戦**…3つの勢力による内戦状態→飢餓が深刻化→国連の要請に基づきアメリカが人道的介入。

・**ルワンダ内戦**…フツ人によるツチ人の大量虐殺（ジェノサイド）が発生。

・**コンゴ内戦**…カビラ政権に対してツチ系少数民族が武装蜂起。

・**スーダンの紛争**…スーダン政府が支援するアラブ系民兵と反政府勢力との対立。南スーダン共和国が独立。

□ **国際協力**　平和維持活動（PKO），非政府組織（NGO）。

❺ 国際社会のなかの日本 ☞p.492

□ **政界再編**　1993年，宮沢喜一内閣への不信任決議可決，総辞職→細川護熙を首相とする非自民の連立内閣成立（55年体制の崩壊）→社会党の村山富市の時代に自民党をふくむ連立政権→1996年，自民党の橋本龍太郎首相以後，自民党中心の連立政権がつづく。

□ **経済の低迷**　平成景気からバブル経済が崩壊，平成不況へ（「失われた10年」）。企業はリストラによる経営の効率化→失業率が上昇。円高の進行。金融・流通の自由化。

□ **国際貢献**　PKO協力法を制定し自衛隊を海外派遣。日米防衛協力指針（ガイドライン）を改定。開発協力大綱にODAの指針。

□ **戦後50年**　1995年，阪神・淡路大震災。小泉純一郎首相の構造改革。民主党への政権交代。2011年，東日本大震災。自民党が政権を奪回，集団的自衛権の行使を容認。

□ **令和時代のはじまり**　2019年，天皇が生前退位して皇位継承。東京オリンピック・パラリンピックが新型コロナウイルス感染症の影響で翌年に延期。イギリスのEU離脱。2022年，安倍元首相の暗殺事件。

3

グローバル化する世界

冷戦の終結と国際情勢 世界史

▶ 1979年，ソ連がアフガニスタン侵攻に踏み切ったことで，アメリカ合衆国の対ソ強硬姿勢をまねき，1980年代には新冷戦が始まった。85年にソ連共産党書記長に就任したゴルバチョフがペレストロイカを始めたほか，新思考外交をとなえて軍縮を積極的にすすめ，アメリカとの間で中距離核戦力全廃条約の調印を実現した。ペレストロイカの影響を受けた東欧諸国で社会主義政権が倒れ，89年に米ソ首脳が冷戦終結宣言を出した。

西アジアでは，1979年にイラン＝イスラーム革命がおこると，革命の波及（きゅう）を恐れたイラクのフセイン大統領は，80年にイラン＝イラク戦争をはじめた。この戦争で巨額の負債（ふさい）をかかえたイラクは，90年に隣国クウェートを武力併合した。アメリカは，イラク制裁の国連決議を実現し，翌91年には多国籍軍を組織して湾岸戦争に乗り出した。

☞ このセクションでは，次の問いに答えられるようにする必要がある。

Q1 冷戦の終結は，どのようにすすんだのだろう？

Q2 湾岸戦争は，どのような戦争だったのだろう？

1 | ソ連の行き詰まり

1 ブレジネフ時代

ソ連はブレジネフ時代に，アメリカと互角（ごかく）の核軍事力を保有するにいたり，1970年代には石油危機によって西側経済が混乱するなか，経済も順調に推移しているかに見えた。しかし内実は，軍事産業の肥大化と消費財産業の停滞，党官僚の腐敗（ふはい）と労働者の労働意欲の減退，農業生産性の低さ，技術革新の遅れなど，[*1] 社会主義体制の危機が進行していた。

79年，社会主義政権支援の目的でアフガニスタンに軍事介入したが，ゲリラ側の抵抗や国際的な批判を浴びた。

2 アフガニスタン侵攻

①アフガニスタンでは，1963年以降民主化がはじまり，65年には人民民主党が創設された。73年，人民民主党はソ連の支援をうけクーデタをおこし王制を倒し，政権をとった。②人民民主党政権は，急進的な社会改革や土地改革をおこない，地

★1 工業生産の成長率は，1961年の9.1％から79年には3.4％と低下した。農業生産では，78年の段階で，小麦生産量は世界の27％を占め世界1位となるなど農業大国であったが，労働生産性ではアメリカの5分の1以下であった。化学肥料や石油生産も世界一だったが，コンピュータなどハイテク製品の生産は出発点にあった。

主やイスラーム勢力の反発をまねき，反政府ゲリラの活動が盛んになった。③ソ連は，クーデタで政権をとったアミン政権を倒し，カルマル政権をたて，ソ連に対する軍事侵攻を要請させて，これを口実に軍事介入した。④1979年のアフガニスタン侵攻[★2]は，アメリカの対ソ強硬姿勢をまねくとともに，反政府ゲリラ[★3]との戦争がソ連の経済と社会に大きな打撃を与えた。88年の和平協定でソ連は撤退に追い込まれ，89年に撤退が完了した。

3 新冷戦

　アフガニスタン侵攻を機にそれまでの米ソ間の緊張緩和の動きに終止符が打たれ，冷戦の新たな段階(新冷戦)がはじまった。1981年，アメリカに登場したレーガン政権は，「**強いアメリカ**」をかかげて軍備拡張と対ソ強硬外交を展開した。戦略核の3本柱(地上配備大陸間弾道弾[ICBM]，戦略爆撃機，潜水艦発射弾道弾[SLBM])それぞれの近代化と増強，戦域核の西ヨーロッパ配備，戦略防衛構想(SDI)[★4]などが推進された。

> **補説** **戦略核兵器** ①**大陸間弾道弾(ICBM)** 射程距離が6,400km以上で，核弾頭を装備するミサイル。**米ソが互いを核兵器の有効射程距離に置く戦略兵器。**
> ②**戦略爆撃機** 戦略攻撃を目的とした爆撃機。敵国の主要都市や産業・軍事施設などを直接攻撃するため，通常の爆撃機よりも航続距離が長く，大量の兵器を搭載する。
> ③**潜水艦発射弾道弾(SLBM)** 潜水艦から発射される弾道弾。ICBMと異なり，潜水艦は探知しにくいので，戦略核兵器の中で最も残存性が高い。

4 ゴルバチョフの登場

　①1982年，ブレジネフが死去。後任に，高齢の書記長(アンドロポフとチェルネンコ)が就任。2人つづけて1年余りで死亡。②85年，ゴルバチョフが書記長(在職1985〜91年)に就任。停滞する経済，市民生活や社会の改革・刷新をめざす政策(ペレストロイカ)[★5]とグラスノスチ(情報公開)[★6]をおこなって，建て直しをはかろうとした。③86年，チョルノービリ(チェルノブイリ)原子力発電所(現・ウクライナ)で事故がおこり，管理体制や事故対策の欠陥が明らかになり，改革の必要性がひろく認められた。

▲チョルノービリ原発(2022年)

★2 アメリカや日本などはソ連のアフガニスタン侵攻を批難し，モスクワでのオリンピック(1980年)をボイコットした。
★3 彼らはムジャヒディン(イスラームを防衛する聖戦の戦士)と自称し，彼らの中にアメリカ同時多発テロ事件の首謀者ビン＝ラーディンがいた。

★4 1983年にレーガンが提唱。人工衛星を使って敵ミサイルをアメリカ本土に到達する前に破壊しようとする構想。「スター＝ウォーズ構想」ともいわれる。
★5 ロシア語で「建て直し」の意味。経済分野での自由化・民主化にはじまり，共産党支配体制を根底から見直す動きにすすんだ。

★6 言論の自由化，メディアによる報道の自由化，検閲の廃止，結社の自由化がすすんだ。批判的な言論も活発になった。

2 | 新思考外交

1 新思考外交

①ゴルバチョフは，アメリカとの軍備拡張競争の負担を軽減することをめざして，「新思考外交」をかかげて，アメリカとの抜本的な関係改善に乗り出した。②1987年，アメリカを訪れ，レーガン大統領との間で中距離核戦力(INF)全廃条約に調印。③88～89年，アフガニスタンからソ連軍を撤退させた。④88年，ゴルバチョフは新ベオグラード宣言を出し，68年のチェコ事件の際に出されたブレジネフ＝ドクトリンの制限主権論を89年に放棄し，ソ連は東欧諸国に対する内政不干渉を表明した。これにより，東ヨーロッパの改革運動が加速した。

★1 ゴルバチョフがすすめた軍縮路線をふくむ協調外交。

★2 社会主義陣営の利益のためには，一国の国家主権が制限されてもやむを得ないとする考え。

2 東欧革命

❶ポーランド　1980年に共産党から独立した自主管理労組「連帯」が，ワレサの指導のもと，政府に改革を求めた。89年6月の自由選挙では，「連帯」が圧勝した。

❷ハンガリー　1956年のハンガリー事件以来，カーダール(在職1956～88年)のもとで経済改革がすすめられ，私企業をおこす自由が大幅に認められた。80年代には政治改革にまで波及し，89年「共産党の指導」条項が削除され，複数政党制が導入された。

▲ワレサ

❸東ドイツ　1989年，一連の東ヨーロッパの民主化の影響で，西側への脱出者が急増した。ホネカーが退陣して，11月にはベルリンの壁が開放された。

❹チェコスロヴァキア　1968年の「プラハの春」以降，「人間の顔をした社会主義」が訴えられ，77年には，知識人らが反体制運動を象徴する「憲章77」を発表した。

89年ベルリンの壁が崩壊すると，「プラハの春」の指導者ドプチェクが連邦議会議長になり，新大統領に「憲章77」の起草者でもあるハヴェル(在職〔チェコスロヴァキア大統領〕1989～92年，〔チェコ大統領〕1993～2003年)が就任した。その後，「チェコスロヴァキア社会主義共和国」の国名変更をめぐってチェコとスロヴァキアの議会が対立し，93年，

★3 チェコスロヴァキアの民主化は，ルーマニアのように流血をともなうものではなかったため「ビロード革命」と名づけられた。一方，スロヴァキア語では「静かなる革命」といわれた。

平和的にチェコ共和国とスロヴァキア共和国に分裂した(「ビ
ロード離婚」)。

❺ **ルーマニア**　1965年以降，チャウシェスクの独裁体制のも
とで独自の社会主義路線をとった。89年12月，反体制派と
の銃撃戦後，チャウシェスク夫妻が処刑され，政権は崩壊。

3 冷戦の終結

　1989年12月，ゴルバチョフとアメリカ大統領ブッシュ(父)
が地中海のマルタ島沖で会談し，冷戦の終結宣言を出した。前
月にベルリンの壁が開放されたことをうけて，ドイツ統一につ
いても話し合われた。

　ゴルバチョフは，安全保障上の理由でドイツ統一を望んでい
なかった。また，イギリスとフランスも強力な統一ドイツの出
現を恐れたが，ブッシュ大統領と西ドイツのコール首相が粘り
強く交渉をすすめ，1990年10月に**東西ドイツが統一された**。[★4]

★4 1990年8月，
東西ドイツ条約に調
印。10月3日正式に
統一。国名はドイツ
連邦共和国となり，
翌91年，ベルリン
を首都とすることが
決まった。

3

グローバル化する世界

📖 **資料活用**　冷戦の終結は，どのようにすすんだのだろう？ (Q1)

年	できごと
1981	アメリカにレーガン政権登場→「強いアメリカ」を掲げ，新冷戦の時代へ。
1985	ソ連にゴルバチョフ登場→ペレストロイカとグラスノスチ，新思考外交。
1987	中距離核戦力(INF)全廃条約。
1988	新ベオグラード宣言…ソ連の社会主義への指導性を否定→東ヨーロッパの改革運動が加速。
1989	(2月)ハンガリーで複数政党制への移行が決定。
	(4月)ポーランド，「連帯」合法化→(6月)複数政党制による自由選挙が実施され，「連帯」政権誕生。
	(5月)ハンガリー，オーストリア国境の有刺鉄線の切断開始→(8月)オーストリアとの国境の町ショプロンで脱出計画「ヨーロッパ＝ピクニック計画」始まる→東ドイツ市民が，チェコスロヴァキア→ハンガリー→オーストリア→西ドイツのルートで西側へ脱出。
	(10月)東ドイツ，ホネカー書記長解任。
	(11月9日)「ベルリンの壁」開放。(11月10日)ブルガリアで政権交代→自由選挙を複数政党で実施。
	(12月)チェコスロヴァキアでビロード革命。
	(12月2〜3日)米ソ首脳，マルタ会談で冷戦の終結を宣言。(12月)ルーマニアでチャウシェスク大統領夫妻処刑。

要点　(Q1) ▶▶▶ (A1)

　ソ連のゴルバチョフは，ペレストロイカやグラスノスチ，新思考外交をおこない，東欧
諸国の改革運動を加速させ，冷戦終結が宣言された。

3 | イラン＝イスラーム革命

1 イラン＝イスラーム革命

❶イラン＝イスラーム革命　イラン国王パフレヴィー2世の指導による近代化・西欧化政策（白色革命）は、貧富の差や社会の矛盾を拡大し、国民の反対運動を活発化させた。その結果、イラン＝イスラーム革命がおこり、1979年国王はエジプトをへてアメリカへ亡命した。かわってフランスから宗教指導者ホメイニ[1]が帰国して、イスラーム教シーア派を国家原理とするイラン＝イスラーム共和国が成立した。

❷アメリカ大使館人質事件　イラン国外では、イラン革命を引き金にしておこった石油減産の結果、原油価格が急騰し、第2次石油危機が発生した。また、国内では、パフレヴィー体制を支援していたアメリカに対する民衆の怒りを背景に、1979年にイスラームの学生がテヘランでアメリカ大使館人質事件をおこした。その後、アメリカのカーター政権がイランと国交を断絶し、現在もなお両国の対立はつづいている。

▲ホメイニの帰国

2 イラクのフセイン体制とイラン＝イラク戦争

❶イラクのフセイン体制　イラクでは西部・北部を中心にスンナ派が人口の約20%、中部・南部を中心にシーア派が約60%、北部にクルド人が約15%を占める。1963年にクーデタをおこしたアラブ民族主義政党のバース党が68年に政権をにぎり、79年サダム＝フセインが大統領に就任した。

▲サダム＝フセイン

❷イラン＝イラク戦争　フセインは、イラン＝イスラーム革命がイラク南部で多数を占めるシーア派のアラブ人に波及することをふせぐとともに、湾岸地域の覇権をにぎることを意図して、1980年、イランに侵攻しイラン＝イラク戦争がはじまった。当初は劣勢におちいったイランであったが、イスラエル・シリアの支援をうけて攻勢に転じた。膠着状態がつづくなか、イランがイラク国内の反政府的なクルド人[2]を支援すると、フセインは、**クルド人の多く住むハラブジャで化学兵器を使用**した。88年、即時停戦などをよびかける国連安保理決議を両国がうけいれて、約8年におよぶ戦争が終わった。

★1 1902〜89年。イスラーム教シーア派のウラマー（イスラーム教の法学者）。イスラーム法にもとづく諸政策を実施。対外的には、反米・反ソを明確にし、イスラーム原理主義がアラブ諸国にひろまると、アラブ諸国とも対立した。

★2クルド人はトルコ、イラク、シリア、イランにまたがる「クルディスタン」とよばれる山岳地帯に居住。オスマン帝国が解体され、トルコ、イラク、シリアなどの諸国家が成立すると、クルド地域は複数の国家に「分割」された。現在も独立運動が続けられている。

4 | 湾岸戦争

1 湾岸危機

　イラン＝イラク戦争終結から2年後の1990年8月2日，イラクのフセイン大統領は，豊かな**石油資源をもつクウェートに侵攻**した。これに対し，アメリカはただちにイラク資産を凍結するとともに，6隻の艦艇（かんてい）をペルシア湾に派遣し，ソ連も武器禁輸などの措置をとった。安全保障理事会は6日，イラクに経済制裁を決議したが，フセイン大統領は8日，クウェートは本来イラクの一部であるとして併合を宣言した。

　11月29日，安全保障理事会は，イラクが91年1月15日までに完全撤退しなければ加盟国に武力行使をすることを認める決議を採択した。安全保障理事会では，常任理事国である中国が棄権，キューバとイエメンが反対したが，その他の12カ国が賛成して，この決議は成立した。

2 湾岸戦争

　1991年1月17日，アメリカはエジプト，シリアなどのアラブ諸国にイギリス，フランスなど西側諸国を加えた多国籍軍を組織して作戦を開始し，2月24日に大規模な地上戦に入った。26日フセイン大統領はクウェート撤退を命令，27日にはクウェート併合無効，賠償（ばいしょう）責任請求の2決議のうけいれを表明，ブッシュ大統領は戦争停止を宣言した。

▲破壊された戦車
劣化ウラン弾で破壊され，放置された戦車。

3 湾岸戦争から見えてくるもの

❶湾岸戦争に対する対応で米ソが協調したことや英仏，アラブ諸国などがアメリカ主導の多国籍軍に加わったことなどから，世界はアメリカ一極（いっきょく）支配体制のもとにあることが明確になった。

❷冷戦構造が解体した後，個々の国家の領土的野心・ナショナリズムなどが紛争の主な要因になることが見えてきた。

📖 資料活用　湾岸戦争は，どのような戦争だったのだろう？ Q2

資料1　イラク革命指導評議会声明（1990年8月8日）

……陸から海までの偉大なるイラクの民よ，あらゆる地の敬愛するアラブの民よ。……植民地主義はその目的を達成しようとしている。その成功を示す最大の証拠は，1990年5月のイエメン統一以前にアラブの国が22に分裂していたことである。この方法で植民地主義はアラブを物質的にも精神的にもばらばらにしてしまった。……他の国々に起こったことはイラクにも起こった。

植民地主義はイラクからクウェートを分離させ，戦略的能力を奪うため，イラクを海から遠ざけ，その民の一部，その富の一部を根幹と源泉から遠ざけたのである。……革命指導評議会は，部分と枝［クウェート］が，完全，かつ恒久的な併合的統一によって全体と幹［イラク］へ復帰することを決定した。

（歴史学研究会編『世界史史料12』岩波書店）

資料2　国連安全保障理事会決議678号（1990年11月29日）

1　イラクが決議660号（1990年）とその後のすべての関連諸決議を完全に遵守することを要求し，すべての決議を維持しつつ，善意の猶予として，イラクに最後の機会を与えることを決めた。
2　イラクが前項に述べられた関連諸決議を，1991年1月15日までに完全に実施しなければ，クウェート政府と協力する加盟諸国に対して，決議660号（1990年）とすべてのその後の関連諸決議を支持，履行して，この地域における国際の平和と安全を回復するため，必要なすべての手段を行使する権限を付与する。……

（歴史学研究会編『世界史史料12』岩波書店）

資料3　湾岸戦争は何だったのか

この戦争に対し，アメリカ国内にも，経済制裁の効果もみきわめず武力に訴えたこと，アメリカが独断でとりしきり国連がこれを容認したことに批判があり，アラブの知識人のあいだでは，アメリカの「最終の目的は石油の利権の要塞を確保して，この地域にかれらの支配権を樹立するの一語に尽きる」，「アメリカはイラクとの戦争をこの地域に覇を唱えるための口実に使っている」といった批判がでている。アジア諸国の反応もかならずしもアメリカに好意的ではなく，イスラム教徒の多いインドネシア・インド・バングラデシュなどの態度は微妙であり，マレーシアのマハティール首相は「われわれはクウェートの解放には同意したが，イラクを破壊することには同意しなかった」とし，中国も沈黙を守った。イスラム教徒の地域をもつソ連も手放しの支持ではなかった。

クウェートの政治の非民主性や国境線の不当さも指摘された。日本はアメリカの要求によって総額130億ドル，1人当たり1万円強を支出し，掃海艇を派遣したが，外交が属国的で「嫌米」ムードがでているという意見も聞かれた。イラク側の死者は軍民あわせ12万5,000人といわれているが，17〜24万人という推定もある。これに対し多国籍軍側は米兵150人などと少なかった。しかし，70万人のアメリカ帰還兵中現在約2,000人に関節痛，発疹などの症状があらわれており，化学兵器防御剤の副作用ではないかともいわれているが，原因は不明である。

（木村英亮『20世紀の世界史』山川出版社）

解説

(1)イラクがクウェートに侵攻した理由 フセイン大統領は、クウェートはイギリスの植民地主義のもとでイラクから引き離されたのであって、もともとイラクの一部であったという主張をしてクウェートに侵攻した（資料1）が、実際には、約8年におよぶイラン＝イラク戦争で、約600億ドルの戦時債務問題を解決するためにクウェートを併合しようとした。

(2)アメリカの対応 アメリカは軍隊を派遣するとともに、ソ連とも共同して、イラク軍の即時無条件撤退を勧告した。冷戦構造が崩壊し、アメリカの脅威となるのは、地域的な覇権をめざすイラクのような国であった。

アメリカは、国連安保理決議678号（資料2）を引き出し、反米の動きを封じこめた。これに対し、フセインは、イスラエルがガザ地区とヨルダン川西岸地区から撤退すればクウェートからの撤退に応じると主張したが、アラブ諸国はこの提案に乗らず、サウジアラビアは国内への米軍駐留を認めた。アメリカは、国連の枠内で動くことを避け、国連軍ではない多国籍軍を組織することによりアメリカ主導で戦争に突入し、1ヶ月半で勝利をおさめた。

(3)湾岸戦争がアメリカにもたらしたもの

マレーシアのマハティール首相の発言「われわれはクウェートの解放には同意したが、イラクを破壊することには同意しなかった」（資料3）のように、イスラーム諸国は、アメリカの軍事行動を好意的にうけいれるものではなかった。

湾岸戦争がアメリカにどのような利益をもたらしたかを見ておきたい。
①湾岸戦争でペルシア湾岸諸国からの原油供給が減少し、原油価格が値上がりした。

この結果、アメリカ系のエクソンモービルとシェブロンは莫大な利益を上げた。
②巨大石油会社からペルシア湾岸諸国の首長に支払われる利権料が、世界有数のアメリカ系銀行に入り、巨額の利益がもたらされた。
③湾岸戦争後の復興事業のために、アメリカの多国籍企業が莫大な利益を得た。
④冷戦時代のミサイルや爆弾などを一挙に使い果たし、軍需産業に新たな受注が生まれた。アメリカの外国での武器売り上げは、1989年80億ドルから91年400億ドルになった。

(4)健康被害 資料3にある化学兵器防御剤以上に深刻な健康被害は劣化ウラン弾である。劣化ウランは、核兵器や原発の核燃料製造の副産物として生じる放射性物質である。劣化ウランは、対戦車弾の材料として使用され、炸裂すると細かな粒子となって大気中を漂い、発がん性のある物質が人体に取りこまれて、内部被曝をおこす。

イラクのバスラの小児科医の報告では、小児白血病と小児癌の発生率は6倍から20倍に増加したと伝えられている。

要点 Q2 ▶▶▶ A2

クウェートに侵攻したイラクとアメリカ軍を中心とする多国籍軍が衝突した湾岸戦争は、多国籍軍側が勝利をおさめ、アメリカの原油関連の企業や、軍需産業に莫大な利益がもたらされた。一方でアメリカ軍が使用した劣化ウラン弾の放射性物質により、イラク国内の多くの人々が健康被害をうけた。

② ソ連の崩壊と経済のグローバル化 [世界史]

▶ ゴルバチョフがはじめた改革は，国内保守派の抵抗をうけるとともに，ソ連を構成していた共和国の独立の動きを生み出した。保守派のクーデタをきっかけにゴルバチョフの求心力は弱まり，1991年12月にソ連は崩壊した。

　冷戦終結後も世界各地で民族紛争がおこった。そのひとつが，バルカン半島でおこったユーゴスラヴィア連邦の解体である。連邦政府の中心となっていたセルビアに対する他民族の反発が激化し，1991年から内戦がはじまり，結果的に連邦は分解した。

　冷戦終結とともに，それまで軍事技術であったインターネットが民間に開放され，ヒト・モノ・カネ・情報が瞬時に国境をこえるグローバル化の時代をむかえた。それとともに，地域的な経済統合の動きが加速した。

☞ このセクションでは，次の問いに答えられるようにする必要がある。

　Q1 冷戦後の世界で，グローバル化はどのように進展したのだろう？

1 ｜ ソ連の崩壊

1 ゴルバチョフの改革

　冷戦終結後のソ連では，ゴルバチョフが，1990年に憲法を改正して**複数政党制**を認め，自ら大統領に就任して改革に努めた。しかし，**市場経済**への移行は保守派の抵抗にあい，国内ではソ連を構成していた共和国から独立の動きが生まれた。

2 ソ連の解体

❶保守派のクーデタ　1991年，ロシア共和国の大統領に選出された改革派のエリツィンは，ゴルバチョフ体制を批判し，ロシア共和国のソ連からの独立を主張，ソ連は解体の危機をむかえた。同年8月ソ連共産党保守派によるクーデタがおこったが，軍部はこれを支援せず，結局はエリツィンによって鎮圧された。この事件を契機として共産党への批判が高まり，ついにソ連共産党は解体された。基盤を失ったゴルバチョフは実権を失い，ペレストロイカ路線も挫折した。

★1 ソヴィエト社会主義共和国連邦を構成する15共和国の1つで，ソ連最大の共和国。

❷バルト3国の独立　かつてスターリンによって併合されたエストニア・ラトヴィア・リトアニアのバルト3国では，1989年8月，リトアニアの首都ビリニュスから，ラトビアの首都

★2 CISに加入していない。2004年にNATOに加盟した。

リガを経て，エストニアの首都タリンまでの距離およそ
600kmを，200万人の人々が手を結び（人間の鎖），ソ連に
よる占領に対し抗議，独立回復を訴えた。1990年には一方
的に独立を宣言した。ゴルバチョフは大統領令で無効を宣言
したが，91年ソ連でのクーデタ後，独立が承認された。

❸独立国家共同体（CIS）　ウクライナ・アゼルバイジャンなど
の共和国がソ連からの離脱を宣言し，1991年12月にはロ
シア連邦・ウクライナ・ベラルーシ（白ロシア）などの共和国
が独立国家共同体（CIS）の創設を発表すると他の共和国もこ
れに参加し，ついにソビエト連邦は消滅して，ゴルバチョフ
大統領も辞任を余儀なくされた。

★3 このほか，ウズ
ベキスタン・カザフ
スタン・アゼルバイ
ジャン・タジキスタ
ン・キルギス・トル
クメニスタン・アル
メニア・モルドヴァ
・ジョージアが遅れ
て参加。国連の安全
保障理事会の常任理
事国など，国際社会
のうえでのソ連の地
位は，ロシア連邦が
継承した。

▲独立国家共同体の加盟国

3 ソ連が保有していた核兵器はどうなったか

　1991年7月，アメリカとソビエト連邦は，第1次戦略兵器削
減条約（START Ⅰ）に調印したが，12月にソ連が崩壊。米ソ間
で削減が合意されたソ連の戦略核兵器は，連邦を構成していた
ロシア・ウクライナ・カザフスタンおよびベラルーシの4カ国
に残されたままとなった。

　1994年，アメリカ・イギリス・ロシアは，ウクライナ・カザ
フスタン・ベラルーシが核兵器を放棄すれば，当該国の安全を
保障するとのブダペスト覚書に署名。当時世界第3位の核兵器
備蓄国であったウクライナは，保有していた1,800発の**核兵器
を1996年までにロシアに返還**した。

★4 2014年，ロシ
アによるウクライナ
のクリミア半島への
侵攻で，ブダペスト
覚書は反故にされた。

4 ロシア共和国による市場経済への模索

　エリツィン大統領のもとで，1991年以降，公定価格の自由化をはじめ，補助金の削減，コルホーズやソフホーズの解体，国有企業の民営化なども実施して計画経済から市場経済への移行をめざした。しかしこうした改革は保守派の抵抗のために中途半端なものとなり，かえって経済的混乱をまねいた。物資不足と急激なインフレが，農民や労働者，年金生活者などを直撃した。

5 エリツィン体制

　エリツィンは1993年，第2次戦略兵器削減条約（START II）に調印。同年，大統領に強大な権力を与えるロシア連邦憲法を制定した。94年，ロシア連邦からの独立をめざすチェチェンに侵攻（第1次チェチェン紛争，1994～96年）したが成果はなく，一方で，急激な市場経済化により市民生活が打撃をうけ，支持率が低下した。

　98年，アジア通貨危機[★5]の影響をうけてロシアが通貨危機におちいると，エリツィンはプリマコフを首相に任命し，財政危機に対処させた。プリマコフは，IMF（国際通貨基金）から支援をうけ，金融危機を沈静化させた。また，エリツィンとつながりをもつ新興財閥（オリガルヒ）や側近グループの排除に乗りだしたが，99年解任された。

★5 1997年，タイでの為替の自由化をきっかけに韓国やインドネシアなどにひろがった通貨の下落のこと。

▲プーチン（左）とエリツィン（右）

6 プーチン体制

❶プーチンの登場　2000年，エリツィンの後継者として旧ソ連国家保安委員会（KGB）出身のプーチン（在職2000～08，12年～）が大統領に就任。プーチンは，急速な資本主義化により生じた経済格差を解消するため，新興財閥の不正を摘発し，彼らの所有する石油会社を国有化。国際的な原油価格高騰にともなって輸出がのび，ロシア経済は安定した。また，01年には，上海協力機構（SCO）[★6]の設立に参加した。99年にはじまる第2次チェチェン紛争では，モスクワ市内でチェチェン武装勢力がおこすテロ事件を武力制圧した。

❷プーチン独裁へ　①2004年，プーチンは大統領に再選されたが，強権的・独裁的な政治手法が国際社会から非難されることが多くなった。ロシアよりアメリカ重視の政策をすすめ

★6 2001年設立。中国・ロシア・カザフスタン・キルギス・タジキスタン・ウズベキスタン，インド・パキスタン（17年加盟），イラン（21年加盟）の9カ国による協力機構。加盟国がかかえる民族・宗教問題，経済や文化など，ひろい分野での協力をはかっている。

るウクライナやジョージアに対するロシアの措置は，その典型である。一方で，アメリカ主導のイラク戦争に反対し，05年にはアメリカとの対抗上，中国との関係強化をねらって共同軍事演習をおこなった。08年には，大統領の地位を第1副首相のメドヴェージェフ（在職2008〜12年）に譲り，自らは統一ロシアの党首として首相の地位につき，大規模な軍事改革や警察改革，南オセチヤ紛争でのロシアの勝利を指揮した。②12年，大統領に復帰。14年には**ウクライナへの軍事介入，クリミア半島併合**をおこない，国際社会から経済制裁を課され経済が停滞した。③22年2月，ウクライナ侵攻をはじめる。

★7 2008年8月7日から8月16日にかけておこったジョージア（グルジア）と南オセチヤ間の戦争でロシア連邦が南オセチヤ側に立って軍事介入した。

7 ウクライナ

❶**親欧米派と親ロ派の対立** 1994年，「ブダペスト覚書」が結ばれ，ウクライナに対し，核兵器放棄を条件に，米・英・露が安全保障を約束する。

2004年の大統領選挙結果に対してオレンジ革命がおき，**EU加盟を主張**するユシチェンコが，ロシアとの関係を重視するヤヌコーヴィチを破って大統領に就任した。ウクライナはエネルギーをロシアからの天然ガスに依存しており，国際的なエネルギー価格の高騰を背景に，ロシアが2005年以降，ガス価格を大幅に値上げする（ロシア＝ウクライナガス紛争）と，政権内部で混乱が生じ，10年の大統領選挙ではヤヌコーヴィチが勝利して，**親ロシア政権ができた**。

2013年11月から14年2月，ユーロマイダン革命がおき，対ロシア関係を重んじるヤヌコーヴィチ大統領の政権が，欧州連合（EU）との緊密化を望む野党側やウクライナ民族主義者らを中心とした勢力の街頭行動が激化するなかで倒れ，**親欧米政権が樹立**された。

★8 街頭行動の拠点はキーウ都心の独立広場。ウクライナ語で広場を「マイダン」という。「脱露入欧」を願う人々が政権打倒のため広場に集結したため，この政変は「ユーロマイダン革命」と呼ばれる。

❷**クリミア合併** ①2014年3月，ロシアがクリミアで住民投票をおこない，賛成多数でロシアへ編入（クリミア併合）。4月，ユーロマイダン革命後，親ロ派住民が多いウクライナ東部地域で反乱が相次ぐ。ロシアが支援してドネツク人民共和国，ルガンスク人民共和国が建国され，東部地域でウクライナ政府軍とロシアの支援をうけた人民共和国側との戦闘がつづいた。②15年，「ミンスク合意」をロシア・ウクライナ・

ドイツ・フランスでまとめる。14年からのウクライナ東部
紛争の停戦合意。親ロシア派地域に事実上の自治権にあたる
「特別な地位」を与えるという項目が争点となった。③22年
2月，ロシアがウクライナに軍事侵攻。

> **用語** **ロシア＝ウクライナガス紛争**　ロシアは，ヨーロッパ諸国にパイ
> プラインを通じて天然ガスを供給している。2006年，ウクライナへ
> の供給量を従来の約70％にへらしたが，ウクライナはこれを無視して
> ガス取得をおこなったため，ガス圧低下によってEU諸国への供給が十
> 分におこなわれなくなり，大混乱がおこった。

▼冷戦後のウクライナ

年	できごと
1991	ソ連崩壊。ウクライナ，独立国家共同体(CIS)創設条約に調印→脱露入欧政策推進。
1993	「ウクライナの外交政策基本方針に関する」議会決議→EUへの加盟方針明記。 エネルギー危機により，ロシアとの経済的再統合を模索→EUかロシアか。
1994	「ブダペスト覚書」…ウクライナに対し，核兵器放棄を条件に米・英・露が安全保障を約束する（「ウクライナの領土保全ないし政治的独立に対して脅威を及ぼす，あるいは武力を行使することの自重義務を再確認する」）
1996	1996年憲法…「大統領制的議院内閣制」，大統領権限が比較的強い。
2004	「オレンジ革命」…大統領選挙で親ロ派のヤヌコーヴィチではなく市場経済を推進するユシチェンコが勝利，ソ連型行政をEU路線へ転換。オリガルヒ中心の経済からの脱却が期待されたが，性急な民族主義でロシアとの関係が不安定に。
2010	大統領選挙でヤヌコーヴィチが当選。
2013	(11月)～14年(2月)「ユーロマイダン革命」
2014	(3月)ロシア，クリミアで住民投票，ロシアへの編入条約(クリミア併合) (4月)マイダン革命後，親ロ派住民が多い地域で反乱が相次ぐ。ロシアが支援してドネツク人民共和国，ルガンスク人民共和国が建国→東部地域でウクライナ政府軍とロシアの支援を受けた人民共和国側で戦闘。
2015	「ミンスク合意」…ロシア，ウクライナ，ドイツ，フランスでまとめる。2014年からのウクライナ東部紛争の停戦合意で13項目。親ロシア派地域に事実上の自治権にあたる「特別な地位」を与えるという項目が争点。
2022	ロシア，ウクライナに侵攻。

8 ジョージア〔(旧)グルジア〕

ジョージアは，ソ連崩壊に際して独立したが，その直後から内戦がつづいており，南オセチア自治州とアブハジア自治共和国が，分離独立を求めている。ジョージアは，カスピ海と黒海を結ぶ交通の要衝に位置し，国内を通過するパイプラインなどを利用すれば，欧米諸国がロシアを経由せずにカスピ海周辺の資源を手にいれることができるため，その地理的条件を生かして，NATO加盟をめざしてきた。ロシアは，それを阻止するとともに，ジョージア北方でのチェチェン紛争にそなえるため，南オセチアとアブハジアの分離独立を支持している。

補説　**チェチェン紛争**　北カフカス地域に住むイスラーム系のチェチェン人は，1991年11月，チェチェン共和国のソ連からの離脱を宣言した。
　94年12月，エリツィンはチェチェンの分離独立を阻止するためにロシア軍を投入し，**第1次チェチェン紛争**がはじまった。96年，ロシア連邦南西部のダゲスタン共和国の都市ハサブユルトでの和平合意により，チェチェンの独立を5年間凍結し，国家としての地位は2001年に再検討するということで決着した。99年，イスラーム原理主義勢力がチェチェン国内で勢力をもち，隣接するロシア連邦ダゲスタン共和国に侵攻。テロ事件がモスクワ市内で続発し，多くの死傷者が出ると，エリツィンはチェチェンに侵攻し，**第2次チェチェン紛争**に突入した。

★9 1991年，グルジアはソ連から独立する際，英語読みの「ジョージア」で国連に登録した。2008年，ロシア連邦が軍事侵攻し，ジョージア北部の南オセチアとアブハジアの「独立」を一方的に承認した。この事態後，各国に「ジョージア」を使用するよう要請した。日本政府は，2015年に「グルジア」の呼び名を「ジョージア」と改める法律を制定した。

▼NATO加盟国の推移

▲NATOの拡大（2023年7月現在）

年	国数	加盟国の動き
1949	12	ベルギー，カナダ，デンマーク，フランス，アイスランド，イタリア，ルクセンブルク，オランダ，ノルウェー，ポルトガル，イギリス，アメリカで発足
52	14	ギリシア，トルコが加盟
55	15	西ドイツが加盟
82	16	スペインが加盟
90	16	東西ドイツ統一に伴い，統一ドイツとして加盟国に
99	19	チェコ，ポーランド，ハンガリーが旧共産圏諸国として初めて加盟
2004	26	バルト3国（エストニア，ラトヴィア，リトアニア），ブルガリア，ルーマニア，スロヴァキア，スロヴェニアが加盟
09	28	アルバニア，クロアティアが加盟
17	29	モンテネグロが加盟
20	30	北マケドニアが加盟
23	31	フィンランドが加盟

加盟希望国	スウェーデン，ウクライナ，モルドヴァ，ジョージア，ボスニア＝ヘルツェゴヴィナ

（2023年7月現在）

2 | ユーゴスラヴィア紛争

1 東欧革命の影響

　独自の社会主義路線をとってきたユーゴスラヴィアは，1980年のティトーの死後，内部の民族的・宗教的対立が表面化。89年東欧諸国の民主化がはじまると，ユーゴスラヴィアでも共産党一党独裁を廃止して自由選挙をおこなうことを決定した。ユーゴスラヴィアを構成する各共和国では，ティトー時代の体制からの脱却をはかり，セルビアのミロシェヴィチやクロアティアのトゥジマンなどの民族主義者が政権をにぎった。91年スロヴェニアとクロアティアが独立を宣言すると，ユーゴスラヴィア内戦に突入した。

> 補説　ティトー　1892～1980。第二次世界大戦中にパルチザン（人民解放軍）を率いてナチス＝ドイツと戦い，戦後には強力な指導者として，ソ連とは一線を画する独自の社会主義体制（自主管理社会主義）をきずいた。ティトーはいわば国家の英雄であり，民族や宗教がいりまじるユーゴスラヴィアが1つの国家としてなりたっていたのは，彼の存在によるところが大きかったといわれる。

▲ティトー

2 クロアティア内戦

　1991年6月スロヴェニアがユーゴスラヴィアからの分離独立をめざして10日間の地上戦をおこない，独立を達成した。同年，セルビアと対立していたクロアティアのトゥジマン政権が独立を宣言すると，国民の12％を占めるセルビア人が反発し武力衝突に突入。セルビア人側は，民族自決をかかげ独立を宣言した。91年9月，ユーゴスラヴィア連邦政府がセルビア人保護を名目に連邦軍をクロアティアに派遣。内戦は国際問題化して，11月に国連の仲介で停戦合意。95年8月，クロアティアが武力でセルビア人勢力を制圧した。

3 ボスニア内戦

　①1992年，ボスニア＝ヘルツェゴヴィナが独立を宣言すると，ボスニアのセルビア人が反乱をおこし，これをセルビア共和国が助けるかたちとなって，ボスニア内戦となった。内戦の開始とともに対立は深まり，互いに「民族浄化」と称する迫害

★1 国内に居住するムスリム人（スラヴ人のイスラーム教徒），セルビア人，クロアティア人の3民族による武力衝突。独立に賛成するムスリム・クロアティア人勢力と，反対するセルビア人勢力とが衝突したが，しだいにムスリムとクロアティア人勢力の対立も生じ，三つ巴の内戦となった。

★2 複数の民族が住む地域で，特定の民族集団が武力を用いて他の民族集団を虐殺・迫害・追放して排除すること。

をおこなった。②94年，アメリカが介入してクロアティア人とムスリム人勢力の同盟を結成，NATO（ナトー）がセルビア空爆に乗りだし，95年停戦が実現した。③95年11月，クリントン米大統領の仲介でボスニア＝ヘルツェゴヴィナ・クロアティア・セルビアの内戦当事国が，アメリカのデイトンで和平に合意した（デイトン協定）。④領土配分をムスリム人とクロアティア人勢力からなるボスニア・ヘルツェゴビナ連邦に51％，セルビア人共和国（スルプスカ共和国）に49％としたうえで，2つの構成体からなる連邦国家として「単一の国家」が維持された。★3

★3 内戦では約20万人の死者と200万人以上の難民・避難民がでた。

4 コソヴォ紛争

①1990年，セルビア共和国内の自治州コソヴォでは，約9割を占めるアルバニア人が「コソヴォ共和国」の独立を宣言，★4セルビアのミロシェヴィチ政権と対立していた。②97年，アメリカの支持をうけて，武装闘争によるコソヴォの独立をめざすアルバニア人青年を中心とする武装勢力（コソヴォ解放軍）の活動が激化した。③98年3月，セルビア政府は治安部隊をコソヴォに導入してコソヴォ解放軍の掃討（そうとう）作戦をはじめた。コソヴォのアルバニア人が大量に難民となって近隣諸国に流入。④99年2月，国際社会（米・英・仏・独・伊・ロ）が，NATOによる治安維持という調停案を提示した。

★4 2008年にも独立を宣言。日本も承認した。

5 NATO空爆

セルビアが調停案を拒否し，アルバニア系住民に対する虐殺（ぎゃくさつ）行為をつづけると，99年3月，アメリカ軍をふくむNATOは「人道的介入」をかかげてコソヴォ空爆にふみきり，セルビア人勢力をコソヴォから追放した。NATOの空爆は国際連合の承認なくおこなわれ，しかも創設以来初めての，加盟国域外への攻撃であったが，クリントン米大統領はそれを「人道的」にやむを得なかったと正当化した。

3

グローバル化する世界

6 旧ユーゴスラヴィア国際軍事法廷

　ミロシェヴィチは，大統領選挙で敗れた2000年，アルバニア系住民へのジェノサイド(集団殺害)の責任者として「人道に対する罪」[★5]で起訴され，2001年国連旧ユーゴスラヴィア国際戦犯法廷(オランダのハーグ)に身柄を移送されたが，裁判中の06年3月，独房で死亡しているのが発見された。

▲旧ユーゴスラヴィアの民族分布

3 経済のグローバル化

1 経済のグローバル化の進展

　冷戦終結とともに，それまで軍事技術であったインターネットが民間に開放され，**ヒト・モノ・カネ・情報が瞬時に国境をこえるグローバル化の時代**をむかえた。それとともに，地域的な経済統合の動きが加速した。

2 ヨーロッパ統合

❶ヨーロッパ統一市場　1967年にECSC，EEC，EURATOMが統合して発足したヨーロッパ共同体(EC)は，73年イギリス・アイルランド・デンマークが新たに加盟して拡大ECとなった。さらに81年にギリシア，86年にスペイン・ポルトガルが加盟して巨大な統一市場に発展した。86年には，EC域内の完全市場統合をめざす単一欧州議定書[★1]が調印され，92年までに域内の人・モノ・サービスの移動が自由になる共同市場[★2]の設立が定められた。

❷ヨーロッパ連合(EU)　1989年の東欧革命後，旧東欧諸国が市場経済を導入して自由主義化をすすめると，ECはさらなる拡大にそなえて92年，マーストリヒト条約を調印した。93年，マーストリヒト条約の発効によって，ヨーロッパ諸国間の通貨や安全保障政策の統合を目標とするヨーロッパ連合(EU)が発足した。95年には，オーストリア・スウェーデン・フィンランドが加盟した。また，2002年にはイギリス・スウェーデン・デンマークを除く12カ国で統一通貨

★5 「国家もしくは集団によって一般の国民に対してなされた謀殺，絶滅を目的とした大量殺人，奴隷化，追放その他の非人道的行為」と規定される犯罪概念。

★1 1987年発効。92年までに完全な市場統合をめざすことを決定した。
★2 1985年に加盟国間での国境検問を廃止するシェンゲン協定が署名された。

ユーロ(EURO)を導入(決済通貨としては99年から使用。またモナコやモンテネグロなど，EU非加盟でユーロを使用する国もある)。04年にエストニア・ラトヴィア・リトアニア・ポーランド・チェコ・スロヴァキア・ハンガリー・スロヴェニア・キプロス・マルタの10カ国，07年にブルガリアとルーマニアの2カ国，13年にクロアティアが加盟し28カ国体制となった。

❸**イギリスのEU離脱**　イギリスでは，2016年6月の国民投票で52%がEU離脱を支持し，2020年1月，正式にEUを離脱した。現在EUは，27カ国体制となっている。

❹**ロシアの反発**　EUとNATOの東方拡大はロシアの反発をまねいている。2022年2月，ロシアのプーチン大統領は，ウクライナ紛争に際して，侵攻の理由の1つに挙げている。

▲ヨーロッパ連合

3 グローバル化する世界

3　その他の地域経済統合

ヨーロッパ統合に刺激されて，他の地域でも国境をこえた自由貿易圏の整備がすすめられている。

❶**北米自由貿易協定(NAFTA)**[★3]　1994年，アメリカ・カナダ・メキシコの間で発効。

❷**アジア太平洋経済協力(APEC)**　1989年，韓国・ニュージーランド・オーストラリア・カナダ・アメリカ・日本・ASEAN加盟6カ国(インドネシア・シンガポール・タイ・フィリピン・ブルネイ・マレーシア)，計12カ国で発足。

★3　2020年にNAFTAにかわり，アメリカ＝メキシコ＝カナダ協定(USMCA)を発効した。

4　世界貿易機関

1995年，関税および貿易に関する一般協定(GATT)にかえて，通商紛争の調停機能をもつ世界貿易機関(WTO)が発足した。

POINT!

[冷戦後の世界で，グローバル化はどのように進展したのだろう？]　Q1 ▶▶▶ A1
冷戦終結の影響…旧共産圏諸国が西側の資本主義経済体制下に入り，市場規模が拡大。軍事技術であったインターネット技術を民間に開放
→ヒト・モノ・カネ・情報が瞬時に国境をこえるグローバル化の時代へ。

SECTION
③ 開発途上国の民主化と独裁政権の動揺 世界史

▶ 1980年代半ば以降，工業化がすすみ中産階級が成長したラテンアメリカやアジアの開発途上国では，民主化を求める声が高まり，軍事政権や独裁政権が崩壊した。また，社会主義体制をとってきた中国やベトナムでは，社会主義体制を維持しながら，市場経済化をすすめ，外国資本を導入し工業化による経済発展をめざした。

↪ このセクションでは，次の問いに答えられるようにする必要がある。

Q1 ラテンアメリカやアジアの開発途上国は，どのように民主化へ向かっていったのだろう？

Q2 1990年代に，ラテンアメリカで民主化運動が高まったのはなぜだろう？

1 ｜ ラテンアメリカ

1 アルゼンチン

1982年にフォークランド（マルビナス）諸島の領有をめぐってイギリスとの戦争（フォークランド戦争）がおこり，軍事政権が翌年に倒れ民政[★1]に移行した。

★1 民政とは文官による政治のこと。軍人による政治である軍政（軍事政権）から，選挙で選ばれた指導者による政権に移行することを「民政移管」という。

2 ブラジル

1964年，アメリカ合衆国が支援するカステロ＝ブランコ将軍がクーデタをおこし，軍事独裁政権を樹立し，軍政がはじまる。軍政時代に高度経済成長が実現したが，68年の都市ゲリラ闘争の激化，73年の第1次石油危機などの影響をうけ，経済成長は失速した。85年に民政に移管した。

3 チリ

①1970年に選挙でアジェンデ政権が成立し，社会主義政策がとられた。チリに進出していたアメリカの多国籍企業が社会主義政策に反発し，合衆国政府にアジェンデ政権を打倒するように働きかけた。②73年9月11日[★2]，アメリカ中央情報局（CIA）が支援するピノチェト将軍がクーデタをおこし，アジェンデ大統領の人民連合政権が倒され軍事政権となった。クーデタ直後から人民連合派の労働者や市民，学生，知識人らに対する虐殺がおこなわれた。③ピノチェトは，アメリカ合衆国のシカゴ大学のフリードマ

★2 2001年9月11日におこった米同時多発テロ事件と同じ9月11日であったことから「もう一つの9.11」といわれるようになった。

ンが提唱する新自由主義政策をとって，**アジェンデの国有化政策をやめ，公営企業体の民営化，森林・漁業資源の私有化**，さらに**社会保障の民営化，外国資本の直接投資の促進**などを推進した。④83年以降，全国ストライキなど独裁反対運動がひろがり，88年の国民投票で90年の民政移管が決定された。

4 ニカラグア

　1979年にサンディニスタ民族解放戦線による革命がおき，ソモサ親米政権が倒された。^{★3}

5 ベネズエラ

　1999年に大統領に就任したチャベスが，反米の姿勢を明確にし，社会主義政策をとった。ラテンアメリカに強い影響力をもつアメリカ合衆国に対する反発は，20世紀末頃からラテンアメリカ諸国にひろがっている。

★3 ニカラグアの左翼政権を警戒するレーガン米大統領は，ニカラグア国内の反革命勢力（コントラ）に武器・資金を援助し，内戦状態を作り出した。

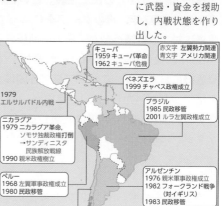

▲ラテンアメリカのできごと

2 | 東南アジアとインド

1 フィリピン

　1965年以来政権にあったマルコス大統領（在職1965〜86年）は，86年におこなわれた大統領選挙の不正に抗議する民衆運動によってハワイに亡命した。

　マルコス大統領にかわって，民主化運動のリーダーで，83年に暗殺されたベニグノ＝アキノの妻コラソン＝アキノ（在職1986〜92年）が大統領に就任し，民主化をすすめた。^{★1}その後，ラモス（在職1992〜98年），エストラダ（在職1998〜2001年），アロヨ（在職2001〜10年），ベニグノ＝アキノ3世（アキノの長男・在職2010〜2016年），ドゥテルテ（在職2016〜22年）とつづき，22年の選挙で，かつて独裁政権を率いた故マルコス大統領の子フェルディナンド・マルコスが大統領に就いた。

★1 マルコスを退陣させ，民主化を実現した運動を「ピープルズ・パワー革命」といった。開発独裁を終わらせ，アジアの民主化を実現した時代の象徴的な出来事となった。

2 タイ

①1973年，政治の腐敗に抗議して民主化を求める運動がおこり，全国にひろがった。しかし，76年におこった軍部のクーデタによって民主化運動はおさえられ，軍政が復活した。
②80〜88年「半分の民主主義」といわれる政治的安定期をむかえた。★2 ③92年，軍のクーデタによって成立したスチンダー政権に対する抗議行動が，武力で制圧される事件がおきた。
④80年代後半以降，経済成長が著しくなったが，97年には通貨危機におちいり，これがアジア各国に波及して，急激な通貨下落につながった(アジア通貨危機)。★3 ⑤2001年に成立したタクシン内閣は，経済回復に成功したが，軍部と対立し，06年，タクシンは軍のクーデタで政権を追われた。★4

3 ベトナム

南北統一後も，インドシナ難民の発生，カンボジア侵攻(1978〜89年)，中越戦争(1979年)など，国内は混乱した。1986年から，ドイモイ(刷新)政策により市場経済が導入され，89年にはカンボジアから撤兵して経済は好転した。91年には中華人民共和国との関係を正常化し，95年にはアメリカとの国交を樹立するとともに，ASEANへの加盟をはたした。98年にアジア太平洋経済協力(APEC)に参加し，2007年にはWTOへの加盟を達成して，工業化と近代化をすすめた。

近年は，南沙群島など南シナ海への実効支配を強める中国との対立が深まり，10年代以降はアメリカ軍やASEANと合同軍事演習をおこなうなど中国牽制の姿勢を強めている。

4 カンボジア

❶ポル＝ポト支配とヘン＝サムリン政権　1975年，ポル＝ポトが指導する民主カンプチアが中国の支援をうけて政権をにぎった。農業を基盤とする極端に閉鎖的な共産主義を理想とし，都市から農村への強制移住をすすめ，これに従わない多数の人々を虐殺した。78年末，反ポル＝ポト派を支援するベトナムが軍事侵攻をおこなった結果，79年のはじめにヘン＝サムリンを元首とするカンボジア人民共和国が成立し，ポル＝ポト派との間で内戦となった。

★2 軍部に基盤をもつプレーム政権の下で，政党活動が承認され，総選挙も実施された。また，外国企業の投資規制を緩和するなど，経済発展への第一歩を踏みだした。

★3 1997年，タイでの為替の自由化をきっかけに韓国やインドネシアなどにひろがった通貨の下落のこと。

★4 日本が最大の投資国となり，機械・金属加工(自動車をふくむ)，電子・電子機器などの産業が進出した。

❷平和・経済再建に向けて　1989年のベトナム軍撤退後，91
年両者が統一政権樹立で合意し，ヘン＝サムリン政権と，ポ
ル＝ポト派など反ベトナム3派が，旧元首シハヌークを国王
とする統一政権樹立で合意し，93年カンボジア王国が成立，
社会主義体制から離脱した。国連は92年に停戦・武装解除の★5
監視，選挙の実施，難民帰還の支援，行政の管理などをおこ
なう**国連カンボジア暫定統治機構(UNTAC)**を設立した。日本
は，92年に国際連合平和維持活動等に対する協力に関する法
律(PKO協力法)を成立させ，停戦監視，文民警察，選挙，お
よび道路・橋の修理などの後方支援活動をおこなった。

★5 98年ポル＝ポ
トが死去し，ポル＝
ポト派が壊滅して内
戦は終わった。

3

グローバル化する世界

5 インドネシア

1965年のクーデタでスカルノが政権を追われた後，政権を
掌握したスハルトは，97年7月にタイよりはじまったアジア
通貨危機による経済不振で，98年退陣し，民政に移管した。

6 ミャンマー

❶軍政と民主化運動　1962年のクーデタで政権に就いたネ＝
ウィン将軍は，ビルマ独自の社会主義政策をとり，軍事独裁
体制を維持した。88年に経済政策の失敗に不満をもつ**民衆
の民主化運動が高揚**するなか，軍部がクーデタをおこして軍
政を維持したのに対し，アウン＝サンの娘アウン＝サン＝
スー＝チーが，国民民主連盟(NLD)を率いて90年の選挙で
大勝した。しかし，軍事政権は政権移譲を拒否し，スー＝
チーにたびたび行動制限(自宅軟禁)措置をかけた。

▲アウン＝サン＝
スー＝チー

❷民政移管と軍のクーデタ　①2011年，軍事政権の最高評議
会が解散して民政が復活し，スー＝チーの政治活動も認めら
れた。15年の総選挙において，NLDが圧倒的な勝利をおさ
め，16年，**スー＝チーを実質的な指導者とする文民政権**が
できた。②17年，政府が軍を動員してイスラーム系少数民
族ロヒンギャに対する掃討作戦を実施したことで，ジェノサ
イド(集団虐殺)だとして，国際的な非難を浴びた。③21年，
軍がクーデタをおこし軍政に移行。スー＝チーは，選挙違反
罪，汚職防止法違反などで禁固刑をうけている。

補説　**ロヒンギャ難民問題**　ロヒンギャは，イギリス植民地時代にベンガルから流入し，ミャンマー西部に居住した，仏教国のミャンマー内でイスラームを信仰する少数民族。ネ＝ウィン政権以降迫害を受け，1982年施行の改正国籍法で無国籍状態となった。難民として約90万人が隣国バングラデシュへ逃れている。

[ラテンアメリカやアジアの開発途上国は，どのように民主化へ向かっていったのだろう？] ⓠ1 ▶▶▶ Ⓐ1

① チリ…1970年，アジェンデ政権（社会主義政策）→73年，ピノチェトによるクーデタで軍事政権（フリードマンの新自由主義を採用）→90年，国内の独裁反対運動で民政移管。

② フィリピン…民衆運動がマルコス独裁を終わらせ，アキノ大統領以来，民主化がすすむ。

③ カンボジア…ポル＝ポトの民主カンプチア→ヘン＝サムリンのカンボジア人民共和国→カンボジア王国。国連カンボジア暫定統治機構（UNTAC）の設立，日本ではPKO協力法が成立（1992年）。

④ インドネシア…アジア通貨危機でスハルト独裁政権が崩壊→民政移管。

⑤ ミャンマー…ネ＝ウィンの軍事独裁政権に対し，アウン＝サン＝スー＝チーらの民主化運動→2011年，民政に移管→21年，再び軍政に。

7 インド

インディラ＝ガンディー[★6]とラジブ＝ガンディー両首相の時代に社会主義的政策がすすめられたが，地域の自治・分離要求をかかげる急進的運動のひろがり，スリランカ政策の失敗，ヒンドゥー原理主義の台頭などにより，政治は安定しなかった。

インドは1974年に核実験に成功。弾道ミサイルの発射実験をおこなうパキスタンに対抗し，98年にはバジパイ政権が2度目の核実験をおこなうなど，両国は緊張状態にある。[★7]

8 パキスタン

独立以来クーデタがくりかえされ，1990年代には延べ10人の首相が交代した。その間，98年には核実験に成功している。99年には無血クーデタで軍人のムシャラフが首相となり，2001年の同時多発テロ事件以降は，アメリカに協力してアフガニスタン攻撃の前線基地となった。

★6 インディラ＝ガンディー（1917〜84年）は初代首相ネルーの長女，ラジブはインディラの長男である。なお，独立の父ガンディーとの血縁関係はない。

★7 インドとパキスタンは独立段階でカシミール藩王国の帰属問題（カシミール問題）をかかえており，これが原因となって第1次・第2次・第3次インド＝パキスタン戦争（1947〜48，1965年・1971年）がおこっている。

③｜朝鮮半島と台湾

1 韓国

❶**全斗煥・盧泰愚時代**　1970年代以降，輸出工業の育成につとめ，急速な経済成長をとげた。しかし，朴正煕と全斗煥の強権政治に対する国民の不満は，労働者のストライキや光州における1980年の反政府民主化運動(光州事件)となって表面化した。光州事件を弾圧した軍部を基盤にして全斗換・盧泰愚と軍人出身の大統領がつづいた。87年の民主化運動で，大統領の直接選挙制が導入され，盧泰愚が大統領に就任して(1988年)，民主政権が樹立された。その後，韓国はソ連(1990年)や中国(1992年)と国交を回復し，91年には，**朝鮮民主主義人民共和国とともに国際連合に加盟**した。

❷**文民政権登場**　①1992年の選挙で金泳三が32年ぶりの非軍人大統領となり，民主化がすすんだ。98年には金大中が大統領に当選し，北朝鮮を改革・開放に向かわせようとする「太陽政策」をかかげて朝鮮民主主義人民共和国の金正日との南北首脳会談を実現させた(2000年)。02年の選挙では盧武鉉が当選し，金大中のすすめた民主政治と朝鮮半島の緊張緩和策を継承した。その後，07年の選挙で選ばれた李明博が，それまでの政策を転換し，経済の再生をめざす保守的な政治路線をとった。②17年，朴槿恵(12年の大統領選挙に当選，第18代大統領，朴正煕の長女)が，政治スキャンダルなどの不祥事により，大統領弾劾が成立して罷免された。③その後の選挙で当選した文在寅が，2018年4月27日，北朝鮮の指導者である金正恩と11年ぶりの南北首脳会談を実施した。

▲南北首脳会談

2 北朝鮮

①1994年に金日成が死去すると，息子の金正日に権力が受けつがれた。ソ連の消滅によって社会主義政権がたおれていくなか，金正日は体制の維持に努めた。②同年，アメリカのクリントン政権との交渉を経て，金日成の時代からすすめてきた核兵器の開発は，いったんは凍結した。③2000年には韓国の金大中大統領が平壌を訪問して金正日と南北首脳会談。④02年，

日本の**小泉純一郎**首相が訪朝し，国交正常化をめざしたが，日本人拉致問題などが明らかになり，交渉は停滞した。⑤11年，**金正日**の死去により**金正恩**が事実上最高指導者の地位を継承した。06年よりすすめてきた核実験を繰り返し，アメリカに対抗するため大陸間弾道弾(ICBM)を開発し，ミサイル発射実験を繰り返している。

3 台湾

①国民党一党支配のもと，経済的には輸出産業が成長し，新興工業経済地域(NIES)の仲間入りをはたした。②1988年に**李登輝**が台湾出身者としてはじめて**総統に就任**して，台湾本土化運動を推進，アメリカや日本との強固な連携を確立して，台湾独立運動★1に道を開いた。2000年の総統選挙では，国民党に属さない**陳水扁**が当選し，国民党に属さない初の総統になり，独立運動を推進した。08年の総統選挙では，国民党の**馬英九**が当選した。③16年の総統選挙で民主進歩党の**蔡英文**が総統の座に就いた。

★1 中華民国が台湾を本土と認識し，将来的には台湾人が主権を有する独立国家になることをめざす運動のこと。

4 ｜ 中国の民主化問題

1 改革・開放

鄧小平が提唱した改革・開放によって，**人民公社の解体**と農業生産の請負制，外資導入など，**市場経済化**を推進した。西側諸国との交流もすすみ，ソ連など近隣諸国との関係改善もおこなわれたが，共産党独裁の原則は変化しなかった。

2 天安門事件

共産党の支配は維持されたままで民主化がすすまないため，学生や知識人の間に不満がひろがり，89年6月4日，学生・労働者が天安門広場に集まり**民主化を要求**した。鄧小平は人民解放軍を投入してこの民主化要求を弾圧し(天安門事件)，**趙紫陽**総書記を解任して，事態の収拾をはかった。

3 経済大国化

天安門事件は国際的にきびしく非難されたが，改革・開放政策は順調にすすめられ，1990年以降ASEANとの関係を正常

化し，92年には韓国と国交を結んだ。97年にイギリスから返還された香港（ホンコン）と99年にポルトガルから返還されたマカオは，一国二制度のもと，**資本主義体制が返還後50年間つづくことが保証された**。[*1] 97年に鄧小平が死去すると，江沢民（チャンツェーミン）がその政策をつぎ，改革路線を推進，2001年には世界貿易機関（WTO）に加盟した。03年には胡錦濤（フーチンタオ），13年には習近平（シーチンピン）が国家主席に就任した。

4 共産党独裁下の問題

　1990年代以降，改革・開放政策による経済発展の一方で，地域的な経済格差や貧富の差，官僚の汚職などがひろがっており，各地でデモや暴動・騒乱がおこっている。2004年の四川省漢源（かげん）でのダム建設にともなう立ち退きに反発する農民ら10万人がおこした暴動，新疆（しんきょう）独立運動や，チベット自治区での自治権拡大を求める動き[*2]，経済発展のなかで生みだされている食品の品質問題や知的所有権侵害の問題など，さまざまな矛盾（むじゅん）をかかえている。また，2022年，国連人権高等弁務官事務所（OHCHR）が，中国の新疆ウイグル自治区で，少数民族ウイグル族などに対して人道に対する犯罪がおこなわれていると指摘（してき）している。

> 補説　**BRICS（ブリックス）**　中国はブラジル・ロシア・インド・南アフリカ共和国とともに，経済発展のいちじるしい地域として BRICSとよばれる。中国は2000年代には，安い人件費と広大な市場（しじょう），レアメタルなどの資源を背景に経済発展をつづけ，「世界の工場」といわれるようになった。沿海部の経済開放地区を中心に成長をつづけ，10年にはGDPで日本をぬき，世界第2位となった。

5 南アフリカ

　1948年以来国民党政権下で本格化された黒人などに対する人種隔離政策（アパルトヘイト政策）への，国際世論のはげしい批判とアフリカ民族会議（ANC）の抗議行動によって，1980年代末にデクラーク政権がアパルトヘイト政策の見直しをはじめ，91年にはすべての差別法が廃止された。94年には，平等な選挙の結果，アフリカ民族会議の指導者である黒人のマンデラ（在職1994〜99年）が大統領に当選した。

▲マンデラ

★1 2014年，香港でおこなわれた民主化の大規模なデモ（雨傘運動（あまがさ）），19年の逃亡犯条例改正案に反対する大規模デモなどを取り締まるための国家安全維持法が20年に施行され，一国二制度は事実上廃棄された。

★2 1959年，中国の支配に対する反乱が武力で鎮圧され（チベット動乱），チベット仏教の指導者ダライ゠ラマ14世は，インドへの亡命（ぼうめい）を余儀なくされた。

3

グローバル化する世界

資料活用　1990年代に，ラテンアメリカで民主化運動が高まったのはなぜだろう？ Q2

資料1　左派政権，南米10カ国中7カ国に　「ピンク・タイド」最高潮─ブラジル大統領選

【サンパウロ時事】30日に実施されたブラジル大統領選決選投票で労働組合指導者出身のルラ氏が返り咲いたことにより，南米10カ国(カリブ海諸国に区分されるガイアナ，スリナムを除く)のうち7カ国が左派政権となる。南米の「ピンク・タイド」(ピンクの潮，共産主義化＝赤化までいかない左傾化)は最高潮を迎えている。

中南米は地政学的に「米国の裏庭」と呼ばれ，各国は伝統的に親米保守政権によって治められてきた。しかし，一向に改善しない汚職構造や社会格差に怒りを募らせた貧困層や中間層は，次第に「弱者の味方」を任じる左派に共鳴。2000年代，資源ナショナリズムの高まりとともにピンク・タイドが急速に広がった。

その後，右派の揺り戻しがあったものの，最近では昨年7月，ペルーで教員組合指導者出身の急進左派カスティジョ氏が大統領に就任。今年3月にはチリで学生運動指導者出身のボリッチ氏が政権を取った。コロンビアでは8月にゲリラ出身のペトロ氏による同国初の左派政権が誕生した。

(時事通信社　2022年11月1日)

資料2　ベネズエラ・チャベス政権のラテンアメリカ石油構想(2005年)

われわれはペトロカリベ創立を目指すベネズエラ・ボリーバル共和国のイニシアチブを歓迎した。ペトロカリベの基本的目的は，エネルギー資源の自主的利用により，カリブ海諸国のエネルギー安全保障，社会経済発展，統合に貢献することにある。この基礎はまさにアメリカ大陸ボリーバル代替構想(ALBA)という統合組織の原則にある。……

われわれは，ペトロカリベの目的はラテンアメリカ・カリブ海社会を転換し，正義，教養，参加，連帯をより多く備えた社会の実現に貢献することにあること，したがってペトロカリベは，社会的不平等の廃絶を進め，諸国人民が生活の質的向上と自らの運命を決定するために実効性ある参加を促進するための統合過程として想定されたものであることを再度宣言する。……

われわれは，各国家の平等，主権，国内問題への不干渉，自決権，各国がそれぞれの経済政治社会体制を自由に決定する権利という原則の完全な尊重を確約する。

(歴史学研究会編『世界史史料12』岩波書店)

解説

(1)21世紀のラテンアメリカの状況　資料1は，2022年ブラジル大統領選挙で左派のルラが大統領に返り咲き，南米10カ国中7カ国が左派政権になったことを報じるニュースである。かつてラテンアメリカ諸国は親米保守政権が政権をとってきた。第二次世界大戦後を見ても，キューバ革命でカストロが社会主義政権を樹立したときも，またチリでアジェンデ大統領が社会主義政権をめざしたときも，アメリカは軍事的干渉をしたり，CIAを動かしてクーデタをおこさせたりしながら，左派勢力がひろがることを防いできた。

しかし，1999年にベネズエラで反米をかかげるチャベス政権が成立して以降，2003年にはブラジルのルラ政権とアルゼンチンのキルチネル政権，05年にはウルグアイのバスケス政権，さらに06年にはボリビアのモラレス政権，チリのバチェレ政権，ペルーのガルシア政権，07年にはエクアドルのコレア政権，アルゼンチンでキルチネルの妻の

フェルナンデス政権と次々に大統領選挙で左派政権が誕生した。近年の中米での大統領選挙でも，18年のメキシコ，19年のパナマ，22年のホンジュラスで左派政権が成立している。

では，なぜラテンアメリカではこれほど左派政権が多くなったのだろうか。

資料2 はベネズエラのチャベスが主導したカリブ海13カ国首脳会議で採択されたペトロカリベ・エネルギー協力に関する合意の文書である。ペトロカリベの目的は単にベネズエラによる域内の貧しい非産油国への優遇措置による石油供給にあるのではなく，エネルギー問題における地域諸国の相互協力・扶助によって自立的経済圏の形成と社会問題の解決をめざすことにある。

ペトロカリベが発足した背景には，1980年代から2000年代にかけてアメリカがチリで実験的におこなわせ，その後ラテンアメリカ諸国にひろがった新自由主義政策を見直そうとする動きがある。21世紀に入り新自由主義による格差拡大で生まれた多くの貧困層が左派に投票した結果，「協力，連帯，統合による公正な社会の実現」が民衆の求める政治であることが多くの国で共有されたのである。

(2)アメリカ合衆国ばなれ　ラテンアメリカでは，21世紀にはいって「アメリカ合衆国ばなれ」がおこり，多くの左派政権が誕生した。合衆国がラテンアメリカに押しつけてきた新自由主義政策からの脱却がすすんでいるととらえることができる。

新自由主義とは，政府の規制を緩和・撤廃し，自由な競争で経済成長を促す政策で，外資の導入，貿易の自由化，国営企業の民営化，公務員の削減などがおもな内容である。1970年代に，ラテンアメリカで新自由主義をいち早く採用したのは，アジェンデ政権を武力で倒したチリのピノチェト政権であった。

80年代には，債務危機のもとで経済の立て直しをはかるメキシコやブラジルに対するIMFの融資条件として，財政・金融の引き締めと為替・貿易の自由化を基調とする新自由主義政策が強要された。90年代にはいると，ソ連の崩壊を背景にIT革命と金融の自由化・国際化にもささえられ，唯一の超大国となった合衆国の圧力により，新自由主義が各国の親米政権にひろげられた。自由な競争による繁栄の成果が，雨のしずくが落ちるように貧しい人々にもゆきわたるという「トリクル＝ダウン理論」が喧伝された。

新自由主義政策は，財政赤字の削減には成果をあげ，海外の大資本にも利益をもたらしたが，国内の中小企業・地場産業を崩壊させて，失業者を増大させ，貧困人口の増大と格差拡大をもたらした。アルゼンチンが2001年末に経済破綻したのは，このためである。

90年代末から新自由主義と決別した左派政権が，革命蜂起ではなく選挙によって生まれた。それが99年のベネズエラのチャベス政権であった。米州自由貿易地域（FTAA）に対抗する目的で，2004年には，ベネズエラとキューバを中心に，アメリカ大陸ボリーバル代替構想（ALBA）が結成された。また，産油国ベネズエラがカリブ海諸国への優先的な石油供給を約束するペトロカリベ＝エネルギー協定（2005年）や，南米7カ国が金融面での独立性を高めるための「南米銀行」の開設（2007年）も調印された。

要点 Q2 ▶▶▶ A2

「アメリカの裏庭」と称されてきた中南米の国々であるが，親米保守政権の汚職や格差に怒った国民から，左派政権が支持されるようになった。やがて，アメリカがすすめる新自由主義政策と決別し，中南米独自の相互協力のしくみの構築をめざすようになる。

地域紛争の激化 [世界史]

▶ 1989〜91年(冷戦終結とソ連崩壊)を機に20世紀の歴史構造は大きくかわり，2001年の同時多発テロ事件(「9.11」)，2011年の「アラブの春」を経て混迷の時代をむかえている。1990年以降の世界は経済的には「新自由主義」という形をとり，政治・軍事的には「対テロ戦争」の名で正当化・推進されてきたアメリカ主導の体制をとってきた。また，地域で主導権を獲得するための民族対立に起因する内戦や，民族主義や宗教対立によるテロが世界各地で繰り返しおこっている。

☞ このセクションでは，次の問いに答えられるようにする必要がある。

Q1) 「対テロ戦争」を進めたアメリカの論理(ブッシュ゠ドクトリン)とは，どのようなものだったのだろう？

Q2) 各地の紛争・対立には，どのような背景があるのだろう？
（冷戦終結後のアフリカを例にみてみよう）

1 | 中東の紛争

1 混迷がつづくパレスチナ

❶イスラエルのレバノン侵攻　1982年アメリカの支援をうけたイスラエル軍が，パレスチナ解放機構(PLO)のテロ活動の拠点と見なした**レバノンに侵攻**し，レバノンの首都ベイルートを包囲。PLOは，ベイルートから撤退しチュニジアのチュニスへ拠点を移さざるを得なくなり，パレスチナ解放闘争を直接指導できなくなった。

❷第1次インティファーダ　①イスラエルの占領をうけていた**ヨルダン川西岸地区とガザ地区**のパレスチナ人住民は1987年末からインティファーダ(民衆蜂起)をおこした。運動の中心は若者たちで，自由と独立という目標をかかげ，投石などでイスラエル兵に抵抗した。このインティファーダは，占領地の状況を自分たちの手で変えようとする運動であった。②これに影響されてPLOも1988年，アルジェでのパレスチナ国民議会でパレスチナ国家樹立宣言を発表し，PLOの中東和平国際会議への参加を求める国際世論も高まった。③1991年，湾岸戦争後にスペインのマドリードで開催された中東和平会議にPLOは参加できなかった。

❸パレスチナ暫定自治協定(オスロ合意)　①インティファー

ダがつづくなか，PLO は，ヨルダン川西岸地区とガザ地区を中心にパレスチナ人の独立国家を樹立してイスラエルと平和共存する道を模索するようになった。②1993年ノルウェーの仲介で秘密交渉がおこなわれ，イスラエルのラビン首相と PLO のアラファト議長が，相互承認とイスラエルの占領地にパレスチナ人の暫定自治を認めることで合意した。[★1]
③1994年，パレスチナ暫定自治政府がガザ地区とヨルダン川西岸のイェリコ地区で活動を開始した（主体は PLO）。イスラエルと暫定自治政府側との交渉は，イェルサレムの帰属や難民帰還で合意にいたらず，2000年に決裂した。

★1 調印式はクリントン米大統領の仲介でおこなわれた。ラビンとアラファトはノーベル賞を受賞し，パレスチナに平和が訪れると思われたが，1995年にラビンがユダヤ教急進派に暗殺されると，双方とも武力対立路線に立ち戻った。

2 同時多発テロ事件（「9.11」）

❶事件の概要　2001年9月11日，乗っ取られた旅客機のうちの2機が，アメリカ・ニューヨークの世界貿易センタービル（WTC）に突入した。それから1時間後，首都ワシントンの国防総省（通称ペンタゴン）にもう1機の旅客機が激突し，炎上した（同時多発テロ事件）。テロの実行犯は，イスラーム過激派組織アル゠カーイダの関係者で，組織の指導者ウサーマ゠ビン゠ラーディンの指示によるものとされた。

▲同時多発テロ事件（「9.11」）

❷アメリカ政府の対応　ブッシュ（子）米大統領は，アフガニスタンに潜伏しているとみられていたビン゠ラーディンの引き渡しを要求した。アフガニスタンのターリバーン政権が，証拠が明確でないとして引き渡しを拒否すると，アフガニスタンを「テロ支援国家」と認定し，先制的自衛権のためとして，米・英軍を中心にアフガニスタン空爆をおこなった。[★2]
軍事行動にはカナダ・オーストラリア・フランス・ドイツも参加し，40カ国以上が協力を表明した。

★2「対テロ戦争」とよばれる新しい戦争となった。

補説　同時多発テロ事件の背景　ビン゠ラーディンは，サウジアラビアの大富豪の出身で，1979年のソ連のアフガニスタン侵攻に際しては，世界中からムスリムの青年をムジャヒディン（イスラーム聖戦士）として募集し，武装闘争をすすめた。そのときに軍事訓練をうけおったのはアメリカである。つまり，もともと両者は協力関係にあったといえる。ソ連の撤退後にサウジアラビアへ帰ったビン゠ラーディンは，湾岸戦争で王室が米軍の国内駐留を認めたことに反発し，アメリカとの戦いを宣言し，対米テロ作戦を開始した。

③ アフガニスタン紛争

❶ **反ターリバーン政権**　ターリバーン政権は約1か月半で崩壊
し，2001年12月，国際連合の主導で「暫定行政機構」が
設置された。[★3]　02年，カルザイが暫定大統領に選出され，04
年には，新憲法のもとで正式に大統領に就任したが，その後
ターリバーンが再結成され，アル＝カーイダとともにパキス
タンとの国境付近に潜伏して，武装闘争を展開した。

　　カルザイ政権は，内部対立や腐敗の蔓延により，民衆の支
持を失った。ターリバーンのテロ活動により治安が悪化する
と，復興事業はすすまず，民衆の不満がまして，ターリバー
ンへの支持が高まるという悪循環におちいった。

❷ **アメリカの関与と撤退**　事態を打開するため，オバマ米大
統領は，2009年12月から3万人の米軍部隊を増派すると発
表したが，その後もテロ事件がつづき，治安回復はできなか
った。11年5月，米海軍特殊部隊がイスラマバード近郊に
潜伏していたビン＝ラーディンを殺害した。21年8月，バ
イデン大統領が米軍のアフガニスタンからの撤退を完了させ
た。[★4]　同時にターリバーンが政権を掌握した。

> 補説 **アフガニスタン空爆と日本**　小泉純一郎首相は，ブッシュ政権の
> 方針をいち早く支持し，2001年10月，「テロ対策特別措置法」を制
> 定して，航空自衛隊輸送機による国外輸送，インド洋での海上自衛隊
> 艦艇によるアメリカ海軍艦艇への燃料補給を開始した。

④ イスラエルとパレスチナ

❶ **第2次インティファーダの始まり**　2000年9月，イスラエ
ルのリクード党首シャロンが，イェルサレムにあるイスラー
ムの聖地アル＝アクサ＝モスクに乗りこんで，イスラーム教
徒を挑発した。パレスチナ側はこれに強く反発し，第2次イ
ンティファーダがはじまった。

❷ **武力攻撃と自爆攻撃の応酬**　2001年，イスラエル首相とな
ったシャロン（在職2001～06年）は，パレスチナ自治政府を
「テロ支援国家」と認定し，「テロ撲滅」を旗印に，パレスチ
ナ自治政府のあるラマッラや，占領地の難民キャンプに猛烈
な攻撃を加えた。イスラエル軍による武力攻撃に対して，重
火器をもたないパレスチナ人は，自分の身体に爆弾を巻きつ

★3 国連安保理決議
に基づき，国際治安
支援部隊(ISAF)と
して2014年までに
約50カ国，最大14
万人の兵士が派遣さ
れた。

★4 アメリカにとっ
てアフガニスタンで
の戦闘は，2001年
の米同時多発テロを
機に始まった「アメ
リカ史上最長の戦争」
だった。

けて爆発させる「自爆攻撃(自爆テロ)」で対抗した。

❸**分離壁建設**　イスラエル軍は，2002年よりヨルダン川西岸地区のパレスチナ人が多い土地を取りかこむようにして，分離壁を建設した。[★5]イスラエル側ではこれを，テロリストの侵入を阻止するための安全フェンスとよぶ。壁は，パレスチナ戦争の停戦ラインであるグリーン＝ラインより，パレスチナ側に食いこんで建設されており，西岸のパレスチナ人の約16%が壁のイスラエル側に住んでいることになる。

★5 国際司法裁判所は2004年7月，国際法上違法だとの判断をくだした。

3
グローバル化する世界

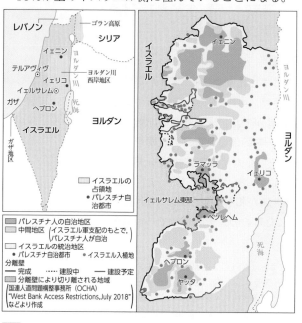

◀**イスラエルとパレスチナ**
パレスチナ自治区において，イスラエルは占領した地域に入植地を建設し，旧ソ連などからのユダヤ人移住者をうけいれてきた。この入植地が返還されないため，ヨルダン川西岸のパレスチナ自治区は細分化された姿になっている。

地図凡例:
- ☐ イスラエルの占領地
- • パレスチナ自治都市
- ■ パレスチナ人の自治地区
- ☐ 中間地区(イスラエル軍支配のもとで，パレスチナ人が自治)
- ☐ イスラエルの統治地区
- • パレスチナ自治都市　• イスラエル入植地
- 分離壁
- ━ 完成　…… 建設中　━ 建設予定
- ☐ 分離壁により切り離される地域

国連人道問題調整事務所(OCHA)
"West Bank Access Restrictions,July 2018"
などより作成

5 ファタハとハマース

　第1次インティファーダ以降，イスラーム原理主義組織として武装闘争をすすめるハマースが，難民キャンプでの生活支援や教育・医療活動により，民衆の支持を高めた。2004年にアラファトが死去し，ファタハのアッバースがPLO議長に選出されたが，パレスチナ自治政府の議会でハマースが第一党となり，ハニヤが新首相に選ばれると，パレスチナ自治政府内で，ファタハとハマースの対立が激化した。[★6]一方，武装闘争をすすめるハマースが政権をにぎったことで，米・英などがパレスチナ自治政府への資金援助をとりやめたため，パレスチナの人々はますます孤立感を深め，暴力の応酬がつづいた。

★6 ヨルダン川西岸地区ではファタハが，ガザ地区ではハマスがそれぞれ実効支配をおこなっている。

用語 **ファタハ**　パレスチナ解放機構(PLO)のなかで，イスラエルとの対話による和平をすすめる穏健派の組織で，1950年代後半に，パレスチナ独立をめざすアラファトがシリアなどの支持を得て創設した。のちにPLOに加入し，PLOの最大勢力となった。2004年アラファトの死後，アッバースがPLOの議長を務めている。

用語 **ハマース**　1987～88年にパレスチナでおこった第1次インティファーダが高揚する中で，ムスリム同胞団の流れをくむイスラーム原理主義者が中心となって結成した。ハマース(ハマスとも表記する)とは，「イスラーム抵抗運動」を意味するアラビア語の略称。1993年のオスロ合意に反発し，診療所や学校運営など，民衆の生活を助けたことで支持をひろげた。

6 イスラエルによるガザ攻撃

　2008年12月末の空爆ではじまったイスラエル軍のガザ侵攻は，09年1月には地上戦に移り，40万人の人口が集中する北部ガザ市を包囲，多数の死傷者がでた。国際社会の非難にもかかわらず，イスラエルはハマース幹部をねらって攻撃をくりかえし，10年には経済封鎖がつづくガザに支援物資を運ぶ船を襲撃した。

　11年5月，ファタハとハマースが和解案に合意。10月には，イスラエルやアメリカが反対したものの，賛成多数で**パレスチナがユネスコに加盟**した。

補説 **新たな対立の局面**　アラファト以来PLOを主導してきたファタハの「2国家」構想(パレスチナ・イスラエルの併存)に対し，ハマースは，ガザに東イェルサレムを首都とする主権国家を樹立し，この国家の枠内でアラブ人とユダヤ人とが共存する「1国家」構想を提唱している。一方イスラエルは，ガザの全面包囲と経済封鎖をつづけ，ユダヤ人国家の承認とパレスチナの非武装化を求めており，ハマースがこれをうけいれる可能性は低い。

7 イラク戦争

❶**イラク攻撃に対する国際社会の動き**　2002年1月，ブッシュ(子)米大統領は，テロ支援国家として**イラク・イラン・北朝鮮**をあげ，**「悪の枢軸」**とよんで非難した。ブッシュはイギリスとともに，イラクが大量破壊兵器を隠しもっているとして，イラク攻撃を主張したが，**フランス・中国・ロシア・ドイツ**などがこれに反対，国連による大量破壊兵器の査察継続を主張し，イラク攻撃への国際連合決議は得られなかった。

❷イラク戦争の経過　2003年3月下旬，米・英軍を中心とする有志連合はイラク戦争[★7]をはじめた。4月上旬にはバグダードを制圧し，5月1日ブッシュによる戦闘終結宣言が出された。しかし，アメリカの占領政策はうまくいかず，イラク国内で爆弾テロなどがつづいた。ブッシュ政権は，05年のハリケーン被害を機に，アメリカ国内でのイラク戦争批判が高まると，06年にはイラク駐留兵力を削減，日本・イギリス・オーストラリアなど有志連合も相ついでイラクから撤退し，兵力削減の方針を発表した。

❸イラク国内の混乱　アメリカは，イラク情勢が内戦の様相を呈するなか，2006年5月マリキ政権を成立させた。12月には，大量虐殺などで起訴されていた<u>サダム＝フセイン元イラク大統領の死刑が執行</u>された。しかし，シーア派とスンナ派の対立，アル＝カーイダ系武装勢力の爆弾テロなどによってイラク情勢が混乱をきわめると，ブッシュは，07年1月，ふたたび約2万の兵力を派遣して，情勢を安定させようとした。この増派は，イラクの治安回復・石油生産量の回復に一定の成果をあげたものの，6割をこえるアメリカ国民と，下院の反対をおしきって決行されたものであった。08年の段階で，アメリカ軍兵士の死者は開戦以来4,000人，イラク市民の死者は10万人をこえたと推定されている。

❹大量破壊兵器はなかった　イラク戦争では，アメリカが主張した大量破壊兵器も発見されず，フセイン独裁政権を倒して以降も，民主的な安定政権は樹立されなかった。また，劣化ウラン弾が使用され，イラク国民だけでなく，派遣されたアメリカ軍兵士にも放射線障害を引きおこした。

❺米軍の撤退　2009年，一貫してイラク戦争に反対していたオバマが大統領に就任，直後からイラク撤退計画をうちだして，2011年末イラクから撤退し，**イラク戦争の終結**を宣言した。

★7　日本の小泉純一郎首相は，アフガニスタン空爆につづいてイラク戦争を支持し，2003年7月イラク復興支援特別措置法を成立させて，04年から06年まで，陸上自衛隊をイラク南部のサマワに派遣した。また，航空自衛隊は，08年12月まで，クウェートからバグダードへアメリカ軍の物資輸送任務にあたった。

3

グローバル化する世界

資料活用　「対テロ戦争」を進めたアメリカの論理（ブッシュ＝ドクトリン）とは，どのようなものだったのだろう？ Q1

資料1　「対テロ戦争」とブッシュ＝ドクトリン

……前世紀の多くの期間，アメリカの防衛は，抑止と封じ込めという冷戦ドクトリンに依存していました。これらの戦略は，いくつかの場合にはなお適合していますが，新しい脅威には，また新しい発想を必要としています。国家に対する大量報復の見込みによる抑止は，守るべき国家または市民をもたない，闇におおわれたテロリストのネットワークには意味をなしません。封じ込めは，冷静さを失った独裁者が大量破壊兵器をもち，それらの兵器をミサイルで発射したり，テロリストの同盟者に秘密裏に提供したりする場合には，有効ではありません。……

祖国防衛やミサイル防衛はより強力な安全保障の一部です。それらはアメリカにとって本質的に優先順位が高いものです。しかし，テロとの戦争は防衛だけでは勝利できません。われわれは，敵に戦いをいどみ，敵の計画を破壊し，最悪の脅威が現実化する前にそれらに立ち向かわねばなりません。われわれが参入したこの世界では，安全への唯一の道は行動の道であり，この国は行動します。

……われわれの安全は，われわれの自由を守り，われわれの生命を防衛するために必要なら，すべてのアメリカ人が前向きかつ決然と先制的行動の準備をすることを求めています。

（歴史学研究会編『世界史史料12』岩波書店）

解説

(1)ブッシュ＝ドクトリンとは　「9.11」の翌12日，ブッシュ（子）大統領はテレビを通じて声明を出し，「アメリカへの攻撃は単なるテロを超えた戦争行為だ」と述べた。2002年9月20日には，「アメリカ合衆国の国家安全保障戦略」を発表し，「テロとの戦争においては自衛のために先制攻撃をすることは正当である」という論理を示した（資料1）。20世紀アメリカがとってきた「抑止と封じ込めという冷戦ドクトリン」に対し，新しい「対テロ戦争」の時代に必要な自衛のための先制攻撃論として提示されたものが「ブッシュ＝ドクトリン」である。

(2)ブッシュ＝ドクトリンの問題点　「テロとの戦争は防衛だけでは勝利できないから先制攻撃が必要」とするブッシュ＝ドクトリンは，これまで戦時国際法が認めてきた「防衛戦争」の考え方を逸脱する可能性がある。イラクが大量破壊兵器をもっているとして進められた米国によるイラク攻撃は，大量破壊兵器がなかったことが明らかになった段階で，「侵略行為」となってしまった。

要点　Q1 ▶▶▶ A1

ブッシュ＝ドクトリンとは，「対テロ戦争」をおこなう上で，先制攻撃をすることで自衛を果たすという論理であるが，アメリカの「侵略戦争」を正当化する論理になりかねない。

8「アラブの春」

2010年末から11年にかけて，長期独裁政権がつづいていたチュニジア・エジプト・リビアなどのアラブ諸国で，民主化を求める運動がひろがった。

❶**チュニジア** 2010年12月，販売許可をうけずに路上で果物などを売っていた失業中の青年が，警官から品物を没収されたうえに暴行され，抗議の焼身自殺をはかった。この事件に対して，高い失業率に苦しむ若者たちが抗議デモをおこなったことから，全国的な反政府暴動に発展した。11年1月，ベン＝アリ大統領がサウジアラビアに亡命し，1987年以来23年間つづいた独裁政権が倒れた。これは，ジャスミン革命といわれ，またたく間に**アラブ世界にひろまった**。

❷**エジプト** ジャスミン革命に刺激されて，2011年1月より100万人におよぶ反政府デモがおこなわれ，2月ムバラク大統領が退陣，30年にわたった独裁政権が倒れた。

❸**リビア** ジャスミン革命などの動きがインターネットなどで伝わり，反政府デモがよびかけられた。2011年2月，勾留中の人権活動家の釈放を要求するデモが，リビア東部のベンガジで発生，警官隊や政府支持派と衝突した。これ以降，部族対立を背景に，反政府勢力と政府側の対立が全国にひろがり，政権内部からも高官が離反，また，安全保障理事会も国民への武力行使を非難した。2月26日にはベンガジに暫定政権が樹立されたが，1969年以来，40年以上にわたってリビアを支配したカダフィは，傭兵を使って反政府勢力を武力で弾圧，内戦状態におちいった。3月にはいると，NATO軍が介入してカダフィ派の拠点を空爆，10月，カダフィ自身も殺害された。

❹**シリア** アサド親子による50年以上におよぶ独裁政権がつづくシリアでも民衆が蜂起した。アサド大統領への大規模な民主化要求運動に対し，治安部隊が発砲，武力弾圧で多数の死傷者が発生した。国連をはじめとする国際社会の非難にもかかわらず，ロシアの支援をうけて，アサド政権は弾圧をつづけ，内戦状態になった。その混乱の中から「IS（イスラム国）」という新たな武装勢力が台頭し，一時イラクからシリアにまたがる地域を支配した。

★8 ジャスミンは，チュニジアを代表する花とされる。

★9 チュニジアでの焼身自殺のようすは，インターネットの動画サービスに投稿され，瞬時に多くの人の知るところとなった。これ以降も，各種のSNS（ソーシャル＝ネットワーキング＝サービス）などを通じて運動がひろまっていったという点が，それまでにはなかった特色としてあげられる。

3 グローバル化する世界

補説 **その他のアラブ諸国** イエメンでは，30年以上にわたる独裁政権
に対する民衆の反政府運動が，サーレハ大統領を退陣に追いこんだ。
アルジェリアでは，チュニジアの影響をうけて民主化要求デモがひろ
がり，1992年以来の非常事態宣言が解除された。バーレーンでも，
市民がエジプトの反政府デモに呼応して民主化要求運動をすすめたが，
湾岸協力会議が軍隊を送りこみ，運動をおさえた。

9 シリア難民

　シリアでは500万人以上の人々が国外難民となってトルコ・
ヨルダン・レバノンなど中東諸国やEU諸国にわたった。

　EU諸国では難民うけいれに反対する声が高まった。難民問
題は選挙の争点となり，難民うけいれに反対する政党は排外的
なナショナリズムを背景に，EU域内で影響力を強めた。

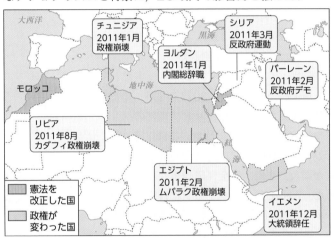

▲「アラブの春」が発生したおもな国

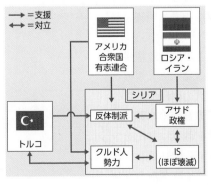

◀シリアの内戦
アサド政権や反政府組織，ISの武装勢力，クル
ド人など国内諸勢力が争った上に，各国もそれ
ぞれの利益のため介入した。

2│アフリカの紛争

1 民族紛争・地域紛争

　冷戦終結後，地域覇権をめざす民族紛争や，民族主義や宗教対立によるテロ活動が多くおこっている。

❶**ソマリア内戦**　1988年から武装勢力間の戦闘で内戦状態だったソマリアでは，91年1月に大統領が追放され暫定政権ができた。5月には旧イギリス植民地であった北ソマリアがソマリランド共和国として分離独立を宣言し，暫定政権内部で対立する二つの勢力とともに，三つ巴状態となった。

　このようななかで飢餓が深刻化したことから，国連の要請にもとづいて，アメリカが人道的介入をおこなった。しかし，アメリカは制圧することができず，95年に撤退し無政府状態となった。

　その後，暫定政府がつくられ，2012年に大統領選挙がおこなわれ，連邦共和国となった。

> 補説　**ソマリアPKO**　1992年，国連の主導により，アメリカを中心とする多国籍軍がソマリアへ派兵され，ソマリアPKOがおこなわれた。アメリカからは3万7,000人の兵士が投入されたが，市民の抵抗にあい，標的のアイディード将軍を逮捕することができなかった。また，捕虜となったアメリカ兵が無惨に殺される映像が発表され，このことによってアメリカ国民の反発を買うことを恐れたクリントン米大統領は，95年，ソマリアから撤退した。このPKOは失敗に終わり，その後，ソマリアは無政府状態におちいった。

❷**ルワンダ内戦**　1973年以降多数派フツ人が政権をにぎっていたが，90年に少数派のツチ人が隣国ウガンダで組織したルワンダ愛国戦線がルワンダ北部に侵攻して内戦となった。いったんは和平合意にいたったが，94年4月6日，フツ系政権のハビャリマナ大統領を乗せた飛行機が何者かに撃墜されたことに端を発して，フツによるツチの大量虐殺（ジェノサイド）がはじまった。約100日間で約50万人が虐殺されたとされる。

補説 **植民地支配と部族対立**　ルワンダ内戦の原因は，フツ人とツチ人の
　　　対立であるといわれるが，もともとフツとツチとは同じ言語を用い，
　　　両者の違いはあまり認識されていなかった。しかし，この地域を植民
　　　地化したドイツとベルギーは，白人に近い身体的特徴をもつとされる
　　　ツチを支配層と位置づけて，さまざまな特権を授けた。こうして「フ
　　　ツ人」と「ツチ人」とは明確に違うという考え方がひろめられるとと
　　　もに，両者は対立するようになっていった。世界を震撼させた虐殺は，
　　　植民地宗主国の植民地政策の結果ということができる。

❸**コンゴ内戦**　1996年，コンゴ民主共和国（旧ザイール）のモ
　ブツ長期独裁政権を打倒して成立したカビラ政権に対して，
　コンゴ東部でツチ族系少数民族が武装蜂起し，反政府側をル
　ワンダやウガンダが，カビラ政権側をジンバブエ・アンゴ
　ラ・ナミビアが支援して戦われた。

❹**スーダンの紛争**　スーダン政府軍・政府に支援されたアラ
　ブ系民兵と，ダルフール地方の反政府勢力との戦いが続いて
　いる（ダルフール紛争）。2011年7月には，南部での住民投
　票の結果をうけて，**南スーダン共和国**が独立した。

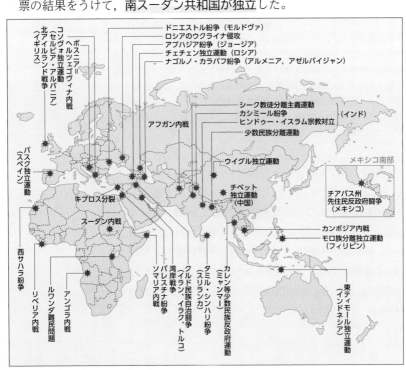

▲第二次世界大戦後のおもな民族紛争

POINT!

「対テロ戦争」の時代

①「対テロ戦争」

　(1)アフガニスタン紛争→アフガニスタン不安定化

　(2)イスラエルによるパレスチナ攻撃とパレスチナの自爆攻撃

　(3)イラク戦争→アメリカ撤退後混乱

②中東アラブ世界の不安定化　（「アラブの春」）

　(1)チュニジア…ジャスミン革命　(2)エジプト…ムバラク独裁政権倒れる

　(3)リビア…カダフィ独裁倒れる　(4)シリア…内戦長期化，ISの台頭

　(5)難民問題

③アフリカの民族紛争・地域紛争

　(1)ソマリア内戦　(2)ルワンダ内戦　(3)コンゴ内戦　(4)ダルフール紛争

3
グローバル化する世界

2　さまざまな国際協力

　冷戦終結後，国連が民族紛争・地域紛争解決のために，治安維持や選挙監視，停戦の回復・維持，兵力引き離しなどの国連平和維持活動（PKO）[★1]をおこなうことが多くなった。また，難民の救済や医療活動，地雷禁止運動などに，民間ボランティアや非政府組織（NGO）が重要な働きを担う。

▲自衛隊によるPKO

3　多国間の広域協力・経済協力機構

　アフリカ連合（AU）[★2]が，アフリカの問題は自分たちで解決するという理念のもとで紛争地域に平和維持部隊を派遣し，紛争解決と平和構築にあたるようになった。国連とAUの連携もはじまっている。

★1 日本は，1992年国連平和維持活動協力法（PKO協力法）を施行し，カンボジアPKOではじめて自衛隊を海外に派遣した。アフリカへの派遣は，アンゴラ・モザンビーク・スーダン・南スーダン・コンゴ民主共和国・西サハラ・マリ・中央アフリカ。

★2 1963年に発足したアフリカ統一機構（OAU）が，2002年に発展解消してできた。23年現在，アフリカの55の国・地域が加盟する世界最大級の地域機関（日本が未承認の「サハラ・アラブ民主共和国」をふくむ）。

資料活用　各地の紛争・対立には，どのような背景があるのだろう？
（冷戦終結後のアフリカを例にみてみよう）Q2

資料1　世界の重債務国40カ国のうちアフリカが33カ国を占める(2009年)

ベナン，ガイアナ，ニジェール，ボリビア，ホンジュラス，ルワンダ，ブルキナファソ，マダガスカル，サントメ・プリンシペ，ブルンジ，マラウィ，セネガル，カメルーン，マリ，シエラレオネ，エチオピア，モーリタニア，タンザニア，ガンビア，モザンビーク，ウガンダ，ガーナ，ニカラグア，ザンビア，アフガニスタン，コンゴ民主共和国，ハイチ，中央アフリカ共和国，コートジボワール，リベリア，チャド，ギニア，トーゴ，コンゴ共和国，ギニアビサワ，コモロ，キルギス共和国，スーダン，エリトリア，ソマリア

＊重債務貧困国とは，世界で最も重い債務を負い，最も貧しい途上国のこと。

資料2　1980年代〜2001年のアフリカのおもな紛争一覧

1980年代	1990年〜
アンゴラ(75 − 94)，チャド(65 − 88)，チャド・リビア戦争(87)，エチオピア(76 − 91)，モザンビーク(81 − 92)，ソマリア(89 − 92)，ナミビア(80 − 83，86 − 88)，スーダン(83 − 92)，ウガンダ(81 − 88，89)	アルジェリア(93 − 2001)，アンゴラ(75 − 94，98 − 2001)，チャド(90)，コンゴ共和国(97，98 − 99)，コンゴ民主共和国(旧ザイール97，98 − 2000)，エチオピア・エリトリア戦争(98 − 2000)，エチオピア(社会主義政権を巡る紛争76 − 91，エリトリア独立をめざす勢力との戦い74 − 91)，ギニアビサウ(98)，リベリア(90，92)，モザンビーク(81 − 92)，ルワンダ(91 − 92，98，2001)，ソマリア(89 − 92)，南アフリカ(89 − 93)，スーダン(83 − 92，95 − 2001)，ウガンダ(91)など

(武内進一『現代アフリカの紛争と国家』明石書店)

資料3　「油上の楼閣」ナイジェリアのレポート

　ナイジェリア経済に占める石油産業の位置は，もはや単なる「基幹産業」という言葉では言い表せないほど巨大だ。2004年の政府歳入の70％は原油と天然ガスの収益によってもたらされ，貿易に至っては総輸出額の94.2％を原油・天然ガスが占める。

　（ナイジェリア第一号の油井が存在するオロイビリを訪ねた。1972年には第一号油井は閉じられ，石油会社は他へ移った。）

　村の長老イクペスさんが，油田が発見されてからの地域の変わりぶりを次のように話す。「いったん石油が見つかったら，石油会社はどこでも掘るんです。畑，沼地，住宅地。原油が出る場所はすべて採掘の対象

です。最初は何も知らずに技術者と一緒に喜んでいた私たちも，そのうち『何か変だな』と思うようになった。川は汚れ，パーム油と同じだと思って，原油混じりの川の水を飲んで死んだ人もいた。でも，気がついた時は手遅れです。ナイジェリアは1960年に独立したが，石油企業の後ろには政府がついている。政府は金が欲しいから，住民のいうことなんか絶対に聞かない。そのうち原油から水とガスを分離するフローステーションが村の周辺で稼働し始めると，住民は昼も夜も続く爆音に悩まされることになりました。」

(白戸圭一『ルポ 資源大陸アフリカ』東洋経済新報社)

解説

(1)アフリカで重債務国が多い理由　1989年の冷戦終結宣言以降，アフリカの多くの国々は，深刻な経済危機と多発する紛争に苦しんでいる。1980年代後半に，世界銀行とIMFによってはじめられた構造調整策は，国際収支が悪化した開発途上国に対し，外貨を貸し与えるかわりに，為替の切り下げや財政・金融の緊縮政策を求めるものであった。これにより，多くのアフリカ諸国が，対外経済の自由化，規制緩和，国営企業の民営化，行政の合理化などを求められ，その結果，2009年のデータでは，重債務貧困国40カ国中，33カ国がアフリカ諸国で占められることとなった 資料1 。このうち20カ国以上において，国民の半数が1日1ドル以下で生活している（『人間開発報告書2003』より）。また，これらの国々では，3人に1人の子どもが小学校に就学できず，5歳未満の子どもの死亡率は，サハラ以南のアフリカ地域の平均では，1,000人あたり160人である（ユニセフ『アフリカ子ども白書2008』）。先進工業国では1,000人あたり平均6人，発展途上国全体では平均79人であるから，この数字がいかに高いかわかるだろう。構造調整策は，アフリカに貧困を強いる結果となったのである。

(2)アフリカで紛争が多い理由　アフリカの紛争は1990年代前半にピークをむかえた。資料2 からわかるように，1980年代から1990年代には倍増している。ストックホルム国際平和研究所によれば，1990～2002年の紛争数は，全世界で55件であるが，そのうち18件がアフリカで，3分の1がアフリカでおこっていることになる。独立以降，次第に独裁化したアフリカの諸政権は，クーデタをくりかえしながら，冷戦構造下，米ソ両陣営の一方に加わり援助をとりつけ，その政権が財政的に破綻すると，敵対する勢力がクーデタをおこして前政権と違う陣営に加わり，借金を踏み倒すことで国家財政を維持してきた。ところが，1980年代の経済危機や冷戦終結による政治的自由化で，統治体制が揺らぎ，内戦が多発することになったのである。

　アフリカにおける民族・部族間対立の主因は，帝国主義時代に列強の都合によって境界線が設定されたなごりで，多くの民族・部族が1つの国家内に共存，あるいは複数の国家に分断されたことである。その典型的な事例がルワンダ内戦（100日でおよそ100万人の死者）である。

(3)経済的な貧しさの原因　アフリカ諸国には植民地時代のモノカルチャー経済が温存されており，特定の生産品によって国全体の経済を支えざるを得ない状況がつづいているため，生産量や国際価格の変動の影響をうけやすく，経済的につねに不安定な状態にある。資料3 で示したナイジェリアは，「総輸出額の94.2%を原油・天然ガスが占める（2004年）。」というように，光の部分を見れば，石油輸出によって得られる資金を使って都市インフラを整備する，オイルマネーに潤う産油国のように見えるが，陰の部分を見れば，油田地帯に暮らす人々には電気が通じていない。

　先進国の石油資本がナイジェリアの政権と結びついて，住民の生活を破壊して利益をむさぼり，その中から独裁者に利益の一部を還流させるという構造がつくられている。

要点　Q2 ▶▶▶ A2

　冷戦終結後のアフリカの紛争の背景には，帝国主義時代に列強の都合で設定された境界線に起因する，民族・部族対立の問題，経済発展を阻害するモノカルチャー経済の問題がある。

5 国際社会のなかの日本 日本史

▶ 東西冷戦の終結はグローバル化，地域紛争の多発をもたらし，日本に対して市場開放とPKOへの参加をうながした。また，バブル経済の崩壊後の経済不振に政治不信が重なった結果，55年体制の崩壊と政治改革の断行につながった。

☞ このセクションでは，次の問いに答えられるようにする必要がある。

Q1 バブル経済の崩壊後，日本経済はどのように変化したのだろう？

Q2 日本の国際貢献は，どのようなものなのだろう？

Q3 小泉首相による構造改革は，どのようなものだったのだろう？

1 | 連合政治の時代へ

1 政界再編への動き

1989（平成元）年にリクルート事件の内容が明らかになると，政財界の癒着が大きな問題となり，政治改革を求める声が高まった。しかし，政治改革をめぐり自由民主党（自民党）の内部ではしだいに意見が対立するようになり，1993（平成5）年には多くの議員が離党し，**宮沢喜一内閣への内閣不信任決議が可決**された。宮沢内閣はこれをうけ，衆議院解散・総選挙に臨んだが，自民党の議席は過半数を割り，宮沢内閣は総辞職した。

★1 この年には昭和天皇が死去し，元号が平成に切り替わった。また，ベルリンの壁の崩壊からマルタ会談に至る流れで冷戦が終結した年でもあり，時代の大きな転換点として記憶されている。

2 非自民8党派による連立内閣

1993（平成5）年8月，自民党の離党者が結成した新生党や新党さきがけを中心とする8党派が連立し，非自民の連立内閣が成立した。首相には日本新党の細川護煕が就任した。自民党は38年ぶりに野党に転落し，55年体制は崩壊した。細川内閣の下，1994（平成6）年には選挙制度等の政治改革が実施された。しかし政権内部の対立と政治資金疑惑から細川首相は辞職し，新生党の羽田孜が首相に就任した。この非自民連立内閣も日本社会党（社会党）の離脱により短命に終わり，社会党の村山富市を首相として自民党を加えた連立内閣へ移行した。社会党は弱体化し，1996（平成8）年に村山内閣が退陣すると自民党の橋本龍太郎が首相となり，以後，自民党中心の連立政権がつづいた。

★2 衆議院議員総選挙が中選挙区制から小選挙区比例代表並立制へ移行した。また，政治腐敗を防ぐため，政治資金規正法の改正により政治献金が制限され，政党助成法の制定により政党の活動資金の一部が国庫から交付されることとなった。

★3 村山首相は安保条約と自衛隊を容認し，基本政策も自民党に合わせた。

2 | バブル経済の崩壊と経済の低迷

1 「平成景気」の終わり

1980年代後半には，「平成景気」と
よばれる好況がつづくとともに，株
価や地価が実際の価値からかけ離れ
て高騰する経済のバブル化が過熱し
た(バブル経済)。これに対し，日本銀
行や政府は**市場への資金の供給を抑
制する政策**をとった。この結果，
1990年代に入って株価が雪崩を打っ
たように下落し，地価もこれに少し

凡例：
— 日経平均株価　（単位：千円、左目盛）
— 三大都市圏公示地価平均価格（2000年＝100、右目盛）

▲株価と地価の推移

遅れて急落した。この後，日本経済は「**失われた10年**」といわれ
る長期の低迷におちいり，経済成長率も長い間低い水準で推移した。

★1 経済の長期低迷
は「失われた20年」
ともいわれる。

2 平成不況のはじまり

❶**金融危機**　金融機関は大量の不良債権をかかえ，企業に対す
る融資を控えたため(貸し渋り)，**企業の設備投資は減少し，多
くの企業が破綻に追い込まれた。個人の所得・消費は縮小し，
平成不況**とよばれる不景気が長くつづいた。1997(平成9)年
には四大証券会社の1つである山一証券が自主廃業に追い込ま
れ，都市銀行である北海道拓殖銀行が破綻した。

❷**企業の低迷**　多くの企業は人員削減，事業の整理など「リ
ストラ」による経営の効率化によって失業率が上昇した。同
時に円高が進行したことにより，自動車・家電などの輸出主
導・大量生産型の産業の国際競争力が低下した。

❸**金融・流通の自由化**　世界的に金融自由化の動きがすすむ
なか，日本でも1990年代後半から日本版金融ビッグバンと
よばれる自由化がすすめられ，同時に市場開放・規制緩和が
加速した。

　①**独占禁止法の改正**(1997年)　**持株会社の設立が解禁**され
ると，金融業界の統合・再編がすすんだ。

　②**大規模小売店舗法の廃止**(1998年)　外資系流通業の進出
と中小小売店の衰退をもたらした。

★2 主要銀行は自己
資本に対する融資額
の上限が，国際的な
条約により定められ
ている。これは銀行
の倒産を防ぐための
規制であるが，不況
が急速にすすんだ場
合，企業への資金供
給が止まり経済危機
を加速させる危険が
ある。
★3 失業率は1998
(平成10)年には4%
をこえ，2000(平成
12)年には5%に達
した。

★4 大規模な小売店
舗の出店規模を調整
し，中小小売業者を
保護してきた法律。

③ ＧＡＴＴウルグアイ＝ラウンドの合意(1993年)　米をは
じめとする農産物輸入自由化の原則をうけいれた。

[バブル経済の崩壊後，日本経済はどのように変化したのだろう？] Q1 ▶▶▶ A1
バブル経済の崩壊→金融・流通の自由化をすすめるが，経済は低迷
→「失われた10年」へ。

３│日本の国際貢献

１　自衛隊による国際貢献

　1991(平成3)年に湾岸戦争がおこると，多国籍軍
の中心となったアメリカと同盟関係にある日本は国
際貢献をせまられたが，湾岸諸国に資金援助を実施
するにとどまった。さらに人的な貢献を求められた
日本は，1992(平成4)年にPKO協力法を制定し，同
年カンボジアでおこなわれていた国連平和維持活動
(PKO)へ自衛隊を派遣した。その後も，武力行使を
ともなわない自衛隊の海外派遣が現在にいたるまで
実施されている。

　用語　湾岸戦争　イラクが1990(平成2)年に隣国のクウェート
　　　に侵攻したことによってはじまった戦争。翌年，国際連合
　　　の決議で組織されたアメリカ中心の多国籍軍の攻撃により
　　　イラクは撤退した。

▼日本のPKOへの参加

年	派遣先
1992	アンゴラ
1992～93	カンボジア
1993～95	モザンビーク
1994	エルサルバドル
1996～2013	ゴラン高原
1999, 2002～04, 07～08, 10～12	東ティモール
2007～11	ネパール
2008～11	スーダン
2010～13	ハイチ
2011～	南スーダン

２　アメリカとの軍事協力

　1992(平成4)年には日米グローバル＝パートナーシップ宣
言を発表し，アメリカとの間で世界規模の軍事協力を展開する
ことを約束した。1997(平成9)年には日米防衛協力指針(ガイ
ドライン)が改定され，日本周辺の有事に際して自衛隊がアメ
リカ軍の後方支援にあたることとなった。2001(平成13)年の
アフガニスタン攻撃，2003(平成15)年のイラク戦争の際には，
特別措置法を制定のうえ非戦闘地域へ自衛隊が派遣され，アメ
リカ軍などを支援した。

★1 紛争当事者間で
停戦が合意され
PKO受け入れに同
意したこと，中立的
立場を守ること，武
器使用は隊員の防護
に限定することなど
の参加条件が定めら
れている。

3 日本の経済協力

日本は長年にわたり多額の政府開発援助(ODA)を拠出し，発展途上国の経済発展に寄与してきた。その基本方針は1992(平成4)年のODA大綱，さらに2023(令和5)年の開発協力大綱に示された。日本のODAの基本方針は，以下の3つである。

❶新たな時代の「人間の安全保障」
❷途上国との共創
❸開発協力の国際的ルールの普及・実践

[日本の国際貢献は，どのようなものなのだろう？] Q2 ▶▶▶ A2

① 開発・ODAによる経済的な貢献…アジア諸国を中心とする経済援助。
② 世界平和に対する人的な貢献…PKO協力法，特措法に基づく自衛隊派遣。

4 | 戦後50年の節目

1 戦争への反省

終戦50回目の1995(平成7)年8月15日，村山富市首相が第二次世界大戦における**日本の植民地支配と侵略について謝罪**した。一方，9月には沖縄のアメリカ軍兵士による少女暴行事件をきっかけに，**米軍基地の整理・縮小を求める運動**が高まった。

補説 **沖縄県民投票** 翌1996(平成8)年，日米地位協定の見直しと米軍基地の整理・縮小について賛否を問う沖縄県民投票が実施され，賛成が約89%を占めた。

★1 このいわゆる「村山談話」以降，戦後60年目には「小泉談話」，戦後70年目には「安倍談話」が発表され，日本政府は「痛切な反省と心からのおわびの気持ち」を一貫して表明しつづけている。

2 安全性への不安

1995(平成7)年に阪神・淡路大震災，オウム真理教団による地下鉄無差別テロがおこり，社会の安全性への不安がひろがった。阪神・淡路大震災は1月17日，神戸市や淡路島などをおそった大地震による災害で，6,400人をこえる人々が命を落とした。地震直後に発生した火災が被害をひろげ，電気・ガス・水道・通信などのライフラインが一気に止まり，生活に大きな影響をもたらした。

▲阪神・淡路大震災で倒壊した高速道路

　一方で, まもなく全国から集まったボランティア[*2], 災害派遣により出動した自衛隊, 世界各国から集結した救助隊により, 被災者の救助・支援と復興へ向けての活動がすすめられた。

> 補説　**日本は世界有数の地震国**　その後も2023年代までに鳥取県西部地震(2000年), 芸予地震(01年), 宮城県北部地震・十勝沖地震(03年), 新潟県中越地震(04年), 福岡県西方沖地震(05年), 新潟県中越沖地震(07年), 熊本地震(16年), 北海道胆振東部地震(18年)が発生し, 大きな被害をもたらした。

★2 阪神・淡路大震災の際には, 全国から167万人以上のボランティアが参加し, 以降国民のボランティア経験率が上昇したことから, 1995(平成7)年は「ボランティア元年」とよばれた。

3 つづく不況

　1990年代半ばになっても, バブル経済崩壊後の不良債権処理は終わらず, 住宅専門の金融機関の経営不安が深刻化した。景気はいったん回復の気配を見せたが, 1997(平成9)年に発生した**アジア通貨危機と消費税率の5%への引き上げの影響**をうけ, 再び急速に景気が冷え込んだ。また, 社会保障改革の一環として医療費の患者負担が増額されたことも, 個人消費の縮小をまねいた。

5 | 2000年代以降の政治

1 小泉首相による構造改革

❶**構造改革**　2001(平成13)年には, 小泉純一郎を首相とする自民党中心の連立内閣が成立した。小泉首相は「構造改革」をかかげ, 不良債権や財政赤字の解消のため, **規制緩和や民営化によって「小さな政府」をめざす新自由主義**[*1]にもとづく諸政策として以下の5つを実施した。
　① 民営化・自由化・規制緩和
　② 三位一体の改革(地方分権等)
　③ 産業再生機構による不良債権処理
　④ 日朝首脳会談による拉致被害者の帰国
　⑤ 有事法制の整備

❷**民営化**　特に郵政事業民営化を強く主張していた小泉首相は, 2005(平成17)年に民営化関連法案が参議院で否決されると衆議院を解散し, 総選挙で勝利した後に改めて法案を成立させた。また, 道路公団の民営化, 国立大学の法人化もこの時期に実施された。構造改革は民間企業による充実した公共サ

★1 公企業を民営化し, 私企業中心の経済をとなえる考え。1970年代後半から欧米で主流となった。

ービス，地方公共団体の自立をめざしたが，一方で福祉政策
や地方経済の後退，所得格差の拡大といった弊害もみられた。

▲日本郵政グループの発足式（2007年）

2 民主党への政権交代

　小泉首相の退任後は，安倍晋三から福田康夫，さらに麻生太
郎へと首相の交代があいついだ。2009（平成21）年の衆議院議
員総選挙で自民党は敗れ，民主党を中心とする連立内閣が成立
し，<u>1993（平成5）年以来となる本格的な政権交代</u>が実現した。
　しかし民主党政権も安定せず，短期間で首相が鳩山由紀夫か
ら菅直人へと交代し，2010（平成22）年の参議院議員選挙では
民主党は敗北を喫した。2011（平成23）年に東日本大震災が発
生すると救援や復興への対応が不十分であるとの批判が高まり，
菅直人首相は退任し民主党の野田佳彦が首相に任命された。

3 自民党への政権交代

　2012（平成24）年の衆議院議員総選挙で民主党は大敗し，安
倍晋三を首相とする自民党と公明党の連立政権が成立した。安
倍内閣の政策は，2つの大きな軸から成った。
❶ **安全保障政策**　これまでの政府の憲法第9条解釈を大きく
　変更し，集団的自衛権の行使を閣議決定したうえで，2015
　（平成27）年に安全保障関連法を強行採決して成立させた。

★2 2007（平成19）
年以降，野党が参議
院の過半数の議席を
占める「ねじれ国会」
の状態がつづき，不
安定な政治がつづい
ていた。2013（平成
25）年の参議院議員
選挙で自民党・公明
党の与党が過半数を
獲得し，「ねじれ国
会」は解消された。

★3 首相としての通
算在任日数3188日は，
日本の憲政史上最長
を記録した。

3

グローバル化する世界

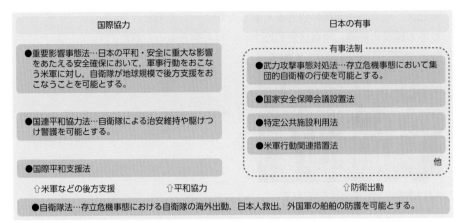

▲安全保障関連法の一部　　　　　　　　　　　　　　　（内閣府ウェブサイト）

❷経済政策　金融政策・財政政策・規制緩和による持続的な経済成長をめざす「アベノミクス」をかかげ，デフレーションからの脱却[だっきゃく]★4をはかった。

4 令和時代のはじまり

　2019（平成31）年，天皇が生前退位して皇位継承がおこなわれ，元号が令和に切り変わった。2020（令和2）年には安倍首相が退任し，以後首相の座は自民党の菅義偉[すがよしひで]，岸田文雄[きしだふみお]へと引きつがれた。この年に開催予定だった東京オリンピック・パラリンピックは，新型コロナウイルス感染症の影響から翌年へ延期された。

　海外では2016（平成28）年の**イギリスでの国民投票におけるEU離脱派の勝利，アメリカ大統領選におけるトランプ候補の勝利**という大きなできごとがつづいた。他方で政治的には安定した状態のつづいていた日本で，2022（令和4）年に**安倍元首相の暗殺事件**が発生し，日本社会の安全性が根底から揺らいでいるという危機感がひろがった。

★4 このときかかげた「2％のインフレ目標」は安倍首相の在任中には達成できなかった。その後，世界的なインフレーションの進行と円安の影響により，2022（令和4）年8月に消費者物価が約30年ぶりに前年比3.0%の上昇率を示した。

[小泉首相による構造改革は，どのようなものだったのだろう？] **Q3** ▶▶▶ **A3**
　① 民営化・自由化・規制緩和による「小さな政府」の実現。
　② テロ・有事への対応強化。

CHAPTER

4 >> 現代の課題

まとめ

1 現代世界の諸課題 ⇨ p.500

□ **新自由主義** イギリスのサッチャー政権，アメリカのレーガン政権で福祉政策の見直し。経済格差が拡大。

□ **リーマン＝ショック** アメリカのサブプライムローン問題から大手融資銀行が破綻，世界的な金融危機に拡大。

□ **ユーロ危機** ギリシアで財政赤字拡大，国債暴落→ユーロが下落。

□ **排外主義**

・難民…「アラブの春」をきっかけとする内戦状態になったシリアで大量の難民がヨーロッパへ移動。IS(イスラム国)など過激派の活動。

・ヨーロッパ…ドイツが大量の難民をうけいれる一方，フランスなどで排外主義が台頭。

・アメリカ…トランプ大統領が「アメリカ＝ファースト」をかかげる。

□ **人権問題** 国連人権委員会が「人権，性的指向，性自認に関する決議」を採択。

□ **自然環境問題**

・持続可能な開発…国連環境開発会議(地球サミット)でアジェンダ21を採択。

・開発目標…2001年にミレニアム開発目標(MDGs)，2015年に持続可能な開発目標(SDGs)を採択。

□ **地球温暖化** 気候変動枠組条約締約国会議(COP3)で京都議定書，COP21でパリ協定を採択。

□ **情報化社会** インターネット上で流通する仮想通貨の破綻，フェイクニュースなどの問題。

2 現代日本の諸課題 ⇨ p.506

□ **人口問題** 少子化・高齢化がすすみ人口減少社会へ→産業の停滞，社会保障財源の不足→子育て支援策，地方創生，外国人労働者の受け入れ。

□ **電力** 石油危機後，エネルギーの分散，再生可能エネルギーの推進。東日本大震災による東京電力福島第一原子力発電所の事故で原子力発電停止。

□ **自然災害** 熊本地震，北海道胆振東部地震。

□ **外交三原則** 国連中心，自由主義諸国との協調，アジアの一員としての立場の堅持。

現代世界の諸課題　世界史

▶ 私たちが生きる現代世界はさまざまな問題に直面している。民主主義の危機（民主主義と独裁），テロとの戦い（対テロ戦争），核兵器の問題（核兵器保有国の増加と核兵器禁止条約），地球温暖化の問題（再生可能エネルギー，原発再稼働），グローバル化，貧困と格差の問題（新自由主義，オキュパイ運動），感染症とパンデミック（コロナ禍での暮らし），戦争と安全保障の問題（ウクライナ紛争，難民問題，沖縄の基地問題，日本の安全保障），高度情報化社会（情報通信革命，第4次産業革命），人権問題（外国人労働者，ＢＬＭ運動，ジェンダーの問題など），食糧と人口問題（食糧安保，少子高齢化）などに直面している。複雑にからみあう諸問題に，私たちはどのように立ち向かっていけばよいのだろうか。歴史を学ぶこととは，まさに，今日の問題を解決するための手段といえるのではないだろうか。

⟳ このセクションでは，次の問いに答えられる必要がある。

Q1 持続可能な開発のために，どのような目標がかかげられてきたのだろう？

Q2 情報化社会におけるプラットフォーマーとは，どのような企業なのだろう？

1 ｜ グローバル化がもたらす問題

1 新自由主義と冷戦崩壊後の世界

❶新自由主義　東西冷戦下，西側諸国は社会主義陣営に対抗して，社会保障制度を充実させ，福祉国家の形成をすすめた。しかし2度の石油危機を経て，イギリスのサッチャー政権やアメリカのレーガン政権は，規制緩和と民営化をかかげて「小さな政府」をめざし，福祉国家体制の見直しをおこなった。[*1]

❷グローバル化の進展　冷戦終結により，東ヨーロッパが自由化する中で，世界では経済のグローバル化がすすんだ。結果，経済格差がすすみ，世界はさまざまな課題に直面している。

★1 1970年代のチリで，アジェンデ政権を倒したピノチェトのもとでフリードマンによる新自由主義の実験が行われた。

2 リーマン＝ショック

①2001年，アメリカ合衆国では政府が低金利政策をとり，住宅への投資が活発化し住宅価格が上昇した。②2004年頃から低所得者層向けの住宅融資の供給が拡大した。その後，住宅価格は下落に転じ，金融危機におちいった。③2008年9月15日，低所得者層を対象にした高金利の住宅ローン（サブプライ

ムローン)問題をきっかけにアメリカの大手融資銀行リーマン＝ブラザーズが経営破綻し，またたく間に**世界的な金融危機**(リーマン＝ショック)が発生した。④アメリカやヨーロッパで銀行の破綻が相つぎ，世界中で株価が大暴落，世界は1929年の世界恐慌以来の経済危機に見舞われた。

★2 この時の負債総額6,000億ドルはアメリカ史上最大であった。

3 ユーロ危機

①ユーロ導入(1999年)後，ヨーロッパの大手銀行は，ユーロ圏内の国際間金融取引を著しく拡大させ，経済統合の停滞とは対照的に，ユーロ圏内の金融統合は飛躍的に進展した。②ギリシアは2001年にユーロを導入したが，09年に政権交代が実現し，同国の過去10年以上にわたる巨額の財政赤字が暴露された。③ギリシア国債は暴落し，外国為替市場でユーロが下落し，それにともなってアイルランドやポルトガル，スペインにも経済不安がひろがった。④EUはギリシアの経済支援を決定し，経済状況の悪化している国々に財政緊縮を求め，危機に対処しようとした。しかし，ユーロ危機はユーロの脆弱性を露呈するとともに，EU内の経済的格差を明らかにした。

2 排外主義の台頭

1 難民の大量発生

2011年の「アラブの春」の**民主化運動がアラブ世界に拡大**した。民主化運動をきっかけに内戦状態になったシリア，イラク戦争後のイラクで，IS(イスラム国)を称する過激派の活動が活発となった。

2014年以降，シリアやアフガニスタン，また南スーダンなどからヨーロッパへの難民が急増した。EUは加盟国に難民を割り当てる措置をとったが，**各国で反移民・反イスラームの風潮が高まった。**

★1 中東や北アフリカからヨーロッパに渡る難民は急増し，2015年にはヨーロッパに1年間で約100万人の難民が押し寄せ，「ヨーロッパ難民危機」という言葉が使われ始めた。世界全体で見ると難民は現在約6,000万人に達している。日本への難民申請数3,772人中，認定されたのは202人(2022年の場合)で，先進国の中できわめて少ない。

2 排外主義の高まり

❶**ドイツ**　オーストリア・イタリア・ハンガリー・ポーランドなどシリア難民のうけいれに消極的な国々がある一方で，ドイツのメルケル首相は100万人のうけいれを表明。

4
現代の課題

❷**排外主義の拡大**　フランスで排外主義を訴える国民戦線，難民危機で台頭したドイツの極右勢力「ドイツのための選択肢」など排外主義をかかげる政党がEU内で勢力を伸ばしている。

❸**アメリカ**　2017年，「アメリカ＝ファースト」をかかげ，メキシコからの不法移民排斥を訴えたトランプが大統領に就任した。

３｜人権問題

❶**セクシャルマイノリティ**　人間は生まれながらに平等な人権をもっており，それは普遍的な権利である。しかし，男女差別は依然として残っており，近年は，セクシャルマイノリティ（性的少数者，LGBTQ）も注目されている。

❷**LGBTQ**　Lはレズビアン（女性同性愛者），Gはゲイ（男性同性愛者），Bはバイセクシュアル（両性愛者），Tはトランスジェンダー（「こころの性」と「からだの性」が一致しないために違和感を覚えている人）。Qはクィアやクエスチョニング（性的少数者を総称する1つ）でLGBTQIAと表すこともある。

　① **性的指向による差別の禁止**　2016年に「性的指向と性自認を理由とする暴力と差別からの保護」についての国連決議がなされ，多くの国が国内法で同性婚をふくむ性的指向による差別を禁止している。

　② **同性婚の合法化**　世界における同性婚の合法化は，2001年オランダ，2003年ベルギー，2005年にスペインとカナダ，2006年南アフリカ共和国，2009年ノルウェー，スウェーデンとつづき，台湾はアジアで最も早く2019年に同性婚が合法化された。2023年現在，世界34の国や地域で同性婚が正式に認められている。

　　一方，日本の場合，2015年，東京都渋谷区や世田谷区でパートナーシップ制度が施行されて以降，2023年現在，全国の300以上の自治体にひろがっているが，法的には同性結婚が認められていない。[1]

❸**国連の動き**　2011年，国連人権委員会は「人権，性的指向，性自認に関する決議」を採択した。この決議は，人権の普遍

★1 2023年現在，全国5か所の裁判所で同性婚訴訟がおこされており，違憲，合憲で判断が分かれている。

性を確認し，性的指向や性自認を理由に人々がうけている暴
力行為や差別に重大な懸念を示している。

| 補説 | **性的指向・性自認に関する人権**　①性的指向とは　人
の恋愛・性愛がどういう対象に向かうかを示す概念。具体
的には，恋愛・性愛の対象が異性に向かう異性愛（ヘテロ
セクシュアル），同性に向かう同性愛（ホモセクシュアル），
男女両方に向かう両性愛（バイセクシュアル）など。
②**性自認とは**　自分の性をどのように認識しているか，ど
のような性のアイデンティティ（性同一性）をもっているか
を示す概念。「こころの性」ともよばれる。

▲東京レインボープライド2023
「性」と「生」の多様性をひろめ
るイベント。

4 ｜ 自然環境問題

1 持続可能な開発

❶**持続可能な開発**　1987年の国連の「環境と開発に関する世
界委員会（ブルントラント委員会）報告書」で「持続可能な開
発（Sustainable Development）」という概念が示された。
「将来の世代の前途を損なわずに現代の世代の幸福を追求す
る」という考え方である。

❷**アジェンダ21**　1992年にリオデジャネイロで開かれた国
連環境開発会議（地球サミット）で，環境保全と社会・経済開
発が，「持続可能な開発」の基本であることが合意され，ア
ジェンダ21（「持続可能な開発のための人類の行動計画」）が
採択された。アジェンダ21では，「森林破壊や砂漠化，有害
物質の安全管理などのさまざまな問題に対して行動をおこし，
持続可能な社会へと変化させていくこと」が目標とされた。

2 ミレニアム開発目標（MDGs）

　2000年の国連ミレニアム・サミットでの宣言をもとに，01
年にミレニアム開発目標（MDGs）がまとめられ，2015年を達
成年とした。MDGsは，途上国の貧困・健康・環境などを改
善するための8大目標（ゴール），21の個別目標（ターゲット），
60の指標から構成されている。飢餓を撲滅し，誰もが安心し
て飲める水や居住環境を確保する，人類がすべからく貧困状態
から脱却し，格差を是正していくという理念のもと，南北問題
の克服をめざした。MDGsで残された課題は，①**男女間の不**

平等，②「最貧困層と最富裕層」「都市部と農村部」における
格差，③気候変動と環境悪化，④紛争の脅威，⑤飢餓と貧困の
問題の5点であった（「国連ミレニアム開発目標報告2015」）。

3　持続可能な開発目標（SDGs）

　MDGsで残された課題は，2015年の国連サミットで採択さ
れ，「我々の世界を変革する：持続可能な開発のための2030
アジェンダ」に託された。SDGsは，17のゴール，169のタ
ーゲット，232の指標により構成される。

▲持続可能な開発目標（SDGs）

POINT!

[持続可能な開発のために，どのような目標がかかげられてきたのだろう？]

Q1 ▶▶▶ A1

①アジェンダ21…1992年，採択。環境問題などに対して行動をおこし，
　持続可能な社会をめざす。

②ミレニアム開発目標（MDGs）…2015年までに，途上国における飢餓の
　撲滅，格差の是正などをめざす。

→持続可能な開発目標（SDGs）…MDGsで残された課題を引き継ぎ，
　2015年に採択。17のゴールなどにより構成される。

4 地球温暖化問題

❶**京都議定書**　1997年，京都で開かれた気候変動枠組条約締約国会議(COP 3)で京都議定書が採択され，先進国の温室効果ガス削減目標が定められた。

❷**パリ協定**　2015年のCOP21のパリ協定では，開発途上国もふくむすべての国が温室効果ガス排出削減に向けて努力することとなった。パリ協定では，世界の平均気温の上昇を産業革命以前に比べて2℃より十分低く保ち，1.5℃に抑える努力をするという目標が明示された。

4
現代の課題

5 情報化社会

①情報機器(携帯電話，スマートフォン，パソコンなど)の普及，マイクロコンピュータ(マイコン)を組みこんだ電化製品の普及など新たな需要を生み出しつつ，人々の生活を変化させている。②インターネットの普及により，世界中の情報をリアルタイムで取得・交換することができるようになり，経済のグローバル化がすすんでいる。③インターネット上で，従来の通貨とは異なり特定の国家や金融機関が関わらない**仮想通貨が流通**し，新たな問題が発生している。④米国のIT(情報技術)企業大手であるグーグル(Google，現アルファベット傘下)，アップル(Apple)，フェイスブック(Facebook，2021年10月よりメタに社名変更)，アマゾン・ドット・コム(Amazon.com)[1]が，多くの人にひろく使われ，なくてはならないサービスを提供する**プラットフォーマー**(企業)として，人々の生活に大きな影響を与えている。⑤情報の真偽(フェイクニュースなど)，個人情報の保護など情報セキュリティが課題となっている。

★1 4社の頭文字をとってGAFAという。マイクロソフトを加えてGAFAMという場合もある。

[情報化社会におけるプラットフォーマーとは，どのような企業なのだろう？]Q2 ▶▶▶ A2

プラットフォーマー…インターネット上で，人々の生活に不可欠なサービスを提供する企業。
▶ グーグル(Google)，アップル(Apple)，フェイスブック(Facebook)，アマゾン・ドット・コム(Amazon.com)などがあげられる。

現代日本の諸課題 日本史

▶ 経済がグローバル化し，世界の経済や文化が連動するようになった一方，コロナ禍とウクライナ紛争の影響で国家間の分断がすすんだ。2022年の国連総会で事務総長は，「世界が機能不全におちいっている」と危機感を表明した。

☞ このセクションでは，次の問いに答えられるようにする必要がある。

Q1 少子高齢化がすすんだのは，なぜだろう？

Q2 東日本大震災は日本のエネルギー貿易にどのような影響を与えたのだろう？

1 | 人口問題

1 人口減少社会

第二次世界大戦からの復興後，日本の人口は増加をつづけていたが，**2005（平成17）年の出生数は死亡数を下回り，初めて人口が減少に転じた**。その後，約1億2,800万人前後の横ばいで推移した総人口は2011（平成23）年に大きく減少し，以後継続して人口が減りつづける「人口減少社会」に突入した。[★1]

2 少子高齢化

❶少子化　人口減少の背景には，年齢別人口構成の変化がある。出生率が低下し，子どもの数が減少することを少子化という。2022年現在の合計特殊出生率は1.26で，**総人口を維持するのに必要な水準を下回っている**。現在の傾向がつづくと，2045年ごろには総人口は1億人を割り込むと予想されている。[★2]少子化をもたらす要因としては，次のような点があげられる。

1 女性の社会進出→女性が結婚する年齢が上昇している（晩婚化）。

2 結婚をしない男女が増えている（非婚化）。

3 25〜39歳の女性人口が減少傾向にある。

4 子どもをもたない選択をした人たちがいる。

用語 **合計特殊出生率**　15〜49歳の女性の年齢別出生率を平均したもの。1人の女性が一生の間に産む子どもの数を表す。

★1 新型コロナウイルス感染症が拡大した2020（令和2）年には，死亡率が前年の11.2%から11.1%へ低下したが，出生率の低下が著しかったため，総人口の減少幅はマイナス約41万人と大きかった。

★2 世界に先がけて人口減少社会となったフランスなどでは，少子化対策が効果を上げて人口増加に転じた。

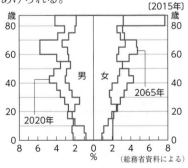

▲現在と将来の日本の人口ピラミッド

❷**高齢化**　医療の発達などにより**平均寿命が上昇**し，高齢者の^{じゅみょう★3}
人口比は上昇していった。日本では1970(昭和45)年から65
歳以上の老年人口の割合(高齢化率)が総人口の7％をこえる
「高齢化社会」となった。さらに1994(平成6)年に高齢化率
が14％をこえる「高齢社会」，2007(平成19)年には高齢化
率が21％をこえる「超高齢社会」をむかえた。今後も高齢
化率は高くなると予測され，2060年には約40％に達すると
みられる。急速な高齢化は，次のような問題をもたらす。

　① 総人口に占める労働力人口の割合が低下→産業が停滞し，
　　国内市場が縮小する。^{しじょう}

　② 急増する社会保障給付と保険料負担のバランスがくずれる。^{★4}

　③ 単独世帯の高齢化→介護できる者がいない世帯が増える。

　④ 税収・保険料の減少。

3 人口問題の解決策

❶**少子化対策**　結婚・出産・子育ての段階ごとに，
負担を軽減する財政支援や，施設の整備をすす
めている。

❷**地方創生**　人口減少は高度経済成長の時代から
すでに，地方においてはじまった。地方の若者
が大都市へ移動し，大都市圏の人口は急増した。
地方で社会の維持が難しくなるほど過疎化がす^{かそ}
すむ一方で，地方より出生率が低い大都市圏に
若い世代が集まることで，さらなる人口減少に
つながる。地方の衰退を食い止めるため，若者
の働く場所を増やす，都市の人々に地方への移住をすすめる
など「地方創生」の取り組みがおこなわれている。

❸**外国人労働者のうけいれ**　15～64歳の生産年齢人口は著し
く減っているが，近年は企業が正社員にこだわらず，パート
や高齢者，外国人など多様な人材を活用するようになった。
政府は2018(平成30)年に出入国管理法を改正し，建設など
の単純労働分野でも外国人をうけいれることとなった。

★3 日本の平均寿命
は男女とも80歳を
こえ，世界でも最高
の水準を示している。

★4 政府の対策とし
て，老年人口に対し
ては年金支給開始年
齢の引き上げ，生産
年齢人口に対しては
保険料率の引き上げ
がおこなわれてきた。

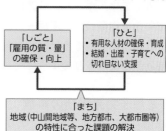

▲地方創生の考え方
「しごと」と「ひと」の好循環とそれ^{こうじゅんかん}
を支える「まち」の活性化をめざして
いる。

POINT!

[少子高齢化がすすんだのは，なぜだろう？] Q1 ▶▶▶ A1
①晩婚化・非婚化・産まない選択→出生率低下→少子化。
②医療の発達→平均寿命の伸長→高齢化。

2 | 原子力発電と自然災害

1 電力事業の歩み

　鉱産資源にとぼしいが水資源にめぐまれた日本では，水力発電が主要なエネルギー資源として活用されてきた。1960年代には石油を燃料とする火力発電が主役となり，重化学工業の発展を支えた。1973(昭和48)年に石油危機がおこると，**化石燃料依存への不安が高まり，火力以外のエネルギーへの分散がはかられた**。翌年，田中角栄内閣の下で電源三法[*1]が制定され，原子力発電所の立地をうけいれた自治体には手厚い補助金が交付されるようになった。

2 原子力発電所の事故

❶ゆらぐ「原発神話」　1979(昭和54)年，アメリカのスリーマイル島で冷却水喪失事故が，さらに1986(昭和61)年にはソ連(当時)のチョルノービリ(チェルノブイリ)原子力発電所で爆発事故が発生し，原子力発電への信頼が大きくゆらいだ。

　日本では，1999(平成11)年に東海村の燃料加工施設で臨界事故が発生し，原子力政策の見直しをせまる声が高まった。しかし政府は原子力発電を止めると電力供給が不十分になり経済の立て直しに影響すること，京都議定書の温室効果ガス削減目標を達成するのに原子力発電は必要であると主張し，その削減には踏み切らず，太陽光発電などの再生可能エネルギー[*2]を積極的に推進していった。

年	できごと
1964	電気事業法の公布
1965	東海発電所での発電に成功
1971	福島第一原子力発電所の運転開始
1973	第1次石油危機→原子力発電の比重が高まる
1974	電源三法の公布
1981	敦賀発電所で放射能もれ事故
1995	高速増殖原型炉「もんじゅ」でナトリウム漏えい事故発生
1999	志賀原子力発電所で臨界事故
	東海村の燃料加工施設で臨界事故
2004	美浜発電所で蒸気噴出事故
2011	東日本大震災により福島第一原子力発電所で事故発生→全国の原子力発電所が点検のため停止(2023年5月現在，9基が再稼働)

▲日本の原子力発電の歴史

★1 電源開発が行われる地域に対して補助金を交付し，発電所の建設を促進することを目的とした。
★2 くり返し利用することが可能。太陽光・風力・地熱・バイオマスなどのエネルギーがあてはまる。

❷東京電力福島第一原発事故　2011(平成23)年3月11日に
は，再生可能エネルギーの普及を促進する固定価格買取制度
が閣議決定されたが，その日の午後に東日本大震災が発生し，
東京電力福島第一原子力発電所の原子炉が損傷，放射性物質
が広い範囲に飛び散った。福島では以後30～40年にわたる
廃炉(はいろ)作業がはじまり，日本の全ての原子力発電所が点検のた
め一時運転を停止した。**火力発電の発電量割合は一気に90
%に達したが，再生可能エネルギーの普及も急速にすすんだ。**

3 つづく自然災害

　2016(平成28)年には熊本地震が発生し，観測史上初めて同
一地域で，震度7を二度記録した。2018(平成30)年には北海
道胆振(いぶり)東部地震が発生し，苫東厚真(とまとうあつま)火力発電所の停止をきっ
かけに北海道全域が停電した(ブラックアウト)。インフラ[★3]に大き
な被害がおよんだ自然災害としては，2018年の台風21号に
よる暴風でタンカーが関西国際空港への連絡道路に衝突し，人
と物の流れが一時ストップした。異常気象の影響で気象災害の
発生数が急増しているため，持続可能で復元しやすいインフラ
の設計・維持が求められている。

★3 インフラストラクチャーの略称で，社会資本(こうわん)と訳される。道路・港湾・鉄道・公園・上下水道・通信施設などをさす。なかでも家庭に直結しているガス・上下水道・電気はライフラインとよばれる。

**[東日本大震災は日本のエネルギー貿易にどのような影響を与えたのだろ
う？] (Q2) ▶▶▶ (A2)**
①原子力発電所の事故→再生可能エネルギーの推進。
②原子力発電の停止→火力発電稼働拡大。

3 | これからの日本

1 日本の外交三原則

　日本政府は，国連中心主義，自由主義諸国との協調，アジア
の一員としての立場の堅持(けんじ)を，外交三原則としてかかげてきた。
特に2022(令和4)年に発生したロシアによるウクライナ侵攻
に対しては，自由主義諸国の一員としての立場を強調し，**アメ
リカやNATO(ナトー)諸国との連携**を強めている。
　極東(きょくとう)においても，北朝鮮などの軍事的台頭に対して，日本は

4
現代の課題

アメリカとの同盟関係を強化している。2015(平成27)年には
「新ガイドライン」を取り交わして，**有事における自衛隊とア
メリカ軍の役割分担**を定めた。

２ 近隣諸国の外交

　一方，東南アジア諸国連合(ASEAN)は，すべての国の独立
と主権を尊重し，平等の立場で，意見の違いは徹底的に話し合
いで解決する，武力行使も威嚇もしないという原則で，話し合
いをつづけている。日本も，このASEANが提唱した東南アジ
ア友好協力条約(TAC)に2004年から参加している。
　日本は唯一の戦争被爆国であること，第二次世界大戦では近
隣諸国に多大な被害を与えたことを忘れてはならない。日本国
憲法という徹底した平和主義の理念をもつ国として，国際社会
の平和と安全にいかに貢献していくか考える必要がある。

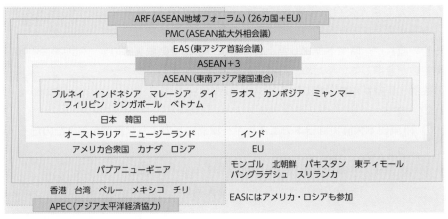

▲アジア太平洋地域における国際的枠組み

３ 観光立国

　日本と欧米の自由主義諸国との関係が成熟する一方，アジア
諸国との関係も深まっている。政府は「クールジャパン」を戦
略にかかげ，外国人に人気のある日本のアニメ，ゲーム，ファ
ッション，食文化などを紹介し，観光客の誘致をはかってきた。
今後は，人口減少によって縮小する地域社会を，観光によって
再生させようとするまちづくりも期待されている。

★1 訪日外国人数は
2018(平成30)年に
は3,000万人をこえ
ていたが，新型コロ
ナウイルス感染症の
流行により，2020
(令和2)年には観光
目的の入国者は一転
してゼロになった。

☑ 要点チェック

CHAPTER 1　冷戦と世界経済①		答
☐ 1	1954年に主権を回復し，NATOに加盟した国はどこか。	1　西ドイツ
☐ 2	1955年に結成した，社会主義陣営の軍事同盟は何か。	2　ワルシャワ条約機構
☐ 3	アメリカの水爆実験で，日本の漁船が太平洋上で被爆した事件を何というか。	3　第五福竜丸事件
☐ 4	スターリン批判を展開し，中央集権の是正などを打ち出したソ連の指導者はだれか。	4　フルシチョフ
☐ 5	1958年に第五共和政を成立させたフランス大統領はだれか。	5　ド＝ゴール
☐ 6	東西のベルリンを分断した障壁を何というか。	6　ベルリンの壁
☐ 7	1967年に結成されたヨーロッパの経済統合のための組織を何というか。	7　ヨーロッパ共同体（EC）
☐ 8	パキスタンや中国が，帰属をめぐってインドとの間で紛争をおこした地方はどこか。	8　カシミール地方
☐ 9	周恩来とともに平和五原則を発表したインドの首相はだれか。	9　ネルー
☐ 10	アジアとアフリカの非同盟諸国が反植民地主義などの平和十原則を決議した会議を何というか。	10　アジア＝アフリカ会議
☐ 11	アフリカ諸国の発展のため1963年に結成された組織を何というか。	11　アフリカ統一機構（OAU）
☐ 12	旧宗主国ベルギーの干渉によって，アフリカで1960年に発生した内乱を何というか。	12　コンゴ動乱
☐ 13	エジプトによるスエズ運河国有化をきっかけにおこった戦争を何というか。	13　スエズ戦争（第2次中東戦争）
☐ 14	1964年に結成され，対イスラエル闘争の中心となった組織を何というか。	14　パレスチナ解放機構(PLO)
☐ 15	1979年にイスラエルと和解したエジプト大統領はだれか。	15　サダト
☐ 16	キューバ革命を指導したのはゲバラとだれか。	16　カストロ
☐ 17	キューバの反革命軍を支援し，キューバに侵攻させたアメリカ大統領は誰か。	17　ケネディ

CHAPTER 2 冷戦と世界経済②	答
□ 1　血のメーデー事件をきっかけに成立した，暴力主義的破壊活動を取り締まる法律を何というか。	1　破壊活動防止法（破防法）
□ 2　アメリカが経済援助のかわりに日本の自衛力の強化を求めた協定を何というか。	2　MSA協定
□ 3　政権党の自民党に社会党がいどむ形の政治体制を何というか。	3　55年体制
□ 4　日ソ共同宣言に調印した日本の首相はだれか。	4　鳩山一郎
□ 5　日米安全保障条約の改定をすすめた首相はだれか。	5　岸信介
□ 6　ベトナム戦争が激化するとともに祖国復帰運動が高まった地域はどこか。	6　沖縄
□ 7　非核三原則を発表した首相はだれか。	7　佐藤栄作
□ 8　1965年に韓国との国交を正常化した条約を何というか。	8　日韓基本条約
□ 9　中華人民共和国との国交を正常化した声明を何というか。	9　日中共同声明
□ 10　1955年からはじまった日本のめざましい経済成長を何というか。	10　高度経済成長
□ 11　池田勇人内閣が打ち出した経済政策を何というか。	11　所得倍増（計画）
□ 12　石炭から石油へエネルギーの主役がかわったことを何というか。	12　エネルギー革命
□ 13　1950年代に普及がすすんだ電気洗濯機・白黒テレビ・電気冷蔵庫を何とよんだか。	13　三種の神器
□ 14　1964年に日本が加盟した，経済協力機構の略称は何か。	14　OECD
□ 15　1964年に開通した初の新幹線を何というか。	15　東海道新幹線
□ 16　1970年からはじまった米の作付を制限する政策を何というか。	16　減反政策
□ 17　公害に対する政府や自治体の責務を明らかにした1967年制定の法律を何というか。	17　公害対策基本法
□ 18　ソ連がキューバにミサイル基地を建設したことで発生した核戦争の危機を何というか。	18　キューバ危機
□ 19　1968年に国連で採択された，五大国に核兵器の保有を限定する条約を何というか。	19　核拡散防止条約（NPT）
□ 20　中国の農村で生産手段を集団で所有した組織を何というか。	20　人民公社
□ 21　1960年代から中国ではじまった，反革命的な動きを封じる政治運動を何というか。	21　プロレタリア文化大革命
□ 22　アメリカで黒人差別の撤廃のために制定された法律は何か。	22　公民権法

□ 23	1973年から先進国の為替相場は何という制度に移行したか。	23　変動相場制
□ 24	1973年の第1次石油危機の原因となった戦争を何というか。	24　第4次中東戦争
□ 25	1979年から新自由主義政策をすすめたイギリス首相はだれか。	25　サッチャー
□ 26	1960年代に発展途上国でみられた，強権的に経済発展を推進した政治体制を何というか。	26　開発独裁
□ 27	主要国がドル安政策の推進で協調した1985年の合意を何というか。	27　プラザ合意

CHAPTER 3　グローバル化する世界

		答
□ 1	アメリカなどがモスクワオリンピックをボイコットする原因となった，1979年のソ連の軍事行動を何というか。	1　アフガニスタン侵攻
□ 2	ゴルバチョフが推進した改革・刷新の政策を何というか。	2　ペレストロイカ
□ 3	レーガンとゴルバチョフが1987年に調印した軍縮条約を何というか。	3　中距離核戦力(INF)全廃条約
□ 4	ゴルバチョフとともに冷戦終結宣言を出したアメリカ大統領はだれか。	4　ブッシュ
□ 5	イラクのクウェート侵攻によりはじまった戦争を何というか。	5　湾岸戦争
□ 6	1990年にソ連からの独立を宣言したエストニア・ラトヴィア・リトアニアをまとめて何というか。	6　バルト3国
□ 7	1991年のソ連崩壊後に旧ソ連構成国によって結成された国家連合体を何というか。	7　独立国家共同体(CIS)
□ 8	1990年代にチェチェンに侵攻したロシア大統領はだれか。	8　エリツィン
□ 9	1999年，セルビア人勢力を排除するため，NATOが「人道的介入」をかかげ空爆した地域はどこか。	9　コソヴォ
□ 10	ヨーロッパ連合が導入した統一通貨を何というか。	10　ユーロ(EURO)
□ 11	アジア・環太平洋の国・地域により1989年に発足した経済協力の枠組みを何というか。	11　アジア太平洋経済協力(APEC)
□ 12	1982年にアルゼンチンとイギリスの間でおこった戦争を何というか。	12　フォークランド戦争
□ 13	社会主義国のベトナムで実施された，市場経済を一部導入することによる経済政策を何というか。	13　ドイモイ(刷新)政策

□ 14	「太陽政策」をかかげ北朝鮮との首脳会談をおこなった韓国大統領はだれか。	14 金大中 （きんだいちゅう）
□ 15	1989年に中国でおこった民主化運動への弾圧を何というか。	15 天安門事件
□ 16	南アフリカ共和国でおこなわれていた人種隔離政策を何というか。	16 アパルトヘイト
□ 17	ガザ地区などのパレスチナ住民による民衆蜂起を何というか。	17 インティファーダ
□ 18	2001年にアメリカでおこったテロ事件を何というか。	18 同時多発テロ事件
□ 19	2003年にアメリカが西アジアでおこなった戦争を何というか。	19 イラク戦争
□ 20	2011年にアラブ諸国でひろがった民主化運動を何というか。	20 アラブの春
□ 21	2011年に独立を果たしたアフリカの国はどこか。	21 南スーダン

CHAPTER 4　現代の課題　　　　答

□ 1	リーマン＝ショックのきっかけとなった，低所得者層の住宅ローンをめぐる問題を何というか。	1 サブプライムローン問題
□ 2	ギリシア危機をきっかけとしてEUの統一通貨が暴落したことを何というか。	2 ユーロ危機
□ 3	先進国の温室効果ガス削減目標を定めた，1997年採択の文書を何というか。	3 京都議定書
□ 4	2015年に国連が採択した「持続可能な開発目標」の略称を何というか。	4 SDGs
□ 5	先進国と発展途上国に対して温室効果ガス削減策の提出を求めた，2015年に採択された協定を何というか。	5 パリ協定
□ 6	2010年代に日本が移行した，継続して人口が減りつづける社会を何というか。	6 人口減少社会
□ 7	高齢化率が21%をこえた社会を何というか。	7 超高齢社会
□ 8	15～49歳の1人の女性が一生の間に生む子どもの数を何というか。	8 合計特殊出生率
□ 9	福島第一原子力発電所の原子炉が損傷した，2011年の震災を何というか。	9 東日本大震災
□ 10	日本の外交三原則は，国連中心，アジアの一員としての立場の堅持ともう1つは何か。	10 自由主義諸国との協調
□ 11	2015年に再度改定された，有事における自衛隊とアメリカ軍の役割分担を定めた取り決めをカタカナで何というか。	11 ガイドライン

さくいん

[監修者紹介]

小牧 薫（こまき・かおる）

　1941年三重県生まれ。大阪市立大学を卒業。大阪府立大学大学院人間科学科単位修得退学。専門は歴史教育。大阪歴史教育者協議会委員長，大江健三郎・岩波書店沖縄戦裁判支援連絡会事務局長。大阪府立高校教員，大阪大谷大学，立命館大学非常勤講師を歴任。著書（共編著）に『高校日本史の授業プリント「史文」』（あずみの書房），『記録・沖縄「集団自決」裁判』（岩波書店）などがある。

□ 執筆　　　　井ノ口貴史

□ 執筆協力　　菊地聡　大迫秀樹

□ 編集協力　　㈱カルチャー・プロ　稲葉友子　侍井容子

□ DTP　　　　㈱ユニックス

□ 図版作成　　㈱ユニックス

□ 写真提供　　アフロ（代表撮影　毎日新聞社　ロイター　AP　UPI）　滋賀大学経済学部附属史料館　水平社博物館　東京経済大学図書館　東京国立博物館／ TNM Image Archives　東京大学史料編纂所　国立教育政策研究所教育図書館貴重資料デジタルコレクション（https://www.nier.go.jp/library/rarebooks/）　国立公文書館　国立国会図書館　公益財団法人鍋島報效会　那覇市歴史博物館　函館市中央図書館　明治大学博物館　陸上自衛隊

□ 本文デザイン　㈱ライラック

SDGsアイコン：https：//www.un.org/sustainabledevelopment/
The content of this publication has not been approved by the United Nations and does not reflect the views of the United Nations or its officials or Member States.

シグマベスト
理解しやすい 歴史総合

監修者　小牧　薫
発行者　益井英郎
印刷所　株式会社天理時報社
発行所　株式会社文英堂
　　　　〒601-8121　京都市南区上鳥羽大物町28
　　　　〒162-0832　東京都新宿区岩戸町17
　　　　（代表）03-3269-4231